ADRESSES GÉNÉRALES

DES

HABITANTS D'AMIENS

PRÉCÉDÉES DE RENSEIGNEMENTS SUR LES
TRANSPORTS PUBLICS DANS LE DÉPARTEMENT
DE LA LISTE DES MESSAGERS
D'INDICATIONS SUR LE SERVICE DES POSTES ET DU TÉLÉGRAPHE
ET SUIVIES DES DÉMARCHES A FAIRE EN CAS DE NAISSANCE
MARIAGE ET DÉCÈS

PAR A. DUBOIS

Chef de bureau à la Mairie d'Amiens

ILLUSTRENACI VIMINE JUNGOR

AMIENS

TYPOGRAPHIE LAMBERT-CARON

PLACE DU GRAND-MARCHÉ

1864.

ADRESSES GÉNÉRALES

DES

HABITANTS D'AMIENS

V

AVIS.

Il sera fait une remise spéciale sur le prix de cet ouvrage aux personnes qui feront imprimer des lettres de décès chez M. Lambert-Caron, place du Grand-Marché.

Cette liste à laquelle on s'est efforcé d'apporter la plus grande exactitude est indispensable à consulter pour adresser les lettres de décès, d'anniversaire, circulaires, prospectus, etc., etc.

Prix de ce volume, broché . . . . 2 fr.

ADRESSES GÉNÉRALES

DES

HABITANTS D'AMIENS

PRÉCÉDÉES DE RENSEIGNEMENTS SUR LES

TRANSPORTS PUBLICS DANS LE DÉPARTEMENT

DE LA LISTE DES MESSAGERS

D'INDICATIONS SUR LE SERVICE DES POSTES ET DU TÉLÉGRAPHE

ET SUIVIES DES DÉMARCHES A FAIRE EN CAS DE NAISSANCE

MARIAGE ET DÉCÈS

PAR A. DUBOIS

Chef de bureau à la Mairie d'Amiens

ILLIS TENACI VIMINE JUNGUR

AMIENS

TYPOGRAPHIE LAMBERT-CARON

PLACE DU GRAND-MARCHÉ

1864.

La liste d'Adresses que j'ai publiée a été accueillie trop favorablement pour que je ne continue pas l'œuvre commencée sous des auspices aussi heureux.

J'ai cru devoir ajouter une liste par rues et numéros de maisons, afin d'être utile aux personnes qui ont des billets de faire part à adresser et en même temps pour faciliter les recherches aux commerçants.

Les personnes qui remarqueraient quelqu'erreur, ce qui se rencontre inévitablement dans un travail de cette nature, sont priées de donner chez M. LAMBERT-CARON, imprimeur-libraire, place du Grand-Marché, les indications nécessaires pour en opérer la rectification.

A. DUBOIS.

TRANSPORTS PUBLICS.

§ Ier Service par eau.

Barques-Diligences.

COMMUNES DESSERVIES	DÉNOMINATIONS.	DÉPART.	ARRIVÉE.	RENSEIGNEMENTS.
Sailly-le-Sec........	»	sam. (5 h. soir.)	sam. (9 h. mat.)	chez M. Bouillard, cafetier, port d'Amont, 11.
Sailly-Laurette......	»	sam. (5 h. soir.)	sam. (10 h. m.)	
desservant Bray et Corbie.				
Venant d'Abbeville.				
Courrier n° 1........	»	mercredi	lundi.	chez M. Matthieu, débitant, port d'Aval, 14.
Courrier n° 2........	»	samedi	jeudi.	

NOTA. — Ces deux courriers desservent : Montières, Ailly-sur-Somme, Hangest-sur-Somme, Létoile, Long et Font-Remy.

Service d'Amiens à St.-Quentin par Corbie, Péronne et Ham..	Marie-Louise..	service accéléré une fois par mois, sans jours fixes.		chez M. Bouillard, caf. port d'Amont, 11.
Service d'Amiens à L'étoile.	Maria......	dimanche.	samedi.	Id.

§. II. Service par terre.

I. Chemin de fer du Nord.

Service d'Amiens à Paris, Douai, Valenciennes et Lille dans le département de la Somme.

DÉPART.	DESTINATIONS.	PRIX DES PLACES.		
		1re classe.	2e classe.	3e classe.
		fr. c.	fr. c.	fr. c.
D'AMIENS..	à PARIS.......	14 65	11 »	8 05
	Ailly-sur-Noye...	2 25	1 70	1 20
	Boves........	1 »	» 75	» 55
	Corbie........	1 80	1 35	1 »
	Albert........	3 60	2 70	1 95
	* ARRAS........	7 60	5 70	4 20
	DOUAI........	10 55	7 90	5 80
	* LILLE........	14 10	10 60	7 75
	* VALENCIENNES...	14 20	10 65	7 80
D'AMIENS..	à AILLY-SUR-SOMME..	1 10	» 85	» 60
	Picquigny......	1 70	1 25	» 90
	Hangest-sur-Somme.	2 45	1 85	1 35
	Longpré-l.-C.-Saints.	3 25	2 45	1 80
	Pont-Remi......	4 15	3 10	2 30
	ABBEVILLE....	4 95	3 70	2 70
D'AMIENS..	à NOYELLES.....	6 60	4 95	3 65
	Saint-Valery....	7 15	5 40	3 95
	Rue.........	7 70	5 80	4 25
	* BOULOGNE.....	13 80	10 30	7 60
D'AMIENS..	à *CALAIS.......	25 85	19 40	14 25
	* DUNKERQUE....	23 40	17 55	12 85
	* BEAUVAIS.....	10 55	7 90	5 85
	* SAINT-QUENTIN...	17 25	12 95	9 50

Le chemin de fer du Nord correspond dans le département :
De Beauvais à Boulogne par Ailly-sur-Noye, Boves, Amiens et Abbeville ;
De Boulogne à Bruxelles par Saint-Valery, Abbeville et Amiens.

* L'astérique indique les villes hors du département.

Service des voitures de correspondance avec le chemin de fer dans le département de la Somme.

STATIONS d'où partent les voitures.	LOCALITÉS DESSERVIES.	PRIX DES PLACES.		
		Coupé.	Intérieur	Banquet.
AILLY-SUR-NOYE.	Mézières.	» »	1 50	» »
	Plessier-Rozainville.	» »	1 25	» »
	Hangest-en-Santerre.	» »	1 50	» »
	Arvillers.	» »	2 »	» »
	Conty	» »	1 40	» »
AMIENS.	Poix.	2 50	2 »	2 »
	* Aumale.	» »	1 75	» »
	Doulleus.	» »	2 25	» »
HANGEST.	Bernaville par Do-mart et Flixecourt	» »	1 30	1 30
LONGPRÉ.	Airaines	» »	» 60	» »
	Oisemont.	» »	1 25	» »
	Ailly-le-Ht.-Clocher.	» »	» 60	» »
PONT-REMI. . . .	Hallencourt.	» »	» 50	» »
ABBEVILLE	Woincourt	» »	2 25	» »
	Fressenneville. . . .	» »	2 »	» »
	Valines.	» »	1 50	» »
	Gamaches.	» »	2 »	» »
SAINT-VALERY. . .	*Le Tréport.	2 50	2 »	2 »
	*Eu.	2 50	2 »	2 »
	Ault jusq. Belle-Vue.	2 50	2 »	2 »
CORBIE.	Harbonnières. . . .	» »	1 »	» »
	Rosières	» »	1 25	» »
ALBERT.	Péronne	» »	2 50	2 50
	Mailly.	» »	» 75	» »

II. Diligences.

Un service est organisé, avec départ et retour chaque jour :

D'*Amiens* à Molliens-Vidame, Hornoy, Liomer, et *vice versâ*.

Bureau : Union des Postes, place Périgord.

D'*Amiens* à Mailly.

Bureau : Union des Postes, place Périgord.

D'*Amiens* à Villers-Bocage, Talmas, Beauquesne, Candas, Beauval et Doullens.

Bureau : Union des Postes, place Périgord.

Correspondance hors du département avec Frévent, Saint-Pol, Arras et Hesdin.

Service d'Amiens, d'Abbeville et de Rue à Dieppe (correspondance avec le chemin de fer).

Bureau : Union des Postes, place Périgord.

NOTA L'Administration de l'Union des Postes a trois services réguliers, avec voitures à quatre roues entre la ville de Roye et la gare de Breteuil, en correspondance avec le chemin de fer du Nord pour Paris et Amiens.

Heures de Départ

DE ROYE.	DE PARIS aux trains de :	D'AMIENS
6 h. du matin.	6 h. 10 m. du mat.	6 h. du matin.
10 h. du matin.	midi.	midi 35 minutes.
7 h. du soir.	10 h. 50 m. du soir.	11 h. 50 m. du soir.

Des bulletins de correspondances pour Roye et Montdidier sont délivrés aux heures indiquées ci-dessus dans les bureaux du chemin de fer aux Gares de Paris et d'Amiens.

Un service a lieu tous les jours : avec départ, à 4 h. 25 m. du soir.

D'*Amiens* à Breteuil et à Beauvais avec départ à 7 h. du matin.

D'*Amiens* à Villers-Bretonneux, Lamotte-en-Santerre, Foucaucourt-hors-Nesle, à Péronne et à Saint-Quentin avec départ (en hiver) à 8 h. du soir et (en été) à 9 h. du soir.

D'*Amiens* à Conty, à Grandvilliers, à Feuquières, à Formerie, à Forges et à Rouen.

Les Bureaux de ces divers courriers sont établis, rue des Trois-Cailloux (maison Petit frères) n° 16.

Service tous les jours à 6 heures du soir.

D'*Amiens* à Poix et Aumale.

D'*Amiens* à Mailly, Acheux, Bertrancourt, Warloy, Contay, Pas, Beauquesne, Puchévillers et les environs.

D'*Amiens* à Domart.

D'*Amiens* à Hornoy.

Bureau : Hôtel de l'Abreuvoir, rue Duméril, n° 17.

Un service est établi tous les jours : avec départ à 4 h. du soir, le dimanche excepté :

D'*Amiens* à Liomer, par Saveuse, Ferrières, Bovelles, Briquemesnil, Molliens-Vidame, Camps-en-Amiénois, Hallivillers, Hornoy et Liomer.

Bureau : Hôtel de la ville de Rouen, rue Duméril, n° 42.

Un service a lieu tous les jours.

D'*Amiens* à Warloy-Baillon, par Acheux, Bertrancourt, Beaucourt, Contay, Vadencourt et Varennes.

Bureau : Hôtel de la Patenôtre, rue des Jacobins, n° 3.

1.

III. Messageries.

COMMUNES DESSERVIES	JOURS D'ARRIVÉE	JOURS DE DÉPART	LIEUX où prennent les messageries.
*Abancourt	dimanche.	lundi.	Abreuvoir, rue Duméril, 17.
Abbeville	lundi et jeudi.	lundi et vendredi.	Id.
Id.	mercredi ou jeudi	jeudi ou vendredi.	Ville-le-Rouen, rue Duméril, 42.
Achaux	vendredi.	samedi à 1 heure.	Trois-Pigeons, rue du Quai, 2.
Ailly-sur-Noye	lun. mer. v. sam.	l. merc. v. et sam.	Pied-de-Vache, rue des Chaudronniers, 13.
Id.	mercredi et sam.	mercredi et sam.	Tête-de-Bœuf, rue Sainte-Marguerite, 8.
Id.	mercredi et sam	mercredi et sam.	Croix-Blanche, rue de Beauvais, 44.
Aimines	sam (7 h du m.	samedi (7 h. soir.)	Abreuvoir, rue Duméril, 47.
Id.	lundi et jeudi.	lundi et samedi.	Ville-le-Rouen, rue Duméril, 42.
Albert	mardi (2 heures	mardi et vendredi	Patenôtre, rue des Jacobins, 3.
Id.	vendredi.	samedi.	Trois-Pigeons, rue du Quai, 2.
Argœuves	l. l. j. (7 h. du m.	t. les jours (midi.)	Tillier-Dieu, épicier, rue du Quai, 49.
Arvillers	samedi.	samedi.	Trois-Pigeons, rue du Quai, 2.
Aubigny	mardi et samedi.	mardi et samedi.	Veuve Bevvurelle, épic., marché au Feurre.
*Aumale	lundi.	mardi.	Abreuvoir, rue Duméril, 17.
Id.	dimanche.	mardi.	Tête-de-Bœuf, rue Sainte-Marguerite, 8.
Id.	mardi.	mardi.	Trois-Pigeons, rue du Quai, 2.
Authie	vendredi (soir).	samedi (midi).	Poirier, auberg, rue des Chaudronniers, 22.
*Auxi-le-Château	vendredi.	samedi.	Trois-Pigeons, rue du Quai, 2.
Baizieux	samedi.	samedi.	Père-Adam, marché au Feurre, 48.
*Bapaume	samedi.	samedi.	Pomm-d'Orange, chaussée Saint-Pierre, 18.
Id.	samedi.	mercredi.	Cardinal, rue Saint-Leu, 99.
Bayonvillers	samedi.	samedi.	Pomme-de-Pin, rue du Soleil, 12.
Id.	mer. et s. (8 h. m.)	merc. s. (3 h.)	Patenôtre, rue des Jacobins, 3.
Beaucamps-le-Vieux	samedi.	samedi.	Ville-le-Rouen, rue Duméril, 42.
Beancourt	samedi.	samedi.	Mont-l'alcaire, chaussée Saint-Pierre, 2.
Beauquesne	jeudi.	vendredi.	Père-Adam, marché au Feurre, 48.
Beauval	samedi.	samedi.	Goilmart, aubergiste, mont de Paris, 8.
Bellesse	samedi.	samedi.	Croix-Blanche, rue de Beauvais, 44.
Belloy-sur-Somme.	mercredi et sam	mercredi et sam	Lombard, cafetier, rue de la Hotoie, 2.
Id.	mercredi et sam	mercredi et sam.	Poirier, auberg, rue des Chaudronniers, 22.
Bernaville.	samedi.	samedi.	Brandicourt, épicier, rue de la Hotoie, 39.
Bertancourt	samedi.	samedi.	Trois-Pigeons, rue du Quai, 2.
*Blangy-les-Gamaches	vendredi (soir).	samedi (midi).	Abreuvoir, rue Duméril, 17.
Bonnay	mardi.	mardi.	Père-Adam, marché au Feurre, 48.
Bonneville	samedi.	samedi.	Perrier, auberg., rue des Chaudronniers, 22.
Bonnville	samedi.	samedi.	Père-Adam, marché au Feurre, 48.
Bosquel	samedi.	samedi.	Joron, rue de Beauvais, 65.
Id.	mercredi.	mercredi.	Trois-Pigeons, rue du Quai, 2.
Bourdon	mercredi et sam	mercredi et sam	Pied-de-Vache, rue des Chaudronniers, 13.
Id.	lundi.	mardi.	Henri Vincent, rue de Beauvais, 96.
Bray-sur-Somme	samedi.	samedi.	Poirier, auberg., rue des Chaudronniers, 22.
Id.	samedi.	samedi.	Trois-Pigeons, rue du Quai, 2.
*Brie (Achen).	vendredi.	vendredi.	Tête-de-Bœuf, rue Sainte-Marguerite, 8.
Bus (Achen).	vendredi.	vendredi.	Croix-Blanche, rue de Beauvais, 44.
Bissy-les-Daours	mercredi et sam.	mercredi et sam.	Bossu, épicier, rue Saint-Leu, 50.

* Hors du département.

COMMUNES DESSERVIES.	JOURS D'ARRIVÉE.	JOURS DE DÉPART.	LIEUX OÙ DESCENDENT LES MESSAGERS.
Caix-en-Santerre.	mercredi et sam.	mercredi et sam.	Patenôtre, rue des Jacobins, 3.
Cambrai.	lundi (soir).	mercredi.	Courrier de Breteuil, rue de Beauvais, 130.
Chenthes.	mercredi et vend.	mercredi et vend.	Croix-Blanche, rue de Beauvais, 44.
Claussay-Epagny.	samedi.	samedi.	Pomme-de-Pin, rue de Metz, 42.
Condé-Folie.	mercredi et sam.	mercredi et sam.	Trois-Pigeons, rue du Quai, 2.
Contay.	samedi.	samedi.	Père-Adam, marché au Feurre, 48.
Conty.	samedi.	samedi.	Courrier de Breteuil, rue de Beauvais, 130.
Id.	mart. jeud. sam.	mar. jeudi, sam.	Croix-Blanche, rue de Beauvais, 44.
Corbie.	mart. jeud. sam.	mar. jeudi, sam.	Père-Adam. marché au Feurre, 48.
Id.	mart. jeud. sam.	mar. jeudi, sam.	Trois-Pigeons, rue du Quai, 2.
Crèvecœur.	samedi.	samedi.	Tête-de-Bœuf, rue Sainte-Marguerite, 8.
Id.	samedi (10 heur.)	samedi (6 heur.)	Trois-Pigeons, rue du Quai, 2.
Daours.	mercredi et sam.	mercredi et sam.	Pomme-de-Pin, rue de Metz, 42.
Domart.	vendredi (2 heur.)	samedi (midi).	Abreuvoir, rue Dumetil, 17.
Doumartin.	samedi.	samedi.	Id.
Douillens.	mercredi et sam.	mercredi et sam.	Cardinal, rue Saint-Leu, 98.
Egnrbert.	samedi.	samedi.	Joron, rue de Beauvais, 65.
Estrées-en-Chaussée.	mercredi et sam.	mercredi et sam.	Pied-de-Vache, rue des Chaudronniers, 43.
Etalmaisnil.	samedi.	samedi.	Père-Adam, marché au Feurre, 48.
Flers.	samedi.	samedi.	Joron, rue de Beauvais, 65.
Flesselles.	mercredi et sam.	mercredi et sam.	Trois-Pigeons, rue du Quai, 2.
Id.	mm. jeud. et sam.	mar. jeu. et sam.	Café Alexandre, rue du Quai, 3.
Flixecourt.	tous les jours	tous les jours	Abreuvoir, rue Dumetil, 17.

COMMUNES DESSERVIES.	JOURS D'ARRIVÉE.	JOURS DE DÉPART.	LIEUX OÙ DESCENDENT LES MESSAGERS.
Flixecourt.	mercredi et sam.	mercredi et sam.	Tête-de-Bœuf, rue Sainte-Marguerite, 8.
Formerie.	dimanche.	lundi.	Abreuvoir, rue Dumetil, 17.
Id.	vendredi.	vendredi.	Patenôtre, rue des Jacobins, 3.
Franvry.	samedi.	samedi.	Joron, rue de Beauvais, 65.
Fourdrinoy.	mercredi et sam.	mercredi et sam.	Cardinal, rue Saint-Leu, 98.
Franvillers.	mercredi et sam.	mercredi et sam.	David, épicier, rue de la Hotoie, 43.
Frechencourt.	samedi.	samedi.	Mont-Calvaire, chaussée Saint-Pierre, 3.
Frévent.	mercredi et sam.	mercredi et sam.	Cardinal, rue Saint-Leu, 98.
Id.	vendredi (soir).	vendredi.	Trois-Pigeons, rue du Quai, 2.
Graudvilliers.	mercredi et sam.	samedi (6 h. du s.)	Tête-de-Bœuf, rue Sainte-Marguerite, 8.
Grattepanche.	mercredi et sam.	mercredi et sam.	Veuve Duflos, enfelière, rue Henri IV, 3.
Grémicourt.	mercredi et sam.	mercredi et sam.	Pied-de-Vache, rue des Chaudronniers, 43.
Hamel.	samedi.	samedi.	Père-Adam, marché au Feurre, 48.
Hangest-en-Santerre.	samedi.	samedi.	Lombard, cafelier, rue de la Hotoie, 2.
Id.	mercredi.	mercredi.	Patenôtre, rue des Jacobins, 3.
Hangest-sur-Somme.	mercredi et sam.	mercredi et sam.	David, épicier, rue de la Hotoie, 43.
Id.	samedi.	samedi.	Croix-Blanche, rue de Beauvais, 44.
Hardivillers.	vendredi (soir).	samedi (midi).	Patenôtre, rue des Jacobins, 3.
Harbonnières.	samedi (1 h. du m.)	samedi (midi).	Tête-de-Bœuf, rue Sainte-Marguerite, 2.
Id.	vendredi.	vendredi.	Pomme-de-Pin, rue de Metz, 42.
Harponville.	samedi.	samedi.	Pauchet, charcutier, rue du Quai, 53.
Haveruas.	mercredi et sam.	mercredi et sam.	Cardinal, rue Saint-Leu, 98.
Heilly.	samedi.	samedi.	Père-Adam. marché au Feurre, 48.
Hénencourt.	mercredi et sam.	mercredi et sam.	Cardinal, rue Saint-Leu, 98.
Hérissart.	tous les 12 jours	tous les 12 jours	Cygne, rue du Faubourg-Noyon, 48.
Hiroxe.	tous les 12 jours	samedi.	Tête-de-Bœuf, rue Sainte-Marguerite, 8.
Hornoy.	vendredi.		Trois-Pigeons, rue du Quai, 2.
Ivergny.	samedi.	samedi (4 h. du s.)	Tête-de-Bœuf, rue des Chaudronniers, 43.
Jumel.	mercredi et sam.	mercredi et sam.	Lombard, cafelier, rue de la Hotoie, 2.
La Chaussée-Tirancourt.	mercredi et sam.	mercredi et sam.	

COMMUNES DESSERVIES.	JOURS D'ARRIVÉE.	JOURS DE DÉPART.	LIEUX OÙ DESCENDENT LES MESSAGES.
Lamotte-en-Santerre..	mar. et sam. (m.)	mard. et sam (s.)	Patenôtre, rue des Jacobins, 3.
Laviéville	mercredi et sam.	mercredi et sam.	Cardinal, rue Saint-Leu, 98.
Liguières-Châtelain	dimanche.	lundi.	Abreuvoir, rue Duméril, 17.
Libons..	samedi.	samedi.	Croix-Blanche, rue de Beauvais, 44.
Id.	mercredi et sam.	mercredi et sam.	Pomme-de-Pin, rue de Metz, 12.
Lhomer.	jeudi ou vendredi.	jeudi ou vendredi.	Ville-de-Rouen, rue Duméril, 42.
Lœuilly	samedi.	samedi.	Croix-Blanche, rue de Beauvais, 44.
Louvencourt	vendredi	samedi.	Trois-Pigeons, rue du Quai, 2.
Lochens	lundi.	mardi.	Abreuvoir, rue Duméril, 17.
Mailly.	vendredi et lundi	samedi et mardi.	Id.
Id.	mercredi et vend.	mercredi et sam.	Patenôtre, rue des Jacobins, 3.
Méricourt-l'Abbé	mercredi et sam.	mercredi et sam.	Cardinal, rue Saint-Leu, 98.
Miraux..	mard. jeu. et sam.	mar. jeudi, sam.	Id.
Id.	mercredi et sam.	mercredi et sam.	Veuve Dutire, cafetière, rue Saint-Leu, 1.
Molliens (Oise).	dimanche.	lundi.	Abreuvoir, rue Duméril, 17.
Molliens-Vidame	samedi.	samedi.	Patenôtre, rue des Jacobins, 3.
Montdigne-Foyel	mercredi et sam.	mercredi et sam.	Pied-de-Vache, rue des Chaudronniers, (3.)
Montdidier	mardi et vendredi	mardi et vendredi	Lombard, cafetier, rue de la Hoioie, 2.
Moreuil	mercredi et sam.	mercredi et sam.	Père Adam, marché au Feurre, 18.
Id.	mard. jeu. et sam.	mard. jeud. sam.	Patenôtre, rue des Jacobins, 3.
Id.	lundi et vendredi.	lundi et vendredi	Ville-de-Rouen, rue Duméril, 42.
Noors	mercredi et sam.	mercredi et sam.	Tête-de-Bœuf, rue Sainte-Marguerite, 8.
			Père-Adam, marché au Feurre, 18.

COMMUNES DESSERVIES.	JOURS D'ARRIVÉE.	JOURS DE DÉPART.	LIEUX OÙ DESCENDENT LES MESSAGES.
*Neufchâtel	lundi.	mardi.	Abreuvoir, rue Duméril, 17.
Oisemont	lundi.	lundi.	Ville-de-Rouen, rue Duméril, 42.
Oisy.	mercredi et sam.	mercredi et sam.	Poirier, aubergiste, rue des Chaudronniers, 22.
Oresmaux	mercredi et sam.	mercredi et sam.	Joron, rue de Beauvais, 65.
Pas..	les 15 jours.	les 15 jours.	Cardinal, rue Saint-Leu, 98.
Péronne.	vendredi	tous les jours.	Abreuvoir, rue Duméril, 17.
Id.	vendredi.	samedi.	Tête-de-Bœuf, rue Sainte-Marguerite, 8.
Ficquigny	mercredi et sam.	mercredi et sam.	Abreuvoir, rue Duméril, 17.
Id.	mercredi et sam.	mercredi et sam.	Lombard, cafetier, rue de la Hoioie, 2.
Pierregot	mercredi et sam.	mercredi et sam.	Brun, aubergiste, rue Saint-Leu, 125.
Plessier-Rozainvr.	lundi.	mardi.	Patenôtre, rue Duméril, 17.
Poix.	mard. jeud. sam.	mard jeud	Abreuvoir, rue Duméril, 17.
Id.	samedi.	samedi.	Cardinal, rue Saint-Leu, 98.
Pucheviliers	samedi.	samedi.	Mont-Calvaire, chaussée Saint-Pierre, 2.
Querrieux	samedi.	samedi.	Cygne, rue du Faubourg-Noyon, 18.
Quesnel.	samedi.	mard jeud	Abreuvoir, rue Duméril, 17.
Quesnoy-sur-Air	samedi.	samedi.	Tête-de-Bœuf, rue Sainte-Marguerite, 8.
Quesnuvillers	t. l. j. exc. le ven.	t. l. j. etc. le ven.	Père-Adam, marché au Feurre, 18.
Raineville.	samedi.	samedi.	Voiturier, aubergiste, route de Rouen, 4.
Revelles.	lund. merc. sam.	lund. merc. sam.	Patenôtre, rue des Jacobins, 3.
Rogy.	samedi.	samedi.	Joron, rue de Beauvais, 65.
Id.	samedi.	samedi.	Trois-Pigeons, rue du Quai, 2.
Rollot.	sans jours fixes.	sans jours fixes.	Tête-de-Bœuf, rue Sainte-Marguerite, 8.
Rosières	mercredi et sam.	mercredi et sam.	Patenôtre, rue des Jacobins, 3.
Id.	mercredi et sam.	mercredi et sam.	Pomme-de-Pin, rue de Metz, 12.
Id.	mercredi et sam.	mercredi et sam.	Patenôtre, rue des Jacobins, 3.
Roye	lun. et ven. (4 h.)	mar. ven. (5 h.).	Pomme-d'Orange, chaussée Saint-Pierre, 48.
Balbengni	mercredi et sam.	mercredi et sam.	Veuve Duffos, rue Henri IV, 3.
Saleux.	vendredi (soir).	lund. mer. et sam.	Tête-de-Bœuf, rue Sainte-Marguerite, 8.
Sarcus.		samedi.	

COMMUNES DESSERVIES.	JOURS D'ARRIVÉE.	JOURS DE DÉPART.	LIEUX OU DESCENDENT LES MESSAGERS.
Saint-Fuscien	lund. merc. sam.	lun. mer. et sam.	Veuve Duflos, cafetière, rue Henri.IV, 3.
Saint-Gratien	samedi.	samedi.	Mont-Calvaire, chaussée Saint Pierre, 2.
*Saint-Pol	mercredi et sam.	mercredi et sam.	Cardinal, rue Saint-Leu, 98.
Saint Riquier	tous les 15 jours.	tous les 15 jours.	Trois-Pigeons, rue du Quai, 2.
Id.	jeudi (soir).	mercredi.	David, rue du Bout-Cacq, 8.
Saint-Sauflieu	jeudi et samedi.	jeudi et samedi.	Pomme-de-Pin, rue de Metz, 12.
Id.	mercredi et sam.	mercredi et sam.	Hyette, route de Paris.
Saint-Sauveur	tous les jours.	tous les jours.	Pauchet, charcutier, rue du Quai, 53.
Senlis	samedi.	samedi.	Cardinal, rue Saint-Leu, 98.
Talmas	mercredi et sam.	mercredi et sam.	Chrétien, épicier, rue du Quai, 5.
Toutencourt	samedi.	samedi.	Mont-Calvaire, chaussée Saint-Pierre, 2.
Id.	samedi.	samedi.	Abreuvoir, rue Duméril. 47.
*Tréport	vendredi.	vendredi.	Croix-Blanche, rue de Beauvais, 44.
Id.	vendredi.	mardi.	Palenôtre, rue des Jacobins, 3.
Varennes	mercredi et sam.	mercredi et sam.	Père-Adam, marché au Feurre, 18.
Vaux	mard. jeud. sam.	mard. jeud. sam.	Cardinal, rue Saint-Leu, 98.
Vignacourt	samedi.	samedi.	Trois-Pigeons, rue du Quai, 2.
Id.	mercredi et sam.	mercredi et sam.	Id.
Ville-sous-Corbie	tous les jours.	tous les jours.	Abreuvoir, rue Duméril, 17.
Villers-Bretonneux	mercredi et sam.	mercredi et sam.	Père-Adam, marché au Feurre, 18.
Warloy-Baillon	mercredi et sam.	mercredi et sam.	Cardinal, rue Saint-Leu, 98.
Id.	samedi.	samedi.	Ville-de-Rouen, rue Duméril, 42.
Warlus	samedi.	samedi.	Id.
Yzeux			

IV. Poste aux Chevaux.

Relais d'Amiens.

Il est dû 4 kilomètres de la distance sur toutes les sorties d'Amiens sans réciprocité.

Maître de poste : M. Batonnier, place Saint-Denis.

Relais correspondants à celui

d'AMIENS à Albert, route d'Arras, (29 kilom.).
»   à Flers, route de Paris, (19 kilom.).
»   à Hourges, route de Reims. (17 kilom.).
»   à Moreuil, route de Compiègne, (20 kilom.).
»   à Picquigny, route de Calais, (13 kilom.).
»   à Poix, route de Rouen, (28 kilom.).
»   à Talmas, route de Lille, (16 kilom.).
»   à Villers-Bretonneux, route de Mézières, (16 kilom.).

Relais de l'arrondissement :

Airaines, Camps-en-Amiénois, et Poix, sur la route de Paris à Calais. Senarpont, sur la route de Paris à Eü.

V. Poste aux Lettres.

Correspondance.

L'Administration des Postes a son bureau rue des Stes.-Maries ; il est ouvert tous les jours, de 7 heures du matin à 7 heures du soir. Les levées ont lieu dans l'ordre suivant :

PARIS ET PASSE-PARIS..... 3 heures du soir et minuit.
LE NORD .... 8 h. 30 m. du mat. et 8 h. 30 m. du s.
BOULOGNE............. 10 h. 30 m. du m. et 11 h. 30 m. du s.
BOULOGNE ET ABBEVILLE .. 2 heures 20 m. du soir.

La levée des boîtes supplémentaires établies :

Place de l'Hôtel de Ville.
Place Saint-Martin.
Rue Saint-Leu.
Place du Marché-au-Feurre.
Rue de la Hotoie.
Fontaine Saint-Jacques.
Rue de Beauvais.
Rue des Trois-Cailloux.
Rue Saint-Denis.

Rue des Jacobins.
Rue du Faubourg de Hem.
Montières.
Renancourt ; — Petit-St.-Jean.
Saint-Acheul.
Faubourg Saint-Pierre.
Faubourg Saint-Maurice.
Rue Saint-Louis.
Rue Saint-Fuscien.

A lieu à 7 heures du matin, 2 heures du soir, 4 heures 45 minutes et 7 heures 40 minutes du soir.

La Levée à la Gare du Nord a lieu, savoir :

Pour PARIS, à 1 h. 20 m., 4 h. 50 m. et 3 h. 35 m. du soir.

Pour le NORD, à 9 h. 5 m, 9 h. 25 m. et 11 h. 10 m. du soir.

NOTA. Le bureau de l'arrondissement d'Amiens dessert les communes de : Allonville, Argœuves, Bacouel, Blangy-Tronville, Boves, Cagny, Camon, Clairy-Saulchoy, Creuse, Dreuil, Dury, Fouencamps, Fréchencourt, Glisy, Guignemicourt, Lamotte-Brebière, Longueau, Pissy, Plachy-Buyon, Pont-de-Metz, Pont-Noyelles, Prouzel, Querrieux, Rivery, Rumigny, Sains, Saint-Fuscien, Saint-Gratien, Saint-Sauveur, Saleux-Salouël, Saveuse et Vers-Hébécourt.

VI. Service Télégraphique.

Télégraphie privée.

Les bureaux sont établis rue du Camp-des-Buttes, 12. Ils sont ouverts du 1er avril au 1er octobre, de 7 heures du matin à 9 heures du soir ; — du 1er octobre au 1er avril de 8 heures du matin à 9 heures du soir.

Un service permanent de jour et de nuit est, en outre, établi à la station de la gare du chemin de fer.

TAXE DES DÉPÊCHES. — Dépêche de 20 mots, adresse comprise, entre bureaux de l'Empire, y compris la Corse . . . 2 fr. » c.

Chaque dizaine de mots ou fraction excédante. . . 1 »

Entre bureaux d'une même ville ou d'un même département . . . . 1 »

Chaque dizaine de mots ou fraction excédante. . . » 50

Entre un bureau de France et un bureau de Tunisie. 10 »

Chaque dizaine de mot ou fraction excédante . . . 5 »

Frais de poste . . . . » 40

Poste restante . . . . » 30

Frais d'exprès, (1 kilom.) . . . . 1 »

» Chacun des autres kilomètres . . . » 50

Frais d'estafette par myriamètre. 3 75

Les dépêches transmises la nuit, sont exemptes de surtaxe, et ne peuvent être échangées qu'entre bureaux ayant un service permanent

NOTA. Depuis le 1er mai la taxe de dépêche simple (20 mots) entre au bureau quelconque de Belgique et un bureau quelconque de France est fixée au taux unique de 3 fr., avec augmentation de moitié pour chaque série de 10 mots ou fraction de série excédante.

ORDRE ALPHABÉTIQUE

PAR RUES ET PAR Nᵒˢ DE MAISONS

DES

ADRESSES GÉNÉRALES

DES HABITANTS D'AMIENS

Abattoir (quai de l').

1 Cochonnot, cabaretier.
3 Watin, march^d de charbons.
7 Scierie mécanique de Drobecq et Hoël, rue au Lin.
9 Abattoir.
  Balédent, receveur d'octroi.
  Guidé ✳, concierge.
11 Marguerie, cabaretier.
13 Breton, m^d de bois en gros.
15 Gourguechon, concierge du
17 Dépôt de bois de Dehesdin.
19 Scierie mécanique de Madry-Cheussée, rue du Lycée, 65.
41 Hubaut (Eug.), hortillon.
43 Robasse, hortillon.
85 Fourdrinoy, teint.-dégraiss^r.
95 Scierie mécanique de Dehesdin
  Vasseur, concierge. –

Albert (route d').

3 Gottrand (Louis), m^d d'engrais.
3 Gottrand (Pierre), ménager.

9 Treuet, propriétaire.
17 Cormery, barbier.
19 Legond, rentier.
23 Gontier, fruitier.
25 Patte-Caron, boulanger.
27 Delahautoye (V^e), rentière.
29 Merque, maréchal.
33 Niquet, emp. de commerce.
35 Leclercq-Catlain, cabaretier et épicier.
37 Froidure–Loisemant (V^e), cabaretière.
39 Sevaux-Gontier, m^d à la toil.
41 Renouard–Dufour, m^d de combustible et de poterie.
43 Pourchel, rentier.
47 Holleville, débitant.
49 Letaille, boulanger.
55 Boucher (V^e), rentière.
  Boucher, charcutier et cab.
57 Boudoux et Ducastel, épic.
  Ducastel (Élie), épicier.
59 Deroubaix, fab. de peignes.
63 Come, cordonnier.

65 Flament-Froidure, ménager.
Flament (Pierre), ménager.
67 Dupuis, directeur de l'école mutuelle.
69 Leclerq-Ledoux, m^d de grains en gros et épicier.
71 Gérard (V^e), rentière.
73 Vinque, boulanger.
75 Boury, cabaretier.
79 Boitel-Boutin, employé.
83 Boucher, ménager.
89 Hardy, m^d de fourrages.
95 Douchet-Dhuy, cabaretier.
97 Becquerelle, employé.
99 Sauvé (V^e), ménagère.
103 Boucher-Decroix, cultivat.
105 Boucher-Boucher, cultiv.
Flament (Natalis) ménager.
107 Dhuy-Auguet, cabaretier.
121 Delhomel (V^e), ménagère.
123 Filliot-Maison, ménager.
129 Lelong-Landon, ménager.
131 Landon, cabaretier.
133 Louis (V^e), rentière.
137 Lemaire, fruitier.
141 Sorel-Denamps, cultivateur.
Sorel (V^e), ménagère.
149 Marchand, ménager.
151 Landon (V^e), ménagère.
153 Ogez (Alex.) fils, ménager.
2 Gourguechon, cabaretier.
8 Vast père, cultivateur.
Vast-Dury, maréchal.
10 Debrock (Mlle), cabaretière.
14 Bertrand, employé.
16 Masson, débitant.
18 Dufourmantel, curé.
20 Houbron, charron.
22 Boury-Lenot, m^d de paille.
24 Flament-Sauvé, ménager.
26 Vast, rentier.
28 Ogez-Leclercq, cabaretier.
30 Tellier, cab., salle de danse.
36 Beguet, m^d d'os en gros.

40 Lemaire-Lenglet, entrepreneur de maçonnerie.
42 Cornet, fruitier.
46 Marchand, ménager.
50 bis. Lenglet, bourrelier.
54 Henri (V^e), ménagère.
56 Duval, ménager.
72 Marchand (Pierre), cabaret.
84 Marchand (A.), serrur.-méc.
86 Sauvé, cultivateur.
88 Marchand-Boucher, ménag.
90 Maison, menuisier.
92 Magasin de Dupuis, m^d de laines, r. de l'Aventure, 15.
94 Matifas, rentier.
98 Filliot-Sauvé, ménager.
Filliot père, rentier.
100 Marchand, ménager.
102 Froidure-Vast, ménager.
104 Labat et Heméry, m^{ds} en g.
108 Laverlant, ménager.
114 Pecqueur, ménager.
116 Maisant-Flament, ménager.
118 Landon, ménager.
120 Maison (V^e), ménagère.
130 Cordonnier, rentier.
180 Normand-Boucher, cultiv.
182 Favry fils, m^d de gaudes.

Alger (rue d').

1 Gensse-Mollet, propriétaire.
3 Vasselle, avoué.
4 Codevelle, rentier.
Delattre (V^e), rentière.
6 Lenoël et fils, propriétaires.
8 Jacowski, dentiste.
10 Beaugeois, propriétaire.
12 Lefebvre, négociant.
14 Codevelle (V^e), rentière.

Allonville (route d').

1 Froidure, aubergiste.
11 Jumel, ménager.
25 Vandersticlen, m^d de côtrets.

29 Fisseaux, ébéniste.
31 Marchand (V^e), ménagère.
33 Marchand (Clément), berger.
45 Mercier, cabaretier.
65 Bachimont, colleur de chaînes.
6 Beni père, employé.
14 Jacquin, poterie en ambulance.
18 Dhuy, rentier.
22 Dormeval, propriétaire.
40 Marié (Aug.), ménager.
42 Demanesse-Marié, ménag.
50 Demanesse fils, ménager.
54 Dinouard, ménager.
56 Brandicourt, ménager.
60 Lequien, ménager, court. de bestiaux.
64 Boucher, ménager.
76 Mouret, rentier.

Allonville (rue Neuve d').

3 Decorniquet, garç. de magas.
7 Colaré, ménager.
9 Bouthors-Rohaut, ménager.
13 Coquillard, ménager.
17 Beauvais, ménager.
16 Allart, berger.
20 Boudoux-Ducrognot, serrur.
26 Poulain, ménager.
38 Gottrand (Fortuné), entrep. de vidanges.
   Gottrand (Désiré), entrep. de vidanges.

Andouille (rue de l').

5 Asselin, rentier.
19 Vasseur, débitant.
27 Leroy, épicier.
6 ᴮ Acloque, colporteur.

Archers (rue des).

7 Dubois, garçon de ville.
23 Girot, épicier.
27 Fabrique de Hubault, fabricant, r. Neuve-des-Minimes.

29 Fabrique de Bernard, rue Henri IV.
41 Fabrique de Cailleux (V^e), rue Basse-Saint-Martin.
18 Alexandre, moulinier.
24 Cadet, galochier.
32 Porchez, m^d de combustibles.
34 Tietsch, contre-maître.

Arts (passage des).

5 Balavoine, concierge.
7 Salle de vente de Me Buquet, commissaire-priseur.
13 Leplat, basculier.
15 Desort, typographe.
17-19 Scellier fils, brocanteur.
8 Dermans, ferrailleur.
10 Diruy, matelassier.
14-16 Bruxelles, brocanteur.

Artus (cour).

9 Mag. de Bailly, cloutier, r. de la Hotoie, 59
18 Douchet, tourneur en bois.
20 Legrand, ferrailleur.

Augustins (rue des).

1 Blin de Bourdon, propriétaire au Quesnel.
3 Lallart de Le Bucquière, propriétaire à Gézaincourt.
5 Hesse, propriétaire.
7 Renard-Dorville, marchand de coton en gros.
9 De Guillebon, prêtre.
11-13 Tallon, marchand en gros.
13 Villain, propriétaire.
   Guillard, voyageur.
15 Bellet-Pipaut, entrep. de serr.
17 Les Fidèles Compagnes de Jésus (pensionnat).
19 Salle-Cordier, entrepreneur.
4 D'hantefeuille (V^e), rentière.

6 Tattegrain-Delabarthe (Vᵉ), propriétaire.
18 Bécot ✳, avocat-général.
10 Ponche, filateur.
12 Matifas-Laurent, propriét.
Petit ✳, capitaine en retraite.
14 La comt. de Beaurepaire, pʳᵉ.
16 Bru, farinier.
18 Debuigny, agent d'assurances.
Bureau de la *Confiance*.
20 Benezy (Mᵐᵉ), rentière.

Augustins (petite rue des).

1 Demonchy, percept.-surnum.
1 Roussel, représent. de comm.
5 Pipaut, chanoine.
7 Lecocq, employé.
11 Atelier de Mᵐᵉ Cailleux, rue Basse-Saint-Martin, 18
2 Atelier de Baril, fabricant, passage des Sœurs-Grises.
Pelfrenne, contre-maître.
4 Duchatel, chiffonnier en gros.

Aventure (rue de l')

1 Paul, officier de santé.
3 Lenfant, rentier.
5 Dompierre (Vᵉ), rentière.
Ossart (Vᵉ), rentière.
7 Guilbert, fᵗ d'eaux minérales.
Sainneville, menuisier.
11 Papin, sculpteur.
13 Pavillon-Dault, propriétaire.
15 Dupuis-Briez, mᵈ de laines en gros.
Dupuis père, rentier.
17 Briquet (Mˡˡᵉ), rentière.
21 Beauvais-Thorel, fabricant de velours d'Utrecht.
23 Creton, propriétaire.
29 Buée-Matifas, rentier.
31 Noblesse, cordonnier.
35 Langlet (Vᵉ et Mˡˡᵉ), rentières.
37 Corblet, prêtre.

39 Garnier (Mˡˡᵉ), rentière.
43 Lépicier, cordonnier.
4 Guilbert, rentier.
6 Pierrain, rentier.
10 Doviller (Estelle).
12 Boucher (Vᵉ), rentière.
14 Magasin de Boyard-Tillier, rue Gresset.
16 Poulain, rentier.
24 Delagrange, conducteur des travaux communaux.

Baraban (boulevard).

5 Corbillon, rentier.
7-9 Magnier, teinturier.
27 Ratier (Vᵉ), rentière.
Desmaret-Ratier, charpentier.
Lécaillet (Joséphine), rent.
41 Fabrique de montures de parapluies de Fox.
Rymer, contre-maître.
Tichet, contre-maître.
Braddock, contre-maître.
Hayword, contre-maître.

Barette (rue de la).

1 Lefebvre, mᵈ de chiffons.
7 Scotté (Vᵉ), mᵈᵉ de bois.
17 Callas, débitant.
35 Moilon, vétérinaire.
51 Cremer, méc. au ch. de fer.
53 Vasseur (Vᵉ), cabaret.-épic.
2 Douillet, débitant.
4 Darquet, épicier.
8 Colonne, employé.
48 Begs, fruitier.
56 Merel, débitant.
62 Duchien, charcutier.
82 Rouart, débitant.

Barette (petite rue de la).

4 Ogez-Gorlier, propriétaire.
8 Fabrique d'Ogez et Vasseur, boulevard de l'Est.

12 Leclercq (V*), rentière.
Leclercq, serrur.-mécanicien.
14 Fleury, marchand d'eau.

Barette (passage de la).

10 Jouvenez, sage-femme.

Barge (rue du cloître de la).

1 Rofidal, rentier.
3 Dijon, m^d en gros.
Dijon (Hortense), rentière.
5 Laisné, (M^r).
Mouchet (V^e), rentière.
9 Poulle, avoué.
11 Machart, avoué.
13 Matifas, avoué.
Hourrier, employé.
Gallet (V^e), rentière.
Brassart, agréé.
6 Hocquet, prêtre.
8 Dubois-Quillet ✳, médecin.
10 Helluin, géomètre.
12 Le cercle de l'Industrie.
Fauquemberg, concierge.
14 Desmarquet, m^d de vins.

Bastion (rue du).

1 Boitel, propriétaire.
3 Follet, entrepren. de pavage.
5-12 Finet, rentier.
7 Carrier, à Fillières, rentier.
9 Demarcy, plafonneur.
13 Wain (Rebecca).
13 Chantier de Follet, entrepreneur, r. du Bastion, 22.
15 Calat, chauff. au ch. de fer.
17 Parent-Delamarre (Mme), sagefemme.
8 Laloue-Riquier (Mme), rent.
10 Dequen, cond. de trains.
12 Finet, rentier.
16 Lenoir (V^e), rentière.
20 Domart, négociant.
22 Follet, entrep. de bâtiments.

24 Noël, mécanic. au ch. de fer.
26 Favry, forgeron.
28 Guilbert, ajusteur.

Beauregard (rue).

5 Vasseur (Théophile).
2 De Brandt (V*), propriétaire.
De Brandt, prêtre.

Beauvais (rue de).

1 Dusanterre, coiffeur.
3 Huret, cabaretier.
Bellin, agent de police.
Tellier, commis à pied.
5 Dapéron père et fils, chaudr.
7 Surmont (V^e), épicière.
9 Bernard, ferblantier.
11 Meurger, pharmacien.
Barbier (V^e), rentière.
13 Doudin, perruquier.
15 Glasson, ferblantier.
Pauchet (V^e), rentière.
17 Dufour-Boufflers, auberg.
Redonné (Mme), m^{de} ambul.
21 Boulanger, épicier.
23 Chevalier-Drevelle, boucher.
25 Dumont-Motté, pâtissier.
27 Dumont-Carment, m^d de graines et de charbons.
29 Dittmar-Lefebvre, mercier.
31 Tellier-Sagnier, cabaretier.
33 Briaux-Lagorée, déb. de tab.
Fournier (Simon), rentier.
35 Padieu, médecin.
37 Legrand, boulanger.
39 Sauvenay, fab. de chapeaux de paille.
41 Defrend-Testu, m^d passem.
43 Dassouville, employé.
45 Magasin de sacs de Cordelat, boulevard Fontaine, 68.
Toudouze (Mme), gérante.
47 Maincourt, huissier.

49 Callé-Beauvais, chapelier.
Beauvais (V⁰), rentière.
51
53 Toupiole, rentier.
55 Sommermont, m⁴ de rouennerie.
57 Gorriez, serrurier.
59 Vigniez-Lheureux, logeur.
Soulon, agent de police.
Gaffet, agent de police.
61 Pougin de Maisonneuve, percepteur.
63 Breton-Dumont, m⁴ de graines
Lesage, employé.
65 Joron, tonnelier.
67 c Joron, rentier.
69 Hazard, épicier.
71 Tessier, relieur.
Bureau de vérification des
poids et mesures.
Paris, vérificateur.
Tessier (M⁰), lingère.
75 Bourache, bourrelier.
77 Leclercq, logeur.
79 Duneufgermain, cordier.
81 Fussien frères, commiss. en
marchandises.
83 Guillery-Falempin, vannier.
85 Bur. de Daire père et fils,
comm. de transport.
Bouthors-Witasse (V⁰), m⁴⁰
de vins.
Rappe, brasseur.
87 Prouzel-Arrachart, boulanger.
89 Gamain, cabaretier.
91 Poullain-Lecul, fruitier.
95 Decoisy, fruit., farines, son,
et reflets.
97 Seconde entrée de l'école de
la Providence.
99 Marquis, libraire.
Vasseur, perruquier.
101 Mauguy, bonnetier.

103-105 Derogy-Loth, épicier, m
de vins en gros.
Loth (V⁰), rentière.
107 Deflesselle, cabaretier.
111 Laffilé (V⁰), déb. de tabacs
Atel. de Laffilé-Poivre, serr
113 Mag. de Drevelle, boucher
rue de Beauvais, 115.
Mag. de Geslot, boulanger
rue de Beauvais., 117.
115 Drevelle, boucher.
117 Geslot, boulanger.
119 Marquis, m⁴ de faïence.
121 Grente, tamisier.
123 Ravin-Tellier, boulanger.
125 Dupetit-Prieur (V⁰), épicière
127 Hôpital Saint-Charles.
Lhuintre (M⁰⁰), supérieure
129 Thuillier, aum. de l'hôpital
Thuillier père.
Watel, aumôn. des Incur.
Watel (M¹¹⁰).
131 Debray (V⁰), rentière.
2 Blangy, m⁴ d'eaux-de-vie e
liqueurs
4 Dallery, boulanger.
6 Gosselin (V⁰), charcutière.
8 Hacot, plombier.
10 Lesselin, m⁴ de fer et de
quincaillerie.
12 Defecque, aubergiste.
14 Ledée-Dupuis, mercier.
16 Grimbert, cabaretier.
Georget, agent de police.
18 Louchet, vannier.
20 Roussel, cabaretier.
22 Jourdain, m⁴ de balais.
Doutart, maréchal-ferrant.
Mag. de Dumont-Carment.
24 Pascal-Samuel, charcutier.
26 Delassus-Poix, m⁴ de rouen
26 Delassus (V⁰), rentière.
28 Pelfrenne-Caron, négocian
30 Vinchon, pharmacien.

34 Daire et Gournay, droguistes en gros.
36 Boilly, herboriste et épicier.
38 Boyeldieu (Clémence), merc.
40 Poulain, cabaretier.
42 Caron-Bléry, imprimeur.
44 Benaut, aubergiste.
Dorville, rentier.
46 Bousquet, ferb.-lampiste.
48 Planquette, tapissier.
50 Leroux-Delepierre, caross.
52 Roblot, menuisier.
54 Duhem-Laflute, cabaretier.
56 Bernard-Lombard, cabaretier et facteur.
58 Creton, avocat.
60 Cordier-Breton, m^d de fer.
62 Pelain, cordonnier.
66 Dieu, Cavillon et Lalanne, m^d de fer et de charbons.
68 Crété-Briois, épicier, m^d de vins en gros.
70 Cotté Croisé, cafetier.
72 Raynaud, linger et perruquier.
74 Devismes, rouenner.
76 Jourdain, cabaretier.
78 Mallot, maréchal-ferrant.
Ballue père et fils, rentiers.
80 Mag. de Fussien frères, r. de Beauvais, 81.
82 Perrier, propriétaire.
84 Roy-Guibel, m^d de literies.
84-86 Waymel, poêlier-fumiste.
90 92 Basset, chaudronnier.
92 Vasseur, employé.
94 Dewailly-Crapier, m^d de vins en gros.
96 Houry, aubergiste.
98 Decroix-Martin, épicier, vins en gros.
100 Hareux-Sailly, charcutier.
102 Beauvais-Pillon, pâtissier.
104 Leroy, mercier.

106 Morin, cafetier.
108 Vasseur, perruquier.
112 Huguet, mercier.
116 Philippet, épicier, loueur en garni.
Merlin, rentier.
118 Samain-Lepan, carrossier.
120 Magnez-Payen, épicier.
122 Paris, perruquier.
124 B Majourelle, cuisinier.
B Voclin-Majourelle, mécan.
A Buisson, voiturier.
C Jourdain (Juliette), rent.
126 Mention-Bodoux, rentière.
Ris (V^e), entrep. de l'éclair. à l'huile, loueuse en garni.
Levillain, professeur au Lycée.
Reculé, garde gén. des eaux et forêts.
128 Masson, épicier.
130 Lefebvre, aubergiste.
132 Rappe père et fils, brasseurs.
Renouard (V^e), rentière.
134 Boyeldieu, débitant.
136-138 Bourache-Matifas, épic.
140-142 Legueur-Bralant, épic.
146 Crevel, cabaretier.
152 De Saint Fussien, cabaretier.
154 Lamarre, épicier, débitant de tabacs.
156 Fleury(Vict.), m^de de galettes.
158 Visery, charcutier.
160 Tattegrain, cabaretier.

Beauvais (Esplanade de).

Fleury (V.), m^de de galettes.
Delarue, recev. d'octroi.
1 Mancel (Const.), propriétaire.
3 Dequen (V^e), rentière.
5 Pinchemel, rentier.
11 Sauval, emp. à la préfecture.
2 Monnier, rentier.
4 Jumel, ancien notaire.
6 De Chassepot, à Aveleges.

2

8 Dubreton O. ✳, chef de bat.
du génie.
10 Deneux (V*), rentière.

Boulevard de Beauvais.

2 Aliamet-Verrier, propriétaire.
10 Thonon (V*).
12 Lenoir-Bizet, entrepreneur de
maçonnerie.
18 Abraham (Ach.), propriétaire.
20 Darsy, directeur des prisons.
22 Deflandre, conduc. des ponts-
et-chaussées.
24 Louvergne, employé.
26 Caron (M**), rentière.
Woillot (V*), rentière.
30 Dupuis-Cazier (V*), rentière.
32 Dupuis fils, rentier.
34 Damade (V*) et fils, rentiers.
36 Thivier, professeur au Lycée.
38 Diguet (V* et D**), propriét.
40 Daullé, ancien juge de paix.
42 Cranck, artiste peintre.
44 Andrieu, fabricant.
46 Guenin (Edouard), négociant.
48 Griois (V*), rentière.
50 Desguingatte, ancien notaire.
Desguingatte (M**).
52 Lalanne (V* et D**), rentières.
54 Labesse, courtier de comm.
Labesse (V**), employé à la
mairie.
56
58 Fontaine (V*) et fille.
60 Garçon, rentier.
62
64 Charlard (V*), rentière.
66 Opéron, anc. notaire.
68 Poiré, représ. de commerce.

Becquerelles (rue des).

1 Macrez, épicier et taillandier.
Derache-Sauval, rentier.
3 Bazille-Voclin, retordeur.

Bazille fils, représentant de
commerce,
5 Porchez-Duchenne, marchand
de combustible.
7 Daire, afficheur.
9 Midelet, employé.
13 Daire (V*), rentière.
Pezé, menuisier.
15 Letousey, tamisier.

Bellevue (rue).

7 Jacquin de Cassières, conseill.
9-11 Martin, peintre.
13 Lemort (la D*), rentière.
15 Carrière, agent-voyer.
17 Lebel, ferblantier.
21 Guillon, employé.
23 Petit, aumônier (Visitation).
25 Follet, ancien paveur.
27 Thuillier-Obry, rentier.
2 Vaquette (V*), rentière.
4 Andrieu-Degeilh, avocat.
6 Braut-Legrand, employé de
commerce.
8 Hordez pere, rentier.
10 Hazard, m** tailleur (habitat.).
12 Delafontaine-Solare, propriét.
14 Levasseur, fact. de marchand.
18 Magdelaine (V* et M**), rent.
20 Niqueux, commissaire de sur-
veillance au chemin de fer.
24 Evrard (Appoline).
28 Jolibois (V*), rentière.
Jolibois, conducteur des ponts
et chaussées.
30 Delaporte-Caustier, rentier.
32 Levasseur (François), rentier.
34 Duflos, commissaire de police.
36 Derivière, rentier.
Maisant, rentier à Boves.
Demarest, voyageur.
38 Bachotet, employé.
40 Peuvion, homme de confiance.

42 Decroix , chauffeur.
Hecquet (V^e), rentière.
44 Flament , propriétaire.
46 Chantier de Deflers , charpentier, rue Montplaisir.
48 Lange, directeur de peignerie mécanique.

Bibliothèque (rue de la).

1 Entrée des lectures du soir.
3 Magasin à la ville d'Amiens.
5 Ecole centrale des Frères.
Rigal, Frère-Directeur.
7 Hospice des Incurables.
Barbier(Mme), supérieure.
4 Bourgeois, facteur de messageries.
6 Baril, photographe.

Bicêtre (rue du).

13 Matifas, chiffonnier.
16ᴬ Perlin (V^e), rentière.
24 Miannay, ménager.
32 Estion, gard. chef de Bicêtre.

Blamont (rue du).

5 Huret, garde-champêtre.
10 Joly, rentier.
26 Lefebvre, jardinier.
56 Delamarre, charpentier.
62 Loriol-Dusuel, ménager.
64 Dusuel-Capel, cultivateur.
80 Cloquier, débitant.
82 Maison du Blamont.
Marie Rogerson, supérieure.

Blanquetaque (rue).

9 Destré , logeur.
13 Morel (Frédéric), m^d forain.
29 Vasseur, maçon.
47 Paris, couvreur-plafonneur.
16 Desmarest (Florent), épicier.
18 Dubois, m^d de combustibles.
44 Glachant, menuisier.
54 Lequet, jardinier.

Blassel (rue).

3 Mag. de Bazin, fab. de chaises, rue Duméril.
5 Mag. de Crampon, cabaretier, rue des Rabuissons.
7 Mag. de Lemaire, m^d de charbon, boul. Saint-Charles.
9 Tillier, voyageur.
11 Magnan (Louis), prof. de mus.
2 Mag. de Morand, menuisier, rue de Narine.

Bloc (rue du).

1 Dolin, relieur.
3 Barbier, négociant.
Boidin , commis.
5 Calais et Parmentier , marchands en gros.
7 Maison de vente de Mouret, rue St.-Roch.
9 Larozière (Vict.), fabricant.
11 Villomont, débitant de tabac.
13 Loyer, fabricant.
15 Brisse-Gry, charcutier.
2 Betrancourt, épicier.
4 Carnoy et Delahaye, m^{ds} en g.
6 Dupuis, m^d en gros.
Magasin de Pezé fils, m^d de toiles à Beauval.
8 Leluin, coiffeur.
Negre, empl. au ch. de fer.
10 Devaux-Pie, épicier-faïencier.
14 Philippeaux, droguiste.

Bondes (rue des).

1 Porchez fils, m^d de combustib.
Brandicourt, march. de pain à Saint-Sauveur.
2 Grincourt, revend^r à la toil.
16 Vilin père, rentier.
56 Lamarre, débitant.

Bonnards (rue des).

3 Choquet, ménager.

9 Devisme (Adelaïde), rentière.
13 Lemort, ménager.
Fauquerre, ménager.
15 Mortreux, ménager.
17 Vicaigne, fruitier.
19 Ogez, cultivateur.
Ogez (V°), cult.
23 Henri, cultivateur.
25 Guyot, ménager.
29 Fournier, fruitier.
39 Domont (V°), ménagère.
18 Henri, cordonnier et ménager.

Bonvallet (rue).

40 Decorniquet, tonnelier.
44 Follet, m^d ambulant.
50 Jérôme, ébéniste.
52-54 Saveuse (V°), teinturière.

Bordeau (rue du).

2-4 Mag. de Dubois frères, m^ds de houblon.
10 Lejeune, tisseur.
12-14 Hardy (V°), meunière.
16 Beugniet (J.), card°. en laines.
24 Finance, maréchal.

Bouchers (rue des).

7 Sclet, voiturier.
11 Magasin de Fréchon, Marché-au-Feurre.
13 Languillon, ébéniste.
Atelier de Moitié, rue des Verts-Aulnois, 25.
15 Cailleret, chiffonnier.
17 Ladent (V°), tripière.
33 Robert, chiffonnier.
2 Ladent-Flan (V°), tripière.
10 E Mag. de Briez, m^d de laines.
12 Magasin de Govin, m^d de fer, Marché-de-Lanselles, 59.
14 Briez-Brunel, m^d de laines en gros.
16 Magasin de Détaille, tonnelier, rue H^te-des-Tanneurs.

22 Joly (V°), tripière.
26 Grebert, m^d de charbon.
30 Dhuy (V°), bouchère ambul.
32 Magasin de Loisel et Chatelin, rue Saint-Leu.
40 Magasin de Duvauchelle, m^d de laines, r. de la Veillère.

Ancienne Boucherie (pass. de l').

2 Marchand-Leroy (V°), rent.
Ladent (V°), tripière.
Joly (V°), tripière.
Dupont, tripier.
Choquet, tripier.

Bourelles (rue des).

1 Gavois, meunier.
2 Bellier, débitant.
16 Trancart, rentier.
34 Mallet, menuisier.
52 Roussel, dit Ancelin, voyag.
54 Hédé (Hortense), m^de de rouennerie.
56 Mag. de Briez, r. des Bouchers.

Bout-Cacq (rue du).

3 Morel, serrurier.
5 Atelier de Haudbout, charron, même rue, 49.
7 Devallois, plafonneur.
11 Sermage, serrurier.
15 Ruhlmann, agent de police.
17 Duneufgermain, ménager.
33 Ruffier, brasseur.
49 Haudbout, charron.
53 Faloise (Mme), cabaretière.
55 Gadiffet, maître-adjoint.
57 Létoile, rentier.
61 Nocq, empl. à la préfecture.
(Fourniture pour pompiers).
67 Dubois (la D°), mercière.
69 Derbesse, employé.
75 Coltat, cabaretier, menuisier.
77 Tribout, rentier.

79 Devieilhe, rentier.
81 Petin, rentier.
8 David (Alexandre), voiturier.
12 Eloy (Emile), m^d de chevaux.
Eloy (Arsène), cultivateur.
14 Pourchez, débitant.
18^A Barbier (la D^e), m^{de} de volaill.
18^B Eloy (Eugène), menuisier.
24 Canivet (Améd.), fabrique de paillassons.
26 Potier, employé.
26 A Dupuis, propriétaire.
26 B Formantin, peint. en voitur.
26 C Atelier de Sermage, serrurier, même rue, 11.
28 Remise de Démarquet, rue Napoléon.
Remise de Lefebvre (Benoît), rue de Beauvais.
Magasin de charbon de Dumont-Carment, grande rue de Beauvais.
30 Objois, rentier.
32 Couvé (V^e), rentière.
36 Hallot père, ménager.
40 Hallot fils, id.
42 Fonder. de Cavillier et Lecull.
44 Lecull, fondeur.
46 Corderie de Dufourmantelle frères, rue des Vergeaux.
48 Mallet (Fernand), propriétaire.
50 Petit, jardinier.
Petit fils, jardinier.

Bouteilles (rue des).

1 Mag. de Dubois (V^e), brasseur, rue Saint-Leu, 91.
3 Durier, m^d et peign. de laines.
5 Saint-Boucher, serrurier.
Boucher (V^e), rentière.
21 Lenoir, logeur.

Briques (rue des).

5 Darly (Augustine), rentière.

9 Maumenée (M^e), m^{de} de grains.
11 Deharnais (Rosalie), rentière.
Barberot, sous-insp. de police.
13 Leroy, retordeur.
19 Dubois, rentier.
27 Bocquet (Flore), retordeuse.
31 Lenoir-Flamant, employé.
Pelletier, c.-mait. de fabrique.
10 Morgan, m^d ambulant.

Gagny (rue de).

3 Fonrreau, chauff. au ch. de fer.
5 Feret, chauffeur au ch. de fer.
7 Lempereur, chauffeur.
13 Wanof, chauff. au ch. de fer.
15 Lequet, menuisier.
19 Freville, exploit. de carrières.
4 Gachelin, chauff. au ch. de fer.
8 Vasseur, chauffeur.
18 Hévin-Carton, employé.
44 Roy, mécanic. au ch. de fer.

Calandre (impasse de la)

3 Atelier de Leclercq (V^e), corroyeur.
9 Goudroy (V^e), m^{de} de volailles.
11 Dargent, menuisier.

Camp-des-Buttes (rue du).

1 Hardouin, prés^t de chambre.
5 Couvreur, prêtre.
7 De Gestas (le comte), propr.
9 Demailly, rentier.
11 Dorbis (V^e), propriétaire.
2 de Lépine, propriétaire.
4 Magasin de Mercier, épicier-m^d de vins, r. d. 3 Cailloux.
Remise de Démarquest, rue Napoléon.
8 Frennelet, propriétaire.
10 Cave à Ruffier, brasseur, rue du Bout-Cacq, 33.
14 Rollin (le comte de), capit.

2.

16 Desjardins, avoué.
18 Henriot-Cordier, propriétaire.
20 Acloque-Lannoy, négociant.
22 Petit, avocat.
24 Deventer (Vᵉ), rentière.
26 Brouilly, propriétaire.
28 Henin, avocat.

Canal (rue du)

6 Drobecq (Vᵉ), rentière.

Canettes (rue des).

1 Souvaux, épicier.
  Coudun fils, employé.
3 Druard, employé.
7 Dufour (Vˣ), peintre.
9 Atelier de Tombe-Delattre,
  dessinateur, rue de Noyon.
  Asselin (Vᵉ), rentière.
11 Frère (Vᵉ et Dˡˡᵉˢ), rentières.
13 Boucher (Dˡˡᵉ), ancienne maîtresse de pension.
17 Savary, prép. en chef de l'oct.
19 Flesselle, menuisier.
21 Bulan-Dubois (Vᵉ), rentière.
23 Salmon (Mˡˡᵉ), rentière.
27 Guyon, mécanic. au ch. de f.
2 Fouache-Dhalloy, propriét.
4 Langelé, employé.
6 Hamiot, logeur.
8 Duflos, commis-greffier.
12 Laffray, rentier.
14 Larozière, fruitier.
18 Begard,   id.

Canteraine (rue).

1 Destré (Vᵉ), mᵈᵉ de légumes.
3 Bouvier, logeur.
5 Deflandre (Vᵉ), teinturière.
11 Delaporte, brasseur.
23 Atelier de Révin dégraisseur,
  Marché au Feurre.
27 Tavernier, fruitier et suisse.

35 Dacheux, logeur.
37 Petit (Françoise), rentière.
39 Berlin (Madeleine), id.
43 Hémery, retordeur.
45 Magasin de Delaporte, brasseur, même rue.
47 Patoux, teinturier-dégraiss'.
49 Tellier (Armand), épicier.
4 Tellier (Lˢ), imp. sur étoffe.
6 Niquet-Scellier, fab. à métiers.

Capettes (rue des).

1 Dournel, notaire.
5 Petit, rentier.
7-9 Magasin de Ransson, rue
  Porte-Paris.
4 Magas. de Brasseur-Thuillier.
6 Leyderer, carross. (atelier).
8 Vandevincker (H.), rentière.
10 Génébriat, insp. des contrib.
  directes.
  Fargeot (Vᵉ), rentière.
12 Remise de M. Péchon, nég.
  rue Porte-Paris.
14 Griois (Dˡˡᵉ), loueuse en garni.
  Lecraicq, clerc de notaire.
  Lambert, surn. des cont. dir.
16 De Chauvenay, prop.

Capucins (rue des).

3 Lesieur, logeur, garçon de
  bureau à la Préfecture.
5 Moncourt, épicier.
7 Piolé, restaurateur.
9-11 Lentz-Federpe, cabaretier.
13 Beaumont-Lebrun, vins en gr.
  Vasseur-Menesson, fᵗ de regist.
15-17 Suart, épicier.
19 Baussard, vins en gros.
21 Arrachart aîné, rentier.
23 Arrachart-Acloque (Vᵉ), rent.
  Acloque (Vᵉ), rentière.
25 Gallimard, marchand de vins.

27 A Wallet, ébéniste.
27 B Bonta (Carol.), m^{de} de marr.
27 E Magasin de Bougon, tonnel^{er}, rue Duméril.
27 F Magasin de Moitié, rue des Verts-Aulnois.
27 M Magasin de Soyez-Desmarest, rue Delambre.
27 L Debray, scieur de long.
31 Lalou, logeur.
   Merlé, comm. greffier au trib.
33-35 Viot, loueur en garni, coiff.
39 Destré, logeur.
41 Saguet, employé.
43 Bailly-Dassonville (V^e), log^{se}.
45 Deray-Pipaut, peintre.
47 Jeunet, imprim^r.-lithographe.
   Journal d'Amiens.
53 Desjardins-Creton, propriét.
55 Roger, voyageur.
57 Botte, cordonnier.
59 Villeret, employé.
61 Guilbert et Bralant, vins en gr.
   Bralant, vins en gros.
63 Sauval, rentier.
65 Hesse et Audegond, serruriers.
67 Jérôme (Mlle), couturière.
69 Trèshaut, typographe.
71 A Magasin de Leclercq, menuisier, même rue, 68.
71 B Deliège (Oct.), fabricant de registres.
71 C Govin, ferrailleur.(Magasin).
71 D Joly-Roussel, maçon.
73 Maillard (Mme), couturière.
2 Delaire, logeur.
8 Atelier de Paris-Corroyer.
10 Lanzemberg, m^d forain.
10-12 Ec. de Gallimard et Benaut.
14 Lefebvre, marchand de laines à Haravesne.
18 Pernot, garnis, ébéniste.
20 Ramboue-Lepers, teint.-dégr.
   Ramboue-Fournier, employé.

24 Cave de Dufourmantelle, cafetier, rue Duméril.
28 Cuvillier, agent d'affaires.
   Bureau de la *Paternelle.*
30 Vasseur, épicier.
32 Montgrenier, fruitier.
34-36 Darras-Cagé, brocanteur (garnis).
38 Trannoy (Mlle), rentières.
40 Rousselle, menuisier.
42 Guichard, rentier.
   Bellet, employé de commerce.
44 Bois, garçon de table.
46 Lefebvre, peintre.
48 Poulmont, rampiste.
52 Lefebvre (Mlle), modiste.
54 Dequet, propriétaire.
56 Fournier de Saint-Amand, p^{re}.
58-60 Kirch, maréchal et logeur.
62 Ruspini, fabricant de cages.
66 Caillet, tailleur.
68 Leclercq, menuisier.
72 Crutel fils, contre-maître.
76 Delagarde (V^e), rentière.
78 Magasin de Dubus, boulanger, rue Saint-Jacques.

Neuve-des-Capucins (rue).

1 Gray, cabaretier.
3 Magasin de Duflos, fabric. de savons, même rue, 2.
5 Cauchois (Sidonie), repass.
   Poulain (Esther), couturière.
7 Follet-Barbier (V^e), rentière.
   Follet (Denise), rentière.
   Follet, rentier.
9 Corblet, aumôn. des prisons.
   Corblet père, rentier.
11 Durand, fruitier.
15 Dehen, professeur de musiq.
17 Gomart (V^e), loueuse en garni.
23 Quignon, retraité.
25 Ravin-Niveau, rentier.
27 Duvauchelle (V^e), rentière.

29 Boye (Hermance), dessinateur de fabrique.
31 Grenet (V*), logeuse.
Cahon, employé à la mairie.
2 Duflos, savons, cons. général.
4 Boutillier (Louise), rentière.
6 Buisson (V*), rentière.
Buisson, employé.
8 Boyart, rentier.
10 Devisme, rentier.
12 Douchet, médecin.
Guidé-Douchet, négociant.
16 Courtillier, médecin.
18 Gallimard et Benaut, march. de vins.
20 Calais, rentier.
24 Lorel (Louise), rentière.
26 Moronval (V*), rentière.
28 Gros, commissaire de police.
30 Chomet (V*), rentière.
32 Debry, empl. à la Préfecture.
Cressent, logeur.

Capucins (passage des).

1 Brasserie de Rappe, vis-à-vis.
3 Filat. de Levoir et Landrieu.
5 Landrieu, filateur.
2 Rappe, brasseur.
4 Derivery, rentier.
6 Carton (Ed.), empl. de comm.
Carton (M**lle**), prof. de lang.
10 Maison de retr**te** pour dames.
Glavier (Louise), directrice.
Sonnet (M**lle**), rentière.
Peretti (V*), rentière
Noyelle (V*), rentière.
Pinel (V*), rentière.

Castille (rue).

1 Declercq, employé.
3 Delache (Cécile), rentière.
5 Andrieu-Dusuel, ménager.
13 Biendiné, rentier.

17 Macron, peintre.
Macron, employé.
21 Froidure, m**d** de charbons et de bois.
23 Morand (Alexandrine), rent.
4 Senepart, courrier de malle.
6 Devaux (V*), rentière.
Devaux (M**lle**), maît. de piano.
8 Louette, commis à pied.
10 Le Bouffy (V*), rentière.
12 Mathon, prêtre.
20 Plaisant, retraité.
22 Frion, emp. de commerce.
24 Cailleux, mécanicien.
26 Normand, artiste-peintre.
44 Rose, chauffeur.
46 Finet, employé.
48 Blondel, employé.
54 Cozette (Joseph), rentier.
58 Bourlon, surveillant.

Caumartin (rue).

1 Constantin, serrurier.
3 Jumel (Eutrope), rentier.
5 Caille-Depoix, rentier.
7 Faton, m**d** de laines en gros.
Faton, rentier.
9 Vasseur-Boucher, couvreur.
11 Monmert (Paul), proff. de mus
13 Pointar, emp. à la mairie.
15 Gournay, droguiste.
17 Philippe, fondé de pouvoirs.
19 Vasseur, professeur.
Gauchet, employé.
21 Duquesnoy (V* et D**lle**), rent.
25 Levaillant, rentier.
27 Dublaisel, rentier.
35 Jourdain, praticien.
37 Bois (V*), rentière.
39 Julliart (M**lle**), rentière.
2 Bureau de Dupont et Froment.
Froment (Alfred), négociant.
4 Coulon, propriétaire.
6 Duproy, négociant.

8 Jérosme, menuisier-mécanic.
12 Legrand (Vᵉ), rentière.
14 Cornet-Fremont, rentier.
16 Lamy-Candelier, ag. d'assur.
    Bureau de la *France*.
22 Joron, caissier.
24 Ruffier, voyageur.
26 Joron (Jules), chef de bureau
    à la mairie.
28 Despréaux, avocat.
30 Beauval, comm. en march.
32 Hubert ✳, recteur en retr.
34 Philippe, caissier.
    Philippe (Eugène), comptable.
36 Lemoine-Codevelle (Vᵉ), rent.
    Lemoine (P.), empl. de banq.
28 Leridan, greff. du 1ᵉʳ arrond.
    Bureau de l'*Urbaine*.
40 Descroix (Caroline), coutur.
42 Cauchy (Vᵉ), rentière.
44 Brassart, greff. de simple pol.

Boulevard des Célestins.

3 Sambœuf, agent comptable.

Cérisy (rue de).

1 Decaïeu (Vᵉ), rentière.
    Decaïeu, greff. des prud'hom.
3 Deberly, avocat.
5 Laruelle, propriétaire.
7 Gaudbuin, propriétaire.
    Jumel-Loquet (Vᵉ), propriét.
9 Pigné-Dellorier, propriétaire.
11 Yvert, employé.
13 Feutry, propriétaire.
15 Hocquet, rentier.
17 Leroux (Mˡˡᵉ), rentière.
19 Devaux, métreur.
21 Hirondart, dessinat.-lithogr.
    Hirondart (Mᵐᵉ), couturière.
23 Courcol, rentier.
25 Févez-Richard, propriétaire.
27 Magasin de Landragin, mᵈ de
    vins en gros.

29 Caudron-Ladent, propriét.
2 Ducastel, propriétaire.
    Ducastel (Paul), avocat.
4 Lenglet, contrôleur de ville.
6 Legrand, loueur en garnis.
8 Darras, rentier.
    Darras, caissier.
10 Bulan-Delassus (Vᵉ), rentière.
    Clavel, professeur.
12 Dubois, mᵈ de houblons.
14 Lécaillet-Eloy (Vᵉ), rentière.
    Lécaillet (Adèle), rentière.
16 Duflos, propriétaire.
13 Dubreuil, prof. au Lycée.

Chapeau-de-Violettes (rue du).

3 Société de Prévoyance.
    Sannier, employé.
5 Drobecq, huissier.
7 Grévin, arpenteur.
13 Magasin de Leclercq, ébéniste,
    rue au Lin, 2.
15 Jumel (Vᵉ), rentière.
17 Lefebure, peintre.
19 Glachant, menuisier.
21 Corroyer (Vᵉ), rentière.
4 Mille, plombier.
6 Ducrocq, rentier.
    Caniez (Vᵉ), rentière.
8 Darras (Vᵉ), rentière.
    Marchand, vicaire.
10 François, vicaire.
12 Guillain (Mᵐᵉ), rentière.
    Petit, officier de santé.
    Lhouas, rentier.
14 Mouret (Félicité), rentière.
    Isnard, (Vᵉ), rentière.
    Laruelle, employé au gaz.

Château-fort.

Galempoix (bals publics), en-
    trep. de monum. funèbres.

Château-Milan (rue du).

2 Leclercq, grilleur.

Chaudronniers (rue des).

1 Doumergue et Veillet, fabricants de chaudronnerie.
3 Dupré, marchand de tissus.
5 Cardonnet, ferblantier.
7 Lescaillet, cordonnier.
11 Normand-Landon, linger.
13 Riquier, aubergiste.
15 Domont-Lejeune, cordonnier.
17 Abraham-Herbet, marchand de vins en gros.
19 Couvreur, fondeur d'étain.
21 Didon-Blot, m^d de rouenner.
23 Chevalier, pharmacien.
25 Lambert-Lenoir, mercier.
Marot, voyag. de commerce.
27 Mouret, coiffeur.
29 Delambre (V^e), m^{de} de tissus.
2 Outrequin, brossier.
4 Quin (Mlle), march. fruitière.
6 Morel-Floury, linger.
8 Beldame et Cie, drog. en gros.
Galet (Eugène), négociant.
10 Carpentier-Debray, boulang.
12 Boucher, m^d de choc. et de caf.
14 Verrée-Caron, boucher.
16 Dubois, m^d de liqueurs.
18 Grenet (Mme), lingère.
20 Lotiquet-Matifas, boulanger.
22 Poirier, aubergiste.
24 Grévin (Denise), épicière.
28 Plé, marchand de tabacs.
30 Leclercq, mercier et m^d de toiles en gros.

Chauvelin (rue).

Thuillier (Fr.), hortillon.

Chemin de fer (place du).

Dargnies (V^e), débit. de liqueurs.
Falaise, marchand de tabacs.

Gare du chemin de fer.

Haillot, chef de service.

Honlet (V^e), restaurateur.
Banderali, inspect. du matériel.
Pardinel, sous-chef de gare.
Gouttière, sous-chef de gare.
Joly, receveur principal.
Torchy, équipe, ag. de librairie.
Rapinat, chef lampiste.
Nicolle, surveillant.
Lesueur, chef de bureau.
Ducroquet, contrôleur ambulant.
Gravis, sous-chef de gare.
Lisôt, conducteur.
Valdejo, surveillant, pompier.
Dussault, contrôleur.
Montandon, chef de dépôt.
Decamps, garde magasin.
Touron ingénieur.
Flamermont, portier.
Compagnie des mines de Béthune, magasin de vente de charbons.
Lapostollet, préposé des postes.

Chemin-Vert (rue du).

1
3 Leroy, propriétaire.
5 Dubot (Mme), rentière.
7 Dhavernas, employé.
11 Gosselin, empl. à la Préfect.
21 Bouchard, prof. de musique.

Citadelle (la).

Doussau, commandant.
Gigout, garde d'artillerie.
Dubar, concierge.
Brandenberg, portier-consigne.

Citadelle (rue de la).

1 Teint. de Latteux et Sauvalle, rue Henri IV.
Domont, contre-maître.
3 Debray-Housiaux (V^e), débit.
7 Pourchel, teinturier.
11 Fauquelle, propriétaire.
13 Teint. de Minotte et Larozière (Victor).

15 François et Jourdain, imprimeurs et apprêteurs.
17 Trouvain, rentier.
Trouvain (Vᵉ), rentière.
19 Trouvain (Dieudonné), rent.
45 Jovelet-Darquet, cabaretier.
2 Léchopier, débitant.
4 Dabonneville, ménager.
8 Ledien, mécanicien.
14 Darquet, ménager.
30 Largillier, rentier.
34 Leroy (Vᵉ), ménagère.
36 Delaporte, agent de police.
40 Dufresne, cabaretier.
66 Decoisy-Trouvain (Vᵉ), rent.
70 Cazier-Andrieux, rentier.
80 Fortin, ménager.
88 Decoisy (Vᵉ), rentière.

Clabault (rue).

5 Hutin-Fauquet, peintre vitrier.
11 Galmant, ménager.

Clairons (rue des).

1 Cordier-Calmet, plafonneur.
3 Remise de Dubois-Havequet,
même rue, 2.
5 Douillet, maçon.
11 Colbert (Vᵉ), rentière.
Maillard-Hordez, rentier.
17 Ducange, employé.
21 Renard, menuisier.
25-27 Levasseur, fabricant.
29 Blangy, teinturier.
31 Boyeldieu, rentier.
33 Batifolier, employé.
35 Barré, employé.
41 Lefebvre, imprimeur.
43 Bernaux (Vᵉ), rentière.
45 Taylor, mécanicien.
47 Lefebvre-Thuillier, propriét.
51 Acloque-Thorel ✳, épicier.
59 Vasseur, correct. d'imprim.
61 Magasin de droguerie de Ri-

bollet, à Lyon.
83, 85, 87 Hubault, teinturier.
Hubault (Estelle), rentière.
91 Tannerie de Darsy-Papin,
chaussée Saint-Pierre.
99 Demailly, garçon de magas.
117 Savoie, fabricant.
2 Dubois-Havequet, farinier.

Coches (rue des).

7 Voclin (Vᵉ), retordeuse.
11 Dupetit (Vᵉ), épicière.
19 Dupuis, brocanteur.
27 Debray (Henri), brasseur.
33 Leclercq, plafonneur.
45 Magasin à Blangy, teinturier,
rue des Clairons, 29.
69 Pezé (Adèle), retordeuse.
71 Pasquier, négociant en laines.
12 Dupetit, rentier.
14 Gontier-Duval, nég. en laines.
28 Ladent (Fortuné), fabricant.
36 Ladent (Hipp.), moulinier.
40 Lepage, menuisier.
42 Teinture de Blangy, rue des
Clairons, 29.
44 Cagé-Prudhomme, fᵗ de sav.
46 Gontier, fabricant.
48 Thuillier (Vᵉ), propriétaire.
54 Loisel, débitant.

Passage des Coches.

4 Lécaillet, débitant.

Comédie (passage de la).

1 Dauphin fils, avocat.
2 Suc. de la m. Disdéri, de Paris.
Vivot, photographe.
4 Potentier, mᵈ d'antiquités.
6 Matifas, employé.
8 Lauzemberger, mᵈ forain.
10 Guidé-Varé, poêlier.
12 Renard, mercier.
14-16 Café Ladent.

Commerce (passage du).

5 Savreux, cordonnier.
7 Herichard (Mme), loueuse de livres.
Carré, professeur au Lycée.
Louvet, rentier.
9 Jérôme (Mlle), lingère.
11 Labonne, rest. de tableaux.
Meyer, id.
13 Corroyer (Hermance), loueuse de livres.
15-17 Domart, cafetier.
19-21 Camus, cafetier.
25 Foison, teinturier-dégraisseur.
27 Lemire (V^e), m^de de confiser. et modiste.
29 Fusier (Mme), cordonnière.
31 Fusier (Mlle), modiste.
33 Leullier (Mlle), fruitière.
35 Vercoustre, m^d de tabacs.
6 Poulet, tailleur.
8 Kaltembacher, photographe.
10 Lescarcelle, passementier.
12 Paul, m^d de chap. de paille.
14 Moyaux, linger.
16 Somiliana, lunettier.
18-20 Bienaimé (V^e), horlogère.
22 Bellier, coiffeur.
24 Carbonnier, horloger.
26 Robin, coutelier.
30 à 38 Faure et Mme Baudouin, photographes.

Constantine (rue de).

1 Deschamps (Mlle), rentière.
3 De Bray, propriétaire.
5 Jourdain, prêtre.
7 Hénocque, chanoine.
9 Duval, chanoine.
Delamarre (Mlles), rentières.
11 La comtesse de Gomer, prop.
13 Morgan de Maricourt, prop.
Cornet d'Yseux.

15 Lecointe, propriét. à Mailly-Raineval.
17 Feuilloy, adjoint.
2 Vasseur, filateur.
4 De Butler, prop. à Remaisnil.
6 Dupont-Bacqueville, propriét.
Dupont (Ernest), propriétaire.
8 Ponche, propriétaire.
Ponche (V^e), propriétaire.
10 Sourdat, substitut.
12 Havart, avocat.
Havart, commis greffier.
15 Bocquet (Mlle), maît. de musiq.
Bocquet Brunel, p^re à Doullens.
Gay (Claire), rentière.
Louandre (Caroline), rentière.
16 Delzant, propriétaire.
18 Jourdain (Edouard), chanoine.

Contrescarpe (rue).

1 Moinet, propriétaire.
3 Poittevin, employé.
5 Pottez (V^e), rentière.
7 Fauvel, négociant.
9 Demarcy, (V^e), rentière.
11 Aveline-Maillet (Mme), rent.
13 Vasseur (D^lle), rentière.
15 Grare (V^e), ménagère.
17-19 Moreau, clerc de notaire.
21 Warin (Florent), entrep. de bâtiments.
25 Coquart (V^e), rentière.
27 Douvry (V^e), rentière.
29 Aublet, chef de cuisine.
31 Mangot, rentier.
33 Denamps (V^e), rentière.
2 Legrand, menuisier.
4 Maurice, m^d en gros.
6 Desmasure (V^e et fils), rent.
8 Griois-Carnoy, employé.
10 Coutil-Sauvé, rentier.
12 Fery, rentier.
14 Carette, propriétaire.
16 Rayer-Sueur ✳, offic. en ret.

18 Martin (V^e et D^{lle}), rentières.
20 Poiré, rentier.
22 Leclercq-Delacroix, propriét.
24 François (D^{lle}), rentière.
26 Dassier, propriétaire.
28 Poupée, cond. des ponts-et-ch.
30 Le Bouffy, négociant.
32 Caron, employé.
34 Yvois O. ✻, officier retraité.
36 Andrieu (V^e), rentière.
38 Leroyer-Dubisson ✻, cons.
   à la cour.

Neuve-de-Conty (rue).

25 Grouille, ménager.
39 Minax, rentier.
12 Mille, ménager.
24 Louvrier, rentier.

Coq (rue du).

19 Chantier de Leroy-Digeon,
   rue du Lycée.
12 Warin (V^e), ménagère.

Coquerelle (rue).

1 Decaix, rentier.
11 Carlier, accordeur de pianos.
15 Louchet, conduct. de trains.
4 Petit, charpentier.
6 Roch, exécut. des h^{tes} œuvres.
14 Pruvost, facteur à la poste.
16 Beauger, chauffeur.

Corbie (rue de).

1 Fabrique de velours de Fiquet-
   Thuillier, rue des Sergents.
   Streiher, contre-maitre.
5 Prudhomme (V^e), rentière.
7 Firmin, rentier.
13 Leclercq, rentier.
   Delaux (Albert), employé.
   Leclercq, courr.-convoyeur.
15 Berton, prêtre.
24 Compagnon (Clarisse), m^{de} de
   chiens.

Corbie (route de).

7 Marchand (V^e), ménagère.
13 Dravenel, ménager.
   Rohaut (Étienne), ménager.
15 Marchand (V^e), ménagère.
17 Flamant, ménager.
19 Henri (Étienne), ménager.
21 Bailly, ménager.
23 Lavallée, ménager.
27 Govin-Bellegueulle contre-m.
31 Laverlant (Eugène), ménager.
33 Geollier (V^e), rentière.
35 Dabonneville (V^e), ménagère.
37 Laverlant (Jules), ménager.
39 Froidure-Ogez, ménager.
41 Laverlant (J.-B.), ménager.
10 Henri, ménager.
30 Chamu, ménager.
34 Lamarre, ménager.
38 Dumeige, ménager, emp. à la
   mairie.
40 Ecole des filles du faubourg.
48 Laverlant, maçon.
52 Royon (Mme), rentière.
54 Boutmy, ménager.
56 Guyot (V^e), ménagère.
58 Boucher, ménager.
62 Pie-Bernard, cultiv. et facteur
   à la halle.
64 Réservoir des fontaines.
80 Leclercq (V^e), ménagère.

Cordeliers (rue des).

3 Borle, fruitier.
5 Cahon, tonnelier.
   Fiquet, rentier à Prouzel.
7 Magasin de Dufour-Bouffler,
   rue de Beauvais.
   Mag. de Léman, rue Duméril.
   Magasin de Dubois-Matifas,
   même rue, 2.
13-15 Lepoivre, propriétaire.

17 Brisse, relieur.
Sanzetle, rentier.
19 Mention, commis.
21 Duvette, propriétaire.
23 Brasseur, rentier.
Alexandre-Brasseur (V^e), rent.
25 Forceville (V^e).
Mag. d'Emond, menuis., n° 33.
Magasin de François, boulanger, rue Duméril.
M. de Cahon, tonn. m. rue, 5.
29 Sueur, inspect. d'assurances.
Bureau de la *Confiance.*
31 Noiret, cabaretier (garnis).
Jacob, employé.
Ducrocq, rentier.
Thorel, rentier.
33 Emond-Compère, menuisier.
Beauduin (V^e), rentière.
35 Calippe (Césarine), garnis.
Lauzenberg, m^d forain.
37 Voiturier, fabric. de billards.
41 Hiroux-Doumergue, parapl.
43 Gallet, juge suppléant.
Magnier-Bellair (V^e), rent.
45 Ecole des Sœurs de St-Remi.
Sœur Lévèque, supérieure.
47 Percheval, m^d en gros.
Treuet, employé.
49 Mantel, huissier.
51 Dolbeau, épicier (garnis).
Hocq, voyageur.
53 Tellier, commis à pied.
55 Lesage (V^e), rentière.
Guidé-Lesage (V^e), rentière.
Plantard, agt-voyer copiste.
57 Entrepôt des tabacs.
Binger, entreposeur.
Marchand, employé.
59 Herbet de Rincheval (V^e), p^{re}.
61 Jumel fr., m^{ds} de toiles en gr.
Dheilly (V^e), rentière.
2 Dubois-Matifas, boucher.
4 Sauval, m^d de parfumeries.

6 Hazebrouck, rentier.
8 Dragonne, cond. des p^{ts} et ch.
Dragonne (Béatrix), rentière.
10 Lescot-Carton, facteur chef.
Lescot-Carton (Mme), coutur.
12 Bailly, fabricant de corsets.
Barbier, employé.
16 Desjardins-Soyez, propriét.
Beaucousin, propriétaire.
18 Magasin de Dumont-Carment.
20 Bouffet-Beauvais, orfèvre.
24 Farcy, menuisier.
22 Lefeile, rempailleur de ch.
28 Cantelon, menuisier.
30 Gaudefroy, employé.
34 Calippe (Céline), couturière.
36 Andrieu-Blot, comm. en march.
Atelier de Léchopier, rue Basse-Saint-Martin.
Laurent-Pourcelle, commissionnaire en marchandises.
38 Dubrometz, fruitier.
40 Guérlin et Lefebvre, receveurs de rentes.
Lefebvre-Hordez, recev. de r.
42 Magnier (Louise), rentière.
Magnier (Albertine), rentière.
44 Barmont, sellier.
46 Dormenval, ancien huissier.
48 Frutier, maréchal-ferrant.
52 Henri (Mlles), rentières.
54 Duchatel (Mme), brocanteuse.
Jouvenez, artiste peintre.
56 Bretté-Maillard, cabaretier.

Cordeliers (passage des).

3 Delmotte-Guillot (Mme), mod.
5 Courcol Jules, fabricant à métiers.
9 Debray, représent. de comm.
11 Leroux, caissier.
Dupuis (V^e), couturière.
13 Thierry, courrier des postes.

17 Boucher-Mangot(V^e),rentière.
2 Boulanger, rentier.
4 Duriez, cordonnier.
12 Levy, professeur d'escrime.
Demailly, rentier.
Harlay (Clémentine).

Cordeliers (impasse des).

3 Duneufgermain, bédeau.
7 Magasin de Bouthors-Witasse (veuve), march. de vins.
9 Dupont O. ✳, adjudant major de la garde nationale.
15 Dépôt d'huiles de Degove, à Doullens.
Surhomme-Planque, rentier.
17-19 Soyeux, com. en march.
21 Tombe (V^e), rentière.
Destré, rentier.
Boulanger, voyageur.
4 Labbé, suisse.
6 Vasselle, notaire.
8 Mag. de Legendre-Ducrocq, rue des Rabuissons.
10 Remise de Leroy-Desmarest, louager, rue Duméril, 33.
18 Mag. de Delaux, nég., n° 24.
20 Schultess, architecte.
22 Dausse, propriétaire.
24 Delaux, nég. (savons, etc.).

Cornet (rue).

11 Horville, chauffeur.

Corps-Nuds-sans-Têtes (rue des).

3 Lemarchand fils, m^d d'huîtres.
5 Demarquet (V^e), rentière.
Roblot, rentier.
7 Digeon, notaire.
9 Papin, employé de comm.
Dubois-Aloux, cabaretier.
11 Demarcy, épicier.
Manceau (V^e), rest., garnis.
10 Café Perret.

Corroyers (rue des).

11 Pierrain, planton de la mairie.
Rickwaert, agent de police.
Bouchon, galochier.
15 Hamard, fourreur.
19 Marchant-Darras, vins en g.
23 Lenoir (V^e), rentière.
25 Gry, crieur.
33 Deligne, lamier.
35 Belvaude (V^e), épicière.
37 Estienne (V^e), rentière.
Estienne, prêtre.
39 Delacroix, fruitier.
41 Therry (Joséphine), **revendeuse à la toilette.**
43 Letitre (V^e), rentière.
45 Lecót (V^e), rentière.
53 Douville, rentier.
55 Lejeune (Mlle), épicière.
57 Rathuille, brig. de police.
59 Ravin (V^e), rentière.
61 Carpentier (V^e), épicière.
69 Goupy-Doré, débitant.
71 Leroux-Degouy, débitant.
77 Chevrier, épicier.
79 Cardon, laitier.
85 Lefebvre, charcutier.
87 Faffet-Vasse, épicier.
91-93 Hirondart, logeur et ferrailleur.
101 Bizet, menuisier.
Caron (Flore), rentière.
103 Zedde, peintre.
105-107 Raffinerie de sucre.
Carpentier-Baussart, raffin.
119 Mag. à fourrages.
Chrétien, d'Abbeville, fourn.
127 B Boitel, menuisier.
135 Thiébaut, employé.
137 Fréville (V^e), rentière.
149 Bois, rentier.
10 Bibaut (V^e), fruitière.
14 Seillery, épicier-fruitier.

16 Doizy (V^e), rentière.
18 Mercier (V^e), rentière.
  Atelier de Colin (Hippolyte),
    men.-méc., rue St.-Roch.
20 Allot, loueur en garni.
24 Cabotins de Mercier.
26 Guilbert (Rosalie), reven-
    deuse à la toilette.
26 ᴮ Mag. de Gavory, r. Flament.
28 Beauger (Marie), rentière.
34 Ogez fils, retord., associé.
34-36 Ogez (V^e) et fils, retord.
38 Dubourguet, m^d de combust.
46 Caille, brigad. au ch. de fer.
48 Dupont, employé.
50 Douvry, facteur à la halle.
52 Plinguet, employé de comm.
56 Mag. d'Acloque et Grognet,
    rue de la Prairie.
58 Lefebvre-Pinchon (V^e), filat.
62 Vaillant, barbier.
64 Matifas, agent de police.
68 Ecole des sœurs de St-Jacque.
70 Caudron, vic. à St.-Jacques.
72 Debry, menuisier.
84 Martineau, comptable.
86 Vasseur, serrurier.
96 Delahaye-Martin (V^e), rent.
  Delahaye, négociant.
98 Lejeune, épicier.
100 Bourgeois (V^e), rentière.
102-104 Pecret (V^e), épicière.
110 Lecaillet, loueur de journ.
138 Sauval-Duval, débitant.
146 Chatelain, m^d de braises.
148 Fauvel-Niquet, conducteur
    de trains.
152 Cadet, conduct. des p. et ch.
160 Carrière, charron.
164 Devillers, rentier.

Cozette (rue).

1 Autier, médecin.
  Dupille (V^e), rentière.

3 Sorel, rentier.
  Sorel-Lobligeois (V^e), rent.
5 Benoist, propriétaire.
7 Mag. de Leroy, menuisier, rue
    des Saintes-Maries.
9 Mag. de Leclercq (veuve), en-
    trepren., r. Cozette, 30-32.
2 Candat, propriétaire.
6 De Chassepot (V^e), prop.
10 Fossé, cordonnier.
  Seune (V^e), rentière.
12 Guenin, commiss. central.
14 Philippeaux (V^e), rentière.
  Philippeaux, fabricant.
16 Bon, caissier à la rec. génér.
18 Benard, anc. pharmacien.
20 Matifas-Boulanger (V^e), prop.
22 Gobled ✳, ch. d'esc. d'artill.
24 Leroy, prof. de musique.
26 Lequien, propriétaire.
28 Dury-Boulongue, prop.
30-32 Leclercq (v^e), entr. de bât.
34 Dubois-Ravin, rentier.
36 Devaux, 1er commis des hyp.
38 Sevin, négociant.
40 Wael-Kauffmann, voyageur.
42 Lambert-Delannoy, rentier.
  Delannoy (V^e), rentière.

Cottenchy (rue de).

27 Lefebvre, briquetier.
53 Mahelin, ménager.
81 Joly, ménager.
87 Briscul, ménager.

Crevasse (rue de la).

1 Porchez, batelier.
9 Carpentier, adjud^re de pêche.

Crosse (impasse de la).

7 Screpel (V^e), rentière.
8-9-10 Véru, chiffonnier en gros.

Crignons (rue des).

3 Mag. de Bonvallet frères, rue
    des Sergents.

7 Dingreville, logeur.
9 Poulain (Rosa), rentière.
11 De Busscher-Prieur, négoc.
4 Moyencourt, serrurier.
6 Dejean, épicier.
8 Maison des dames de Louvencourt.
Dubois (Léonise), supérieure.
Allou (Vᵉ), pensionnaire.
Garbe (Laure), pensionnaire.
Soyez (Flore), pensionnaire.
Garbe (Mˡˡᵉ), rentière.
Paris (Rose), id.
Wilson (Mˡˡᵉ), id.
10 Halimbourg, court. de comm.
Bureau de l'*Impériale.*
12 Caron-Vitet (Vᵉ), rentière.
Lambert (Mˡˡᵉ), rentière.
14 Houdon-Duchesne, tapissier.

Cruchons (rue des).

3 Ladent-Lottin, tisseur.
11 Boitel, contre-maître.
19 Tellier-Dinouard, ménager.
23 Boulanger, épicier, cabar.
2 Dinouard (Vᵉ), ménagère.
4 Dinouard-Marié (Vᵉ), rent.
6 Grossemy, brig. au ch. de fer.
8 Michaux, ménager et jardin.
10 Brandicourt-Michaux, ménag.
12 Famechon, jardinier.
14 Cordier, commissaire local.
Dècle (Vᵉ), rentière.
22 Roger, garde-champêtre.

Cruchons (impasse des).

5 Acloque, ménager.
7 Griffoin, propriétaire.
9 Boucher-Ducroquet, ménag.
11 Oger, ménager.

Daire (rue).

7 Deparis (Vᵉ), ménagère.
25 Boulfroy, garçon à la banque
de France.

31 Delattre (Rosalie), rentière.
35 Demachy, employé.
53 Dusuel-Boyencourt (Vᵉ), mén.
57 Hacq, jardinier.
59 Remise de Debrossard-Dela-
barthe, rue de Noyon.
61 Couture, mécanicien.
73 Millet, conduct. de trains.
75 Mailly, conduct. de trains.
2 Carton, propriétaire.
10 Choquet, mᵈ de fromages.
12 Darras, ménager.
16 Fournier, ménager.
24 Duporge, ménager.
34 Bertrand, employé.

Dame-Jeanne (rue).

1 Ponche-Thuillier, épicier.
3 Fertel aîné, teinturier et mᵈ
de drogues.
5 Louvrier (Vᵉ), propriétaire.
Louvrier (Aline), id.
16 Facques (Vᵉ), rentière.
28 Marchand-Pelletier, épicier.
30 Lavallée, cabaretier.
32 Magasin de Fertel aîné, rue
Dame-Jeanne, 3.
32 *bis* Clabaut, contre-maître.
34 Villeret-Merelle, mᵈ de charb.

Damis (rue).

3 Gret (Vᵉ), rentière.
Gret, surnuméraire.
5 Koscialkowski, employé.
7 Dacheux-Lefebvre, jardinier.
9 Trouvain, serrurier.
11 Cardon, facteur à la poste.
13 Léger (Vᵉ), rentière.
17 Dantoine (Vᵉ), rentière.
21 Douchet, employé.
23 Lhuillier, ex-courrier.
25 Lecointe (Flore).
27 Duboscq, rentier.
29 Lecointe, profess. et employé.
31 Brandicourt, rentier.

33 Hourlier (Mlle), rentières.
6 Matifas(Clémentine),rentière.
8 Lécrivain, rentier.
10 Fourcy (D^{lle}),prof. de langues.
12 Menessier (Mlle), rentière.
14 Chamonin (Mlle), rentière.
16 Varé-Porion, rentier.
Varé (Jules), employé.
18 Maillet (Stéphanie), rentière.
20 Gudin, coupeur d'habits.
22 Levarlet (Mme), rentière.
24 Duquenne, capitaine en retr.
26 Bourse (V^e), rentière.
28 Ogez, adj. à Villers-Bocage.

De Bray (rue).

1 Chartier de la Touche, inspecteur des postes.
3 Sangnier, propriétaire.
Duparc, ancien notaire.
5 Boissonnet (V^e), rentière.
7 Magasin de Beauval, menuisier, r. Basse-Notre-Dame.
9 Herbault ✳, s.-int. mil^{re} en ret.
De Chiniac (V^e), rentière.
11 Lecointe, présid. du trib. civ.
13 Hubert, contrôleur des postes.
15 Schytte, propriétaire.
17 Riquier, anc. not. à Boulogne.
19 Danne, propriétaire.
2 Luneau, fabricant de cols.
Cavillier-Luneau, fondeur.
4 Fabrique de M. Luneau.
6 De Thorigny, 1er président.
8 Quignon, ancien notaire.
10 Saulay, propriétaire.
12 Pourrier, conseiller à la cour.
14 De Crequy-Brare, propriétaire.
16 Dhaudicourt, prop. à Tartigny.
18 Morel-Delignières, négociant.
20 De Crequy père, propriétaire.

Dejean (rue).

33 Jacob dit Dheur, mécanicien.

35 Boudry, retraité.
39 Lefebvre, débitant.
45 Magasin de Tattegrain, rue des Jardins, 68.
51 Cuignet, débitant.
61 Rivière, pépiniériste.
65 Genevoix, rec^r au ch. de fer.
67 Duparc, chef de dépôt, id.
69 Aloux, pépiniériste.
99 Maison de la Sainte Famille (solitude de Gresset).

Delambre (rue).

3 Boutmy, tailleur.
5 Dubois-Maisant, marchand de vins en gros.
7 Quignon, cordonnier.
9 Poiré-Allou (V^e), m^{de} de tissus.
Poiré, vic. de la cathédrale.
Poiré, sec. de l'inspect. acad.
11 Ladent, boucher.
13 Houdbine, pharmac. normale.
15 Héren-Petit, quincaillier.
17 Govin-Mondon, m^d de rouen.
19 Rivillon-Barbier, m^d de nouv.
21 Magnier-Pennelier, m^d d'hab.
23-25 Choquet, vins en gros et ép.
27 Soyez-Desmarest, m^d de meub.
29 Labbé (Rosa), mercière.
31 Heurtaux-Corblet et Devaux, nouveautés.
33 Devaux, m^d de nouveautés.
35 Jones, doreur.
37 Quignon-Bralant (V^e), march. de souliers.
39 Boulle (V^e et D^{lle}), rentières.
41 Létocart, m^d d'habits.
43 Hocquet-Piteux, pâtissier.
45 Létoffé, cordonnier.
47 Fouquerelle, f^t de casquettes.
4 Oger-Lefebvre, fruitier.
6 Vaquette (Mme), lingère.
8 Dufossé (Caroline), modiste.
10-12 Lefebvre-Hubaut, cordon^r.

20 Darras, surn. des domaines.
14 Hémart, chapelier.
18 Poiré (Mlles), lingerie.
  Poiré (Léon), employé.
20 B Sortie du café Hippolyte.
20 C Magasin de Magniez-Baussart,
  place Périgord.
20 D Patte, menuisier.
20 E Sortie du café du Bosquet.
22 Malot, tailleur.
24 Boileau-Dujardin, lithographe.
26 Bernard, tailleur.
28 Bellegueulle, luthier.
30 Boudeville, horloger.
32 Durier, tailleur.
34 Prevost-Allo, libraire.
36 Vilin-Leclercq, brossier.
38 Hartmann, fourreur.
40 Dinouart-Sauty, tailleur.
42 Dervelois (Rosa), modiste.
44 David, m^d de lamp. (Luciline).
50 Bertrand-Derribes, chaudron.
  Bertrand père.

Derly (rue).

1 Magasin de Lenglet-Outrequin,
  rue Laurendeau, 100.

Desprez (rue).

1 Vanstabel, poêlier.
3 Thuillier-Birchler, employé.
5 Caron (Mme), couturière.
7 Samain-Lepan, carossier.
9 Matifas, rentier.
11 Caboche frère et sœur, rent.
13 Calais, m^d en gros.
15 Eloy-Canaple, rep. de comm
  Canaple (V^e), rentière.
17 Jumel, négociant.
  Jumel (V^e), rentière.
  Jumel (Elisa), rentière.
19 Sanson, rentier.
21 Dauchel, représ. de comm.
23 De Berny, pr. à Ribeaucourt.

2 Quel, ferblantier.
4 Beauvais, employé.
6 Fouache, peintre.
  Heussler, prof. de musique.
8 Allo, rentier.
10 Vasseur (V^e), rentière.
12 Buée (Alexandre), rentier.
  Desruelle (V^e), rentière.
14 Choquet, percepteur.
16 Guibet, médecin.
18 Lebel-Sauval, propriétaire.
  Lebel-Guilbert (V^e), prop.
20 Voiturier, propriétaire.
22 Parmentier frères, voyageurs.
24 De Guillebon ✳, propriét.

Dewailly (rue).

9 Hossmann-Paris, conducteur
  de trains.
6 Dambreville (Ch.), ménager.
8 Dambreville (Aug.), ménager.
12 Jacob, coupeur.
14 Devaux (V^e).
24 Poupé, jardinier.

Dijon (rue).

1 Delisle-Legris, propriétaire.
3 Lefort, prop. à Méricourt.
5 De Choiseul (le comte), chef
  d'escadron en retraite.
21 Regnart, rentier.
23 Leconte, visit. au ch. de fer.
33-35 Dufossé, plafonneur.
37 Vadurel père et fils, employés
  des postes.
39 Pansiot, employé.
4 Guibet, rentier.
6 De Conna (Mme), propriétaire.
12 Damis, propriétaire, commissaire local.
  Julien (V^e), rentière.
14 Chevalier-Prouzél, prop.
16 Petit, charpentier.
20 Follet dit Raisonnable, jardin^r.

Dodane (rue de la).

3 Magasin de vente de tourbes de Lefebvre, ép., rue Motte.
27 Debéthune, épicier.
33 Duchemin (Vᵉ), rentière.
2 Etente de Delacroix et Desaint, rue de Guyenne.
4 Philippe, représent. de comm.
6 Hordez-Desmarquet, anc. fabr.
14-18 Favry, mᵈ de charb. en dét.

Dom Bouquet (rue).

1 Chant. de Mantel, charpentier r. Neuve-St-Honoré, 49.
Chant. de Lenoir, entr., boul. de Beauvais, 12.
26 Magnier, instituteur.

Don (rue du).

1 Guillain (Marie), modiste.
5 Bazille (Vᵉ), mᵈᵉ de légumes.
7 Cauchy, rentier.
Thuillier-Cauchy, épicier, fabricant de ouates.
9 Chevalier, menuisier.
11 Vasseur, couvreur.
Lecointe, empl. à la Préfect.
15 Demarcy (Vᵉ), épicière.
19 Polart, tonnelier et débitant.
Polart (Vᵉ), mᵈᵉ de légumes.
23 Fourdrinoy, mᵈ de légumes.
25 Bourban, débitant.
29 Cochinal, fabricant à métiers.
31 Alexandre, débit. et épicier.
33 A Carton (Vᵉ), rentière.
Sauval-Carton, voyageur.
35 Hubaut, mᵈ de légumes.
37 Loisel, charcutier et débitant.
39 Magasin de Bouillard (Mᵐᵉ), cidre en gros, rue du Pont-du-Cange.
41 Tattegrain, propriétaire et fabricant de briques.
43 Chenu, épicier.
47 Vallée, caissier.

49 Edouard (Henri), marchand de combustibles.
2 Magasin de Moulard, mᵈ de laines, rue des Tripes.
22 Moissant, revéndʳ à la toilette.
26 Rose (Louis), entrepreneur.
28 Thierry, marchᵈ de légumes.

Don (place du).

1 Dufourmantelle, débitant.
3 Caruelle (Mˡˡᵉ), rentière.
5 Michel, marchand ambulant.
5 D Magasin de Porchez, rue des Bondés.
13 Fertel (Mᵐᵉ), rentière.
Corroyer employé.
2 Prévost, débitant.

Doubles-Chaises (rue des).

5 Dupetit, vitrier.
11 Retourné, logeur.
13 Boucher, matelassier.
15 Normand (Vᵉ), mᵈᵉ de cottrets.
21 Meusnier, logeur.
25 Postel, crieur à la Poissonn.
29 Magnier (Mᵐᵉ), mᵈᵉ ambul.
31 Marchand-Badier, mᵈ de casq.
33 Gensse, rentier.
4 Lefebvre (Mˡˡᵉˢ), modistes.
6 Durosoy, vic. de St-Germain.
8 A Magasin de Moitié-Magnier, Marché-de-Lanselles.
8 B Mag. de Malót, rue Delambre.
8 C Magasin de Carton-Godin, r. au Lin.
8 D Mag. d'Acloque-Choisy, Marché-de-Lanselles.
8 F-10 Martin, marchand de toiles à Ribeaucourt.
12 Joly, relieur.
14 Mag. de Voclin, mᵈ de papier rue St-Martin.
16 Moinet (Vᵉ), revendeuse.
Magasin de Leclercq-Andrieu, vann., Marché-de-Lanselles.

18-20 Leroy, brocanteur.

Doullens (route de).

4 Froidure-Bonnard, prop.
10 Boutin, revendeur.
12 Maisant, employé de comm.
18 Douchet (Lucie), couturière.
20 Gottrand, rentier.
22 Ogez, cultivateur.
24 Ledoux, rentier.
80 Choquet-Crampon, fabricant de chaux.
128 Vasse (Eloi), prod. chimiques
140 Hubaut, m^d de cendres et déb.
5 Gottrand, ménager.
9 Marchand-Lamarre, fruitier.
19 Filliot, fab. de chaux.
23 Maillard (V^e), rentière.
25 Corroyer, m^d de farine, son, recoupe et remoulage.
27 Boucher, cultivateur.
29 Marchand (Félix), g. de mag.
35 Douchet-Ducroquet, serrur.
45 Froidure-Marcelle, propriét.
71 Hubaut-Vasseur, débitant.
79 Four à chaux de Guilbert, rue des Tripes.
81 Dépôt d'engrais de Ve Lenormand, r. des Trois-Cailloux.
91 Renouard (V^e), m^{de} de cendr^s.

Ducange (rue).

1 Bouillencourt, négociant.
3 Doé de Maindreville, aide de camp du général.
7 Amyot (V^e), propriétaire.
11 Décave-Darras, rentier.
13 Gerin, rentier.
17 Babeur (Zoé), propriétaire.
6 De Forceville (le vicomte), pr.
8 Boudou, propriétaire.
10 Dermonne (la D^e), couturière.
12 Bou (V^e), rentière.
16 Clément, rentier.

Ducange (petite rue).

5 Bourry, chauffeur.
7 Tricottet, fact. au ch. de fer.
2 Bernaux, chauffeur.
8 Loriot, ménager.
12 Boutin, fermier du balayage de la halle.
18 Delafossé, rentier.
20 Fréville, ménager.
30 Pellé (V^e).
32 Acloque-Daveluy, voyageur.

Ducange (rue du pont).

1 Delplace, rentier.
Watissé, receveur de rentes.
7-9-11 Bouillard-Rullier (Mme), m^{de} de cidre en gros et cab.
13-15 Sert, cafetier.
17 Desouter, marchand de bois, charbons, etc.

Ducange (boulevard).

21 Dubois, chef de bureau à la mairie.
25 Domont, menuisier.
27 Dewyn, m^d de plantes, arbres et arbustes.
2 Duchenne, charp. en bateaux.
4 Hannier-Darras, m^d de charb.
6 Magasin de Villeret, m^d de charbons, r. Dame-Jeanne.
8 Ladent, m^d droguiste en gros.
Ladent (V^e), rentière.
10 Cardon-Séret, rentier.
12 Dépôt de plâtre de Valery, à Triel.
14 Magasin de charb. de Villeret, rue Dame-Jeanne.
16 Bonnard, m^d de cendres.

Duméril (rue).

1 Delassus, correct. d'imprim.
Dehor, horloger.

3.

3 Guilmont, charcutier.
5 Leroy (Gustave), épicier.
7 Gonse, pharmacien.
9 Gonse (Ve), rentière.
11 Bazin, fabricant de chaises.
13 Succurs. de la boulang. méc.
15 Duez, opticien.
17 Leriche, restaurateur.
Dècle, md de toiles à Pernois.
Jumel (Ve), rentière.
10 Lecellier-Coltat, ft de casq.
21 Boutrainguin, tourn. en chais.
23 Lebœufle-Fleury (Ve), rent.
Jérôme, md de toiles.
25 Denard, bonnetier.
27 Marécaux, armurier.
29 Maurice-Magniez, mercier.
31 Retzlaff, pâtissier.
33 Leroy-Desmarest, louager.
35 Durand, tailleur.
37 Maillart-Boursiez, md en gros.
Boursiez (Mlle), employée.
39 Heumann (Ve), fabricante de
casquettes.
41 Duriez, cordonnier.
43 Hesse, cordonnier.
45-47 Macque, cabaretier.
Gorniot, voyageur.
Montigny, commis à pied.
De Corbehem, avocat.
49 Guérin, agent de change.
Guérin père, rentier.
51 Beaumont, marchand de vins
et de levure.
53 Marcourt, perruquier.
55 Stortz, horloger.
57 Bougon, tonnelier.
59 Léman, md de coul. et épicier.
61 François, boulanger.
63 Dufourmantelle, cafetier.
65 Caron, fruitier.
67 Leclercq-Allart, épic. (tabacs).
69 Riquier-Facquet, boucher.
71c Vignon, peintre en décors.

2 Decroix, cabaretier.
4 Leclerc (Ve), débit de tabacs.
Josse, rentier.
Harlay (Ve et Mlle), rentières.
6 Boitel, fruitier.
8 Carton, cabaretier.
10 Matifas-Debeauvais, cordon.
12 Lécouvé, armurier.
14 Dupuis-Parmant, cabaretier.
16 Lapie, horloger.
18 Cathoire-Duhamel, pâtissier.
20 Pourcelle, coiffeur-parfum.
22 Sueur et Stoff, corroyeurs.
Stoff, corroyeur.
24 Olry, luthier.
Olry, employé à la préfecture.
26 Carpentier, teintur.-dégrais.
28 Bouve, poêlier (garnis).
30 Dunkler, prof. de violoncelle.
32 Coffigniez-Harger, md d'épic.
Denis (Clarisse), rentière.
Feuilloy, caissier.
34 Bailly-Roussel, épicier.
36 Couture, employé.
38 Prevost, cabaretier
(garnis).
42 Carpentier, aubergiste.
44 Cocquel (Céline), bonneterie.
46 Leleu-Routier, md de laines.
48 Domart, huissier.
50
Warmé, clerc de notaire.
52 Lenormand, bottier.
54 Bailly-Leconte, md de fleurs.
56 Lefebvre-Legay, bonneterie.
58 Magasin de Simon-Corniquet,
tailleur.

Duminy (rue)

3 Colin, rentier.
5 Fourdrain père, employé à la
Banque de France.
Fourdrain fils, distrib. d'avis.
7 Moinet, propriétaire.

9 Gaillard, employé de comm.
11 Constant O. ✳, recev. des h.
15 Leroy (Alex.), m^d de charbons.
  Leroy père, rentier.
8 Lescureux, retraité.
  Lescureux fils, secrétaire des hospices.
10 Andrieux (V^e), rentière.
12 Cressent, profes. de musique.
14 Floury-Drevelle, rentier.
16 Marcourt, rentier.
  Durand (V^e), rentière.
18 Bécu, lithographe.
28 Buée et Cornet, marchands d'huiles (bureau).
30 Daboval, propriét. à Daours.

Ecluse (rue de l').

1 Ferguson, fab. de dentelles.
  Ferguson et Goodwin, sacs sans coutures.
3 Lefebvre, entrep. de maçonn.
5 Monmert-Violette, employé.
7 Godin-Lapide (V^e), rentière.
9 Douchet, rentier.
11 Mortreux aîné, m^d de charb.
13 Leroy (Vict.), m^d de charbons de terre.
15 Leroy frères, m^{ds} de charbons en gros.
17 Frennelet, débitant.
19 Margry (Alfred), encolleur.
21 Grignier, paveur.
23 Domont (Alexandre).
25 Payen, direct. de fabrique.
  Cooke, contre-maître en dent.

Écoles-Chrétiennes (rue des).

5 Bernaville, renter.
7 Wallet, comptable.
  Madaré (Jules), repr. de comm.
9 Froment, juge.
11 Allou O. ✳, maire d'Amiens, inspecteur d'Académie.

13 Poiré, professeur au Lycée.
15 Allou (Mlle), maît. de pension.
17 Mangot, marchand de laines.
19 Boutmy, marchand de tissus.
21 Caron-Dubois, propriétaire.
  Caron-Villain (V^e), prop.
23 De Guillebon, prop. à Hem.
4 Ranson (Mlles), rentières.
6 Mullier, cordonnier.
8 Douchet, rentier.
10 Philippe, cond^r au ch. de fer.
12 Carpentier (V^e), rent. (Garnis).
  Dutilleux, chef de divis. à la préfecture.
  Perron, empl. au télégraphe.
14 Vion, prêtre.
16 Lucas, garçon brasseur.
18 Dusevel, médecin.
20 Delabarthe-Fiévée, propriét.
22 Tirebarbe-Delaville, id.
24 Roux de Gandil (D^{lle}), rent.
26 Duval de Nampty (V^e), propriétaire à Bus.
28 Hervieux, commis-voyageur.
  Prevost, menuisier.
  Eloy (Mlle), rentière.
  Wargnier, employé.
30 Blot père et fils, rentiers.
32 Dauphin (Mlle), propriétaire.

Eglise (rue de l').

3 Ecole des Sœurs.
5 Dufour, employé de Banque.
7 Pimont-Cordier, épicier.
11 Lequien fils, cabaret^r.
17 Douchet (V^e), rentière.
21 Dheilly (Esther), pensionnat de Demoiselles.

Engoulvent (rue d').

1 Acloque, épicier et apprêteur.
5 Patoux, dégraisseur.
  Atelier de Tellier, imprimeur, rue Cantéraine.

7 Harlay, teinturier.
9 Magasin au sous-Comptoir
    d'Escompte.
11 Pezé, menuisier.
13 Rouart (Emile), repr. de com.
23 Binard (Augustin), apprêteur.
25 Binard fils, employé.
    Binard (Constant), veuve.
27 Lefebvre-Julliart, rentier.
43 Ferret, rentier.
    Logette, dépôt de pain de
    Cassel, à Ailly-sur-Somme.

Entonnoir (rue de l')

19 Fresson aîné, fond. de cuillèr.
12-14-16 Debry, fab. de chandel.
20 Cailleret fils, fabr. de lignes
    de pêche.

Est (boulévard de l').

1 Monconduit, restaurat. et caf.
3 Bourgeois, cafetier.
5 Damagniez, md de vins et d'ép.
7 Watteau, conseiller à la Cour.
9 Meulemann, cafetier.
11 Cauchemont, serrur.-mécanic.
13 Caron, juge.
15 Madaré, propriétaire.
17 Fournival (Ve), propriétaire.
19 Delahaye (Ve),   id.
    Delahaye (Ernest), id.
    Bernard (Léonie), rentière.
21 Boitel, md de vaches.
23 Lecointe (Mlle), rentière.
27 Cresson-Dion, propriétaire.
    Cresson, négociant.
29 De Poucques d'Herbinghem ✳,
    conseiller à la Cour.
31 Barry (Mlle), rentière.
33 Chatelain, rentier.
35 Delvacq, prof. de musique.
37 Massé fils, architecte.
39 Lempereur, md de tissus.
41 Dizengremel, prr à Essertaux.

43 Théry-Blondelle, propriétaire.
45 Thierry (Mlle), rentière.
    Thierry, rentier.
47 Firmin, sculpteur.
49 Ducrocq ✳, fabricant.
51-53 Derivière et Le Bouffy,
    marchands en gros.
55 Duroselle (Mlle), rentière.
    Duroselle, rentier.
57 Théry, rentier.
59 Lamarre, prop. et jardinier.
61 Matifas (Ve), rentière.
63 Lamarre (Ve), rentière.
67 Doutard-Lamarre, propriét.
69 Lacolle, contrôleur.
73 Pecq, débitant.
75 Prieur, farinier.
77 Nœuvéglise, juge de paix.
83 Polart, rentier.
81-85 Rose, menuisier-entrepren.
87 Oger, fabricant.
89 Vasseur (Ve), propriétaire.
91 Mortreux-Housey (Ve), pro-
    priétaire.
93 Portanier, recev. de navigat.
95 Magasin de Duchatel, md d'os,
    petite rue des Augustins.
2 Thiberghien-Tardieu, propr.
4 Colonna, profes. de musique.
6 Beauduin, md de laines en gros.
8 Wable, contrôleur.
    Wable (Ve), rentière.
10 Leroy-Laruelle, propriétaire.
12 Bourguet, juge de paix.
14 Engramer, rentier.
16 Asselin, commis.
18 Glaine, employé.
20 Cavillon, md de charbons.
22 Boval-Darras, rentier.
24 Minotte, receveur de ren'es.
26 Delury, prêtre.
28 Boucher, prêtre.
30 Hollande (Ve), rentière.
    Hollande-Débary, md de charb.

32 Caron-Carton, propriétaire.
34 Tison, voyageur de comm.
   Humbert (Vᵉ), id.
36 Magasin de charb. d'Hollande-
   Debary, boulev. de l'Est, 30.

Évrard-de-Fouilloy (rue).

33 Lemirre (Vᵉ), rentière.
35 Prevost, rentier.

Faux-Timons (rue des).

1 Herbette, serrurier-mécanicien.
3 Baille (Amand), rentier.
7 Coisy, menuisier.
2 Pruvost, débitant.
4 Vasseur (Louis), employé.
8 Filliot-Coisy (Mᵐᵉ), modiste.
10 Belfort (Vᵉ), rentière.
14 Deschamps, débitant.

Fil (place au).

1 Béguet, coutelier.
3 Cozette, cafetier.
5 Leclercq (Vᵉ), corroyeur.
   Leclercq père, rentier.
7 Fouré-Decoisy, cafetier.
11 Pruvost (Adeline), lingère.
13 Daumale, graveur.
15 Parmentier, cabaretier.
17 Carton-Godin, épicier.
2 Retourné (Vᵉ), épicière.
4 Beauval (Élisa), lingère.
6-8 Duchaussoy, mercier.
   Duchaussoy (Vᵉ), mercière.
10 Drevelle (Vᵉ), bouchère.
12 Coulon, coiffeur.
14 Wattier, mᵈᵉ de tissus.
16 Langlet, ferblantier-lampiste.
18 Dupetit (Mᵐᵉ), lingère.

Filature (rue de la).

4 Mallart, peintre.
6 Monfait (Mˡˡᵉ), mᵈ de lait.

Flament (rue).

3 Delannoy (Vᵉ), rentière.
5 Damade, employé.
7 Saintonge, employé.
9 Pignon, couvreur.
11 Dumeige, bedeau.
19 Cozette (L.), employé à la préfecture.
25 Mandrier, suisse et débitant.
29 Maintenay, employé.
31 Gavory, fact. de marchand.
6 Boullanger, curé.
   Boullanger (Mˡˡᵉ).
8 Deparcy, chantre.
10 Corbillon, ferblantier, appar.
   pour le gaz.
12 Delahaye-Derogy (Vᵉ), prop.
16 Cahon-Sarazin, propriétaire.
18 Daveluy, vicaire.
20 Poulain, mᵈ de fil en gr.
   Poulain, employé.
24 Lamarre-Foulloy, maçon.
30 Boulanger (Vᵉ), rentière.
   Boulanger (Mˡˡᵉ) modiste.
34 Cosyn-Élise.
36 Maillet, employé de comm.
40 Rouart (Mᵐᵉ), couturière.

Fontaine (rue).

11 Macquet, boucher.
13 Delbarre (Vᵉ), fᵗᵉ de bougies.
19 Derveloy, contre-maître.
21 Magasin de Bocquet, mᵈ de
   vins, rue de la Hotoie, 24.
25 A Tavaux, bimbelottier.
29 Lefebvre, retordeur.
31 Foulloy, couvr.-plafonneur.
41 Broise, employé.
49 Lecointe, mᵈ ambulant.
55 Wallet, fruitier.
4 Magasin de Paris, boulanger,
   rue de la Hotoie.
8 Magasin de Cozette, Marché-
   de-Lanselles, 15.

22 Mag. de Hutteau et Binard,
 m^d de laines, rue Gresset.
30 Bellet Lefebvre, serrur.-méc.
32 Galopin-Bretelle, brocant.

Fontaine (boulevard).

6 Boutmy-Labesse, propriét.
8 Vasseur (V^e et D^{lle}), rent.
10 Domont, graveur.
12 Duchatel, cond. des p. et ch.
14 Cozette, rentier.
16 Boutmy-Ducrocq, propriét.
18 Dufourmantel, propriétaire.
20 Bailleul-Babeur (V^e), commis.
 en marchandises.
22 Abraham-Pelliet, fabric. de
 chocolat.
24 David, propriétaire.
 Mathieu (V^e), rentière.
26 Duponchel (V^e), rentière.
28 Lupart (V^e), rentière.
30 Maillet, rentier.
34 Baussart-Fourdrinier, prop.
 Baussart, artiste-peintre.
36 Fuix ✳, ingén. en chef.
38 De Pape, propriétaire.
40 Deletoille, fab. de tapis.
42 Guerlin, prêtre.
44 Pavie, propriétaire.
46 Buquet, propriétaire.
48 Levavasseur, courtier de marchandises.
50 Delcourt (Alphonse).
54 Deviane, propriétaire.
 Deviane fils, rentier.
56 Noël-Morel, rentier.
58 Prevost (Victoire), rentière.
 Page (Annette), rentière.
60 Vallotte, comm. à la banque.
62 Leclercq de Bussy, propriét.
68 Cordelat, fourn. des prisons.
70 Szmoniewski, emp. au gaz.
72 Dubois (Jules), m^d de houblons.

Fontaine-d'Amour (rue de la).

26 Clabaut, propriétaire.

Fossé (rue du).

2 Scudamorre-Lewis, prof. de
 langues.
4 Hary (Marie), rentière.
6 Dobey (V^e), rentière.
 Delahaye, rentier.
8 Monmert-Joly, propriétaire.
10 Merlier, rentier.
12 Vasseur-Belhouart (V^e), rent.
 Vasseur-Batel, rentier.
14 Poiré, clerc de notaire.
16 Riquier, rentier.

Fossé (petite rue du).

1 Lorel, clerc de notaire.
4 Liech, direct. de peignerie.

Francs-Mûriers (rue des).

3 Drevelle, teint.-dégraisseur.
7 Moitié, menuisier.
 Guilbert (V^e), rentière.
9 Boutin-Barbier, fab. de casq.
11 Tattegrain (Benjamin).
 Mag. de Brunel, menuisier,
 r. Saint-Jacques.
13 Brunel (V^e et D^{lle}), rentières.
 Brunel, emp. des p. et chauss.
15 Rumilly, fabricant et retord.
19 Malézieux, couvreur.
29 Sorel-Frennelet, ferrailleur.
33 Mag. de Cressent-Demarcy,
 r. de la Hotoie.
43 Lelièvre, garçon de magasin.
53 Brunel, débitant.
75 Cornet, employé.
77 Frenoy, menuisier.
79 Duperet, confiseur.
81 Quignon (V^e), rentière.
8 Leblond (V^e), rentière.

14 Léger, cond. des p. et chauss.
Legrand (Flore), rentière.
20 Thiébaut, employé.
32 Boulanger (V°), rentière.
44 Lachaise (Philomène), frnit.
54 Dumont, ferrailleur-dégraiss.
60 Boulanger, log., m^d de tourb.

Frères (boulevard des).

2 Dupont (Odorat), rentière.
4 Vast-Leforme (V°), rentière.
Vast (Catherine), rentière.
6 Delion, rentier.
8 Bomy (Clémence), rentière.
Dupuis, rentier.
10 Duflos, rentier.
12 Becquerelle, prop. à Ferrières.
14 Polart (V°), rentière.
24 Heurtevent, emp. à la préf.
30 Lefeuvre, rentier.
32 Leguillier, agent d'assurances.
34 Paul-Barbier (V°), rentière.
Paul (Franç.), m^d de déchets.
36 Decoisy (Eléonor).
44 Voiturier, colleur de chaînes.
64 Beauvisage, commis de douane
66 Rose, menuisier.
82 Fab. de produits chimiques de
Kulmann, à Lille. — Kolb,
directeur.
Thomas, contre-maître.
84-86 Edouard-Ladent, m^d de bois
et charbons.
88 Rouillard, emp. au gaz.
90 Lemaire-Blondin, charcutier
et débitant.

Gantiers (rue des).

9 Plet, brocanteur.
11 Plinguet, pastilleur.
13 Jérôme, court. de fabrique.
21 Sagot, court. de fabrique.
23 Lemaire, fab. de cartons.

27 Laurent, fab. à métiers.
Laurent (V°), rentière.
31 Gontier (Alexandrine), court.
de fabrique.
33 Dufay, charcutier.
37 Flicourt-Daveluy, épicier.
39 Thierry, cabaretier.
41 Delaux, serrurier.
43 Godard, retordeur.
45-47-49 Douvry, cabaretier.
51 Mag. de Fossier, brocanteur,
rue des Rinchevaux.
4 Laugier, commiss. de police.
10 Leluin (Louise), court. de fab.
16 Delespeaux (V°), court. de fab.
24 Debeauvais (V°), rentière.
26 Lecointe, cordonnier.
28 Petit-Rioux, fact. de march.
32 Dailly-Levasseur, déb. de tab.
34 Personne, fruitier.
38 Caumartin, boulanger.
48 Mais. de char. de Notre-Dame.

Gaudissart (rue).

11 Mercier, maçon.
19 Magasin de bois de Dubois,
rue Blanquetaque.
27 Quentin-Bouvier, retordeur.
4 Huart, fruitier.
Maison de charité de St-Leu.

Gloriette (rue).

5 Paris-Cornu, débitant.
7 Charnolet, fruitier.
7 bis Magasin de Tellier, plâtrier,
rue de la Neuville.
9 Henri (Elise), modiste.
11 Choquet, représent. de comm.
Choquet père, rentier.
4 Mangot, vétérinaire.
6 Poujol, prop. à Fréchencourt.
8 Blondin de Saint-Hilaire, propriétaire à la Neuville.
10 Lefort (V°), rentière.

12 Boutray, propriétaire.
14 Lenormand (Ve), rentière.
16 Debéthune, rentier.
18 Proisy (Ve), rentière.

Granges (rue des).

3 Gustin, boulanger.
7 Tavernier (Mme), épicière.
17 Poitron, épicier.
19 Cottrelle, employé.
21 Poitron, hortillon.
23 Grenier, dégraisseur.
29 Dury, menuisier.
31 Cauchetier, hortillon.
33 Catlain, hortillon.
35 Govin, agent de police.
37 Bettembos (Ve), ménagère.

Granges (chemin des).

Fab. de prod. chim. de Fertel
   aîné, rue Dame-Jeanne.
Fab. de gélatine de Beguet,
   route d'Albert, 36.

Gresset (rue).

1 Donné, cabaretier.
3-5 Pitcux, md papet. et relieur.
7 Grouille, appareils pr le gaz.
9 Leban-Desaint, tailleur.
11 Dheilly (Mlles), rentièr. (garn.)
   Cotart, vérific. des Domaines.
   Cauwet, clerc de notaire.
   Mautor,   id.
13 Paris-Corroyer, poêlier-fum.
15 Daniel, tapissier.
17-19-21 Challier, imp. typograp.
   Mémorial d'Amiens.
23 Thiébaut (Ve), rentière.
   Thiébaut frères, fabricants.
25 Pinglier (Appoline), pensionnat de demoiselles.
29 Couillard dit Roger, facteur
   de marchandises.

31 Bouvier, peintre.
33 Debaussaux, plombier.
35 Beaucousin (Élise), rentière.
37 Malingre, huissier.
39 Grucy, menuisier-mécanicien.
41 Boidin, cabaretier.
43 Colonel du 10e de ligne.
   Bisson de la Roque (Ve), pro-
      priétaire.
47 Herbet-Herbet, propriétaire.
49 Ringard-Carlier, menuisier.
   Warisse, cordonnier.
51 Lardé, prêtre.
53 Bulot, professeur de clarinette.
55 Caille (Théophile), employé.
   Caille (Alfred),   id.
   Bondois (Ve), rentière.
   Caille (Cornélie), couturière.
57 Alexandre ✳, médecin.
59 Boilleaux, agent d'assurances.
   Bureau du *Soleil.*
   Dhervillez-Delamorlière (Ve),
      rentière.
   Binard-Dhervillez (Ve), rent.
61 Leluin-Ladent (Ve), coutur.
63 David (Ve), rentière.
   Briaux-David, marchd de toiles.
65 Détaille, propriétaire.
67-69 Maison de Charité de la
      paroisse St.-Jacques.
71 Alexandre instituteur. (Ecole
      protestante).
73 Ecole mutuelle des filles.
2 Gadiffert, doreur.
4 Choisy (Mlle), maîtr. de lang.
6 Jacob, brocanteur.
8 Desaint (Ve), rentière.
10 Maison de vente de la société
      anonyme.
   Baillet, employé.
12 Mollet (Vulfran), fabricant à
      métiers.
14 Accart, rentier.
16 Bruxelles, brocanteur.

18 Hutteau et Binard, laines et
vins en gros.
Hutteau-Orrier, (Mme), coutur.
22 Sauval, fermier de pesage.
24 Magasin de Sévin, rue Sainte-
Marguerite, 7.
26 Roussel, propriétaire.
28 Scellier, garçon de magasin.
30-32 Lecubin, sous-bibliothéc.
32 Houllier, garçon de table.
34 Vasseur, négociant en toiles.
36 Tantot-Delabie, poêlier-fum.
38 Decaix-Hareux (V^e), rentière.
Decaix, marchand en gros.
40 Leleu, peintre et épicier.
42 Ridoux, épicier.
44-46 Menissier, épicier.
46 Monnier, agent de police.
50 Leban (Mlle), modistes.
Greuel-Lefebvre (V^e), rent.
52 Frémont (V^e), rentière.
Joiron (Emma), id.
54 Delattre, marchand en gros.
56 Leroux, rentier.
Herment-Pedot (V^e), rentière.
Lenoir, employé.
Vacavant, tapissier.
58 Govin-Hordez, rentier.
60 Bonvallet-Boinet (Mme), mod.
Planque, retraité.
64 Boyard, m^d de vins en gros.
66 Lefebvre, courtier.
68 Boulogne (Mme), modiste.
70 Lambert (Stéphanie).
74 Demarsy-Vasseur, marchand
de grains.
76 Patry, employé.
Bossu, loueur en garni.
78 Ringard (V^e), garnis.

Gribeauval (rue).

3 Masse (Alexandre), architecte.
5 Caudron (V^e), rentière.
7 Fouache, menuisier.

9 Dupont (Hortense), rentière.
11 Bernard, subst. du proc. gén.
13 De Goussencourt (V^e), rentière
15 Dubois-Bourdeaux, rentier.
17 Huré, m^d en gros, capit. en s^d
des pompiers.
2 Morel-Cornet, propriétaire.
4 Acloque, nég., r. des Vergeaux
6 Daullé, agent-voyer.
8 Macron, insp. des écoles.
12 Havernas, rentier.
14 Defransures (Mme), pensionnat
de demoiselles.
16 Maréchal (Mlle), rentière.
18 Legrand, greffier en chef du
tribunal civil.
20 Dumont, jardinier.
22 Devillers, ancien notaire.
24 De Herte, propriétaire.

Guindal (rue du).

9 Delacourt (V^e), m^de de galettes.
14 Sauvé (Mme), m^de de charbons
de terre.

Guyencourt (boulevard).

1 Maison des dames garde-ma-
lades de l'Espérance.
Esseaux (Françoise), supér.
Hennebert (V^e), rentière.
De Hédouville (V^e), rentière.
5 Pingré de Guimicourt, prop.
7 Vion, ancien notaire.
9 Chamont (V^e), rentière.
11 Grandpré, propriétaire.
13 Vast, entrep. de maçonnerie.
15 Dupuis, rentier.
33 Guillon, ingén. du ch. de fer.
37 Mag. d'Alot, maçon, faub.
de la Hotoie.
39 De Fry ✳, retraité.
43 Arachequesne, employé.
45 Corroyer, empl. d'architecte.

47 Corroyer (V° et D^{lle^s}), rent.
49 Masse-Boutmy, charpentier.
51 Maison, empl. à la préfect.
53 Varlet, employé.
65 Baclet, m^d de pierres.
71 Nibart, bimbelotier.
83 Faloise-Seret.
87 Choquet, m^d forain.
89 Hubinet (Auguste).
93 Bourgeois, débitant.
101 Sauval, débitant.
109 Voiturier (Paul).
111 Planger (Alexandre).
125 Tattegrain, exp. de carrières.

Guyenne (rue de).

1 Delacroix et Desaint, apprêt.
3 Delimont (V° et D^{lle}), rent.
5 Mallet, brasseur.
7 Crignon père, fils et Hue, manufacturiers.
2 Magas. de Guibet-Matifas et Acloque, r. des Orfèvres.
4-6 Mag. de Delacroix et De-saint, r. de Guyenne, 1.
8 Chartier, march. de volailles.
10 Joly, tailleur.
12 Jacob, anc. garçon meunier.
Darcin, empl. de commerce.
18 Roussel, fruitier.

Hallage (chemin de) (Saint-Pierre).

Joly, jardinier.
Allart, déb. (dépôt de barques).
Renaud – Damade, hortillon (primeurs).

Hallebarde (rue de la).

1 Magasin de Vast, cordier, rue Saint-Germain.

Hautes-Cornes (rue des).

4 Sergent (V°), débitante.

Hem (rue du faubourg de).

1 Maison Trescat, Carlet, Da-vid et Cie, filat. de cachem.
David, filat. et comm. local.
3 Caron-Fiquet, pépiniériste et rouennerie.
7 Corroyer (V°).
17 Sanson, jardinier.
25 Maison d'école des garçons.
43 Sellier, jardinier.
51 Robert, serrurier et charron.
59 Maison d'école des filles.
69 Mulot, curé.
69 Laperle, rentier.
75 Hemerel, jardinier.
85 Lemarinel, maréchal.
87 Crignier (V°), rentière.
91 Ruhaut, contre-maître.
97 Pourchel, teinturier.
99 Cordès-Léchopier, boulang.
101 Lechopier, rentier.
103 Deneux, charcutier.
105 Blyth, contre-maître.
107 Brulé, contre-maître.
109 Joly, cabaretier.
111 Boyencourt, contre-maître.
113 Stwart, rouennerie.
117 Ducrotoy, rentier.
119 Milvaux (V°), charcutière.
121 Demanesse, cabaretier.
123 Bernard, cab., m^d de charbon.
125 A Delarue, jardinier.
129 Pigeon, rentier.
137 Carton, contre-maître.
147 Delcupe, épicier.
151 Avisse, jardinier.
155 Parmentier, logeur.
163 Labare-Voiturier, logeur.
165 Destré-Damerval, charcut.
169 Gourguechon (V°), m^de de charbons.
187 Talbot, épicier.
189 Lebel, propriétaire.

195 Thuillier, bimbelotier, faïencier.
199 Selter, contre-maître.
201 Lebel frères, fondeurs.
  2 Mille (Vᵉ), teinturière.
  6 Bulot, mᵈ de vins.
  8 Fiquet, logeur.
 10 Maldague, cabaretier.
 12 Grare, vannier.
 18 Leleu, débitant.
 20 Wallez, épicier et débitant.
 22 Leroy, serrurier.
 24-26 Doine, charc. et menuis.
 28 Mirocourt, contre-maître.
 32 Delsart, logeur.
 34 Warmel, rentier.
 36 Quignon (veuve), rentière.
   Mordac, brigadier des gard.-
   champêtres.
 38 Beaudouin (Joseph), mᵈ de
   charbons.
 42 Voiturier, propriétaire.
 50 Lecaillet-Boucher, épicier.
 58 Soyez, logeur.
 64 Regnier, rentier.
 68 Regnier, entrep. de bals et
   épicier.
 74ᴇ Corderie de Voclin, rue
   St-Martin, 25.
 80 Cuvilliez-Galempoix, épic.
 82 Phaff-Galempoix, ajusteur.
 84 Galempoix, rentier.
 88 Deneux-Galempoix, mercier
   et charcutier.
110 Corroyer, rentier.
116 Legrand (François), débitant.
128ᴀ Atelier de charonnerie de
   Robert en face.
130 Deneux, cabaretier.
132 Bonvalet, cabaretier.
134 Deneux, contre-maître.
136 Billet, pacqueteur.
   Billet, contre-maître.
150 Racine, fruitier.

152 Lebel, pépiniériste.
152 Lebel (Estelle), rentière.
160 Berenger, bimbelotier.
172 Herbet, cordonnier.
188 Tattegrain (Vᵉ), aubergiste.
194 Pluquet, contre-maître.
196 Calot, épicier.
198 Calot (Alexandre), rentier.
204 Manier, logeur.
208 Soc. anonyme, filature de lin.
   Fabre, directeur.
   Lyall, gérant.
   Riquier, contre-maître.
   Mongrenier, concierge.
214 Douchet, logeur.
226-228 Dupont, débitant.
228 Fournier, tailleur de limes.
238 Delache, cabaretier.
240 Ibboston, fab. de peignes à
   sérancer.
262 Levasseur, voyageur.
274 Bettembos, ménager.
280 Herbet (Vᵉ), rentière.
   Herbet (Eug.), sous-dir. de
   tissage mécanique.
282 Dewailly (Eugénie), mᵈᵉ à la
   toilette.

Hem (rue du Marais de).

  1 Duchaussoy, cabaretier.
  3 Lebel (Vᵉ), rentière.
  5 Bourgeois, contre-maître.
 17 Lefebvre, contre-maître.
 51 Thuillier, cabaretier.
101 Guillaume, cabaretier.
109 Fabrique de MM. Dupont et
   Froment.
   Cherry, directeur.
   Delache (Mᵐᵉ), concierge.
 38 Poiré, débitant de cottrets.
 54 Moulin à bois de teinture de
   M. Lorel.
   Boidin, commis.

58 Fab. de vel. de M. Cosserat.
Leingnier, directeur.

Henri IV (rue).

1 Maison de comm. de Latteux et Sauvalle, m^{ds} en gros.
3 Duflos (V^e), cabaretière.
5 Lalou, fact. de marchandises.
7-9 Debry, fact. de marchand.
11 Lenoir-Guillemand, tailleur.
13 Bernard, fabricant.
15 Mollet-Desjardins, négociant.
17 Gamounet, fabricant.
Delattre (V^e), rentière.
19 Dubos, rentier.
Greuet, notaire.
21 Guilbert, relieur.
23 Lebout, boulanger.
25 Fréchon, vitrier.
Fréchon (Mlle), modiste.
27 Dupont (Mlle), épicière.
29 Evrard, bur. de placement.
31 Canaple, débit de tabac et cab.
2 Maison de comm. de Péchon et Briaux, m^{ds} en gros.
4 Hochard, charcutier.
Dubois, rentier.
6 Robert, ferblantier.
Mallart, négociant.
8 Lenfant (Clémence), repass.
10 Herbette, coiffeur.
12 Banque de France.
Giraud, directeur.
Millet, caissier.
Voiturier, concierge.
14 Galet, banquier.
Galet père, propriétaire.
16 Tombe, rentier.
18 Bernault-Defosseux, (M^e), mer.
Lognon, employé.
24 Brandicourt, cordonnier.
26 Maison de comm. de Collet et Dubois à Paris.
Auberthot, gérant.

28 Thuillier-Duvette, rentier.
30 Carette et Avenel, m^{ds} de cot.
Avenel, m^d de coton.
32 Touzet, peintre et vitrier.
36 Douvry, cordonnier.

Hocquet (rue du).

13 Brunel, taillandier.
27 Gricourt (V^e), rentière.
Dinouard, clerc d'avoué.
29 Dénard (V^e), rentière.
31 Cozette (Mlle), rentière.
35 Maille, menuisier.
45 Lambert, rev^{dr} à la toilette.
47 Mag. de Lejeune, rue St.-Leu, 8.
51 Caron, débitant.
61 Denamps (V^e), fruitière.
63 Lesage, contre-maître.
65 Porchez (Edouard), perruq.
67 Legris, profess. de musique.
69 Patoux, débitant.
71 Plébeaux, menuisier.
73 Vasse, cabaretier.
75 Sellier, serrurier.
77 Levasseur (Clara), maîtresse de pension.
Levasseur père, rentier.
Levasseur-Gaudelette, rent.
91 Leloir, marchand de tourbes.
95 Filat. de Ponche et Vasseur.
97 Lavergne, cabaretier.
99-101 Bazille, menuisier.
103 Deflesselle, charcutier.
107 Calendre de Fleury de Saint-Riquier, à Saint-Lô.
Atelier de Vinque-Hordez, fabricant, rue Saint-Leu.
115 Tramcourt, ferblantier.
123 Olive-Villers, boulanger.
Olive, commis à pied.
2 Magnier, menuisier.
4 Chantriaux, relieur.
26 Boileau (V^e), rentière.

42 Clabaut, rev. à la toilette.
48 Boutin, cabaretier.
56 Pillon-Degardin, épicier.
60 Boidin, mercier.
68 Lebailly, charcut.-boucher.
70 Huret, marchand de souliers.
72 Scellier, débitant.
74 Dumont, fabr. de casquettes.
76 Gallet, merc., men. et épic.
78 Buhot, menuisier.
   Roblot-Buhot, cabaretier.
80 Dufour, cabaretier.
82 Petit (Ve), bouchère.
86 Lavallé, épicier.
90 Lefebvre (Ve), rentière.
96 Potel-Marchand, épicier.
102 Sellier, barbier.
106 Lécaillé, vitrier.
108 Dufour, cabaretier
110 Delepierre épic., md de tab.
112 Poulain (Elisa), rentière.
114 Defrance (Dlle), fruitière.
    Lebailly, propriétaire.

Horloge (rue du cloître de l').

1 Bucquoy, avocat.
3 Loffroy (Ve), rentière.
  Loffroy (Hermance), rentière.
5 Rohart, avoué.
7 Delafontaine-Solare (Ve), pr.
9 Porion-Herbet (Ve), propriét.
11 Gorgeon de Verville, propriétaire à Albert.
   Briset, v.-présid. du trib. civ.
13 Joly, propriétaire.
15 Brucant, maîtresse de pens.
17 Lefebvre, maître de pension.
2 Dufour ✳, avoué.
4 Scellier fils, avocat.
6 Pannier, huissier.
8 Jourdain, propriétaire.
10 Guerard (Mlle), propriétaire.
12 Ledieu, banquier.

14 Delisle-Mille, comre en march.
18 Beaugeois (Catherine), rent.
   Danteuil (Mlle), prof. de mus.
   Thierry (Elisa), repasseuse.
   Veque, employé de banque.
Bardou (Mlle), professeur de
   piano.

Hôtel-de-Ville (place de l')

1 Billoré, secrét. de la mairie.
  Etat major de la garde nation.
  Chambre de commerce.
3 Bureaux de la mairie à droite.
  Serv. de l'architecte à gauche.
  Voiturier, concierge, à gauc.
  Greffe du tribunal de comm.,
   au 1er, à droite.
5 Mag. gén. des pompes à inc.
  Gaudry, gardien.
7 Desprez, bals publics, cafet.
9 Lefebvre (journaux).
11 Delplace, coupeur d'habits.
   Ducroquet, emp. à la mairie.
   Cumel, contre-maître.
   Mag. de toiles de Facquet. à
    Vergies.
   Patte-Roussel (Ve), rentière.
13 Viseux, tailleur.
15 Moullard-Poiré (Ve), auberg.
   Leys-Moullard (Ve).
17 Mag. de Patte, rue des Vergeaux, 26.
   Mag. de Caux, md de toiles à
    Airaines.
   Mag. de Goudaillier, md de
    toiles à Hangest.
   Bloquet, garçon à la poste.
19 Dumoulin, md de levure.
   Dumoulin (Mme), modiste.
21 Chenu (Ve), épicière.
23 Demanesse, md de meubles.
25 Halté, tailleur.
27 Boulanger-Lenoël, linger.

29 Formantin-Picart, m^d de rouen.
Marquette (Emile), employé.
Marquette (Jules), id.
Lacolley, clerc de notaire.
4 Bur. central de l'octroi.
6 Polart, cafetier.
8 Févez, médecin.
Févez (Eugénie), rentière.
Vast (Stéphanie), institutrice.
Damagnez (Victorine), rent.
Mag. de Vasseur, m^d de toiles à Bettencourt.
10 Leprêtre, cabaretier.
12 Lamolet, logeur.
14 Macrez, taillandier.
16 a Leingnier, m^d de tissus.
Mag. de Quennetier, cocquetier à Tilloy.
Mag. de Payen, cocquetier à Bernaville.
Mag. de Leclercq, m^d de meub. rue des Jeunes Mâtins, 22.
16 b Mag. de Salomon, m^d de toil. à Airaines.
16 c Gossard père, cons. de préf. 'en retraite.
Delarche-Duboile, m^d de beurre à Vraignes.
20-22 Baril-Levasseur (V^e), m^{de} meubles.

Hotoie (rue de la).

1 Maillet, fabricant de liqueurs.
3 Capet-Huré, linger.
5 Paris-Crignier, boulanger.
7 Dignoire, m^d de vins en gros.
Glène, employé.
9 Clabaut, boulanger.
11 Hubaut-Matifas, boucher.
13 Windal, cafetier.
15 Caron-Calippe, épicier.
15 Petit, employé à la préfect.
17 Follet, ferblantier.
17 bis Langlois, libraire.

19 Barbier, charcutier (garnis).
21 Daussy-Crapsulet, m^d de lain.
23 Dècle, taillandier.
25 Mag. de Robail. rep. de comm., r. Saint-Germain.
Doutard (V^e), rentière.
27 Cornet-Leroy, m^d de tissus.
29 Trancart, mercier.
31 Lagrange-Bondois, épicier.
33 Boileau, mercier.
35 Crescent-Demarcy, m^d de fromages et de farine.
Lotiquet (Mlle), rentière.
37 Duhaupas, cabaretier.
39 Brandicourt, épicier.
41 Vasse, boulanger.
43 David-Riquier, épicier.
Lejeune, voyageur.
45 Lefeuvre-Dailly, mercier.
Dailly (V^e), rentière.
47 Meusnier, déb. de tabac.
49 Huyer, fruitier.
51 Pomart, employé.
Laleu-Pomart, linger.
53 Wacquet (V^e), charcutière.
57 Corroyer, boulanger.
59 Bailly, cloutier.
61 Malherbe, bas et bonneterie.
63 Vignes-Merlin, boulanger.
65 Lartisien, fruitier.
67 Lachatonnier, épicier.
69 Alliou, déb. de tabacs.
71 Legrand, logeur.
73 Derly, rentier.
75 Bellettre-Debary (V^e), épic.
79 Couvreur, perruquier.
81 Poiret, m^d de tissus et épic.
83 Cointe, épicier-faïencier.
85 Gamard, perruquier.
87 Rabouille, cabaretier.
89 Tattegrain (V^e), fruitière.
91 Sauval, cabaretier.
2-4 Lombard-Crépy, cafetier.
6 Louchet, épicier.

8 Masse, cabaretier.
10 Desjardins-Lemaïre, épicier.
12 Lesertisseur, f. de casquettes.
14 Poupart (Joséphine), pâtiss.
16 Courant-Rayez, m^d de casq.
  Tuncq-Matifas, employé.
  Renouard (Elise), m^de à la
    toilette.
20-22 Bernaut, cordonnier.
24 Bocquet-Villeret, m^d de vins
    en gros.
26 Sezille (Mlle), m^de de casquett.
28 Josse-Goudaillez, horloger.
30 Fossé-Sauval, m^d de vins en
    gros.
32 Darragon-Ledoux, m^d de tiss.
34 Dumoulin-Caron, épicier.
36 Ladent, cafetier.
38 Fafet-Choisy, m^d de vins en g.
40 Huret, m^d de bas, bonneterie
    et chaussures.
  Bernaux, march^d d'huiles.
42 Surhomme-Sévin, cabaret.
  Freitel (V^e), rentière.
44 Buignet, cabaretier-voiturier.
46 Muchambled, épicier.
48 Bonnet, pâtissier.
54 Robutel, cabaretier.
56 Blangy, tourneur en bois.
58 Lenain, bouquiniste.
60 Mauduit (Mme), rentière.
62 Caille-Delacourt, cordonnier.
64 Macque, cabaretier.
66 Thuillier-Larue, boucher.
  Ogez (V^e), retordeuse.
68 Grenon, m^d de vins et eaux-
    de-vie.
70 Delarue, cabaretier.
72 Blangy, mercier.
74 Théot-Derivery, charcutier.
76 Damboise, épicier.
78 Mallet, cafetier.
80 Delliens (V^e), mercière.
82 Rouchaville, cabaretier.

84 Noblesse, épicier.
  Decousu, professeur à l'Ecole
    Normale.

Hotoie (la).

Dabonneville, entrep. de bals.

Hotoie (bassin de la).

Lequai, dir. des plantations
  communales.

Hotoie (rue du faubourg de la)

1 Leblond, aubergiste.
3 Dufossé (V^e), épicière.
5 Maille-Moncourt (V^e), m^de de
    son.
7 Maille (Rosalie), cabaretière.
9 Guerin, débitant.
11 Crognier, bourrelier.
13 Lejeune-Boucher, maréchal.
15 Germain, agent de police.
15 j Decoisy (Ad.), colporteur.
17 Leblond père, aubergiste.
19 Machart, m^d de farines et
    boulanger.
  Boulangerie mécanique.
2 Creté, épicier.
4 Dupont, charron.
6-8 Vilbert, cabar. et bourrel.
10 Favry, cabaretier.
12 Moncourt, perruquier.
16 Deparis, cabar. et couvreur.
18 Vasseur-Maille (V^e), rentière.
  Vasseur (Mlle), rentière.
20 Delaporte, cabaretier.
22 Caniou, maréchal.
24 Maille, m^d de chevaux.
26 Redez, fruitier.
28 Deslavier, boulanger.
32 Leroy, charcutier.
36 Chatelain, garçon meunier.
42 Henrion, serrurier.
44 Dumeige O. ❋, off. en retr.

46 Facquet, plafonneur.
50 Sené, propriétaire.
56 Calot père, hortillon.
58 Pluquet, employé.
60 Rambaut, tailleur.
64 Dupuy, débitant.
68 Lemaire (Vᵉ), cultivatrice.
72 Poulet-Guillot, débitant.
76 Callot (veuve), voiturière.
80 Bourgeois-Beauvais, cultiv.
82 Alot-Warin, entrepreneur.
86 Guilbert, débitant.
88 Boinet, court. de chevaux.
94 Prevost, rentier.
104 Deneuville, mᵈ forain.
112 Fusillier (Sophie), rentière.
114 Delmotte, chauffeur.
116 Fab. de carbonate de Philip-
        peaux, drog., rue du Bloc.
122 Belguise, cabaret. et épicier.
124 Jacob-Tavernier.
130-132 Andrieu-Bomy, mᵈ de
        toiles en gros.
148 Tassencourt, charron.
158 Lefebvre, jardinier.
166 Damerval, cabaretier.
170 Boyenval (Louis), ménager.
172 Legrand, loueur en garni.
174 Eloy-Blanc, cabaretier.
176 Bara, menuisier.
178 Riquier (Clovis), meunier.
180 Leraillé, boucher.
182 Languillon, cabaretier.
184 Dupuis, teinturier.

Huchers (rue des).

1 Tavernier, ouvr. fondeur.
23 Remise de Bolin, boucher, rue
        Saint-Leu.
2 Bourdon, marchand de tissus.
    Bourdon (Vᵉ), mᵈᵉ de tissus.
4-6 Thibaut (Vᵉ), lamière-rostièʳᵉ.
16 Vèque, menuisier.
20 Guillot, vannier.

26 Cahon (Mˡˡᵉˢ), rentières.
28 Leroux, bimblotier.
32 Remise de Vᵉ Lambert-Pau-
        chet, épicière, rue St.-Leu.
38 Lefebvre, entr. de bâtiments.
40 Remise à M. de Fourment, à
        Roye.
44 Thuillier (Clarisse), rentière.
46 Trancart frères, menuisiers.

Huchers (place des).

1 Leluin (Vᵉ), épicière.
3 Gaillet (Vᵉ), épicière.
7 Fouré, cordonnier.
9 Firmin-Caille, rentier.
11 Douchet-Dupriez, épicier.
2 Atelier de menuiserie de Fles-
        selle, rue des Canettes.
4 Thierry, fruitier.
6 Joly (Mᵐᵉ), rentière.

Huguenots (rue des).

55 Tériot, ajusteur.
6 Hémart-Porion, mᵈ à la toil.
8 Tellier, agent de police.
10 Hugues-Bourgeois.
20 Férot (Georges).
28 Lagrange, retraité.
30 Jodard (Maurice).
76 Barreau-Pinchon, chaudron.
80 Mercier, garçon de magasin.

Huguenots (petite rue des).

1 Hénouille (César), fondeur.
    Hénouille (Amand), prop.

Jacobins (rue des).

1 Delarue, cabaretier.
3 Varlet (Vᵉ), aubergiste.
    Parent, entrep. de diligences
        à Warloy.
5 Lemercier de Nerville et Du-
        vette, banquiers.
    Touzet, concierge.

7 Selle, rentier.
Millot, m^d en gros.
Frennelet (V^e), rentière.
11 Mantel, agréé.
13 Dersigny (V^e), cabaretière.
15 Recette munic., c. d'épargne
et bur. de bienfaisance.
17 Colotte, concierge.
Dupetit, concierge.
19 Dulouard, cabaretier.
21 Brancart, cabaretier.
23 Perret (V^e), cafetière.
25 Fléchelle, boulanger.
27-29 Pinchon, coiffeur.
Roger frères, employés.
31-33 Bourgeois-Longuet, bouch.
35 Lematte, rentier.
37 De Mons, prop. à St.-Sauveur.
De Tourtier, propriétaire à
Moyencourt.
39 Delahoche, avoué.
39 Deviane fils.
Duval (Mme), couturière.
43-45 Labitte, sellier-carrossier.
47-49 Ladent, épic.-cafetier.
51 Barbier (V^e), propriétaire.
53 Gossart-Creton (V^e), rent.
57-59 Lapeyre, épicier.
61 Duvette (Isidore), prop.
63 James ✳, médecin.
65 Remise des messag. générales.
67 Mag. de Dubois, vins en gros,
rue Delambre, 5.
71 Edouard-Catlain, m^d de comb.
75 Obry, avocat.
Obry père, juge.
81 Gossart-Villain, juge d'instr.
83 Thuillier, avocat.
85 Dauphin père, conseiller.
87 Copineau, propriétaire.
4 Ternisien, serrurier.
6 Tannaze, m^d de fleurs.
8 Lepreux, clerc de notaire.
10 Zecher, m^d de com. aliment.

12 Bettembos, chapelier.
14 Famechon, m^d en gros.
16 Darras, coiffeur.
18 Vagniez-Fiquet et fils, m^{ds} en
gros.
20-22 Michonneau-Leblan, rest.
22 Mag. de Malpart, m^d de toiles
à Morcourt.
24 Bonhomme, m^d de mercerie
en gros.
28 Darras, cabaretier.
30 Blard, cabaretier.
32 Aubey (V^e), modiste.
34 Desmarquet, loueur de voit.
36 Cassino, cordonnier.
40 Vion, maître de pension.
42 Carton, restaurateur.
44 Flesselle, épicier.
46 Herbet, médecin.
48 Signouret, rédact. de journal.
Signouret père, rentier.
50 Bellette, plombier.
52 Fourquet, rentier.
Millot (Mme), rentière.
54 Grandsire, rentier.
56 Blondin, loueur de pianos.
58 Deneux (V^e), rentière.
Patte (V^e), rentière.
60 Barny (D^{lle}), rentière.
62 B Liégeux, m^d forain.
64 Erny-Martin, cabaretier.
66-68 Caserne de gendarmerie.
68 Espanet, chef d'escadron.
Amat, capitaine.
Héliot, lieutenant-trésorier.
70 Hezelot, entrep. de bals.
72 Loyer (V^e), rentière.
Thierry, march. grainetier.
74 Lennel, prop. à Montonvil-
lers.
D. Romanet (Mlle), prop.
76 Le cercle de l'Union.
Ryssen, fournisseur du cercle.
78 Herbet, rentier.

4

80 De Francqueville, prop. à la Chaussée.
82 Pouy, commissaire-priseur.
84 Dausse de Froissy, ingénieur.
86 Guillart frères, rentiers.
88 Frémont, propriétaire.

Jacquart (rue).

5 Lecull, Jean.
7 Zede-Damerval, épicier.
  Mercher (V°), hortillonne.
37 Fabrique de Mollet Vulfr..
41 Poulain, ménager.

Jardins (rue des).

11 Patte (V° et D°°), rentières.
13 Douillet père, membre des prud'hommes.
17 Personne-Barbe, cordonnier.
19 Plébaux, ferblantier.
21 Godard (Rose), rentière.
23 Maillot (V°).
25 Potel, rentier.
   Boulongne, m⁴ forain.
27 Lecœuvre (Gust.), brigad. au chemin de fer.
29 Martel (Ch.), cond. de trains.
31 Douard (Philibert), méc. au chemin de fer.
33 Dobelle (V°), commiss°.
35 Parmant (Ad.), épicier.
37 Cocquerel, rentier.
39 Delaire, empl. au ch. de fer.
11 Edouard-Carpentier, m⁴ de combustible.
43 Parent, employé.
45 Gaillet (Jean-Baptiste).
49 Bralant, employé.
55 Pointier, débitant.
57 Blin, brigad. au ch. de fer.
59 Scribe-Lamarre (V°), épicière.
   Lamarre, rentier.
63 Daullé, commis à pied.

63 Richard, commis à pied.
67 Cahon, menuisier.
69 Chantier de Maillard (la D°), rue de la Neuville.
73 Rouillard, ajusteur.
   Rasse, brigad. au ch. de fer.
75 Noiret, employé.
77 Thuillier, chauffeur.
79 Dubus, employé.
85 Rumilly, chauff. au ch. de fer.
2 Douillet, lithographe.
8 Galmant, couvreur.
14 Freitel, employé.
16 Dumeige-Lheureux, ten. de liv.
   Touzet (Charlotte), rentière.
18 Edouard (Henri), m⁴ de tourbes en détail.
20 Mag. de Patte, menuisier, rue Delambre.
24 Lepair (Palmyre), charcutière.
26 Molliens-Baclet, boucher.
28 Lefort (V°), regrattière.
30 Julien fils, menuisier.
32 Jacob, chauff. au ch. de fer.
36 Jumel, employé.
38 Donné, employé.
40 Cardon-Bazin (V°), rentière.
   Duhamel, contre-maît. tisseur.
44 Dussard, retraité.
46 Boutmy, insp. de l'éclairage.
48 Morand (V°), rentière.
   Morand, employé.
50 Tavernier, employé.
52 Voiron, propriétaire.
54-56 Dufétel, père et fils, fondeurs.
62 Mille (Rosalie), rentière.
64 Pezé, employé.
66-68 Tattegrain, m⁴ de bois en gros.
74 Vasseur (Aug.), repasseuse.

Jardin des Plantes (boulev. du).

2 Chrétien, contre-maître.

6 Amand, maître de bateaux.
16 Gondolo, rentier.
22 Jourdain, imprim. sur étoffes.
26 Govin, épicier.
   Govin (veuve), rentière.
34 Dupuis-Boucher, rentier.
36 Pité, débitant.
42 Delacroix, rentier.
46 Caron de Croissy, propriét.
48 Jardin des Plantes.
   Duflos, conserv. du Jardin-des-
   Plantes.
50 Feutry, meunier.

Impasse Jean-Sellier

5 Gratien, ménager.

Jeanne-Natière (rue).

1 Lelièvre et Ve Bailleul, commissionnaires en marchand.
   Lelièvre, comm. en march.
3 Ecole des filles de St-Germain.
2 Lebrun, dégraisseur.
4 Magasin de Delignière-Fré-
   chon, rue au Lin.
6 Ridoux (V^e). rentière.
10 Magasin de Lelièvre et V^e
   Bailleul, n° 1.
12 Martin, ancien boulanger.
14 Lenoir, facteur de marchand.
20 Lenoir fils, employé.

Jeunes-Mâtins (rue des).

5 Delespeaux (Joséphine), déb.
   de tabacs.
7 Delhomel (V^e), fruitière.
6 Fossé, cordonnier.
8 Lejeune. fruitier.
10 Bouvier (Mme), repasseuse.
12 Cabrisseaux, bureau de plac.
   et fruitier.
14 Tavernier, relieur.
16 Forbras, m^d de vins en gros.

18 Dufétel, banquier.
20 Bazot, notaire.
22 Leclercq, m^d de meubles.

Jeunes-Mâtins (impasse des).

3 Dheilly, médecin.
5 Demelin, serrurier.
9 Debray, rep. de comm.
4 Ledien (Mme), couturière.
8 Devaux (Mme), couturière.
6 Devaux, voyageur.
   Delagrange (V^e), rentière.
14 Mag. de Sauty-Pigou, rue des
   Vergeaux.
16 Boully-Champion, cafetier.
   Champion, rentier.

Job (rue de).

1 Rabouille, menuisier.
   Rabouille fils ✳, retraité.
3 Durant, menuisier.
5 Pité, typographe.
7 Dupuis-Ponche, employé.
13 Frennelet, épicier.
19 Dupetit, corroyeur.
29 Follet, navetier.
2 Baudisson, épicier.
6 Fournier, bimbelotier.
8 Voclin (V^e), rentière.
18 Brault, garçon de magasin.

Lamorlière (rue de).

1 Morel, employé.
3 Mag. de Rose, charpent, boul.
   de l'Est, 81-85.
5 Baer, représ. de commerce.
   Baer-Bellet, rep. de comm.
9 Douard fils, mécanicien.
11 Morel (Alexandrine), rentière.
13 Morin, mécanicien.
15 Decroix, contrôleur.
   Decroix (V^e), rentière.
17 Hendericksen, voyageur.

21 Lesenne-Noiret, représent. de commerce.
23 Boucher-Gobin, propriétaire.
25 Foulloy (V^e), couturière.
   Dumartry, employé.
   Sinet, employé.
27 Lenain (Eugénie).
29 Pinsard, père, rentier.
31 Noël, méc. au ch. de fer.
33 Prudhomme, épicier.
 2 Dereuder, cond. des p. et ch.
 4 Deleville, voyageur de comm.
 6 Guilbert (Joséphine).
 6 Bertin-Deneuville, épicier.
 8 Lelanne (Hipp.), employé.
10 Daire, propriétaire.
12 Tassart, employé.
14 Poullain (Sophie), propriét.
16 Quennehen-Legrand, voyag.
   Legrand (V^e), rentière.
18 Fab. de Govin-Vasseur, place du Palais de Justice, 3.
18 Sauval, contre-maître.
22 Briez, employé de commerce.
24 Lelièvre, rentier.
26 Bertholin (Octave), métreur.
28 Carment-Cresson (la dame), rentière.
30 Demarcy-Drolette (V^e), rent.
32 Masse, chef de bur. au ch. de f.
34 Bertholin (Achille), employé.
36 Leroux-Brare, c. au ch. de fer.

Landy (rue d'Engoulvent cour du).

2 Darras (Florence), retordeuse.

Laurendeau (rue).

41 Boulant, employé.
43 Carette, rentier.
45 Marielle, rentier.
49 Daveluy, rentier.
51 Poultier, professeur.
75 Riquier, rentier.
93 Véru, menuisier.

44 Beaume, contre-maître.
46 Debreilly (Mlle), rentière.
48 Debary, rentier.
50 Fay, employé de préfecture.
54 Drincourt-Lefebvre, rentière.
56 Vasseur-Dury, employé.
58 Hesdin, propriétaire.
60 Ternisien-Sauval, rentier.
66 Galoppe, ch. d'escad. en ret.
68 Bonvallet (V^e), rentière.
70 Brasseur-Baussart, rentier.
72 Franquelin, rentier.
96 Roger, maître de pension.
   Coulon, surn. de l'enregistrement.
100 Lenglet-Outrequin, représentant de commerce.
102 Roucoux, agent-voyer.
104 Morel, charpentier-entrep.
106 De St-Omer (V^e), rentière.
110 Douay, empl. au télégraphe.

Ledieu (rue).

 5 Bourgeois (V^e), rentière.
   Rouard (Adonis).
13 Dufay, rentier.
35 Lejeune, rentier.
37 Servain, menuisier.
39 Patte, employé,
49 Duchien, charcutier.
75 Delagrange (V^e), marchande de laines.
101 Messier-Debeausseaux, marchand d'ardoises.
 2 Brieux, contrôl. de l'octroi.
 6 Mazier, charcutier et épicier.
 8 Balzard, rentier.
30 Lucheux, couvreur.
38 Viseux, tripier.
42 Maurice, barotteur.
   Boucher fils, cont.-maître de boyauderie.
60 Boucher-Mécrant, voiturier.
66 Bernaux fils, savons et huiles.

Ledieu (impasse de la rue).

2 Matifas, garçon d'abattoir.

Legrand-Daussy (rue).

1 Pinchon-Lejeune, voiturier et cabaretier.
3 Ducatelle, cabaretier.
7 Cressonnier, cabaretier.
15 Wallard, chaudronnier au chemin de fer.
17 Matifas-Magnier, gr, ch. de fer.
21 Damerval, chauffeur, id.
27 Sontag, empl. a1 ch. de fer.
29 Beauger, cabaretier.
31 Lejeune, voiturier.
35 Tagaut, brig. au ch. de fer.
37 Guerard, chauffeur, id.
   Sorel, empl. au ch. de fer.
51-5g Gahide-Deleforterie, men.
55 Quenesson, agent de police.
57 Dhorloge, employé.
67 Toulmonde, propriétaire.
4 Simon, receveur d'octroi.
6 Guerard, ingr. de la traction.
8 Rabouille, facteur à la poste.
10 Pombourg, voyageur.
14 Dubot, brig. au ch. de fer.
16 Delafosse, employé.
22 Diot, chef d'équipe.
26-28 Remy-Vasseur, cabar.-épic.
32 Brare, employé.
   Baclet, md de pierres taillées.
36 Edouard, md de bois en détail.
68 Bouthors, fabric. à métiers.

Le Maître (rue).

7 Loisel, menuisier.
17 Jumel-Caron, charcutier.
19 Vasseur (Jean-Baptiste).
21 Chenio, facteur.
23 Hagios (Mlle), lingère.
25 Tencey, rentier.
27 Dumeige, employé des postes.
   Poitron, inspect. de police.

29 Lesage, contrôleur en retraite.
31 Gacquerre (Jeanne), rentière.
   Daire, employé, commre local.
33 Matifas, employé.
35-37 Leroux père, rentier.
   Ateliers de Leroux frères.
39 Dinouart-Boidin (Ve), rentière.
41 Englard, caissier de la c. d'ép.
43 Pelletier (Eugénie), rentière.
   Tavernier, employé.
45 Thierry, rentier.
47 Fournier, id.
49 Pointel, id.
51 Richebourg, contrôleur de la garantie.
55 Thuilliez, prof. d'agriculture.
   Bachelier, employé.
57 Montel, employé.
59 Debeauvais, employé.
61 Boulanger, rentier.
63 Lenoir-Boibergue, rentier.
65 Rembault, rentier.
67 Godard (Ve), rentière.
   Topin, contre-maître.
69 Niquet (bains publics).
   Cadet (bains).
71 Bertoux, entrepreneur.
   Cry, entrepreneur à Dury.
73 Horville (Dlle), rentière.
75 Cossin, représ. de commerce.
77 Rouyel, ouvrier sellier.
4 Verrier-Douchet, rentier.
6 Méruque, rentier.
8 Wallet (Ve), carossière.
10 Vautrin, rentier.
12 Delavigne (Ve), rentière.
14 Arnoult, employé.
16 Couture, id.
18 Bernaux, employé.
20 Dreyfuss, coupeur.
24 Louis, épicier-cabaretier.
26 Jourdain (veuve), rentière.
   Jourdain, employé.
34 Roblot (Ve), rentière.

4.

36 Lebrun, rentier.
38 Barthès (la Dᵉ), rentière.
40 Gamard (Vᵉ), rentière.
42 Sorel, rentier.
46 Zagrodski et Cⁱᵉ, fabr. de toil.
48 Lefebvre-Zagrodski, fabricant.
50 Gauffier, major en retraite.
52 Mention, employé.
54 Detranchant, prof. de chant.
58 Dehaye, rentier.
60 Leroy (Marcel), prof. de mus.
62 Hecquet-Leroy, filateur.
64 Filat. de Levert et Hecquet.

Le Merchier (rue).

7 Godard-Lequien, rentier.
  Lequien (Vᵉ), rentière.
9 Bondois, employé.
11 Lemaire, écon. des hospices.
13 Roberval-Mancel, rentier.
17 Lacoste (Charles), professeur
  de musique.
19 Caron-Varé, propriétaire.
21 Adam-Monmert, négociant.
23 Daugy, s.-inspect. des postes.
25 Gibert, gardé du génie.
 2 D'Handicourt, propriétaire.
 4 Leroy-Latteux, propriétaire.
 6 Percheval, marchand en gros.
  Trépagne (Vᵉ), rentière.
 8 Geoffroy, professeur.
10 Mancel aîné, rentier.
12 Charoy père, rentier.
14 Charoy-Degove, banquier.
  Degove (Vᵉ), propriétaire.
16 Bertrand, contrôl. des contrib.
  indirectes.

Lenoël (passage).

1 Morelle, facteur à la poste.
3 Leroy (Flore), rentière.
  Roucoux, maître de musique.
  Peugnet, conduct. de trains.

2 Damiens (Vᵉ), rentière.
  Duboille (Vᵉ), rentière.
  Léloffé, facteur à la poste.
6 Thuillier-Pansiot, propriét.
8 Dormenval, employé.
12 et 7 Ledent (Joséphine), garn.

Lin (rue au).

5 Suc. de la mᵒⁿ Bazin et Girardot, de Paris, art. de bur.
  Leroi-Leraillé, gérant.
  Leroy-Pauchet (Vᵉ), rentière.
3 Lescaillet, fripier.
7 Boucher, pharmacien.
  Boucher (Vᵉ), rentière.
9 Mallet-Delarue, mᵈ de meubl.
13 Drevelle-Matifas, charcutier.
15-17 Dewailly, marchᵈ de toiles.
  Dewailly (Vᵉ), rentière.
19 Douillet-Duvauchelle, épicer.
21 Terrien (Vᵉ), rentière.
  Terrien (Adr. et Fél.), faïenc.
23 Capon, employé.
25 Tutois, loueur en garn. et déb.
37 Demermilliod (Vᵉ), ling., garn.
31 Drobecq et Hoël, menuisiers-
  entrepreneurs.
  Hoël (Auguste et Henri), me-
  nuisiers-entrepreneurs.
33 Maincourt-Neuvéglise, mᵈ de
  rouennerie.
35 Boucher, ébéniste.
37-39 Eloy, brocanteur (garnis).
41-43 Gosselin (Mᵐᵉ), ling., garn.
45 Feret (Vᵉ), mercière.
47 Riou (Mˡˡᵉˢ), ferblantières.
49 Dorchy, boucher.
51 Dupuis, ferrailleur.
53 Douville, fab. de chaux (mag.)
53 Wallet, rentier.
55 Damoiseau-Paris, cabaretier.
2 Leclercq-Ancelin, ébéniste.
6 Lenoël (Mᵐᵉ), modiste.
8 Lenté, employé à la préfect.

10 Bougon-Ramecourt, ferblant.
12-14 Géroux-Herein, cabaretier.
16 Théroude, fleuriste.
18 Pezé, garn., brod. et applicat.
20 Jolibois (Vᵉ), rentière.
22 Deboffe, rouennerie.
24 Leroy, mᵈ de meubles.
26 Fauchet, quincaillier.
28 Delignières-Fréchon, vins en gros.
  Fréchon (Vᵉ), propriétaire.
  Fréchon (Julienne), propriét.
30 Cazé (Vᵉ), mᵈᵉ d'obj. d'arg.
32 Caudrillier, plac. des boulang.
32 Gosselin (Mˡˡᵉ), épicière.
36 Pécourt, propriétaire.
38 Jourdain (Eléonor), rentier.
  Beauval et Pillot, commission-naires en marchandises.
40 Coache, papetier, tabacs.
42 Langlois, notaire.
44 Bulot fils, fabricant.
46 Forbras (Vᵉ), oiselière.
  Forbras (Adolphe), oiselier.
48 Darras, cabaretier.
52 Dreptin, cabaretier (garnis).
54 Lenglet (Flore), épicière.
56 Avisse-Beauvais, fruitière.
58 Leblond-Fresson, horloger.

Logis-du-Roi.

  Prévost-Allo, libraire.
3 Motean, empl. au télégraphe.
  Pelletier (Gustave), étudiant.
  Voiturier (Octave), rentier.
  Cauvin, à Saleux.
  Magnart, empl. des cont. ind.
  Delaporte, voyageur.
  Vicart, commiss. en grains.
5 Café du globe
7 Branche (Vᵉ), cafetière.
9 Herbet, cafetier.
11 Bains du Logis-du-Roi.

  Bourgeois (Vᵉ), gérante.
13 Carpentier-Nollent, serrurier.
  Galle (Emma) modiste.
  Fourlinnie, repr. de comm.
  Du Gard, empl. des cont. ind.
  Marchand, rentier.
  Féret, prof. de musique.
15 Griois, vétérinaire.
  Facquet (Vᵉ et Dˡˡᵉ), rent.
17 Magasin de Beaudoin, mᵈ de laines, boulevard de l'Est.
21 Decaïeu, avoué.
2 Café Delattre.
4 Mantel, bur. de plac. et cabar.
8 Cazé, ébéniste.
10 Guillouard, chaisier.
12 Berenger, fab. de bonneterie.
14 Devillelongue, garde forest.
  Nellis (Mˡˡᵉ), lingère.
16 Deruillé, bural. au théâtre et loueur en garni.
  Jumel, mᵈ de beurre à Fluy.
18 Demarcy, mᵈ de beurre à Fluy.
20 Prison des Grands-Chapeaux.
  Lemaire, gardien-chef.

Lombards (rue des).

3 Daveluy, tailleur.
5 Trancart-Pie, mᵈ en gros.
  Pie-Lemaire (Vᵉ), rentière.
7-9 Camen, négociant.
4 Charoy, banquier.
  Poulain (Vᵉ), rentière.
6-8 Renouard, mᵈ de toiles en gros.
10 Lenclin (Adolphine), rentière.

Long-Rang (rue du).

7 Vasseur (Joseph).
13 Foré, ébéniste.
15 Veque (Vᵉ), rentière.
17 Devauchelle, ménager.
19 Buignet, ménager.

21 Buignet (Franç.), fileur.
23 Buignet (Léon), fileur.
25 Boyencourt (J.-Bapt.).
37 Rose-Gaillet, charcutier.
39 Boulangerie de Vᵉ Clément.
41 Gaillet-Mercier, ménager.
43 Gaillet-Vasseur, ménager.
45 Bazile, ménager.
55 Beny-Buignet, employé.
59 Gaillet (Antoine), ménager.
63 Dubois-Leduncq, plafonn.
67 ʙ Chantriaux-Leclercq, tissʳ.
71 Maguét, ménager.
95 Lorin, plâtrier.
10 Gaillet, épicier.
16 Gaillet (Amable), tisseur.
18 Leduncq, retraité.
20 Lamarre-Dury.
26-28 Pinchon (Vᵉ), ménagère.
30 Dubois (Edouard).
32 Douvry, chef des forts.
34 Lamarre, tisseur.
40 Jovelet-Hemart.
50 Bazile, fruitier.
52 Buignet, fileur.
54 Lefebvre (Vᵉ).
58 Jovelet (Amable).
64 Lefebvre, chef cantonn., déb.
66 Bodescot, ouvrier.
84 Gaillet-Toulmonde.
94 Jourdel-Buignet, ménager.
96 Gaillet, garde de la Selle.
98 Bois, tisseur.
114 Legrand, débitant.
128 Cahon, tonnelier.
140 Thériot, menuisier.
144 Chocholle, ménager.
180 Lefebvre (Joseph), ménager.

Longueville (boulevard).

2 De Gorguette d'Argœuves, pʳᵉ.
4 Corblet (Vᵉ), rentière.
6 De Savignac, pʳᵉ à Thiepval.
8 Debray, propriétaire.

10 Machart (Vᵉ), propriétaire.
12 Trépagne-Dubois, prop.
14 Guerlin, recev. municipal.
16 Aubert, propriétaire.
18
20 Dubois, lieut.-colonel en retr.
   Dubois (Charles), avocat.
22 Pinel, rentier.
   Parmentier (Vᵉ), anc. merc.
24 Poussart (Amédée), rentier.
   Poussart (Ed.), rep. de comm.
   Poussart (Vᵉ), rentière.
26 Guibet, rep. de commerce.
   Guibet-Cordier, propriétaire.
28 Dubrulle, comm. en farines.
30 Sorel, rentier.
32 Lefebvre (Géronime), rent.
34 Delavier-Dubois, rentier.
36 Dours, médecin.
   De Rouvroy (Vᵉ), rentière.
40 Vion, propriétaire.
42 Guérard (Joséphine), prop.
44 De Guillebon, propriétaire.
   De Guillebon, empl. au télég.
46 Reynolds-Jackson, propriét.
48 Millon, juge.
50 Pihan de la Forest, conseiller
   à la cour.
52 De Gondrecourt, cons. de préf.
54 Quenault-Allart (Vᵉ), prop.

Longueville (place).

Niquet-Boucher, mᵈ de pains
   d'épices.
3 Vichery-Romain, mᵈ de combustible et loueur en garni.
   Desjardins, retraité.
   Duflos (Ch.), employé.
5 Baillet, propriétaire.
7 Roussel, prof. de musique.
9 Carrière, charron.
11 Hurache, rentier.
13 Vasseur de la Verrière (Vᵉ), pr.

15 Adam de Flamard, comm. spéc. au ch. de fer.
17 Noyelle-Lenoël, prop.
19 Guidé-Hubant, m^d de charbon de bois.
21 Lavallard-Choquet, m^d en gros
23 Madaré, propriétaire.
25 Galet-Violette, m^d de toiles.
27 Mohr, prof. de musique.
Mohr (V^e), rentière.
29 Vincent (V^e), rentière.
31 Blanchard de Fargis (V^e), rent.
33 Fiquet-Latteux, négociant.
Dupuich, m^d de pains d'épices.

Loup (rue du).

7 Darras, caissier.
9 Briaux, marchand en gros.
Briaux (V^e), propriétaire.
11 Magasin de Mausuy, boulanger, rue de Noyon.
15 Mollet (V^e), propriétaire.
17 Gaudefroy-Bouthors (V^e), p^{re}.
19 Coquart-Mollet, négociant.
21 Bazenery ✳, cons. à la Cour.
23 Malivoir, couvreur.
27 Poujol, propriétaire.
29 Poujol (V^e), p^{re} à Molliens.
31 Joron, rentier.
33 Choquet (Mlle), rentières.
35 Simon, propriétaire.
4 Vignon (V^e), fruitière.
6 Caudron, débitant.
10 Werlemberger, cordonnier.
12 Péron, ramoneur et frotteur.
14 Hanot, serrurier.
16 Poujol (Eug.), propriétaire.
18 Magnier, comm^{re} en grains.
20 Jourdain de Thieulloy (V^e), propriét. à Saint-Gratien.
26 Roque, rentier.
30 Crimont, ébéniste-brocanteur.
34 Maison des Saintes-Claires.
36 Lecorreur (Mlle), rentière.

38 De Saint-Aubanet, général en retraite.
40 Prouvost, propriétaire.
42 De Franqueville (V^e), propriétaire à Remiencourt.
Mollien, prêtre.

Louvel (rue des).

3 Sorel, vitrier.
7-9 Bois (V^e), logeuse.
15-17 Zambaux, logeur.
25 Vicaigne, employé.
27 Lhomme (V^e), rentière.

Lycée (rue du).

3 Delacroix (Cécile), coutur.
Labesse (Mlle), rentières.
5 Lotte (Mlle), couturière.
7 Fauvel, prêtre, m^e de pens.
9 Niquet, peintre.
Marcq, praticien.
13 Magasin de Decroix-Martin, r. de Beauvais.
Lefebvre (V^e), tonnelière.
15 Mag. de Derogy-Loth, r. de Beauvais.
17 Savoye-Decoisy (Mme), repasseuse.
19 Benoît (V^e), rentière.
21 Sorel, menuisier.
Templeux, anc. portier du lycée.
23 Dumeige (Louise), modiste.
25-27 Vichery, papetier, loueur en garni.
27 André (Gaspard), employé.
Gottiniaux, brig. sédent. des eaux et forêts.
Cotte, empl. des eaux et for.
Leggue (Léon), ingén. civil.
29 Mantel, logeur.
35 Duflos (V^e), rentière.
37 Sangnier, propriétaire.

39 Bray, menuisier.
41 Birchler, employé.
43 Vautrin, tambour.
45 Pancier, m^d de vins en gros.
47 Petit, fab. à métiers.
49 Buquet, employé.
51 Atelier de Hacot, plombier.
53 Lenoël-Batteux, débitant.
57 B Leroy, m^d de grains en gros.
57 C Breuil père, propriétaire.
57 D Garot, dessinateur.
59 Paris, charron.
61 Leroy-Digeon, ent. de bâtim.
63 Lepage, anc. retordeur.
65 Madry-Chaussé, m^d de bois.
67 Beaucousin, rentier.
71 Cottrel, emp. à la préfect.
   Vast (Flavie), maîtresse de langues.
73 Rigaut, anc. notaire.
75 Donné (V^e), rentière.
   Donné, emp. à la préfecture.
79 Matifas, rentier.
81 Petit, sous-insp. des forêts.
83 Fanchon (V^e et D^{lle}), rent.
85 Vasseur, propriétaire.
87 Leroy (Mlle), rentière.
91 Capon (V^e), épicière.
95 Vuillemot, manége d'équit.
97 Vasseur-Cavillier (V^e), rent.
101 Cassagnaux (Mlle), maîtresse de pension.
107 Lefebvre, profess. au Lycée.
2 Calippe-Loignon, rentier.
4 Maillet (V^e), rentière.
   Morelle-Maillet (V^e), rent.
   Bazin-Maillet (V^e), rentière.
6 Laffilé, serrurier.
8 Lesobre (V^e), logeuse.
10 Gadré (Marie), rentière.
12 Leullier, insp. des bâtim.
14 Bontemps, rentier.
16 Leclercq, comptable.
   Massin, employé.

18 Granger, rentier.
20 Desmarquet (V^e), rentière.
22 Mag. à Derogy-Loth, r. de Beauvais.
24 Dumeige, tailleur.
26 Calmon, épicier.
28 Bonnavoine, rentier.
32 Salzé (Caroline), lingère.
38 Lycée impérial.
40 Faverot, proviseur.
   Moulin, censeur.
   Menard, économe.
   Causse, commis d'économat.
   Ducastel, aumônier.
   Ségaux, maître d'études.
   Loisel, maître d'études.
   Devillers, maître d'études.
   Heigny, maître d'études.
   Tavernier, maître d'études.
   Gricourt, maître d'études.
   Dubreuil, maître d'études.
   Landrieu, maître d'études.
   Frenet, maître d'études.
   Darras, maître d'études.
   Deberly, concierge.
   Ducastel (Mlle), rentière.
42 Pennelier, logeur-cabaretier.
44 Grenier (V^e), rentière.
46 Cornet, négociant.
48 Germain-Boury (V^e).
50 Magasin de Buisson, rue de Beauvais.
52 Flicot (Louis), ébéniste.
54 H Mag. de Waymel, rue de Beauvais.
56 Gerin (V^e), m^{de} de pains.
58 Fournier-Digeon, rentier.
   Fournier (V^e), rentière.
60 Sauval, charcutier, logeur.
62 Lefebvre, mercier-épicier.
64 Corby (Mlles), rentières.
   Corby, recev. de domaines.
66 Lefeuvre-Douay, rentier.
68 Joliau (Mme), rentière.

72 Renault, coupeur d'habits.
74 Balin-Gamounet, propriét.
76 Alaison (Sophie), épicière.
78 Grandsimon, employé.
80 Bonnessien, employé.
82 Martin, emp. du bureau de bienfaisance.
88 F Hordez Fagot (V^e), rentière.
94 Durant, vérificat.-adjoint des poids et mesures.
96 Vallet, m^d ambulant.
98 Bois-Ravin, maçon.
108 Dupelit, cabaretier.
112 Décle, rentier.
114 Lemarchad père, rentier.
116 Crapier (V^e), propriétaire.
Lecucq (V^e), rentière.

Mai (cour de).

1 Leleu, peintre.
5 filature de lin de Stiven, rue de la Pâture, 28.
Calais, comptable.
4 Griois, cordonnier.
12 Jacob, débitant et ferblantier.

Mail (boulevard du).

1 Tattegrain, rentier.
Defossé (Mlle), rentière.
3 Bourgeois ✺, propriétaire.
5 Dupont, marchand en gros. d'Agnel de Bourbon (la v^teᵉ), propriétaire.
7 Roux de Gandil, conseiller.
9 Deflesselle-Dupré (V^e), rent.
Dupré, ancien banquier.
11 Picart-Deflesselle, rentier.
13 de Roucy-Renard (V^e, D^lle et fils), propriétaires.
15 Latteux, négociant.
17 Courtois, rentier.
19 de Taffin (V^e, D^lles et fils), pr.
21 de Boutray (V^e), propriétaire.

23 Desjardins-Deflesselle.
25 Vincent, propriétaire.
27 Dieulouard, anc. percepteur.
Dieulouard (Mlle), propriét.
29 Poule (V^e), propriétaire.
Lafaux (V^e), propriétaire.
31 Leriche ✺, conseiller.
33 Duvette-Grandpré (V^e), prop.
35 Duroyer ✺, ancien maire.
37 Miliffeu (V^e), propriétaire.
Miliffeu et Demoiselle, propr.
39 Souplet (V^e), rentière.
Souplet fils, rentier.
41 Leroy (V^e) et fils, propriét.
43 Henriot (V^e), propriétaire.
Siraudin ✺, prés. de chambre.
45 Lefebvre (V^e), rentière.
Décle, rentier.
47 Beauduin, artiste peintre.
49 Retourné (V^e), propriétaire.
Pointin frères, propriétaire.
51 De Boisguillon (le v^te).
53 Coenen, marbrier.
55 Massenot, architecte.
57 Télégraphe électrique.
Sambourg, directeur.
59 Petin (V^e), rentière.
Petin frères, rentiers.
61 Darras, serrurier.
65 Debry, empailleur d'oiseaux.
67 Couvillers, cordonnier.
71 Dutry, marbrier.
73 Janvier, propriétaire.
Janvier fils, propriétaire.
75 Daire-Frémont et fils, commissionnaire de roulage.
77 Souplet ✺, entrepos. en retr.
79 Gruyer, charron.
81 Danvin de Hardenthun (V^e), propriétaire.
83 Cozette, empl. à la préfecture.
85 Loisemant (V^e), rentière.
Philippet (Julie), rentière.
87 Martin (Mlle), rentière.

89 Morin, contrôleur du timbre.
91 Bouvier ✳, propr. (cabinet
 de curiosités).
93 Lebrun (Vᵉ), rentière.
 Chevalier, rentier.

Mail (rue du).

1 Lefebvre (Mᵐᵉ), rentière.
3 Fournier (Mˡˡᵉ), rentière.
5 Maulisse, peintre en décors.
7 Bizet, entr. de maçonnerie.
9 Trancart-Drévelle, rentier.
11 Duval-Machart (Vᵉ et Dˡˡᵉ), pr
13 Renard, propriétaire.
2 Atelier de Coenen, marbrier.
4 Petain frères, propriétaires.
6-8 Mag. de Vuls, louʳ de pianos.

Majots (rue des).

5 Tellier, tourneur en bois.
7 Fournier, marchand de touli-
 nets et charbons.
11 Boulfroy, débitant.
13 École des sœurs de Saint-Leu.
15 Hordez-Lanvin, fabricant.
19 Crignon fils, filateur.
21 Loisel, droguiste.
23 Dufossé, teinturier.
27-29 Husson, serr.-mécanicien.
45 Ferté, rentier.
47 Malot, brocanteur.
69 Fabrique de Mollet-Desjardins,
 rue Henri IV.
83 Mouy, dégraisseur.
85 Couillard-Miennée, épicier.
4 Delacroix, apprêteur.
 Gaudry, rentier.
6 Crampon, tonnelier.
8-10 Penet (Vᵉ) et fils, brasseur.
12 Toulmonde, épicier.
16 Jourdain, apprêteur.
18 Schwander, grav. sur cylind.
20 Morillon, menuisier.

22 Ogez, tailleur.
26 Lacroix (Mᵐᵉ), maîtresse de
 pension.
28 Dimpre (Flavie).
34-36 Bernaux, imprim. d'étoffes.
46 ʙ Dailly (Vᵉ), propriétaire.
52 Gaudefroy, employé.
64 Magasin de Paris, charron,
 rue Saint-Leu.
68 Magasin de Crampon, tonnelier, même rue, 16.
76 Hévin, serrurier.
78 Domart, marchᵈ de légumes.
80 Morel-Billet, cabaretier.

Malakoff (rue).

15 Noircler, emp. au télégraphe.
17 Tassencourt, voyageur.
23 Warin (Vᵉ), fruitière.
2 Parisis, chauffeur.
6 Verquin, emp. au télégraphe.
8 Hautefeuille (L.), emp. au tél.
12 Dessaux, brig. au ch. de fer.
32 Fournier, chauff. au ch. de fer.
36 Niquet, cond. de trains.

Malemaison (rue de la).

1 Letellier-Beldame, pʳ. de dessin.
 Beldame-Andrieu, rentier.
3 École de dessin et musée.

Marais (rue du). Faub. St-Pierre.

21 Marchand (Vᵉ), repasseuse.
23 Dupriez (Jean), ménager.
29 Édé, débitant.
31 Lassassin, débit. de cidre.
47 Dravenel, ménager.
59 Filliot-Marchand, ménager.
65 Sannier, fruitier.
95 Labesse-Mortier, mᵈ de fourr.
97 Griffoin, aiguilleur.
109 Decoin, ménager.
2 Gournay (Et.), jardinier.

4 Maison (V.e), ménagère.
6 Maison (Napoléon), ménager.
14 Sauvé-Leclercq, (V.e), cultiv.
16 Ogez-Leclercq, cultivateur.
18 Sene-Leclercq, propriétaire.
30 Ducroquet (Ad.), ménager.
32 Lavallée (V.e), ménagère.
34 Vaillant-Ledien, teinturier-dégraisseur.
36 Blondel, employé.
38 Segard (V.e), ménagère.
56 Sévaux, ménager.
58 Couvé (Pierre), rentier.
58 Couvé, vicaire de St.-Pierre.
60 Lengeilé, m.d de tourbes.

Marché aux Chevaux.

Senidré, recev. d'octroi.
3 Bringiotli, galochier.
5 Loriot, cafetier.
9 Bralant, aubergiste et m.d de chevaux.
15 Robillard (V.e), cabaretière.
17 Lefebvre, menuisier.
19 Mallet-Bardou, cabar. et men.
21 Robillard, fruitier.
2 Leroy, propriétaire.
6 Lesobre, charron.
8 Candillon, m.d de charbons.
10 Debarry, rentier.
22 Digeon, pépiniériste.
24 Dumeige, chef des balayeurs.
28 Digeon (V.e et D.lle), rentières.

Marché-au-Feurre.

1 Hévin (Léon), teint. dégraiss.
3 Drevelle-Rumilly, boucher.
5 Bauchet, tonnelier.
7 Cadet, cabaretier.
9 Robail, m.d de sangs. et cord.r.
11 Quévrain, suisse.
13 Hubaut (François).
15 Debry-Sauval, aubergiste.

17 Lemaire, logeur.
21 Dhervillez, m.d de denr. colon.
25 Dapilly, perruquier.
27 Allart, cordonnier (guérison de la teigne).
29 Morand, maréchal-ferrant.
31-33 Marotte, boulanger.
37 Polart, mercier.
39 Alary, cabaretier, entrepreneur de balayage.
2 Becquerelle-Guichard (V.e), épicière.
4 Martin-Leclercq, épicier.
6 Huguenet (V.e), déb. de tabac.
8 Macron, charcutier.
10 Jodart, ferblantier.
12 Quesnel (Rosalie), repasseuse.
14 Gamand, courtier de march.
16 Fréchon, fabricant de savons.
18 Dupuich, aubergiste.
20 Beuvry-Martigny, cabaretier.
22 Cornet, boulanger.
24-26 Deray-Toulouse, m.d d'ép.
Sur la place, Vasseur, boulanger à Bovelles.

Marché-aux-Herbes.

1 Lambert-Caron, imprimeur-libraire, papiers peints.
3-5 Lebel, marchand de tissus.
7 Quint, cordonnier.
9 Petit (V.e), m.de ambulante.
9 c Magas. de François-Cozette, Marché-aux-Herbes, 15.
9 d Mag. de Vasseur, m.d de toiles à Pernois.
9 e Mag. de Trancart, m.d de toiles à Hangest-sur-Somme.
11 Delimal, épiceries en gros.
Frémicourt, rentier.
13 Cozette, marchand de poisson salé et de graines.
15-17 François-Cozette, m.d de poisson salé et de graines.

19 Franqueville, pot. d'étain.
Franqueville (V^e), rentière.
21 Doublet (V^e), m^de de tissus.
23 Dépôt de la Cie du gaz anglais.
Dieu (Denis).
25 Fauquerre (V^e), m^de de tissus.
27 Hémery, marchand de tissus.
29 Beldame, épicier-droguiste.
31 Sageot (V^e), vannière.
33 Moitié-Magnier, marchand de poisson salé et de graines.
33 Magnier (V^e), rentière.
35 Maison de vente de Delahaye Binet, pain d'épice.
Binet-Gaillot, associé.
37 Douilliez-Godart, mercier et quincaillier.
39 Bralant, cabaretier.
Bralant fils, négociant.
41 Martigny, m^d de vins et détail.
43 Bertrand, coutelier.
45 Gilanton, épicier, déb. de tab.
47 Derivière-Liou, faïencier.
49 Leclercq-Andrieux, vannier.
54 Legrand (Léontine), lingère.
55 Buignet, barbier.
59 Lootens, cabaretier.
61 Govin, fils et Tettard, m^ds de fer.
Tettard-Govin, m^d de fer.
63 Andrieux, vannier.
2 Billet-Lefeuvre (Mme), modiste.
4 Schreyer, pharmacien.
6 Barbier-Lamarre, m^d de tissus.
8 Wable, marchand de tissus.
Demelin (V^e), rentière.
10 Cagnard, cordonnier.
12 Colbert-Poulain, tapissier.
14 Danzel (V^e), mercière.
Ducrocquet (Mme), anc. ling.
16 Beauvais-Thuillier, cordonn^r.
18 Macdonal, teinturier-dégrais^r.
20 Faro-Oger, linger.
22 Monvoisin, charcutier.

24 David, faïencier.
26 Tunc-Wallet, m^d de toiles.
28 Béral, lampiste.
Robail, rentier.
Navier, rentier.
30 Acloque-Choisy, épicier.
32 Soufflet-Boucher, m^d de tissus.
34 Denard, bonnetier.
36 Dubus-Binet, boucher.
38 Heumann-Boulogne, rentier.
40 Dailly (Mme), m^de de chauss.
42 Lévêque-Jérôme, mercier.
44 Joly-Monmert, m^d de toiles.
Payen, employé.
46 Morel-Bazin, m^d de rouenner.
48 Joly-Biendiné, épicier.
50 Joly-Joly, mercier.
Joly-Lenglet, mercier associé.
52 Soufflet (V^e), épicière.
54 Matifas-Carbonnet, boucher.
56 Poissonnerie.
Paris, régisseur.
58 Andrieux, marchand de fer.
60 Vignier-Détemple, ferblantier.

Marché de Lanselles.

Louchet (V^e), grainetière.
Bourgeois (Palmire), bouchère.
Léraillé, boucher.
Théot, charcutier.

Marissons (rue des).

2 Riquier-Tellier, mercier.
10 Tattegrain, maçon.
12 Lavallée (Mme), m^de à la toil.
14 Atelier de Vinque-Hordez, fabricant, rue Saint-Leu.
Ladent (V^e), logeuse.
28 Beauval, empl. de commerce.
46 Atelier de Vinque-Hordez, r. Saint-Leu.
52 Atelier de Mille, fabricant, rue Saint-Martin.

60 Roy , dégraisseur.
66 Duchenne, charp. en bateaux.

Martin-bleu-Dieu (rue).

3 Chenu-Bellair (Ve), rentière.
5 Bette, menuisier.
9 Delattre (Mlle), rentière.
13 Boves, rentier.
15 Dupré, fab. de tulle.
   Bienaimé, rentier.
   Wasse, fab. de tulle.
17 Sevin, emp. de commerce.
19 Pigache, épicier.
21 Avallart, vicaire.
   Avallart (Ve), rentière.
25 Magas. de Grucy, menuisier.
   Mag. de Paris-Corroyer, rue
     Gresset.
25 Buisson-Godard, fabric. de
     chaussures.
27 Galopin, (Mlles), rentières.
29 Gourjon, contre-maître.
   Bertrand, employé.
31 Noiret (Ve), rentière.
33 Barbier, employé.
35 Mellier, agent d'assur. et fac-
     teur de denrées.
   Bureau du *Nord*.
37 Gauthier ✳, fab. à métiers.
39 Lafosse, employé.
39 Derivery, emp. de percepteur.
   Leroux (Ve), retordeuse.
   Wickmère, lingère.
41 Choquet (Ve), rentière.
45 Govin, professeur à l'école
     normale.
47 Poulain (Ve et Dlle), rentière.
2 Lesur (Ve), rentière.
6 Nollent (Ve), rentière.
   Paul-Nollent, md de déchets.
10 Demarigny, employé.
18 Gaudefroy, garçon de mag.
20 Fauquelle-Cozette (Ve), rent.
   Decoisy, prêtre.

22 Decaieu, présid. de ch. en ret.
   Gouaux (Ve), rentière.
24 Malifas (Ve), rentière.
26 Decoisy (Ve), rentière.
28 Dupuis (Ve), rentière.
30 Bois, maçon.
32 Verneur, fab. d'eaux minér.
34 Cauet-Lefebvre, propriétaire.
38 Puche, rentier.
40 Dubus (Ve), rentière.
44 Delannoy (Ve), lingère.
46 Duriez (Ve), lingère.

Masclef (rue).

8 Déleu, fabricant de chicorée.
28 Despreaux (Constant), rentier.

Maubert (place).

1 Mag. de Bonnard fils, md de
     laines, r. St.-Germain.
6 Debray, md de cirage.

Mazagran (rue).

1 Gavet ✳, payeur du départ.
3 Dourlens, rentier.
   Dourlens (Ve), rentière.
7 Mille (Ve), march. de draps.
11 Deligny, propriétaire.
21 Schouleur, ag. au ch. de fer.
6 Louchet, prop. à Citerne.
8 Lequet père, rentier.
10 Guilbert (V•), rentière.
   Lequet fils, plafonneur.
14 Ibled, à Mondicourt.

Metz (rue de).

3 Pruvost, fruitier.
5 Gricourt, rentier.
7 Perlin, balancier.
9 Boucher, cabaretier.
11 Debray (Ve), ménagère.
15 Gérard-Lescot (V•), rentière.
17 Boucher, courtier de comm.

19 Degouy, employé.
21 Jumel-Gesny, comm. en marchandises.
23 Trancart, emp. de commerce.
25 Beaucousin, m^d de denrées
 coloniales.
29 Macque, chef de divis. à la
 préfecture.
31 De Vaucelles, propriétaire.
33 Deboffe, propriétaire.
37 Choquet-Mollet (V^e), m^{de} de
 vins en gros.
41 Poulain, m^d de fils en gros.
43 Fiquet (V^e), pens. bourgeoise.
 Hourdel-Fiquet, employé.
45 Mais. Delattre de Ramburelles.
47 Delarue, agréé.
49 Tondu ✳, propriétaire.
55 Goulden, pasteur protestant.
57 Lancel et Duproix, comm. en
 marchandises.
59 Becquerel, propriétaire.
2 Boudoux (V^e), m^{de} de parap.
4 Léger (Mlle), pains d'autel.
6 Delattre (V^e), coutur.
8 Fissaux, m^d de volailles.
10 Delaby, maréchal-ferrant.
12 Benard, aubergiste.
 Fay, ancien huissier.
 Poyé, surnuméraire.
14 Gontier (V^e), comm. en farines.
 Decressin, employé.
 Jumeaux, huissier.
16 Malézieux, couvreur, loueur
 en garni.
18 Heurtaux, propriétaire.
20 Decaix, tailleur.
 Décaix (Mlle), lingère.
22 Boinet, fab. d'encre.
24 Guerard-Mallet, tonnelier.
26 Million, brocanteur.
30 Tatin (Ernestine).
 Gambart, m^d de vins en gros.
34 Jonas-Capron, négociant.

36 Gaudefroy, m^d de laines en gr.
38 Moyècle (Mlle), maît. de pens.
40 Labbé père, fils, et Lamy,
 négoc. associés.
 Lamy-Labbé, négociant.
42 Desavoye, rep. de comm.
 Momy-Flament, rentier.
44 Bouthors ✳, cons. de préf.
46-48 Million (V^e), loueuse en gar.
50-52 Dumont-Dérondart (V^e),
 loueuse en garni.
50 Moore, ch. d'installat. au gaz.
54 Blangy, cordonnier.
46 Sellier, brocanteur.
60 Terrache, fab. de chaises.

Metz-l'Évêque (rue de).

3 Leturcq, boulanger.
2 Leboullanger, chanoine.
4 Vasseur, rentier.
6 Beldame, rentier.
 Herbet, prêtre.
10 Bachimont, prêtre.
14 Cacheleux, prêtre.
 Cacheleux (Mlle), rentière.
16 Drevelle, rentier.
18 Loisel et sœur, m^{ds} de tissus.
20 Brunel, filateur.
22 Julien et Brunel, filateurs.
28 Lelong, débitant.

Meûniers (rue des).

20 Bonvallet (Charles), imprimeur
 sur étoffes et teinturier.
22 Fabrique de tresses d'Auber
 frères, rue des Wattelets.
 Perlin, contre-maître.

Meuniers (rue des). Faub. de Hem.

1 Briquet. de Bizet, r. du Mail, 7.
3 Briqueterie de Leclercq, rue
 Cozette, 10.
 Lamarre, contre-maître.

5 Briqueterie de Warin, rue Contrescarpe.
   Thibaut, contre-maître.
2 Voiturier, ménager.
30 Lefebvre (Franç.), ouvrier.
32 Lefebvre (Auguste), ouvrier.
62 Wallart, peigneur.
64 Dupuis, peigneur.
68 Wallart père, rentier.
   Dieu-Wallart, coupeur.
70 Deneux, surveillant.
78 Cotrelle, contre-maître briq.
82 Gourde-Joiron, contre-maître.
84 Briqueterie de Dupont, port d'Amont.

Minimes (rue des).

1 Griois (Edouard) menuisier.
15 Gérard-Riquier (V^e), rentière.
17 Dècle (Mlle), rentière.
21 Mazier, couvreur.
27 Lefebvre (L.), contre-maître.
29 Dufour, employé.
31 Gaillet (V^e), épicière.
33 Pingori (V^e), m^{de} à la toilette.

Minimes (petite rue des).

6 Templeux, tourneur en bois.
14 Andrieux, m^d de v. métaux.

Minimes (rue neuve des).

7 Gontier (V^e), fruitière.
11 Phaff, contre-maître.
15 Dépôt de papiers de Prouzel.
   Prudhomme (Mlle), gérante.
   Prudhomme, fabr. de ouates.
19 Atelier de Célis, serrurier-mécanic., chaussée St-Pierre.
2 Thuillier (Mlle), rentière.
10 Hubault, fabric. et teinturier.
12 Binard, teinturier.
16 Bouvier, rentier.
18 Léchopier, garçon de mag.

20 Savoye, menuisier.
28 Grare, rentier.
30 Boucher, employé.
32 Acloque, rentier.
34 Mullet (Rosa), rentière.

Minimes (place des).

1 Dufour (V^e), brocanteuse.
3 Dieu, débitant.
5 Minard (Mme), sage-femme.
7 Roussel, ferblantier.
2 Bruxelles, cabaretier.
4 Dépôt de bois de Vasseur, boulanger, rue Saint-Leu.
   Godart, charc., ag. de police.

Mondain (rue).

15 Compère, rentier.
   Poulet père, rentier.
17 Poulet, navetier.
19 Dodrelle, agent de police.
   Dodrelle, emp. à la mairie.
6 Legrand (Valentin).
10 Royon, contre-maître.
12 Cornut, tiss. de toile mécan.
18 Dufay, menuisier.

Montagne-aux-Chevaux (r. de la).

25 Sauvé-Delapierre, ménager.
27 Douchet (J.), ménager.
29 Lefebvre, ménager.
33 Denamps, ménager.
35 Delaporte, berger.
37 Masson, cultivateur.
32 Lemaire, cabaretier (café aux Alouettes).

Montmignon (impasse).

7 Archelin (V^e et D^{lle}), rentières.
9 Rose, ménager.
4 Delache, rentier.
6 Piteux-Delache, rentier.
8 Paris, ménager.

Montplaisir (rue).

1 Deneux, propriétaire.
3 Deflers, entrepren. de charp.
5 Normand-Pipaut, voyageur.
  Normand père, rentier.
7 Wissemant, profes. au Lycée.
9 Chamonin, clerc d'avoué.
11 Boidart, employé.
  Labbé, adj. des poids et mes.
13 Oberlique, clerc de notaire.
4 Pinchinat, employé.
6 Residio, comm. administratif.
8 Dumont, rentier.

Montplaisir (place).

Dieu, marchand de galettes.
1 Lucas (V^e), couturière.
3 Pennelier, caissier.
5 Kling, employé des postes.
  Roblot(la D^e), loueuse en garn.
7 Bertrand, teinturier.
9 Rivillon (M^lle^s), rentières.
11 Jonas, rentier.
13 Guidée (V^e), propriétaire.
15 Dusevel, représent. de comm.
17 Vasselle (V^e), rentière.
19 De Caudaveine, anc. notaire.
21 Ferguson aîné, rentier.
2 Lefebvre, rentier.
4 Boitelle, rentier.
6 De Guillebon, propriétaire.
8 Beaugeois, rentier.
10 Laurent (V^e et fils), rentiers.

Motte (rue).

5 Moyècle, hortillon.
7 Thierry, propriétaire.
11 Legrand, jard., fact. à la halle.
13 Choquet, hortillon.
17 Cauchetier (Jules), hortillon.
21 B Pelletier, jardinier.
23 Cauchetier-Gaffet, hortillon.
33 Cauchetier (Noël), id.

47 Garaux (V^e), épicière.
49 Manteau, cabaretier.
55 Pelletier (Philippe), hortillon.
59 Cauchetier-Thuillier, id.
61 Vacossin, m^d de tourbes.
63 Lefebvre, débitant.

Moulin (rue du).

11 Scellier-Boyeldieu, ménager.
17 Corbillon, ménager.
19 Velin-Boyencourt, ménager.
21 Velin-Blangy, ménager.
23 Robail, receveur à la gare.
35 Warin (Louis).
37 Laffray (V^e), épicière.
41 Vasseur (Florimond).
61 Andrieu, charpentier.
22 Voiturier, tanneur.
26 Tavernier, charpentier.
36 Hubinet-Mercier, ménager.
38 Galet, chargeur.
40 Desjardins-Mercier, ménager.
42 Raison, tartrier.
44 Vasseur (J.-B.), ménager.
48 Fouquerelle, débitant.
68 Boidart, employé.

Moulin (rue neuve du).

27 Masse père, anc. charpentier.

Moulin-du-Roi (rue du).

1 Capron (les enfants).
5 Havequet, tonnelier.
7 Gaillet, épicier.
9 Grenon-Golbert, linger.
11 Cnudde, épicier.
13 Mention (V^e), cabaretière.
15 Boissier-Bomont (Mme), merc.
2 Delannoy (Mme), m^de de tissus.
  Pecourt, contre-maître.
4 Boulanger-Roussel, farinier.

Moulin-Neuf (rue du).

1 Rose-Leclercq, serr. et épic.

13 Belguise, débitant.
21 Demelin, voiturier.
33 Marchand (V^e), rentière.
 2 Caron-Fossé, meunier.
Dupontreue, meunier.
Couvreur (V^e), meunière.
10 A Picard (V^e), rentière.
12 Coquerelle-Collier, bains pub.

Napoléon (rue).

 7 Découture (V^e), rentière.
 5-11 Découture, louager.
.15 Delaporte-Fombert (V^e), rent.
17 Mollet (Jules), propriétaire.
19 Magnier (Mlle), rentière.
21 Duvette fils, propriétaire.
23 Debary, avoué.
25 Frenoy oncle, tante et nev.,
    propriétaires.
27 Vast, propriétaire.
29 Dercheu, architecte.
31 Beauvisage, propriétaire.
Manessier (V^e), rentière.
33 Vaisse de Rainneville (Mlle),
    propriétaire.
35 Forceville-Duvette, propriét.
37 Henriot-Massey (V^e), pro-
    priétaire.
39 Desjardins, propriétaire.
41 Barny (Mlle), rentière.
 4 Herbault, architecte.
 6 Darras, cabaretier.
10 Bureau de la sous-intendance.
12 Guérin, sous-intend. milit.
12 bis Lefebvre, cocher.
14 Brandicourt, anc. médecin.
16 Retourné (V^e et fils), rentiers.
18 Watteau, avocat général.
20 Corby, notaire.
22 Douchet-Lejeune (V^e et fils),
    propriétaires.
24 Demarquet, entr. des pompes
    funèbres et louager.
26 Bazille, propriétaire.

Narine (rue de).

 3 Blanchard, barbier.
 5 Witasse, rentier.
 7 Defrance, jardinier.
Defrance (Mme), couturière.
 9 Joiron (V^e), couturière.
11 Pité, rentier.
13 Pecquet (Louise), rentière.
15 Hecquet, rentier.
17 Binard, rentier.
19 Babeur (V^e), rentière.
Babeur (Léonie), modiste.
21 Ponpon, professeur.
Ponpon-Bourgeois (Mme), mod.
23 Laffilé, peintre.
25 Fiquet, professeur de musiq.
27 Guilbert, relieur.
29 Delarouzée (V^e), rentière.
Delarouzée, rentier.
31 Mention, rentier.
31 Jacob-Deribeaucourt (V^e), ren-
    tière.
Jacob, employé.
Damanelle (Scholastiq.), rent.
33 Mention (V^e), rentière.
35 B Bois, courtier de commerce.
Foucart. emp. à la préfect.
35 C Famechon, emp. de banque.
37 Roussel, rentier.
39 Dacheux, maître de pension.
41 Larcher (V^e), rentière.
43 Loignon (Thérèse), rentière.
Benoit (Adélaïde), rentière.
Petit-Labbé (V^e), rentière.
45 Boibergue (Mlle), rentière.
Allart (Flore), rentière.
47 Shittengton (V^e), rentière.
49 Goblet, rentier.
Goblet, avocat.
Conté-Goblet (V^e), rentière.
51 Carment-Jacob (V^e), rentière.
Carment (Henriette), id.
53 Dumont, propriétaire.

55 Roblot-Dumont, agent d'ass.
  Bureau de l'*Abeille*.
57 Domont (V^e), fruitière.
61 Morand, menuisier-entrepren.
65 Guilleminot (Mlle), rentière.
  Parmentier (Joséphine), rent.
67 Merchez, menuisier.
77 Jean (Hippolyte), épicier.
2 Jacob (V^e), rentière.
  Jacob, rentier.
4 Rolland (Pauline), brocant.
8 Tavernier O. ✳, médecin.
10 Lenoir-Thélu (V^e), rentière.
  Thélu (Pauline), rentière.
12 Ducroquet (V^e), lou. en garni.
  Landrot, retraité.
14 Cantrel, prêtre.
  Cantrel (Dorothée).
16 Renouard, prêtre.
18 Macque (Zoé), rentière.
20 Boucher-Caboche (V^e), rent.
22 Duneufgermain (Mlles), rent.
26 Drevelle, menuisier-entrép.
28 Magnier, rentier.
  Bailly, rentier.
  Delagrange, rentier.
30 Hautecœur, médecin.
32 Lupart, rentier.
34 Le comte de Gomer, propriét.
  à Courcelles.
36 Ecole libre de la Providence.
  Guidée, supérieur.
  Maurey, ministre.
  Chauveau, professeur.
  Pourcelet, bibliothécaire.
  Couplet, préfet des études.
  Barpelin, s.-préfet des études.
  Delattre, professeur.
  Loy,   id.
  Charlet,   id.
  Desmons,   id.
  Cotel (Pierre) id.
  Cotel (Th.), id.
  Chapiron,   id.

Draulette, professeur.
Berrard,   id.
Cornaillac,   id.
Mestier,   id.
Asselin,   id.
Chevalier,   id.
Delahaye,   id.
Hamy,   id.
Simonin, surveillant.
Heu,   id.
Jambart,   id.
De Nadaillac, id.
Cappe,   id.
Bastien,   id.
Platel,   id.
Peltier, missionnaire.

Neuve (rue).

3 Delgove, clerc de notaire.
  Mollet,   id.
  Gerspach, m^d de dentelles.
5 Dubois, logeur.
7 Sauty, menuisier.
9 Duruissel, dentiste.
11 Boileau (V^e), rentière.
  Guidé, relieur.
  Arrachart (Mlle), rentière.
  Mouret (V^e), rentière.
15 Gravet (Florence), rentière.
19 Darras-Pillon, rentier.
  Darras (Olympe), rentière.
21 Carpentier, géomètre.
23 Gontier, m^d de charb. de bois.
25 Letellier-Valazé, général de
  brigade.
27 Lhermite (Mlle), rentière.
  Cauchois (D^{lle}), rentière.
29 Boistel de Belloy, p^{re} à Belloy.
  Cornet (Michel), propriétaire.
31 Dubois-Caresmel, propriét.
33 Jourdain de Thieulloy (V^e),
  propriétaire.
35 De Gillès (V^e), propr. à Clairy.
2 Corroy (Mme), corsetière.

4 Benoit (M⁻ᵉ), pât. de canards.
 Binard (Vᵉ), rentière.
6 Dehesdin, mᵈ de bˣ de constr.
8 Dubois (Gustave), avocat.
10 Thuillier, filateur.
12 De Francqueville, propriétaire
 à Bovelles.
16 La marquise de Piolenc, prop.
18 Morgan (de) ✻, propriétaire.
20 Boulet (Vᵉ), propriétaire.
22 Boucher (Vᵉ), rentière.
 Caron (Vᵉ), rentière.
42 Bazenery O. ✻, présid. de ch.
26 Buttel, conseiller à la Cour.

Neuville (rue de la).

5 Ecurie de Bourgeois, cafetier,
 boulevard de l'Est.
7 Tellier-Moïse, plâtrier-plafon.
9 Carpentier-Rouillard, contre-
 maître.
15 Bourdon, employé.
19 Domont, rentier.
21 Julliart, rentier.
23 Dufétel-Patte, fondʳ. et brassʳ.
25 Floret, empl. à la mairie.
27 Cœuilte (la Dᵐᵉ).
29 Logez-Patte, comptable.
31 Duceux, cabaretier.
35 De Saint-Riquier, maçon.
37 Mille, méc. au ch. de fer.
39 Galmant, couvreur.
41 Tavernier, plombier.
 Madère (Vᵉ), rentière.
43 Sire (Vᵉ), rentière.
45 Mathieu (Vᵉ), épicière.
47 Baton, loueur en garni.
 Mathon, chef d'équipe.
 Peuvrel, mécanicien.
51 Capy, barbier.
55 Caplier, sous-receveur d'octr.
57 Milet, propriétaire.
59-61 Braudicourt, mᵈ de plâtre.
63 Chamu-Pluquet, cabaretier.

67 Patte-Halou, conducteur de
 trains.
69 Pinchinat, propriétaire.
73 Chatel (Vᵉ), fruitière.
77 Magasin de Dobelle, entrepreneur de roulage.
 Dobelle Camille (Vᵉ), id.
79 Blond-Brasseur, employé.
81 Duquenne, caissier.
83 Maillart (la Dᵐᵉ), voitur.-cab.

Notre-Dame (rue du cloître).

3 Couture, prêtre.
4 Deligne-Boutmy (Vᵉ), rentière.
 Gérard (Mˡˡᵉ), rentière.
 Leriche (Mˡˡᵉ); id.
 Cordier (Vᵉ), maît. de lang.
6 Cailleux, aum. du Sac.-Cœur.
8 Pelletier (Sophie), rentière.
10 Thuillier (Mˡˡᵉ), rentière.
 Thuillier, chirurgien.
12 Thuillier fils, médecin.
14 Verner, épicier.
16 Duchesne-Dantoine, chasub.
18 Bourdon (Mˡˡᵉ), propriétaire.
20 Robert (Mˡˡᵉ), rentière.
 Germain-Sainte-Croix, représentant de commerce.
 Bethouard (Léon), employé.
 Fetré, représent. de comm.
 Ruin, employé.
 Parent (Alexandrine), rent.

Notre-Dame (rue basse).

1 Dubois (Alf.), empl. à la mair.
5 Alexandre (Mˡˡᵉ), court. de fab.
7 Bralant et Guidé, mᵈˢ en gros.
9 Maison de commerce de Décaix et Vilin.
 Vilin, négociant.
11 Darras, marchand en gros.
 Magasin de Gauguet, mᵈ de
 toiles à Beauval.

5.

13 Hordez, rentier.
Hordez (V^e), rentière.
15 Barbier et Fouquerel, m^{ds} en g^s.
Fouquerel, marchand en gros.
17 Pillot, anc. huissier.
Liégaux (Mlle), rentière.
23 Beauval, men.; tentures funèb.
25 Planque, menuisier.
27 Thierry, grav. sur métaux.
29 c Grouille, rentier.
29 d Bauduin, chantre.
31 Tattegrain, menuisier.
33 Quevauviller, huissier.
35 Lefebvre-Brisse, m^d de vins.
Riquier, facteur à la poste.
Leroux, id.
Leroy, tailleur.
Duriez, tailleur.
2 Bailly, pâtissier.
4 Dambreville, ouv. orfèvre.
6 Donné (V^e), rentière.
8 Poix (Mlle), rentière.
Mauguy, tonnelier.
Lenoir (V^e), rentière.
Flandre (Mlle), rentière.
Hiroux (Mlle), rentière.
Souplet-Delaux, rentier.
10 Coubart, fab. de cartons.
12 Lecocq, facteur.
14 Bougon, fab. de métiers.
16 Flamant, huissier.
18 Milvoye, employe.
20 Dubois-Defosseux, prop.
22 Hugot-Véru, employé.
24 Maison de comm. de Maurice et Picart, m^{ds} en gros.
26 Pillot-Choisy, négociant.
28 Foulogne et Gamblon, m^{ds} en gros.
Gamblon, m^d en gros.
30 Jérôme, rentier.
32 Bernaux, peintre.
34 Leduc, agent d'affaires.
Marion, retraité.

38 Dejonge, épicier-cafetier.

Notre-Dame (place).

1 Les Sœurs g.-malad. francisc.
3 Vezier-Trouvain, m^d de tissus.
5 Maison de commerce de Cresson et Facquet.
Facquet, m^d de tissus en gros.
7 Delaby, m^d de laines en gros.
11 Flamant-Cozette, cordonnier.
13 Pelletier, cabaretier.
2 Bourdeaux père, propriétaire.
Bourdeaux, m^d d'huiles.

Noyon (rue de).

1 Gobillon-Gaffet, charcutier.
3 Lammens-Colmont, épicier.
Bayart, coupeur d'habits.
Lequien, commis.
Bauduin, comptable.
Lacroix, empl. au télégraphe.
5 Dumortier-Ducrocq, m^d de faïence.
Madaré (Mlles), rentières.
9 Delattre (Mlle), m^{de} de rouenn.
11 Ropion, détaillant de pain.
Succurs. de la boulang. méc.
13 Duhen-Beuvin, pâtissier.
15 Flour-Boullet, épicier.
17 Barbier-Boully, cabaretier.
19 Dekempt, fab. de chaussures.
Brocquevielle, employé.
21 Rouillard, brasseur.
23 Scellier-Binet, épicier.
25 Desmarquest, boulanger.
27 Mansuy, boulanger.
Lefellier père, rentier.
29 Leroy (Mme), m^{de} de tissus.
31 Leroy, chef d'institution.
33 Frère, ferblantier.
35 Solin (V^e), rentière.
Deboffe, aiguilleur.
Caussin, rentier.

37 Descamp, pharmacien.
39 Martin, entrep. de peinture.
41 De Lupel (Mlle), propriétaire.
43 Hagard, boulanger.
45 Gontier, rentier.
47 Joly-Boitel, cabaretier.
49 Moitié, cabaretier.
51 Delarozière (V^e), propriétaire.
Turpin (D^{lle}), rentière.
53 Ritier, commis à pied.
Ghislain, conducteur de trav.
Ferton, employé.
Brare, coiffeur.
55 Steiger-Masson, épic.-faïenc.
57 Jourdain, rentier.
2 Jouzeau-Roque, restaurat.
4 Batonnier, restaurateur.
Juliart, rentier.
6 De Saint-Riquier, épicier.
8 Duparcq Blanchet, cordonn.
10 Buquet-Vignan, boucher.
14 Brémont, maréchal-ferrant.
16 Lucas, tonnelier.
Lucas père, rentier.
18 Kœnig, pâtissier.
20 Rosenthal, photographe.
22 Soyez-Herbet, prop.
24 Mahout-Coin, fruitier.
Renard (Adelaïde), rentière.
26 Flamand dit Bapaume, bourr.
Grossard, commis.
28 Marchal, horloger.
30 De Brossard-Delabarthe, entr.
de démén. et f. de billards.
De Brossard (Renée), rentière.
Cauet, prop. à St.-Sauveur.
Tombe-Delattre, dess. de fab.
32 Maison de Saint-Vincent-de-
Paul.
Caille, négociant.
34 Viscry, cabaretier.
36 Morel, propriétaire.
38 Desjardins (V^e), propriétaire.
Mollet-Desjardins, négociant.

40 Rayez, m^d de vêtem. en gros.
Maison de comm. de Hazard
et Rayez.
42 Mathiotte, m^d de vins et rest.
Boury, commis à pied.

Noyon (esplanade de).

Luce, m^d de gâteaux.
Oger, receveur d'octroi.
2 Delefortrie, architecte.
4 Laugé, restaurateur
6 (Cabotins).
10 Ecurie de Buquet, boucher,
rue de Noyon, 10.
12 Baron Guiot de Lacour, sous-
inspecteur des haras.
14 Eward, propriétaire.
16 Dubois (V^e), aubergiste.
18 Ecole des filles du faubourg.
20 Maison de la Sainte-Famille.
Croisier (Thérèse), supér.
26 Dubois, rentier.
Loriot (Angélique), ménag.
28 Crampon, aumônier.
30 Filliot, fourniss. des prisons et
coiffeur.

Noyon (chaussée de).

3 Aubert, curé de Ste.-Anne.
Daude, vicaire.
Rondeau, id.
Lacour, missionnaire.
Ourière, id.
Brismontier, id.
Gueudon, id.
5 Barni-Joly (V^e), rentière.
7 Galmand, entr. de bâtim^u.
9 Lhomédé, rentier.
Dufossé (Basilice), rentière.
11 Pouillet (V^e), rentière.
15 Parent-Paillart (Mme), ling.
17 Joly-Follet, épicier.

19 Hary-Merly, boulanger.
23 Gaudefroy, employé.
25 Brandicourt-Harmant, épic.
Harmant (Elise), rentière.
29 Lotiquet, employé.
31 Marotte, barbier.
35 Lesage, fruitier.
37 Coudun, ouvrier fondeur.
43 Bourgois (Vᵉ), rentière.
45 Pauchet, épicier.
47 Mais. de char. de Ste.-Anne.
49 Rayez, rentier.
51 Fruleux, cordonnier.
53 Vincent, marchand de son.
55 Leriche, épicier.
57-59 Ramboue, logeur.
61 Devienne, perruquier.
65 Dubois, fruitier.
67 Létocart, mᵈ de fromages.
Pégart (Vᵉ), rentière.
69 Paris (Vᵉ), mercière.
71 Gadoux, rentier.
Chatelain, bourrelier.
75-77 Bellard-Vanoppin, fabric.
mᵈ de rubans en gros.
79 Boulanger, sous-inspecteur
des contribut. indirectes.
81 Lesieur-Ducrocq, rentier.
83 Clément (Célina), chasubl.
85 Brieux, cordonnier.
87 Letuncq (Vᵉ), rentière.
91 Delcuze, employé.
93 Brieux, tailleur.
95 Maille, cabaretier.
97 Hesse, fruitier.
99 Desaint, mercier.
Gontier (Natalis), employé.
Morviller, employé.
109 Morviller, fondeur.
111 Decobert (Mᵐᵉ), épicière.
113 Nazet, contr.-maître fondeur.
115 Mignot, cabaretier.
119 Barbier, épicier.
121 Ducrocq (Vᵉ), rentière.

123 Crochart, rentier.
125 Charpentier (la Dᵉ), propriét.
Bellet, rentier.
127 Couillard-Bazille (Vᵉ), mén.
135 Cahon, tonnelier.
137 Pointin (Vᵉ), rentière.
Houillier (Jules), hᵉ de conf.
139 Fourdrinier, rentier.
141 Caron (Héloïse), rentière.
143 Litique, chauffeur.
145 Cozette-Cresson (Vᵉ), rent.
Cozette (Joséph.), rentière.
149-151 Corroyer, entr. charpent.
153 Andrieux, chef d'atelier au
chemin de fer.
155 Houssez (Baptiste), rentier.
157 Lacour, entrep. de l'enlèvement des boues.
159 Gacelle (Vᵉ), rentière.
Cavillon (la Dᵉ), rentière.
161 Waquet (Vᵉ), rentière.
163 Horville, voyageur.
Darly (Vᵉ), rentière.
165 Ridoux-Follet (Vᵉ et Dˡˡᵉ),
rentiers.
171 Lacour (Jules), rentier.
173 Rivière, pépiniériste.
175 Aloux-Mimerel, épic.-grain'.
177 Lebègue, retraité.
179 Juvenel, employé.
181 Bériaux, cabaretier.
183 Lefebvre, employé.
185 Sencier, mécanicien.
195 Beaubois, méc. au ch. de fer.
203 Bouffet, chauffeur, id.
205 Dion, repr. de commerce.
211 Decobert, employé.
221 Leclercq, cabaretier.
2 de Baudreuil (Mˡˡᵉ), rentière.
4 Lecaillet (Mˡˡᵉ), rentière.
6 Couillard (Vᵉ), ménagère.
Mantel (Vᵉ), rentière.
8 Brieux-Carpentier, tailleur.
10 Campeau, boucher.

12 Devaux, cabaretier-charcut.
16 Ducorroy (V^e), m^{de} de tabac.
18 Desaint, aubergiste.
20 Robberecht, cordonnier.
22 Bonnard (V^e), bouchère.
24 Macquigny, maréchal et cab.
26 Gaillet (Mme), m^{de} de citrons
   et d'oranges.
   Renard, garçon de bureau.
   Accart, facteur à la poste.
   Gaudefroy, sec. de l'état-
   major de la garde nation^{le}.
28 Harlez-Cuvilliez, m^d de son.
32 Robin, commis des postes.
34 Vasseur, charron.
44 Gouverneur, com. des postes.
   Herbet-Briez, rentier.
48 Capel (V^e), loueuse en garni.
50 Thivet-Darras, mécanicien au
   chemin de fer.
52 Maison des Franciscains.
54 Chaumont, employé.
56 Sauve, chasublier.
58 Grand séminaire.
   Gillot, supérieur.
   Anglade, professeur.
   Souchon, professeur,
   Cleu, professeur-économe.
   Pispico, professeur.
   Rogeot, professeur.
60 Griois père, rentier.
62 Gelon (V^e), rentière.
   Objois (D^{lle}), rentière.
64 Bondon-Gouverneur, m^d de
   mercerie.
66 Maison des Petites-Sœurs des
   Pauvres.
68 Lobbet, chauffeur.
   Blanchon, graisseur.
70 Dewailly, rentier.
72 Caron, méc. au ch. de fer.
76 Hue de Mathan (le baron),
   colonel en retraite.
   Bréant (François), jardinier.

78 Brucant, linger.
80 Chamary, cond^r d. P. et Ch.
   Chamary, employé.
112 Lemaire-Leullier, cabaretier,
   faïencier et épicier.
114 Lefebvre (Mme), marchande
   à la toilette.
116 Ancel, chauffeur.
   Carrière de Tattegrain, rue
   du Don.
   Freville, expl. de carrières.
   Carrière de Warin, rue Contrescarpe.

Noyon (rue du petit faubourg de).

3 Malivoir, rentier.
5 Lamory, agent de librairie.
7 Delavier, ménager.
11 Daniel, chef de div. à la préf.
   Daniel, agent-voyer copiste.
13 Vignon (V^e), rentière.
   Caron (D^{lle}), rentière.
15 Hezelot, employé.
17 Tranel-Vasseur, fruitier.
19 Quignon, charc. et épicier.
21 Deriquehem, empl. au ch.
   de fer.
23 Delannoy (V^e), rentière.
27 Garnier (V^e), rentière.
   Garnier fils, prof^r de violon.
29 Roussel, couvreur.
31 Henin, mécanicien.
43 Liébert, chauffeur.
45 Delamarre-Beauvais, **logeur**
   et épicier.
47 Follet, épicier, fruitier.
49 Blin, conducteur de trains.
53 Frouent, cultivateur.
   Warin, cultivateur.
59 Mille-Mallet, jardinier.
67-69 Corbillon, serrurier.
71 Bomblé, cabaretier.
73 Vasseur, cultivateur.

75 Fagart, sculpteur.
79 Vilain, marchand de son.
81 Courtois, chef de bureau au chemin de fer.
83 Dubois, ménager.
85 Galmant, couvreur.
87 Mullier (V^e), rentière.
89 Capel (Louise), ménagère.
91 Marotte (Joseph).
93 Torillot-Nolant, maçon.
95 Hubant (Laurent), fruitier et ferrailleur.
97 Velin, tisseur.
101 Loriot, ménager.
103 Chetzel, insp. au ch. de fer.
129 Chantier de Galmant, chaussée de Noyon, 7.
Corroyer, menuisier à St.-Fuscien.
131 Warin, cultivateur.
147 Galmant (Pierre) ✳, maçon.
149 Galmant (Louis) (V^e), propr.
151 Galmant (Nic.), ✳, maçon.
153 Thierry, charp. à St-Fuscien (chantier).
2 Filliot, perruquier.
4 Josse (V^e), rentière.
6 Joly (Em. et Louise), rent^{res}.
8 Hudde (Clémentine), rent.
10 Froidure (Cécile), rentière.
20 Gosselin de Benicourt, rent.
22 Demay, employé.
24 Lacasse (Mlle), couturière.
26 Wattremel, répr. de comm.
32 Grare, ménager
Vasseur (V^e). ménagère.
34 Marge (V^e), rentière.
36 Vasseur, employé.
38 Paris-Carrière (V^e), rentière.
40 Dupontreué, comp.-typóg.
52-54 Boidin, boulanger.
56 Carpentier, agent de police.
56ᴀ Dufétel, garç. bras.
56 ʙ Dailly, propriétaire.

62 Paris-Ledien, cab. et charc.
64 Dusuel, ménager.
68 Roy, ménager.
72 Dubois-Demetz, ménager.
74 Humel (V^e), ménagère.
80 Bourgeois, surveillant.
88 Decamps (V^e), couv. et cab.
90 Dubois-Lamarre, ménager.
92 Bazillé-Vasseur, rentier.
94 Masson, propriétaire.
96 Peretti (Mme), rentière.
98 Favrel, chauffeur.
100 Bourgoin, employé.
112 Chantier de Bizet, entrepreneur, rue du Mail.
124 Legrand, rentier.

Oratoire (rue de l').

1 Pensionnat de l'Oratoire.
Roger (Louise), supér.
7 Tombe, rentier.
2 Haudiquet (Mlle), rentière.
4 Delattre, rentier.
6 De Ponsort, recev. principal.
8 De Thieulloy, p^{re} à Thieulloy.
Le comte de Coupigny, à Louverval.
10 Poujol d'Acqueville, propriétaire à Cottenchy.
12 Fouache Dhalloy, propriét.

Orfèvres (rue des).

1 Jérome-Beni, épicier.
3 Leriche-Danel, charcutier.
7 Darras (Léontine), fabricante.
9 Callé-Hacot, chapelier.
11 Dubois, menuisier.
13 Guibet-Matifas et Acloque, négociants.
15 Carpentier (V^e), pâtissière.
17 Rachart (Octavie), lingère.
Rachart, employé.
21 Dupuich, bureau de placem

23 Dupetit, représent. de comm.
25-27-29 Félix-Hunebelle, corroy.
  et galochier.
33 Payen (Désiré), rentier.
  Dufrêne, rentier.
  Mécrain-Boez, tailleur.
  Legry-Dassonville, retordeur
  de fil.
35-37 Véchart, couvreur et plaf.
37 Véchart père, rentier.
  Perlin (Vᵉ), rentière.
39 Cordier (Louise), lingère.
  Cordier (Pauline), maît. de p.
41 Hugot, poêlier-fumiste.
43 Beldame-Picart, droguiste.
45 Dury, corroyeur.
49 Langlade, faiseur de guides.
2 Gensse (Adèle), modiste.
4 Tattegrain, cabaretier.
6 Caille-Drevelle, mᵈ en gros.
8 Maison de vente de Thuillier,
  rue Neuve.
10 Fournier, marchand en gros.
12 Hugot, représent. de comm.
14 Chenu-Roy, id.
18 Debray, rentier.
  Matifas-Debray, boulanger.
20 Benard, perruquier.
22 Delassus, serrurier.
24 Regnier, cafetier.
26 Prouzel, brigadier de police.
28 Bazille et Wallet, mᵈˢ en gros.
34 Stiévenart (Mˡˡᵉˢ), orfèvres.
36 Laurent, fabricant.
38 Louvergue-Lemaire, linger.
40 Fournier (Charles) et Baubion, marchands en gros.
42 Langlade, pâtissier.
44 Demoyencourt, huissier.
46-48 Moser, orfèvre.
50 Théry, marchand de crépins.

Palais-de-Justice (rue du).

1 Pissy, cabaretier.

3 Govin-Vasseur, fabricant.
5 Pinchemel, avoué.
9 Buquet, commiss.-priseur.
11 La Chambre des notaires.
13 Mag. de vins de Vallet-Veret.
15 Vallet-Veret, mᵈ de vins.
4 Fischer, concierge à la Cour.
6 Debiesse, conc. au tribunal.

Paniers (rue des).

1 Mathews, contre-maître.
3 Féret, débitant.
5 Leclercq, épicier.
13 Gontier-Delaporte, brasseur.
15 Ateliers de Delaye-Dury et Sibut, mécaniciens.
17 Sibut, serrurier-mécanicien.
19 Hubert, contre-maître.
21 Sibut (Benoit), contre-maître.
25 Maisant, débitant.
31 Hordez, épicier.
45 Desmarest, débitant-épicier.
47 Gossard, charcut. et débitant.
49 Lefebvre, poêlier.
55 Caustier, débitant.

Parcheminiers (rue des).

3 Atelier de Frison, teinturier,
  passage du Commerce.
13 Gontier (Vᵉ), rentière.
19 Pruvost, moulinier.
21 Marcel, chiffonnier en gros.
23 Magasin de Anselin, aubergiste, chaussée St-Pierre.
59 Lamarre, rentier.
65 Magasin de Anselin, auberg.

Paris (route de).

1 Desjardins-Dury, maréchal.
3 Droulin-Chevalier, boucher.
5 Berthoux, ménager.
11 Lenoël, épicier mᵈ de charb.

13 Dusuel-Carton, voiturier.
15 Ducrocq, maréchal.
17 Fouquerelle (V*), cultivat.
   Dubois, cultivateur.
19 Boulle ✳, épicier.
21 Moignart, m^d de paille.
23 Desjardins, ferblantier.
25 Blanc, aubergiste.
27 Desjardins-Lagorée, propriét.
31 Ladent, serrurier.
35 Lefebvre-Lenglet, cabaret.
37 Oudit, étameur.
39 Bourgeois (Palmyre), bouch.
41 Grouille, propriétaire.
43 Grené, mercier.
45 Poidevin, boulanger.
47 Beauvais (Georges), cultivat.
53 Deux, bourrelier.
55 Ducrocq, rentier.
   Duperret, cultivateur.
57 Martin, rentier.
59 Daussy, fabr. de casquettes.
61 Come, cabaretier et épicier.
65 Beauvais, rentier.
67 Dury (Jean), cultivateur.
69 Dury (Nicolas), id.
71 Dubois-Desjardins, cultivat.
75 Gaillet, menuisier.
81 Pruvost, cultivateur.
83 Thuillier, maçon.
87 Desjardins (V^e et D^{lle}), rent.
89 Caron, charron.
   Lefebvre (Benjamin).
93 Dury (Bernard), cultivateur.
95 Bourgeois (V^e et fils), culliv.
97 Dury (Martin), cultivateur.
99 Desjardins (André), cultival.
105 Rose, rentier.
107 Dury (Remy), cultivateur.
109 Dubois (Louis), cultivateur.
111 Dury (Mlles), rentières.
113 Beauvais-Dury, ménager.
119 Flament (V^e), cultivatrice.
   Bezancourt, ménager.

121 Dury (V^e), cultivatrice.
   Dubois (Pierre), cultivateur.
125 Dury (V^e), cultivatrice.
   Dury (Honoré), cultivateur.
127 Mercier, voyag. de comm.
129 Gaillet (V^e), ménagère.
   Dheilly (Jean-Baptiste).
131 Dury-Flament, cultivateur.
133 Pezé-Dengreville, voiturier.
137 Corderie de Duneufgermain,
   rue de Beauvais, 71.
141 Fournier, propriétaire.
149 Guilbert (Narcisse), cabaret.
161 Vasseur, m^d de charb. de b^s.
167 Duval (V^e), rentière.
173 Spery, propriétaire.
175 Vasseur-Poyenneville, cabar.
179 Domart, propriétaire.
181 Gaillet, ménager.
   Gaillet, agent-voyer piqueur.
187 Leduncq, ménager.
189 Dupuis, marchand d'huiles.
203 Vasseur-Poncet.
205 Heu-Duponchel, propriét.
207 Marseille, rentier.
209 Poncet, fabricant.
6 Delbay, m^d de laines en gr.
8 Guillemand, aubergiste.
10 Scellier, peintre en voitures.
12 Martin (Nicolas), cultivateur.
14 Dury-Gaillet, cultivateur.
16 Leclercq, menuisier.
18 Leclercq père.
20 Moignard, cultivateur.
22 Ledieu, m^d de grains en gros
   et aubergiste.
24 Boyencourt, cultivateur.
26 Dupont, charron.
   Vasseur-Dupont, menuisier.
34 Martin (Vincent), cultivat.
   Fiquet (V^e), rentière.
36 Nollent-Capy, propriétaire.
38 Gaillet, perruquier.
40 Gaillet, menuisier.

52 Doutard, contre-maître.
68 Cozette, débitant.
74 Toulmonde, revendeur.
84 Dury (Gabr.), m^de de paille.
86 Geevers, sculpteur.
90 Cordier (V^e), rentière.
   Cordier, employé.
106 Thuillier, ménager.
120 Noury, épicier.
128 Beauvais (Pierre), cultivateur.
130 Planger, contre-maître.
144 Frennelet (Clémence), épicière.
146 Scellier, marchand forain.
150 Godin, m^d à la toilette.
158 Voiturier, ménager.
160 Loriol (Etienne), ménager.
206 Josse, contre-maître.
208 Oudit-Gaillet, étameur.
   Vasseur, arpenteur.
212 Beauvais-Dury, m^d de son.
250 Desachy, fruitier.

Passementiers (impasse des).

6 Bettencourt-Petit, chiffonnier.
14 Magasin de Jacob, brocanteur,
   rue Gresset.

Passerelle (quai de la).

1 Couvreur, meunier.
3 Caron, meunier.
5 Milvaux, retordeur.
   Baille, de Paris, m^d de fils de
   laine.
7 Mille, tondeur.
   Lavoir à Bernaux, r. St-Jacques.
4 Dhuy-Couvreur, m^d de bois.
6 Carrier, contre-maître.
8 Cavé (V^e), rentière.
   Cavé, commis à pied.
12 Féret (Désirée), débitante.
14 Boileau, m^d de charbons.

Pâture (rue de la).

19 Dunoyer-Dubouillon, cons. à
   la Cour.
23 François, propriétaire.
25 Sorel-Baillet (V^e), rentière.
27 Lafoscade, prof. au lycée.
29 Peret, insp. des cont. indir.
31 Dubois-Porion (V^e), rent.
33 Cornisset-Lamotte, cons. à la
   Cour.
43 Grand magasin à louer.
2 Lydia-Gray, propriétaire.
12-14 Mag. de Ledieu, menuisier,
   place du Petit-Quai, 15.
16 Lemor (V^e).
18 Fossé, m^d d'huiles.
20 Pinchon (bal Valentino).
22-24 Chamillard (V^e).
   Chamillard, conducteur de
   tourbages.
26 Gavory, épicier.
28 Stiven, filateur.
30 Picart, propriétaire.
32 Paillard-Lecocq, propriétaire.
   Paillard, médecin.
34 Vanderveken ✻, offic. en ret.
38 Bureau de M. Daullé, arch.
   du département.
40 Levert-Frémont, rentier.
48 Périmony, contre-maître.
   Filature de MM. Foulon et Devaux, rue Voiture, 42.

Pavée (rue).

1 Croisille (Victorine), épicière.
7 Quevreux, rev^r à la toilette.
13 Thierry-Domont, tambour.
   Cabotins de la Plumette.
17 Acloque, propriétaire.
27 Magasin de Philippeaux, droguiste, rue du Bloc.
31 Mag. de Beugniet, rue de la
   Plumette, 6.

33 Magasin de Legrand, épicier, rue Saint-Leu.
39 Marchand, cabaretier.
41 Dépôt de bois de Debret, boulanger, rue Saint-Leu.
2 Joly, peintre en bâtiments.
4 Fabrique de ouates de Thuillier-Cauchy, rue du Don.

Périgord (place).

1 Corps de garde.
Bureau de la place.
3 Defrance, restaurateur.
Lemer, imprimeur.
5 L'Union des postes de Doullens.
Dupuis, facteur-directeur.
7 Chaussoy, cabaretier.
9 Morel-Caussin, cabaretier.
11 Rethell, m^d de chaussures.
13 Lafarge frères, m^{ds} de parap.
15 Cagé-Darras, cabaretier.
17 Bur. de Dobelle, entrep. de roulage.
19 Dubois (Gervais), épicier.
21 Joly-Boulnois, m^d de toiles.
23 Maison de vente de Lafarge frères.
25 Buignet, cafetier.
Jury, ingénieur civil.
Maillet, ingénieur civil.
27 Vignier-Denoyelle, ferblant.
29 Magnier-Baussart, épiceries.
2 Obry, cafetier.
4 Frion. m^d de bonneterie.
6 Peretti, horloger.
8 Buisson (Mme), mercière.
12 Boullanger, papetier.
14 Capron (Clémence), mercière.
16 Malo, débit de tabac, chef de division à la mairie.
Dupont (V^e), rentière.
18 Diollot, cafetier.
20 Prévost, m^d de chaussures, bonneterie, etc.

Petits-Champs (rue neuve des).

3 Facquet-Dubus, propriétaire.
5 Pierron, comm. princip. des Douanes.
7 Desprez, commis à pied.
9 Vasseur (V^e), rentière.
11 Féron, employé.
13 Larozière, rentier.
2 Legrand, employé.
4 Pingrenon, facteur.
6 Simon, emp. à la préfecture.
8 Lemaître, comm.-gr. à la Cour.
10 Letourneur (V^e), rentière.
12 Hesse, emp. des postes.
14 Martin, m^d d'antiquités.
Mutel, agent de police.

Petit-St-Jean (rue du).

1 Fournier, propriétaire.
9 Porchez, menuisier.
13 Brocard, rentier.
15-17 Labbé (Joseph).
27 Hubinet, menuisier.

Philippe-de-Girard (rue).

37 Lamarre, garde-magasin.

Pierre-l'Hermite (rue).

1 Chivot-Lucas, propriétaire.
3 Wachy, (V^e), rentière.
5 Mannessier, greff. du tribunal de commerce.
7 Lhomme (Mme), couturière.
Lhomme, commis-greffier.
9
11 Gueudet (Mlle), rentière.
Leroux-Mille (V^e).
13 Herbet-Blanchard, propriét.
15 Faton de Favernay, juge.
17 Gambier, avocat.
19 Deforceville (V^e), rentière.
21 Monmert (V^e), rentière.
23 Vuls, loueur de pianos.

25 Chesnet, contr. des contr. dir.
27 Bloquet, rentier.
29 Rougeot, juge de paix.
31 Dhervillez (V°), propriétaire.
33 Tellier, agent d'assurances.
Bureaux de la *France*.
Bidart, percepteur surnumér.
2 Mathieu, propriétaire.
Mathieu (Mlle), propriétaire.
Naudé (Mlle), propriétaire.
4 Anselin ✳, avocat.
6 Marminia, propriétaire.
8 Boulanger-d'Hangest (Mme), propriétaire.
10 Demailly, conseiller.
12 Gensse (V°), propriétaire.
14 de Rouvroy (V° et fils), propr.
16 Butel (Mlle), rentière.
18 Leclercq, rentier.
24 Lepage, rentier.
26 Joly-Monmert, m^d en gros.
28 Dhubert (Mlle), rentier.
30 Joly-Monmert (V°), rentière.

Pinceau (rue du)

1 Thuillier-Saint-Aurin, prop.
10 Dion, propriétaire.
12 Hayeck, rentier.
22 Prévost, méc. au ch. de fer.
26 Macquet, graisseur.
30 Pradal, conduct. de trains.
32 Canssé, graisseur.
34 Deschryver, rentier.
36 Buffet, rentier.
48 Hecquet, chauf. au ch. de fer.
50 Roseau, chauffeur.
52 Dhoudt, brig. de gendarmerie en retraite.
54 Alluin, employé.
60 Paris, ménager.
62 Desenlis, mécanicien.
64 Smitt, brigadier-sellier.
66 Bernières, chauf. au ch. de fer.
68 Desenlis (Mme), rentière.

70 Lefurme, cabaretier.

Plumette (rue de la).

6 Beugniet-Huret, p^r. de laines.

Pointin (rue).

1 Roussel, propriétaire.
3 Leroy, rentier.
7 Fanchon-Leleu, propriétaire.
8 Delacourt-Vasseur, rentier.
12 Pécourt (V°), rentière.
16 Fontenay (Nathalie), coutur.
18 Lejeune, rentier.
20 Tiesse, chauffeur.
22 Dieu, m^d de galettes.
34 Lefebvre (V°), ménagère.
38 Dupuis, m^d de combustible.
42 Gaillard, brigadier de police.
48 Tilloy, charc., débit. et épic.
82 Duhamel-Gaillet, m^d à la toil.
84 Dupuis (Louis), chauffeur.
86 Contard (Mme), cabaretière.
90 Théo-Vrayer, employé.
96 Contart (Théophile).

Poirées (rue des).

3 Joly, tailleur.
15 Bruxelles, fab. de casquettes.
17 Gontier-Dubas, rentier.
Teint. de Gontier-Prieur, même rue, 23.
Dubas (Clarisse), rentière.
19 Prudhomme et Letitre, fab. de ouates.
Letitre, fabricant de ouates.
21 Bazin-Boulant, m^d de déchets.
Bazin (J.-B.), voyageur.
23 Gontier-Prieur, teinturier.
25 Longuet-Galy, voiturier.
Cusquel, m^d de laines.
27 Demailly, comptable.
29 Mag. de Bellet, tanneur, rue Haute-des-Tanneurs.

31 Lefebvre, serrurier.
33 c Mag. de Bacquet, filateur.
33 ᴇ Mag. de Ledieu, menuisier,
    place du Petit-Quai, 15.
35 Bellette, débit., mᵈ de pigeons.
37 Bacquet, rentier.
    Bacquet fils et Flutre, filateurs.
39 Mahout, débitant.
41 Hubaut, horloger.
2 Dobré, lamineur.
4 Flandre-Boutmy, teinturier-
    apprêteur.
8 Eadon, mᵈ de peaux de lapins.
12-14 Filat. de Bacquet et Flutre.

Poissonnerie-d'Eau-Douce (r. de la).

1 Beauvisage (Vᵉ), débitante.
    Polart-Beauvisage (Vᵉ), rent.
9 Pie, menuisier.
15 Dupetit, blanchisseur de chap.
    de paille.
17 Ségard, tisseur.
21 Rigaut, mᵈ de galettes.
29 Bultel, bimbelotier.
8 Deschamps, cond. des ponts-
    et-chaussées.
10 Edouard, débitant.
16 Dekempt, bains publics.

Pont-de-Pierre (rue du).

1 Flandre-Boutmy, teint. et imp.
7 Drocourt, instit\`. communal.

Pont-à-Moinet (rue du).

1 Bourgeois, boucher.
15 Léchopier, boulanger.
2 Acloque-Loriot, rentier.
6 Ferin (Vᵉ), fruitière.
8 Mangot (Thérèse), débitante.

Pont-Piperesse (rue du).

1 Niquet, mᵈ de charbons en dét.
2 Joly, mercier.

Port (rue du).

13 Lemaire, tonnelier.
15 Magnier (Vᵉ), mᵈᵉ à la toilᵗᵉ.
17 Rouge, clerc de notaire.
    Détample, peintre (garnis).
19 Levoir père, propriétaire.
21 La baronne de Morgan.
    Le baron de Morgan.
    De Morgan (Antoinette).
6 Théolle, rentier.
8 Fiquet (Vᵉ), peintre.
10 Marchand, ébéniste.
14 Drevelle, peintre.
18 Mag. de Douilliez, pl. Sᵗ·Firm.
20 Vidal, brasseur.

Port (boulevard du).

4 Polart-Vast, rentier.
6 Pie, rentier.
10 Pillon, propriétaire.
18 Gamard, logeur.
20 Dehesdin fils, mᵈ de bois.
    Vasseur, contre-maître.
22 Brédard, boyaudier.
24 Collet, filat. de bourre de soie.
26 Massart, typographe.
28 Lenoël, fab. à métiers.
    Lenoël (Aug.), fab. de briques.
32-34 Boyencourt, loueur en gar.
36 Bignon-Joron, loueur en garni.
38 Guénard (Josephine), loueuse.
    en garni.

Port d'Amont.

2 Magasin de chiff. de Lefebvre,
    rue de la Barette, 1.
4 Dumont (Vᵉ), brasseuse.
8 Magasin de Desouter, mᵈ de
    bois, rue du Pont-du-Cange.
10 Lepage, condᵣ. au ch. de fer.
12 Magasin d'Abraham, Logis-
    du-Roi.

14 Dupont, entrepr. de bâtim.
16 Quille, rentier.
20 Lormier-Tattegrain, entrepr.
22 Boutmy, retordeur de fil.
24 Grenier, cabaretier.
30 Lenoël, commission. en grains.
32 Ringard, propriétaire.
36 Brasserie.
38-40 Carton, m^d d'engrais.
42 Alexandre, cabaretier.

Port d'Aval.

1 Dufourmantel, loueur en gar.
5 Pie (V^e), cabaretière.
7 Ladent, cabaretier.
9 Alot, typographe.
15 Etienne (Mlle), loueuse en gar.
17 Pelletier, menuisier.
21 Jourdain, menuisier.
23 Gabory, loueur en garni.
25 Longueteau, loueur en garni.
31 Lefort (Mlle), rentière.
33 Pissy, port. de contraintes.
Pissy (Mme), sage-femme.
39 Landon, loueur en garni.

Porte-Paris (rue de la).

3 Harlay-Pinchinat, loueur en garni.
Graux, commis à pied.
5 Tanfin, galochier.
7 Douay (Mme), loueuse en g.
Prophète, employé.
9-11 Bertin, sellier.
13-15 Leiderer, carrossier.
17 Labbe-Ridoux, menuisier.
Corbillon, propriétaire, pont de Longueau.
Legendre, surn. des cont. ind.
Titren, id. id.
Lefroy, empl. au télégraphe.
19 Ménage, avoué.
23 Fouache-d'Halloy, prop.

25 Péchon-Legris, négociant.
27 Maison des Carmélites.
Primault (Alix), supérieure.
29 Leullier (V^e), prop.
Leuillier fils, avocat.
31 Cauvel de Beauvillé, prop. à Montdidier.
Cauvel de Beauvillé (V^e), propriétaire à Montdidier.
33 De Coupigny (V^e), prop.
35 Lacoste (V^e), rentière.
Demanché (V^e et D^{lle}), rent.
37 Berthemet (V^e et enfants).
39 Davaux, maître de pension.
31 Carruel (V^e), fruitière.
45 Gaudelette (la D^e), lingère.
47 Couvreur, peintre sur verre.
Delacroix-Couvreur, emp.
Débare, prêtre.
49 Riquier, médecin.
Desjardins, avocat.
Verrier, rentier.
51 Lasalle, épicier.
2 Ransson, m^d de vins en gros.
Lefebvre-Ransson, m^d de vins en gros.
4 Lottin (V^e), propriétaire.
6 Godefroy (V^e), propriétaire.
8 Salle de vente de M. Pouy, rue des Jacobins, 82.
10 Dhavernas, prop., adjoint, conseiller général.
12 Vente, procur. impérial.
14 Delannoy, percept. en retr.
16 Follet, (V^e), propriétaire.
18 Binard, recev. de rentes.
Binard-Plé, propriétaire.
20 Flour (V^e), rentière.
22 Rabouille, peintre.
Rousseau, propriétaire.
24 De Domesmont (F.), c. à la C.
26 Payen, propriétaire.
28 Hall (Mlle), couturière.
30 Lefebvre (Clarisse), rentière.

32 Deflandre-Ransson (V^e), épic.
34 Théry, rentier.
36 Limozin (Mlle), mercières.
Suard (L.), garç. de t^{le}. (ext.)
38 Vrayet de Bavelincourt, prop.
42 Roussel de Belloy, propr. à
Dromesnil.

Poudrière (rue de la).

1 Lecointe, m^d.
5 Porcher, employé.
7 Thuillier, cond. des p. et ch.
9 Hecquet, rentier.
11 Lefeuvre, négociant.

Poulies (rue des).

1 Herbet, courtier de comm'.
11 Fichter et Bru, fariniers.
13 Fil. de Thuillier, r. Neuve, 10.
19 Vérité, contre-maître.
21 Saguez, commis.
16 Mag. de Thuillier, filateur.
18 Mag. de Fichter et Bru, farin.

Prairie (rue de la).

1 Jacob (Mme), rentière.
7 Coyette, cabaretier.
4 Criès, fab. d'allum. chimiques.
10 Buteux, contre-maître.
12 Delassus-Famechon, filateur.
Delassus (Jules), filat.-associé.
Ateliers de Collet et Dubois,
fabric., rue Henri IV.
14 Atelier de Deletoille, fab. de
tapis, boulev. Fontaine.
16 Filature d'Acloque et Grognet.
Grognet, filateur, comm. local.
18 Poulain, teint. m^d d'horloges.
20 Peignerie et carderie de Thuillier-Gellée, pl. Saint-Remi.

Prémontrés (rue des).

37 Dhenin, laitier.

41 Chant. de Pinchinat, menuis.
boulevard St.-Jacques.
8 Fauvel (Joseph).
28 Mag. d'Acloque et Grognet.
36 Boutin, fondeur.
38 Lefebvre, jardinier.
40 Coyette (V^e), débitante.
42 Robail, contre-maître.

Prés-Forets (rue des).

25 Atelier de Dècle, taillandier,
rue de la Hotoie.
27 Atelier de Bassery, ser. méc.
29 Fabrique de dégras de Butard
et Plet, rue de la Veillère.
Raquet, contre-maître.
6 Moulin à l'huile de Buée, rue
Saint-Louis.

Presbytère (rue du).

3 Debry (Thérèse), ménagère.
6 Devisme (V^e), rentière.
8 Gaffet (V^e), rentière.
24 Renard, ménager.
26 Lejeune, instituteur.

Puits-Vert (rue du).

5 Guibet (Mlle), rentière.
7 Rousselle, rentier.
15 Le baron de Lépine, propriétaire à Wargnies.

Quai (rue du).

1 Gacquère (V^e), m^{de} de tabac.
3 Grouille, cabaretier.
5 Chrétien-Vast, épicier.
15 Thiran, fruitier.
17 Kauffmann, bourrelier.
19 Tillier (V^e), épicière.
23 Plichon, plafonneur.
27 Magas. de Guibet-Matifas et
Acloque.

29 Trouvain, fond. de caractères d'imprimerie.

Bécu (Céline), rentière.

31 Ladent (Vᵉ), débitante.

35 Rousseville, logeur et mᵈ de tourbes.

39 Coquart, tourn. sur métaux.

Magas. à Abraham, rue des Chaudronniers.

45 Piédecocq, cabaretier.

47 Mag. de Dupetit, île Saint-Germain.

49 Monmert-Galempoix, boul.

53 Pauchet, charcutier et cabar.

55 Pinchon (Vᵉ), fruitière.

57 Belvaud, épicier.

61 Warnier, perruquier.

63 Hugot, garçon de magasin.

65 Genovigny, cabaretier.

67 Petit-Desailly, boucher.

69 Riquier, mᵈ de charbons.

2 Sueur, aubergiste.

Housiaux, employé.

4 Desmarest, cabaretier.

6-8 Desjardins, épicier.

10 M. de Desjardins, mêmer., 6-8.

18 Prince fils, dresseur de chiens.

22 Douvry, fab. de billards.

26 Cru (Vᵉ), mᵈᵉ de combustible.

28 Maison Cozette.

Lagoré, concierge.

30 Potier (Vᵉ), épicière.

32 Rullot (Vᵉ), fruitière.

36 Flesselle-Belvaud, mᵈ d'eaux minérales et de poissons d'eau douce.

38 Lefeuvre (Mᵐᵉ), poissonnière.

46 Belvaude-Farcy (Vᵉ), mᵈᵉ de tabac.

Quai (petite rue du).

2 Vallée, cafetier.

6 Croutel, mᵈ de tourbes.

8 Morand, rentier.

10 Leullier, rentier.

12 Philippe, batelier.

14 Buignet, débitant.

Bat.-Lav. de Petit, à Montereau.

Quai (place du petit).

1 Delarue, propriétaire.

Decoisy, cabaretier.

3 Jobart, fruitier.

5 Gallet, perruquier.

9 Edé, épicier.

13 Gaudry, teinturier.

15 Ledieu, menuisier.

Ledieu (Vᵉ), rentière.

2 Denamps, cabaretier.

4 Leullier, boulanger.

6 Delmotte, fruitier.

10 Lecaillet, fruitier.

Queue-Vache (rue de la).

1-3 Garaux, débitant.

7 Delhomel, teint.-dégraisseur.

9 Quatrelivres, cabaretier.

11 Pelletier (Vᵉ), rentière.

13 Dargent-Cauchetier, hortillon.

Cauchetier (Vᵉ), hortillonne.

15 Cotté-Sauval, chiff. en gros.

17 Gigot-Templeux, cabar.-épic. mᵈ de fum. et tour. en bois.

23 Dufour, blanchiss. de linge.

25 Emerel, hortillon.

29 Boury (Vᵉ), fruitière.

31 Scellier-Duroselle, rentier.

Scellier fils.

Jérôme, serrurier-mécanicien.

33 Maison (Vᵉ), rentière.

37 Martin-Thuillier, hortillon.

45 Eadon-Ponthieu, mᵈ de peaux de lapins.

49 Cuignet, pêcheur.

51 Saint-Pol-Fisseux, hortillon.

67 Dailly, débitant.

69 Périmony (Vᵉ), rentière.

Mallart (Vᵉ), entrep. de peint.

Quincampoix (rue).

1 Mag. de Damagnez (Ve), brass.
3 Mag. de Cagnon, vannier, pass.
  ' des Sœurs-Grises.
8 Mag. de Ravin (Ve); boulangère, pet. r. St.-Germain.
10 M. de Lupart, r. St.-Germain.

Rabuissons (rue des).

3 Legendre-Ducrocq, marchand
  de laines en gros.
5 Pauchet, md de porcelaines.
7 Létoffé, parfumeur et coiffeur.
  Wargnier, rentier.
9 Lefebvre-Obry, cordonnier.
11 Desmarquais, horloger.
13 Brunel, épicier.
15 Roussel, cabaretier.
17 Pollet (Ve), propriétaire.
19 Brulé-Glène, hôtelier.
  Glène, rentier.
21 Ducroquet de Guyencourt (Ve),
  propriétaire.
23 Petyst d'Authieulle, propriétaire à Béhencourt.
25 Fox-Willam, fabric. de montures de parapluies.
25 Dewailly, entrép. d'omnibus.
  Madaré, rentier.
  Letourneur. emp. des postes.
  Mag. de la Cie du Nord.
27 Delarozière, fab. de cierges.
29 Rambault (Dlles), rentière.
31 Cazaretti, dentiste.
  Cazaretti (Ve et Dlles).
33 Sailly (Ve), épicière.
35 Roblot, serrurier.
37 Corroyer dit Dauphin, rent.
39 Desmarquet (Ve), rentière.
43 Toulmonde (Julie), modiste.
  Borelly, artiste-peintre.
45 Dufour (Berthe), prop.
47 Boulanger (Ve), prop.

49 Corps-de-garde.
51 Bureau central de police.
53 Cornuau, préfet de la Somme.
  Livet, secrét. particulier.
55 Entrée des bur. de la préfect.
59 Esnou de St.-Céran, sec. gén.
  Flotat, empl. à la préfecture.
61 Routier (Mlle), rentière.
  Abar, propriétaire.
  Ledjeu (Opportune), rent.
63 Beaucousin (Ve et Dlle), prop.
65 Jouvenel, métreur-vérificat'.
67 Hôtel du conseil général.
  Nourry, concierge.
69 Becquerel, conseiller.
  Delaporte (Mlle), rentière.
71-73 Vion, chef d'institution.
75 Lebel-Beurier, rentier.
77 De Betz (Mme), prop.
79 Wargnier, court. de march.
81 Poiré, représent. de comm.
  Pouilly, propriét. à Rollepot.
83 Tencey (Mlle), couturière.
85 Moitié (Mlle), débit. de tabac.
87 Labbé, négociant.
  De Bussy (Ve), propriétaire.
4 Defrance, restaurat. (pâtisser.)
6 Roussel-Courcol, mercier.
  Courcol (Alexandrine), merc.
8 Letestu-Barbier (Ve), rentière.
10 Lenoel-Hérouart, imp.-lib.
12 Contentieux (Ve), rest. (garn.)
  Planque, commis.
  Devismes, empl. d'ingénieur.
14 Breuil-Massey, propriétaire.
20 Gry, cabaretier.
22 Pointier, fruitier.
24 Léraillé, curé de Saint-Remi.
26 Dewailly, facteur de march.
28 De Waubert de Genlis, prop.
  Maison Lenoel-Hérouart.
32 Chivot-Naudé, md d'huil. en gr.
34 Lenoel, médecin.
36 Kœssler (Hte), maît. de piano.

38 Jumel, notaire.
40 Marest (Vᵉ), propriétaire.
42 Macaire, marchand de charbons à Cérisy-Gailly.
   Bureaux de l'*Union.*
44 Veillet frères, chaudronniers.
46 Duvette, banquier.
   Duvette fils, banquier.
   MUSÉE NAPOLÉON.
48 Bibliothèque.
   Garnier, bibliothécaire.
   Carpentier (Vᵉ), rentière.
   Delaine, concierge.
50 Dewailly, entrepreneur d'omnibus (remises).
   Magasin de Roger et Rolland,
   mᵈˢ de meules de moulins, à
   La Ferté-sous-Jouarre.
52 André (Mᵐᵉ), rentière.
54 Faton de Favernay ✳, prop.
56 Lebraire, mᵈ de broderies.
58 Maréchal (Vᵉ), couturière.
60 Fossé (Vᵉ), rentière.
62 Navel (Adèle), rentière.
   Bulan (Caroline), rentière.
64 Crampon, cabaretier.

Rainneville (route de).

11 Fab. de gélatine de Duchatel,
   petite r. des Augustins, 4.
31 Four à chaux de Douville, rue
   des Corroyers, 51.
51 Renouard, mᵈ de cendres et
   débitant.
   Boyaud. de Bourgeois à Ivry.
   Fabr. d'engrais de Gottrand,
   route d'Albert, 3.
   Dépôt d'engrais de Paillart,
   rue du Bas-Vidame.

Renaissance (passage de la).

3 Remont (Vᵉ), rentière.
5 Hourdel (Mᵐᵉ), doueuse de lv.

19 Café Diollot.
11 Lavieuville, horloger.
13 Courleux, photographe.
15 Dècle, marchand de toiles.
6 Alkan, tailleur.
8 Delong (Vᵉ), modiste.
10 Boutilly (Mᵐᵉ) mᵈᵉ de cannes.
12 Martin, mᵈ d'antiquités.
14 Limozin, mᵈ de jouets.
16 Langellé, horloger.
18 Tellier, perruquier.

Rinchevaux (rue des).

1 Mantel-Follet, court. de fabr.
   Mantel père, rentier.
7 Malo, tourneur en chaises.
11-13 Fossier, brocanteur.
15 Noblesse (Mᵐᵉ), modiste.
8 Delahaye, teint.-dégraisseur.
10 Bazille (Mˡˡᵉ), rentière.

Riolan (rue).

5 Touron, ingén. du ch. de fer.
18 Vasseur (Mᵐᵉ), rentière.
22 Lebrun, méc. au ch. de fer.
24 Quignon, contre-maître.
26 Priollet, agent recept.
30 Labbé, cabaretier.
32 Julien, brasseur.
34 Hordé, mécan. au ch. de fer.
46 Courtin (Vᵉ), rentière.
54 Caullier (Louis).
72 Bohrer, cabaretier.
104 Levé, chauf., au ch. de fer.

Riquier (rue).

1 Potier (Vᵉ), mᵈᵉ de sabots.
3 Chomaque (Vᵉ), propriétaire.
9 Mag. de Becquerelle-Guichard
   (Vᵉ), épicière.
11 Ruet, cartonnier.
17 Rumigny, teinturier-dégraiss.

6

23 Marcourt, fruitier.
27 Lejeune-Devérité, voiturier.
29 Mille, tondeur.
41 Maisant, ferrailleur.

Rivery (petit).

1 Boutmy, cultivateur.
3 Marcel, cultivateur,
Boutmy (Henri), cultivateur.
11 Demanesse, ménager.
13 Pelletier, hortillon.
15 Tourné (Vᵉ), rentière.
17 Cauchetier-Vast, hortiHon.
21 Domont, hortillon.
29 Boutmy (Vᵉ), ménagère.
Boutmy-Dinouard, ménager.
33 Boucher, ménager.
35 Maison Firmin.
37 Ogez, hortillon.

Ruellette (rue de la).

3 Margry, encolleur de chaines.
9 Roussel, teinturier-dégraiss.
17 Deflesselle-Lelong, ménager.
2 Pecquèur (Vᵉ), ménagère.
4 Laverlant, maçon.
6 Boutmy, ménager.
8 Ledoux (Vᵉ), ménagère.

Robert-de-Luzarches (rue).

7 Héricourt, agent d'assurances.
Bureaux du Phénix.
9 De Mont-Rocher, c. de direct.
11 Cornu, ancien notaire.
13 Picart, rentier.
15 Allesy (Cath.), maît. de chant.
17 Bouly, propriétaire.
19 Magasin de Gruyer, charron,
boulevard du Mail.
21 Cosham (Vᵉ), rentière.
23 Douillet, rentier.
25 Damagnez (Vᵉ), rentière.

27 Debrossard de Ressenroy, propriétaire à Saint-Riquier.
29 Andrieu (Marguerite), rent.
Langlet (Dˡˡᵉ), rentière.
35 Gobard, plafonneur-plâtrier.
37 Godard (Louis), rentier.
Poillot, employé à la préfect.
39 Vasseur, rentier.
41 Lucas, menuisier.
51 Saint-Saulieu, frotteur.
55 Despreaux-Forgean, rentier.
Violette (veuve), garnis.
2 Riquier, ancien notaire.
4 Herbet, propriétaire.
6 Pauquy (Vᵉ), rentière.
8 Lecaillet, propriétaire.
10 Leroy, propriétaire.
12 Jérôme (Anica), propriétaire.
Dumeige (C.), chef de bureau
à la mairie.
14 Dehor de St.-Mandé, propriét.
18 Caron, rentier.
20 Dutertre-Vallier (Mˡˡᵉ), rent.
Dugardin (Vᵉ), rentière.
22 Fournier (Dˡˡᵉ), rentière.
24 Pignel (Hʳⁱ), insp. au ch. de f.
26 Jérôme (Théophile), rentier.
34 Rethoré, piqueur des fontaines.

Rohault (rue).

43 Esnault, comm. du génie.
47 Lombard, brigadier-facteur.
Lombard, commis des postes.
49 Tabar, ménager.
2 Desaint-Azéronde, menuisier.
6 Francoville, piéton au télégr.
8 Destré, menuisier.
10 Lemaître, ajusteur.
16-18 Boullanger, charpentier.
28 Lefeuvre, chauffeur.
30 Fernez (Mᵉ).
34 Ladent, chauffeur.
38 Lesselin, facteur à la poste.
42 Minart, épicier.

44 Sauval (M⁻ᵉ), rev. à la toilette.
50 Donné, planton à la marie.
60 Glacière de Proust, rue des Trois-Cailloux, 55.
74 Debart, chauffeur.

Rouen (route de).

1 Voiturier, aubergiste.
3 Jolibois, marchand de son.
5 Charpentier, rentier.
  Merlin, rentier.
17 Voiturier, menuisier.
19 Ateliers de Doumergue et Veillet, r. des Chaudronniers.
27 Gaillet (Vᵉ), ménagere.
33 Hodent, boulanger.
43 Remise de Dusuel-Carton.
47 Bizet-Leroy (Mᵐᵉ), fruitière.
  Atelier de maréch. de Kirch, rue des Capucins.
49 Voiturier aîné.
63 Harlez (Vᵉ), rentière.
93 Glavieux, débitant.
95 Andrieux, blanchisseur.
101 Hourlon, cabaretier.
117 Pinchon (Charles).
129 Chantier de Samain, carossier, rue de Beauvais.
135 Cozette (Jean-Baptiste).
137 Houssette, cabaretier.
143 Arger, entrepr. de relais.
149 Moyse-Voiturier, ménager.
151 Belleperche, prote.
153 Deray-Pipaut, rentier.
  Deray, père, rentier.
167 Morand, paveur.
169 Wuillot (Mᵐᵉ), cabaretière.
175 Lemaire-Ranson, contre-m.
181 Jourdain, contre-maître.
183 Daire, mᵈ de charbons.
197 Brandicourt, fab. de bougies.
199 Cagnard, rentier.
2-4 Buisson, contre-maître.

4 Atelier de Sueur et Stoff, coroyeurs, rue Duméril.
6 Crutel, cabaretier.
10 Lecat, graisseur.
12 Dusuel (Vᵉ), rentière.
26 Fournot, marchᵈ de cidre en gros.
32 Pourchel-Jodart, cabaretier.
36 Lambert, typographe.
38 Vichery (Fanny), lingère.
40 Guenard, marbrier.
42 Sulmont-Jouvenez, sage-fᵐᵉ.
48 Lebreton, cabaretier.
50 Morand, fruitier.
56 Lelièvre (Vᵉ), charcutière.
58 Dubois (Mˡˡᵉ), ménagère.
62 Martin, cultivateur.
64 Guenard (Vᵉ), débitante.
66 Berville-Mantel, boulanger.
  Mantel, charpentier.
72 Bourgeois, ménager.
94 Charles-Courty, entrepreneur de vidanges.
102 Trancart-Derly, comᵗᵉ local.
104 Hermant, employé.
114 Derly, rentier.
116 Dupont, inspect. des enfants trouvés.
118 Desailly, jardinier.
150 Tellier, débitant.

Rumigny (rue de).

5 Collat, menuisier.
  Villeret, cond. de diligences.
7 Lagorée, rentier.
13 Buée, ménager.
15 Segault, ménager.
17 Béauger (Mᵉ), entr. de maç.
19 Solème, charcutier.
21 Bridelle, cabaretier.
23 Genovigny, débitant.
27 Maille, rentier.
31 Nocq (Hippolyte), rentier.
33 Delarue, rentier.

35 Calongne, maçon.
41 Hubert (la D·), lessiv.-repass.
45 Lefebvre, m⁴ de p. taillées.
47 Decoisy, employé à la préfect.
49 Martel (Vᵉ), rentière.
   Ringard (Vᵉ), rentière.
51 Lambert, employé.
53 Mag. de Guidé-Hubaut, m⁴ de charbons.
55 Dheilly, propriétaire.
57 Tabary, propriétaire.
59 Roque, prêtre.
4 Duneufgermain, facteur.
8 Niquet, m⁴ de pains d'épices.
14 Bodard, rentier.
16 Hazart (Constantin).
   Lefranc (Vᵉ), rentière.
18 Tetar, marchand forain.
20 Hazard, épicier.
22 Cabry, conductʳ. d'omnibus.
24 Bialkowski (Vᵉ), rentière.
26 Corniquet, rentier.
28 Wable, rentier.
32 Robail, chargeur.
34 Duneufgermain, facteur.
38 Candillon, épicier.
40 Deneux (Mˡˡᵉ), rentière.
42 Duméige, menuisier.
44 Mesnil, serrurier en voitures.
46-48 Mag. de Leroux, carossier, rue de Beauvais, 50.
50 Soucail, rentier.
52 Scellier (Vᵉ), rentière.
54 François, rentier.
56 Lécavelé, garçon de banque.
58 Choquet, employé.
60 Barbier, employé.
62 Caillaux, id.
64 Boucher, rentier.
66 Desailly (Mᵐᵉ), rentière.
68 Sevin, employé.
72 Flesselle, propriétaire.
74 Gaffet, menuisier.
76 Entrée des bains Niquet.

Sablière (rue de la).

16 Lamolet (Amable).
20 Bernault, employé.
22 Couty, contre-maître.
24 Clain, débitant.
28 Bouchard (Dˡˡᵉ), rentière.
32 Normand, comptable.

Sablière (petite rue de la).

9 Corderie de Vast, rue Saint-Germain.
39 Petain, propriétaire.
45 Hardy (Vᵉ), ménagère.
2 Chantier de Lamarre-Foulloy, rue Flament.

Salle d'asile (rue de la).

8 Trancart, rentier.
14 Lamarre, coupeur.
22 Baron, retraité.

Sans-Boutons (impasse).

5 Gottrand (Louis).
15 Dupont, tripier.

Saint-Charles (boulevard).

1-3 Dheilly, maître de pension.
5 Henriot, propriétaire.
   Grévin, avocat.
7 Dusouard, propriétaire.
15 Cocquerelle, port. de pianos.
17 Bruxelle-Vilin, employé.
19 Grinchon dit Gervais, couvʳ.
21 Cavillier (Eléonore), rent.
23 Barbier, employé.
25 Couviller, cordonnier.
27 Hémart, facteur.
29 Cavillier, anc. fond. de cloches.
33 Matifas-Delacourt (Vᵉ), ling.
35 Reniame, cabaretier.
39 Lemaire-Gaillet, marchand de combustible.

43 Séjourné O. ✳, chef d'escadron en retraite.

Saint-Claude (rue).

3 Godin, chauf., au ch. de fer.
23 Lefort (Eléonor), ménager.
25 Hervin (V⁰), ménagère.
   Dusuel-Hervin, cultivat.
33 Chantier de Corroyer (Vict.),
   charpᵉʳ., chaus. de Noyon.
12 Barois, mécan. au ch. de fer.
16 Caron, chauffeur.
18 Portier, typographe.

Saint-Denis (rue).

5 Riquier, notaire.
9 Dellorier, propriétaire.
11 Bake (Mˡˡᵉ), rentière.
13 Bralant, épicier.
   Hallez, rentier.
15-17 Dequen, fabricant.
17 Dequen (Mˡˡᵉ), rentière.
19 Girardin (V⁰), propriétaire.
21 Jonchery, avoué.
23 Desjardins (Edouard), comm.
   en marchandises.
25 Delaporte (V⁰), garnis.
   Cazorti (Mˡˡᵉ), prof. de maint.
27 Laurent, propriétaire.
31 Delahaye, propriétaire.
4 Carette-Cézille, tapissier.
6 Boitelle, fruitier.
8 Fouchard, employé.
10 Desmet, poëlier.
12 Isambart, chasublier.
14 Devauchelle, mᵈ de chocolat.
16-18 Lucas (V⁰), rentière.
   Lucas fils, tonnelier.
20 Boucher-Vivien, fabricant de
   corsets.
22 Dournel (V⁰), propriétaire.
   Radiguet (Mˡˡᵉ), rentière.
24 Bordecq (Mˡˡᵉ), maît. de pens.

26 Coulon, médecin.
   Guerard (V⁰), propriétaire.
28 Grébauval, avoué.
30 Tassencourt, mᵈ de laine en g.
32 Deberly, avoué.
34 Serpette, propriétaire.
36 Le marquis de Landreville, p.
38 Jourdain-Dubos, négoc.
40 Lefevre, négoc.
   Lefevre père, rentier.
44 Gaujot (Mᵐᵉ), repasseuse.
46 Maillart (Mᵐᵉ), couturière.
48 Masson et Caille, négoc.
50 Dufour-Allo, couvreur.
   Debrière, prof. de musique.
52 Morel-Delucheux, prop.
54 Leseyllier, avocat.
   Leseyllier (Mˡˡᵉ), rentière.
56 Pensionnat de Mˡˡᵉ Allou.

Saint-Denis (place).

1 Asselin (Mˡˡᵉ), épicière.
3 Bail, mᵈ de tabac.
5 Dufresne (V⁰), rentière.
7 Pinsonnat, coiffeur.
9 Matifas-Carton, boucher.
11 Launey, cabaretier.
13 Wargnier (Laure), modiste.
   Maiwood (Charles), chauffeur.
   Sée (Edm.) directʳ. de tissage.
15 Lavillette, graveur.
   Lavillette (V⁰), rentière.
17 Capron, cabaretier.
19 Dolin (Mˡˡᵉ), mercière.
   Reite (Opportune), rentière.
21 Cressent (V⁰), loueuse en g.
23 Delgove, mᵈ quincaillier.
25 Frassy, mercier.
27 Brasseur-Thuillier, mᵈ d'obj.
   en fonte et zinc.
29 Matifas-Boinet, boucher.
31 Venet, perruquier.
33 Dufourmantel, pharmacien.

6.

35 Cresson, bur. de placement et cabaretier.

37 Bernard, épicier-droguiste.

39 Lerre, boucher.

43 Parmentier, horloger.

45 Lejeune, rentier.

47 Terral, médecin.

Thorel-Andrieux, prop.

Andrieux, rentier.

49 Thuillier-Andrieux (V^e), rent.

Niquet, libraire.

51 Saisset, restaurateur.

55-57 Leroux, bur. de placement et épicier, garnis.

59 Fosse (J^{ne}), cabaret., garnis.

63 Delache-Rozelet.

63 Brare père, rentier.

Charpentier (Célina).

Peril, repr. des m^{es} de Béthune.

65 Daire (V^e), rentière.

Debonne (Mlle), rentière.

67 Senart (Ovide), rentier.

Anselin (E.), clerc de notaire.

Genevoise, id.

Maupin, loueur en garni.

69 Léger, médecin.

71 Hôtel du Rhin.

2 Hemerel (Mme).

4 Robillard, fruitier.

6 Carton (Mlle), maît. de pens.

8 Robert, chapelier.

10 Mallein, m^d de comestibles.

12 Canaple (V^e), rentière.

Gaillard, clerc de notaire.

14 Leluin, tapissier.

16-18 Goubet (Mme), marchande de modes.

Delaplace, propr. à Ailly.

Bordecq (Paul), rentier.

20 Ragneau, cordonnier, garnis.

22 Penet, clerc de notaire.

Du Passage, propriétaire.

24 Delrue, cafetier.

26 Vallet (Mme), épicière.

28 Sauval-Dupetit, rentière.

Sauval (Clara), couturière.

30 Tourres, employé.

Marotte-Mathys (Mme), loueuse en garni.

Thomas, empl. au télégraphe.

Castelain, rentier.

Dupuich (Elise), m^{de} à la toil.

32 Mitiffeu, avoué.

Mitiffeu (V^e), rentière.

Mitiffeu (Mlle), id.

34 Fertel, caissier.

Geollier (Eug^e), bl. de linge.

36 Soyez (Constance), rentière.

38 De Beaupré, pr. à Domqueur.

40 Féron, recev. général.

Toiret, fondé de pouvoir.

42 Lorel, m^d de bois de teinture.

44 Bureau de l'Enregistrement.

Larangot, receveur.

Parrott, propriétaire.

46 Hourrier, rec. des dom. en ret.

48 Société industrielle.

Gand (E.), ag. gén. de la soc. et dessinat. p^r les tissus.

Gand (V^e), rentière.

50 Marotte (Mme), modiste.

Wallart, employé.

Ollis (Henry), prof. d'anglais.

52 Lognon, m^d de coton.

Saint-Denis (passage).

1 Hourdel, fact. de pianos.

De Chipilly (V^e), prop.

Pipaut (V^e), rentière.

3 Bibliothèque Notre-Dame.

Œuvre des bons livres.

Schmidt ✳, cap. en retr., dir.

5 Tombe (Mlle), brodeuse.

7 Vignon, loueur de voitures.

9 Salons de Defrance, restaurat.

9 Buignet. machin. au théâtre.

2 Brare (Laure).

Sontag, prof. au lycée.
4 Bailly (Mlle), rentière.
Pécry (Mme), repasseuse.
8 Vassel, prop. à Rubempré.
Hoyez (Hip.), cond^r de trains.
Lefetz, cond. de trains.
Mag. de Berlin, sellier, rue Porte-Paris.
Remise de Matifas-Boinet, place Saint-Denis.
Mag. de Fréville, m^d de fourrage, rue Saint-Médard.
Tellier (Mme), débitant.
Remise de Démarquet, louager, rue des Jacobins.
Remise à Matifas-Carton, rue Saint-Denis.

Saint-Dominique (rue).

1 Bertrand de Puyraimond (V^e), et fils, propriétaires.
3 François-Ravin, rentier.
5 Vagnair, professeur.
7 Dufourmantel, employé.
Daveluy (Mme), couturière.
9 Poidevin, Ernestine.
Poidevin, rentier.
Falaise, m^d de tabac au chemin de fer.
Daniel (Victoire), modiste.
11 Duthoit frères, sculpteurs.
11 Ansart, sous-chef de division à la Préfecture.
15 Lecaron de Trussure (V^e), pr.
Morel de Boncourt, Ol., prop.
17 Decaix de St-Aymour, prop.
19 Raffiasse de la Maison-Rouge, propriétaire.
4 Barbieri (Mme), garnis.
6 Moitié, sculpteur.
8 Bivel (V^e), modiste.
10 Bloquet, charron.
12 Cotty, off. compt. (subs. milit.)

14 Varlet, garde du génie.
16 à 20 Les Dames Ursulines, Pensionnat civil, Drevelle (Denise), supérieure.
22 Pinsart, architecte.
24 Goubet, rentier.
26 Jérôme-Vasse, rentier.
28 Renard, conseiller.
Dequen, substitut.
30 Pilastre, receveur de rentes.
32-34 Delahaye (Mlle), rentière.
Desmarquais (Mme), rentière.
36 Mennechet, juge.

Saint-Dominique (rue neuve).

1 Direction des DOMAINES.
Seyrieix, directeur.
3 Duvette, propriétaire.
5 Frère, marchand de grains.
2 Morel (V^e), rentière.
Morel, Em., greffier en chef.
4 Hecquet de Rocquemont, cons.
10 Guerlin, receveur de rentes.
12 Laurent (Mlle).
14 Bigorne, propriétaire.
16 Clouet, empl. au ch. de fer.

Saint-Firmin (place).

1 Binet, cabaretier.
Leroy, agent de police.
3 Joron (Car.), fab. de casquet.
5 Grévin, coiffeur.
7 Potron-Crapoulet, épicier.
9 Véchart, épicier.
11 Scellier, charcutier.
13 Bouteloup, coiffeur (garnis).
15 Delahaye, mercier.
17 Ducrocq-Mommert, rouenner.
19 Devallois, coupeur d'habits.
Dupuis, propriét. à Démuin.
Gasser, employé.
Fromentin, employé.
21 Grincourt-Gasser, linger.

23 Eloy-Pigeon, brocanteur.
2 Lefebvre-Boinet, serrurier.
4 Boucher, cabaretier, garnis.
8 Laroumetz, vieux métaux.
10 Delaforge (Mme), merc.-épic.
12-14 Véchard, cloutier.
16 Doutard-Dufay, rentier.
18 Garnis de Ruhaut, n° 6.
20 Lepage, chapelier.
24 Doulliez–Degand, épic. en gr.
26 Eloy père, m^d de meubles.
28 Puche, pharmacien.
Vte de pains de Cadé, à Dreuil.

Saint-Firmin-le-Confesseur (rue).

3 Hordez (V^e), fruitière.
7 Flamant, employé.
9 Fouquerelle fils, fab. de casq.
11 Daussy, serrurier.
13 Maillard (Mme), sage-femme.
23 Debeauvais-Ducrocq (V^e), ép.
4 Beurger, menuisier.
10 Calais, m^d de figures en plâtre.
12 Barbier cabaretier.

St-Firmin-le-Confesseur (imp.).

1 Roblot, rentier.

Saint-François (rue).

15 Ramboue, débitant.
10 Cozette (V^e), ménagère.
12 Evrard (V^e), ménagère.
14 Capel (Jean-Baptiste), id.
Capel (Augustin), id.
16 Devauchelle, id.
Devauchelle-Demetz, id.

Saint-Fussien (rue).

1 Thuillier, recev. de rentes.
3 Houbart, propriétaire.
5 Graire, propriétaire.
7 Eloi, professeur au Lycée.
Ravaud (V^e), rentière.

9 Lequet, jardinier.
11 Roussel (V^e et D^lles), rent.
13 Mangot, aumônier.
15 Flamant, capit^e. en retraite.
17 Boulanger (V^e), rentière.
Dumeige (D^lle), rentière.
19 Herbet-Mouret, rentier.
21 Bernard, négociant.
23 Caumartin-Dargent, boulang.
25 Mag. de vins de Mathiotte,
rue de Noyon.
25 Goubet-Berly, rentier.
27 Lefebvre-Toussaint, épicier.
29 Caullier, propriétaire.
Vimeux (Mlle), prop.
31 Thierry, subst. du proc. imp.
33 Domon (V^e), propriétaire.
35 Creuzet de la Touche, dir. des
contr. directes.
37 Caumartin, juge au trib. civil.
39 Mauduit (V^e et fils), rentiers.
41 Desmarquet et Houel, maîtresses de pension.
43 Obert, propriétaire.
45 Maisant, représ. de comm.
47 Saudbreuil, procureur-génér.
49 Vast-Fanchon, propriétaire.
Deneux (Emile), propriétaire.
53 Vibert (Mme), rentière.
Locquet, m^d de farines en gr.
55 Sensaud, cons. de préf.
57 Daullé ✳, architecte.
59 Quignon, propriétaire.
61 Couvent de la Visitation.
63 Palyart-Mancel, prop.
65 Robigny, propriétaire.
67 Holl, major anglais.
69 Capronnier, 1er commis de dir.
71 Sempé, sous-insp. des postes.
73 Mag. de Lequet, plafonneur,
rue Mazagran.
75 Machart-Blimont, prop.
Machart (Mlles), propriétaires.

2 De Commines de Marsilly, ingénieur des mines.
De Commines de Marsilly (Vᵉ).
4 Becquet, rentier.
6 Moulard-Balin, mᵈ en gros.
8 Binet (Vᵉ), rentière.
10 Biendiné, voyageur.
12 Carpentier (Dˡˡᵉ), rentière.
14 Printagen, rentier.
16 Ogez (Vᵉ), propriétaire.
Ogez (Dˡˡᵉ), rentière.
Dupont (Ch.), rentier.
18 Cremery, propriétaire.
20 Barbier-Lequien (Vᵉ), prop.
Barbier, négociant.
22 Herbet, employé.
24 Couderc, rentier.
26 Navelle, rentier.
28 Vieilhomme, inspect.-voyer.
30 Pangon, receveur du timbre.
32 Krohn, propriétaire.
34 Bordet ✻, directeur des contributions indirectes.
36 Jérosme (Vᵉ et Mˡˡᵉ), propriét.
38 Goret, prêtre.
40 Mader-Mangot, retraité.
Mangot, propriétaire.
42 Delcourt, id.
44 Carment, rentier.
46 Devisme-Tavernier, propriét.
Devisme, employé.
50 Baillet (Flore), rentière.
54 Beaudouin (Vᵉ), id.
De la Doue, vérificat. d. dom.
56 Barbier, prop., commʳᵉ local.
60 Cornu (Virginie), rentière.
62 Léguillon-Joly, propriétaire.
64 Mancel ✻, propriétaire, directeur de syndicats.
Pruvost, jardinier.
72 Bonvallet-Matifas, rentier.
74 Simonneau, prof. au Lycée.
76 Debise, rentier.
80 Gouy, rentier.

84 De Guillebon, propriétaire.
88 Vigreux, archit. de la ville.
96 Cresson (Auguste), rentier.
Cresson (Jules), id.
Coyette (Vᵉ), mᵈᵉ de moutons et déb. (Fond du Montjoie.)

Saint-Geoffroy (rue).

1 Armuna, filateur.
3 Derebergue, 1ᵉʳ com. des cont. directes.
5 Pécoul, aumônier.
7 Allegret, prof. au Lycée.
9 Gérard (Vᵉ), rentière.
11 Du Souich (Vᵉ et Dˡˡᵉ), rent.
13 Chabot, retraité.
21 Morris (Vᵉ), rentière.
23 Stoupy, professeur de violon.
25 Legrand-Rousseau (Vᵉ), rent.
2 Grimaux (Pauline), rentière.
6 Maire, rentier.
8 Buquet-Boucher, rentier.
34 Boucher, entrepr. de pavage.
38 Deroussent, voyageur.

Saint-Germain (petite rue).

10 Thuillier, loueur en garni.

Saint-Germain (île).

Delacourt (Vᵉ), mᵈᵉ s. échoppe.
1 Dupetit, menuisier-mécanic.
8 Salle d'as. et école des frères.
12 Couvreur frères et sœur, rent.
14 Fleury, teinturier.
Meillassoux, contre-maître.
Dupuis, contre-maître.

Saint-Germain (rue).

1 Mathon (Mᵐᵉ), fripière.
3 Magas. de Martigny, Marché-aux-Herbes.
7 Boulnois, mᵈ de marolles.

9 Boulfroy, serrurier.
11 Lamy, fripier.
13 Asselin (Pauline), savetière.
15 Payen (Alfred), débitant.
17 Blanc, savetier.
19 Gouverneur, fripier.
21 Denamps, serrurier.
25 Carpentier, épicier.
27 Souris, boulanger.
29 Robail, fripier.
 Robail, représent. de comm.
31 Cailleret, tourneur en bois.
33 Denamps-Réthoré, faïencier.
35 Niquet-Vadurel, m^d de casq.
37 Guidon, savetier.
39 Scellier, brocanteur.
41 Delaporte, fripier.
43 Louchet (V^e), grainetière.
45 Gacquère, fripier.
47 Damagnez (Emile), brasseur.
49 Gouverne (Joseph).
51 Dubois, chiffonnier.
53 Caron, savetier.
55 Danteuil, tourneur en bois.
57 Nurit, fripier.
59 Salle, cabaretier.
61 Beldame-Testu, m^d d'épicer.
63 Délettre (Pierre-François).
65 Dumontier, fripier.
67 Vast, cordier.
69 Scellier-Chatel, fripier.
71 Lesot, marchand à la toilette.
2 Cailly-Pierru, épicier.
6 Bocquet-Cordier, fripier.
8 Magasin de Cailly-Pierru.
10-12 Delahaye, pâtissier.
 Binet-Gaillot, id.
18 Lupart, serrurier.
20 Vérité, brocanteur.
22 Blanc, savetier.
24 Lambert, fripier.
26 Gueldry, id.
28 Sauval-Buignet, employé.
30 Fournier, savetier.

32 Bonnard-Fournier, m^d de déch.
34 Desaint (Mlle), fripière.
38 Croisille, menuisier.
40 Finet, cabaretier.
44 Riquier, rentier.
 Magasin de Vasseur, rue Gresset, 34.
48 Bourgeois, savetier.
50 Dubois (V^e), rentière.
 Dubois (Isidore), brocanteur.
52 Lefevre, lamier.
54 Lemoine (V^e), fripière.
56 Croisille père, rentier.
58 Lefebvre, marchand en gros.
 Lefebvre (Clémence), rentière.

Saint-Germain (rue basse).

1 Flore (Sophie), m^{de} de v. soul.
3 Denamps, menuisier.
7 Fresson, fondeur de cuillères.
17 Ravin (V^e), boulangère.
19 Vaspasse, épicier.
21 Denamps (V^e), rentière.
 Bulot père, rentier.
 Bulot et Lhotellier, fabricants.
 Lhotellier-Bulot, fabricant.
4 Solente, curé.
6 Bourgeois, épicier.
8 Feltgen, logeur.

Saint-Honoré (rue).

13 Potel (Ch.), tailleur.
23 Cozette (V^e), rentière.
25 Monpetit, boulanger.
27 Leduncq, ménager.
29 Roselet (Eug^{ie}), r^{se}. à la toil.
31 Vasseur-Sauval, m^d d'engr.
33 Lagorée (V^e), rentière.
35 Poyenneville (Marg^{te}.), épic.
37 Grouille-Boyencourt, mar-
 chand de paille.
41 Leclercq (V^e), rentière.
43 Poyenneville (Désiré), mén.

45 Caron, mercier.
47 Blancard, garde-champêtre.
49 Dumont, employé.
51 Forbras-Desailly, ménager.
53 Boyer, peintre.
59 Briscul-Desailly, maçon.
63 Dantin, tonnelier.
69 Bernard–Nollent, ménager.
   Bernard (Théodore), id.
   Brucant, agent de police.
73 Haris, mercier.
79 Dury, rentier.
83 Blangy-Dury, ménager.
85 Secq-Lenglet, boulanger.
91 Beauvais-Dury (V^e et D^{lle}), r.
93 Desailly, ménager.
95 Droussent-Desailly, charcut.
97 Thuillier, ménager.
99 Lamarre, id.
103 Boutmy, id.
105 Grouille, cultivateur.
111 Découdu, id.
113 Quignon–Pezé, cultivateur.
123-125 Pré, cabaretier.
129-131 Sené-Debray, épicier.
145 Leblond ménager.
157 Petit, couvreur.
227 Eloy-Cuvillier, chiffonnier.
2 Wargnier, cultivateur.
4 Ducrocq-Beauvais, rentier.
8 Houchard, distribut. d'avis.
22 Ducrocq-Lefebvre, ménager.
24 Ducrocq (Ch.), cultivateur.
26 Gallet, épicier.
28 Jovelet, cultivateur.
30 Delamarre-Briez, ménager.
34 Poyenneville, vannier.
   Desjardins (V^e), rentière.
40 Rose, cultivateur.
44 Delespaux (V^e), épicière.
48 Bourgeois-Lagorée, cultivat.
50 Hémery, ménager.
54 Loriole-Callot (V^e), cultivat.
62 Desjardins, propriétaire.

66 Padot, cabaretier.
68 Carpentier, fort à la halle.
70 Morel, marchand forain.
74 Velin-Ducrocq (V^e), ménag.
76 Ducrocq, cultivateur.
78 Vasseur, ménager.
80 Brandicourt, curé.
82 Jourdel, cabaret. et épicier.
86 Colignon, ménager.
88-90 Hennebert, couvreur.
94 Gorgoni, barbier.
98 Grouille (V^e), propriétaire.
   Hamier-Grouille, ménager.
100 Toulmonde, ménager.
102 Cozette, m^d de charbon.
108 Sauval, cabaretier.
114 Poullain (V^e), ménagère.
116 Velin-Loriol, m^d de paille.
120 Paris, marchand d'engrais.
122 Fournier, m^d de son et épic.
126 Ducrocq, ménager.
128 Dantin dit Boyencourt, m^{ger}.
130 Godart, chiffonnier.
142 Deriquehem, ménager.
146 Toulmonde, ménager.
152 Bertoux, serrurier.
158 Flant, ménager.
160 Gamard, court. de bestiaux.
166 Dury, cultivateur.
170 Domart, ménager.
176 Hennebert-Dury, ménager.
182 Devillers, ménager.
184 Forbras (V^e), épicière.
186 Lamarre, ménager.

Saint-Honoré (rue neuve).

23 Milvaux, employé.
27 Forbras, tisseur.
29 Wattebled (V^e), rentière.
35 Ternisien, facteur.
43 Planger, tapissier.
45 Scellier, brigadier d'octroi.
49 Mantel, charpentier.

6 Neveu (V^e), prop. à Bacouel.
18 Alexandre (Jean-Baptiste).
20 Jovelet, menuisier.
22 Hanot, père, rentier.
40 Gaudry, forgeron.
54 Bulot, commis.
56 Delacourt, agent de police.
58 Sellier (V^e), ménagère.
62 Barquin, cordonnier.

Saint-Jacques (boulevard).

5 Mag. de Noblesse, épicier, r.
de la Hotoie.
7 Decavé, couvreur-plafonneur.
9 Decressin (V^e), rentière.
11 Pinchinat, menuisier.
Pinchinat, empl. à la préfect.
Leroy-Pinchinat.
15 Choquet frères, rentiers.
Denisot, rentier.
17 Remy (V^e), rentière.
Wasson, comptable.
19 Denibas, tourn. en chaisse.
21 Evrard (V^e), rentière.
27-29 Mouillé (Mme), loueuse en
garnis.
31 Mollet, fabricant.
37 Poirey, comm. de police.
37 *bis* Dengreville, com. à pied.
37 *ter* Dupuis-Briez, m^d de laine.
37 *quart.* Robert, chef de bureau
au chemin de fer.
39 Picart-Bois, voyageur.
41 Hubaut, rentier.
43 Brouard (Ismérie).
45 Jourdain, fruitier.
49 Patte, rentier.
51 Vicart-Plichon, rentier.
53 Monmert père, secrét. de la
mairie en retraite.
55 Maréchal (Jos. et Mad.), rent.
57 Prouzel (V^e), rentière.
59 Pinchon, rentier.

61 Pruvost, rentier.
63 Monmert, sous-secrétaire de
la mairie.
Monmert (V^e), rentière.
67 Berg, contre-maître.
Porchez, empl. des p.-et-ch.
69 Ricard, propriétaire.
71 Pigou, rentier.
73 Guyot (Félix).
85 Cabry, composit.-typographe.
87 Coupé, employé.
89 Acloque, filateur.
91 Doutart, rentier.
93 Noyelle frères, propriétaires.

Saint-Jacques (rue).

3 Crampon, débitant.
5 Maillet et Genton, fab. d'eaux
minérales.
Genton, fab. d'eaux minér.
7 Remy-Dieu (V^e), rentière.
Remy, employé.
9 Roussel, jaugeur.
11 Delamarre, représ. de comm.
Delamarre (V^e), rentière.
13 Garnier (Mlles), couturières.
15 Lob (Mme), rentière.
17 Deneux-Longuet, employé.
Deneux (Mme), couturière.
Guidé, agent de police.
19 Maison, court. de comm.
21 Guyot (Cornélie), lingère.
Guyot fils, vitrier.
23-25 Vadurel dit Leroux, m^d de
papiers peints.
27 Charpentier, cord. et cabar.
29 Fay, profess. de musique.
31 Talon, boucher.
33 Roucoult (Mlle), lingère.
35 Lecointe (V^e), boulangère.
39 Dujardin (V^e et D^{lle}), rent.
Decrème (V^e), rentière.
41 Riquier-Fée (V^e), rentière.
Boyeldieu (Mlle), repasseuse.

43 Cocquart (Mlle), repasseuse.
45 Deliège-Menesson (Mme).
  Mag. de Mme Lecointe, boul.,
    rue St.-Jacques, 35.
45 c Vion, lamier.
47 Asselin-Guenard, rentier.
  Devillers (Anastasie). rent.
49 Duvauchel dit Martin, dent.
53 Dantin, caissier.
55 Lefebvre-Levert, propriét.
57 Viot, propriétaire.
59 Bureau des Domaines.
  Roussel, receveur.
61 Villejean, rentier.
  Desboves-Grossemy (V^e),
   rentière.
63 Belvallette, agent d'assur.
65-67 Lhomme, cord., loueur
  en garni.
69 Matifas, boucher.
71 Joron-Rostein, merc. et rouen.
73 Deberly-Delache, épicier.
75 Blangy (V^e), débitante.
79 Martin-Dewailly ❄, m^d de
  combustible.
  Garnis de Toulmonde (Mlle),
   rue des Rabuissons, 143.
  Foubert (Mlle), rentière.
  Toulmonde, rentier.
85 Beauvais, épicier.
87 Becquet, logeur.
89 Bienfait, cireur, m^d de frit.
  Joron frères, employés.
91 Mathon (V^e, fils et D^{lle}), rent.
93 Richer, médecin.
97-99 Fabr. de tap. de Bernaut-
  Laurent.
101 Laurent (Natalis), propriét.
103 Moreau, épicier-faïencier.
105-107 Landragin, cafetier, m^d
  de vins en gros.
109 Volland, maître de pension.
  Ternisien, employé.
  Popon, surnuméraire.

111 Ladent, propriétaire.
115 Legrand, cabaretier, garnis.
117 Vasseur (Eudoxie), repass^{se}.
119 Warin (V^e), loueuse en gar.
4 Dufour, perruquier.
6 Lefebvre (V^e), rentière.
10 Martel, tonnelier.
12 Lucheux, épicière.
16 Champernand, serr. en voit.
18 Brunel, menuisier.
  Edouard-Franqueville, emp.
20 Huret, débitant.
22 Derivery (V^e), fruitière.
24 Lavernier (Elisabeth), merc.
26 Hirondart, mercier.
28-30 Ducroquet, cabaret., fab.
  d'eaux minérales.
28 Dumont (Emile), employé.
32 Leroux, pâtissier.
34 Lenoir-Quint, cordonnier.
36 Vasseur-Ville, cabaretier.
40 Dupetit, épicier.
  Bondois, bedeau.
42-44 Despretz-Vallée, ferblant.
46-48 Moncourt, tailleur.
50 Lefebvre, charcutier.
54 Carle (Mlle), maîtr. de pens.
56 Lhomme, employé.
58-60 Delagarde-Francatel, serrurier.
62-64 Crignier-Lenormand, déb.
62 Govin, ferrailleur.
  Guyon, garçon de recette.
66 Dubus, boulanger.
  Campion (Joséphine), boulangère associée.
68 Boyeldieu (Eugénie), lingère.
  Jérosme-Damas, employé.
  Roche, emp. de commerce.
70 Louvez, perruquier.
72 Loger-Decourcelle, m^d de tab.
  Brulé, employé.
74 Clairé (Flore), maît. de pens.

7

76 Ecole normale.
   Beaumont, directeur.
   Carpentier (Vᵉ).
   Bertin, sous-maître.
78 Madry, propriétaire.
80 Bernaut-Laurent, fab. de tap.
82 Mollet–Fortin, mᵈ en gros.
84 Allart, débit. de vins.
86 Porte, épicier et débitant.
90 Prinxivali, prof. de flûte.
   Godbert, cabaretier.
96 Caserne de Cerisy.
98 Beraud, cons. des eaux et for.
   Mag. d'Abraham, fabr. de
      chocolats.
100 Madry-Marest, propriétaire.
102 Parmentier, percep. de Dury.
104 Grimaux, propriétaire.
112 Du Souich, percepteur.
114 Beaudouin, agent d'assur.
   Bureaux de la *Providence* et
      du *Conservateur*.
116 Matifas-Larozière, employé
      de banque.
118 Faverotte, retraité.

Saint-Jean (rue).

1 Daire, maître de forges.
7 Dufourmantelle, débitant.
13 Salomon, débitant.
15 Leclercq (Victor).

Saint-Leu (rue).

1 Dutitre (Vᵉ), cabaretière.
   Gente, employé.
3 Arcillon, parfumeur.
5 Pézé-Leroy, épicier.
7 Duponchel-Thuillier (Vᵉ), né-
      gociante.
   Thuillier-Aloux, propriét.
9 Compagnie d'Ourscamps,
   Decressin, représentant.
11 Riquier-Gamounet, négoc.

13 Devillepoix, maître de pens.
   Duneufgermain, comm. à pᵈ.
15 Letellier, cabaretier.
17 Bachimont (Mᵐᵉ), mercière.
19 Bulan frères, tissage méca-
      nique.
   Bulan père, rentier.
21 Boyenval, commis à pied.
   Petit, cordonnier.
23 Lagrange-Duhamel, mᵈ de
      pantoufles.
25 Cotelle-Bazille, mᵈ en gros.
27 Damour, propriétaire.
29 Damour-Mécrain (Vᵉ), fer-
      blantière.
33 Carnel, mᵈ de casquettes.
35 Goze, médecin.
37 Wallet, mᵈ en gros.
39 Lambert (Vᵉ), mᵈᵉ de pâtiss.
41 Maloigne, agent d'affaires.
43 Dheilly, fruitier.
45 Darras–Villomont, mᵈ en g.
47 Monpetit, vicaire.
   Ducrocq, vicaire.
   Delefortrie, vicaire.
49 Debaussaux, fab. de pompes
      à incendie.
51 Rappe, rentier.
53 Charet, horloger et mᵈ d'ins-
      truments de musique.
55 Huret-Bonnelye, mercier.
57 Alexandre-Bazille, mercier.
59 Anquetin, pharmacien.
61 Gry–Ducroquet, employé.
   Vaillant (Delphine), rentière.
63 Potentier, mᵈ d'objets d'his-
      toire naturelle.
65 Poiret-Tanfin, linger.
67 Cholet (Vᵉ), bouchère (Chi-
      corée).
69 Legrand (Vᵉ), épicière.
71 Lefebvre (Vᵉ), menuisier.
73 Hémart (Octavie), lingère.
75 Tourniquet, cafetier.

77 Domart et Gricourt, march. de vins en gros.
    Hue, manufacturier.
79 Bernaud-Quesnel, épicier.
81 Sauval, ferblantier.
85 Noblesse-Famechon, m^d de vins en gros.
87 Gillet et Roger (M^{lle*}), épic.
89 Sueur, épicier.
91 Dubois (V^e), brasseuse.
93 Molliens, employé.
95 Froment-Darras (V^e), m^{de} de tissus.
97 Ramboue, cafetier.
99 Lambert et Desmaret, m^{d*} de f.r.
101 G let (V^e), propriétaire.
103 Gricourt, m^d de vins.
105 Hacot, serrurier.
107 Deleau, emp. de l'Hôtel-Dieu.
    Deleau, ancien serrurier.
109 Hôtel-Dieu.
    De Puybaraud (Mme), supér.
111 Lelong, aum. de l'Hôtel-Dieu.
115 Paris-Renard, charron.
119 Fay, bourrelier.
121 Matifas (V^e), rentière.
123 Boucher, bourrelier.
125 Briaux-Caron, aubergiste.
127 Pelley-Pety, m^d de son.
129 Drincourt, charcutier.
131 Dubois frères, m^{d*} de houblon.
    Dubois-Vaude (V^e), rentière.
133 Fournier, perruquier.
135 Gressier, débitant.
137 Geollier-Fortin, cafetier.
139 Lépicier, épicier.
141 Traullé (V^e), rentière.
    Traullé, boulanger.
2 Jumel-Acloque, épicier.
4 Jérôme-Macron, c. de fabriq.
6 Daveluy ✳, propriétaire.
8 Lejeune, liquoriste.
10 Bon-Herbet, propriétaire.

12 Lefeuvre frères, banquiers.
    Lenormand, conducteur des ponts-et-chaussées.
14 Hénin-Mongrenier, négociant en épiceries.
16 Caruel, perruquier.
18 Vinque-Hordez, fabricant.
20 Clerc, huissier.
22 Ponthieu, marchand en gros.
24 Bibet, pharmacien.
26 Bezancourt, rôtier.
28 Trancart-Dubois, m^d en gros.
30 Moinet, marchand en gros.
32 Chatelin et Loisel, droguistes en gros.
34 Bolin-Magnier, boucher.
36 Lambert-Pauchet (V^e), épic.
38 Drevelle, marchand en gros.
40 Ponthieu (Mlle), rentière.
42 Brieux (V^e), laitière et épic.
44 Guelte, charcutier.
46 Ringard-Soyez, m^d en gros.
48 Dambreville, perruquier.
50 Bossu, épicier, m^d de tabac.
    Pavie, employé.
    Rhuin, employé.
    Damiens, employé.
52 Debret-Lucas, boulanger.
54 Turmine, cabaretier.
    Denis (Alfred), employé.
    Courcol, rentier.
56 Guérin, fruitier.
60 Pillot, curé de St.-Leu.
62 Quenel, bedeau.
64 Tillier, sellier.
66 Gros, fruitier.
68 Matifas, teinturier-dégraisseur.
70 Marotine, cafetier.
72 Surhomme, fabricant de casquettes.
74 Petit, charcutier.
76 Pombourg (Mlle), mercière.
78 Auguez, perruquier.

80 Cordier, cabaretier.
82 Duchaussoy, épicier.
86 Delaux, serrur.-entrepren'.
  (Sonnerie électrique).
88 Daire et Greisch, fabricant
  de liqueurs.
  Greisch, fabric. de liqueurs.
90-92 Cauwet (V°), épicière.
94 Darquet (M°°), couturière.
96 Gente (V°), cabaretière.
98 Darras-Duboille, aubergiste.
100 Acloque-Visière, apprêteur.
102 Roussel, vannier.
104 Damade (V°), cabaretière.
  Guibet-Matifas, négociant.
106 Guibet-Bon, rentier.
108 Desprez, coutelier.
110 Duhamel, cabaretier, m⁴ de
  rognures de peaux.
112 Decoisy–Hennebert (M°°),
  modiste.
114 Coffin, couvreur.
116 Lamarre-Jolibois, m⁴ de vin
  en détail.
118 Vasseur-Penet, boulanger.
120 Magniez (M°°), mercière.
122 Therrasse-Henrion, fabricant
  de casquettes.
126 Jacquin (V°), barbière.
128 Crognier, cabaretier.
130 Demorivalle – Crampon, m⁴
  d'eau-de-vie.
132 Legris, mercier.
134 Finance, cabaretier.
136 Magasin de Thuillier, m⁴ de
  toiles à Beauval.
  Daire-Duhamel, fab. de liq°°.
  Duhamel (V°), rentière
  Barreau-Pinchon, chaudronnier.
138 Lemaire, logeur.
140 Drevelle (V°), bouchère.
142 Touzet, m⁴ de tabac et afficheur.

144 Delaye-Dury, const. de mach.
  Delaye et Cie., fab. de papiers
  à Albert.
146 Belce, vannier et bourrelier.
148 Sénéchal, patissier.
150 Debray, m⁴ de parapluies.
152 Drincourt, épicier.
154 Lapoulle, débitant.
156 Collet, contre-maître.
158 Robillard, débitant.
160 Leullier (V°), fruitière.
162 Négry-Gérard, m⁴ de papiers.
164 Petit, cabaretier.
166 Colbert, horloger.
168 Lejeune, barbier.

Saint-Leu (petite rue).

6 Gaillet-Carpentier, m⁴ de lég.
12 Lefebvre, débitant.

Saint-Léon (rue).

1 Duchaussoy (la D°), m°° épic.
7 Voclin, chauffeur.
13 Thorel, recev. au ch. de fer.
15 Lebel, chauffeur.
19 Hautefeuille, empl. au télégr.
25 Desmarest, chauffeur.

Saint-Louis (rue).

1 Auber-Gueudet, propriétaire.
3 Bourgeois de Saint-Riquier,
  propriétaire.
5 Baudelocque, juge de paix.
7 Benoît-Codevelle (V°), rent.
9 Gravet-Dubois, propriétaire.
11 Deflesselle, propriétaire.
13 Buée, m⁴ d'huiles en gros.
15 Soyer, ancien notaire.
17 Levert père, rentier.
19 Flahaut-Deneux, propriétaire.
21 De Mazinghem-Regis, prop.
23 Tillette-d'Acheux (aîné), prop.

25 Levert-Févez, filateur.
27 Toupiolle, fab. de lacets.
29 Debusscher, fab. de lacets.
31 Baillet-Quignon (Ve), rent.
33 Dupetit, chef de div. à la préf.
35 Bary, prop. à Castel.
37 Mohr (Ant.), prof. de musique.
39 Decharme, professeur.
41 Bouthemard ✳, anc. avoué.
43 Lequien, commis-greffier.
45 Cornet (Ve), rentière.
   Dupuis-Cornet, pr. à Noyelles.
47 Bazille-Bernaut (Ve), rentière.
49 Boucheron (Paul), rentier.
51 Magnier-Lefebvre, prop.
53 Coppin sœurs, propriétaires.
55 Touchard (Ve et Dlles), prop.
57 Josselin (Ve), rentière.
59 Guidé, rentier.
   Lenoir (Ve), rentière.
61 Picq-Févez, rentier.
75 Gérardin, cond. des p.-et-ch.
2 Heurtaux-Corblet, md de nouveautés.
4 Bernaux (Ve), rentière.
   Delpech, avoué.
6 Delacourt-Deligny, prop.
8 Roux de Gandil père, prop.
10 Davost, conseiller à la Cour.
12 Boulanger, propriétaire.
14 Lebel, propriétaire.
16 Véru-Minier (Ve), rentière.
18 Tillette-d'Acheux (F.), prop.
20 Legendre-Mollet, prop.
22 Degand (Ve), propriétaire.
24 Rousseau, propriétaire.
26 Lenoir, propriétaire.
28 Gland, anc. filateur.
30 Lepage, propriétaire.
32 Moquet de la Motte, cons. des hypothèques.
34 Leroy-Boulongne, rentier.
36 Leroy-Boulongne (J.-B.), rent.
38 Delsaux, fab. de lacets.

40 Moisset, cons. à la Cour.
42 Morisset, vérific. des dom.
44 Degand (Ve), rentière.
   Degand (Gustave), propriét.
46 Diollot, rentier.
50 Magnier, propriétaire.
52 Guerin, cons. à la Cour.
   Guerin (Ve), propriétaire.
62 Duparcque, rentier.
64 Finet, rentier.
66 Sagebien, ingén. civil.
68 De la Motte (le baron), insp. des haras.
70 Caillet, propriétaire.

Saint-Martin (rue).

3 Mille (Ed.), marchand en gros.
5 Mag. de Payen, pl. St-Martin.
7 Cosserat père, fabricant de velours et député.
   Cosserat fils, filat. à Saleux.
9 Minotte, négociant.
11 Eude, Vieugué et Baudray, fabr. de velours d'Utreck.
   Legay, toiles en gros.
13 Voclin, md de papiers et de cordes.
15 Dufour, fab. de cartes à jouer.
17 Quennehen (Ve), débitante.
19 Chivot, corroyeur.
21 Huart, marchand de crépins.
2 Lelièvre et Domart, négoc.
   Lelièvre (Ve), rentière.
4 Dugarin, marchand en gros.
6 Moncourt, lithographe.
10 Delobel, propriétaire.
   Sous-compt. de comm., r. de la Ch.-d'Antin, 66, à Paris.
12 Philippet (Mme) et Planger-Bailly, facteurs en march.
14 Wattebled, tailleur.
18 Péru-Lorel, propriétaire.
   Péru fils, marchand en gros.
   Dufour-Delahaye, propriét.

20 Binet-Lemirre, m^d de graines.
22 Magasin de Leclercq, m^d de sacs, r. des Chaudronniers.
24 Dobelle (J.-B.). anc. teintur.
26 Roussel, épicier.
34 Boyeldieu, m^d de parapluies.

Saint-Martin (place).

1 Lécafette (V^e), repr. de com.
3 Payen, fabricant.
5 Huré père, rentier.
Huré-Maillard, m^d en gros.
Huré (Alexandre), rentier.
7 Marest, rentier.
Bureaux de la filat. Cosserat fils, de Saleux.
Bureaux de tiss. mécanique de Cosserat père.
9 Mag. de vente de Mille (Ed.), rue St.-Martin, 13.
13 Guilbert-Legrand, épicier.
19 Canipet, 2e suisse à la cathéd.
4 Durand père et fils, fabric.
6 Malliavin et Cie, fabric. à Mareuil.
8 Rigault, pharmacien.
10 Bourban et Moignet, march. en gros.
12 Croizé (V^e), fact. de marchand.

Basse-Saint-Martin (rue).

1 Vasseur, marchand en gros.
3 Duval (Mme), fact. de march.
5 Carpentier-Richard, courtier en marchandises.
7 Lesguillon-Mommert (Mme), marchande en gros.
9 Léchopier et Andrieu, fabric.
11 Ponche-Bellet, négociant.
Ponche-Bellet, Péru fils et Adam, m^{ds} en gros.
13 Dompierre père, fabricant.
Dompierre fils, fabricant.

15 Cazier-Garnier, fabricant.
17 Justin-Darras, fabricant.
19 Leroy frères, m^{ds} en gros et repr. de commerce.
21 Payen (Léon), m^d en gros.
2 Latteux et Sauvallé, march. en gros.
4 Labbé, m^d en gros.
6 Larozière, m^d en gros.
8 Boutmy, m^d en gros.
10 Renard et Fauvel, m^d en gros.
12 Darras et Dufour, m^{ds} en gros.
Dufour, m^d en gros.
14 Loyer, m^d en gros.
16 Bondois, m^d en gros.
18 Cailleux (V^e), fabricante.
20 Lavallart, employé.
Maison de com. de Lavallart-Choquet, pl. Longueville.

Saint-Martin-des-Champs (rue).

17 Warin, cultivateur.
21 Raison, mécanicien.
23 Hubinet, débitant.
29 Perrier (Léon).
37 Duhaupas, cabaretier.
2 Devisme-Dubois, rentier.
4 Magnier, chauffeur.
6 Lefetz, conducteur au chemin de fer.
26 Choquet, cond.   id.

Saint-Maurice (grande rue).

1 Joly, contre-maître.
3 Flament, contre-maître.
5 Jérôme-Leroy (V^e), rentière.
Jérôme fils (lettres en bois).
Ledez-Cagnon, teinturier.
9 Ledez (Victor).
11 Lefebvre, menuisier.
13 Cagnard, médec., cons. gén. et commissaire local.
Douchet, cultivateur.

15 Lefebvre, typographe.
19 Courcelle-Delpech, fabric.
21 Beaufils, rentier.
Fauquelle, cabar.-charcutier.
29 Manteau, charcutier.
33 Bourban frère et sœur, rent.
Lefebvre, garde-champêtre.
35 Cagnard-Masson, cultivat.
39 Boulanger, cabaretier.
51 Douchet (Alfred), cultivat.
53 Douchet, rentier.
55 Masson (Vᵉ), cultivatrice.
57 Dengreville, fruitier.
59 Douchet (Urbain), ménager.
81 Rousseau (Vᵉ), débitante.
83 Maguet (Vᵉ), fruitière.
95 Dubois, épicier.
105 Dévérité-David, épic.-cabar.
113 Maisant, employé des ponts-et-chaussées.
127 Catlain (Jules), hortillon.
129 Dubourguet, cabaretier.
131 Véru, rentier.
139 Galampoix, monum. funèb.
145 Mallard, hortillon.
149 Harent (François), hortillon.
151 Rouillard, charron.
157 Harent (Eloi), hortillon.
159 Devauchelle, hortillon.
161 Lamollet, monuments funèb.
163 Sallé, monuments funèbres.
165 Dumont-Debray, cabaretier.
167 Dufossé, hortillon.
169 Hauwelle, cabaretier.
173 Maillard (Vᵉ), cabaretière.
181 Azéronde, hortillon.
10 Roussel (Vᵉ), cab., charron et maréchal.
14 Decorniquet, tonnelier.
30 Hanot-Drocourt (Mᵐᵉ), pensionnat de demoiselles.
36 Dubois, épicier.
42-44 Leclercq-Léger (Mᵐᵉ), rentière.

46 Carrière de Guilbert, rue des Tripes, 24-26.
48 Legendre, serrurier.
52 Hérent-Beaufils, boulanger.
56 Porquet, rentier.
Cottrel (Dᵉˡˡᵉ), rentière.
110 Ducrotoy (Max.), ménager.
116 Debray, employé de comm.
122 Armanvillé (Vᵉ), épicière.
126 Dupuis, rentier.
132 Dabonneville (J.-B.), ménag.
142 Mazier (Vᵉ), cabaretière.
144 Maisant (Eugène), ménager.
150 Darras (Paul), coupeur.
152 Darras-Ducroquet.
164 Lequien (Jean-Baptiste).
168 Carament (Maurice).
170 Duval, tisseur.
172 Delapierre (Lucien), ménag.
174 Vasseur (Vᵉ), ménagère.
180 Seminel (Vᵉ), ménagère.
182 Maisant-Gourguechon, ménager.
196 Malézieu, maçon.
212 Mallart-Denamps, tourneur.
214 Denamps (Vᵉ), cultivatrice.
230 Lequien (Vᵉ), ménagère.
234 Dupriez, ménager.
236 Scalabre (Louis), ménager.
244 Boucher (Joseph), fruitier.
250 Manteau-Delapierre, fruitier.
254 Delapierre père, ménager.
258 Maisant (J.-B.), cultivateur.
260 Maisant père, cultivateur.
262 Maisant (Auguste), ménager.
266 Ducrotoy, mᵈ de tourteaux.
268 Maisant-Leroy, cultivateur.
270 Carpentier, débitant.
276 Carpentier (Vict.), ménager.
290 Lequien (Franç.), fossoyeur, marchand de croix.
304 Lequien (Vᵉ Ch.), fruitière.
306 Dabonneville-Vadurel (Vᵉ), fruitière.

308 Dabonnevillé (Alfred), fruit.
312 Cimetière de la Madeleine.
Pétigny, chapelain du cimet.
Boinet, concierge.

Saint-Maurice (quai).

1 Lengellé, éclusier.

Saint-Maurice (rue).

5 Atelier de Ringard-Soyez, imprimeur, rue Saint-Leu.
7 Bloquet, apprêteur.
9 Gillès de Marsac (V^e), représ.
de commerce.
11 Bertrand, père et fils, teintur.

Saint-Médard (rue).

1 Fréville dit Bettembos, m^d de
fourrages et garnis.
3 Richard, m^d de bouch*. et garn.
5 Léger, garnis.
7 Million-Begès, tapissier.
Bonvarlet, rentier.

Saint-Michel (boulevard).

4 Guenard-Morand, prop.
6 Paillat (V^e), propriétaire.
8 Vasseur (V^e), rentière.
Carpentier-Vasseur, prop.
10 Delucheux (Mlle), pr. à Bussy.
12 Lenain, prêtre.
14 Louvet (Mlle), maît. de pens.
16 Desgoffe, percept. du 2e arr.
18 Desavoye-Vasseur, prop.
Leclercq, clerc de notaire.
20 Dhangest, propriétaire.
22 Boitelle, rentier.
24 Hareux, propriétaire.
26 Paillat-Porion (V^e), rentière.
28 Etienne, command. de recrut.
30 Dufourmantel, rentier.
32 Lesage, anc. notaire.

34 De Calonne, prop. à Montreuil
Verton.
36 Dubois-Deforestelle (V^e), pr.
40 Charvet, cons. de préfecture.

Place Saint-Michel.

1 Mgr. Boudinet ✸, évêque.
Morelle, grand-vicaire.
Fallières,   id.
Brun, suisse et jardinier.
Papin, portier.
Vallet, sec. particul. de Mgr.
Lefebvre, sec. gén., chanoine.
Lefebvre père, rentier.
2 Grenier (Mlles), rentières.
6 Genet, propriét. à Bonneleau.
De Francqueville, propriét.
8 Langlois de Septenville, prop.
De Cantarelle (V^e), propriét.
10 Mollet-Choquet, propriétaire.
12 Josse ✸, médecin-chirurgien.
14 Demombynes, avoué.
Gaudefroy-Demonbynes (Mme).

Saint-Michel (pont).

Lepage, cond. du serv. hydr.
Lepage (Mlle), directrice de
l'Ecole mutuelle.
Boulan, cond. de la machine
hydraulique.
Simon, recev. d'octroi.
Rigaut, m^d sous échoppe.

Saint-Nicolas (rue du cloître).

1 Topin, notaire.
3 Vasseur (V^e), couturière.
5 Frénoy, avoué.
7 Daussy, avocat.
9 Wallet, fabricant.
Corroyer (V^e), rentière.
11 Lapelletière, m^d de tissus.
13 Dufrenoy (Mlle), rentière.
15 Petit, chanoine.

17 Chevin (V^e), rentière.
19 Bled, huissier.
21 Binet-Pité, employé de comm.
2 Delaire, médecin.
6 Agnesa, fumiste.
8 Lequet-Lamarre, entrepreneur de bâtiments.
10 Boucher, curé de la Cathéd.

Saint-Patrice (impasse).

3 Binet, ébéniste.
4 Ducrotoy, m^d de volailles.
6 Hermant, menuisier.

Saint-Pierre (chaussée).

1 Roussel, épicier.
5 Bergée (V^e), m^{de}.
7 Batifolier (V^e), m^{de} de poterie.
Celis, const. de machines.
9 Dupetit, vitrier.
11 Warin, cabaretier.
13 Scellier-Géroux, boucher.
15 Dupetit-Thilloy, fruitier.
17 Trépagne-Becquet, filateur.
Trépagne (V^e), rentière.
19 Féret (Léontine), mercière.
21 Bazin (Zélia), débitante.
23 Lefebvre, menuisier.
25 Gourguechon (Adolphe).
27 Villain, déb. de tabac.
31 Houllier, charcutier.
33 Dupuis, cabaretier.
35 Wartel (Mme), grainetière.
39 Ledru, m^d de faïence (dépôt de bouteilles).
41 Dorémus, épicier.
Masson (Joséphine), rentière.
43 Dalbin, m^d de vieux métaux.
45 Hamart (Mlle), épicière.
47 Torville, cabaretier.
49 Dumangeot (V^e), cabaretière.
51 Prieur, meunier.
53 Miannay, fruitier.

55 Hubaut, m^d de combustible.
Gry (V^e), rentière.
55 D Barreau et Ancel, chaudron.
Ancel, chaudronnier.
57 Sellier-Bailly, cabaretier.
59 Pourrier (V^e), cabaretière.
2 Anselin, aubergiste.
4 Servaux, m^d de sabots et fabricant de cardes.
6 Bernaux (V^e), rentière.
8 Ducange (Mlle), lingère.
10 Joly, charron.
12 Outrequin, épicier.
14 Remise à Lefeuvre, farinier, même rue, 20.
16 Magniez, cabaretier.
18 Hartmann, aubergiste.
20 Lefeuvre frères, banquiers.
Lefeuvre (J.-B.), farinier.
Lefeuvre (Mlle), rentière.
24 Beaugez-Hodan, épicier.
26 Ducroquet, cabaretier.
28 Roger-Poulain, boulanger.
32 Debry, débitant.
34 Darsy-Papin, tanneur.
36 Fafet-Lansorne, épicier.
38 Saint-Saguez, épicier.
40-42 Beaugeois, meunier.

Esplanade de la porte St-Pierre.

2 Collé, cabaretier.
Paris, rentier.
Féret, receveur d'octroi.

Saint-Remi (rue).

1 Jourdain, huissier.
3 Boulanger (V^e), rentière.
Mag. à Rigault, pharmacien, place St.-Martin, 8.
5 Fusilliez, m^d en gros.
2 Dupont, loueur en garnis.
Delrue, employé de comm.
Dupuis, emp. au télégraphe.
Hauet, clerc de notaire.
Delécluse, emp. de commerce.

Saint-Remi (petite rue).

5 Flambermont et Lefebvre, m^d en gros.
7 Verguet, agent d'affaires.
9 Lefebure, quincaillier en gros.
11 Richart, représ. de commerce.
17 Calippe (V^e), rentière.
 Boucheron (V^e), rentière.
23 Moreau, employé à la mairie.
2 Mille et Boileau, marchands de laines filées.
 Boileau, m^d de laines.
4 Le Bouffy, banquier.
6 Duquesne, notaire.

Saint-Remi (place).

3 Mag. de la maison Boquet, rue des Sergents, 48.
2 Delattre (Mlle), propriétaire.
8 et 10 Thuillier-Gellée, m^d de laines en gros.

Saint-Roch (rue).

3 Deligne-Dron, cabaretier.
5 Bourgeois, cabar. et charcut.
17-19 Paris-Couvreur, m^d de futailles.
31 Joron, épicier.
33 Ducrocq (Albert), voiturier.
39 Beaugeois, voiturier.
41 Bellet, rentier.
47 Allot, épicier.
63 Martin, rentier.
67 Flesselle, employé.
71 Lesueur (Adelaïde), épicière.
2 Bellard, marchand de son.
14 Dupont, épicier.
16 Matifas, tripier.
18 Moitié et D^lles rentiers.
24-26 Retorderie de Mouret, rue du Bloc, 7.
 Robillard, contre-maître.
30 Martin (Edouard), peintre.

40 Cornet, comptable.
48 Berville et sœurs, rentiers.
54 Maillard, agent d'affaires.
62 Lafosse, employé de comm.
70 Colin, débit., menuis.-mécan.

Saint-Roch (rue du petit).

3 Tattegrain, voitur. et cabar.
5 Digeon (Rosa), rentière.
7 Toulmonde-Delacourt (V^e), rentière.
9 Caffiaux, voyageur.
11 Huart, capitaine en retraite.
19 Gaz français.
 Duroselle (Charles), gérant.
21 Rumilly, débitant.
25 Chantier de Jérôme, charpentier, même rue, 28.
33 Sorel, employé.
41 Pruvost, débitant.
51 Tellier, rentier.
 Mallart, emp. à la mairie.
83 Fouquerelle, rentier.
85 Godefroy, rec. des douanes.
87 Blanc, tapissier.
89 Cuvillier, rentier.
2 Magasin du gaz français.
12 Mag. de Jérôme, charpentier, même rue, 28.
28 Jérôme, charpentier.
50 Muchambled, débitant.

Saint-Sulpice (boulevard).

3 Poupardin, blanchisseur.

Sainte-Aragonne (île).

Régnier, cab. et ferm. de pêche.

Sainte-Catherine (rue).

3 Ecuries de Guffroy, louager en face.
 Laflotte, cordonnier.
9-11 Domont (A.), men.-mécan.

15 Magasin de Kauffmann, bourrelier, rue du Quai.
17 Mag. de Vᵉ Racine et Léger,
  rue des Vergeaux, 63.
19 Mag. de Tillier (Vᵉ), épicière,
  rue du Quai.
4 Guffroy, louager.
8 Mag. de Boulanger-Roussel,
  Moulin-du-Roi.
10 Létocart, logem. de troupes.

Sainte-Claire (rue).

5 Ransinangue, teinturier.
7 Cottrelle-Thuillier, ancien apprêteur.
  Dechamps, voiturier.
  Lagache, mᵈ de poteries ambulant.
17 Saguet, filateur.
4 Vimeux, regrattière.
28 Buquet, chiffonnier.
38 Lucas, anc. tonnelier.
40 Prunnot-Sturm, mᵈ de drog.
44 Obry (Vᵉ), débitante.
46 Calmet, anc. courtier.
60 Benoît, rentier.
  Gobert et Dupetit, teintur.
  François et Jourdain, imprimeur.
  Pourchel, dir. de teinture.

Sainte-Marguerite (rue).

3 Ducoron-Loncke, tailleur.
5 Deydier, mᵈ de parapluies.
  Sanzel, tailleur.
7 Sévin, comm. en marchand.
  Sévin (Vᵉ), rentière
9 Lefebvre, mercier.
11 Simon, tailleur.
4 Poulain, horl. (cout. mécan.)
6 Fournier-Heumann, fᵗ de casq.
8 Vieille, aubergiste.
10 Cantrel, cabaretier.

Sainte-Marguerite (petite rue).

1 Pie, gardien du marché de
  Lanselles.

Sainte-Marie (impasse); rue Saint-Fuscien.

3 De Créquy-Caron, propriétaire.
2 Magasin de Lequet, plafonneur,
  rue Mazagran.

Saintes-Maries (rue des).

3 Orrier, employé.
5 Baille, prof. de musique.
7 Pécry (Vᵉ), rentière.
9 Lefebvre (Mˡˡᵉ), couturière.
11 Darsy (Mˡˡᵉ), couturière.
  Poulet, bimbelotier.
  Piolé, conduct. de diligences.
  Maincourt (Jules).
13 Baledent, employé.
17 Violette, employé de commerce.
21 Antoine, architecte.
23 Matifas-Hubaut, rentier.
25 Carpentier (Vᵉ), rentière.
27 Bucquoy, prêtre.
29 Dècle-Cagnard, mᵈ de toiles.
31 Delacroix (Vᵉ), rentière.
33 Pigou, architecte.
35 Madry-Ladent, propriétaire.
37 Boilleaux (Alp.), r. de rentes.
  Boilleaux (Hort.), rentière.
2 Hourdel, propriétaire.
4 Justice de Paix.
  Demanesse, concierge.
6 Calland-Lefebvre, rentier.
8 Cauchemont-Pipaut, entrepreneur de peinture.
  Vincent (Vᵉ), rentière.
10 Maisondieu, inspect. des dom.
  de Bionval (Vᵉ), rentière.
  de Frigard (la baronne), prop.
  Bazin-Baudelocque, au Mesnil.

12 Naudé-Beaucousin (V^e), nég.
  Naudé fils, négociant.
14 Drevelle, propriétaire.
  Carré (Mlle), rentière.
  Courrejolles ✳, directeur.
16 Poste aux lettres.
18 Barbier-Fidon, entr. de bâtim.
22 Duvette (V^e), rentière.
24 Fauvel, agent d'affaires.
26 Le Roy, menuisier.
  Cressent (aîné), prof. de mus.
28 Hue, prêtre.

Septenville (rue).

3 Ranson, rentier.
15 Dubois, m^d, r. Saint-Germain.
27 Blanche, entrepreneur de pavage (magasin).
16 Blanche, entrep. de pavage.
20 Magasin de Chivot-Naudé, rue des Rabuissons.
  Prevost, contre-maître.

Sergents (rue des).

1 Godard (V^e), épicière.
3 Canivet, m^d de paillassons et toiles cirées.
7 Moiret, tailleur.
  Brocart (Félicie), lingère.
9 Carment (V^e), rentière.
11 Tellier (Mme), modiste.
13 Coache-Blond, mercier.
15 Déballage de chaussures.
17 Guédon-Fois, quincaillier.
19 Gillard-Bibolé, m^d de tissus.
  Bibolé, agent-voyer.
21 Houdon père, anc. tapissier.
23 Messio, boulanger.
25 Prevost, voyageur.
27 Crampon, m^d de cidre en gr.
29 Carton (Louise), lingère.
31 Hardy-Quignon, fab. de chap. de paille.

33 Dufourmantelle frères, liquor.
35-37 Benard-Loffroy, nouveaut.
39 Sauvalle, négociant.
41 Deligny, m^d en gros.
43 Rembault (Félix), m^d de fils en gros.
  Rembault (Gabriel), rentier.
45 Jourdain-Dubos, m^d en gros.
  Jourdain-Delattre, employé.
47 Moulart et Sauvage, m^ds en gros.
  Sauvage, m^d en gros.
49 Coquart, m^d en gros.
51 M. de com. de Bouillencourt, marchand en gros.
53-55 Leuillier, m^d en gros.
57 Lefeuvre, m^d en gros.
2 Thuillier, m^d de tissus.
  Thuillier (Jules), employé.
4 Ducrotoy, m^d de tabac.
6 Pollet (V^e), orfèvre.
10 Danneville, cafetier.
12 Ducoron, tailleur.
14 Trouille, horloger.
  Beauclar (V^e et D^lle), rent.
16 Cresson-Dury, cordonnier.
  Baubion, négociant.
18 Courtois, emp. de commerce.
  Durand, employé.
20 Sandrat, négoc.
24 Renard, tailleur.
  Renard père, rentier.
26 Carette, miroitier.
30 Renard, Dorville et fils, nég.
  Renard (Jules), négociant.
32 Maison de comm. de Jumel et Lefeuvre, négociants.
34 Maison de vente de Bonvallet (Charles), à Saint-Maurice.
  Degest, employé.
36 Deneux-Rouillard, m^d de vins.
38 Senée (Edouard), m^d en gros.
40 Loyer, peintre et vitrier.
42 Véchard, tapissier.

44 De Berny (V• et D^{lle}), prop.
48 Bocquet, négociant.
50 Scribe, m^d en gros.
52 Minotte, fabricant.
54 Mouret (V^e), facteur de marchandises.
Mouret fils.
56 Ficquet-Thuillier et fils, fabr. et m^{d•} en gros.

Sire-Firmin-Leroux (rue).

3 François-Ravin (V^e), rentière.
François, représentant de commerce.
5 Maison de vente de charbon de bois de Guidé-Hubaut.
Leroy, dirigeant.
7 Parisot, comm.-priseur.
9 Mahout, fruitier.
11 Cornu, serrurier.
13 Joly-Dehaut, m^d de tissus.
15 Dufourmantel, rentier.
Tutois, mécanicien.
Quinserme, pédicure.
17 Decoudu, tapissier (garnis).
19 Rousseau, huissier.
21 Fay (Eug.), doreur, garnis.
23 Colbert-Carton, ouv. horlog.
Alin, rentier.
Jacob, peintre.
4 Drouard (Mlle), boulangère.
6 Mathon de Halloy, prop.
8 Beni-Deparis, dégraisseur.
10 Flament, médecin.
12 Bacquet, maître de pension.
14 Magnan, prof. de musique.
20 Douillet (V^e), rentière.
Tirancourt, facteur.
22 Martin (V^e), épicerie 1/2 gros.

Sœurs-Grises (passage des).

1 Renard-Potier, employé.
3 Gamand, marchand de laines.
Thibauville, employé.

5 Cagnon, vannier.
7 Baril, fab. de velours d'Utr.
Fabr. de tapis de Philippeaux, rue Cozette.
9 Magasin de Martel-Bonnelle, rue Saint-Jacques.
2 Atelier de Cochinal, rue du Don, 27.
4 Magasin de Gamand (au n° 3).
6 Magasin de Maillet et Genton, rue Saint-Jacques.

Sœurs-Grises (rue des).

1 Godefroy, employé.
5 Lenglet-Lemaire, fripier.
7 Hugot (Victor), savetier.
11 Lemaire (V^e), débitante.
15-17 Prousel, loueur en garni.
Vte de pains de la boul. mécanique.
19 Delahaye, m^d de vins en gros.
23-25 Sorel-Vasseur, m^d de soul. (garnis).
27-29 Hugot père, savetier, (garnis.)
31 Hugot-Ducrocq, fripier.
33-35 Garnis de Hugot, 27-29.
37 Dauchet (garnis).
Markowski, employé.
39 Sauval, savetier.
41-43 Ducrocq (garnis), brocanteur.
2 Herbet (V^e), rentière.
Herbet, greffier de just. de p.
Bureau de la *Nationale*.
4 Magasin de Douillet-Duvauchelle, rue au Lin.
6 Sorel, fripier.
8 Deux (V^e), fripière.
10-12 Hugot (Ch.), savetier.
14 Catrice, épicier.
16 Gaffet, propriétaire à Tilloy.
18 Legrand, marchand en gros.

Soleil (rue du).

1 Julien de Thieulloy, propriét.
 Baron de l'Epine, propriét.
 Blot, avocat.
 Blot (V^e), rentière.
3 Hénin, propriétaire.
 Lecorreur (Emile), propriét.
2 Mallart, peintre.
4 Lucas (Mlle), couturière.
6 Renard (V^e), rentière.
 Lépine (V^e), id.
8 Vintreberthe (V^e), rentière.
10 Royelle, épicier.
12 Woyoberton (Mlle), rentière.

Somme (quai de la).

4 Legrand (Mlle), rentière.
 Catty (V^e), rentière.
6 Fourdrinoy, m^d de plantes.
8 Gaz anglais.
 Delonchant, directeur.
 Sabrouck, employé.
14 Roguenel, propriétaire.
26 Bocquet, fort à la halle.
28 Leroux, employé.
30 Darras, employé.
32 Dumont (V^e), rentière.
40 Bocquet (Mlle), cordière.
46 Roisin, brigadier des forêts.
48 Fabrique de pâtes alimentaires de Beldame-Testu, rue Saint-Germain.
50 Cousin, débitant.
52 Couplon-Lemaire, employé.
66 Vasseur-Remlinger, sage-femme.
70 Maréchal, retraité.
72 Dumont (Désiré), jardinier.
74 Lecáron (V^e), rentière.
76 Matifas (Mlles), rentières.
78 Deninger, tailleur.
82 Gosselin (V^e), rentière.
84 Roussel, contre-maître.

94 Collet-Delahaye, représentant de commerce.
98 Saveuse (J.-B.), cabaretier.
106 Lamarre, épicier.
120 Bourdon-Douchet, ménager.
138 Dupetit, imprimeur.
154 Gamard, jardinier.
174 Catlain, hortillon.
184 Pie, garde barrage.
196 Fourdrinoy, teint.-dégraiss'.

Soufflets (rue des).

3 Godin, direct. de la maîtrise.
13 Marchand, sous-bedeau.
15 Ragneau, sous-bedeau.
2 Fleury, bedeau de N.-Dame.

Sylvius (rue).

3 Buignet, tisseur.
15 Clabaut, employé.
8 Vasseur, m^d de ch. de bois.
 Padot, m^d de charb. de bois.
10 Poussart, employé.
14 Taret, surveillant.
16 Legrand, menuisier.
18 Boucher-Roussel, épicier.

Taillefer (rue).

1 Moulin à M. Locquet-Machart, rue Saint-Fuscien.
 Dupetit, employé.
2 Calmet père et fils, teinturiers en laine.

T nneurs (rue basse des).

8 Leclercq, logeur.
 Leclercq fils, perruquier.
10 Seret (Mme), fruitière.
12 Boucher-Dupuis, g. de mag.
14 Robert, débitant.
18-20 Tannerie de Capron-Leroy, r. Haute-des-Tanneurs, 80.

28 Dubois (Mᵐᵉ), mᵈᵉ de tourbes.
34 Duhamel, chiffonnier.
40 Deschamps, débitant.
42 Deveaux, logeur.
44 Debry, fab. de chandelles et
    épicier.
46 Herbette, logeur.
48 Mag. de Demanesse, place de
    l'Hôtel-de-Ville.
    Boileau, mᵈ de charbons.
    Mag. de Croisille, r. Saint-Ger-
    main.
52 Mag. de Cailleret, tourneur,
    r. Saint-Germain.
56 Marchand, ancien mégissier.
58 Forbras, mégissier.
60 Cottrelle (Joséphine), prop.
62 Galet, tripier, débitant.
66 Fleury (Jules), mégissier.
72 Tallegrain (Joséphine), épic.
74 Maloigne (Vᵉ), fruitière.
76 E Deflesselle, mᵈ de volailles.

    Tanneurs (rue haute des).

3 Delamarre (Mᵐᵉ), lamière.
5 Ledez, brocanteur.
11 Merlé, sommiers élastiques.
13 Dubois, employé.
15 Pezé-Debuigny, employé.
17 Warnaises, épicier-cabaretier.
19 Gérard, caissier.
21 Vidal, chauff. au ch. de fer.
2 Paillart, cabaretier.
4 Lenormand-Carpentier, cordʳ.
8 Danteuil-Templeux, tourneur
    en bois.
14 Manteau, fact. de marchand.
16 Scellier-Soyez, linger.
18 Houllier, épicier.
20 Bellouin, rentier.
    (Cabotins) Grandes-Galères.
22 Abar, mégissier.
24 Caille-Degand et fils, fabric.

28 Gorlier (Vᵉ), fact. de march.
30 Détaille, tonnelier.
32 Bellet, marchand de peaux.
34 Magasin au même.
    Fonder. de suif de Vᵉ Matifas,
    rue Saint-Germain, 4.
44 Lejeune, menuisier-entrepren.
46 Dubois, mégissier.
48 Magasin de Drevelle-Dubois,
    rue des Tripes, 41.
52 Théot, boucher.
54 Simoni, mᵈ de figures de plât.
56 Cagé-Varlet, cabaretier.
58-62 Foucart, corroyeur.
60 Choquet, tripier.
66 Racine, brocanteur.
68 Duminy, lamier.
72 Monsigny, fruitier.
    Magasin à Andrieux, vannier,
    Marché-de-Lanselles.
76 Dupuis-Desaint (Vᵉ), logeuse.
78 Douchet, cabaretier.
80 Capron, corroyeur.
82 Vidal, cabaretier.
84 Lemaire-Grenier, logeur.
86 Commien, mᵈ ambulant.
90 Gaillet, épicier.

    Tappeplomb (rue).

2 Prieur frères, mᵈˢ de farines et
    meuniers.
4 Leroy, teinturier.
12 Mag. de Bazille fils, rue des
    Becquerelles.
14 Mag. de Prieur frères, farin.
18 Mag. de Stiven, filateur, cour
    de Mai.

    Teinturiers (rue des).

33 Poulain, propriétaire.
    Poulain (Vᵉ), rentière.
35 Massoule, teinturier.
65 Plisson, curé.

14 Moulin à l'huile de Bourdeaux, place Notre-Dame.
   Beaugeois, meunier.

Tivoli.

Langlet-Bardé, cabaretier.

Tourne Coëffe (rue).

5 Derly, ancien grilleur.
2 Dodrelle – Dupont, empl. au
   chemin de fer.
8 Lamarre, propriétaire.

Traversière (rue).

21 Aubert, tonnelier.

Tripes (rue des).

7 Domont, m⁴ de charbon de b.
9 Wattelet, lingère.
11 Petit (Vᵉ), vannière.
13 Boulfroy, brig. d'octroi; racc.
   de parapluies.
17 Buquet, boucher.
19 Parent, cabaretier.
21 Tellier, chauffeur.
23 Martin-Vilin, brossier.
25 Carpentier, cordonnier.
27 Marchal (Anne), lingère.
29 Danel, débitant.
31 Philippe, ferblantier.
33 Godin, cordonnier.
35 Vilin-Leclercq, brossier.
37 Mag. de brosses de Matifas-
   Lebel, vis-à-vis.
39 Godin, cordonnier, sergent-
   major des pompiers.
41 Drevelle-Dubois, m⁴ de laine.
6 Ledez, brocanteur.
8 Pruvost, badestamier.
10 Rose, coutelier.
12 Brasseur, pâtissier brioleur.
14 Durier, lamier.
16 Macron, cafetier.

20 Denamps-Sellier, fruitier.
22 Ecole Mutuelle de garçons.
24-26 Guilbert, épic., m⁴ de chaux.
28 Ambroise, fabricant de chaudières en cuivre.
30 Seibert, horloger.
   Moulart, marchand de laines.
32 Boulet, brocanteur.
34 Bonnay, boulanger.
36 Matifas-Lebel, m⁴ de crépins.
38 Matifas-Létoile, boucher.

Trois-Cailloux (rue des).

1 Peretti, horloger.
3 Caït (Mᵐᵉ), mercière.
5 Drevelle (Vᵉ), bouchère.
7 Cahon, fab. de corsets.
9 Painblan, papetier.
11 Wallon, libraire.
13 Déruelle, clerc de notaire.
   Desprez, voyageur.
   Caron (Flore).
15 Salomon frères, m⁴ cordonn.
17 Machu, coiffeur.
19 Maison Hazart et Rayez.—
   Moinet, gérant.
21 Giron ✳, insp. des postes en
   retraite.
   De Guillebon, avocat.
23 Lesage, chapelier.
25 Blin, m⁴ tailleur, confect.
27 Angot, m⁴ de rouennerie.
29 Jonas-Tozzi, modiste.
   Ladoubé, propriétaire.
31 Boulnois, m⁴ de bonneterie.
33 Kauffmann, tailleur-confect.
35 Le cercle du Centre.
37 Guedé et Blin, merciers.
39 Griois, représ. de commerce.
   Delacourt, rentier.
   Delbarre père, rentier.
41 Poultier, horloger.
43 Barbare, cafetier.

45 Guenard, pâtissier.
47 Mercier, m^d de vins et épic.
49 Elluin, déb. de tabac.
51 Raynaud (Clara), marchande.
53 Hacbeth (V^e), m^{de} d'estamp.
55 Proust, confiseur.
57 Hanquet, cafetier.
59 Battu, coiffeur-parfumeur.
   Martinage (V^e), rentière.
61 Delattre, cafetier.
63 Gris (Mlle), couturière.
65 Leclercq (V^e), propriétaire.
67 Salle de spectacle.
69 Roger, dir. du théâtre.
71 Perreau, cafetier.
73 Kieutzler, horloger.
75 Garnis de Deruillé, Logis-du-
   Roi.
77 Delmas, m^d de par. (garnis).
79 Rabache, miroitier.
79 A Gourdain, caissier.
81 Niquet-Delarue, épicier.
85 Dufételle, herboriste, m^d de
   graines.
87 Kauffmann, opticien.
89 Quignon (Mlle), cordonnière.
91 Souillard-Martin, prop.
93 Hazard, Corne et Senée(Mlles),
   m^{des} de nouveautés.
95 Margue (Mlle), mercière.
97 Goguet (Octavie), rentière.
99 Gorliez (Eugénie), rentière.
101 Bouillet, m^d de comestibles.
103 Gouverneur (Mlles), lingères.
105 Lenoir-Renard, cond. des
    ponts-et-chaussées.
    Lenoir (Mme), modiste.
107 Lenoir-Delacourt, tailleur.
111 Brasseur-Courcol, mercier.
113 Chatelain, lampiste.
    Chatelain-Chatelain, emp.
115 Hanot (V^e), rentière.
    Delacourt-Hanot, chapelier.
117 Mille, négociant en laines.

119 Brajeux (V^e), propriétaire.
    Bonta (Mlle), m^{de} de marrons.
    Ferrari, march. de marrons.
    Mag. de parfum. de Sauval,
    rue des Cordeliers, 4.
    Burattines italiennes.
2 Carette, tailleur.
4 Mercier-Grare, m^d de nouv.
6 Morel, m^d de tissus.
8 Tilloy, bonnetier.
10 Mercier, tailleur.
12 Bienaimé, horloger.
14 Boury-Neiderlender, linger.
16 Petit frères, chapeliers.
18 Messageries impériales.
    Alliou, employé.
    Bur. des Assurances génér.
    Pourcelle, agent.
    Bourgeois, ent. de transp.
    Garzend, courr.-convoyeur.
    Gués, profess. de musique.
    Ris fils, photographe.
    De Bullet (Mme), prop.
    Bernard-Moignet, dentiste.
    Lederubey, offic. d'intend.
20 Woillot, m^d de jouets.
22 Gaillard, fab. de fleurs.
24 Du Souich, perc. de Camon.
    Dupuis (V^e), rentière.
    Hermann, rentier.
    Lobligeois(Estelle),rentière.
26 Venet fils, coiffeur.
28 Dauphin-Lefebvre, cordonn.
30 HALLE AUX GRAINS.
    Bauchet, régisseur.
    Bauchet (V^e), rentière.
32 Chevrier, concierge.
34 Vincent, cafetier.
36 Moumert, cafetier.
38 Withley, articles de pêche.
40 Maire, mercier.
42 Rigaud, m^d de gants à Lille.
    Bernard (Marie), gérante.

44 Capon-Royon , prof. de mus.
Plet-Butard , négociant.
46 Chenu frères, m⁴ de tissus.
48 Odille (V°), mᵈᵉ de modes.
50 De Bracquemont (V°), rent.
Lenormand (V°), mᵈᵉ d'engr.
Escoffier, prof. de musique.
52 Ferrari, fruitier, marrons, pommes de terre frites.
54 Coutil, pharmacien.
56 David, charcutier.
58 Caron (V°), libraire.
60 Feragu, art.-peintre, m⁴ de dentelles.
62 De Staplande, propriétaire.
64 Yvert, imp.-typographe.
Dupont, prop. à Jumel.
66 Combette (V°), mᵈᵉ de chocolats, thés, etc.
68 Aubert, parfumeur.
70 Bazile, gantier-parfumeur.
Corroyer, empl. de comm.
74 Verdoix , horloger.
76 Hautecœur, fruitier.
78 Guérard, m⁴ de jouets.
80 Madaré-Vergne, facteur de march. et bonnetier.
82 Lefebvre-Pouillet, md de bonneterie.
84 Lefebvre-Bastien(Mᵐᵉ), mod.
86 Clary, contrôleur.
Carette, insp. des lignes tél.
Bourdon, avocat.
Valette, employé de banque.
Rousselin, prof. de mathém.
88 Douchin, confiseur.
90 Grandjean (Constance), mᵈᵉ de modes.
92 Cailly, coiffeur.
94 Boucher, linger.
96 Fontaine, chaussures.
100 Vallet, m⁴ de vins, épicier.
102 Renoux (Mˡˡᵉ), propriétaire.
104 Hadingue, tourn. en chaises.

106 Cogne, linger.
108 Fournier, libraire.
Fournier père, rentier.
110 Navarre, notaire.
112 Théot et Bouillençourt (Mˡˡᵉˢ) mᵈᵉˢ de tissus.
114 Poulain, employé.
116 Lenique, clerc de notaire.
116 Derribes, pédicure.
118 Helle, tailleur.
120 Lecomte, linger.
124 Douchin, fab. de corsets et jardinier.
126 Moncomble (V°), rentière.
Gouverneur, boulanger.
128-130 Laugé (V°), cafetière, garnis.
130 Lecat, employé.
Boulanger, surn. des contr. directes.
132 Dévauchelle, cafetier.

Trois-Sausserons (rue des).

1 Doulliez , épicier.
3 Dumont, oiselier.
9 Boidin , dégraisseur.
11 Polart (Mᵐᵉ), charcutière.
13 Mag. de Doulliez, épic., n° 1.
15 Gricourt (V°) et fils, rentiers.
17 Deflandre, peintre.
21 Dufour-Godin, m⁴ de graines.
8 A-D Magasin de Chrétien-Vast, épicier, rue du Quai.
8 E Magasin de Becquerelle (V°), Marché-au-Feurre.
10 Bourgeois, charcutier.
12 Ducroquet, serrurier.
14 Létocart, m⁴ de graines.
18 Oger, fruitier.
20 Alegre, logeur.
22 Léger , cabaretier.

Union (rue de l').

25 Lemaire, épicier.

39 Jovelet (Jacques).

45 Scellier, chauffeur.

47 Boutmy, jardinier.

49 Mercier, épicier.

59 Gaillet, jardinier.

77 Laurent, cabaretier.

2 Ducrocq, auberg., m^d de son et de lattes.

6 Boutellier, barbier.

12 Dequet, charcutier.

28 Vasseur, menuisier en voit.

30 Moyècle, ménager.

32 Chantriaux-Dutilleul.

34 Galempoix, m^d à la toilette.

46 Chantriaux-Wuillot.

48 Bruxelles, m^d d'engrais.

58 Patry, m^d de charbons.

76 Martin, ménager.

80 Hesdin, employé.

82 Dupuis, sellier.

88 Bezancourt (Jean-Baptiste).

90 Ducq, boulanger.

96 Cottrel, ménager.

98 Briez, voiturier.

108 Buignet (V^e), ménagère.

Vallée (rue de la).

23 Boulanger, rentier.

29 Lagrange, conduct. de trains.

33 Nallé, contre-maître.

35 Leroy, rentier.

41 Lemaire, employé.

8 Leriche, vitrier.

12 Coin, fruitier.

14 Demarcy, maçon.

16 Galempoix, peintre-vitrier.

38 Belvande, march. de pains.

48 de Saint-Riquier, chauffeur au chemin de fer.

50 Cahon-Beauvais, débitant.

60 Delahaye, rentier.

62 Jacob, employé.

64-66 Florent, propriétaire.

68 Tillier, receveur de rentes.

70 Martin, mécanicien.

72 Tillier, serrurier.

74 Parmentier, chauffeur au chemin de fer.

78 Lefebvre, commis en grains.

Delaporte (Mme), rentière.

80 Dobelle (A.) entr. de roulage.

82 Ripert, brigadier peintre au chemin de fer, débitant.

86 Lebel, ferbl. au ch. de fer.

Vascosan (rue).

1 Warin (Jules).

3 Bourgeois-Chevalier, voitur.

7 Coulon, voyageur.

9 Wignier, employé.

11 Douchet, employé.

13 Black, méc. au ch. de fer.

15 Galempoix, institut. comm.

Ecole des garçons du faubourg de Noyon.

17 Luzier, méc. au ch. de fer.

19 Lefebvre, homme de confiance

21 Carpentier-Boucheron.

23 Jérosme, rentier.

25 Langlet, homme d'équipe.

27-29-31 Borgeat et Armuna, filat.

31 Legrand, cont.-mait. de filat.

33 Duhamel, débitant.

35 Wattebled, chef d'équipe.

37 Lefebvre, employé.

43 Carette, rentier.

45 Wallet, employé.

47 Habitation de Delahaye, rue Saint-Germain.

53 Magnier, commis.

55 Mercier, méc. au ch. de fer.

12 Wattebled (P.-Fr.), rentier.

36 Melle (V^e), couturière.

38 Petit (Ismérie), couturière.

46 Corroyer, dessinateur.

48 Debray, mécanicien.

Vaçcosan (impasse).

10 Bliart, surveillant.
12 Laurent, chauffeur.
20 Postel, chauffeur.
22 Defrance, chef cuisinier.

Veillère (rue de la).

2 Ravaux fils, ferrailleur.
6 Mag. de Butard et Plet.

Veillère (petite rue de la).

1 Bertin (V^e), débitante.
5 Petit, fab. de paillassons.

Veillère (grande rue de la).

1 Devauchel, m^d de laines.
9 Duval, serrurier-mécanicien.
11 Butard et Plet, m^{ds} d'huiles en gros.
15 Pennet, propriétaire.
12 Lecointe, m^d de tourbes.
16 Thuillier, épicier.
22 Rifflart, peigneur à la main.

Veillère (rue du bout de la)

4 Wier (V^e), rentière.
Hodan (V^e), rentière.
6 Wessières (V^e), rentière.

Veillère (rue du milieu de la).

15 Cotté (V^e), rentière.
16 Mag. de Lefebvre-Rambour, rue des Poirées, 31.

Vergeaux (rue des).

1 Dufourmantelle frères, cord.
3 Lefebvre-Rouillard, ustensiles de chasse.
5 Bor, pharmacien.
7 Desmarquet, orfèvre.
9 Drouard (Juliette), mercière.
Drouard, métreur-vérificatr.

11 Matifas-Digeon, quincaillier.
13 Croizille-Delarouzée, bonnet.
15 Boucherie par actions.
Saulin, directeur.
15 Sagot, rentier.
17 Querlant, faïencier.
19 Quenneben (Mme), m^{de} de chaussures.
21 Bellard frères, tailleurs.
23 Mouronval (Abraham), épic.
Mouronval père, rentier.
25 Lebret, m^d de tissus.
27 Dubois frère et sœurs, m^{ds} de tissus.
29 Dheilly-Delaporte, m^d de tiss.
31 Ancelin, faïencier.
Bertoux, surnuméraire.
Dufour, id.
Balédent-Duez (V^e), faïencière.
33 Matifas, boucher.
35 Autriquet, plombier.
37 Sauty-Pigou, épiceries.
39 Mille (V^e) et fils, m^{ds} de draps.
41 Noël-Decroix, m^d de tissus.
43 Barbier-Delafosse, quincaill.
45 Rossignol, lithographe.
47 Bertin-Desmarquet (V^e), merc.
49 Pluquet, épicier.
51 Vimeux-Dauphin, coffretier.
53 Pers-Muller, m^d de parapluies.
55 Lucas-Leullier, m^d de rouenn.
57 Lucas, maître de pension.
Lucas père, rentier.
59 Thuilliez, bonneterie.
61 Duhamel, m^d de tissus.
63 Ve Racine et Léger, négoc.
Léger-Duhamel, négoc.
65 Dupetit-Lamarre, vitrier.
67 Balédent, faïencier.
Pirotte-Pers, m^d forain.
Natier-Pers, voyageur.
Mag. de Valette, m^d de café, r. des Vergeaux, 66.

69 Lambert-Caron, imp.-libraire, m^d de papiers peints.
4 Denis (Mme), rentière.
Fleury, voyageur.
6 Balédent-Poix, nouveautés.
8 Beauvais-Jacquin, pâtissier.
10 Dupetit-Sellier, linger.
12 Drevelle-Wier, charcutier.
14 Acker, cordonnier.
16 Diot (Louise), boulangère.
18 Péchin (V^e), m^{de} de tissus.
Lognon (V^e), rentière.
20 Heumann-Dargent, chapelier.
22 Laigniel-Parmentier, m^d de nouveautés.
24 Noël-Dubois, fourreur.
26 Darras-Delahaye, m^d de tissus.
28-30 Patte, m^d d'eaux-de-vie.
30 Beauwens, insp. d'assurances.
Bureaux du *Conservateur*.
32 Lambert-Madaré, bonneterie
34 Dujardin-Hecquet, rouenn.
36 Jousselin-Duvauchel (V^e), lin.
38 Beauvais-Rabouille, linger.
40 Gallet et Gaudière, m^d de toiles.
Gaudière, m^d de toiles.
42 Dieusy, m^d de tissus.
Pierre-Decaieu (V^e), rentière.
44 Morel-Delignières, m^{de} de nouveautés.
46 Guichard, m^d de tissus.
48 Varé-Prudhomme, bonneterie.
50 Denoyelle, eaux-de-vie et liq.
52 Randon, m^d de tissus.
54 Lecordonnier, pharmacien.
56 Corroyer (Mlle), papetière.
58 Seminel-Varé, lampiste.
60 Aclocque et fils, m^{ds} en gros.
Aclocque-Herbez, m^d en gros.
62 Dufour fils, m^d en gros.
64 Vindre, cordonnier.
66 Valette, m^d de café et chocolat.
68 Fanet (V^e), m^{de} de meubles.

70 Caron, tailleur.
72 Herbet-Debeauvais, m^d de tissus.
74 Monard-Delahaye, mercier.

Véronique (rue).

8 Chatelain, menuisier.
16 Dubois, garçon brasseur.
20 Belleguise (V^e), rentière.

Verte (rue).

1-3 Boucher (V^e), loueuse en g.
21 Dupuis (V^e), rentière.
23 Engrand, conduct. de dilig.
25 Boucher (Mlle), loueuse en garni.
Moyse (V^e), rentière.
27 Jérôme (Julienne), rentière.
33 Desaint-Binard, plafonneur.
37 Potier-Dufour (V^e), rentière.
43 Dequet (Mlle), rentière.
45 Mille, lamier.
47 Ricart-Dubas, rentier.
49 Bourache, rentier.
Normandie (V^e), rentière.
55 Legris et Chardron, retord.
Chardron (Henri), retordeur.
57 Paillart (V^e), logeuse.
65 Hugot (V^e), épicière.
67 Vilmant, ferrailleur.
69 Quévreux, voyageur.
71 Hénin, employé.
2 Roblot, rentier.
4 Chevalier, rentier.
6 Bertrand, rentier.
8 Mention, rentier.
10 Ducoron (V^e), rentière.
Froidure, contre-maître.
12 Darras, retordeur.
Cazier-Darras, contre-maître.
14 Roussan, recev. principal.
18 Caron, débitant.
22 Roussel (Mlle), repasseuse.
Boyeldieu, serrurier.

28 Leclercq, menuisier.
38 Bigard, employé.
40 Bondois, courtier de comm.
42 Mercadier, vieux métaux.
48 Véru (Mme), matelassière.
56 Hévin, menuisier.

Verts-Aulnois (rue des).

3 Ogez, huissier à la mairie.
21 Sené, agréé.
23 Beauvais, libraire.
4 Labesse-Jonquet, tailleur.
6 Kowalewski-Vallée, bandag^{te}
    et graveur.
8 Chatelain, coutelier.
10 Mag. de Dubois, pl. Périgord.
12 Duflos (Mme), modiste.
14 Lescardé, ébéniste.
16 Halais (V^e), mercière.
18 Entrée du café du Bosquet.
20 Massol (Désirée), boisselière.
22 Macrez-Poullain, taillandier.
24 Allo-Dufay, cartonnier.
26 Longy, fabricant de soufflets.
28 Bellet, loueur en garnis.
30 Régnier-Raverdel, cafetier.
32 Glavier-Mille, cafetier (café
    François).
34 Caron-Riquier, rentier.
36 Moitié, m^d de meubles.
38 Desclos, tailleur.
40 Delabre, cafetier.

Verts-Moines (rue des).

3-5 Boidin, m^d de futailles (ca-
    baret, rue Gresset).
7-9 Caron, brocanteur (garnis).
11 Alquier, maréchal-ferrant.

Vidame (rue du grand).

1 Bonnet, pâtissier-brioleur.
3 Pité, tonnelier.

5 Jourdain, fruitier.
7 Dufour (V^e), couvreur.
13-15 Guilbert, serrur.-mécanic.
25 Jérôme, ébéniste.
27 Dufourmantelle-Flesselle,pein.
37 Tacquet-Dacquet, m^d de char-
    bons, agent de police.
43 Cottrelle, rentier.
45 Dewailly, épicier.
49 Lecot (V^e), rentière.
53 Porquet, typographe.
55 Jumel, voiturier.
57 Netterscheim, coup. d'habits.
65 Fab. de lacets de Delsaux, rue
    Saint-Louis.
    Lefebvre, contre-maître.
67 Sauval, épicier.
69 Duchaussoy, agent de police.
73 Vasseur, débitant.
2 Chevalier, charcutier.
10 Douchet, voiturier.
12 Dupriez, lamier-rostier.
18 Bassery, mécanicien.
20 Landon-Noblesse.
22 Lamarre (Louise), rentière.
26 Delattre, logeur.
34 Sauval (V^e), rentière.
    Sauval (Fr.) et Omer, rentiers.
36 Levert (V^e), rentière.
40 Jourdain (V^e), rentière.
42 Beaucourt, empl. à la mairie.
48 Demarcy (V^e), rentière.
52 Hennique, plant. de la g^{de} na-
    tionale.
58 Tellier, m^d ambulant.
62 Fortin, fruitier.
66 Gondry (V^e), rentière.

Vidame (rue du bas).

5 Vasseur, garçon de magasin.
2 Ferté (V^e), épicière.
10 Paillard père et fils, entrepre-
    neurs de vidanges.

7
8

18

2
6
8
12
14
16

18
20

22
24
26
28

32
34
36
38
40

42

44
46
48

Vignacourt (chemin de).

Boitel, cabaretier (ferme de la Madeleine).
Four à chaux de Filliot, route de Doullens, 19.
Eq. de Lenormand (V^e), route de Doullens (St.-Maurice).

Ville (rue de).

7 Riquier, propriétaire.
8-10 Écuries à Anselin, auberg., chaussée Saint-Pierre, 2.
18 Magasin à Négry, m^d de papiers, rue Saint-Leu.

Vivier (rue du).

2 Carpentier, débitant.
6 Bourgeois (Joséphine).
8 Vasseur, employé.
12 Luce (Mme), fruitière.
14 Hero-Doremus, rentier.
16 Duchesne, rentier.
Masse, m^d de fromages.
18 Depoix, ouvrier serrurier.
20 Dufourmantel, chef d'institut.
Doucet, sous-maître.
22 Protin, entrepreneur de bals.
24 Deliège, chapelier.
26 Bloquel, retraité.
28 Jacob, épicier.
Toussaint, brig. au ch. de fer.
32 Lecocq, rentier.
34 Boutin, rep. de commerce.
36 Dompierre, rentier.
38 Gontier-Chamu, rentier.
40 Hemery, rentier.
Hemery (Alphonse), négoc.
42 Leguillier, menuisier.
Carpentier (Honoré).
44 Dompierre-Goubet, rentier.
46 Cosserat, maçon-fumiste.
48 Lecocq (Jean-Baptiste), rent.
Paris, rentier.

50 Dormigny, apprêteur.
52 Planger-Lecocq, employé.
Chabot (Mlle), rentière.
54 Flandre, jardinier.
56 Pelletier, facteur.
60 Collet, conduct^r au ch. de fer.
62 Herouard, loueuse en garni.
Duvauchelle, commis-greffier.
66 Guilbert, rentier.
68 Moreau, ancien bedeau.
70 Lallemant, méc. au ch. de fer.
76 Gallet (V^e), rentière.
78 Fouchet, ancien boulanger.
80 Durand (Célina), rentière.
88 Dépôt de bois de Rose, entrepreneur, boul. de l'Est, 81-85
94 Chant. de Dupont-Mallet, port d'Amont.
96 Mallet (V^e), rentière.
15 Magasin de Lucas, tonnelier, rue Saint-Denis.
17 Valois (Marie).

Voolin (rue).

9 Madry (V^e), rentière.
13 Lamarre-Lorel (V^e), rentière.
Leroy, prof. de chant.
Leroy (Élise), prof. de musiq.
15 Sené, Const. lamier.
23 Tattegrain (Firmin), débitant.
27 Delahaye (Elisabeth), rent.
Pascal, greff. du 4e arrondiss.
Bureau de l'*Aigle*.
29 Lefebvre-Josse, voyageur.
31 Maisant, emp. des ponts-et-ch.
Quillet, anc. notaire.
43-45 Lefebvre, ferrailleur.
47 Petit-Delacourt, débitant.
51 Decoisy (Mlle), rentière.
59 Dufour, sculpteur.
65 Joly, peintre.
Dufour (V^e), rentière.
6 Colombier, vicaire.
24 Leroy (Mlle), lamière.

Voirie (rue de la).

1 Mag. de Dieu , Cavillon et Lalanne, m^{ds} de charbons, rue de Beauvais.
3 Magasin de la maison Famin, de Beauvais (Oise), charb.
Routier (J.-B), représentant cette maison.
5 Lucas (Ad.), m^d de charbons de terre.
Glacière de Douchin, rue des Trois-Cailloux, 86.
7 Mag. de grains de Lefebvre, rue de la Vallée, 76.
Tabary, employé.
Sergent, conduct^r de trains.
9 Thuillier (Franç.), entrep. de bains. (Bains chinois).
11 Scierie méc. de Tattegrain (Aug.), r. des Jardins, 68.
13 Wargnier , contre-maître de scierie.
15 Ringuet (Jacq.), hortillon.
17 Thuillier, doct. en m., (bains des premières eaux).
Thuillier (Emile), contrôleur.
19 Legrand, contre-maître.
27 Dupetit-Pointin, rentier.
Dupetit-Balavoine , mécanicien au chemin de fer.
29 Cauchy, chauffeur au chemin de fer.
31 Dheilly (Louis), conducteur de trains.
35 Lemaire-Damenez, hortillon.
43 Serrassaint, teinturier.
47 Cottrel-Maisant, teinturier.
49 Juvenel (V^e), cafetière.
51 Juvenel (Louis), débitant.
53 Sponi, rentier.
55 Leban (Napoléon), rentier.
57 Roger (Adèle).
59 Maisant (Alexis), com. local.

61 Fagard (Eug.), employé.
Fagard (V^e), rentière.
Barni (V^e), rentière.
63 Emerelle-Dury, propriétaire.
65 Damenez-Pelletier, hortillon.
67 Pelletier (V^e), rentière.
Bazille-Pelletier, chauffeur.
69 Coconnier (V^e), rentière.
Coconnier-Véru, rentier.
Véru, rentier.
73 Morel, plafonneur.
75 Boucher, cond. au ch. de fer.
77 Longuet, cabaretier, épicier.
79 Thuillier (Louis), hortillon.
81 Cauchetier-Pelletier, hort.
83 Pelletier-Devallois, hortillon.
85 Mag. de Follet, paveur, r. du Bastion, 3.
93 Emerel-Ratel, laitier.
95 Cresson-Ogez, hortillon.
97 Cresson-Sauvé, hortillon.
101 Ramboue-Cresson, sculpteur.
103 Hemerel, hortillon.
109 Thuillier (V^e), rentière.
113 Briaux-Cauchetier, hortillon.
119 Briaux (V^e), hortillonne.
123 Hemerel-Mille, hortillon.
125 Ogez-Lombard, m^d d'engrais.
Gamard, épicier.
131 Dumeige-Catlain, hortillon.
135 Catlain-Fisseux, hortillon.
145 Dépôt de fumier de Carton, port d'Amont.
149 Boyencourt, typographe.
151 Thuillier (Noël), hortillon.
Ringuet, hortillon.
155 Solin, hortillon.
157 Azcronde-Dargent, hortillon.
163 Dargent, hortillon.
165 Ringuet, hortillon.
171 Mme Botkine, rentière.
177 Duchenne-Pelletier, hortill.
179 Gamard (Prosper), hortillon.
183 Lemaire-Briaux (V^e), hortil.

187 Ridoux, jardinier.
    Cresson-Ridoux, ouvr. jard.
  2 Colignon, recev. d'octroi.
  6 Mag. de bois de Scotté (Ve),
    rue de la Barette.
  8 Lamarre-Lamolet, jardinier.
 10 Defauw, jardinier.

Voiture (rue).

  1 Locquet, propriét. à Hornoy.
  3 Leroy (Ve), rentière.
 11 Duvivier, menuisier.
 13 Duvivier (Ve), débitante.
 15 Goyon-Darras, épicier.
 17 Macron, secrét. au parquet.
  4 Lequet, maçon.
  6 Despréaux (Athalie), rentière.
  8 Fournier ✤, ag.-voyer en ch.
 10 Brouaye, sous-chef de division
    à la préfecture.
 12 Magnien (Ve), rentière.
 14 Mertz, rentier.
 16 Huillard, chauffeur.
 18 Boulanger, entrepr. de maç.
 20 Windal (Mme), épicière.
 22 Porion, employé.
 24 Cordier, employé.
 26 Leroy, serrurier.
 28 Loffroy, propriétaire.
 30 Lesueur, décrueur de laine.
 40 Vasseur, marchand en gros.
 42 Delaby (Adeline), rentière.
 44 Flutre, filateur.
 46 Ritaine, profes. de langues.
 48 Anquetin, major en retraite.
 50 Devaux-Foulon.
 52 Delarozière-Daullé, représen-
    tant de commerce.
 54 Foulon, filateur.
 56 Orville (Ag.), maîtr. de pens.

Wattelets (rue des).

  3 Lamarre (Jean-Baptiste).

  5 Godard-Brunel (Ve), rentière.
  7 Cave de Cotté-Croisé, cafetier,
    rue de Beauvais.
    Mag. de Fussien frères.
  9 Sauval, maçon et logeur.
 11 Mag. de Crelé, r. de Beauvais.
 13 Drevelle, rentier.
 15 Prévost, timbreur.
 17 Lucé, menuisier.
 19 Brand, serrur.-mécanicien.
    Monmert, retraité.
    Dubois, coupeur d'habits.
 21 Entrée du cours de chimie.
    (Petit lycée.)
  2 Bocca, arch. du département.
  4 Doumergue (Célina), modiste.
  6 Dufourmantel (Aug.), fruitier.
  8 Delepine, cond. de diligences.
 12 Dubos, logeur.
 14 Pouret, serrurier.
 16 Rouge, tailleur.
 22 Auber, fab. de lacets.
 24 Dherbesse (Ve), serrur. en voit.
 28 Lefaux (Mlle), repasseuse.
 30 Leleu-Paris (Ve), épicière.
 32 Julien, maître de gymnase.
 36 Mille (Ve), rentière.
    Caron, comptable.
 38 Cozette, vétérinaire.
    Cozette fils, fabricant.
 40 Samier, propriétaire.
    Samier, avocat.
 42 Loyer (Ve), repasseuse.

Wattelets (rue neuve des).

  1 Laurent, ancien percepteur.
  3 Podevin de Meréaucourt (Ve),
    propriétaire.
  5 Benault-Blassier, propriét.
  7 Guérard, propriétaire.
  9 Levoir-Dupuis, filateur.
 11 Jourdain, agent d'affaires.
    Jourdain (Mlle), modiste.

8

13 Le cᵗᵉ Léon de Chassepot ✳,
   propriétaire.
17 Prevost, rentier.
19 Donné (Laure), couturière.
21 Denamps, prêtre.
23 Dailly, rentier.
   Crignier (Vᵉ), rentière.
25 Feuilloy (Mᵐᵉ), couturière.
 2 Bucquoy, propriétaire.
 4 Joly, rentier.

 6 Demelin, caissier.
   Dupré (Vᵉ), rentière.
 8 Meurisse–Dolin, rentier.
10 Darras-Carton, rep. de comm.
12 Bulan (Louise), rentière.
   Calland, agent de librairie.
24 Lamy, secrét. de la Ch. de cᵉ.
16 Beugnet-Molroguier (Vᵉ), rent.
18 Senot (Vᵉ), propriétaire.
22 Tripet, avocat.

SECTIONS RURALES.

BOUTILLERIE.

Amiens (rue d').

 1 Bellenger, charpentier.
 7 Petyst de Morcourt, cultivat.
 9 Coin, laitier.
11 Feutry (Adeline), rentière.
13 Coin (Alfred), ménager.
15 Huyer, cultivateur.
17 Rouillard-Darras (Vᵉ), mén.
   Darras (Vᵉ), ménagère.
21 Sellier, ménager.
23 Boulanger, cabaretier.
 2 Chantier de Domart et Guidé,
   entrepreneurs à Cagny.
 4 Couture (Vᵉ), cabaretière.
14 Beauvais-Gaudin, cab.-épic.

Bel-Air (rue).

 1 Poteaux, rentier.
 3 Mallet (Vᵉ), rentière.
 9 Fauquelle, cultivateur.
13 Pépin-Lefeuvre, comm. loc.
15 Puissant de la Villeguerif, pᵗᵉ.
 4 Pépin, fermier.
 6 Fauquelle (Louis), cultivat.

 8 Vasseur (Vᵉ), rentière.
   Lesobre (Vᵉ), rentière.
10 Maurice, jardinier.
14 Pecquet, laitier.
16 Lefebvre, ménager.
18 Terrasse, id.
20 Chevy, ménager.

La Croix-Rompue (chemin de Saint-
   Fuscien).

Chantier de Deflers, charpentier, place Montplaisir, 1.

Fontaine (rue).

 1 Deguehégny, cultivateur.
 7 Beauvais-Caron, ménager.
15 Corbillon, garde-champêtre.
17-19 Maison de campagne de St.-
   Acheul.
   Bachimont, concierge.
 2 Lerideau, ménager.
   Grossemy, berger.
 4 Poteaux, ménager.
 6 Boutin, mesureur.
 8 Coin, ménager.
12 Beauvais, ménager.
16 Picard, id.

Marais (rue du).

1 Bouchon, maréchal.
2 Dauzet, jardinier.
4 Dumont, laitier.
6 Dupuis, laitier.
8 Retourné-Mallet (V*), rent.

Chemin des Vignes.

1 Duroselle, propriétaire.
Beauvais, jardinier.

Chemin de Cagny.

Briqueterie de Fréville (François).

LONGPRÉ.

Hameau de Bertricourt.

2 Herbet-Napoléon, débitant.
4 Habitation de la Vᵉ Follet, rue
Neuve-des-Capucins.
6 Lamarre, laitier.

l'Ecluse.

Herbet, cabar., mᵈ de tourbes.
Boidin, éclusier.

l'Ecluse.

Tourbière de M. Cornet-d'Hunval,
à Argœuves.

Joseph-Masson (rue).

3 Capel, tisseur.
7 Boutillier, ménager.
11 Dupuis, ménager.
13 Godard, berger.
15 Fortin (Jules), tisseur.
2 Fortin (Isidore), ménager.
8 Duval (Vᵉ), ménagère.
10 Beauvais, ménager.
Fouré, ménager.

12 Masson, commissaire local et
cultivateur.
Masson-Wattebled, cultivat.

La Place.

1 Fouré, cabaretier.
3 Géroux, ménager.
Fortin (Vᵉ), ménagère.
5 Vadurel, propriétaire, tisseur.
7 Ecole des filles.
9 Boucher-Mongrenier, ménag.
Boucher-Deflesselle, ménager.
11 Leclercq-Lemaire, fruitier.
Lemaire (Vᵉ), fruitière.
17 Lequen, ménager.
19 Brulé (Vᵉ), laitière.
21 Grault, laitier.
23 Leclercq, maçon.
25 Mantel, laitier.
8 Dupuis, tisseur.
10 Ecole des garçons.
12 Leroy, curé.
Magasin des pompes.

Prés Saint-Jean.

Dailly, hortillon.
Azéronde, hortillon.

Chemin de Montières.

Dubois, hortillon.
De St.-Omer, expl. de tourbières.

Ruellette (rue de la).

1 Bourgeois-Capel, laitier.
3 Géroux, cultivateur.
Mantel-Géroux, cultivateur.
5 Fortin (Vᵉ), rentière.
9 Leclercq, laitier.
13 Fossé, retraité.

Rue d'en bas.

1 Wattebled, exploit. de tourb.
5 Dupuis, tisseur.

9 Géroux, cultivateur.
4 Nourry, charpentier.
14 Beauvais (V^e), rentière.
42 Grault, laitier.
44 Géroux-Fidel, m^d de vaches.
46 Warin, ménager.

Chemin de Vignacourt.

Riquier (V^e), débitante.

Grande Rue.

3 Leclercq (Louis), tisseur.
13 Devismes, tisseur.
19 Leclercq, charcutier.
Dupuis (J.-B.), tisseur.
21 Géroux (Eug.), tisseur.
Géroux (V^e).
25 Fouré, cabaretier.
29 Graux, cantonnier.
33 Leclercq, tisseur.
Tournaux, ménager.
45 Manteau, (V^e), ménagère.
2 Daullé, cultivateur.
4 Géroux (Alex.), tisseur.
6 Gaffet, m^d de graines en détail.
8 Masson (V^v), rentière.
10 Niquet, tisseur.
24 Godart, m^d de moutons.
38 Dufour, cultivateur.
40 Niquet, tisseur.
46 Tettelin, charpentier.
54 Beauger, cultivateur.
Fortin-Beauger, cultivateur.
56 Decourcelle, maréchal.
58 Sorel, tonnelier.
62 Boutillier, laitier.
64 Masson (Vulfran), cultivateur.
Masson-Dupuis, cultivateur.
66 Lamarre, ménager.
68 Nolent-Lamarre, tisseur.
70 Fouré fils, cultivateur et marchand de graines.
Capel (V^e), rentière.

72 Andrieu-Gros, laitier.
74 Beauvais, laitier.

Sac (rue du).

3 Grault, laitier.
7 Devauchelle-Dupuis, tisseur.
Dupuis (V^e), ménagère.
13 Lecureux, ménager.
23 Leclercq, tisseur.
27 Lequen, garde-champêtre.
2 Grault, cultivateur.
10 Caron-Beauger, jardinier.
12-14 Boutillier-Lemaire, fruitier.
16 Vadurel, laitier.

Saint-Léger (rue).

3 Géroux, cultivateur.
9 Lamarre, cultivateur.
15 Leclercq (Th.), cultivateur.
Leclercq (Aimé), cultivateur.
21 Géroux-Boutin, ménager.
23 Govin (V^e), ménagère.
10 Dabonneville, cantonnier.
12 Warin, ménager.
14 Leclercq, cultivateur.
16 Fouré, cultivateur.
Dupuis, rentier.
22 Govin-Warin, ménager.
24 Vadurel, laitier.
26 Mercier, laitier.
28 Leclercq, barbier.
30 Decoisy, laitier.
50 Payen, laitier.
52 Géroux, court. de bestiaux.
54 Boidin, débitant.

LA NEUVILLE.

Agrapin.

1 Azéronde-Darras, hortillon.
3 Bezard, hortillon.
13 Gaillard, hortillon.

15 Azéronde-Lecomte, m^d de tourbes et hortillon.
17 Mille-Thuillier (V^e), hortill.
19 Mille, comm. local et hortillon.
21 Ternisien, hortillon.
23 Mille-Maille, hortillon.
25 Magnier (V^e), rentière.
   Magnier fils, rentier.
   Gaillard (Mme), rentière.
27 Azéronde-Martin, hortillon.
   Azéronde (Victor), hortillon.
   Azéronde (Flore), hortill.

Agrapin (rue de l').

1 Delettre (Modeste), jardinier.
7 Tellier, garde-champêtre.
11 Grare-Degouy (V^e), hortillon.
13 Tellier (V^e), hortillonne.
15 A Scellier, peint. au ch. de fer.
15 B Lefebvre (Lucien), chauff.
17 A Tranel (J.-B.), hortillon.
17 B Proyart, charron.
19 Vasseur, hortillon.
21 Azeronde-Fourquet (V^e), hort.
23 Thuillier-Azeronde, hortillon.

Bois (rue du).

3 Grare (Auguste), hortillon.
7 B Dailly, chiffonnier.
11 Fouquerelle, ébéniste.
29 Baille-Fisseux, aiguilleur.
41 Cagnard, menuisier.
43 Azéronde (Joseph), hortillon.
6 Thuillier, ménager.
10 Capel-Thuillier, chauffeur.
12 Fatibole, fileur.
16 Mille (V^e), ménagère.
18 Beaumont, fruitier.
22 Quignon, ménager.
30 Hecquet-Sevère, maçon.
34 Leclercq (Th.), ouvr. fondeur.

Bois (petite rue du).

3 Wattebled, hortillon.

7 B Lengellé, ancien cabaretier.
9 Thierry, charpentier.

Entre deux ponts de Longueau.

70 Chirat, cabaretier, entrepr.
   Roussel, garde-barrière.
225 Corbillon (Myrtil), entrepr.
   Atelier d'Azeronde (Joseph), marchand de tourbes.
   At. de Laurent, à Longueau, marchand de tourbes.
   At. de Manier, à Longueau, marchand de tourbes.

Rue du Pont de Longueau.

15 Saubot-Dailly, ménager.
2 Riquier-Pelletier, hortillon.

Marais (rue du).

5 Grare-Bourgeois, hortillon.
7 Pelletier, hortillon.
9 A Gaillard (Emile), hortillon.
9 B Morel (V^e), hortillonne.
11 Pécourt-Morel, cabaretier.
13 Calippe (Joseph), charcutier.
15 Forré (Florent), hortillon.
17 Lemaire, hortillon.
19 Pelletier-Damenez, hortillon.
21 Magnier (Flore), rentière.
27 Tranel, barbier.
33 Maille (Alfred), hortillon.
   Maille père, hortillon.
37 Abattoir de Mollien, boucher, rue des Jardins, 24.
39 Chatelain, hortillon.
41 Martin, hortillon.
   Martin (J.-B.), prêtre.
45 Ternisien, hortillon.
47 Aloux, hortillon.
   Magnier, hortillon.
49 Chatelain (Antoine), hortillon.
53 Darras-Follet, hortillon.

8.

55 Evrard-Darras, hortillon.
57 Darras, hortillon.
59 Becquet, hortillon.
61 Mouy, hortillon.
63 Paris, bortillon.
65 Darras-Chatelain, hortillon.
67 Magnier-Bouffet, hortillon.
71 Gosse (Alexandre), hortillon.
77 Darras (Antoine), hortillon.
79 Dabonneville-Mille, chauffeur.
   Mouy (Luce), hortillon.
83 Farcy (Ve), rentière.
87 Mouy (François), hortillon.
85 Warin-Mouy, hortillon.
89 Mouy (Hippolyte), hortillon.
10 Caron-Azéronde, jardinier.
12 Tranel (Louis), hortillon.
   Tranel (Ve), rentière.
14 Pelletier (Florent), hortillon.
16 Pelletier (Louis), hortillon.
18 Gonsse, curé de La Neuville.
22 Aloux-Solin (Ve), rentière.
24 Sailly, boulanger.
28 Gosse, cantonnier.
30 Fleury, cabaretier.
32 Catlain, hortillon.
   Evrard (Ve), hortillonne.
34 Grare-Dailly, serrurier.
36 Dailly, fossoyeur.
38 Azeronde-Pelletier, hortill.
40 Pelletier (Joseph), hortillon.
42 Quignon (Ve), hortillonne.
44 Gaujot (Ve), rentière.
46 Vasseur-Seret, hortillon.
48 Crampon-Lejeune, hortillon.
50 Catelain-Thuillier, hortillon.
   Cagé-Catélain, hortillon.
52 Aloux-Darras, hortillon.
   Darras (Hyacinthe), hort.
54 Bertin, instit. et épicier.
56 Azéronde-Joly, hortillon.
60 Azéronde-Téronne, hortill.
68 Corbillon-Mouy, hortillon.
72 Devauchelle (Isidore).

74 Mouy (Joseph), hortillon.
   Devauchelle-Mouy, plafon.
76 Pelletier, hortillon.
80 Mouy (Augustin), hortillon.
84 Damenez-Vast, cabaretier.
88 Dargent (Ve), hortillonne.
90 Mouy (Ve), hortillonne.
94 Delacroix (L.), hortillon.
96 Mouy-Casimir (Ve), hortill.
98 Delacroix (J.-B.), hortillon.
100 Lemaire, hortillon.
102 Demetz (Ve), hortillonne.
104 Guilbert, ménager.
106 Guilbart fils, hortillon.
112 Darras, ouvr. maçon.
116 Darras (Louis), hortillon.
124 Caty, ouvr. menuisier.
126 Fisseux, cabaretier.
128 Delhomel, hortillon.

Avenue des Moines.

1 Scellier, concierge.
8 Hernas (Joseph), fruitier.
10 Royon, fruitier.

La Place.

1 Bouchon, cabaretier.
   Tranel, rentier.
3 Maison du Sacré-Cœur.
   De Lamyre (Mlle).
2 Canis, charcutier.
6 Thuillier, maçon.
8 Ternisien, chauffeur.
12 Lacour, ménager.
14 Darras (Lucien), hortillon.
18 Joniaux, ferblantier.
20 Barry-Veret, comptable.
22 Chalelain, cabaretier.
24 Caron (Louis), hortillon.
26 Tranel, hort. et barbier.

Saint-Acheul (chaussée).

1 Mai. de camp. de Mlle Moyècle,
   maîtresse de pension.

7 Quedeville, cantonnier.
9 Delattre, cabaretier.
15 Piart, rentier.
17 Delarue, aumônier.
Delarue-Cuvillier, propriét.
19 Testu (Ve), rentière.
21 Gry, chantre.
23 Addy, rentier.
33 Boulet-Veret, rentier.
35 Parrott et Rawson, peignerie mécanique.
« Lange, fondé de pouvoir.
45 Maisant (Ve), cabaretière.
71 Deneux (Ve), propriétaire.
Becquet (Marie), institutrice.
Masson (veuve), jardinière.
83 A Legendre (August.), mde de braises.
113 Defolie (Ve), rentière.
117 Léger, md de moutons.
125 Guibet, rentier.
127 Pagnon, rentier.
163 Minotte-Lebel, rentier.
197 Bouffet, ménager.
203 Dailly, plafonneur.
2 B Carpentier (Zoé), rentière.
Marlois, rentier.
6 Maison de Saint-Acheul.
Dorr, Cor, Lartigue, de Guilhermy, Mollet, Picardat, Gugoliz, Grandidier, Jennesseaux, Engerand, pères missionnaires.
Martin, rentier.
8 Maison du Louvencourt.
Souplet (Ve), rentière.
Hanquet (Dlle), id.
Bizet (Amicie), id.
Piot (Mlle), id.
Quentin (Vict.), id.
Quentin (Eug.), id.
10 Crampon (Ve), jardinière.
Maillet, employé.
60 Gribeauval, cabaretier.

66 Tétard, cabaretier.

Saint-Acheul (rue).

15 Darras, exploit. de carrières.
63 Vandekerkhorve, cout.-maît.
30 Lombard-Grare, employé.
32 Tétard-Jodart, ouvr. fondeur.

Terrière (rue de la).

14 Gorgeon, ménager.
16 Mille, ménager.
18 Bataille, chauffeur.
20 Capel (Ve), ménagère.
22 Dufour-Azéronde, ménager.

Voyelle (rue).

2 Mille-Pelletier, hortillon.
4 Gaillard-Morel, hortillon.
10 Leroy (Ve), hortillonne.
Couillard-Leroy, hortillon.
12 Dursent-Fulgence, hortillon.
14 Dargent-Magnier (Ve), hortill.
Dargent-Bourgeois, hortillon.

MONTIÈRES.

Abbeville (route d'.).

1 Trancart-Grenon, cabaretier.
3 Vasseur, chef ouvrier.
7 Wallart, garçon de magasin.
11 Frison, exploit. de carrières.
31 Maille, ménager.
43 Carrière de Lefebvre, route d'Abbeville, 209.
45 Maille (Louis), voiturier.
55 Demarcy, ménager.
59 Carrière de Tattegrain, boulevard Guyencourt, 97.
81 Francois, charpent., débit.
85 Lemaire, contre-maître.
87 Lefebvre, jardinier.

97 Toulouse, employé.
123 Mabille, ménager.
127 Govin, rentier.
129 Spineux (V^e), rentière.
131 Maison de campag. de Duflos,
    rue Neuve-d.-Capucins, 2.
139 Lacarrière, cabaretier.
141 Legrand-Jourdain, charcutier
    et arpenteur.
143 Decoisy-Demarcy, épicier.
153 Magnier, boulanger.
155 Andrieu, garde-champêtre.
157 Legueur, charpentier.
161 Bourgeois, épic. et briquet^r.
163 Poix, rentier.
173 Guichon (E.), c.-m^{tre} briquet.
185 Balavoine, c.-m^e briquetier.
195 Pourchel, propriétaire.
209 Mercier, instituteur.
    Lefebvre, expl^r de carrière.
213 Ducrocq-Fiquet, propriét.
215 Corriez, rentier.
217 Briqueterie de Dehesdin, rue
    Neuve, 6.
223 Boidin, cabaretier.
227 Briqueterie de Lormier, port
    d'Amont.
    Devalois, concierge.
237 Briqueterie de Leroy-Digeon,
    rue du Lycée, 61.
    Lefebvre, concierge.
247 Briq. de Lefebvre-Facquet,
    rue des Huchers.
    Devallois, concierge.
261 Briqueterie de Joly, rue des
    Capucins.
263 Briquet. de Polart, à Salouel.
265 Briqueterie de Debarry, rue
    de l'Eglise, 32, Montières.
269 Briqueterie de Bourgeois,
    route d'Abbeville, 161.
44 Devallois-Rose, c.-m^{tre} briq.
68 Balavoine, expl. de carrière.
70 Leclercq, cuiseur de briques.

72 Sevin, marchand forain.
72 B Carrière de Conin, gr^{de} rue.
74 Dubois (Hilaire).
92 Dubois-Leclercq, débitant.
94-96 Govin-Dubois, fabricant.
110 Féron, commissaire-local.
116 Brandicourt (V^e), bouchère.
118 Cardon-Dupuis (Mme), rent.
118 A Carrière de Balavoine, route
    d'Abbeville, 68.
120 Cuvillier, charron.
130 Cardon, m^d de pot^{ries} et déb.
140 Devallois-Testu, cabaretier.
152 Brocque-Dalmer, mercier.
154 Herbette (V^e), rentière.
156 Jourdain-Chenu, cultivateur.
160 Bouthors, boulanger.
162 Balavoine, mercier.
176 Jourdain, cultivateur.
182 Jérôme (V^e), rentière.
184 Wardon, retraité.
194 Lognon (Mme), rentière.
200 Crampon, cabaretier.
    Dubois, rentier.
212 Devalois (V^e), ménagère.
216 Briquet. de Lenoël, maçon,
    boulevard du Port.
218 Stalin, briquetier.
222 Carrière à caill. de Boucher,
    à Dreuil.
226 Pecquet (V^e), ménagère.
246 Briqueterie de Leroy-Digeon.
250 Gourde fils, ménager.
254 Briqueterie de Boulanger,
    rue Voiture.
262 Briqueterie de Barbier, rue
    des Saintes-Maries.
    Guichon, concierge.

Le Carcailloux.

Laurent-Duboille, propr.-cultiv^r.

Château (rue du).

5 Warin (V^e), ménagère.

10 A Lefebvre (V^e), ménagère.
8-10 Lefebvre, menuisier-entrepr.
14 Guichon (Paul), ménager.
16 Dhervillez, propriétaire.
18 Maison de campag. de l'Ecole
  libre de la Providence.
  Prévost, blanchiss^r de linge.
20 Fouré, meûnier.
  Fouré-Crampon, meûnier.

Christ (rue du).

3 Balavoine, cabaretier.
23 Jourdain, ménager.
25 Boutmy-Benoît, charcutier et
  marchand de cochons.
4 Noiseau, m^d de moutons.
12 Govin, laitier.
  Gourde, rentier.
14 Govin, exploit^r. de carrière.
18 Maison de Bulot, rue Basse-
  Saint-Germain.
20 Fabrique de tapis de Bernaux-
  Laurent, rue Saint-Jacques.
22 Lognon, rentier.

Eglise (rue de l').

9 Lefurme, concierge.
11 Morel, briquetier.
17 Bralant, m^d de cidre en gros.
12 Warembourg, ménager.
20 Zede (Arsène), ménager.
28 Mabille-Normand, fabricant
  de savon.
32 Debarry (V^e), rentière.
  Debarry, fabricant de briques.

Étouvy (rue d').

23 Jourdain, voiturier.
25 Jourdain-Devalois, voiturier.
10 Maison de vente de pain de
  Bonnet, boul. r. des Tripes.
28 Crimet (François).
30 Poulain, colporteur.

Hameau d'Étouvy.

De Brandt (Alex.), propriétaire.

Grâce (rue de).

1 Brisse, curé.
7 Quignon, rentier.

Lapin (rue du).

2 Herbet, cabaretier.
12 Atelier de Govin-Dubois, route
  d'Abbeville.
14 Herbette (Auguste).

Ferme de Grâce.

Lemort (Amédée), propriétaire.

Lille (rue de).

1 Lelièvre, propriétaire.
8 Balavoine, employé.

Longuet (rue du).

1 Pecqueur (Louis).

Marais (rue du).

3 Roblot, charcutier.
5 Darras (Hippolyte), laitier.
7 Oger-Gargault, ménager.
9 Herbette, ménager.
13 Danthieu, charpentier.
15 Lefebvre, ménager.
25 Briqueterie d'Alot, rue du faubourg de la Hotoie.
29 Boulanger, menuisier.
31 Grucy, ouvrier.
33 Briqueterie de Bois, r. Martin-
  Bleu-Dieu.
  Legrand, concierge.
10 Buhan, cabaretier et épicier.
22 Pronier-Herbette, laitier.
42 Jourdain (Nicolas), ménager.
52 Hennebert, contre-maître.

Mathieu (rue).

3 Thibaut, fruitier.

Grande Rue.

11 Conin, exploit' de carrière.
13-15 Balavoine, débitant.
21 Guichon (V^e), ménagère.
23 Jourdain, cultivateur.
25 Lecat, rentier.
31 Bulot, cabaretier et épicier.
39 Dauthieu, contre-maître.
47 Durand, menuisier.
2 Desorne, linger ambulant.
4 Maison de camp. de Dufourmantelle, boul. Fontaine.
6 Maison de camp. de Buquet,
   boulevard Fontaine.
12 Dieu-Fleury, m^d de charbons.
14 Darras, laitier.
18 Warin, ménager.
26 Saveuse (V^e), ménagère.
32 Château de M. de Halloy (A.).
34 Jourdain (V^e), ménagère.
46 Bourban, médecin.

Saveuse (chemin de).

4 Dubos, contre-maître.
6 Bucquet, contre-maître.
28 Degouy, fab. de pannes.
40 Mollet, fab. de tuiles.

———

PETIT-SAINT-JEAN.

Calvaire (rue du).

5 Boucher, tonnelier.
11 Crampon, cultivateur.

Deux-Ponts (rue des).

1 Hecquet, farinier.
3 Mongrenier, rentier.
7 Bertin, curé.

4-6 Charpentier, farinier.
8 A 8 B Crignier (Jules), farinier.
8 C 8 E Buiron, farinier.
8 D Scierie de Masse, charpent.,
   boulevard Guyencourt.
10 Chatelain, hortillon.
12 Bourgeois (V^e), rentière.
14 David, instituteur.
18 Renard, ménager.
24 Seret, jardinier.
   Beaugeois-Renard, rentier.
26 Galempoix, jardinier.

Grande-Rue.

1 Fraix, entrepreneur.
   Masse, logeur.
21 Lecointe, ménager.
23 Lamarre,   id.
25 Mazan (V^e), rentière.
35 Crampon, garde-champêtre.
37 Boinet, cabaretier.
39 Crignier, rentier.
45 Pelletier, voiturier.
63 Forbras, ménager.
65 Delattre, charcutier.
67 Masse, employé.
71 Galempoix, ménager.
75 Léraillé-Galempoix, cabaret.
77 Dupuis (V^e), cabaretière.
83 Dumeige (J.-B.), ménager.
85 Dubos (V^e), ménagère.
93 Sellier (J.-B.), ménager.
101 Pelletier, ménager.
111 Deviller, coupeur.
143 Maison de campagne de Drevelle, rue Saint-Leu.
8 Clément (V^e), rentière.
30 Duval (Boniface), ménager.
32 Breton, menuisier-mécanic.
34 Ledieu, propriétaire.
   Voclin, facteur de la poste.
36 Duval-Riquier fils, ménager.
42 Leclercq (Séraphin), mén.

44 Lamarre (Caroline), ménag.
46 A Galempoix (Benoît), rent.
46 B Desoumené, logeur.
48 Duval-Riquier père, ménag.
60 Pennelier, propriétaire.
  Boinet, rentier.
70 Moulin à tan de Crignier-
  Montgrenier, au Pont-de-M.

Montagne (rue de la).

21 Dubois, ménager.

RENANCOURT.

Calvaire (rue du).

3 Wasse, m^d de vaches.
7 Fournier, ménager.
9 Jourdain, propriétaire.
11 Joly, cultivateur.
13 Cozette, cultivateur.
  Duporge, cultivateur.
  Sellier (Angélique), ménagère.
17 Payen, ménager.
23 Lucheux, menuisier.
29 Boidin (Élie), ménager.
33 Atelier de Legueur, charpent.,
  r^{re} d'Abbev., 71, à Montier.
41 Hirondart, ménager.
2 Decoisy sœurs, charcutières,
  épicières et cabaretières.
6 Boutry (V^e), ménagère.
  Croizé, ménagère.
16 Delatour, fruitier.
18 Lelièvre, ménager.
20 Dutilleux (Hipp.), employé.
  Loth, ménager.
22 A Caron, id.
22 C Hordé (Joseph), ménager.
30 Grenon, jardinier.
32 Demay (V^e), ménagère.

34 Sauval (V^e), ménagère.
  Flamant-Sauval, employé.
42 Duporge, entrep. de maçon.
50 Guenard, rentier.

Chapitre (rue du).

6 Mazan (V^e), sage-femme.
9 Lécaillet (Victor), ménager.

Chapitre (cour du).

3 Darras (J.-B.), ménager.
5 Lenoël (V^e), ménagère.
2 Dourlens, fruitier.
8 Vergeaux (Alex.), ménager.

Clairgnat (ruelle).

1 Sinoquet, cabaretier.
21 Lange, brocanteur.

Église (rue de l').

3 Tavernier, ménager.
5 Hordé, cabaretier.
2 Pressoir de Bralant, marchand
  de cidre à Montières.
8 Hirondart, ménager.
10 Flament, ménager.
12 Boulanger (V^e), ménagère.

Gartoire (rue de la)

2 Hordez, ménager.
9 Moy, ménager.

Marais (rue du).

5 Verrier, propriétaire.
9 Lalou, contre-maître.
13 Decoisy, cantonnier.
15 Caron, ménager.
2 Quignon, ménager.
4 Riquier (V^e), ménagère.
8 Crampon père, cultivateur,
  m^d de tourbes.
12 Sauval, ménager.

14 Hirondart, ménager.
16 Damade, cultivateur.
18 Nolent, contre-maître.
22 Joly-Bourgeois, cultivateur.
24 Bouchon, rentier.
26 Wargnier, ménager.
30 Crampon fils, cultivateur.
32 Vergeaux, menuisier.
36 Duporge (V*), ménager.
40 Joly, ménager.
46 Lefebvre-Loth, ménager.
48 A Brucant (François), ménag.
50 Barbet-Legrand, ménager.
56 Marcés, jardinier.
60 Voiturier, ménager.
62 Beaumont, rentier.
72 Hirondart (Alph.), ménager.
74 Marchant, cabaretier.
78 Tuerie de Hareux-Sailly,
    charc., rue de Beauvais.
80 Bourgeois-Bouchon, rentier.
84 Vinque, curé.
86 Digeon, cult., comm** local.
88 Lucheux, frères et s*, rent.
    Lucheux (V*), rentière.
92 Lefebvre, ménager.
94 Tavernier (Amédée), ménag.
96 Savoyo, instituteur.
100 Vasseur, ménager.
102 Boutmy, rentier.

Meuniers (allée des).

2 Briqueterie de Vast-Gaillet,
    boulevard Guyencourt.
    Devallois, contre-m. briquet.
8 Lefebvre-Jourdain, ménager.
22 Portejoie, garniss. de cylind.
    Tellier, concierge.
    Briqueterie de Salle-Cordier,
    port d'Amont.
80 Berville (V*), rentière.
    Cozette, cultivateur.
90 Martel-Hordé, propriétaire.

Petit-Saint-Jean (chemin du).

Holleville, jardinier.
Dhespel, jardinier.

Basse-du-Pont-de-Metz (rue).

4 Duporge-Masson (V*), ménag.
    Duporge, ménager.

Haute-du-Pont-de-Metz (rue).

7 Bocquillon, ménager.
9 Roger (Bap.), garde-champêtre.

Riquier (rue).

1 Dupuis Ludige, ménager.
    Tavernier (V*), épicière.

LISTE

ALPHABÉTIQUE

DES

PRINCIPAUX HABITANTS

D'AMIENS

A.

Abar-Voclin, *mégissier*, rue Haute-des-Tanneurs, 22.

Abar, *rentier*, rue des Rabuissons, 61.

ABATTOIR, quai de l'Abattoir, 9.

L'ABEILLE, bureau rue de Narine, 55.

Abraham (Ach.), *propriétaire*, boul. de Beauvais, 18.

Abraham aîné, *fabricant de chocolat*, boulevard, Fontaine, 22.

    Magasin, rue Saint-Jacques, 98.

Bains, Logis-du-Roi, 11.

    Magasin port d'Amont, 12.

Abraham-Herbet, *liquoriste*, rue des Chaudronniers, 17.

    Magasin, rue du Quai 39.

Accart (Armand), *rentier*, rue Gresset, 14.

Accart, *fact. à la poste*, chaussée de Moyon, 26.

Acker, *bottier*, rue des Vergeaux, 14.

Acloque (Eug.) et Grognet (Hipp.), *filateurs*, rue de la Prairie, 16, au Pont-à-Vaches.

    Mag., r. des Prémontrés, 28 et r. des Corroyers, 56.

Acloque, *négociant*, rue du Camp-des-Buttes, 20.

Aclocque-Choisy, *épicier*, Marché-aux-Herbes, 30.

    Magasin, rue des Doubles-Chaises, 8 D.

Aclocque, *rentier*, rue Pavée, 17.

Aclocque, *march. ambulant*, rue de l'Andouille, 6 E.

Aclocque (veuve), *rentière*, rue des Capucins, 23.

Acloque-Herbez, *md. en gros*, rue des Vergeaux, 60.

Aclocque-Visière, *apprêteur*, rue Saint-Leu, 100.

Aclocque-Daveluy, *voyageur*, petite rue du Cange, 32.

Aclocque, *filateur*, boulevard Saint-Jacques, 89.

Aclocque, *négociant*, rue Gribeauval, 4.

Acloque-Ferré et fils, *marchand de tissus en gros*, rue des Vergeaux, 60.

Acloque, *rentier*, rue Neuve-des-Minimes, 32.

Acloque ✳, *épicier*, rue des Clairons 51.

Acloque, *ménager*, impasse des Cruchons, 5.

Acloque, *épicier et apprêteur*, rue d'Engoulvent, 1.

Acloque-Loriot, *rentier*, rue du Pont-à-Moinet, 2.

Adam-Monmert, *négociant*, rue Le Merchier, 21.

Adam de Flamard, *comm. sp. au chemin de fer*, place Longueville, 15.

Addy, *rentier*, chaussée Saint-Acheul, 23.

Aguel de Bourbon (d') la vicomtesse, *propriétaire*, boulevard du Mail, 5.

Agnesa, *poëlier-fumiste*, rue des Crignons, 7.
Atelier et magasin, cloître Saint-Nicolas, 6.

Aigle (l'), bureau rue Voclin, 27.

Alaison (Mlle), *épicière*, rue du Lycée, 76.

Alary, *march. de vins, balayage public*, Marché-au-Feurre, 39.

Alègre, *logeur*, rue des Trois-Sausserons, 20.

Alessi (Mlle), *maîtresse de chant*, rue Robert-de-Luzarches, 15.

Alexandre, *profess. de chant et mercier*, r. St-Leu, 57.

Alexandre, *débitant*, port d'Amont, 42.

Alexandre (Mlle), *courtière*, rue Basse-Notre-Dame, 5.

Alexandre ✳, *médecin*, rue Gresset, 57.

Alexandre (Mme veuve), *giletière*, r. des Cordeliers, 23.

Alexandre, *instituteur protestant*, rue Gresset, 71.

Alexandre, *épicier*, rue du Don, 31.

Alexandre, *moulinier*, rue des Archers, 18.

Alexandre, *ménager*, r. Neuve-St-Honoré, 18.

Aliamet-Verrier, *propriétaire*, boulevard de Beauvais, 2.

Alin, *rentier*, rue Sire-Firmin-Leroux, 23.

Alkan, *tailleur*, passage de la Renaissance, 6.

Allart, *berger*, rue Neuve-d'Allonville, 16.

Allart, *débitant*, chemin du Hallage.

Allart (Mlle), *rentière*, rue de Narine, 45.

Allart, *débit. de vins*, rue Saint-Jacques, 84.

Allart, *cordonnier*, place du Marché-au-Feurre, 27.

Allegret, *prof. au Lycée*, rue Saint-Geoffroy, 7.

Alliou, *épicier, md. de tabac*, rue de la Hotoie, 69.

Alliou, *empl. des contrib*, rue des Trois-Cailloux, 18.

Allo-Dufay, *cartonnier*, rue des Verts-Aulnois, 24.

Allo, *rentier*, rue Desprez, 8.

Allo, *compositeur*, port d'Aval, 9.

Allo (Mlle), *couturière et logeuse*, r. des Corroyers, 20.

Allot, *épicier*, rue Saint-Roch, 47.

Allou (veuve) *rentière*, rue des Crignons, 8.

Allou, *maîtresse de pens.*, r. des Écoles-Chrétiennes, 15.

    Pensionnat, rue Saint-Denis, 56.

Allou O. ✳, *inspect^r de l'Acad.*, *maire d'Amiens*, rue des Écoles-Chrétiennes. 11.

Alluin (Maurice), *employé*, rue du Pinceau, 54.

Alot, *entrepr. de maçon.*, r. du faub. de la Hotoie, 82.

    Magasin, boulevard Guyencourt, 57.

    Briqueterie à Montières, rue du Marais, 25.

Aloux (Zozime), *propr.-pépiniériste*, rue Dejean, 69.

Aloux (Delphin), *grainetier-épicier*, Chaussée de Noyon, 175.

Aloux (Flor.), *hortillon*, r. du Marais, 47, à la Neuville.

Aloux (Louis), *hortillon*, r. du Marais, 52, à la Neuville.

Aloux (veuve), *hortillonne*, rue du Marais, 22, à la Neuv.

Alquier, *maréchal*, rue des Verts-Moines, 11.

Amand, *maître de bateaux*, boulev. du Jardin-des-Plantes, 6.

Amat, *capitaine de gendarmerie*, r. des Jacobins, 68.

Ambroise, *chaudronnier*, rue des Tripes, 28.

Amyot (veuve), *rentière*, rue du Cange, 7.

Ancel (Léon), *chauffeur*, chaussée de Noyon, 116.

Ancel, *chaudronnier*, chaussée Saint-Pierre, 55 D.

Ancelin, *auberg. et marchand d'étoupes*, chaussée Saint-Pierre, 2.

    Écurie rue de Ville, 8.

    Magasin rue des Parcheminiers, 23-65.

Ancelin (Eug.), *faïencier*, r. des Vergeaux, 31.
André (Mme), *propriétaire*, rue des Rabuissons, 52.
André (Gasp.), *employé*, rue du Lycée, 27.
Andrieu-Degeilh, *avocat*, rue Bellevue, 4.
Andrieu-Blot, *étoffes en gros*, rue des Cordeliers, 36.
    Achat, rue Henri IV, 6.
Andrieu, *chef d'atel.* au ch. de fer, chauss. de Noyon, 153.
Andrieu-Gros, *laitier*, Grande-Rue, 72, à Longpré.
Andrieu, *md. de toiles à sacs en gros*, rue du faubourg de la Hotoie, 130-132.
Andrieu (Dlle), *rentière*, rue Robert-de-Luzarches, 29.
Andrieu-Dusnel, *ménager*, rue Castille, 5.
Andrieu, *md. de vieux métaux*, p. rue des Minimes, 14.
Andrieu, *négociant*, boulevard de Beauvais, 44.
Andrieu, *garde-champ.*, route d'Abbeville, 155.
Andrieu, *blanchisseur*, route de Rouen, 95.
Andrieu, *charpentier*, r. du Moulin, 61, faub. Beauvais.
Andrieu (veuve), *rentière*, rue Duminy, 10.
Andrieu (veuve), *rentière*, rue Contrescarpe, 36.
Andrieux, *vannier*, Marché-aux-Herbes, 63.
    Magasin rue Hautes-des-Tanneurs, 72.
    Magasin de fer, Marché-aux-Herbes, 58.
Andrieux, *rentier*, place Saint-Denis, 47.
Anglade, *professeur*, chaussée de Noyon, 58.
Angot, *rouennerie*, rue des Trois-Cailloux, 27.
Anquetin, *pharmacien*, rue Saint-Leu, 59.
Anquetin (Florim.), *major en retraite*, rue Voiture, 48.
Ansart, *sous-chef de division* à la préfecture, r. Saint-Dominique, 11.
Anselin ❄, *avocat, conseiller honoraire de préfecture*, rue Pierre-l'Ermite, 4.
Anselin, *clerc de notaire*, place Saint-Denis, 67.
Antoine, *architecte, capitaine des pompiers*, rue des Saintes-Maries, 21.
Arachequesne, *employé*, boulevard Guyencourt, 43.
Archelin (Ve et Dlle), *propriétaire*, imp. Montmignon, 7.
Arcillon, *parfumeur*, rue Saint-Leu, 3.
Arger (Jules), *entrep. de rel.*, route de Rouen, 143.
Argœuves de Gorguette (d'), *propriétaire*, boulevard Longueville, 2.

Armanville (veuve), *épicière*, Gde. rue St.-Maurice, **122**.
Armuna, *filateur*, rue St.-Geoffroy, **1**.
Arnoult, *employé de commerce*, rue Le Mattre, **14**.
Arrachart aîné, *rentier*, rue des Capucins, **21**.
Arrachart, *rentier*, r. des Capucins, **23**.
Arrachart (Mlle), *rentière*, rue Neuve, **11**.
Asselin, *professeur*, rue de Narine, **36**.
Asselin (Mlle), *épicière*, place Saint-Denis, **1**.
Asselin (Adéodat), *commis*, boulevard de l'Est, **16**.
Asselin (veuve), *propriétaire*, rue des Canettes, **9**.
Asselin (Pauline), *savetière*, rue Saint-Germain, **13**.
Asselin, *rentier*, rue Saint-Jacques, **47**.
Asselin (Henri), *rentier*, rue de l'Andouille, **5**.
ASSURANCES GÉNÉRALES, bur. rue des Trois-Cailloux, **18**.
Auber (Émile), *fabric. de lacets*, r. des Wattelets, **22**.
　　Ateliers rue des Meûniers, **22**, à Saint-Maurice.
Auber, *rentier*, rue Saint-Louis, **1**.
Auber (Achille), *propriétaire*, boulev. Longueville, **16**.
Auber, *tonnelier*, rue Traversière, **21**.
Aubert, *curé* de Sainte-Anne, Chaussée de Noyon, **3**.
Aubert, *parfumeur*, rue des Trois-Cailloux, **68**.
Auberthot, *gérant*, rue Henri IV, **26**.
Aubey (veuve), *mde. de modes*, rue des Jacobins, **32**.
Aublet, *chef de cuisine*, rue Contrescarpe, **29**.
Auguet, *perruquier*, rue Saint-Leu, **78**.
Autier, *docteur en médecine*, rue Cozette, **1**.
Autriquet-Obry, *md. plombier*, rue des Vergeaux, **35**.
Avallart, *vicaire*, rue Martin-Bleu-Dieu, **21**.
Avallart (veuve), *rentière*, rue Martin-Bleu-Dieu, **21**.
Avéline-Maillet (Mme), *rentière*, rue Contrescarpe, **17**.
Avenel, *md. de cotons*, rue Henri IV, **30**.
Avisse, *jardinier*, rue du faubourg de Hem, **151**.
Avisse, *fruitier*, rue au Lin, **56**.
Azeronde-Pelletier, *hort.*, r. du Marais, **38**, à la Neuville.
Azeronde-Joly, *hortillon*, r. du Marais, **56**, à la Neuville.
Azeronde-Martin, *hortillon*, à l'Agrapin, **27**.
Azeronde-Leconte, *md. de tourbes*, à l'Agrapin, **15**.
　　Ateliers de tourbes au pont de Longueau.
Azeronde (Jos.), *hortillon*, r. du Bois, **43**, à la Neuville.
Azeronde-Téronne, *hort.*, r. du Marais, **60**, à la Neuville.

Azeronde-Darras, *hortillon*, à l'Agrapin, 1.

Azeronde (V.), *hort.*, r. de l'Agrapin, 27, à la Neuville.

Azeronde, *hortillon*, grande rue Saint-Maurice, 181.

Azéronde (Flore); *hortillon*, rue de l'Agrapin, 27, à La Neuville.

Azeronde (Vᵉ), *hortillon*, rue de l'Agrapin, 21.

Azeronde-Dargent, *hortillon*, rue de la Voirie, 157.

Azeronde (Théop), *hortillon*, près St.-Jean de Longpré.

B.

Babeur (Zoé), *propriétaire*, rue du Cange, 17.

Baheur (veuve), *piq. de bottines*, r. de Narine, 47.

Babeur (Mlle), *modiste*, rue de Narine, 47.

Bachelier, *employé*, rue Le Mattre, 45.

Bachimont, *concierge*, r. Fontaine, 19, à Boutillerie.

Bachimont, *chanoine honoraire, vicaire* de Notre-Dame, rue de Metz-l'Evêque, 10.

Bachimont, (Dᵉ) *mercière*, rue Saint-Leu, 17.

Bachimont, *encolleur de chaînes*, route d'Allonville, 65.

Bachin (Philippe), *rentier*, rue Blanquetaque, 9.

Bachotet, *employé des contrib. direc.*, r. Bellevue, 38.

Baclet, *md. de pierres taillées*, boul. Guyencourt, 65.

       Id.   rue Legrand-Daussy, 32.

Bacquet, *rentier*, rue des Poirées, 37.

Bacquet et Cie, *filateurs*, rue des Poirées, 37.

    Filature rue des Poirées, 12-14.

    Magasin rue des Poirées, 55 c.

Bacquet, *maît. de pens.*, rue Sire-Firmin-Leroux, 12.

Baer, *représentant de commerce*, r. de Lamorlière, 5.

Baer-Bellet, *commissionnaire*, rue de Lamorlière, 5.

Bail, *marchand de tabac*, place Saint-Denis, 3.

Baille-Benoit, de Paris, *md de fils de laine*, quai de la Passerelle, 5.

Baille, *rentier*, rue des Faux-Timons, 3.

Baille-Fisseux, *aiguilleur*, rue du Bois, 29, à La Neuville.

Baille, *professeur de musique*, r. des Saintes-Maries, 5.

Baillet fils, *représentant de la Société anonyme*, rue Gresset, 10.

Baillet (veuve), rue Saint-Louis, 51.

Baillet (Mlle), *rentière*, rue Saint-Fuscien, 50.

Baillet (Fulgence), *rentier*, place Longueville, 5.

Bailleul, *md. de laines*, boulevard Fontaine, 16.

Bailleul et Lelièvre, *négociants*, r. Jeanne-Natière, 1.
> Magasin, même rue, 10.

Bailly, *pâtissier*, rue Basse-Notre-Dame, 2.

Bailly - Renard, *quincaillier*, *md. de fer*, rue de la Hotoie, 59.
> Magasin cour Artus, 9.

Bailly, *rentier*, rue de Narine, 28.

Bailly (Mlle), *rentière*, passage Saint-Denis, 4.

Bailly, *fabricant de corsets*, rue des Cordeliers, 12.

Bailly (veuve), *école d'enfants*, *logeur*, rue des Capucins, 43.

Bailly-Roussel, *épicier*, rue Duméril, 34.

Bailly, *fleurs artificielles*, rue Duméril, 54.

Bailly, *ménager*, route de Corbie, 21.

Bailly (Mme), *fruitière*, rue Saint-Jacques, 107.

Balavoine, *débitant*, Grande-Rue, 13-15, à Montières.

Balavoine (Ad.), *contre-maître briq.*, route d'Abbeville, 185, à Montières.

Balavoine (Louis), *concierge*, passage des Arts, 5.

Balavoine, *mercier*, route d'Abbeville, 162, Montières.

Balavoine (Louis), *exp. de carrières*, route d'Abbeville, 68, à Montières.
> Carrière, route d'Abbeville, 118 a, à Montières.

Balavoine (Jules), *cabaretier*, r. du Christ, 3, Montières.

Balavoine (Hipp.), *employé*, r. de Lille, 8, à Montières.

Balédent, *employé*, rue des Saintes-Maries, 13.

Balédent-Poix, *rouenneries*, rue des Vergeaux, 6.

Balédent (veuve), *faïencière*, rue des Vergeaux, 34.

Balesdent, *receveur d'octroi* à l'Abattoir.

Balesdent, *faïencier*, rue des Vergeaux, 67.

Balin, *propriétaire*, rue du Lycée, 74.

Ballue, *rentier*, rue de Beauvais, 78.

Balzard, *rentier*, rue Ledieu, 8.

Banderali, *inspecteur du matériel*, à la gare.

Banque de France, rue Henri IV, 12.

Bara, *menuisier*, rue du Faubourg de la Hotoie, 176.

Barbare, *cafetier*, rue des Trois-Cailloux, 43.

Barberot, *sous-insp. de police*, rue des Briques , 11.

Barbet-Legrand, *ménager*, r. des Marais, 50, à Renan-court.

Barbelin, *sous-préfet des études* à l'école libre de la Providence.

Barbier-Delafosse, *quincaillier*, rue des Vergeaux , 43.

Barbier-Lequien fils et Cie, *nég*[ts]., rue St.-Fuscien , 20. Maison de commerce, rue du Bloc , 3.

Barbier et Fouquerel, *md. de toiles en gros*, rue Basse-N.-D., 15.

Barbier (la D[e]), *mde de volaill.*, r. du Bout-Cacq, 18 A.

Barbier (M[e]), *sup. des Inc.*, r. de de la Bibliothèque, 7.

Barbier-Boully, *cabaretier*, rue de Noyon, 17.

Barbier-Lamarre, *md. de nouv.*, Marché-aux-Herbes, 6.

Barbier, *employé de commerce*, rue de Rumigny, 60.

Barbier (Ch.), *employé*, boulev. Saint-Charles, 23.

Barbier, *employé*, rue des Cordeliers, 12.

Barbier (Victor), *charcutier*, rue de la Hotoie, 19.

Barbier, *épicier*, Chaussée de Noyon, 119.

Barbier (veuve), *rentière*, rue des Jacobins, 51.

Barbier-Fidon, *entrepreneur*, rue des Stes.-Maries, 18. Chantier, rue des Jacobins, 67. Briqueterie, route d'Abbeville, 262, à Montières.

Barbier, *débitant*, rue Saint-Firmin-le-Confesseur, 12.

Barbier (veuve), *rentière*, rue de Beauvais, 11.

Barbier (Edouard), *propriétaire, commissaire-local*, rue St.-Fuscien , 56.

Barbier (veuve), *rentière*, rue St.-Fuscien, 20.

Barbier, *employé*, rue Martin-Bleu-Dieu, 33.

Barbiéri (veuve), *rentière*, rue Saint-Dominique, 4.

Bardou (Mlle), *prof. de piano*, rue du Cloître-de-l'Horloge, 18.

Baril fils, *fabricant de moquettes et velours d'Utrecht*, passage des Sœurs-Grises, 7. Fabrique petite rue des Augustins, 2.

Baril, *professeur de dessin, photographie*, rue de la Bibliothèque, 6.

Baril-Levasseur (veuve), *mde. de meubles*, Marché-au-Fil, 20-22.

Barmont, *sellier*, rue des Cordeliers, 44.

Barin (veuve), *rentière*, rue de la Voirie, 61.

Barny (veuve), *rentière*, chaussée de Noyon, 5.

Barny (Mlle), *rentière*, rue des Jacobins, 60.

Barny (Mlle), *propriétaire*, rue Napoléon, 41.

Barois, *mécanicien*, rue Sainte-Claude, 12.

Baron, *rentier*, rue de la Salle d'Asile, 22.

Barquin, *cordonnier*, rue Neuve-Saint-Honoré, 62.

Barré, *employé*, rue des Clairons, 35.

Barreau, *chaudronnier*, rue Saint-Leu, 136.

Barreau et Ancel, *chaudron.*, chaussée St.Pierre, 55 o.

Barreau-Pinchon, *chaudronnier*, r. des Huguenots, 76, faub. Beauvais.

Barry (Dlle), *rentière*, boulevard de l'Est, 31.

Barry-Véret, *comptable*, sur la place, 20, à la Neuville.

Barry, *propriétaire*, rue Saint-Louis, 35.

Barthès (Mlle), *rentière*, rue Le Mattré, 38.

Bassery, *mécanicien*, r. du faub. de la Hotoie, 172. Atelier, rue des des Prés-Forêts, 27.

Bassery, *mécanicien*, r. du Grand-Vidame, 18.

Basset, *chaudronnier*, rue de Beauvais, 90-92.

Bastien, *surveillant*, rue Narine, 36.

Bataille, *chauffeur*, r. de la Terrière, 18, à la Neuville.

Batifollier, *employé*, r. des Clairons, 33.

Batifollier (veuve), *faïencière*, chaussée St.-Pierre, 7.

Bâton, *logeur*, rue de la Neuville, 47.

Batonnier père, *propriétaire*, rue de Noyon, 4.

Batonnier, *maître d'hôtel*, place Saint-Denis, 63. Entrée de l'hôtel du Rhin, rue de Noyon, 4.

Battu, *coiffeur*, rue des Trois-Cailloux, 59.

Baubion, *md. en gros*, rue des Sergents, 16.

Bouchet (veuve) *renière*, rue des Trois-Cailloux, 30.

Bauchet ✳, *régisseur de la halle aux grains*, r. des Trois-Cailloux, 30.

Bauchet, *tonnelier*, Marché-au-Feurre, 5.

Baudelocque, *juge de paix*, rue Saint-Louis, 5.

Baudisson, *épicier*, rue de Job, 2.

Baudoin, *comptable* au chemin de fer, rue de Noyon, 3.

Baudreuil (Mlle de), *rentière*, chaussée de Noyon, 2.

Bauduin, *directeur d'assurances*, rue St.-Jacques, 114.

Baussart, *rentier*, boulevard Fontaine, 34.

9.

Baussart (Ed.), *md. de vins*, rue des Capucins, **19**.
Baussart (Jules), *artiste peintre*, boulev. Fontaine, **34**.
Bavelincourt (de), *propriétaire*, rue Porte-Paris, **38**.
Bayart, *coupeur d'habits*, rue de Noyon, **3**.
Bayley, *contre-maître*, r. du faub. de Hem, **262**.
Bazenery O ✳, *présid. de chamb.* à la cour, r. Neuve, **24**.
Bazenery ✳, *conseil. à la cour impér.*, r. du Loup, **21**.
Bazile, *parfumeur*, rue des Trois-Cailloux, **70**.
Bazille-Vasseur, rue du Petit-Faub. de Noyon, **92**.
Bazile, *facteur de march.*, rue du Bloc, **7**.
Bazile (Mlle), *rentière*, r. des Rinchevaux, **10**.
Bazile (Simon), *fruitier*, r. du Long-Rang, 50.
Bazille (veuve), *rentière*, rue de la Bibliothèque, **4**.
Bazille, *menuisier*, rue du Hocquet, **99-101**.
Bazille-Bernaut (veuve), *rentière*, rue St-Louis, **47**.
Bazille, *md. de pommes de terre*, rue du Long-Rang, **45**.
Bazille (veuve), *fruitière*, rue du Don, **5**.
Bazille père, *retordeur*, rue des Becquerelles, **3**.
Bazille-Pelletier, *chauffeur* au chemin de fer, rue de la
      Voirie, **67**.
Bazille, *rentier*, rue Napoléon, **26**.
Bazille fils, *représentant de commerce*, rue des Béc-
      querelles, **3**.
    Magasin rue Tappeplomb, **12**.
Bazille fils et H. Wallet, *fabricants*, r. des Orfèvres, **28**.
    Atelier rue des Marissons, **40**.
Bazin-Baudelocque, *prop.*, rue des Saintes-Maries, **10**.
Bazin (Zelia), *débitante*, chaussée Saint-Pierre, **21**.
Bazin-Maillet (veuve), *rentière*, rue du Lycée, **4**.
Bazin (J.-B.), *voyageur*, rue des Poirées, **21**.
Bazin et Girardot, de Paris.
    Magasin d'articles de bureau, rue au Lin, **5**.
Bazin-Boulant, *fabricant*, rue des Poirées, **21**.
Bazin, *tourneur en chaises*, rue Duméril, **11**.
    Magasin rue Blassel, **3**.
Bazot, *notaire*, rue des Jeunes-Mâtins, **20**.
Beaubois, *mécanic.*, chaussée de Noyon, **195**.
Beauclar (veuve et Dlle), *rentières*, r. des Sergents, **14**.
Beaucourt, *empl. à la mairie*, rue du Gr.-Vidame, **42**.
Beaucousin (Ed.), *rentier*, rue des Jacobins, **40**.

Beaucousin (veuve), *rentière*, rue Gresset, **63**.

Beaucousin (Mlle), *rentière*, rue des Rabuissons, **63**.

Beaucousin (Ch.), *rentier*, rue du Lycée, **67**.

Beaucousin (Elise), *rentière*, r. Gesset, **35**.

Beaucousin-Mille, *denrées coloniales*, rue de Metz, **25**.

Beaudoin, *chantre*, rue Basse-Notre-Dame, **29 D**.

Beaudoin, *md. de laines en gr.*, boulevard de l'Est, **6**.
 Magasin, passage du Logis-du-Roi, **17**.

Beaudoin, *artiste-peintre*, boulevard du Mail, **47**.

Beaudoin (Joseph), *md de charbons*, rue du Faubourg
 de Hem, **38**.

Beaudouin (veuve), *rentière*, rue St.-Fuscien, **54**.

Beauduin (V^e), *rentière*, rue des Cordeliers, **33**.

Beaufils, *rentier*, grande rue Saint-Maurice, **21**.

Beaugeois-Couvreur, *meun.*, chaussée St.-Pierre, **40-42**.

Beaugeois, *voiturier*, rue Saint-Roch, **39**.

Beaugeois, *rentier*, r. des Deux-Ponts, **24**, Pet.-St-Jean.

Beaugeois, *meunier*, r. des Teinturiers, **14**, St.-Maurice.

Beaugeois-Dompierre, *rentier*, rue d'Alger, **10**.

Beaugeois, *rentier*, place Montplaisir, **8**.

Beaugeois (Mlle), *rentière*, Cloître-de-l'Horloge, **18**.

Beauger (Hip.), *chauffeur*, r. Coquerelle, **16**.

Beauger fils, *cultivateur*, Grande-Rue, **54**, à Longpré.

Beauger-Hodan, *épicier*, chaussée Saint-Pierre, **24**.

Beauger, *épicier et débitant*, rue Legrand-Daussy, **29**.

Beauger (Mme), *ent. de maçonnerie*, r. de Rumigny, **17**.

Beauger (Marie), rue des Corroyers, **28**.

Beaume, *contre-maître*, r. Laurendeau, **44**.

Beaumont, *direct. de l'Ecole normale*, r. St-Jacques, **76**.

Beaumont, *fruitier*, rue du Bois, **18**, à la Neuville.

Beaumont, *vins et eaux-de-vie*, rue des Capucins, **13**.

Beaumont, *rentier*, rue du Marais, **62**, à Renancourt.

Beaumont, *md. de vins et de levure*, r. Duméril, **51**.

Beaugirès (de), *propriétaire*, à Domqueur, place Saint-
 Denis, **38**.

Beaurepaire (la comtesse de), *propriétaire*, rue des
 Augustins, **14**.

Beauvais-Gaudin, *épicier*, r. d'Amiens, **14**, à Boutillerie.

Beauvais, *rentier*, route de Paris, **65**.

Beauvais-Dury, *ménager*, route de Paris, **113**.

Beauvais (veuve), *rentière*, r. d'En-Bas, 14, à Longpré.
Beauvais, *cultivat.*, route de Paris, 47, faub. de Beauvais.
Beauvais, *md. de son*, route de Paris, 212.
Beauvais, *linger*, rue des Vergeaux, 38.
Beauvais, *cordonnier*, Marché-aux-Herbes, 16.
Beauvais (veuve), *rentière*, rue de Beauvais, 49.
Beauvais, *employé*, rue Desprez, 4.
Beauvais, *jardinier*, chemin des Vignes, à Boutillerie.
Beauvais, *ménager*, rue Fontaine, 12, à Boutillerie.
Beauvais (Jacquin), *pâtissier*, rue des Vergeaux, 8.
Beauvais-Caron, *ménager*, r. Fontaine, 7, à Boutillerie.
Beauvais, *épicier*, rue Saint-Jacques, 85.
Beauvais (Eug.), *laitier*, Grande-Rue, 74, à Longpré.
Beauvais-Allo, *loucur de livres*, r. des Verts-Aulnois, 23.
Beauvais (veuve), *cultivatrice*, rue Saint-Honoré, 91.
Beauvais, *cultivateur*, route de Paris, 128.
Beauvais (L.), *fab. de vel. d'Utrecht*, r. de l'Aventure, 21.
Beauvais (L.), *ménager*, r. Joseph-Masson, 10, à Longp.
Beauvais (Th.), r. Neuve d'Allonville, 17.
Beauval (Mlle). *lingère*, place au Fil, 4.
Beauval, *menuisier, entrepr. de tentures funèbres*, rue
       Basse-Notre-Dame, 23.
      Chantier rue de Bray, 7.
Beauval, *commiss. en marchandises*, r. Caumartin, 50.
Beauval, *emp. de commerce*, r. des Marissons, 28.
Beauval et Pillot, *commissionnaires en marchandises*,
      rue au Lin, 38.
Beauvillé (Cauvel de), *propriétaire*, r. Porte-Paris, 31.
Beauvillé (Mme ve Cauvel de), *rent.*, r. Porte-Paris, 31.
Beauvisage, *commis de douane*, boul. des Frères, 64.
Beauvisage, *propriétaire*, rue Napoléon, 31.
Beauvisage (veuve), *débitante*, rue de la Poissonnerie-
      d'Eau-Douce, 1.
Beauwens, *insp. d'assurances*, r. des Vergeaux, 30.
Bécot ✳, *avocat-général*, rue des Augustins, 8.
Becquerel, *propriétaire*, rue de Metz, 59.
Becquerel, *employé*, route d'Albert, 97.
Becquerelle-Guichard (Ve), *épic.*, Marché-au-Feurre, 2.
     Magasin rue Riquier, 9.
     Magasin rue des Trois-Sausserons, 8 E.

Bècquerelle, *propriétaire*, boulevard des Frères, **12**.

Becquet (Marie), *institutrice*, chaussée St.-Acheul, **71**.

Becquet, *logeur*, r. Saint-Jacques, **87**.

Becquet, *rentier*, rue Saint-Fuscien, **4**.

Becquet, *hortillon*, rue du Marais, **59**, à la Neuville.

Bécu, *lithographe*, rue Duminy, **18**.

Bécu (Mlle), *rentière*, rue du Quai, **29**.

Bégard, *débitant*, rue des Canettes, **18**.

Bèges, *fruitier*, rue de la Barette, **48**.

Béguet-Flictier, *coutelier*, place au Fil, **1**.

Beguet, *md. d'os en gros*, route d'Albert, **36**.

    Fabrique de gélatine, chemin des Granges, faubourg Saint-Pierre.

Beke (Mlle), *rentière*, rue Saint-Denis, **11**.

Belce, *bourrelier*, rue Saint-Leu, **146**.

Beldame-Testu, *commissionnaire en épicerie*, rue St.-Germain, **53**.

    Fabr. de pâtés alimentaires, quai de la Somme, **42**.

Beldame-Drévelle, *épicier*, Marché-aux-Herbes, **29**.

Beldame-Picart, *épicier*, rue des Orfèvres, **43**.

Beldame et Cie., *épiceries, denrées coloniales et drogueries*, rue des Chaudronniers, **8**.

Beldame, *rentier*, rue de Metz-l'Évêque, **6**.

Beldame, *rentier*, rue de la Malmaison, **1**.

Bellard (E.), *fabricant de velours et rubans*, Chaussée de Noyon, **75-77**.

Bellard frères, *tailleurs*, rue des Vergeaux, **21**.

Bellart, *march. de son*, rue Saint-Roch, **2**.

Bellenger, *charpentier*, rue d'Amiens, **1**, à Boutillerie.

Bellet, *cordonnier*, rue des Verts-Aulnois, **28**.

Bellet-Pipaut, *serrurier*, rue des Augustins, **15**.

Bellet, *rentier*, chaussée de Noyon, **125**.

Bellet, *md. de peaux*, r. Haute-des-Tanneurs, **52**.

    Magasin, r. Haute-des-Tanneurs, **34**.

    Magasin, r. des Poirées, **29**.

Bellet (Pierre), *rentier*, r. Saint-Roch, **41**.

Bellet, *mécanicien*, rue Fontaine, **30**.

Bellet, *empl. de commerce*, rue des Capucins, **42**.

Bellette-Debary, *épicier*, rue de la Hotoie, **75**.

Bellette, *plombier*, rue des Jacobins, **50**.

Bellette, *débitant et md. de pigeons*, rue des Poirées, 55.

Bellegueule fils, *luthier*, rue Delambre, 28.

Belguise, *cabaretier*, r. du Faubourg de la Hotoie, 122.

Belguise (veuve), *rentière*, rue Véronique, 20.

Belleguise, *débitant*, rue du Moulin-Neuf, 15.

Bellier, *coiffeur*, passage du Commerce, 22.

Bellier, *débitant*, rue des Bourelles, 2.

Bellin, *agent de police*, rue de Beauvais, 3.

Bellouin, rue Haute-des-Tanneurs, 20.

Belperche, *prote d'imprimerie*, route de Rouen, 151.

Belvalette, *agent d'assur.*, r. Saint-Jacques, 63.

Belvaude-Farcy, *épicier*, rue du Quai, 57.

Belvaude (veuve), *débitante de tabac*, *épicière*, rue du Quai, 46.

Belvaude, *marchand de pains*, rue de la Vallée, 38.

Belvaude (veuve), *épicière*, rue des Corroyers, 55.

Bénard, *ancien pharmacien*, rue Cozette, 18.

Bénard, *aubergiste*, rue de Metz, 12.

Benard-Loffroy, *nouveautés*, rue des Sergents, 35-37.

Bénard, *conseiller*, rue Saint-Dominique, 28.

Bénard, *perruquier*, rue des Orfèvres, 20.

Benaut (Charles), *aubergiste*, rue de Beauvais, 44.

Benaut, *propriétaire*, rue Neuve-des-Wattelets, 5.

Benezy, *rentière*, r. des Augustins, 20.

Beni père, *employé*, route d'Allonville, 6.

Beni, *teinturier-dégraisseur*, r. Sire-Firmin-Leroux, 8.

Beni-Buignet, *employé*, r. du Long-Rang, 55.

Benoist (Mlle), *rentière*, rue de Narine, 43.

Benoit, *rentier*, rue Cozette, 5.

Benoit-Codevelle (veuve), *rentière*, rue Saint-Louis, 7.

Benoit (Mme), *pâtés de canards*, rue Neuve, 4.

Benoit-Duvette, *filateur*, rue des Saintes-Claires, 60.

Benoit (veuve), *repasseuse*, rue du Lycée, 19.

Béral, *lampiste*, marché aux Herbes, 28.

Béranger, *bimblotier*, rue du Faubourg de Hem, 160.

Béraud, *cons. des eaux et forêts*, r. St.-Jacques, 98.

Berenger, *fabricant de bas*, Logis-du-Roi, 12.

Berg (L.), *contre-maître*, boulev. Saint-Jacques, 67.

Bergée (veuve), *mde.*, chaussée St.-Pierre, 5.

Bériaux, *aubergiste*, chaussée de Noyon, 181.

Bernard, *tailleur*, r. Delambre, 26.

Bernard (H.), *négociant*, r. Saint-Fuscien, 21.

Bernard (J), *articles d'Amiens*, rue Henri IV, 13.
Atelier rue des Archers, 29.

Bernard (Mlle), *gérante*, r. des Trois-Cailloux, 42.

Bernard, *ferblantier*, rue des Cordeliers, 7 et rue de
Beauvais, 9.

Bernard, *subst. du pr. général*, rue Gribeauval, 11.

Bernard-Moignet, *dentiste*, rue des Trois-Cailloux, 18.

Bernard, *épicier*, place Saint-Denis, 37.

Bernard, *cafetier*, *facteur*, rue de Beauvais, 56.

Bernard (Th.), *ménager*, r. Saint-Honoré, 67.

Bernard, *cultivateur*, rue Saint-Honoré, 67.

Bernard (Mlle), *rentière*, boulevard de l'Est, 19.

Bernard (sœur St), *supérieure* des religieuses de Louvencourt, rue des Crignons, 8.

Bernard, *débitant*, rue du faubourg de Hem, 123.

Bernault (veuve), *épicière*, rue Henri IV, 18.

Bernault (Narcisse), *employé*, r. de la Sablière, 20.

Bernaut-Quesnel, *épicier*, rue Saint-Leu, 79.

Bernaut-Laurent, *fab. de tapis*, rue Saint-Jacques, 80.
Fabriques, rue Saint-Jacques, 99, et rue du Christ,
20, à Montières.
Lavoir, quai de la Passerelle, 7.

Bernaut, *cordonnier*, rue de la Hotoie, 20-22.

Bernaux, *savons et huiles*, rue Ledieu, 66.

Bernaux (veuve), *rentière*, rue des Clairons, 43.

Bernaux et Cie, *teinturiers-impr.*, r. des Majots, 34-36.

Bernaux, *marchand d'huiles*, rue de la Hotoie, 40.

Bernaux (veuve), *rentière*, chaussée Saint-Pierre, 6.

Bernaux (veuve), *calandreur d'étoffes*, r. St-Louis, 4.

Bernaux, *employé*, rue Le Mattre, 18.

Bernaux, *peintre*, rue Basse-Notre-Dame, 52.

Bernaux, *chauffeur*, petite rue du Cange, 2.

Bernaville, *rentier*, rue des Écoles-Chrétiennes, 5.

Bernières, *chauffeur*, rue du Pinceau, 66.

Berny (veuve et Mlle de), *prop.*, r. des Sergents, 44.

Berode, *receveur* à la petite vitesse, r. de Lamorlière, 25.

Berquin, *cordonnier*, rue Neuve-Saint-Honoré, 62.

Berrard, *professeur*, rue de Narine, 36.

Berthemet (veuve), rue Porte-Paris, 57.

Bertholin (Achille), *employé*, rue de Lamorlière, 34.

Bertholin (Octave), *métreur en bâtiments*, rue de Lamorlière, 26.

Bertin (Mlle Madeleine), *rentière*, rue Canteraine, 59.

Bertin (veuve), *débitante*, petite rue de la Veillère, 1.

Bertin, *instituteur et épicier*, r. du Marais, 54, Neuville.

Bertin, *sous-maître* à l'école norm., r. St.-Jacques, 76.

Bertin-Desmarquet (v°), *mercière*, rue des Vergeaux, 47.

Bertin, *sellier*, rue Porte-Paris, 9-11.

    Magasin, passage Saint-Denis.

Bertin, *curé*, rue des Deux-Ponts, 7, au Petit-St-Jean.

Bertin-Deneuville, *épicier*, rue de Lamorlière, 6.

Berton (l'abbé), *vicaire*, rue de Corbie, 15.

Bertoux, *serrurier*, rue St.-Honoré, 152.

Bertoux, *surnuméraire*, rue des Vergeaux, 31.

Bertoux, *employé*, rue Le Mattre, 71.

Bertoux, *ménager*, route de Paris, 5.

Bertrand, *employé*, rue Martin-Bleu-Dieu, 29.

Bertrand, *père et fils, teinturiers*, r. St-Maurice, 11.

Bertrand, *rentier*, rue Verte, 6.

Bertrand fils, *poêlier-fumiste*, rue Delambre, 50.

Bertrand père, r. Delambre, 50.

Bertrand, *contrôl. des contr. ind.*, rue Le Merchier, 16.

Bertrand, *employé*, rue Daire, 34.

Bertrand, *employé*, route d'Albert, 14.

Bertrand, *coutelier*, marché aux Herbes, 43.

Bertrand, *teinturier*, place Montplaisir, 7.

Berville frère et sœur, *propriétaires*, rue St.-Roch, 48.

Berville (veuve), *rentière*, allée des Meuniers, 80, à Renancourt.

Berville, *boulanger*, route de Rouen, 66.

Betfort (veuve), *rentière*, rue des Faux-Timons, 40.

Béthouart (Léon), *employé*, r. du Cloître-N.-Dame, 20.

Betrancourt, *épicier*, rue du Bloc, 2.

Bette, *menuisier*, rue Martin-Bleu-Dieu, 5.

Bettembos, *chapelier*, r. des Jacobins, 12.

Bettembos (veuve), *ménagère*, r. des Granges, 37.

Bettembos, *ménager*, r. du Faub.-de-Hem, 274.

Bettencourt-Petit, *chiffonnier*, imp. des Passementiers, 6.

Betz (Mme la comtesse de), rue des Rabuissons, 77.

Beugnet (veuve), *rentière*, r. Neuve-des-Wattelets, 16.

Beugniet, *peignerie mécanique*, r. de la Plumette, 6. Magasin, rue Pavée, 31.

Beugniet (J.), *cardeur de laines*, rue du Bordeau, 16.

Beurger, *menuisier*, rue St.-Firmin-le-Confesseur, 4.

Beuvry, *cabaretier*, marché au Feurre, 20.

Bezancourt, *ménager*, rue de l'Union, 88.

Bezancourt, *rostier*, rue Saint-Leu, 26.

Bezancourt, *rentier*, route de Paris, 119.

Bezard, *hortillon*, à l'Agrapin, 3.

Bialkowski (veuve), *rentière*, rue de Rumigny, 24.

Bibault (veuve), *fruitière*, rue des Corroyers, 10.

Bibet, *pharmacien*, rue Saint-Leu, 24.

Bibliothèque, rue des Rabuissons, 48.

Bibolet, *agent-voyer*, rue des Sergents, 19.

Bidard, *percep.-surn.*, rue Pierre-l'Ermite, 33.

Bienaimé, *employé*, rue Martin-Bleu-Dieu, 15.

Bienaimé, *horloger*, rue des Trois-Cailloux, 12.

Bienaimé-Frassy (veuve), *horlogère*, galerie du Commerce, 18-20.

Biendiné, *voyageur*, rue Saint-Fuscien, 10.

Biendiné, *rentier*, rue Castille, 13.

Bienfait, *cireur*, rue Saint-Jacques, 89.

Bigard, *employé* à la Préfecture, rue Verte, 38.

Bignon, *logeur*, boulevard du Port, 36.

Bigorne, *propriétaire*, rue Neuve-Saint-Dominique, 14.

Billet, *parquetier*, rue du Faubourg-de-Hem. 136.

Billet, *contre-maître*, rue du Faubourg-de-Hem, 136.

Billet-Lefeuvre (Mme), *lingère et modiste*, place aux Herbes, 2.

Billoré, *secrétaire en chef* de la Mairie, place de l'Hôtel-de-Ville, 1.

Binard (Amand), *teinturier*, rue des Augustins, 12. Teinture, rue Neuve-des-Minimes, 12.

Binard (Charles), *recev. de rentes*, rue Porte-Paris, 18.

Binard-Plé, *propriétaire*, rue Porte-Paris, 18.

Binard (veuve), *rentière*, rue Neuve, 4.

Binard (Edouard), *rentier*, rue de Narine, 17.

Binard-Binard, *employé*, rue d'Engoulvent, 25.

Binard-Labesse, *apprêteur d'étoffes*, rue d'Engoul-
    vent, 23.

Binard (Ve), rue d'Engoulvent, 25.

Binard (veuve), rue Gresset, 59.

Binet-Lemire, *md. de grains*, rue Saint-Martin, 20.

Binet (veuve), *rentière*, rue Saint-Fuscien, 8.

Binet, *cafetier*, place Saint-Firmin, 1.

Binet, *menuisier-ébéniste*, impasse Ste-Patrice, 1.

Binet-Gaillot, *pâtissier*, rue Saint-Germain, 12.

    Maison de vente, marché de Lanselles, 35.

Binet, *employé*, rue du Cloître-Saint-Nicolas, 21.

Binger, *entrep. des tabacs*, r. des Cordeliers, 57.

Bionval (Mme veuve de), rue des Saintes-Maries, 10.

Birchler, *employé en retraite*, rue du Lycée, 41.

Bisson de Laroque (veuve), *propriétaire*, r. Gresset, 43.

Bivel (veuve), *modiste*, rue Saint-Dominique, 8.

Bizet, *entrepreneur*, rue du Mail, 7.

    Briqueterie rue des Meuniers, 1, faubourg de Hem.

    Chantier rue du petit faubourg de Noyon, 112.

Bizet, *fruitière*, route de Rouen, 47.

Bizet, *menuisier*, rue des Corroyers, 101.

Bizet (Amicie), *rentière*, chaussée Saint-Acheul, 8.

Black, *mécanicien*, rue Vascosan, 13.

BLAMONT (maison du), r. du Blamont, 82.

Blanc, *md de vieux souliers*, rue St.-Germain, 22.

Blanc, *cordonnier*, rue Saint-Germain, 17.

Blanc, *tapissier*, rue du Petit-Saint-Roch, 87.

Blanc, *débitant et logeur*, route de Paris, 25.

Blancard, *garde-champ.*, rue Saint-Honoré, 47.

Blanchard, *perruquier*, rue de Narine, 3.

Blanchard de Fargis (ve), *rentière*, pl. Longueville, 31.

Blanche, *entrepren. de pavages*, rue Septenville, 16,
    faubourg Beauvais.

    Magasin, r. Septenville, 27.

Blanchon, *graisseur*, chaussée de Noyon, 68.

Blangy, *tourneur en bois*, rue de la Hotoie, 56.

Blangy, *march. d'eau-de-vie*, rue de Beauvais, 2.

Blangy, *mercier*, rue de la Hotoie, 72.

Blangy, *cordonnier*, rue de Metz, 54.

Blangy-Dury, *cultivateur*, rue Saint-Honoré, 83.

Blangy (veuve), *débitante*, rue Saint-Jacques, 75.

Blangy, *teinturier*, rue des Clairons, 29.

    Magasin rue des Coches, 42-45.

Blart, *débitant*, rue des Jacobins, 30.

Bled, *huissier*, cloître Saint-Nicolas, 19.

Bliard, *surveillant* au chemin de fer, imp. Vascosan, 10.

Blin de Bourdon, *propriétaire*, rue des Augustins, 1.

Blin et Cie., *tailleurs*, rue des Trois-Cailloux, 25.

Blin, *conduct. de trains*, rue du Petit-Faubourg-de-Noyon, 49.

Blin, *brigadier* au chemin de fer, r. des Jardins, 57.

Blond-Brasseur, *employé*, r. de la Neuville, 79.

Blondel, *employé*, rue Castille, 48.

Blondel, *employé*, rue du Marais, 36, au f. St.-Pierre.

Blondin de Saint-Hilaire, *propriétaire*, rue Gloriette, 8.

Blondin, *accordeur de pianos*, rue des Jacobins, 56.

Bloquel, *contrôleur de la garantie en retraite*, rue du Vivier, 26.

Bloquet, *garçon de bureau*, pl. de l'Hôtel-de-Ville, 17.

Bloquet, *propriétaire*, rue Pierre-l'Ermite, 27.

Bloquet, *charron*, rue Saint-Dominique, 10.

Bloquet, *gommeur*, rue Saint-Maurice, 7.

Blot père et fils, *rentiers*, rue des Écoles-Chrétiennes, 30.

Blot, *avocat*, rue du Soleil, 3.

Blot (veuve), *rentière*, rue du Soleil, 3.

Blyth, *contre-maître*, rue du Faubourg de Hem, 105.

Bocca, *archiviste*, rue des Wattelets, 2.

Bocquet, *fort à la halle*, quai de la Somme, 26.

Bocquet, *vins en gros*, rue de la Hotoie, 24.

    Magasin rue Fontaine, 21.

Bocquet (Mlle), *retordeuse*, rue des Briques, 27.

Bocquet (Mlle), *mᵉ de musique*, r. de Constantine, 14.

Bacquet (Mlle), *cordière*, quai de la Somme, 40.

Bocquet-Brunel, *rentière*, rue de Constantine, 14.

Bocquet-Cordier, *fripier*, rue Saint-Germain, 6.

Bocquillon, r. haute du Pont-de-Metz, 7, à Renancourt.

Bodard, *rentier*, rue de Rumigny, 14.

Bodescot (Louis), *ouvrier*, r. du Long-Rang, 66.

Bohrer, *débitant*, rue Riolan, 72.

Boidard, *employé*, r. du Moulin, 68, faub. Beauvais.

Boidart, *employé*, rue Montplaisir, 11.

Boidin, *éclusier*, à l'Ecluse (Longpré).

Boidin, *cabaretier*, route d'Abbeville, 223, à Montières.

Boidin, *cabaretier*, rue Saint-Léger, 54, à Longpré.

Boidin, *ménager*, rue du Calvaire, 29, à Renancourt.

Boidin, *mercier*, rue du Hocquet, 60.

Boidin, *teinturier-dégraisseur*, rue des Trois-Sausse-rons, 9.

Boidin, *débitant*, rue Gresset, 41.

   Mag. de futailles, r. des Verts-Moines, 3-5.

Boidin, *boulanger*, rue du Petit-Faub. de Noyon, 52-54.

Boidin, *employé*, rue du Marais de Hem, 54.

Boidin, *employé*, rue du Bloc, 3.

Boileau (veuve), *rentière*, rue du Hocquet, 26.

Boileau (veuve), *rentière*, rue Neuve, 11.

Boileau, *md. de charbons*, quai de la Passerelle, 14.

Boileau, *mercier*, rue de la Hotoie, 33.

Boileau, *md de laines*, petite rue Saint-Remi, 2.

Boileau (Lucien), *lithographe*, rue Delambre, 24.

Boileaux, *md. de charbons*, r. Basse-des-Tanneurs, 48.

Boilleaux, *directeur d'assurances*, rue Gresset, 59.

Boilleaux (Alp.), *recev. de rentes*, rue des Saintes-Maries, 37.

Boilleaux (Hortense), *rentière*, r. des Saintes-Maries, 37.

Boilly, *herboriste et épicier*, rue de Beauvais, 36.

Boinet, *cabaretier*, grande Rue, 37, au Petit-St.-Jean.

Boinet, *propriétaire*, grande Rue, 60, au Pet.-St.-Jean.

Boinet, *fabricant d'encre*, rue de Metz, 22.

Boinet, *concierge* à la Madeleine.

Boinet, *court. de chev.*, rue du faub. de la Hotoie, 88.

Bois, *rentier*, rue des Corroyers, 149.

Bois (veuve), *rentière*, rue Caumartin, 37.

Bois, *maçon*, rue Martin-Bleu-Dieu, 30.

   Briqueterie, r. du Marais, 33, à Montières.

Bois (veuve), *logeuse*, rue des Louvel, 7-9.

Bois (Nic.), *tisseur*, r. du Long-Rang, 98.

Bois, *courtier de commerce*, rue de Narine, 35.

Bois, *garçon de table*, rue des Capucins, 44.

Bois, *tailleur*, passage de la Comédie, 14.

Bois, *maçon*, rue du Lycée, 98.

Boisbergue (Mlle), *rentière*, rue de Narine, 45.
Boisguillon (de), le vicomte, boulevart du Mail, 51.
Boissier (Mme), *mercière*, rue du Moulin-du-Roi, 15.
Boissonnet (veuve), *rentière*, rue de Bray, 5.
Boistel de Belloy, *propriétaire*, rue Neuve, 29.
Boistel, *fruitier*, rue Duméril, 6.
Boitel, *cabaretier*, chemin de Vignacourt.
Boitel (Ant.), *propriétaire*, rue du Bastion, 1.
Boitel, *rentier*, place Montplaisir, 4.
Boitel, *menuisier*, rue des Corroyers, 127.
Boitel, *md. de vaches*, boulev. de l'Est, 21.
Boitel, *fruitier*, rue Saint-Denis, 6.
Boitelle, *rentier*, boulevard Saint-Michel, 22.
Boitel (Fug.), *contre-maître*, rue des Cruchons, 5.
Boitelle, *contre-maître*, route d'Albert, 79.
Bolin-Magnier, *boucher*, rue Saint-Leu, 54.
  Remise, rue des Huchers, 23.
Bomy (Mlle), *rentière*, boulevard des Frères, 8.
Bon (Ch.), *caissier à la Recette génér.*, r. Cozette, 16.
Bon (veuve), *rentière*, rue du Cange, 12.
Bon-Herbet, *rentier*, rue Saint-Leu, 10.
Bonbled, *cabaretier*, rue du Petit-Faub. de Noyon, 71.
Bondois, *employé*, rue Le Merchier, 9.
Bondois (veuve), *rentière*, rue Gresset, 55.
Bondois, *bedeau*, rue Saint-Jacques, 40.
Bondois, *négociant*, rue Basse-Saint-Martin, 16.
Bondois, *courtier de marchand.*, rue Verte, 40.
Bondon, *md. de mercer. en 1/2 gros*, ch. de Noyon, 64.
Bonhomme-Richepin, *mercier en gros*, r. des Jacobins, 24.
Bonnard (veuve), *bouchère*, chaussée de Noyon, 22.
Bonnard-Fournier, *déchets*, rue Saint-Germain, 52.
  Magasin place Maubert, 1.
Bonnard, *md. de cendres*, boulev. du Cange, 16.
Bonnavoine, *rentier*, rue du Lycée, 28.
Bonnessieu, *employé*, rue du Lycée, 80.
Bonnet, *pâtissier*, rue du Grand-Vidame, 1.
Bonnet, *boulanger*, rue des Tripes, 34.
  Maison de vente, rue d'Étouvy, 10, à Montières.
Bonta (Mlle), *mde de marrons*, rue des Trois-Cailloux,
  demeure rue des Capucins, 27 b.

Bontemps, *rentier*, rue du Lycée, 14.

Bonvallet-Matifas, *rentier*, rue Saint-Fuscien, 72.

Bonvallet frères, *teinturiers et impr.*, r. des Meuniers, 20.

    Maison de commerce rue des Sergents, 54.

    Magasin, rue des Crignons, 3.

Bonvallet (veuve), *rentière*, rue Laurendeau, 68.

Bonvallet (Mme), *modiste*, rue Gresset, 60.

Bonvallet, *débitant*, rue du faubourg de Hem, 132.

Bonvarlet, *logeur*, rue St.-Médard, 7.

Boquet (Jules) Sévin et Cie., *négts.*, rue des Sergents, 48.

    Magasin place Saint-Remi, 3.

Bor, *pharmacien*, rue des Vergeaux, 5.

Bordecq (Paul), *rentier*, place Saint-Denis, 16.

Bordecq (Mlle), *maîtresse de pension*, r. St-Denis, 24.

Bordet, *direct. des contribut. indir.*, r. St.-Fuscien, 54.

Borelli, *artiste peintre*, rue des Rabuissons, 45.

Borle, *fruitier*, rue des Cordeliers, 3.

Bossu-Cottenet, *épicier*, rue Saint-Leu, 50.

Bossu, *loueur en garni*, rue Gresset, 76.

Botkine (Mme), *rentière*, r. de la Voirie, 171.

Botte, *cordonnier*, rue des Capucins, 57.

Bouchard, *prof. de musique*, r. du Chemin-Vert, 11.

Bouchard (Mlle), *rentière*, rue de la Sablière, 28.

Boucher *cabaret.*, *loueur en garnis*, place St.-Firmin, 4.

Boucher-Gobin, *propriétaire*, r. de Lamotlière, 23.

Boucher (veuve), *rentière*, rue Neuve, 22.

Boucher-Vivien, *fabricant de corsets*, r. St.-Denis, 20.

Boucher, *rentier*, rue de Rumigny, 64.

Boucher, *épicier*, rue Sylvius, 18.

Boucher (veuve), *rentière*, rue de Narine, 20.

Boucher, *linger*, rue des Trois-Cailloux, 94.

Boucher, *employé*, rue Neuve-des-Minimes, 30.

Boucher (veuve), *rentière*, rue de l'Aventure, 12.

Boucher, à Dreuil, *carrière*, route d'Abbeville, 222,

    à Montières.

Boucher (veuve), *rentière*, rue des Bouteilles, 5.

Boucher (Pierre), *ménager*, route de Corbie, 58.

Boucher, *curé de la cathédrale*, cloître St-Nicolas, 10.

Boucher (ve), *rentière*, route d'Albert, 55.

Boucher, *charc. et cabar.*, route d'Albert, 55.

Boucher (Amable), *ménager*, route d'Albert , 83.

Boucher, *md de chocolat et de café*, rue des Chaudronniers, 12.

Boucher, *cond. au ch. de fer*, rue de la Voirie, 75.

Boucher dit Louis d'Or, *cultivateur*, route d'Albert, 103.

Boucher (Louis), *cultivateur*, route d'Albert, 105.

Boucher, *ménager*, route d'Allonville, 64.

Boucher, *cab. (garnis)*, place Saint-Firmin, 14.

Boucher, *pharmacien*, rue au Lin, 7.

Boucher, *md. de meubles*, rue au Lin, 35.

Boucher, *ménager*, rue du Petit-Rivery, 33.

Boucher-Ducroquet, *ménager*, impasse des Cruchons, 9.

Boucher (veuve), *rentière*, passage des Cordeliers, 17.

Boucher (veuve), *rentière*, rue au Lin, 7.

Boucher-Mongrenier, *ménager*, sur la Place, 9, à Longpré.

Boucher, *ménager*, sur la Place, 9, à Longpré.

Boucher-Dupuis, *mécanic.*, r. Basse-des-Tanneurs, 12.

Boucher, *bourrelier*, rue Saint-Leu, 123.

Boucher, *tonnelier*, r. du Calvaire, 5, au Petit-St.-Jean.

Boucher, *matelassier*, rue des Doubles-Chaises, 13.

Boucher (veuve), *loueur en garni*, rue Verte, 1-3.

Boucher (Mlle), *loueuse en garni*, rue Verte, 25.

Boucher, *fruitier*, Grande-Rue, 244, à Saint-Maurice.

Boucher fils, *contre-maître*, rue Ledieu, 42.

Boucher, *débitant et logeur*, rue de Metz, 9.

Boucher *courtier de commerce*, rue de Metz, 17.

Boucher, *prêtre*, boulevard de l'Est, 28.

Boucher, *ent. de pavage*, rue Saint-Geoffroy, 34.

Boucher (Théophile), *cultivateur*, route de Doullens, 27.

Boucher, *voiturier*, rue Ledieu, 60.

Boucherie par actions, rue des Vergeaux, 15.

Boucher (Mlle), *rentière*, rue des Canettes, 13.

Boucheron (Paul), *rentier*, rue Saint-Louis, 49.

Boucheron (veuve), *rentière*, petite rue St-Remi, 17.

Bouchon, *galochier*, rue des Corroyers, 11.

Bouchon, *cabaretier*, sur la Place, 1, à la Neuville.

Bouchon, *rentier*, rue du Marais, 24, à Renancourt.

Bouchon, *maréchal*, r. du Marais, 1, à Boutillerie.

Boudeville, *horloger*, rue Delambre, 30.

Boudinet ✳ (Mgr), *évêque d'Amiens*, pl. St.-Michel, 1.

Boudon (Valery), *propriétaire*, rue Du Cange, 8.

Boudoux (veuve), *mde. de parapluies*, rue de Metz, 2.

Boudoux et Ducastel, *épiciers*, route d'Albert, 57.

Boudoux-Ducrognol, *serrur.*, r. Neuve-d'Allonville, 20.

Boudry (Al.), *retraité*, rue Dejean, 35.

Bouffet, *chauffeur*, chaussée de Noyon, 203.

Bouffet-Beauvais, *fabr. de couverts*, r. des Cordeliers, 20.

Bouffet (Nic.), *ménager*, chaussée Périgord, 197.

Bougon (J.) et Cie., *négociant* rue Basse-N.-Dame, 14.

Bougon, *ferblantier-lampiste*, rue au Lin, 10.

Bougon, *tonnelier*, rue Duméril, 57.

 Magasin, rue des Capucins, 27 B.

Bouillard, (Mme) *auberg.*, *mde. de cidre*, r. du Pont du Cange, 7-9-11, et rue du Don, 39.

Bouillencourt, *négociant*, rue du Cange, 1.

 Maison de commerce rue des Sergents, 51.

Bouillet, *md. de comestibles*, rue des 3 Cailloux, 101.

Boulan, *conducteur de la machine hydraulique*, au pont Saint-Michel.

Boulanger, *cabaretier*, route d'Amiens, 23, Boutillerie.

Boulanger, *épicier-cabaretier*, rue des Cruchons, 23.

Boulanger (Louis), *menuisier*, rue du Marais, 29, à Montières.

Boulanger, *voyageur*, impasse des Cordeliers, 21.

Boulanger, *surn. d. cont. dir.*, r. d. Trois-Cailloux, 130.

Boulanger (veuve), *rentière*, rue Saint-Remi, 3.

Boulanger (vᵉ), *rentière*, rue des Francs-Muriers, 32.

Boulanger (veuve), *rentière*, rue des Rabuissons, 47.

Boulanger (vᵉ), *ménag.*, r. de l'Eglise, 12, à Renancourt.

Boulanger, *rentier*, rue Le Maître, 61.

Boulanger, *sous-inspecteur*, chaussée de Noyon, 67.

Boulanger (Pascal), *rentier*, rue de la Vallée, 23.

Boulanger-Dhangest (Mme), *rentière*, rue Pierre-l'Hermite, 8.

Boulanger Zéphyr, *charpentier*, rue Rohaut, 16 18.

Boulanger, *linger*, place de l'Hôtel-de-Ville, 27.

Boulanger-Roussel, *farinier*, rue du Moulin-du-Roi, 4.

 Magasin rue Sainte-Catherine, 8.

Boulanger, *cabaretier*, grande rue St.-Maurice, 39.

Boulanger-Flicot, *épicier*, rue de Beauvais, **21.**
Boulanger, *rentier*, rue Saint-Louis, **12.**
Boulanger (Casimir), *entrepreneur de maçonnerie*, rue
    Voiture, **18.**
    Briqueterie, route d'Abbeville, **254,** à Montières.
Boulanger (Auguste), *rentier*, passage des Cordeliers, **2.**
Boulanger, *md. de tourbes et logeur*, rue des Francs-
    Mûriers, **60.**
Boulanger (veuve), *rentière*, rue Flament, **30.**
Boulanger (Mlle), *modiste*, rue Flament, **30.**
Boulanger, *curé de St.-Jacques*, rue Flament, **6.**
Boulanger (Mlle), rue Flament, **6.**
Boulangerie mécanique, faubourg de la Hotoie, **19.**
    Succursales : Rue de Noyon, **11.**
              Rue Duméril, **13.**
              Rue des Sœurs-Grises, **15-17.**
Boulant, *employé*, rue Laurendeau, **41.**
Boulenger (veuve), *rentière* rue Saint-Fuscien, **17.**
Boulet-Véret, *rentier*, ch. de St.-Acheul, **53,** Neuville.
Boulet, *brocanteur*, rue des Tripes, **32.**
Boulet (veuve), *propriétaire*, rue Neuve, **20.**
Boulfroy, *garç. à la banque de France*, r. Daire, **25.**
Boulfroy, *débitant*, rue des Majots, **11.**
Boulfroy, *serrurier-poélier*, rue Saint-Germain, **9.**
Boulfroy, *brigadier d'octroi*, rue des Tripes, **13.**
Boulle, *épicier*, ☼, route de Paris, **19.**
Boulle, (veuve et D^{lles}), rue Delambre, **39.**
Boullenger (Aristide), *libraire*, place Périgord, **12.**
Boulnois, *bonnetier*, rue des Trois-Cailloux, **51.**
Boulnois, *md. de marolles*, rue Saint-Germain, **7.**
Boulogne (Mme), *modiste*, rue Gresset, **68.**
Boulongne, *md forain*, rue des Jardins, **25.**
Bouly (Achille), *rentier*, rue Robert-de-Luzarches, **17.**
Bouly, *cafetier*, impasse des Jeunes-Matins, **16.**
Bourache, *rentier*, rue Verte, **49.**
Bourache, *bourrelier*, rue de Beauvais, **75.**
Bourache, *épicier*, rue de Beauvais, **136-138.**
Bourban et Moignet, *négociants*, place St.-Martin, **10.**
Bourban, *débitant*, rue du Don, **25.**
Bourban frère et sœur, *rentiers*, gr. r. St-Maurice, **33.**

                                    10

Bourban., *médecin*, Grand-Rue., 46, à Montières.
Bourdeaux père, *propriétaire*, place Notre-Dame, 2.
Bourdeaux, *fabr. d'huiles*, place Not.-Dame, 2.
    Moulin rue des Teinturiers, 14.
Bourdon (Mlles), *propriétaires*, cloître Notre-Dame, 18.
Bourdon, *avocat*, r. des Trois-Cailloux, 86.
Bourdon, *cultivateur*, quai de la Somme, 120.
Bourdon (ve), *mde. de tissus*, r. des Huchers, 2.
Bourdon, *md. de tissus*, rue des Huchers, 2.
Bourdon, *employé*, rue de la Neuville, 15.
Bourgeois, *surveillant*, rue du petit fg. de Noyon, 80.
Bourgeois-Chevalier, *voiturier*, r. Vasçosan, 5.
Bourgeois, *débitant-épicier*, r. Basse-St-Germain, 6.
Bourgeois, *cultivateur*, rue du faubg. de la Hotoie, 80.
Bourgeois ✻, *rentier, ancien sous-intendant*, boulevard
    du Mail, 5.
Bourgeois (Victor), *directeur de messageries*, rue des
    Trois-Cailloux, 18.
Bourgeois (veuve), *rentière*, rue des Corroyers, 100.
Bourgeois, à Ivry.
    Boyauderie, route de Rainneville, 51.
Bourgeois (Jules), *cont.-maît.*, r. du Marais de Hem, 5.
Bourgeois, *débitant-épicier*, boulevard Guyencourt, 93.
Bourgeois, *fact. de messag.*, r. de la Bibliothèque, 4.
Bourgeois (Palmyre), *bouchère*, route de Paris, 59.
    Etal marché de Lanselles.
Bourgeois Hippolyte, *cafetier*, boulev. de l'Est, 3.
    Ecurie, rue de la Neuville 5.
Bourgeois de St.-Riquier, *rentier*, rue Saint-Louis, 5.
Bourgeois (ve), *rentière*, rue Ledieu, 5.
Bourgeois (veuve), *cultiv.*, route de Paris, 95.
Bourgeois, *débitant et charcutier*, rue Saint-Roch, 5.
Bourgeois, *charcutier*, r. des Trois-Sausserons, 10.
Bourgeois, *boucher*, rue du Pont-à-Moinet, 1.
Bourgeois-Longuet, *boucher*, r. des Jacobins, 31-33.
Bourgeois, *cultivateur*, rue Saint-Honoré, 48.
Bourgeois (Joséphine), rue du Vivier, 6.
Bourgeois-Capel, *lait.*, r. de la Ruellette, 1, à Longpré.
Bourgeois, *savetier*, rue Saint-Germain. 48.
Bourgeois (ve), *gérante des bains*, Logis-du-Roi, 11.

Bourgeois, route d'Abbeville, 161.

Briqueterie à Montières, route d'Abbeville, 269.

Bourgeois, *cultivateur*, r. du Marais, 80, à Renancourt.

Bourgeois (veuve), *rentière*, rue des Deux-Ponts, 12, au Petit-Saint-Jean.

Bourgeois, *employé*, rue du Petit-Faub.-de-Noyon, 100.

Bourgeois, *ménager*, route de Rouen, 72.

Bourgois (veuve), *rentière*, chaussée de Noyon, 43.

Bourguet, *juge-de-paix*, boulevard de l'Est, 12.

Beuron, *surveillant*, rue Castille, 58.

Bourse (veuve), *rentière*, rue Damis, 26.

Boursiez (Mlle), *employée*, rue Duméril, 37.

Boury (veuve), *fruitière*, rue de la Queue de Vache, 29.

Boury, *chauffeur*, petite rue du Cange, 5.

Boury, *commis à pied*, rue de Noyon, 42.

Boury, *modes pour enfants*, r. des Trois-Cailloux, 14.

Boury-Lenot, *md. de pailles*, route d'Albert, 22.

Boury, *cabaretier*, route d'Albert, 75.

Bousquet-Briquet, *ferblantier*, rue de Beauvais, 46.

Bouteillier (Mme Anna), *supérieure de la Maison d'Éducation des Fidèles Compagnes de Jésus*, rue des Augustins, 15.

Boutellier, *perruquier*, rue de l'Union, 4.

Bouteloup, *coiffeur*, place Saint-Firmin, 13.

Bouthemard ※, *ancien avoué*, rue Saint-Louis, 41.

Bouthors, *conseiller* de préfecture, rue de Metz, 46.

Bouthors, *fabricants de mousseline*, rue Legrand-Daussy, 68.

Bouthors-Witasse (v^e), *vins en gros*, r. de Beauvais, 85.

Magasin, impasse des Cordeliers, 7.

Bouthors-Rohaut, *ménager*, r. Neuve d'Allonville, 9.

Bouthors, *boulanger*, route d'Abbeville, 160, Montières.

Boutillier (Mlle), *rentière*, rue N.-des-Capucins, 4.

Boutillier (Al.), *ménager*, r. Joseph-Masson, 7, à Longpré.

Boutillier-Lemaire, *fruitier*, r. du Sac, 12-14, Longpré.

Boutillier, *laitier*, Grande-Rue, 62, à Longpré.

Boutilly (Mme), *mde de cannes*, pasage de la Renaissance, 10.

Boutin, *propriétaire*, petite rue du Cange, 12.

Boutin, *fondeur*, rue des Prémontrés, 36.
Boutin, *fruitier*, route de Doullens, 10.
Boutin, *cabaretier*, rue du Hocquet, 48.
Boutin, *reprÉs. de comm.*, rue du Vivier, 34.
Boutin, (Aug.), *mesureur*, rue Fontaine, 6, à Boutillerie.
Boutin-Barbier, *fab. de casq.*, rue des Francs-Muriers, 9.
Boutmy (Henri), rue du Petit-Rivery, 3.
Boutmy-Pie, *cultivateur*, route de Corbie, 54.
Boutmy fils, *ménager*, rue du Petit-Rivery, 29.
Boutmy (veuve), *ménagère*, rue du Petit-Rivery, 29.
Boutmy, *ménager*, rue de la Ruellette, 6.
Boutmy, *cultivateur*, rue du Petit-Rivery, 1.
Boutmy, *inspecteur de l'éclairage*, rue des Jardins, 46.
Boutmy, *ménager*, rue St.-Honoré, 103.
Boutmy-Ducrocq, *prop.*, boulev. Fontaine, 16.
Boutmy, *fabricant*, rue des Écoles-Chrétiennes, 19.
    Maison de vente rue Basse-St-Martin, 8.
Boutmy, *tailleur*, rue Delambre, 3.
Boutmy, *jardinier*, rue de l'Union, 47.
Boutmy, *rentier*, boulevard Fontaine, 6.
Boutmy, *charcutier*, rue du Christ, 25, à Montières.
Boutmy, *rentier*, rue du Marais, 102, à Renancourt.
Boutmy, *retordeur de fil*, port d'Amont, 22.
Boutrainguin, *tourneur en bois*, rue Duméril, 21.
Boutray (veuve de), *rentière*, boulevard du Mail, 21.
Boutray, *propriétaire*, rue Gloriette, 12.
Boutry (veuve), *ménagère*, rue du Calvaire, 6, à Re-
    nancourt.
Bouve, *poêlier*, rue Duméril, 28.
Bouvier, *logeur*, rue Canteraine, 3.
Bouvier (Mme), *repasseuse*, r. des Jeunes-Mâtins, 10.
Bouvier-Guénard ✻, *propriét.* (cabinet de curiosités),
    boulev. du Mail, 91.
Bouvier, *peintre*, rue Gresset, 31.
Bouvier, *rentier*, rue Neuve-des-Minimes, 16.
Boval-Darras, *rentier*, boulevard de l'Est, 22.
Boves-Durozelle, *rentier*, rue Martin-Bleu-Dieu, 13.
Boyard, *md. de vins et eaux-de-vie*, rue Gresset, 64.
    Magasin rue de l'Aventure, 14.
Boyart, *propriétaire*, rue Neuve-des-Capucins, 8.

Boye (Mlle), *dessinateur pour jacquart*, rue Neuve-des-
    Capucins, 29.
Boyeldieu, *contre-maître*, rue Verte, 22.
Boyeldieu, *md. de parapluies*, rue Saint-Martin, 34.
Boyeldieu (Mlle), *repasseuse*, rue Saint-Jacques, 39.
Boyeldieu (Mlle Eugénie), *rouennerie*, r. St-Jacques, 68.
Boyeldieu (Mlle), *mercière*, rue de Beauvais, 38.
Boyeldieu-Ladent, *rentier*, rue des Clairons, 51.
Boyencourt, *typographe*, rue de la Voirie, 149.
Boyencourt, *logeur*, boulevard du Port, 52-54.
Boyencourt, *cultivateur*, route de Paris, 24.
Boyencourt (J.-B.), *ménager*, rue du Long-Rang, 25.
Boyencourt, *contre-maître*, rue du fg. de Hem, 111.
Boyenval (L.), *ménag.*, r. du faubg. de la Hotoie, 170.
Boyenval, *employé*, rue Saint-Leu, 21.
Boyer (Florent), *ménager*, rue Saint-Honoré, 53.
Bracquemont (ve de), *rentière*, rue des Tr.-Cailloux, 50.
Braddock, *contre-maître*, boulevard Baraban, 41.
Brajeux (veuve), *rentière*, rue des Trois-Cailloux, 119.
Bralant, *épicier*, rue Saint-Denis, 13.
Bralant, (Am.), *employé*, rue des Jardins, 49.
Bralant et Guidé, *mds en gros*, r. Basse-Notre-Dame, 7.
Bralant, *aubergiste, md. de chevaux*, marché aux
    Chevaux, 9.
Bralant, *md. de vins en gros*, rue des Capucins, 61.
Bralant, *cabaretier*, Marché-aux-Herbes, 59.
Bralant fils, *négociant*, Marché aux Herbes, 39.
Bralant, *md de cidre*, rue de l'Eglise, 17, à Montières.
    Dépôt et pressoir r. de l'Eglise, 2, à Renancourt.
Brancard, *débitant*, rue des Jacobins, 21.
Branche (veuve), *cafetière*, rue du Logis-du-Roi, 7.
Brandenberg, *portier-consigne*, à la Citadelle.
Brandicourt, *curé*, rue Saint-Honoré, 80.
Brandicourt-Mongrenier, *fabricant de bougies*, route de
    Rouen, 197.
Brandicourt, *épicier*, rue de la Hotoie, 59.
Brandicourt, *cordonnier*, rue Henri IV, 24.
Brandicourt, *rentier*, rue Damis, 51.
Brandicourt, *md. de pains*, à Saint-Sauveur.
    Dépôt rue des Bondes, 1.

10.

Brandicourt-Dubrulle, *docteur-médec.*, r. Napoléon, 14.
Brandicourt, *épicier*, chaussée de Noyon, 25.
Brandicourt, *anc. médecin*, rue Napoléon, 14.
Brandicourt, *ménager*, route d'Ailouville, 56.
Brandicourt-Michaux, *ménager*, rue des Cruchons, 14.
Brandicourt-Darras, *marchand de plâtre*, rue de la Neuville, 59-61.
Brandicourt (veuve), *bouchère*, route d'Abbeville, 116, à Montières.
Brandt (veuve de), *propr.*, rue Beauregard, 2.
Brandt (de), *prêtre*, rue Beauregard, 2.
Brandt (de), *propriétaire*, à Etouvy, près Montières.
Brare (Laure), *rentière*, passage St.-Denis, 2.
Brare père, *rentier*, place St.-Denis, 63.
Brare, *perruquier*, rue de Noyon, 53.
Brare (Denis), *employé*, rue Legrand-Daussy, 32.
Brassart, *agréé*, rue du Cloître-de-la-Barge, 15.
Brassart, *greffier de police*, rue Caumartin, 44.
Brasseur, *patissier*, rue des Tripes, 12.
Brasseur-Thuillier, *md. de fer*, place Saint-Denis, 27. Magasin, rue des Capettes, 4.
Brasseur, *rentier*, rue des Cordeliers, 23.
Brasseur-Courcol, *mercier*, rue des Trois-Cailloux, 111.
Brasseur-Baussart, *rentier*, rue Laurendeau, 70.
Braud, *serrurier en voitures*, rue des Wattelets, 19.
Braut, *emp. de commerce*, rue Belevue, 6.
Braut, *garcon de magasin*, rue de Job, 18.
Bray, *menuisier*, rue du Lycée, 39.
Bray (de), *propriétaire*, rue Constantine, 3.
Bréaut, *jardinier*, chaussée de Noyon, 76.
Brédart, *fabr. de cordes à instrum.*, boul. du Port, 22.
Brémont, *maréchal*, rue de Noyon, 14.
Brethé, *cafetier*, rue des Cordeliers, 56.
Breton, *menuisier*, Grande-Rue, 32, au Petit-St.-Jean.
Breton, *md. de graines*, rue de Beauvais, 63.
Breton, *md. de bois*, quai de l'Abattoir, 13.
Breuil père, *propriétaire*, rue du Lycée, 57 c.
Breuil, *propriétaire*, rue des Rabuissons, 14.
Briaux, *négociant*, rue du Loup, 9.
Briaux (veuve), *rentière*, rue du Loup, 9.

Briaux, *md. de tabac*, rue de Beauvais, 33.
Briaux, *aubergiste*, rue Saint-Leu, 125.
Briaux (veuve), *hortillonne*, rue de la Voirie, 119.
Briaux-Cauchetier, *hortillon*, rue de la Voirie, 113.
Briaux, *négociant*, rue Gresset, 63.
Bridelle, *cabaretier*, rue de Rumigny, 21.
Brieux, *contrôleur de l'octroi*, rue Ledieu, 2.
Brieux (veuve), *laitière et épicière*, rue Saint-Leu, 42.
Brieux-Carpentier, *tailleur*, chaussée de Noyon, 8.
Brieux, *tailleur*, chaussée de Noyon, 93.
Brieux, *cordonnier*, chaussée de Noyon, 85.
Briez, *voiturier*, rue de l'Union, 98.
Briez (Ad.), *employé de comm.*, r. de Lamorlière, 22.
Briez, *md. de laines*, rue des Bouchers, 14.
    Magasin rue des Bouchers, 10 E.
    Magasin, rue des Bourelles, 56.
Bringiotti, *galochier*, Marché aux Chevaux, 3.
Briquet (Mlle), *rentière*, rue de l'Aventure, 17.
Briscul, *maçon*, rue Saint-Honoré, 50.
Briscul, *ménager*, rue de Cottenchy, 87.
Brisez, *vice-prés. du trib. civil*, Cl. de l'Horloge, 11.
Brismontier, *missionnaire*, chaussée de Noyon, 8.
Brisse, *curé*, rue de Grâce, 1, à Montières.
Brisse-Gry, *charcutier*, rue du Bloc, 15.
Brisse-Sanzel, *relieur*, rue des Cordeliers 17.
Brocard (Mlle), *lingère*, rue des Sergents, 7.
Brocard, *rentier*, rue du Petit-St.-Jean, 13, fg. Beauv.
Brocque, *mercier*, route d'Abbeville, 152, Montières.
Brocquevielle, *employé*, rue de Noyon, 19.
Broise, *commission.-porteur*, rue Fontaine, 41.
Brouard (Isméric), Boulevard St.-Jacques, 43.
Brouaye, *sous-chef de divis.* à la Préf., r. Voiture, 10.
Brouilly, *rentier*, rue du Camp-des-Buttes, 26.
Bru, *farinier*, rue des Augustins, 16.
Brucamps (Mlle), *maîtr. de pension*, rue du Cloître-de-
    l'Horloge, 15.
Brucant, *linger*, chaussée de Noyon, 78.
Brucant, *agent de police*, rue Saint-Honoré, 69.
Brucant, *ménager*, rue du Marais, 48 A, à Renancourt.
Brulé, *employé*, rue Saint-Jacques, 72.

Brulé-Glène, *hôtellier*, rue des Rabuissons, 19.

Brulé (veuve), *laitière*, sur la Place, 19, Longpré.

Brulé, *contre-maître*, rue du faubourg de Hem, 107.

Brun, *second suisse* de la cathédrale *et jardinier*, pl. Saint-Michel, 1.

Brunel, *taillandier*, rue du Hocquet, 31.

Brunel-Duplouy, *épicier*, rue des Rabuissons, 13.

Brunel (veuve et Dlle), *rentières*, rue des Francs-Mûriers, 13.

Brunel, *emp. des ponts-et-ch.*, r. des Fr.-Mûriers, 13.

Brunel, *menuisier*, rue Saint-Jacques, 18.

    Magasin rue des Francs-Mûriers, 11.

Brunel, *logeur et débitant*, rue des Francs-Mûriers, 53.

Brunel, *filateur*, rue de Metz-l'Evêque, 20.

Bruxelles-Vilain, *employé*, boulev. St.-Charles, 17.

Bruxelles, *brocanteur*, rue Gresset, 16.

Bruxelles, *brocanteur*, passage des Arts, 14-16.

Bruxelles, *md. de casquettes*, rue des Poirées, 15.

Bruxelles, *cabaretier*, rue des Minimes, 2.

Bruxelles, *md. d'engrais*, rue de l'Union, 48.

Bucquet-Romain, *contre-maître*, chemin de Saveuse, 6.

Bucquoy, *avocat*, cloître de l'Horloge, 1.

Bucquoy, *prêtre*, rue des Saintes-Maries, 27.

Bucquoy, *rentier*, rue Neuve-des-Wattelets, 2.

Buée-Matifas, *rentier*, rue de l'Aventure, 29.

Buée, *boucher*, rue au Lin, 49.

Buée et Cornet, *négociants en huiles-dégras*, rue Duminy, 28.

    Bureau, rue Saint-Louis, 13.

    Moulin à l'huile, rue des Près-Forest, 6.

Buée (Joseph), *ménager*, r. de Rumigny, 13.

Buée (Alexandre), *rentier*, rue Desprez, 10.

Buffet, *propriétaire*, r. du Pinceau, 36.

Buffet, *menuisier*, rue Mondain, 18.

Buhan, *cabaretier*, rue du Marais, 10, à Montières.

Buhot, *menuisier*, rue du Hocquet, 78.

Buignet (Mathieu), *débitant*, petite rue du Quai, 14.

Buignet, *débitant*, rue de la Hotoie, 44.

Buignet (François), *ménager*, rue du Long-Rang, 21.

Buignet (Eugène), *ménager*, rue du Long-Rang, 19.

Buignet (Léon), *ménager*, rue du Long-Rang, **23**.

Buignet (Jean), *fileur*, r. du Long-Rang, **52**.

Buiguet (J.-B.), *tisseur*, rue Sylvius, **3**.

Buignet, *barbier*, marché de Lanselles, **55**.

Buignet (veuve), *ménagère*, rue de l'Union, **108**.

Buignet (Eugène), *cafetier*, place Périgord, **25**.

Buignet, *machiniste*, passage Saint-Denis, **9**.

Buiron, *farinier*, rue des Deux-Ponts, **8 c**, **8 e**, au Petit-Saint-Jean.

Buisson (Alphonse), *caissier*, rue Neuve-des-Capucins, **6**.

Buisson (Jacq.), *contre maître*, route de Rouen, **2-4**.

Buisson (veuve), *rentière*, rue Neuve-des-Capucins, **6**.

Buisson, *mercière*, place Périgord, **8**.

Buisson-Godart, *fabric. de chaussures*, rue Martin-Bleu-Dieu, **25**.

Buisson (veuve), rue de Beauvais, **124 a**.
   Magasin rue du Lycée, **50**.

Bulan (Mlle), *rentière*, rue Neuve-des-Wattelets, **12**.

Bulan-Dubois (veuve), rue des Canettes, **21**.

Bulan frères, *draps en gros*, r. St.-Leu, **19**.

Bulan (Auguste), *rentier*, rue St.-Leu, **19**.

Bulan (veuve), *rentière*, rue de Cérisy, **10**.

Bulan (Mlles), *propriétaires*, rue des Rabuissons, **62**.

Bullet-Dupuch (Mme de), rue des Trois-Cailloux, **18**.

Bulot père, *rentier*, rue Basse-Saint-Germain, **21**.
   Maison de campagne rue du Christ, **18**, à Montières.

Bulot, *profess. de musique*, rue Gresset, **53**.

Bulot et Lhotellier, *fabric.*, r. Basse-St.-Germain, **21**.

Bulot fils, *négociant*, rue au Lin, **44**.

Bulot, *commis*, rue Neuve-Saint-Honoré, **54**.

Bulot, *md de vins*, rue du Faubourg-de-Hem, **6**.

Bulot, *cabaretier épicier*, Grande-Rue, **31**, à Montières.

Bultel, *bimblotier*, r. de la Poissonie-d'eau-Douce, **29**.

Buquet, *employé*, rue du Lycée, **49**.

Buquet, *boucher*, rue de Noyon, **10**.
   Ecurie, esplanade Noyon, **10**.

Buquet, *commiss.-priseur*, pl. du Palais-de-Justice, **9**.
   Salle de vente, passage des Arts, **7**.

Buquet, *rentier*, rue Saint-Geoffroy, **8**.

Buquet, *chiffonn.*, rue Sainte-Claire, **28**.

Buquet-Poulet, *boucher*, rue des Tripes, 17.
Buquet, *rentier*, boulevard Fontaine, 46.
 Maison de campagne, Grande-Rue, 6, à Montières.
Burattines italiennes, rue des Trois-Cailloux.
Bureau de la Place, place Périgord, 1.
Bureau du chemin de fer de Rouen, r. Mazagran, 12.
Bureau central de police, r. des Rabuissons, 51.
Bureau de bienfaisance, r. des Jacobins, 15.
Burgeat et Armuna, *filateurs*, rue Vascosan, 27-29-31.
Bussy (veuve) (comtesse de), *propriétaire*, rue des
 Rabuissons, 89.
Butard fils et Plet, *mds. d'huiles de poisson*, grande
 rue de la Veillère, 11.
 Usine rue des Prés-Forêts, 29.
 Magasin, rue de la Veillère, 6.
Butel (Mlle), *rentière*, rue Pierre-l'Ermite, 16.
Buteux (Phil.), *contre-maître*, r. de la Prairie, 10.
Butler (comte de), *propriétaire*, rue de Constantine, 4.
Buttel, *conseiller à la Cour*, rue Neuve, 26.

C.

Caboche, *frère et sœur*, *rentiers*, rue Desprez, 11.
Cabotins de la Plumette, rue Pavée, 15.
Cabotins, Grandes-Galères, r. Haute-des-Tanneurs, 20.
Cabrisseau, *cordon., fruit.*, passage du Commerce, 25.
Cabrisseaux, *bur. de plac. et fruitier*, rue des Jeunes-
 Matins, 12.
Cabry, *typographe*, boulevard Saint-Jacques, 85.
Cabry, *conduct. d'omnibus*, rue de Rumigny, 22.
Cacelle (veuve), *rentière*, chaussée de Noyon, 159.
Cacheleux, *prêtre*, rue de Metz-l'Evêque, 14.
Cacheleux (Mlle), *rentière*, rue de Metz-l'Evêque, 14.
Cadé à Dreuil.
 Vente de pains, place Saint-Firmin.
Cadet, *débitant*, Marché-au-Feurre, 7.
Cadet, *galochier*, rue des Archers, 24.
Cadet, *emp. des ponts et chaus.*, r. des Corroyers, 152.
Cadet, *entrep. de bains*, rue Le Maître, 69.
Cagé, *fabricant de savons*, rue des Coches, 44.
Cagé-Catelain, *hortillon*, r. du Marais, 50, à la Neuville.

Cagé-Darras, *cabaretier*, place Périgord, 15.

Cagé-Varlet, *cabaretier*, r. Haute-des-Tanneurs, 56.

Caffiaux (Alcide), *voyageur*, r. du Petit-Saint-Roch, 9.

Cagnard, *menuisier*, r. du Bois, 41, à la Neuville.

Cagnard, *officier de santé, commissaire local*, grande rue St-Maurice, 13.

Cagnard fils, *cultivateur*, grande rue St-Maurice, 35.

Cagnard, *rentier*, route de Rouen, 199.

Cagnard, *cordonnier*, marché aux Herbes, 10.

Cagnon, *vannier*, passage des Sœurs-Grises, 5.

Magasin rue Quincampoix, 1.

Cahon, *rentier*, rue Flament, 16.

Cahon (Mlles), *rentières*, rue des Huchers, 26.

Cahon (Mme), *mde. de corsets*, r. des Trois-Cailloux, 7.

Cahon (Joseph), *tonnelier*, chaussée de Noyon, 135.

Cahon, *menuisier*, rue des Jardins, 67.

Cahon, *tonnelier, débitant*, rue de la Vallée, 50.

Cahon, *empl. à la mairie*, r. Neuve-des-Capucins, 31.

Cahon, *tonnelier*, r. des Cordeliers, 5.

Magasin même rue, 25.

Cahon, *tonnelier*, r. du Long-Rang, 128, fg. Beauvais.

Caillaux, *piqueur au chemin de fer*, r. de Rumigny, 62.

Caille, *négociant, président du patronage de Saint-Vincent-de-Paul*, rue de Noyon, 32.

Caille-Depoix, *rentier*, rue Caumartin, 5.

Caille-Drevelle, *md en gros*, rue des Orfèvres, 6.

Caille (Ernest), *négociant*, rue Basse-Saint-Martin, 19.

Caille père et fils, *fabricants*, r. Haute-des-Tanneurs, 24.

Caille, *cordonnier*, rue de la Hotoie, 62.

Caille père et fils, rue Gresset, 55.

Caille (Cornélie), *couturière*, rue Gresset, 55.

Caille, *brigadier* au chem. de fer, r. des Corroyers, 46.

Cailleret, *chiffonnier*, rue des Bouchers, 15.

Cailleret, *tourneur en bois*, rue Saint Germain, 31.

Magasin, r. Basse-des-Tanneurs, 52.

Cailleret, *fab. de ligne de pêche*, rue de l'Entonnoir, 20.

Caillet, *tailleur*, r. des Capucins, 66.

Caillet, *propriétaire*, rue Saint-Louis, 70.

Cailleux, *aum. du Sacré-Cœur*, rue du Cloître-Notre-Dame, 6.

Cailleux, *mécanicien*, rue Castille, **24.**

Cailleux-Vasseur (v^e), *étoffes en gros*, rue Basse-Saint-Martin, **18.**

    Fabrique, petite rue des Augustins, **11.**

    Atelier, rue des Archers, **41.**

Cailly-Pierru, *épicier*, rue Saint-Germain, **2.**

    Magasin rue Saint-Germain, **8.**

Cailly, *coiffeur*, rue des Trois-Cailloux, **92.**

Caisse d'épargne, bureau, r. des Jacobins, **15.**

Caït, (veuve), *mercière*, rue des Trois-Cailloux, **3.**

Calas, *débitant*, rue de la Barette, **17.**

Calais (A.) et Parmentier, *art. d'Amiens*, r. du Bloc, **5.**

Calais, *figures en plâtre*, rue Saint-Firmin-le-Confes-seur, **10.**

Calais, *représentant de commerce*, rue Neuve-des-Capucins, **20.**

Calais, *comptable*, cour de Mai, **5.**

Calais, *marchand en gros*, rue Desprez, **15.**

Calippe (veuve), *rentière*, petite rue Saint-Remi, **17.**

Calippe-Loignon, *rentier*, rue du Lycée, **2.**

Calippe (Mlle), *rentière*, rue des Cordeliers, **55.**

Calippe, *charcutier*, rue du Marais, **13.**, à la Neuville.

Calippe (Céline), *couturière*, r. des Cordeliers, **34.**

Calland-Lefebvre, *propriétaire*, r. des Stes-Maries, **6.**

Calland, *homme de lettres et agent de librairie*, rue Neuve-des-Wattelets, **12.**

Callé-Beauvais, *chapelier*, rue de Beauvais, **49.**

Callé-Hacot, *chapelier*, rue des Orfèvres, **9.**

Callot, *hortillon*, rue du faubourg de la Hotoie, **56.**

Callot, *épicier*, rue du faubourg de Hem, **196.**

Callot (Alex.), *rentier*, rue du faubourg de Hem, **198.**

Callot (v^e), *voiturière*, rue du faub. de la Hotoie, **76.**

Calmet, *anc. court. de fabrique*, rue Sainte-Claire, **46.**

Calmet père et fils, *teinturiers*, rue Taillefer, **2.**

Calmont, *épicier*, rue du Lycée, **26.**

Calongne, *maçon*, rue de Rumigny, **35.**

Calonne (de), *propriétaire*, boulev. St.-Michel, **34.**

Camen (H.) et De Busscher fils, *soies et poils de chèvres bruts, peignés et filés*, rue des Lombards, **7 et 9.**

Campeau, *boucher*, chaussée de Noyon, **10.**

Campion (Mlle), *boulangère ass.*, r. Saint-Jacques, 66.

Camus, *cafetier*, passage du Commerce, 19-21.

Canaple (veuve), *rentière*, place Saint-Denis, 12.

Canaple (veuve), *rentière*, rue Desprez, 15.

Canaple, *débitant de tabac et d'eaux-de-vie*, rue Henri IV, 31.

Candat, *propriétaire*, rue Cozette, 2.

Candillon, *charbon de bois*, marché aux Chevaux, 8,

Candillon; *épicier*, rue de Rumigny, 38.

Caniez (v^e), *rentière*, r. du Chapeau-de-Violettes, 6.

Canis, *charcutier*, sur la Place, 2, à la Neuville.

Caniou, *maréchal*, rue du faub. de la Hotoie, 22.

Canipel, 2e *suisse à la cath.*, place Saint-Martin, 19.

Canivet, *fab. de paillassons*, rue du Bout-Cacq, 10.

Canivet (Am.), *fab. de paillassons et toiles cirées*, rue des Sergents, 3.

Cansse, *commis d'économat*, r. du Lycée, 40.

Cansse, *graisseur*, rue du Pinceau, 32.

Cantarelle (veuve de), *propriétaire*, pl. St-Michel, 8.

Cantelou, *menuisier*, r. des Cordeliers, 28.

Cantrel (Dorothée), rue de Narine, 14.

Cantrel, *vicaire*, rue de Narine, 14.

Cantrel, *cabaretier*, rue Sainte-Marguerite, 10.

Capel (v^e), *rentière*, Grande-Rue, 70, à Longpré.

Capel, *ménager*, rue St-François, 14, faub. de Noyon.

Capel (Aug.), *ménager*, rue Saint-François, 14.

Capel (Fl.), *tisseur*, r. Joseph-Masson, 3, à Longpré.

Capel (v^e), *ménagère*, r. de la Terrière, 20, à la Neuv.

Capel (v^e), *loueuse en garni*, chaussée de Noyon, 48.

Capel (Mlle), *cultivatrice*, r. du petit faub. de Noyon, 89.

Capel-Thuillier, *chauf.*, rue du Bois, 10, à la Neuville.

Capel, *mercier*, rue de la Hotoie, 3.

Caplier, *sous rec. d'octroi*, rue de la Neuville, 55.

Capon (veuve), *fruitière*, rue du Lycée, 91.

Capon-Royon, *professeur de musique*, rue des Trois-Cailloux, 44.

Capon, *employé*, rue au Lin, 23.

Cappe, *surveillant*, rue de Narine, 36.

Capron, *corroyeur*, rue Haute-des-Tanneurs, 80.

   Tannerie, rue Basse-des-Tanneurs, 18-20.

Capron, *cabaretier*, place Saint-Denis, 17.

Capron (Mlle), *mercière*, place Périgord, 14.

Capron-Toulouse (les enfants), rue du Moulin-du-Roi, 1.

Capronnier, 1ᵉʳ *commis des domaines*, r. St-Fuscien, 69.

Carament (Maurice), Grande-Rue-Saint-Maurice, 168.

Capy, *barbier*, rue de la Neuville, 51.

Carbonnier, *horloger*, passage du Commerce, 24.

Cardon, *employé des postes*, rue Damis, 11.

Cardon-Seret, *propriétaire*, boulevard du Cange, 10.

Cardon, *md de poteries*, route d'Abbeville, 130, à Montières.

Cardon (Mᵐᵉ), *laitière*, route d'Abbeville, 118, Montières.

Cardon, *laitier*, rue des Corroyers, 79.

Cardon (veuve), *rentière*, rue des Jardins, 40.

Cardonnet, *ferblantier*, rue des Chaudronniers, 5.

Carette, *rentier*, rue Contrescarpe, 14.

Carette, *directʳ divisʳᵉ du télégraphe*, rue des Trois-Cailloux, 86.

Carette, *rentier*, r. Vascosan, 43.

Carette et Avenel, *mds. de cotons*, rue Henri IV, 30.

Carette fils, *miroitier*, rue des Sergents, 26.

Carette, *tapissier*, rue Saint-Denis, 4.

Carette, *tailleur, confections*, r. des Trois-Cailloux, 2.

Carette, *rentier*, rue Laurendeau, 43.

Carle (Mlle), *maîtresse de pension*, r. St-Jacques, 54.

Carlier, *accordeur de pianos*, rue Coquerelle, 11.

CARMÉLITES (les), *couvent*, rue Porte-Paris, 27.

Carment-Jacob (veuve), *rentière*, rue de Narine, 51.

Carment (Henriette), *rentière*, r. de Narine, 51.

Carment, *rentier*, rue Saint-Fuscien, 44.

Carment-Cresson (Mme), *rentière*, r. de Lamorlière, 28.

Carment (veuve), *rentière*, rue des Sergents, 9.

Carnel, *md. de casquettes*, rue St.-Leu, 33.

Carnoy et Delahaye, *md en gros*, rue du Bloc, 4.

Caron-Vitet (veuve), *rentière*, rue des Crignons, 12.

Caron, *mercier*, rue Saint-Honoré, 45.

Caron, *juge*, boulevart de l'Est, 13.

Caron (Mme), *couturière*, rue Desprez, 5.

Caron-Dubois, *rentier*, rue des Ecoles-Chrétiennes, 21.

Caron (Mlle), *rentière*, r. du Petit-Faub.-de-Noyon, 13.

Caron, *meûnier*, rue du Moulin-Neuf, 2.

Caron-Fiquet, *pépiniériste et md. de rouenneries*, rue du Faubourg de Hem, 5.

Caron-Calippe, *épicier*, rue de la Hotoie, 15.

Caron-Vilain (Vve), *rent.*, r. des Ecoles-Chrétiennes, 21.

Caron, *employé*, rue Contrescarpe, 52.

Caron, *mécanicien*, chaussée de Noyon, 72.

Caron-Varé, *propriétaire*, r. Le Merchier, 19.

Caron de Croissy, *prop.*, boul. du Jardin-des-Plantes, 46.

Caron-Carton, *rentier*, boulevard de l'Est, 32.

Caron (Flore), *rentière*, rue des Corroyers, 101.

Caron (Fort.), *ménager*, rue du Calvaire, 22 A, à Renancourt.

Caron (Mlle), *rentière*, chaussée de Noyon, 141.

Caron, *chauffeur*, rue Saint-Claude, 16.

Caron, *brocanteur*, rue des Verts-Moines, 7-9.

Caron (Louis), *hortillon*, sur la Place, 24, à la Neuville.

Caron, *employé*, rue des Verts-Aulnois, 34.

Caron-Beauger, *jardinier*, r. du Sac, 10, à Longpré.

Caron, *tailleur*, rue des Vergeaux, 70.

Caron, *débitant*, rue Verte, 18.

Caron, *tailleur et fruitier*, rue Duméril, 65.

Caron (Rose), *rentière*, boulevard de Beauvais, 26.

Caron-Morin, *charron*, route de Paris, 89.

Caron (Flore), *rentière*, rue des Trois-Cailloux, 13.

Caron (veuve Alfred), *imp.-libraire*, rue des Trois-Cailloux, 58.

Caron-Bléry, *imprimeur-typogr.*, rue de Beauvais, 42.

Caron (veuve), *rentière*, rue Neuve, 22.

Caron-Azéronde, *jardinier*, rue du Marais, 10, à la Neuville.

Caron, *comptable*, rue des Wattelets, 56.

Caron, *md. de vieux souliers*, r. St.-Germain, 53.

Caron, *débitant*, rue du Hocquet, 51.

Caron, *rentier*, rue Robert-de-Luzarches, 18.

Caron, *meûnier*, quai de la Passerelle, 5.

Caron, *charcutier*, rue du Marais, 15, à Renancourt.

Carpentier (Mlle), *rentière*, rue Saint-Fuscien, 12.

Carpentier (veuve), *confiseur*, rue des Orfèvres, 15.

Carpentier, *boulanger*, rue des Chaudronniers, 10.

Carpentier, *épicier*, rue Saint-Germain , 25.

Carpentier (veuve), *fruitière*, rue des Corroyers , 61.

Carpentier (A.) et Cie, *raffinerie de sucre*, rue des Corroyers , 105-107.

Carpentier, *adj. de pêche*, rue de la Crevasse, 9.

Carpentier , *cordonnier*, rue des Tripes , 25.

Carpentier-Rouillard, *contre maître*, r. de la Neuville, 9.

Carpentiea, *agent de police*, rue du Petit-Faubourg-de-Noyon, 56.

Carpentier , *articles d'Amiens*, r. Basse-St.-Martin , 5.

Carpentier (Zoé), *rentière*, chaussée Périgord, 2.

Carpentier , *teinturier*, rue Duméril, 26.

Carpentier , *aubergiste*, rue Duméril , 42.

Carpentier , *logeur*, rue du Vivier , 2.

Carpentier (v^e), *rentière*, rue Saint-Jacques, 76.

Carpentier , *arpenteur*, rue Neuve, 21.

Carpentier (veuve), *rentière*, rue des Rabuissons, 48.

Carpentier (veuve), *rentière*, rue des Saintes-Maries, 25.

Carpentier (Honoré) , rue du Vivier, 42.

Carpentier (veuve), *rentière, garnis*, rue des Ecoles-Chrétiennes, 12.

Carpentier , *rentier*, boulevard Saint-Michel , 8.

Carpentier , *débitant*, grande rue Saint-Maurice, 270.

Carpentier, *cultivateur*, grande rue Saint-Maurice, 276.

Carpentier , rue Vascosan , 21.

Carpentier-Nollent, *serrurier*, Logis-du-Roi, 13.
Magasin, Logis-du-Roi, 17.

Carpentier, *ménager*, rue St.-Honoré , 68.

Carré (Mlle) , *rentière* , rue des Saintes-Maries , 14.

Carrier (Eug.), *contre-maître*, quai de la Passerelle, 6.

Carrier, *rentier*, rue du Bastion , 7.

Carrière , *agent-voyer*, rue Bellevue , 15.

Carrière , *charron*, place Longueville, 9.

Carrière , *charron*, rue des Corroyers, 160.

Carton, *propriétaire*, rue Daire, 2.

Carton , *hôtelier*, rue des Jacobins , 42.

Carton (Mme Louise) , *modes*, rue des Sergents , 29.

Carton (veuve), *propriétaire*, rue du Don, 33 A.

Carton, *contre-maître*, r. du faub. de Hem, 137.

Carton (Mme), *maîtresse de pension*, place St-Denis, 6.

Carton, *empl. de commerce*, passage des Capucins, 6.

Carton (Mlle), *prof. de langues*, pass. des Capucins, 6.

Carton, *md. de fumier*, port d'Amont, 38-40.

    Dépôt rue de la Voirie, 145.

Carton, *cabaretier*, rue Duméril, 8.

Carton-Godin, *épicier*, marché au Fil, 17.

    Magasin rue des Doubles-Chaises, 8 D.

Carré, *prcf. au Lycée*, passage du Commerce, 7.

Carruelle (Mlle), *rentière*, place du Don, 3.

Caruelle, *coiffeur*, rue Saint-Leu, 16.

Caruelle (veuve), *fruitière*, rue Porte-Paris, 41.

Caserne de Cerisy, r. Saint-Jacques, 96.

Cassagnaux (Mlle), *maîtr. de pens.*, r. du Lycée, 101.

Cassel, *md de pains*, à Ailly-sur-Somme.

    Logette, rue d'Engoulvent.

Cassino, *cordonnier*, r. des Jacobins, 36.

Castelain, *rentier*, place Saint-Denis, 30.

Calat, *chauffeur*, rue du Bastion, 15.

Catelain (Jules), *hortillon*, grande rue St-Maurice, 127.

Catelain, *hortillon*, rue des Granges, 33.

Catelain (Stanislas), *hortillon*, r. du Marais, 50, Neuville.

Catelain (Florimond), *hort.*, rue du Marais, 32, Neuville.

Catelain-Fisseux, *hortillon*, rue de la Voirie, 135.

Catelain (Amédée), *hortillon*, quai de la Somme, 174.

Cathoire, *patissier*, rue Duméril, 18.

Catrice, *épicier*, rue des Sœurs-Grises, 14.

Caty (veuve), *propriétaire*, quai de la Somme, 4.

Caty, *ouv. menuisier*, r. du Marais, 124, à la Neuville.

Cauchemont, *peintre*, rue des Saintes-Maries, 8.

Cauchemont, *serrurier*, boulevard de l'Est, 11.

Cauchetier (Jules), *hortillon*, rue Motte, 17.

Cauchetier, *hortillon*, rue des Granges, 31.

Cauchetier (Eugène), *hortillon*, rue Motte, 23.

Cauchetier (veuve), *hortil.*, r. de la Queue de Vache, 13.

Cauchetier-Vast, *hortillon*, au Petit-Rivery, 17.

Cauchetier-Pelletier, *hortillon*, rue de la Voirie, 81.

Cauchetier, *hortillon*, rue Motte, 59.

Cauchetier (Noël), *hortillon*, rue Motte, 35.

Cauchois (Mlle), *rentière*, rue Neuve, 27.

Cauchois (Mlle), *repasseuse*, r. Neuve-des-Capucins, 5.

Cauchy (veuve), *rentière*, rue Caumartin, 42.

Cauchy, *rentier*, rue du Don, 7.

Cauchy, *chauff. au chemin de fer*, r. de la Voirie, 29.

Caudaveine (de), *anc. notaire*, place Montplaisir, 19.

Caudrillier, *plac. des boulangers, débit.*, r. au Lin, 32.

Caudron, *rentier*, rue de Cérisy, 29.

Caudron (V^e), *propriétaire*, rue Gribeauval, 5.

Caudron, *débitant*, rue du Loup, 6.

Caudron, *vicaire à Saint-Jacques*, r. des Corroyers, 70.

Cauet-Gras, *propriétaire*, rue de Noyon, 30.

Cauët-Lefebvre, *rentier*, rue Martin-Bleu-Dieu, 34.

Caullier, *propriétaire*, rue Saint-Fuscien, 29.

Caullier (Louis), rue Riolan, 54.

Caumartin (Jules), *juge au trib. civil*, r. St-Fuscien, 37.

Caumartin, *boulanger*, rue des Gantiers, 58.

Caumartin, *boulanger*, rue Saint-Fuscien, 23.

Caussin, *rentier*, rue de Noyon, 35.

Caustier, *cabaretier*, rue des Panniers, 55.

Cauvin, à Saleux, passage du Logis-du-Roi, 3.

Cauwet, *clerc de notaire*, rue Gresset, 11.

Cauwet (veuve), *épicière*, rue Saint-Leu, 90-92.

Caux (de), à Airaines.

    Dépôt de toiles place de l'Hôtel-de-Ville, 17.

Cavé, *employé de la régie*, quai de la Passerelle, 8.

Cavé (veuve), *rentière*, quai de la Passerelle, 8.

Cavillier (v^e), *fondeur*, boulevart Saint-Charles, 29.

Cavillier (Mlle), *rentière*, boulevart Saint-Charles, 21.

Cavillier-Luneau, *fondeur*, rue de Bray, 2.

    Atelier rue du Bout-Cacq, 42.

Cavillon, *md de charbons*, boulevart de l'Est, 20.

Cavillon (Mme), *rentière*, chaussée de Noyon, 159.

Cazaretti, *dentiste*, rue des Rabuissons, 31.

Cazaretti (veuve), *rentière*, rue des Rabuissons, 31.

Cazé, *ébéniste*, passage du Logis-du-Roi, 8.

Cazé (veuve), *mde d'obj. d'argenterie*, rue au Lin, 30.

Cazier-Darras, *contre-maître*, r. Verte, 12.

Cazier, *propriétaire*, rue de la Citadelle, 70, faubourg St-Maurice.

Cazier-Garnier, *fabricant*, rue Basse-Saint-Martin, 15.

Cazorti (Mlle), *prof. de maintien*, rue Saint-Denis, 25.

Celis, *mécanicien*, chaussée Saint-Pierre, 7.
    Atelier rue Neuve-des-Minimes, 19.
Cercle du Centre, rue des Trois-Cailloux, 35.
Cercle de l'Industrie, cloître de la Barge, 12.
Cercle Religieux, passage Saint-Denis, 3.
Cercle de l'Union, rue des Jacobins, 76.
Chabot, *retraité*, r. St-Geoffroy, 13.
Chabot (Mlle), *rentière*, rue du Vivier, 52.
Challier (L.) ✻, *journaliste*, rue Gresset, 17-19.
    Imprimerie rue Gresset, 21.
Chamary, *employé*, chaussée de Noyon, 80.
Chamary, *inspect. voyer en retraite*, ch. de Noyon, 80.
Chambre des Notaires, place du Palais-de-Justice, 11.
Chambre de commerce, place de l'Hôtel-de-Ville, 1.
Chamillard (veuve), rue de la Pature, 22-24.
Chamillard, *conduct. de tourb.*, rue de la Pature, 22-24.
Chamonin (Mlle), *rentière*, rue Damis, 14.
Chamonin, *clerc d'avoué*, rue Montplaisir, 9.
Chamont (veuve), *rentière*, boul. de Guyencourt, 9.
Champernaud, *forgeron*, rue Saint-Jacques, 16.
Champion, *rentier*, impasse des Jeunes-Mâtins, 16.
Chamu, *cabaretier*, rue de la Neuville, 63.
Chamu, *ménager*, route de Corbie, 30.
Chantriaux-Leclercq, *tisseur*, r. du Long-Rang, 67 B.
Chantriaux, *relieur*, rue du Hocquet, 4.
Chantriaux, *ménager*, rue de l'Union, 32.
Chantriaux, *plafonneur*, rue de l'Union, 46.
Chapiron, *professeur*, rue de Narine, 36.
Chardron, *retordeur*, rue Verte, 55.
Charet, *répar. d'instruments*, rue Saint-Leu, 53.
Charlard (veuve), *propr.*, boulev. de Beauvais, 64.
Charles-Courty, *ent. de vidanges*, route de Rouen, 94.
Charlet, *professeur*, rue de Narine, 36.
Charnolet, *fruitier*, rue Gloriette, 7.
Charoy, *propriétaire*, rue Le Merchier, 12.
Charoy-Degove, *banquier*, rue Le Merchier, 14.
Charpentier, *propriétaire*, chaussée de Noyon, 125.
Charpentier, *cordonnier*, rue Saint-Jacques, 27.
Charpentier, *rentier*, route de Rouen, 5.
Charpentier, *meûn.*, r. des 2 Ponts, 4-6, au Petit-St-Jean.

Charpentier (Célina), place Saint-Denis, 63.

Chartier, *md. de volailles*, rue de Guyenne, 8.

Chartier de la Touche, *insp. des postes*, r. de Bray, 1.

Charvet, *conseiller de préf.*, boulevart St.-Michel, 40.

Chassepot ✳ (comte Léon de), *propriétaire*, r. Neuve-des-Wattelets, 13.

Chassepot (Jude de), *propr.*, esplanade de Beauvais, 6.

Chassepot (Mme la comtesse de), *rentière*, r. Cozette, 6.

Chatel (veuve), *fruitière*, rue de la Neuville, 73.

Chatelain, *bourrelier*, chaussée de Noyon, 71.

Chatelain et Loisel, *droguistes*, rue Saint-Leu, 32.

Chatelain, *garçon meunier*, r. dn faub. de la Hotoie, 36.

Chatelain, *cabaretier*, sur la Place, 22, à la Neuville.

Chatelain (Antoine), *hortillon*, rue du Marais, 49, à la Neuville.

Chatelain-Bellette, *ferblantier-lampiste*, rue des Trois-Cailloux, 113.

Chatelain, *employé*, rue des Trois-Cailloux, 113.

Chatelain, *md de braise*, rue des Corroyers, 146.

Chatelain (Victor), *hortillon*, r. du Marais, 59, à la Neuville.

Chatelain (Corantin), *hortillon*, rue des Deux-Ponts, 10.

Chatelain, *menuisier*, rue Véronique, 8.

Chatelain, *coutelier*, rue des Verts-Aulnois, 8.

Chatelain, *propriétaire*, boulev. de l'Est, 53.

Chaumont, *employé*, chaussée de Noyon, 54.

Chauveau, *professeur*, rue de Narine, 36.

Chaussoy, *cabaretier*, place Périgord, 7.

Chauvenay (de), *propriétaire*, r. des Capettes, 16.

CHEMIN DE FER DU NORD, magasin, r. des Rabuissons, 25.

Chenio, *facteur*, rue Le Mattre, 21.

Chenu frères, *nouveautés*, rue des Trois-Cailloux, 46.

Chenu, *épicier*, rue du Don, 43.

Chenu-Bellair (veuve), *rentière*, r Martin-Bleu-Dieu, 5.

Chenu-Magnier (ve), *épicière*, p. de l'Hôtel-de-Ville, 21.

Chenu-Roy, *rep. de comm.*, r. des Orfèvres, 14.

Cherry, *direct. de peignerie*, r. du Marais de Hem, 109.

Chesnet, *contr. des cont. ind.*, r. Pierre-l'Hermite, 25.

Chetzel, *inspecteur au chemin de fer*, rue du Petit-Faubourg-de-Noyon, 103.

Chevalier-Drevelle, *boucher*, rue de Beauvais, 23.

Chevalier, *professeur*, rue de Narine, 36.

Chevalier, *menuisier*, rue du Don, 9.

Chevalier, *rentier*, rue Verte, 4.

Chevalier, *rentier*, boulevart du Mail, 93.

Chevalier-Denamps, *charcutier*, r. du Grand-Vidame, 2.

Chevalier, *pharmacien*, rue des Chaudronniers, 23.

Chevalier-Prouzel, *propriétaire*, rue Dijon, 14.

Chevin (v^e), *rentière*, rue du Cloître-St.-Nicolas, 17.

Chevrier, *concierge*, à la Halle aux Grains, 32.

Chevrier, *épicier*, rue des Corroyers, 77.

Chevy-Magloire, *laitier*, rue Bel-Air, 20, à Boutillerie.

Ghiniac, (veuve de), *rentière*, rue de Bray, 9.

Chipilly (veuve), *propriétaire*, pass. Saint-Denis, 4.

Chirat, *cabar.* et *md de tourbes*, chaussée Périgord, 70.

Chivot-Naudé, *épurat. d'huiles*, r. des Rabuissons, 32.
    Magasin rue Septenville, 20.

Chivot, *rentier*, rue Pierre-l'Hermite, 1.

Chivot, *corroyeur*, rue Saint-Martin, 19.

Chocholle, *ménager*, r. du Long-Rang, 144, fg. Beauvais.

Choiseul (le Cte de), *offic. supér. en retraite*, r. Dijon, 5.

Choisy (Mlle), *maîtresse de langue*, r. Gresset, 4.

Cholet (veuve), *bouchère (chicorée)*, rue Saint-Leu, 67.

Chomaque (veuve), *propriétaire*, rue Riquier, 3.

Chomé (veuve), *rentière*, rue Neuve-des-Capucins, 30.

Choquet (veuve), *rentière*, rue Martin-Bleu-Dieu, 41.

Choquet, *md de fourrages*, rue Daire, 10.

Choquet-Crampon, *fabr. de chaux*, r. de Doullens, 80.

Choquet, *cond. au chemin de fer*, r. Saint-Martin-des-
    Champs, 26.

Choquet, *md ambulant*, boulevart Guyencourt, 87.

Choquet, *rentier*, boulevart Saint-Jacques, 15.

Choquet, *ménager*, rue des Bonnards, 3, fg. St-Pierre.

Choquet-Mollet (veuve), *vins en gros*, rue de Metz, 37.

Choquet, *commis à l'enregistrement*, r. de Rumigny, 58.

Choquet (Mlles), *rentières*, rue du Loup, 33.

Choquet, *représ. de comm.*, rue Gloriette, 11.

Choquet père, *rentier*, rue Gloriette, 11.

Choquet, *tripier*, rue Haute-des-Tanneurs, 60.
    Étal vieille Boucherie.

11.

Choquet, *percepteur de la banlieue*, rue Desprez, 14.
Choquet, *épicier en gros et détail*, r. Delambre, 23-25.
Choquet, *hortillon*, rue Motte, 13.
Chrétien (Eug.), *contre-maître*, boulev. du Jardin-
    des-Plantes, 2.
Chrétien Vast, *épicier*, rue du Quai, 5.
    Magasin, rue des Trois-Sausserons, 8 a-d.
CIMETIÈRE DE LA MADELEINE, Grande-Rue-St-Maurice, 312.
Clabaut-Lefort, *boulanger*, rue de la Hotoie, 9.
Clabaut, *rev. à la toilette*, rue du Hocquet, 42.
Clabaut, *employé*, rue Sylvius, 15.
Clabaut, *contre-maître*, r. Dame-Jeanne, 32 bis.
Clabaut, *propriétaire*, rue de la Fontaine-d'Amour, 26.
Clain, *débitant*, rue de la Sablière, 24.
Clairé, *maîtresse de pension*, r. Saint-Jacques, 74.
Claramont (R. P.), *supérieur des Franciscains*, rue du
    grand faubourg de Noyon, 52.
CLARISSES (communauté des), rue du Loup, 34.
Clary (Jules), *contrôleur*, rue des Trois-Cailloux, 86.
Clavel, *professeur*, rue de Cérisy, 10.
Clément, *propriétaire*, rue du Cange, 16.
Clément (Célina), *ornements d'église*, ch. de Noyon, 83.
Clément (v^e), *rentière*, Grande-Rue, 8, au P.-St.-Jean.
    Boulangerie rue du Long-Rang, 39.
Cler, *huissier*, rue Saint-Leu, 20.
Cleu, *économe*, chaussée de Noyon, 58.
Cloquier, *débitant*, rue du Blamont, 80.
Clouet, *employé au ch. de fer*, rue Neuve-Saint-Domi-
    nique, 16.
Cnudde, *épicier*, rue du Moulin-du-Roi, 11.
Coache-Blond, *mercier*, r. des Sergents, 13.
Coache, *débitant de tabac et papetier*, rue au Lin, 40.
Cochinal-Duval, *fabr. d'étoffes à gilets*, rue du Don, 29.
    Atelier passage des Sœurs-Grises, 2.
Cochonnat, *cabaretier*, quai de l'Abattoir, 1.
Coconnier (veuve), *rentière*, rue de la Voirie, 69.
Coconnier-Véru, *rentier*, rue de la Voirie, 69.
Cocquel (Mlle), *bas et bonneterie*, rue Duméril, 44.
Cocquerelle, *porteur de pianos*, boul. St.-Charles, 15.
Cocquerelle, *rentier*, r. des Jardins, 37, faub. de Noyon.

Cœnen, *marbrier*, boulevard du Mail, 53.
 Magasin rue du Mail, 2.
Cœuilte (Mme), r. de la Neuville, 27.
Codevelle (veuve), *rentière*, rue d'Alger, 14.
Codevelle-Delattre, *rentier*, rue d'Alger, 4.
Coffignier-Harger, *épicier*, rue Duméril, 32.
Coffin, *couvreur-plafonneur*, rue Saint-Leu, 114.
Cogne, *linger*, rue des Trois-Cailloux, 106.
Coin (Elys.), *ménager*, r. Fontaine, 8, à Boutillerie.
Coin, *fruitier*, rue de la Vallée, 12.
Coin, *cultivateur*, rue d'Amiens, 7, à Boutillerie.
Coin (Alfred), *ménager*, r. d'Amiens, 13, à Boutillerie.
Cointe, *épicier*, rue de la Hotoie, 83.
Coisy, *menuisier*, rue des Faux-Timons, 7.
Collaré, *ménager*, r. Neuve d'Allonville, 7.
Colbert-Carton, *ouvrier horloger*, rue Sire-Firmin-
 Leroux, 23.
Colbert, *navetier et horloger*, rue Saint-Leu, 166.
Colbert (veuve), *rentière*, rue des Clairons, 11.
Colbert-Poulain, *tapissier*, Marché aux Herbes, 12.
Collignon, *ménager*, rue Saint-Honoré, 86.
Colignon, *receveur d'octroi*, à la porte de la Voirie, 2.
Colin, *débitant, menuisier-mécan.*, rue St-Roch, 70.
 Atelier de menuiserie, rue des Corroyers, 18.
Colin, *rentier*, rue Duminy, 3.
Collet-Dubois et Cie, *art. d'Amiens*.
 Maison de commerce, rue Henri IV, 26.
 Ateliers, rue de la Prairie, 12.
Collet, *conduct., au ch. de fer*, rue du Vivier, 60.
Collet-Lefranc, *filateur*, boulevard du Port, 24.
Collet, *cabaretier*, esplanade de la place St.-Pierre, 2.
Collet, *contre-maître*, rue Saint-Leu, 156.
Collet-Delahaye, *rep. de comm.*, quai de la Somme, 94.
Colombier, *vicaire* de Saint-Jacques, r. Voclin, 6.
Colonna, *professeur de musique*, boulev. de l'Est, 4.
Colonne (Jules), *empl. de commerce*, r. de la Barette, 8.
Colotte, *concierge* à la Halle, r. des Jacobins, 17.
Colta, *cabaretier*, r. du Bout-Cacq, 75.
Colta, *menuisier*, rue de Rumigny, 5.
Combette (veuve), *chocolatière*, r. des Trois-Cailloux, 66.

Côme, *cordonnier*, route d'Albert, 63.

Côme, *débitant et épicier*, route de Paris, 61.

Commien, *md amb.*, rue Haute-des-Tanneurs, 86.

Commines de Marsilly, *ingénieur des mines*, rue Saint-Fuscien, 2.

Commines de Marsilly (veuve), *rent.* rue St.-Fuscien, 2.

Compagnie des mines de Béthune, *charbons*, à la Gare.

Compagnon (Clarisse), *mde de chiens*, r. de Corbie, 24.

Compère, *rentier*, r. Mondain, 15.

Condé (Mme Louise de Sales de), *sup. des dames de la Visitation*, rue Saint-Fuscien, 17.

Confiance (la), *compagnie d'assurances*.
    Bureau r. des Augustins, 18, et r. des Cordeliers, 29.

Conin, *expl. de carrière*, Grande-Rue, 11, Montières.
    Carrière, route d'Abbeville, 72B, à Montières.

Conna (Mme de), *propriétaire*, rue Dijon, 6.

Conseil général, hôtel, r. des Rabuissons, 67.

Constans O. ✳, *receveur des hospices*, rue Duminy, 11.

Conservateur (le), *compagnie d'assurances*, bureau rue des Vergeaux, 30.

Constantin, *serrurier*, rue Caumartin, 1.

Contart (Mme), *cabaretière*, rue Pointin, 86.

Contart (Théop.), rue Pointin, 96.

Conté-Goblet (veuve), *rentière*, r. de Narine, 49.

Contentieux (Mme), *restaurant*, rue des Rabuissons, 12.

Cooke, *contre-maître*, rue de l'Écluse, 25.

Copineau, *rentier*, rue des Jacobins, 87.

Coppin (Mlles), *rentières*, rue Saint-Louis, 53.

Coquart, *tourneur en métaux*, rue du Quai, 39.

Coquart (Mlle), *repasseuse*, rue Saint-Jacques, 43.

Coquart, *négociant*, rue du Loup, 19.
    Maison de commerce rue des Sergents, 49.

Coquart (veuve), *rentière*, rue Contrescarpe, 25.

Coquerelle, *baigneur étuviste*, rue du Moulin-Neuf, 12.

Coquillard, *ménager*, r. Neuve d'Allonville, 13.

Cor, *père missionnaire*, chaussée Saint-Acheul, 67.

Corbehem (de), *avocat*, rue Duméril, 47.

Corbillon, *propriétaire*, r. de la Porte-Paris, 17.

Corbillon, *serrurier*, rue du petit faub. de Noyon, 67-69.

Corbillon, *ferblantier*, rue Flament, 10.

Corbillon, *ménager*, rue du Moulin, 17, faubourg de Beauvais.

Corbillon (Pierre), *ménager*, rue Fontaine, 15, à Boutillerie.

Corbillon-Mouy, *hortillon*, rue du Marais, 68, à la Neuville.

Corbillon (Myrtil), *maître terrassier et propriétaire*, Chaussée Périgord, 225.

Corbillon, *rentier*, boulevard Baraban, 5.

Corblet (l'abbé), chanoine honoraire et historiographe du diocèse, rue de l'Aventure, 37.

Corblet, *rentier*, rue Neuve-des-Capucins, 9.

Corblet, *aumônier des prisons*, rue N.-des-Capucins, 9.

Corblet (veuve), *rentière*, boulevard Longueville, 4.

Corby, *notaire*, rue Napoléon, 20.

Corby (Mlles), *propr.*, rue du Lycée, 64.

Corby (Aug.), *recev. des dom.*, r. du Lycée, 64.

Cordelat, *fournisseur des prisons du département*, boulevard Fontaine, 68.

Magasin, rue de Beauvais, 45.

Cordès, *boulanger*, rue du faubourg de Hem, 99.

Cordier, *employé*, rue Voiture, 24.

Cordier (Pauline), *maîtresse de pension*, rue des Orfèvres, 39.

Cordier (veuve), *professeur*, cloître Notre-Dame, 4.

Cordier-Breton, *md. de fer*, r. de Beauvais, 60.

Cordier, *employé*, route de Paris, 90.

Cordier (Louise), *lingère*, rue des Orfèvres, 39.

Cordier-Calmet, *plafonneur*, rue des Clairons, 1.

Cordier, *propr.*, *commissaire local*, r. des Cruchons, 14.

Cordier, *cabaretier*, rue Saint-Leu, 80.

Cordonnier-Bédu, *propriétaire*, route d'Albert, 130.

Corméry fils, *perruquier*, route d'Albert, 17.

Cornaille, *professeur*, rue de Narine, 36.

Cornet d'Hunval, *tourbières* à Longpré.

Cornet, *employé*, rue des Francs-Mûriers, 75.

Cornet, *négociant*, rue du Lycée, 46.

Cornet (Olivier), *comptable*, r. Saint-Roch, 40.

Cornet, *nouveautés*, rue de la Hotoie, 27.

Cornet, *boulanger*, marché au Feurre, 22.

Cornet-Hubert (v°), *rentière*, rue Saint-Louis, 45.

Cornet-Fremont, *rentier*, rue Caumartin, 14.

Cornet (Michel), *propriétaire*, rue Neuve, 29.

Cornet, *fruitier et chiffonnier*, route d'Albert, 42.

Corniquet, *rentier*, rue de Rumigny, 26.

Cornisset-Lamotte, *cons. à la cour imp.* r. de la Pâture, 33.

Cornu, *fabricant*, r. Mondain, 12.

Cornu, *serrurier*, rue Sire-Firmin-Leroux, 11.

Cornu (Virginie), *rentière*, r. Saint-Fuscien, 60.

Cornu, *anc. notaire*, rue Robert-de-Luzarches, 11.

Cornuau C. ✹, *conseiller d'état*, *préfet de la Somme*, rue des Rabuissons, 53.

Corps-de-garde, r. des Rabuissons, 49.

     Id.   place Périgord, 1.

Corrier, *rentier*, route d'Abbeville, 215, à Montières.

Corroy (Mme), *corsetière*, rue Neuve, 2.

Corroyer (Victor), *charp.*, chaussée de Noyon, 149-151. Magasin rue Saint-Claude, 33.

Corroyer (Mlle), *cabinet de lecture et libraire*, galerie du Commerce, 13.

Corroyer (veuve), *rentière*, boulevard Guyencourt, 47.

Corroyer, *empl. d'architecte*, boulev. Guyencourt, 45.

Corroyer, *md de son*, route de Doullens, 25.

Corroyer, *empl. de comm.*, rue des Trois-Cailloux, 70.

Corroyer (Athalie), *papetière*, r. des Vergeaux, 56.

Corroyer, *rentier*, rue du faubourg de Hem, 110.

Corroyer, *menuisier* à Saint-Fuscien, rue du Petit-Faubourg-de-Noyon, 129.

Corroyer, *boulanger*, rue de la Hotoie, 57.

Corroyer, (veuve), *rent.*, r. du Chapeau-de-Violettes, 21.

Corroyer, *dessinateur*, rue Vascosan, 46.

Corroyer (veuve), *rentière*, cloître Saint-Nicolas, 9.

Corroyer, *employé*, place du Don, 13.

Corroyer (veuve), rue du faubourg de Hem, 7.

Corroyer *dit* Dauphin, *rentier* rue des Rabuissons, 37.

Cosham (veuve), *rentière*, r. Robert-de-Luzarches, 21.

Cosserat ✹, *député*, *membre du conseil général*, rue Saint-Martin, 7.

    Fabrique de velours r. du Marais, 58, faubg de Hem. Bureau, place Saint-Martin, 7.

Cosserat fils, *propr. et négociant*, rue Saint-Martin, 7
    et place Saint-Martin, 5.
    Filature à Saleux.
    Bureaux place St.-Martin, 7.

Cosserat, *maçon-fumiste*, rue du Vivier, 46.

Cossin, *représ. de comm.*, rue Le Maître, 75.

Cosyn (Elise), rue Flament, 34.

Cotart, *vérific. des domaines*, rue Gresset, 11.

Cotel (Pierre), *professeur*, rue de Narine, 36.

Cotel (Théodore), *professeur*, rue de Narine, 36.

Cotte, *empl. des eaux et forêts*, rue du Lycée, 27.

Cotté (veuve), *rentière*, r. du Milieu de la Veillère, 15.

Cotté-Croizé, *cafetier*, rue de Beauvais, 70.
    Cave de Cotté-Croizé, rue des Wattelets, 7.

Cotté-Sauval. *chiffonnier*, rue de la Queue-de-Vache, 15.

Cotelle-Bazille, *md. en gros*, rue St-Leu, 25.

Cotrelle, *cont.-maître briquetier*, rue des Meûniers, 78,
    faubourg de Hem.

Cottrelle-Thuillier, *anc. apprêt.*, r. Sainte-Claire, 7.

Cotterelle-Maisant, *teinturier*, rue de la Voirie, 47.

Cottrelle (Joséphine), r. Basse-des-Tanneurs, 60.

Cottrelle (Mlle), *maîtresse de pension*, Grande-Rue, 56,
    à Saint-Maurice.

Cottrelle, *rentier*, r. du Grand-Vidame, 43.

Cottrelle, *employé*, rue des Granges, 19.

Cottrelle, *employé*, rue du Lycée, 71.

Cottrel, *ménager*, rue de l'Union, 96.

Cotty, *offic. comptable*, rue Saint-Dominique, 12.

Coubart, *fab. de cartons de bureaux*, rue Basse-Notre-
    Dame, 10.

Couderc, *rentier*, rue Saint-Fuscien, 24.

Coudun, *ouv. fondeur*, chaussée de Noyon, 37.

Coudun, *employé*, rue des Cannettes, 1.

Couillard (veuve), *rentière*, chaussée de Noyon, 127.

Couillard (veuve), *ménagère*, chaussée de Noyon, 6.

Couillard-Miennée, *épicier*, rue des Majots, 85.

Couillard dit Roger, *commissionnaire en marchandises*,
    rue Gresset, 29.

Couillard-Leroy, *hortillon*, r. Voyelle, 10, à la Neuville.

Coulon, *voyageur*, rue Vascosan, 7.

Coulon, *propriétaire*, rue Caumartin, 4.

Coulon, *coiffeur*, marché au Fil, 12.

Coulon, *surn. de l'enreg.*, rue Laurendeau, 96.

Coulon, *médecin*, rue Saint-Denis, 8.

Coupé, *employé*, boulevard Saint-Jacques, 87.

Coupigny (veuve de), *propriétaire*, rue Porte-Paris, 33.

Coupigny (de), *propriétaire*, rue de l'Oratoire, 8.

Couplet, *préf. des études*, rue de Narine, 36.

Couplon-Lemaire, *employé*, quai de la Somme, 52.

Courant, *md de casquettes*, rue de la Hotoie, 16.

Courcel, *rentier*, rue de Cérisy, 23.

Courcol (Mlle), *mercière*, rue des Rabuissons, 6.

Courcol, *rentier*, rue Saint-Leu, 54.

Courcol (Jules), *fab. à métiers*, pass. des Cordeliers, 5.

Courcol-Delphech, *fab.*, grande rue Saint-Maurice, 19.

Courleux, *photographe*, rue des Trois-Cailloux, 16.

    Montre, passage de la Renaissance, 8.

Courrejolles ✳, *dir. de la poste*, r. des Stes-Maries, 16.

Courtillier, *médecin*, rue Neuve-des-Capucins, 16.

Courtin (veuve), *rentière*, rue Riolan, 46.

Courtois, *chef de bur. au ch. de fer*, rue du Petit-Fau-
    bourg de Noyon, 81.

Courtois, *empl. de commerce*, rue des Sergents, 18.

Courtois, *rentier*, boulevard du Mail, 17.

Cousin, *débitant et épicier*, quai de la Somme, 50.

Coutil, *pharmacien*, rue des Trois-Cailloux, 54.

Coutil-Sauvé, *rentier*, rue Contrescarpe, 10.

Couture, *prêtre*, rue du Cloître-Notre-Dame, 3.

Couture (vᵉ), *rentière*, rue d'Amiens, 4, à Boutillerie.

Couture, *mécanicien*, rue Daire, 61.

Couture, *employé*, rue Duméril, 36.

Couture, *employé*, rue Le Mattre, 16.

Conty, *contre-maître*, rue de la Sablière, 22.

Couvé (veuve) *rentière*, rue du Bout-Cacq, 32.

Couvé (Pierre), *rentier*, rue du Marais, 58.

Couvé, *vicaire*, rue du Marais, 58, faub. Saint-Pierre.

Couvillers, *cordonnier*, boulevard du Mail, 67.

Couvillers, *cordonnier*, boulevard Saint-Charles, 25.

Couvreur (veuve), *meunière*, rue du Moulin-Neuf, 2.

Couvreur, *perruquier*, rue de la Hotoie, 79.

Couvreur, *potier d'étain*, rue des Chaudronniers, 19.

Couvreur frères et sœur, *rentiers*, île St-Germain, 12.

Couvreur, *aumônier des Ursulines*, rue du Camp-des-Buttes, 5.

Couvreur, *peintre sur verre*, rue Porte-Paris, 47.

Couvreur-Lejeune, *meûnier*, quai de la Passerelle, 1.

Coyette (v^e), *cabaretière, mde de mout.*, r. St.-Fuscien, (fonds de Monjire.)

Coyette (veuve), *débitante*, rue des Prémontrés, 40.

Coyette, *cabaretier*, rue de la Prairie, 7.

Cozette (Eug.), *md. de charbons*, rue St-Honoré, 102.

Cozette, *grainetier*, marché aux Herbes, 13.

    Magasin rue Fontaine, 8.

Cozette, *cultiv.*, allée des Meûniers, 80, à Renancourt.

Cozette, *cultivat.*, rue du Calvaire, 13, à Renancourt.

Cozette, *empl. à la préfecture*, rue Flament, 19.

Cozette, *épicier*, rue des Chaudronniers. 16.

Cozette-Ducroq (veuve), *rentière*, rue St.-Honoré, 23.

Cozette (J.-B.), route de Rouen, 155.

Cozette, *cafetier*, marché au Fil, 3.

Cozette, *propriétaire*, rue Castille, 54.

Cozette, *épicier-débitant*, route de Paris, 68.

Cozette, *vétérinaire*, rue des Wattelets, 38.

Cozette fils, *fabricant*, rue des Wattelets, 38.

Cozette (Mlle), *rentière*, chaussée de Noyon, 145.

Cozette (veuve), *rentière*, chaussée de Noyon, 145.

Cozette (Mlle), *rentière*, rue du Hocquet, 31.

Cozette, *rentier*, boulevard Fontaine, 14.

Crampon-Lejeune, *hortillon*, r. du Marais, 48, à la Neuv.

Crampon fils, *cultiv.*, r. du Marais, 30, à Renancourt.

Crampon père, *cultiv.*, r. du Marais, 8, à Renancourt.

Crampon (v^e), *jardinière*, chaussée Périgord, 10.

Crampon, *cultivat.*, rue du Calvaire, 11, au Petit-Saint-Jean.

Crampon, *garde-champétre*, grande rue du Petit-Saint-Jean, 35, au Petit-Saint-Jean.

Crampon, *cabaretier*, rte d'Abbeville, 200, à Montières.

    Briqueterie route d'Abbeville, 207, à Montières.

Crampon et Grenon, *tonneliers, mds. de cidres*, rue des Sergents, 27.

Crampon, *débitant*, rue Saint-Jacques, 3.
Crampon-Leclercq, *cabaretier*, rue des Rabuissons, 64.
 Magasin rue Blassel, 5.
Crampon, *prêtre*, esplanade de Noyon, 28.
Crampon, *tonnelier*, rue des Majots, 6.
 Magasin rue des Majots, 68.
Crapier (veuve), *rentière*, rue du Lycée, 116.
Crauck, *prof. de dessin*, boulevard de Beauvais, 42.
Cremer, *mécanicien*, rue de la Barette, 51.
Crémery, *propriétaire*, rue Saint-Fuscien, 18.
Cressent (veuve), *loueuse en garni*, pl. St-Denis, 21.
Cressent jeune, *prof. de musique*, rue Duminy, 12.
Cressent aîné, *professeur de musique*, rue des Saintes-
  Maries, 26.
Cressent, *logeur*, rue Neuve-des-Capucins, 32.
Cressent, *grainetier*, rue de la Hotoie, 53.
 Magasin rue des Francs-Mûriers, 33.
Cresson fils et Facquet, *négociants*, pl. Notre-Dame, 5.
Cresson-Ridoux, *ouv. jardinier*, rue de la Voirie, 187.
Cresson, *logeur et bur. de placement*, pl. St-Denis, 35.
Cresson-Sauvé, *hortillon*, rue de la Voirie, 97.
Cresson-Dury, *cordonnier*, rue des Sergents. 16.
Cresson-Ogez, *hortillon*, rue de la Voirie, 95.
Cresson (Auguste), *rentier*, rue Saint-Fuscien, 96.
Cresson (Jules), *rentier*, rue Saint-Fuscien, 96.
Cresson fils, *négociant*, boulevard de l'Est, 27.
Cresson-Dion, *rentier*, boulevard de l'Est, 27.
Cressonnier, *cabaretier*, rue Legrand-Daussy, 7.
Crété-Brois, *épicier et md de vins en gros*, rue de
  Beauvais, 68.
 Magasin rue des Wattelets, 11.
Crété-Digeon, *épicier et commissaire local*, rue du
  faubourg de la Hotoie, 2.
Creton, *avocat*, rue de Beauvais, 58.
Creton, *propriétaire*, rue de l'Aventure, 23.
Creuzet de la Touche, *dir. des contrib. directes*, rue
  Saint-Fuscien, 35.
Crevel, *cabaretier*, rue de Beauvais, 146.
Criès, *fabr. d'allumettes chimiques*, r. de la Prairie, 4.
Crignier-Hénin (veuve), *rentière*, r. du faub. de Hem, 87.

Crignier, *débitant*, rue St.-Jacques, 62-64.

Crignier (Jules), *farinier*, rue des Deux-Ponts, 8a, 8b, au Petit-Saint-Jean.

Crignier (veuve), *rentière*, r. Neuve-des-Wattelets, 23.

Crignier, *rentier*, Grande-Rue, 39, au Petit-Saint-Jean.

Crignier-Montgrenier, *moulin à tan*, grande rue du Petit-Saint-Jean, 70.

Crignon fils, *filateur*, rue des Majots, 19.

Crignon père, fils et Hue, *filateurs et fabricants*, rue de Guyenne, 7.

Crimet (Fr.), rue d'Etouvy, 28, à Montières.

Crimont, *ébéniste et doreur sur métaux*, r. du Loup, 30.

Crochard, *rentier*, chaussée de Noyon, 125.

Crognier, *débitant*, rue Saint-Leu, 128.

Crogniez, *bourrelier*, rue du faubourg de la Hotoie, 11.

Croisier, *supér. de la Sainte-Famille*, esplanade de Noyon, 18.

Croizé (veuve Ed.), *court. de fabrique*, pl. St-Martin, 12.

Croizé (Nat.) *ménager*, r. du Calvaire, 6, à Renancourt.

Croizille-Delarouzée, *bonnetier*, rue des Vergeaux, 13.

Croizille (Mlle), *épicière*, rue Pavée, 1.

Croizille père, *rentier*, rue Saint-Germain, 56.

Croizille, *menuisier*, rue Saint-Germain, 38.

Magasin rue Basse-des-Tanneurs, 48.

Croutelle, *débit de tourbes*, petit rue du Quai, 6.

Cru (veuve), *mde de charbons en détail*, r. du Quai, 26.

Crutel, *cabaretier*, route de Rouen, 6.

Crutel fils, *contre-maître*, rue des Capucins, 72.

Cry, *entrepreneur*, à Dury, rue Le Mattre, 71.

Cuignet, *poissonnier*, rue de la Queue-de-Vache, 49.

Cuignet, *débitant*, rue Dejean, 51.

Cumel, *contre-maître*, pl. de l'Hôtel-de-Ville, 11.

Cusquel, *laines peignées*, rue des Poirées, 25.

Cuvillier (J.-B.), *charr.*, r. d'Abbev., 120, à Montières.

Cuvillier, *propriétaire*, rue du Petit-Saint-Roch, 89.

Cuvillier-Galempoix, *épicier*, rue du faub. de Hem, 80.

Cuvillier, *agent d'assurances*, rue des Capucins, 28.

D.

Dabonneville, *cafetier*, promenade de la Hotoie.
Dabonneville, *ménager*, grande rue Saint-Maurice, 132.
Dabonneville-Mille, *chauffeur*, rue du Marais, 79, à la Neuville.
Dabonneville, *débitant*, grande rue Saint-Maurice, 308.
Dabonneville (veuve), *fruitière*, gde. r. St-Maurice, 306.
Dabonneville, *cautonnier*, r. St.-Leger, 10, à Longpré.
Dabonneville, *ménager*, rue de la Citadelle, 4.
Dabonneville (v*), *ménag.*, r. de Corbie, 35, f. S.-Pierre.
Daboval, *propriétaire*, r. Duminy, 30.
Dacheux, *débitant*, *logeur*, rue Canteraine, 35.
Dacheux-Boileau, *maître de pension*, r. de Narine, 39.
Dacheux-Lefebvre, *jardinier*, rue Damis, 7.
Dailly, *rentier*, rue du petit faubourg de Noyon, 56.
Dailly (veuve), *rentière*, rue de la Hotoie, 45.
Dailly (Mme), *fabr. de chaussons*, marché aux Herbes, 40.
Dailly, *rentier*, rue Neuve-des-Wattelets, 23.
Dailly, *hortillon*, près Saint-Jean, à Longpré.
Dailly (veuve), *propriétaire*, rue des Majots, 46 b.
Dailly, *débitant*, rue de la Queue-de-Vache, 67.
Dailly-Levasseur, *déb. de tabac*, rue des Gantiers, 32.
Dailly, *fossoyeur*, rue du Marais, 56, à la Neuville.
Dailly, *chiffonnier*, rue du Bois, 7 b, à la Neuville.
Dailly, *plafonneur*, chaussée Saint-Acheul, 203.
Daire (veuve), *rentière*, place Saint-Denis, 65.
Daire (Elysée), *employé* à la Préfecture, *commiss. local*, rue Le Mattré, 31.
Daire, *md. de charbons*, route de Rouen, 183.
Daire, *maître de forges*, au Petit-St-Roch, r. St-Jean, 1.
Daire et Greisch, *liquoristes*, rue Saint-Leu, 88.
Daire-Duhamel, *fab. de liqueurs*, rue Saint-Leu, 136.
Daire-Gournay et Cie., *droguistes*, rue de Beauvais, 34.
Daire (Abraham), *rentier*, rue de Lamorlière, 10.
Daire et fils, *commiss. de roulage*, boulev. du Mail, 75.
    Bureau rue de Beauvais, 85.
Daire (veuve), *propriétaire*, rue des Becquerelles, 13.
Daire-Lenoir, *afficheur*, rue des Becquerelles, 7.

Dalbin (J.), *md. de vieux métaux*, ch. St.-Pierre, 43.

Dallery, *boulanger*, rue de Beauvais, 4.

Damade (v. et fils), *rentiers*, boulevard de Beauvais, 54.

Damade, *employé*, rue Flament, 5.

Damade (veuve), *débitante*, rue Saint-Leu, 104.

Damade, *cultivateur*, rue du Marais, 16, à Renancourt.

Damagnez, *épicier*, boulevard de l'Est, 5.

Damagnez (veuve), *rent.*, rue Robert-de-Luzarches, 25.

Damagnez, *brasseur*, rue Saint-Germain, 47.

    Magasin rue Quincampoix, 1.

Damagnez ((Mlle), *rentière*, pl. de l'Hôtel-de-Ville, 8.

Damanelle (Mlle), *rentière*, rue de Narine, 31.

Damboise, *épicier*, rue de la Hotoie, 76.

Dambreville, *ouv. orfèvre*, rue Basse-Notre-Dame, 4.

Dambreville, *perruquier*, rue Saint-Leu, 48.

Dambreville (A.), *ménager*, rue Dewailly, 8.

Dambreville (Ch.), *ménager*, rue Dewailly, 6.

Damenez, *cabaretier*, rue du Marais, 84, à la Neuville.

Damenez-Pelletier, *hortillon*, rue de la Voirie, 65.

Damerval, *chauf. au ch. de fer*, r. Legrand-Daussy, 21.

Damerval, *débitant*, rue du faub. de la Hotoie, 166.

Dames de l'Espérance (les), boulevard Guyencourt, 1.

Damien (veuve), *rentière*, passage Lenoël, 2.

Damiens (J.), *employé*, rue Saint-Leu, 50.

Damis, *agent-voyer* de l'arrond. d'Amiens, *commissaire local*, rue Dijon, 12.

Damoiseau, *débitant*, rue au Lin, 55.

Damour (Hippolyte), *rentier*, rue Saint-Leu, 27.

Damour (veuve), *ferblantière*, rue Saint-Leu, 29.

Danel, *débitant*, rue des Tripes, 29.

Dangreville, *fruitier*, grande rue Saint-Maurice, 57.

Daniel, *chef de division* à la Préfecture, rue du petit faubourg de Noyon, 11.

Daniel, *agent-voyer copiste*, rue du Petit-Faubourg-de-Noyon, 11.

Daniel (Victoire), *modiste*, rue Saint-Dominique, 9.

Daniel (Hipp.), *tapissier*, rue Gresset, 15.

Danne, (Oct.), *propriétaire*, rue de Bray, 19.

Danneville, *cafetier*, rue des Sergents, 10.

Dausse de Froissy, *ingénieur*, rue des Jacobins, 84.

Danteuil (Mlle), *prof. de musique*, rue du Cloître-de-
l'Horloge, 18.

Danteuil, *tourneur en bois*, rue Saint-Germain, 55.

Danteuil, *tourneur en bois*, r. Haute-des-Tanneurs, 8.

Danthieu, (J.-B.), *charpentier*, rue du Marais, 13,
à Montières.

Dantin dit Boyencourt, *cultivat.*, rue St-Honoré, 128.

Dantin, *tonnelier*, rue Saint-Honoré, 63.

Dantin, *caissier*, rue Saint-Jacques, 53.

Dantoine (veuve), *rentière*, rue Damis, 17.

Danvin de Hardenthun (v*), *prop.*, boul. du Mail, 81.

Danzel (veuve), *mercière*, marché aux Herbes, 14.

Daperon, *poëlier-fumiste*, rue de Beauvais, 5.

Dapilly, *coiffeur*, marché au Feurre, 25.

Darcin, *employé*, rue de Guyenne, 12.

Dargent, *hortillon*, rue de la Queue-de-Vache, 13.

Dargent, *menuisier*, impasse de la Calandre, 11.

Dargent (veuve), *hortillon*, r. Voyelle, 14, Neuville.

Dargent-Bourgeois, *hortillon*, rue Voyelle, 14, à la
Neuville.

Dargent (Auguste), *hortillon*, r. du Marais, 88, Neuville.

Dargent (Bie), *hortillon*, rue de la Voirie, 163.

Dargnies (veuve), *débitante*, rue du Bastion, 2.
Débit, place du chemin de fer.

Darly-Fouré (V*), *rentière*, chaussée de Noyon, 163.

Darly (Mlle), *rentière*, rue des Briques, 5.

Darquet, *épicier*, rue de la Barette, 4.

Darquet (Mme), *couturière*, rue Saint-Leu, 94.

Darquet, *cultivateur*, rue de la Citadelle, 14.

Darragon, *md de tissus*, rue de la Hotoie, 32.

Darras (J.-B.), *laitier*, rue du Marais, 5, à Montières.

Darras, *maître d'études*, rue du Lycée, 40.

Darras (Hyac.), *hortillon*, rue du Marais, 52, Neuville.

Darras (Désiré), rue du Marais, 57, à la Neuville.

Darras, *ouv. maçon*, rue du Marais, 112, à la Neuville.

Darras, (Ant.), *hortillon*, r. du Marais, 65, à la Neuville.

Darras-Chatelain, rue du Marais, 53, à la Neuville.

Darras-Villomont, *fabricant*, rue Saint-Leu, 45.

Darras-Duboille, *aubergiste*, rue Saint-Leu, 98.

Darras, *hortillon*, rue du Marais, 57, à la Neuville.

Darras (Mlle), *retordeuse*, c.du Landy,2, r.d'Engoulvent.

Darras (veuve), *ménagère*, rue d'Am., 17, Boutillerie.

Darras (Lucien), *hortillon*, sur la Place, 14, à la Neuville.

Darras (J.), *expl. de carrières*, rue Saint-Acheul, 15, à la Neuville.

Darras, *retordeur*, rue Verte, 12.

Darras-Pillon, *rentier*, rue Neuve, 19.

Darras (Mlle), *rentière*, rue Neuve, 19.

Darras, *débitant*, rue Napoléon, 6.

Darras, *serrurier*, boulevard du Mail, 61.

Darras-Delahaye, *marchand de draps et toiles*, rue des Vergeaux, 26.

Darras, *représentant de commerce*, rue Neuve-des-Wattelets, 10.

Darras, *cafetier*, rue au Lin, 48.

Darras (Firmin), *débitant*, rue des Jacobins, 28.

Darras (Léontine), *fabricante*, rue des Orfèvres, 7.

Darras (Jules), *perruquier*, rue des Jacobins, 16.

Darras (Louis), *hortillon*, r. du Marais 116, à la Neuville.

Darras, *fruitier*, grande rue Saint-Maurice, 152.

Darras, *surn. des Domaines*, rue Delambre, 10.

Darras, *brocanteur*, rue des Capucins, 34-36.

Darras, *ménager*, grande rue Saint-Maurice, 150.

Darras, *rentier*, rue de Cérisy, 8.

Darras, *ménager*, rue Daire, 12.

Darras, *laitier*, Grande-Rue, 14, à Montières.

Darras (J.-B.), *ménager*, Cour du Chapître, 3, à Montières.

Darras, *caissier*, rue de Cerisy, 8.

Darras (Antoine), *hortillon*, tr du Marais, 14, à la Neuville.

Darras (veuve), *rentière*, r. du Chapeau-de-Violettes, 8.

Darras, *md. en gros*, rue Basse-Notre-Dame, 11.

Darras et Dufour, *étoffes en gros*, r. Basse-St.-Martin, 12.

Darras, *caissier*, rue du Loup, 7.

Darras, *employé*, quai de la Somme, 50.

Darsy, *dir. des prisons*, boulevart de Beauvais, 20.

Darsy, *couturière en robes*, rue des Saintes-Maries, 11.

Darsy, *tanneur*, chaussée Saint-Pierre, 54.
    Tannerie rue des Clairons, 91.
Dassier, *rentier*, rue Contrescarpe, 26.
Dassonville, *employé*, rue de Beauvais, 43.
Dauchel, *représ. de commerce*, rue Desprez, 21.
Dauchet, *propr. et logeur*, rue des Sœurs-Grises, 37.
Daude, *prêtre*, chaussée de Noyon, 3.
Daugy, *sous-inspect. des postes*, rue Lemerchier, 23.
Daullé ✳, *archit. du départ.* rue Saint-Fuscien, 57.
    Bureau, rue de la Pature, 38.
Daullé, *cultivateur*, Grande-Rue, 2, à Longpré.
Daullé, *propriétaire*, bouvard de Beauvais, 40.
Daullé, *agent voyer*, rue Gribeauval, 6.
Daullé (Ulysse), *comm. à pied*, rue des Jardins, 63.
Daumale, *graveur*, marché au Fil, 13.
Dauphin (Mlle), *rentière*, r. des Ecoles-Chrétiennes, 32.
Dauphin fils, *avocat*, passage de la Comédie, 1.
Dauphin, *cons. à la cour*, rue des Jacobins, 85.
Dauphin, *bottier*, rue de Trois-Cailloux, 28.
Dausse ✳, *rentier*, impasse des Cordeliers, 22.
Daussy, *fabr. de casquettes*, route de Paris, 59.
Daussy, *avocat*, cloître Saint-Nicolas, 7.
Daussy, *serrurier*, rue Sire-Firmin-le-Confesseur, 11.
Daussy, *surveillant*, rue Le Mattre, 73.
Daussy-Crapoulet, *md de laines*, rue de la Hotoie, 21.
Dauthieu, *contre-maître*, Grande-Rue, 39, à Montières.
Dauzet, *jardinier*, rue du Marais, 2, à Boutillerie.
Davaux, *chef d'institution*, rue Porte-Paris, 39.
Daveluy, *vicaire*, rue Flament, 18.
Daveluy, *tailleur*, rue des Lombards, 3.
Daveluy (Isidore) ✳, *rentier*, rue Saint-Leu, 6.
Daveluy, *rentier*, rue Laurendeau, 49.
Daveluy (Mme), *couturière*, rue Saint-Dominique, 7.
David, *faïencier*, marché aux Herbes, 24.
David, *filateur*, rue du faubourg de Hem, 1.
David-Riquier, *épicier*, rue de la Hotoie, 43.
David, *md de lampes Luciline*, rue Delambre, 44.
David, *rentier*, boulevard Fontaine, 24.
David, *voiturier*, rue du Bout-Cacq, 8.
David, *instituteur*, rue des 2 Ponts, 14, au Pet.-St-Jean.

David (vᵉ), *rentière*, rue Gresset, 63.
David fils, *charcutier*, rue des Trois-Cailloux, 56.
Davost, *conseiller*, rue Saint-Louis, 10.
Débare, *prêtre*, rue Porte-Paris, 47.
Debart (Ch.), *chauffeur*, rue Rohault, 74.
Debary, *avoué*, rue Napoléon, 23.
Debary (veuve), *rentière*, r. de l'Eglise, 32, à Montières.
Debarry, rue de l'Eglise, 32, à Montières.
  Briqueterie, route d'Abbeville, 265, à Montières.
Debarry, *rentier*, rue Laurendeau, 48.
Debarry, *rentier*, marché aux Chevaux, 10.
Debaussaux-Baillet, *plombier*, rue Gresset, 33.
Debaussaux, *hydraulicien, pompes à incendies*, rue
  Saint-Leu, 49.
Debeauvais, *employé*, rue Le Mattre, 59.
Debeauvais (veuve), *rentière*, rue des Gantiers, 24.
Debeauvais (vᵉ), *épicière*, r. St.-Firmin-le-Confesseur, 23.
Deberly, *concierge*, rue du Lycée, 40.
Deberly, *épicier-mercier*, rue Saint-Jacques, 73.
Deberly, *avocat*, rue de Cérisy, 3.
Deberly (E.), *avoué*, rue Saint-Denis, 32.
Deberny-Duvette, *propriétaire*, rue Desprez, 23.
Debéthune, *épicier*, rue de la Dodane, 27.
Debéthune, *rentier*, rue Gloriette, 16.
Debiesse, *concierge* au Palais de Justice, 6.
Debise, *rentière*, rue Saint-Fuscien, 76.
Debise-Delicourt, *md de bonnet*, r. des Tr.-Cailloux, 82.
Deboffe, *md de rouenneries*, au Lin, 22.
Deboffe, *rentier*, rue de Metz, 33.
Deboffe, *aiguilleur*, rue de Noyon, 35.
Debonne (Mlle), *rentière*, place Saint-Denis, 65.
Debray, *marchand de parapluie*, rue Saint-Leu, 150.
Debray, *rentier*, rue des Orfèvres, 18.
Debray, *propriétaire*, boulevard Longueville, 8.
Debray, *représent. de comm.*, passag. des Cordeliers, 9.
Debray, *empl. de comm.*, grande rue St.-Maurice, 116.
Debray, *mécanicien*, rue Vascosan, 48.
Debray (veuve), *rentière*, rue de Metz, 11.
Debray, *scieur de long*, rue des Capucins, 27 t.
Debray, *md. de cirage*, place Maubert, 6.

12

Debray (veuve), *débitante*, rue de la Citadelle, 5.

Debray, *brasseur*, rue des Coches, 27.

Debray, (veuve), *rentière*, rue de Beauvais, 131.

Debray, *représent. de com.*, imp. des Jeunes-Mâtins, 9.

Debreilly (Mlle), *rentière*, rue Laurendeau, 46.

Debret-Lucas, *boulanger*, rue Saint-Leu, 52.

Dépôt de bois, rue Pavée, 41.

Debrière, *prof. de musique*, rue Saint-Denis, 50.

Debrock (Mlle), *débitante*, route d'Albert, 10.

Debrossard de Ressenroy, *propriétaire*, rue Robert-de-Luzarches, 27.

Debrossart-Delabarthe, *ébéniste, entrepren. de déménagements*, rue de Noyon, 30.

Magasin rue Daire, 59.

Debrossart (Renée), *rentière*, rue de Noyon, 30.

Debrossart, *rentier*, rue Saint-Fuscien, 15.

Debry, *empl. à la préf.*, rue Neuve-des-Capucins, 31.

Debry-Sauval, *aubergiste*, marché au Feurre, 15.

Debry, *débitant*, chaussée St.-Pierre, 32.

Debry (Th^{se}), *ménagère*, r. du Presbytère, 5, f. St-Pierre.

Debry, *épicier et fabr. de chandelles*, rue-Basse-des-Tanneurs, 44.

Fabrique rue de l'Entonnoir, 12, 14 et 16.

Debry, *empailleur*, boulevard du Mail, 65.

Debry (Mme), *mde à la toilette*, r. du P.-à-Moinet, 13.

Debry, *courtier de fabrique*, rue Henri IV, 7 et 9.

Debry, *menuisier*, rue des Corroyers, 72.

Debuigny, *agent d'assurances*, rue des Augustins, 18.

Debusscher, *fabricant*, rue Saint-Louis, 29.

Debusscher-Prieur, *négociant*, rue des Crignons, 11.

Decaïeu, *avoué*, Logis-du-Roi, 21.

Decaïeu ✳, *prés. hon. à la Cour*, r. Martin-Bl.-Dieu, 22.

Decaïeu (veuve Alix), *rentière*, rue de Cérisy, 1.

Decaïeu, *greffier des Prudhommes*, rue de Cérisy, 1.

Decaix (veuve), *rentière*, rue Gresset, 38.

Decaix (Mlle), *lingère*, rue de Metz, 20.

Decaix, *tissus en gros*, rue Gresset, 38.

Decaix, *tailleur*, rue de Metz, 20.

Decaix de Saint-Aymour, *propriét.* r. St-Dominique, 17.

Decaix, *rentier*, r. Cocquerelle, 1, faub. de Noyon.

Decaix et Vilin, *négts.*, rue Basse-Notre-Dame, 9.

Decamps (v^e), *couvreur*, rue du petit faub. de Noyon, 88.

Decamps, *garde-magasin*, à la Gare.

Decavé-Belvaude, *couvreur*, boulev. Saint-Jacques, 7.

Decave-Darras, *rentier*, rue Ducange, 11.

Dècle, *taillandier*, rue de la Hotoie, 23.

   Atelier rue des Près-Forêts, 25.

Dècle, *md de toiles*, à Pernois.

   Magasin rue Duméril, 17.

Dècle, *rentier*, rue du Lycée, 112.

Dècle (Victor), *rentier*, boulevard du Mail, 45.

Dècle-Cagnard, *md de toiles*, passage de la Renaissance, 1 et rue des Saintes-Maries, 29.

Dècle (veuve), *rentière*, rue des Cruchons, 14, faubourg St-Pierre.

Dècle (Mlle), *rentière*, rue des Minimes, 17.

Declercq, *empl. de direction*, rue Castille, 1.

Decobert-Joron (veuve), *épicière*, ch. de Noyon, 111.

Décobert, *employé*, chaussée de Noyon, 211.

Decoin, *ménager*, r. du Marais, 109, faub. Saint-Pierre.

Decoisy (Mme), *modiste*, rue Saint-Leu, 112.

Decoisy (Eléonor), *propriétaire*, boulev. des Frères, 36.

Decoisy, *colporteur*, rue du Faub.-de-la-Hotoie, 15 J.

Decoisy (Lucien), *contre-maître*, rue du Marais, 5, à Renancourt.

Decoisy, *laitier*, rue Saint-Léger, 30, à Longpré.

Decoisy, *fruitier*, rue de Beauvais, 95.

Decoisy (Narcisse), *chan.-hon. de Notre-Dame*, rue Martin-Bleu-Dieu, 20.

Decoisy (veuve), *rentière*, rue Martin-Bleu-Dieu, 26.

Decoisy, *cabaretier*, place du Petit-Quai, 1.

Decoisy, *empl. à la préf.*, rue de Rumigny, 47.

Decoisy-Hennebert (Mme), *modiste*, rue St.-Leu, 112.

Decoisy (veuve), *rentière*, rue de la Citadelle, 66, à Saint-Maurice.

Decoisy (veuve), *rentière*, rue de la Citadelle, 88, à St-Maurice.

Decoisy (Mlle), *rentière*, rue Voclin, 51.

Decoisy (Mlles), *cabaretières et charcutières*, rue du Calvaire, 2, à Renancourt.

Decoisy, *épicier*, route d'Abbeville, 143, à Montières.

Decorniquet, *garç. de mag.*, r. Neuve-d'Allonville, 3.

Decorniquet, *tonnelier*, rue Bonvallet, 40.

Decorniquet, *tonnelier*, grande rue St-Maurice, 14.

Decoudu, *cultivateur*, rue Saint-Honoré, 111.

Decoudu (Casimir), *tapissier*, r. Sire-Firmin-Leroux, 17.

Decourcelle, *maréchal*, Grande-Rue, 56, à Longpré.

Décousu, *prof. à l'école normale*, rue de la Hotoie, 84.

Découture, *louager*, rue Napoléon, 5-11.

Decouture (veuve), *rentière*, rue Napoléon, 7.

Decrême (veuve), *rentière*, rue Saint-Jacques, 39.

Decréquy-Brare, *propriétaire*, rue de Bray, 14.

Decrequy-Caron, *propriétaire*, impasse Sainte-Marie, 3, rue Saint-Fuscien.

Decréquy, *rentier*, rue de Bray, 20.

Decressin, *rentier*, rue de Metz, 14.

Decressin (v^e), *rentière*, boulevard Saint-Jacques, 9.

Decroix, *chauffeur*, rue Bellevue, 42.

Decroix (veuve), *rentière*, rue de Lamorlière, 15.

Decroix, *cabaretier*, rue Duméril, 4.

Decroix, *contrôleur*, rue de Lamorlière, 15.

Decroix-Martin, *épicier, vins en gr.*, r. de Beauvais, 98. Magasin rue du Lycée, 13.

Defauw, *jardinier*, rue de la Voirie, 10.

Defecques, *aubergiste*, rue de Beauvais, 12.

Deflandre (veuve), *teinturière*, rue Canteraine, 5.

Deflandre, *conducteur des ponts et chaussées*, boulevart de Beauvais, 22.

Deflandre-Ranson (veuve), *épicière*, rue Porte-Paris, 32.

Deflandre, *peintre*, rue des Trois-Sausserons, 17.

Deflers, *charpentier*, rue Montplaisir, 3. Chantier à la Croix rompue, route de St-Fuscien. Magasin rue Bellevue, 46.

Deflesselles-Dupré, *rentier*, boulevard du Mail, 9.

Deflesselle, *cabaretier*, rue de Beauvais, 107.

Deflesselle, *charcutier*, rue du Hocquet, 103.

Deflesselle (Hyac.), *propriétaire*, rue Saint-Louis, 11.

Deflesselle-Lelong, *ménager*, rue de la Ruellette, 17.

Deflesselles, *md. de vol.*, rue Basse-des-Tanneurs, 76 E.

Defollie (veuve), *rentière*, chaussée Périgord, 113.

Deforceville (veuve), *rentière*, rue Pierre-l'Hermite, 19.

Defossé (Mlle), *rentière*, boulevard du Mail, 1.

Défossez, *direct. du spectacle*, r. des 3 Cailloux, 69.

Defrance (Mme), *couturière*, rue de Narine, 7.

Defrance, *jardinier*, rue de Narine, 7.

Defrance (Mlle), *fruitière*, rue du Hocquet, 114.

Defrance, *chef cuisinier*, impasse Vascosan, 22.

Defrance, *restaurateur*, rue des Rabuissons, 4 et place
    Périgord, 3.

    Salons passage Saint-Denis, 9.

Defransures (Mme), *pensionnat*, rue Gribeauval, 14.

Defrend-Testu, *passementier*, rue de Beauvais, 41.

Degand-Ladent (veuve), *rentière*, rue Saint-Louis, 44.

Degand (veuve), *rentière*, rue Saint-Louis, 22.

Degand, *rentier*, rue Saint-Louis, 44.

Degest, *employé*, rue des Sergents, 34.

Degouy, *fabr. de pannes et tuiles*, chem. de Saveuse, 28.

Degouy, *employé*, rue de Metz, 19.

Degove, *md d'huiles* (à Doullens), impasse des Corde-
    liers, 15.

Degove (veuve), *rentière*, rue Le Merchier, 14.

Deguehégny, *cultiv.*, rue Fontaine, 1, à Boutillerie.

Deharnais (Rosalie), rue des Briques, 11.

Dehaye, *rentier*, rue Le Mattre, 58.

Dehen, *prof. de musique*, r. Neuve-des-Capucins, 15.

Dehesdin fils, *md de bois*, boulevard du Port, 20.

Dehesdin, *propriétaire*, *md de bois*, rue Neuve, 6.

    Fabrique de briques et de tuiles, route d'Abbe-
        ville, 217, à Montières.

    Chantier quai de l'Abattoir, 17.

    Scierie mécanique quai de l'Abattoir, 95.

Dehor, *horloger*, rue Duméril, 1.

Dehor de St.-Mandé, *rent.*, r. Robert-de-Luzarchés, 14.

Dejean, *épicier*, rue des Crignons, 6.

Dejonge, *épicier-cafetier*, rue Basse-Notre-Dame, 40
    et place Notre-Dame, 9.

Dekempt, *baigneur*, rue de la Poissonnerie-d'Eau-
    Douce, 16.

Dekempt, *chaussures*, rue de Noyon, 19.

Delabarthe-Fiévée, *propr.*, r. des Ecoles-Chrétiennes, 20.

Delabre, *cafetier*, rue des Verts-Aulnois, 40.

Delaby et Cie, *négociants en laines*, pl. Notre-Dame, 7.

Delaby (Mlle), *rentière*, rue Voiture, 42.

Delaby, *maréchal*, rue de Metz, 10.

Delache, *contr.-maître*, rue du Marais, 109, fg de Hem.

Delache, *rentier*, impasse Montmignon, 4.

Delache, *débitant*, rue du faubourg de Hem, 238.

Delache (Céline), *rentière*, rue Castille, 3.

Delache-Rozelet, *rentier*, place Saint-Denis, 63.

Delacourt-Hanot, *chapelier*, rue des Trois-Cailloux, 115.

Delacourt, *rentier*, rue des Trois-Cailloux, 39.

Delacourt-Vasseur, *rentier*, rue Pointin, 8.

Delacourt (veuve), *mde de galettes*, rue du Guindal, 9. Etalage île Saint-Germain.

Delacourt, *propriétaire*, rue Saint-Louis, 6.

Delacourt, *ag. de police*, rue Neuve-Saint-Honoré, 56.

Delacroix (veuve), *propr.*, rue des Saintes-Maries, 31.

Delacroix, *apprêteur*, rue des Majots, 4.

Delacroix et Desaint, *apprêteurs*, rue de Guyenne, 1. Magasin rue de Guyenne, 4 et 6. Etente rue de la Dodane, 2.

Delacroix (Mlle), *couturière*, rue du Lycée, 3.

Delacroix (Louis), *hortillon*, rue du Marais, 94, à la Neuville.

Delacroix, *fruitier*, rue des Corroyers, 39.

Delacroix-Couvreur, *employé*, rue Porte-Paris, 47.

Delacroix (J.-B.), *hortillon*, rue du Marais, 98, à la Neuville.

Delacroix, *propriétaire*, boul. du Jardin des Plantes, 42.

Delafosse, *rentier*, petite rue du Cange, 18.

Delafosse (C.), *employé*, rue Legrand-Daussy, 16.

Delafontaine-Solare, *rentier*, rue Bellevue, 12.

Delafontaine-Solare (veuve), *propriétaire*, rue du Cloître de l'Horloge, 7.

Delaforge (Mme), *merc.-épic.*, place Saint-Firmin, 10.

Delagarde (veuve), *rentière*, rue des Capucins, 76.

Delagarde, *serrur.-mécanicien*, r. St-Jacques, 58-60.

Delagrange (v^e), *rentière*, impas. des Jeunes-Matins, 8.

Delagrange, *conduct. de travaux*, r. de l'Aventure, 24.

Delagrange (veuve) *mde. ambulante*, rue Ledieu, 75.

Delagrange, *rentier*, rue de Narine, 28.
Delahautoye (v°), *rent.*, route d'Albert, 27, f. St-Pierre.
Delahaye (Jules), *propriétaire*, rue Saint-Denis, 31.
Delahaye, *propriétaire*, rue de la Vallée, 60.
Delahaye (Mlle), *rentière*, rue Saint-Dominique, 32-34.
Delahaye, *teint.-dégraisseur*, rue des Rincheyaux, 8.
Delahaye (Mlle), *rentière*, rue Voclin, 27.
Delahaye, *md de vins en gros*, rue des Sœurs-Grises, 19.
Delahaye (veuve), *propriétaire*, boulevard de l'Est, 19.
Delahaye (Ernest), *propriétaire*, boulevard de l'Est, 19.
Delahaye (veuve), *rentière*, rue Flament, 12.
Delahaye (veuve), rue des Corroyers, 96.
Delahaye, *professeur*, rue de Narine, 36.
Delahaye, *rentier*, rue du Fossé, 6.
Delahaye (Th.), *négociant*, rue des Corroyers, 96.
Delahaye, *mercier*, place Saint-Firmin, 15.
Delahaye, *pâtissier*, r. Saint-Germain, 10 et 12.
　　Maison de vente Marché aux Herbes, 35.
　　Habitation rue Vascosan, 47.
Delahoche, *avoué*, rue des Jacobins, 39.
Delaine, *concierge*, à la Bibliothèque.
Delaire, *médecin*, rue du Cloître Saint-Nicolas, 2.
Delaire, *logeur*, rue des Capucins, 2.
Delaire, *empl. au ch. de fer*, rue des Jardins, 39.
Delamarre (Mme), rue Haute-des-Tanneurs, 1.
Delamarre, *charpentier*, rue du Blamont, 56.
Delamarre-Beauvais, *logeur et épicier*, rue du Petit-
　　Faub.-de-Noyon, 45.
Delamarre (Mlles), *rentières*, rue Constantine, 9.
Delamarre-Briez, *ménager*, rue Saint-Honoré, 30.
Delamarre, *répétiteur*, rue Saint-Jacques, 11.
Delamarre (veuve), *rentière*, rue Saint-Jacques, 11.
Delambre (v°), *mde de tissus*, r. des Chaudronniers, 29.
Delannoy, *percep. en retraite*, rue Porte-Paris, 14.
Delannoy (Mme), *mde de tiss.*, r. du Moul.-du-Roi, 2.
Delannoy (veuve), *rentière*, rue Cozette, 40.
Delannoy (veuve) rue Martin-Bleu-Dieu, 44.
Delannoy (veuve), *rentière*, rue Flament, 3.
Delannoy (v°), *rentière*, r. du Petit-Fg.-de-Noyon, 29.
Delapierre, *cultivateur*, grande rue Saint-Maurice, 254.

Delapierre fils, *ménager*, grande rue Saint-Maurice, 172.
Delaplace, *prop.*, à Ailly, rue Saint-Denis, 16.
Delaporte, *voyageur*, passage du Logis-du-Roi, 3.
Delaporte (Mlle), *rentière*, rue des Rabuissons, 69.
Delaporte, *berger*, r. de la Montagne-aux-Chevaux, 35.
Delaporte, *brasseur*, rue Canteraine, 11.
    Magasin rue Canteraine, 45.
Delaporte, *agent de police*, rue de la Citadelle, 36.
Delaporte (veuve), *rentière*, rue Napoléon, 15.
Delaporte-Caustier, *rentier*, rue Bellevue, 30.
Delaporte (Mlle), *rentière*, rue de la Vallée, 78.
Delaporte, *débitant*, rue du faubourg de la Hotoie, 20.
Delaporte, *fripier*, rue Saint-Germain, 41.
Delaporte (vᵉ), *garnis*, rue Saint-Denis, 25.
Delarche, à Vraignes.
    Magasin de beurre, place de l'Hôtel-de-Ville, 16.
Delarozière, *propriétaire*, rue de Noyon, 51.
Delarozière, *fabr. de bougies*, rue des Rabuissons, 27.
Delarozière aîné, *représ. de commerce*, r. Voiture, 52.
Delarousée (Aug.), *rentier*, rue de Narine, 29.
Delarousée (veuve), *rentière*, rue de Narine, 29.
Delarue, *cabaretier*, rue des Jacobins, 1.
Delarue, *agréé*, rue de Metz, 47.
Delarue, *rec. d'octroi*, porte Beauvais.
Delarue, *prêtre*, chaussée St-Acheul, 17, à la Neuville.
Delarue-Cuvillier, *prop.*, ch. St-Acheul, 17, à la Neuville.
Delarue (J.-B.), *rentier*, place du Petit-Quai, 1.
Delarue, *rentier*, rue de Rumigny, 33.
Delarue, *débitant*, rue de la Hotoie, 70.
Delarue, *jardinier*, rue du faub. de Hem, 125 A.
Delassus-Famechon, *filateur*, rue de la Prairie, 12.
Delassus-Poix, *rouenneries*, rue de Beauvais, 26.
Delassus (veuve), *rentière*, rue de Beauvais, 26.
Delassus (Jules), *filat. associé*, rue de la Prairie, 12.
Delassus, *correct. d'imp.*, rue Duméril, 1.
Delassus, *serrurier*, rue des Orfèvres, 22.
Delatour, *serrurier*, r. du Calvaire, 16, à Renancourt.
Delattre, *professeur*, rue de Narine, 36.
Delattre, (vᵉ), *couturière*, rue de Metz, 6.
Delattre-Gamonnet (veuve), *rentière*, rue Henri IV, 17.

Delattre-Baillet (veuve), rue d'Alger , 4.

Delattre , *cafetier*, rue des Trois-Cailloux , 61.

Delattre , *cafetier*, Logis du Roi , 2.

Delattre (Mlle) , *rentière* , place Saint-Remi , 2.

Delattre (Mlle) *mercière*, rue de Noyon , 9.

Delattre-Jourdain , *propriétaire* , rue de l'Oratoire, 4.

Delattre, *cabaretier*, chaus. St-Acheul , 9, à la Neuville.

Delattre (Mlle) , *rentière* , rue Daire , 31.

Delattre (veuve) , *rentière* , rue du Soleil, 3.

Delattre, *charcutier*, Grande rue, 65, Petit St-Jean.

Delattre, *md de tissus* , à Erondel.

    Dépôt rue Gresset , 54 et rue de Metz , 45.

Delattre (Mlle) , *rentière*, rue Martin-Bleu-Dieu , 9.

Delattre, *logeur*, rue du Grand-Vidame , 26.

Delattre , *employé au télégr.*, rue Le Mattre , 38.

Delaux et Cie, *md de savons*, imp. des Cordeliers, 24.

    Magasin impasse des Cordeliers , 18.

Delaux-Choquet , *serrurier*, (*sonnerie électrique*), rue
    Saint-Leu , 86.

Delaux , *employé à l'Hôtel-Dieu*, rue Saint-Leu , 107.

Delaux , *serrurier*, rue des Gantiers , 41.

Delaux (Alb.), *employé*, rue de Corbie, 13.

Delaux père , *rentier*, rue Saint-Leu , 107.

Delavier, *ménager*, rue du Petit-Faub.-de-Noyon , 7.

Delavier-Dubois , *rentier*, boulevard Longueville, 3-1.

Delavigne (veuve), *rentière*, rue Le Mattre , 12.

Delaye , *serrurier-mécanicien*, *et fabr. de papier à*
    Albert, rue Saint-Leu , 144.

    Ateliers rue des Paniers , 15.

Delbarre, *rentier*, rue des Trois-Cailloux , 39.

Delbarre (veuve), *fabr. de bougies*, rue Fontaine , 13.

Delbay, *laines peignées*, route de Paris , 6.

Delcourt (Mlle Aline), *propr.*, rue Saint-Fuscien, 42.

Delcourt, *rentier*, boulevard Fontaine , 50.

Delcupe, *épicier*, rue du faub. de Hem , 147.

Delcuze, *employé*, chaussée de Noyon , 91.

Delécluse, *empl. de commerce*, rue Saint-Denis, 2.

Delefortrie, *vicaire*, rue Saint-Leu, 47.

Delepierre, *épicier et md de tabac*, r. du Hocquet, 110.

Delepine, *conduct. de dilig.*, rue des Wattelets , 8.

Delespeaux, *courtier de fab.*, rue des Gantiers, 16.

Delespeaux (Mlle), *débit de tabac*, rue des Jeunes-Mâtins, 5.

Delespeaux (veuve), *épicière*, r. St.-Honoré, 44.

Delétoile, *fabr. de tapis*, boulevard Fontaine, 40.
   Fabrique rue de la Prairie, 14.

Delettre (Modeste), *jardinier*, rue de l'Agrapin, 1, à la Neuville.

Delettre, *maçon*, rue Saint-Germain, 63.

Délen, *fab. de chicorée*, rue Masclef, 8.

Deleville, *voyag. de comm.*, rue de Lamorlière, 4.

Delfortrie, *architecte-eutrep.*, esplanade de Noyon, 2.

Delgove, *clerc de notaire*, rue Neuve, 3.

Delgove, *md quincaillier*, place Saint-Denis, 23.

Delhomel (J.-B.), *hortillon*, r. du Marais, 128, à la Neuville.

Delhomel, *dégraisseur*, rue de la Queue-de-Vache, 7.

Delhomel (v^e), *fruitière*, rue des Jeunes-Mâtins, 7.

Delhomel, (veuve), *ménagère*, route d'Albert, 121.

Deliège (Mme), rue Saint-Jacques, 45.

Deliége (O.), *fab. de registres*, r. des Capucins, 71 b.

Deliège-Maret, *chapelier*, rue du Vivier, 24.

Deliens (Mlle), *mercière*, rue de la Hotoie, 80.

Deligne, *débitant*, rue Saint-Roch, 3.

Deligne, *lamier*, rue des Corroyers, 33.

Deligne-Boulmy (veuve), *rentière*, r. du Cloître-Notre-Dame, 4.

Delignières-Fréchon, *négociant en vins*, r. au Lin, 28.
   Magasin rue Jeanne Natière, 4.

Deligny, *propriétaire*, rue Mazagran, 11.

Deligny, *négociant*, rue des Sergents, 41.

Delimal (Ch.), *épicerie et vins*, marché aux Herbes, 11.

Delimont (veuve et Mlle), *rentières*, r. de Guyenne, 3.

Delion, *rentier*, boulevard des Frères, 6.

Delisle-Légris, *rentier*, rue Dijon, 1.

Delisle-Mille, *comm. en marc.*, Cloît.-de-l'Horloge, 14.

Delmas, *md de parapluies*, rue des Trois-Cailloux, 77.

Delmotte, *fruitier*, place du Petit-Quai, 6.

Delmotte, *chauffeur*, rue du faubg de la Hotoie, 114.

Delmotte (Mme), *modiste*, passage des Cordeliers, 3.

Delobel Henri *propriét.*, r. St-Martin, 10.

    Magasin rue d'Engoulvent, 9.

Delonchant, *direct. du gaz*, quai de la Somme, 8.

Delong (veuve), *modiste*, passage de la Renaissance, 8.

Delorrier, *rentier*, rue Saint-Denis, 9.

Delpech, *avoué*, rue Saint-Louis, 4.

Delplace, *rentier*, rue du Pont-du-Cange, 1.

Delplace, *coup. d'habits*, place de l'Hôtel-de-Ville, 11.

Delme, *empl. de commerce*, rue Saint-Remi, 2.

Delrue, *cafetier*, place Saint-Denis, 24.

Delsart, *logeur*, rue du faubourg de Hem, 32.

Delsaux (Alex.), *fab. de ganse*, rue Saint-Louis, 38.

    Fabrique rue du Grand-Vidame, 65.

Délucheux (Mlle), *rentière*, boulevard Saint-Michel, 10.

Delury, *prêtre*, boulevard de l'Est, 26.

Delvacq, *prof. de musique*, boulevard de l'Est, 35.

Delzant, *propriétaire*, rue de Constantine, 16.

Demachy, *rec. à la petite vitesse*, rue Daire, 35.

Demailly (Eug.), *propr.*, rue du Camp-des-Buttes, 9.

Demailly, *comptable*, rue des Poirées, 27.

Demailly, passage des Cordeliers, 12.

Demailly, *conseiller*, rue Pierre-l'Ermite, 10.

Demailly, *garçon de magasin*, rue des Clairons, 99.

Demanché (veuve et Mlle), *rentières*, rue de la Porte-Paris, 35.

Demanesse (Casimir), *ménager*, route d'Allonville, 50.

Demanesse, *md de meubles*, pl. de l'Hôtel-de-Ville, 23.

    Magasin rue Basse-des-Tanneurs, 48.

Demanesse, *épicier*, rue du faubourg de Hem, 121.

Demanesse, *cultivateur*, petit Rivery, 11.

Demanesse-Marié, *ménager*, route d'Allonville, 42.

Demanesse, *concierge*, rue des Saintes-Maries, 4.

Demarcy (veuve), *rentière*, rue du Grand-Vidame, 48.

Demarcy, *md de beurre*, Logis-du-Roi, 18.

Demarcy, *épicier*, rue des Corps-Nuds-Sans-Tête, 11.

Demarcy-Drolette (vᵉ), *rentière*, rue de Lamorlière, 50.

Demarcy (veuve), *rentière*, rue Contrescarpe, 9.

Demarcy, *ménager*, route d'Abbeville, 55, à Montières.

Demarcy, *maçon*, rue de la Vallée, 14.

Demarcy (veuve), *épicière*, rue du Don, 15.

Demarcy (D.), *plafonneur*, rue du Bastion, 9.

Demarigny, *employé*, rue Martin-Bleu-Dieu, 10.

Demarquet aîné, *louager, pompes funèbres*, rue Napoléon, 24.

   Remise, rue du Bout-Cacq, 28.

Demarquet (Narcisse), *louager*, rue des Jacobins, 34.
   Remise r. du Camp-des-Buttes, 4 et pass. St-Denis.

Demarsy-Vasseur, *md de grains*, rue Gresset, 74.

Demasure (veuve et fils), *rentiers*, rue Contrescarpe. 6.

Demay (veuve), *ménagère*, rue du Calvaire, 32, à
   Renancourt.

Demay, *employé*, rue du petit faubourg de Noyon, 22.

Demelin, *serrurier*, impasse des Jeunes-Mâtins, 5.

Démelin (veuve), *rentière*, marché aux Herbes, 8.

Démelin, *caissier*, rue Neuve-des-Wattelets, 6.

Démelin, *voiturier*, rue du Moulin-Neuf, 21.

Demermilliod (veuve), *mde à la toilette*, r. au Lin, 27.

Demetz (veuve), *hortil.*, r. du Marais, 102, à la Neuville.

Demonbynes, *avoué*, place Saint-Michel, 14.

Demonchy, *perc.-surn.*, pet. rue des Augustins, 1.

Demons (Cécile), *sup. des Ursulines*, r. St-Dominique, 16.

Demorival-Crampon, *md d'eau-de-vie*, rue St.-Leu, 130.

Demoyencourt, *huissier*, rue des Orfevres, 44.

Denamps (v.e), *cultivatrice*, grande r. St.-Maurice, 214.

Denamps (v.e), *fruitière*, rue du Hoquet, 61.

Denamps, *cabaretier-logeur*, place du Petit-Quai, 3.

Denamps, *prêtre*, rue Neuve-des-Wattelets, 21.

Denamps (veuve), *rentière*, rue Basse-St.-Germain, 21.

Denamps. (H.), rue de la Montagné-aux-Chevaux, 33.

Denamps-Réthoré, *faïencier*, rue Saint-Germain, 33.

Denamps (veuve), *rentière*, rue Contrescarpe, 33.

Denamps (Elie), *serrurier, md. de croix*, rue Saint-
   Germain, 21.

Denamps, *fruitier*, rue des Tripes, 20.

Denamps, *menuisier*, rue Basse-Saint-Germain, 3.

Denard, *bonnetier*, rue Duméril, 25.

Denard (veuve), *rentière*, rue du Hocquet, 29.

Denard-Lozé, *bonnetier*, marché aux Herbes, 34.

Deneux-Buquet (veuve), *propriétaire*, esplanade de
   Beauvais, 10.

Deneux (Mlle), *rentière*, rue de Rumigny, 40.

Deneux (Martial), *contre-maître*, r. du fg. de Hem, 130.

Deneux, *charcutier*, rue du faubourg de Hem, 103.

Deneux (Em.), *propriétaire*, rue Saint-Fuscien, 49.

Deneux (veuve), *rentière*, rue des Jacobins, 58.

Deneux-Rouillard, *vins en gros*, rue des Sergents, 36.

Deneux (P.), *surveillant*, r. des Meûniers, 70, faub. de Hem.

Deneux (vᵉ Achille), ch. St.-Acheul, 71, à la Neuville.

Deneux, *cabaretier*, rue du faubourg de Hem, 130.

Deneux-Galempoix, *épicier*, rue du faub. de Hem, 88.

Deneux (Mme), *couturière*, rue Saint-Jacques, 17.

Deneux (Jules), *président de la Société philharmonique*, rue Montplaisir, 1.

Deneux-Longuet, *employé*, rue Saint-Jacques, 17.

Deneuville, *md forain*, rue du faub. de la Hotoie, 104.

Dengreville, *commis à pied*, boulev. St.Jacques, 37 bis.

Denibas, *tourn. en chaise*, boulev. Saint-Jacques, 19.

Deninger, *tailleur*, quai de la Somme, 78.

Denis (Alf.), *employé*, rue Saint-Leu, 54.

Denis (Mme), *rentière*, rue des Vergeaux, 4.

Denis (Mlle), *propriétaire*, rue Duméril, 32.

Denizot, *rentier*, boulevard Saint-Jacques, 15.

Denoyelle, *liquoriste*, rue des Vergeaux, 50.

Deparcy, *propriétaire, chantre*, rue Flament, 8.

Deparis (veuve Fl.), *ménagère*, rue Daire, 7.

Deparis, *cabaretier*, rue du faub. de la Hotoie, 16.

Depoix (Philibert), rue du Vivier, 18.

Dequen (veuve), *rentière*, esplanade de Beauvais, 3.

Dequen, *conducteur de trains*, rue du Bastion, 10.

Dequen (Mlle), *rentière*, rue Saint-Denis, 17.

Dequen, *fabricant*, rue Saint-Denis, 15 et 17.

Dequen, *substitut*, rue Saint-Dominique, 28.

Dequet (Mlle), *propriétaire*, rue Verte, 43.

Dequet, *propriétaire*, rue des Capucins, 54.

Dequet, *charcutier*, rue de l'Union, 12.

Derache, *rentier*, rue des Becquerelles, 1.

Deray-Pipaut, *rentier*, route de Rouen, 153.

Deray père, *rentier*, route de Rouen, 153.

Deray, *peintre*, rue des Capucins, 45.

Deray, *épicier*, marché au Feurre, 24-26.

Derbesse, *employé*, rue du Bout-Cacq, 69.

Derbesse (v^e), *serrurier en voitures*, r. des Wattelets, 24.

Dercheu, *architecte*, rue Napoléon, 29.

Derebègue, 1er *comm. des contr. direct.*, r. St-Geoffroy, 3.

Derender, *cond., des ponts et chaus.*, r.de Lamorlière,2.

Deriquehem, *empl. au ch. de fer*, rue du Petit-Faubourg-de-Noyon, 21.

Deriquehem, *ménager*, rue Saint-Honoré, 142.

Derivière, *faïencier*, marché aux Herbes, 47.

Derivière (Alex.), *rentier*, rue Bellevue, 36.

Derivière et Le Bouffy, *négociants*, boul. de l'Est, 51-53.

Derivery (veuve), *fruitière*, rue Saint-Jacques, 22.

Derivery, *employé*, rue Martin-Bleu-Dieu, 3.

Derivery, *employé*, passage des Capucins, 49.

Derly (André), *rentier*, route de Rouen, 114.

Derly, *rentier*, rue de la Hotoie, 73.

Derly, *grilleur*, rue Tourne-Coëffe, 5.

Dermonne (Mme), *couturière*, rue du Cange, 10.

Derogy-Loth, *épicier, md de vins en gros*, rue de
Beauvais, 103-105.

   Magasins rue du Lycée, 15 et 22.

Deroubaix, *fabr. de peignes*, route d'Albert, 59.

Deroussent, *voyageur*, rue Saint-Geoffroy, 38.

Derribes, *pédicure*, rue des Trois-Cailloux, 116.

Dersigny (veuve), *cabaretière*, rue des Jacobins, 13.

Deruelle, *clerc de notaire*, rue des Trois-Cailloux, 13.

Deruillé, *contrôleur du théâtre*, Logis-du-Roi, 16.

   Chambres garnies, rue des Trois-Cailloux, 75.

Derveloy, *contre-maître*, rue Fontaine, 19.

Derveloy (Mlle Rosa), *modiste*, rue Délambre, 42.

Desachy (Constant), *fruitier*, route de Paris, 250.

Desailly (Vict.), *ménager*, rue Saint-Honoré, 93.

Desailly, *jardinier*, route de Rouen, 118.

Desailly (Mme), *rentière*, rue de Rumigny, 66.

Desaint-Azéronde, *menuisier*, rue Rohault, 2.

Desaint (Mlle), *fripière*, rue Saint-Germain, 34.

Desaint, *mercier*, chaussée de Noyon, 99.

Desaint (veuve), *rentière*, rue Gresset, 8.

Desaint, *plafonneur*, rue Verte, 33.

Desaint, *aubergiste*, chaussée de Noyon, 18.

De Saint-Fuscien (v^e), *cafetière*, rue de Beauvais, 152.

De Saint-Riquier, *maçon*, rue de la Neuville, 35.

De Saint-Riquier, *épicier*, rue de Noyon, 6.

De Saint-Riquier, *chauffeur*, rue de la Vallée, 48.

Desavoye, *représent. de comm.*, rue de Metz, 42.

Desavoye, *rentier*, boulévard Saint-Michel, 18.

Desboffe (veuve), *rentière*, rue Saint-Jacques, 61.

Descamps, *pharmacien*, rue de Noyon, 37.

Deschamps, *voiturier*, rue Sainte-Claire, 7.

Deschamp, *conduct. des ponts et chaussées*, rue de la Poissonnerie-d'Eau-Douce, 8.

Deschamps (Mlle), *rentière*, rue Constantine, 1.

Deschamps, *débitant*, rue Basse-des-Tanneurs, 40.

Deschamps, *débitant*, rue des Faux-Timons, 14.

Descharmes, *professeur*, rue Saint-Louis, 39.

Deschryver, *rentier*, rue du Pinceau, 34.

Desclos, *tailleur*, rue des Verts-Aulnois, 38.

Descroix (Caroline), *couturière*, rue Caumartin, 40.

Desenlis-Sauval, *rentière*, rue du Pinceau, 68.

Desenlis, *mécanicien*, rue du Pinceau, 62.

Desgoffe, *percepteur*, boulevard Saint-Michel, 16.

Desguingatte, *propriétaire*, boulevard de Beauvais, 50.

Desguingatte (Mlle), boulevard de Beauvais, 50.

Desjardins (Casimir), *épicier*, rue du Quai, 6-8. Magasin rue du Quai, 10.

Desjardins (Edouard), *com. en march.*, rue St-Denis, 23.

Desjardins, *propriétaire*, rue des Cordeliers, 16.

Desjardins *ménager*, rue du Moulin, 40, au faubourg de Beauvais.

Desjardins (veuve), *ménagère*, route de Paris, 87.

Desjardins, *avocat*, rue Porte-Paris, 49.

Desjardins, *propriétaire*, route de Paris, 99.

Desjardins (v^e), *rentière*, rue Saint-Honoré, 34.

Desjardins-Dury, *maréchal*, route de Paris, 1.

Desjardins, *cultivateur*, r. St.-Honoré, 62, fg. de Beauv.

Desjardins, *ferblantier*, route de Paris, 25.

Desjardins, *retraité*, place Longueville, 3.

Desjardins, *épicier*, rue de la Hotoie, 10.

Desjardins, *propriétaire*, boulevart du Mail, 23.

Desjardins, *avoué*, rue du Camp-des-Buttes, 16.
Desjardins, *conseil. hon. à la cour*, r, des Capucins, 53.
Desjardins, *rentier*, rue Napoléon, 59.
Desjardins-Renard (veuve), *propriét.*, rue de Noyon, 38.
Desjardins-Lagorée, *rentier*, route de Paris, 27.
Deslavier, *boulanger*, rue du faubourg de la Hotoie, 28.
Desmarest, *cafetier*, rue du Quai, 4.
Desmarest, *voyageur*, rue Bellevue, 56.
Desmarest, *débitant-épicier*, rue des Panniers, 45.
Desmarest, *chauffeur*, rue Saint-Léon, 25.
Desmarest, *charpentier*, boulevard Baraban, 27.
Desmarest (Fl.), *épicier*, rue Blanquetaque, 16.
Desmaret, *md. de fer*, rue Saint-Leu, 99.
Desmarquais (Me), *rentière*, rue St.-Dominique, 32-34.
Desmarquais, *horloger*, rue des Rabuissons, 11.
Desmarquet et fils, *vins en gros*, cloître de la Barge, 14.
Desmarquet (ve), *rent.*, rue des Corps-Nuds-s.-Têtes, 5
Desmarquet (veuve), *rentière*, rue des Rabuissons, 39.
Desmarquet (J.-B.), *orfèvre*, rue des Vergeaux, 7.
Desmarquest et Houël (Mlles), *maîtresses de pension*, rue
    Saint-Fuscien, 41.
Desmarquest (veuve), *rentière*, rue du Lycée, 20.
Desmarquet, *boulanger*, rue de Noyon, 25.
Desmons, *professeur*, rue de Narine, 56.
Desmet, *poélier*, rue Saint-Denis, 10.
Desorne, *linger*, Grande Rue, 2, à Montières.
Desort, *application de broderies*, passage des Arts, 15.
Desoumené, *logeur*, Grande-Rue, 46 e, au Petit-Saint-
    Jean.
Desoutter, *md de charbons*, r. du Pont-du-Cange, 17.
    Magasin, rue du Port-d'Amont, 8.
Despréaux (Amand), *avocat*, rue Caumartin, 28.
Despréaux-Forgeau, *rent.*, r. Robert-de-Luzarches, 55.
Despréaux (Mlle), *rentière*, rue Voiture, 6,
Despréaux (Constant), *rentier*, rue Masclef, 28.
Despretz-Vallée, *ferblantier*, rue Saint-Jacques, 42-44.
Desprez, *conduct. des ponts-et-chaussées*, rue Neuve-
    des-Petits-Champs, 7.
Desprez, *débit., bals publics*, pl. de l'Hôtel-de-Ville, 7.
Desprez, *voyageur*, rue des Trois-Cailloux, 13.

Desprez, *coutelier*, rue Saint-Leu, 108.

Desruelle (veuve), *rentière*, rue Despretz, 12.

Dessaux (Zéphir), *brig. au ch. de fer*, rue Malakoff, 12.

Destré, *menuisier*, rue Rohault, 8.

Destré, *logeur*, rue Blanquetaque, 9.

Destré, *logeur*, rue des Capucins, 29.

Destré (veuve), *fruitière*, rue Canteraine, 1.

Destré-Damerval, *charcutier*, rue du f. de Hem, 165.

Destré, *rentier*, impasse des Cordeliers, 21.

Détaille, *propriétaire*, rue Gresset, 65.

Détaille, *tonnelier*, rue Haute-des-Tanneurs, 30.
    Magasin rue des Bouchers, 16.

Détemple, *peintre*, rue du Port, 17.

Detranchant, *professeur de chant*, rue Lemâtre, 54.

Deux (veuve), *brocanteuse*, rue des Sœurs-Grises, 8.

Deux, *bourrelier*, route de Paris, 53.

Devalois (Louis), *contre-maître briquetier*, route d'Abbéville, 22, à Montières.

Devallois (B.), *concierge*, route d'Abbeville, 247, à Montières.

Devallois (J.-B.), *plafonneur*, r. du Bout-Cacq, 7.

Devalois (v^e), *ménagère*, route d'Abb., 242, à Montières.

Devalois, *coupeur d'habits*, place Saint-Firmin, 19.

Devalois, *contre-maître briquetier*, allée des Meûniers, 2, à Renancourt.

Devalois (Alexis), *concierge*, route d'Abbeville, 44, à Montières.

Devalois-Testu, *cabaretier*, route d'Abbeville, 140, à Montières.

Devauchelle-Mouy, *plafonneur*, rue du Marais, 74, à la Neuville.

Devauchelle, *ménager*, rue du Long-Rang, 17.

Devauchelle (Isidore), rue du Marais, 72, à la Neuville.

Devauchelle-Dupuis, *tisseur*, rue du Sac, 7, à Longpré.

Devauchelle, *hortillon*, grande rue Saint-Maurice, 159.

Devauchelle (Edouard), *ménager*, rue St-François, 16.

Devauchelle (Adolphe), *ménager*, rue St-François, 16.

Devauchelle, *md de chocolat*, rue Saint-Denis, 14.

Devauchelle, *cafetier*, rue des Trois-Cailloux, 132.

Devaux (veuve), rue Dewailly, 14.

Devaux, *épicier*, rue du Bloc, 15.
Devaux, *débitant*, rue Castille, 44.
Devaux (Mme), *couturière*, imp. des Jeunes-Mâtins, 8.
Devaux-Foulon, rue Voiture, 50.
Devaux, *logeur*, rue Basse-des-Tanneurs, 42.
Devaux, *voyageur*, rue des Jeunes-Mâtins, 8.
Devaux, 1er *employé des hypothèques*, rue Cozette, 36.
Devaux, *métreur*, rue de Cérisy, 19.
Devaux (veuve), *rentière*, rue Castille, 6.
Devaux (Mlle), *professeur de piano*, rue Castille, 6.
Devaux, *charcut. et déb.*, chaussée de Noyon, 12.
Devaux, *md. de nouveautés*, rue Delambre, 35.
Deventer (ve), *rentière*, rue du Camp-des-Buttes, 24.
Devérité, *débitant*, Grande-Rue, à Saint-Maurice, 105.
Deviane, *propriétaire*, boulevard Fontaine, 54.
Deviane, *rentier*, boulevard Fontaine, 54.
Deviane fils, rue des Jacobins, 39.
Devieilhe père, *ancien épicier*, rue du Bout-Cacq, 79.
Devienne, *perruquier*, chaussée de Noyon, 61.
Devillelongue, *garde-forest.*, pass. du Logis-du-Roi, 14.
Devillepoix, *maître de pension*, rue Saint-Leu, 13.
Devillers, *rentier*, rue des Corroyers, 164.
Devillers (Mlle), *rentière*, rue Saint-Jacques, 47.
Devillers, *ancien notaire*, rue Gribeauval, 22.
Devillers, *cultiv.*, r. St-Honoré, 182, faub. de Beauvais.
Devillers, *maître d'études au lycée*, rue du Lycée, 40.
Deviller, *coupeur*, Grande-Rue, 111, au Petit-S-Jean.
Devisme, *rentier*, rue Saint-Fuscien, 46.
Devisme-Dubois, *rentier*, rue St-Martin-d.-Champs, 2.
Devisme (Mme veuve), *rentière*, rue du Presbytère, 6.
Devismes (Jacq.), *tisseur*, Grande-Rue, 13, à Longpré.
Devismes, *rouenneries*, rue de Beauvais, 74.
Devisme, *rentier*, rue Neuve des Capucins, 10.
Devismes, *empl. d'ingén.*, rue des Rabuissons, 12.
Devisme, *employé*, rue St-Fuscien, 46.
Devisme (Mlle), *propriétaire*, rue des Bonnards, 9.
Deydier, *md de parapluies*, rue Sainte-Marguerite, 5.
Dewailly (Auguste), *direct. d'omnibus et camionnage*, rue des Rabuissons, 25.
Remise rue des Rabuissons, 50.

Dewailly, *md de vins*, rue de Beauvais, 94.

Dewailly, *houille anglaise*, rue des Rabuissons, 26.

Dewailly frères, *nég. dans les toiles*, r. au Lin, 15-17.

Dewailly (veuve), *rentière*, rue au Lin, 17.

Dewailly, *mde à la toilette*, rue du faub. de Hem, 282.

Dewailly, *épicier*, rue du Grand-Vidame, 45.

Dewailly, *rentier*, chaussée de Noyon, 70.

Dewyn, *jardinier*, boulevard du Cange, 27.

Dhandicourt, *propriétaire*, rue Debray, 16.

Dhangest (Gust.), *propriét.*, boulev. Saint-Michel, 20.

Dhantefeuille (veuve), *rentière*, rue des Augustins, 4.

Dhavernas, *propriét.*, 1er *adjoint*, rue Porte-Paris, 10.

Dhavernas, *commis*, rue du Chemin-Vert, 7.

Dheilly-Delaporte, *nouveautés*, rue des Vergeaux, 29.

Dheilly, *médecin*, impasse des Jeunes-Mâtins, 3.

Dheilly (Mme veuve), *rentière*, rue des Cordeliers, 61.

Dheilly, *pensionnat*, boulevard Saint-Charles, 3.

Dheilly, *fruitier*, rue Saint-Leu, 45.

Dheilly (Esther), *pens. de dem.*, rue de l'Eglise, 21.

Dheilly (Mlles), *propriétaires*, rue Gresset, 11.

Dheilly (Aug.), *propriétaire*, rue de Rumigny, 55.

Dheilly, *ménager*, route de Paris, 129.

Dheilly (Louis), *conduct. de trains*, r. de la Voirie, 31.

Dhenin, *laitier*, rue des Prémontrés, 37.

Dherviller, *négociant*, Marché-au-Feurre, 21.

Dhervillez (Mme veuve), *rentière*, rue Gresset, 59.

Dhervillez (Mme veuve), rue Pierre-l'Ermite, 31.

Dhervillez, *rentier*, rue du Château, 16, à Montières.

Dhespel, *jardinier*, chemin du Petit-Saint-Jean.

Dhorloge, *employé*, rue Legrand-Daussy, 57.

Dhoubt, *brig. de gend. en retraite*, rue du Pinceau, 52.

Dhubert (Mlle), *propriétaire*, rue Pierre-l'Ermite, 28.

Dhuy-Auguez, *débitant*, route d'Albert, 107.

Dhuy-Couvreur, *bois à brûler*, quai de la Passerelle, 4.

Dhuy, *rentier*, route d'Allonville, 18.

Dhuy (veuve), *bouchère ambul.*, rue des Bouchers, 30.

Didon, *md de rouenneries*, rue des Chaudronniers, 21.

Dieu-Fleury, *marchand de charbons*, Grande-Rue, 12, à Montières.

Dieu (Denis), Marché-aux-Herbes, 23.

Dieu, *md de charb. de terre et de fer*, rue de Beauvais, 66.
 Magasin rue de la Voirie, 1.
Dieu, *marchand de galettes*, rue Pointin, 22.
 Boutique place Montplaisir.
Dieu, *débitant*, place des Minimes, 3.
Dieu-Wallard, *coupeur*, r. des Meuniers, 68, fg. de Hem.
Dieulouard, *rentier*, boulevard du Mail, 27.
Dieulouard (Mlle), *rentière*, boulevard du Mail, 27.
Dieuzy (Const.), *tissus, nouveaut.*, r. des Vergeaux, 42.
Digeon-Duval, *pépiniériste*, marché aux Chevaux, 22.
Digeon (Mme vᵉ et Mlle), *rent.*, marc. aux Chevaux, 28.
Digeon, *notaire*, rue des Corps-Nuds-sans-Têtes, 7.
Digeon (Mlle), *rentière*, rue du Petit-Saint-Roch, 5.
Digeon, *commissaire local et cultiv.*, rue du Marais,
  84, à Renancourt.
Dignoire, *épicier marchand de vins*, r. de la Hotoie, 7.
Diguet (Mme vᵉ et Mlle), *rent.*, boulev. de Beauvais, 38.
Dijon, *marchand en gros*, cloître de la Barge, 3.
Dijon (Hort.), *rentière*, rue du Cloître-de-la-Barge, 3.
Dimpre (Flavie), rue des Majots, 28.
Dinouard-Boidin (vᵉ), *rentière*, rue Lemattre, 59.
Dinouard-Marié (veuve), *rentière*, rue des Cruchons, 4.
Dinouard, *clerc d'avoué*, rue du Hocquet, 27.
Dinouard (veuve), *rentière*, rue Delambre, 40.
Dinouart, fils, *ménager*, route d'Allonville, 54.
Dinouart, *ménager*, r. des Cruchons, 2, fg. St-Pierre.
Dingréville, *logeur*, rue des Crignons, 7.
Diollot (Aug.), *rentier*, rue Saint-Louis, 46.
Diollot, *cafetier*, place Périgord, 18, et passage de la Re-
  naissance, 7-9.
  Glacière rue Blasset, 9.
Dion fils, *rentier*, rue du Pinceau 10.
Dion, *fact. de marchand.*, chaussée de Noyon, 205.
Diot (Louise), *boulangère*, rue des Vergeaux, 16.
Diot (Alph.), *chef d'équipe*, rue Legrand-Daussy, 22.
Diruy, *batt. de matelas*, passage des Arts, 10.
Dittmar, *mercier*, rue de Beauvais, 29.
Dizengremel, *rentier*, boulevard de l'Est, 41.
Dobelle (vᵉ), *comm. de roulage*, rue de La Neuville, 77.
Dobelle, *anc. teinturier*, rue Saint-Martin, 24.

Dobelle, *commission. de roulage*, rue de la Vallée, 80.
    Bureaux place Périgord, 17.
    Magasin rue de la Neuville, 77.
Dobey (v^e), *rentière*, rue du Fossé, 6.
Dobré, *lamineur*, rue des Poirées, 2.
Dodrelle-Dupont, *empl. au ch. de fer*, rue Tourne-
    Coëffe, 2.
Dodrelle, *agent de police*, rue Mondain, 19.
Dodrelle, *employé à la mairie*, rue Mondain, 19.
Doé de Maindreville, *aide-de-camp du général*, rue
    Ducange, 3.
Doine, *charcutier et menuisier*, faub. de Hem, 24-26.
Doisy (Mme veuve), *rentière*, rue des Corroyers, 16.
Dolbeau-Dubois, *épicier*, rue des Cordeliers, 51.
Dolin-Vasseur, *relieur*, rue du Bloc, 1.
Dolin (Mlle), *mercière*, place Saint-Denis, 19.
DOMAINES, *bureau*, rue Neuve-Saint-Dominique, 1.
Domart, (Adolphe), *négociant*, rue du Bastion, 20.
Domart, *propriétaire*, route de Paris, 179.
Domart et Guidé, *entrepreneurs*, à Cagny.
    Chantier rue d'Amiens, 2, à Boutillerie.
Domart, *cafetier*, galerie du Commerce, 15-17.
Domart, *md. de vins*, rue Saint-Leu, 77.
Domart, *huissier*, rue Duméril, 48.
Domart, *md. de légumes*, à Poulainville, rue des
    Majots, 78.
Domart, *cultivateur*, rue Saint-Honoré, 170.
Domesmont (de), *conseiller à la cour*, rue de la Porte-
    Paris, 24.
Démon (veuve), *propriétaire*, rue Saint-Fuscien, 33.
Domont (Alex.), rue de l'Ecluse, 25.
Domont *cordonnier*, rue des Chaudronniers, 15.
Domont, *contre-maître*, rue de la Citadelle, 1.
Domont (veuve), *ménagère*, rue des Bonnards, 39.
Domont, *hortillon*, rue du Petit-Rivery, 21.
Domont, *graveur*, boulevart Fontaine, 10.
Domont (v^e), *fruitière*, rue de Narine, 57.
Domont, *menuisier*, boulevard du Gange, 25.
Domont, *menuis.-mécan.*, rue Sainte-Catherine, 9-11.
Domont, *rentier*, rue de la Neuville, 19.

13.

Domont, *md. de charbons de bois*, rue des Tripes, **7**.
Dompierre (veuve), *rentière*, rue de l'Aventure, **5**.
Dompierre-Loisel et fils, *fabricants*, rue Basse-Saint-
    Martin, **13**.
Dompierre, *rentier*, rue du Vivier, **36**.
Dompierre, *rentier*, rue du Vivier, **44**.
Donné, *employé*, rue des Jardins, **38**.
Donné (veuve), *rentière*, rue du Lycée, **75**.
Donné, *cabaretier*, rue Gresset, **1**.
Donné (Laure), *couturière*, rue N.-des-Wattelets, **19**.
Donné, *employé à la préfecture*, rue du Lycée, **75**.
Donné, *planton à la mairie*, rue Rohault, **50**.
Donné (veuve), *rentière*, rue Basse-N.-Dame, **6**.
Dorbis (veuve), *propriét.*, rue du Camp-des-Buttes, **11**.
Dorchy, *boucher*, rue au Lin, **49**.
Dorémus, *épicier*, chaussée Saint-Pierre, **41**.
Dormenval, *employé*, passage Lenoël, **8**.
Dormenval, *rentier*, rue des Cordeliers, **46**.
Dormenval, *propriétaire*, route d'Abbeville, **22**.
Dormigny, *apprêteur*, rue du Vivier, **50**.
Dorr, *prêtre*, à Saint-Acheul.
Dorville, *rentier*, rue de Beauvais, **44**.
Douard, *mécanicien*, rue de Lamorlière, **9**.
Douay, *emp. au télégrap.*, r. Laurendeau, **110**.
Douay (Mme), *loueuse en garni*, r. de la P.-Paris, **7**.
Doublet (veuve), *rouenner.*, pl. du M.-aux-Herbes, **21**.
Doucet, *conducteur de travaux*, rue du Vivier, **20**.
Douchet-Dhuy, *débitant*, route d'Albert, **95**.
Douchet (J.), *mén.*, r. de la Montagne-aux-Chevaux, **27**.
Douchet (veuve), *propriétaire*, rue de l'Eglise, **17**,
    à Saint-Maurice.
Douchet (veuve), *rentière*, rue Napoléon, **22**.
Douchet (Lucie), *couturière*, route de Doullens, **18**.
Douchet (Albert), *rentier*, rue Napoléon, **22**.
Douchet, *épicier*, place des Huchers, **11**.
Douchet (Christop.), *rentier*, Gr.-Rue-St-Maurice, **53**.
Douchet (Fréd.), *cultivat.*, Gr.-Rue-St-Maurice, **13**.
Douchet, *employé*, rue Damis, **21**.
Douchet, *docteur en médec.*, r. neuve des Capucins, **12**.
Douchet, *employé de comm.*, rue Vascosan, **11**.

Douchet , *rentier* , rue de l'Ecluse , 9.
Douchet (Alf.), *cult.*, Grande-Rue , Saint-Maurice , 51.
Douchet (Louis), *rentier,* rue des Ecoles-Chrétiennes, 8.
Douchet , *logeur* , rue du faubourg de Hem , 214.
Douchet , *voiturier,* rue du Grand-Vidame , 10.
Douchet (Urb.), grande rue Saint-Maurice, 59.
Douchet-Payen , *débitant,* rue Haute-des-Tanneurs, 78.
Douchet-Ducroquet, *serrurier,* route de Doullens, 35.
Douchin (Mme), *mde de corsets,* r. des T.-Cailloux, 124.
Douchin-Sorel, *pât.-conf.,* rue des Trois-Cailloux , 88.
    Glacière rue de la Voirie , 5.
Doudain , *coiffeur* , rue de Beauvais , 13.
Douillet , *débitant,* rue de la Barette , 2.
Douillet-Devauchelle , *épicier,* rue au Lin , 19.
    Magasin rue des Sœurs-Grises , 4.
Douillet, *imprim.-lithographe ,* rue des Jardins , 2.
Douillet père, rue des Jardins, 13.
Douillet-Catelle, *rentier,* rue Robert de Luzarches, 23.
Douilliez aîné, *huiles et savons,* place Saint-Firmin, 24.
    Magasin rue du Port , 12.
Douilliez (veuve), *rentière,* rue Sire-Firmin-Leroux, 20.
Douilliez , *maçon,* rue des Clairons , 5.
Douilliez-Godart , *quincaill.,* Marché-aux-Herbes , 37.
Douilliez (Ed.) , *épicier,* rue des Trois-Sausserons , 1.
    Magasin rue des Trois-Sausserons, 13.
Doumergue et Veilliet , *constructeurs de chaudières ,*
    rue des Chaudronniers , 1.
    Ateliers route de Rouen , 19.
Doumergue (Mlle), *modiste,* rue des Wattelets , 4.
Dourlens, *fruitier,* cour du Chapître, 2 , à Renancourt.
Dourlens , *propriétaire,* rue Mazagran , 3.
Dourlens (veuve), *rentière,* rue Mazagran, 3.
Dournel (veuve) , *rentière,* rue Saint-Denis, 22.
Dournel, *notaire,* rue des Capettes , 1.
Dours , *médecin,* boulevard Longueville , 36.
Doussau ✻, *commandant de la Citadelle.*
Doussières (Mme) , *supér. des Dames du Sacré-Cœur ,*
    Rue de l'Oratoire , 1.
Doutart, *contre-maître,* route de Paris, 52.
Doutart, *propriétaire,* boulevard de l'Est , 67.

Doutart, *rentier*, boulevard Saint-Jacques, 91.

Doutart, *maréchal-ferrant*, rue de Beauvais, 22.

Doutart (veuve), *rentière*, rue de la Hotoie, 25.

Doutart, *propriétaire*, place Saint-Firmin, 16.

Douville, *rentier*, r. des Corroyers, 53.

    Four, route de Rainneville, 3.

Douvry, *chef des forts*, rue du Long-Rang, 32.

Douvry, *cabaretier*, rue des Gantiers, 45-47-49.

Douvry (veuve), *rentière*, rue Contrescarpe, 27.

Douvry, *rentier*, rue des Corroyers, 50.

Douvry, *menuisier*, rue du Quai, 22.

Douvry, *cordonnier*, rue Henri IV, 36.

Doviller (Estelle), rue de l'Aventure, 10.

Dragonne (Mlle), *rentière*, rue des Cordeliers, 8.

Dragonne, *conduct. d. ponts et ch.*, r. des Cordeliers, 8.

Draulette, *professeur*, rue de Narine, 36.

Dravenel, *cultivateur*, route de Corbie, 13.

Dravenel, *ménager*, rue du Marais, 47, fg. St-Pierre.

Dreptin, *loueur en garni*, rue au Lin, 52.

Drevelle (Denise), rue Saint-Dominique, 16.

Drevelle-Dubois, *march. de laines*, rue des Tripes, 41.

    Magasin rue Haute-des-Tanneurs, 48.

Drevelle, *peintre*, rue du Port, 14.

Drevelle (veuve), *bouchère*, marché au Fil, 10.

Drevelle, *chiffonnier*, rue des Francs-Muriers, 3.

Drevelle-Matifas, *charcutier*, rue au Lin, 13.

Drevelle, *rentier*, rue des Wattelets, 13.

Drevelle-Wier, *charcutier*, rue des Vergeaux, 12.

Drevelle (Edouard), *rentier*, rue des Saintes-Maries, 14.

Drevelle, *menuisier*, rue de Narine, 26.

Drevelle, *propriétaire*, rue de Metz-l'Evêque, 16.

Drevelle (veuve), *bouchère*, rue Saint-Leu, 140.

Drevelle, *négociant*, rue Saint-Leu, 38.

    Maison de camp. Grande-Rue, 143, Petit-St-Jean.

Drevelle-Facquet, *boucher*, rue de Beauvais, 115.

    Magasin rue de Beauvais, 113.

Drevelle-Rumilly, *boucher*, Marché-au-Feurre, 3.

Drevelle (veuve), *bouchère*, r. des Trois-Cailloux, 5.

Dreyfuss, *coupeur d'habits*, rue Le Mattre, 20.

Drincourt, *épicier*, rue Saint-Leu, 152.

Drincourt, *propriétaire*, rue Laurendeau, 54.

Drincourt, *charcutier*, rue Saint-Leu, 129.

Drobecq, *huissier*, rue du Chapeau-de-Violettes, 5.

Drobecq-Pansiot et Hoël, *menuisiers*, rue au Lin, 31.

   Scierie mécanique, quai de l'Abattoir, 7.

Drobecq (veuve), *rentière*, rue du Canal, 6.

Drocourt, *institut. communal*, r. du Pont-de-Pierre, 7.

Drouart (Mlle), *boulangère*, r. Sire-Firmin-Leroux, 4.

Drouart, *métreur de bâtiments*, r. des Vergeaux, 9.

Drouart (Juliette), *mercière*, rue des Vergeaux, 9.

Droulin, *boucher*, route de Paris, 3.

Droussent, *charcutier*, rue Saint-Honoré, 91.

Druart, *employé*, rue des Canettes, 3.

Dubar, *concierge*, à la Citadelle.

Dubas (Mlle), *rentière*, rue des Poirées, 17.

Dublaisel, *propriétaire*, rue Caumartin, 27.

Duboille (veuve), *rentière*, passage Lenoël, 2.

Dubois (Mme), *mercière*, rue du Bout-Cacq, 67.

Dubois-Cozette(A.), *chef de bureau à la Mairie*, boulev.
   du Cange, 21.

Dubois, *épicier*, place Périgord, 19.

   Magasin rue des Verts-Aulnois, 10.

Dubois frères, *mds. de houblon*, rue Saint-Leu, 131.

Dubois, *md. de houblon*, boulevard Fontaine, 72.

Dubois *coupeur d'habits*, rue des Wattelets, 19.

Dubois-Maisant, *md de vins en gros*, r. Delambre, 6.

   Magasin, rue des Jacobins, 67.

Dubois-Vincent, *md. de houblon*, rue de Cerisy, 12.

Dubois, *avocat*, boulevard Longueville, 20.

Dubois-Aloux, *cafetier*, r. des Corps-Nuds-sans-Têtes, 9.

Dubois (Gustave), *avocat*, rue Neuve, 8.

Dubois (Eugène), *menuisier*, rue des Orfèvres, 11.

Dubois, *employé*, rue Haute-des-Tanneurs, 13.

Dubois de Fosseux, *rentier*, basse rue Notre-Dame, 20.

Dubois-Leduncq, *plafonneur*, rue du Long-Rang, 63.

Dubois (Mme), *mde de tourbes*, r. B.-des-Tanneurs, 28.

Dubois, *mégissier*, rue Haute-des-Tanneurs, 46.

Dubois, *rentier*, rue Septenville, 15, fg de Beauvais.

Dubois (Édouard), rue du Long-Rang, 30.

Dubois (veuve) et fils, *brocanteurs*, rue St-Germain, 50.

Dubois-Pörion (veuve), *rentière*, rue de la Pâture, 31.

Dubois (Nic.), *chiffonnier*, rue Saint-Germain, 51.

Dubois, *rentier*, rue des Briques, 19.

Dubois-Matifas, *boucher*, rue des Cordeliers, 2.

Magasin rue des Cordeliers, 7.

Dubois, *garçon de ville*, rue des Archers, 7.

Dubois (Léonisse), sœur Saint-Bernard, *supérieure des Dames des Louvencourt*, rue des Crignons, 8.

Dubois, *fruitier*, chaussée de Noyon, 65.

Dubois, *logeur*, rue Neuve, 5.

Dubois ✳, *retraité*, boulevard Longueville, 20.

Dubois (Alf.), *empl. à la mairie*, r. Basse-N.-Dame, 1.

Dubois-Quillet ✳, *docteur en méd.*, cloît. de la Barge, 8.

Dubois, *hortillon*, chemin de Montières, à Longpré.

Dubois, *cultivateur*, route de Paris, 17.

Dubois (Hil.), route d'Abbeville, à Montières.

Dubois-Desjardins, *cultivateur*, route de Paris, 71.

Dubois, *cultivateur*, route de Paris, 123.

Dubois, *cultivateur*, route de Paris, 109.

Dubois (v^e), *aubergiste*, Esplanade du fg. de Noyon, 16.

Dubois-Lamarre, *ménager*, r. du Petit-Faubourg-de-Noyon, 90.

Dubois, *cultivateur*, rue du petit faubg. de Noyon, 83.

Dubois-Bourdeaux, *rentier*, rue Gribeauval, 15.

Dubois et sœurs, *mds de nouveautés*, r. des Vergeaux, 27.

Dubois-Ravin, *rentier*, rue Cozette, 34.

Dubois, *md. de charbons et bois*, r. Blanquetaque, 18.

Magasin rue Gaudissart, 19.

Dubois-Leclercq, *débitant*, route d'Abbeville, 92, à Montières.

Dubois-Vaude (veuve), *rentière*, rue Saint-Leu, 131.

Dubois, *ménager*, rue de la Montagne, 21, au Petit-Saint-Jean.

Dubois, *épicier*, grande rue Saint-Maurice, 95.

Dubois, *md. de liqueurs*, rue des Chaudronniers, 16.

Magasin, impasse des Trois-Panniers.

Dubois-Havequez, *farinier*, rue des Clairons, 2.

Remise même rue, 3.

Dubois (Firm.), *rent.*, route d'Abbev., 200, à Montières.

Dubois (Mlle), *rentière*, route de Rouen, 58.

Dubois (Martial), *garçon brasseur*, rue Véronique, 16.
Dubois-Demetz, *ménager*, rue du P.-Fg-de-Noyon, 72.
Dubois-Caresmel, *rentier*, rue Neuve, 31.
Dubois, *rentier*, Esplanade de Noyon, 26.
Dubois de Forestelle (v^e), *rent.*, boulev. St.-Michel, 36.
Dubois (veuve), *brasseur*, rue Saint-Leu, 91.
   Magasin rue des Bouteilles, 1.
Dubos, *contre-maître*, chemin de Saveuse, 4.
Dubos (V^e), *ménag.*, Gr-Rue, 85, au Petit-St-Jean.
Dubos, *logeur*, rue des Wattelets, 12.
Dubos, *rentier*, rue Henri IV, 19.
Duboscq (Hippolyte), *rentier*, rue Damis, 27.
Dubot (Mme), *rentière*, rue du Chemin Vert, 5.
Dubot, *brig. au ch. de fer*, rue Legrand-Daussy, 14.
Dubourguet, *débitant*, grande rue Saint-Maurice, 129.
Dubourguet, *tourbes*, rue des Corroyers, 38.
Dubreton O. ✳, *chef de bat. du gén.*, espl de Béauvais, 8.
Dubrenil, *maître d'études*, rue du Lycée., 40.
Dubreuil, *prof. au Lycée*, rue de Cérisy, 18.
Dubrometz, *fruitier*, rue des Cordeliers, 38.
Dubrulle, *commiss. en farines*, boulev. Longueville, 28.
Dubus (v^e), *rentière*, rue Martin-Bleu-Dieu, 40.
Dubus, *employé*, rue des Jardins, 79.
Dubus-Binet, *boucher*, marché aux Herbes, 36.
Dubus, *boulanger*, rue Saint-Jacques, 66.
   Magasin rue des Capucins, 78.
Duc, *boulanger*, rue de l'Union, 90.
Ducange (Mlle), *modiste*, chaussée Saint-Pierre, 8.
Ducange, *employé*, rue des Clairons, 17.
Ducastel, *avocat*, rue de Cerisy, 2.
Ducastel, *aumônier du Lycée*, rue du Lycée, 40.
Ducastel (Mlle), *rentière*, rue du Lycée, 40.
Ducastel (Elie), *épicier*, rue d'Albert, 57.
Ducastel, *propriétaire*, rue de Cérisy, 2.
Ducatelle, *cabaretier*, rue Legrand-Daussy, 3.
Duceux, *débitant*, rue de La Neuville, 31.
Duchâtel (Mme Ismérie), *brocant.*, r. des Cordeliers, 54.
Duchatel, *md. d'os*, petite rue des Augustins, 4.
   Magasin boulevard de l'Est, 95.
   Fabrique de gélatine d'os route de Rainneville, 1.

Duchatelle, *conduct. des ponts et chaussées*, boulevard
    Fontaine, 12.
Duchaussoy (Mme), *épicière*, rue St.-Léon, 1.
Duchaussoy-Dhier, *épicier*, rue Saint-Leu, 84.
Duchaussoy, *mercier*, place au Fil, 6-8.
Duchaussoy (veuve), *mercière*, place au Fil, 8.
Duchaussoy, *cabaretier*, rue du Marais de Hem, 1.
Duchaussoy, *agent de police*, r. du Gr.-Vidame, 69.
Duchemin (vᵉ), *rentière*, rue de la Dodane, 33.
Duchêne, *chasublier*, cloître Notre-Dame, 16.
Duchenne, *charpent. en bateaux*, r. des Marissons, 66.
Duchenne, *charpent. en bateaux*, boulev. du Cange, 2.
Duchenne-Pelletier, *hortillon*, rue de la Voirie, 177.
Duchesne, *rentier*, rue du Vivier, 16.
Duchien, *charcutier*, rue de la Barette, 62.
Duchien, *charcutier*, rue Ledieu, 49.
Ducoron-Lonke, *tailleur*, rue Sainte-Marguerite, 3.
Ducoron (veuve), *rentier*, rue Verte, 10.
Ducoron fils, *tailleur*, rue des Sergents, 12.
Ducoroy (veuve), *md de tabac*, chaussée de Noyon, 16.
Ducrocq, *voiturier*, rue Saint-Roch, 33.
Ducrocq, *rentier*, rue du Chapeau-de-Violettes, 6.
Ducrocq, *vicaire de Saint-Leu*, rue Saint-Leu, 47.
Ducrocq (Mme), *logeuse*, rue des Sœurs-Grises, 41-43.
Ducrocq-Monmert, *rouenneries*, place St.-Firmin, 17.
Ducrocq-Beauvais, *rentier*, rue Saint-Honoré, 4.
Ducrocq, *auberg., md de son et lattes*, r. de l'Union, 2.
Ducrocq-Bernard, *cultivateur*, rue Saint-Honoré, 126.
Ducrocq, *cultivateur*, r. St.-Honoré, 76, fg. de Beauv.
Ducrocq, *rentier*, route de Paris, 55.
Ducrocq (veuve), *rentière*, chaussée de Noyon, 121.
Ducrocq-Fiquet, *rentier*, r. d'Abbeville, 213, Montières.
Ducrocq (Ch.), *ménager*, rue Saint-Honoré, 24.
Ducroq, *cultivateur*, rue Saint-Honoré, 22.
Ducrocq, *rentier*, rue des Cordeliers, 31.
Ducroq, *maréchal*, route de Paris, 15.
Ducroq ✻, *fabr. d'étoffes*, boulevard de l'Est, 49.
Ducroquet (Ad.), *mén.*, r. du Marais, 30, f. St-Pierre.
Ducroquet, *cafetier et fabr. d'eaux gazeuses*, rue
    Saint-Jacques, 28-30.

Ducroquet, *contrôleur* à la gare.

Ducroquet (V^e), *loueuse en garnis*, rue de Narine, 12.

Ducroquet, *cabaretier*, chaussée Saint-Pierre, 26.

Ducroquet, *empl. à la Mairie*, pl. de l'Hôt.-de-Ville, 11.

Ducroquet, *serrurier*, rue des Trois-Sausserons, 12.

Ducroquet de Guyencourt (veuve), *propriétaire*, rue des Rabuissons, 21.

Ducroquet (Mme), *anc. ling.*, Marché aux Herbes, 12.

Ducrotoy, *rentier*, rue du faubourg de Hem, 117.

Ducrotoy (Max.), *mén.*, grande rue St.-Maurice, 110.

Ducrotoy, *md. de volailles*, impasse Sainte-Patrice, 4.

Ducrotoy (Mlle), *mde. de tabac*, rue des Sergents, 4.

Ducrotoy, *md. de tourteaux*, gde. r. St.-Maurice, 266.

Duez, *fabr. d'inst. pour les sciences*, rue Duméril, 15.

Dufay, *rentier*, rue Ledieu, 13.

Dufay, *charcutier*, rue des Gantiers, 33.

Dufétel, *fondeur en métaux*, rue de la Neuville, 23.

Dufétel Jules, *fondeur*, rue des Jardins, 54.

Dufetel (J.), *garçon brasseur*, r. du Pet.-Faub.-de-Noyon 56.

Dufétel (Eug.) *fondeur*, rue des Jardins, 56.

Dufétel, *banquier*, rue des Jeunes-Mâtins, 18.

Dufételle, *herboriste-grainetier*, rue des 3 Cailloux, 85.

Duflos, *commissaire de police*, rue Bellevue, 34.

Duflos (Alex.), *fabr. de savons*, r. N.-des-Capucins, 2.

    Magasin rue Neuve-des-Capucins, 3.

    Maison de campagne route d'Abb., 131, Montières.

Duflos (Mme), *lingère*, rue des Verts-Aulnois, 12

Duflos (Eugène), *propriétaire*, rue de Cerisy, 16.

Duflos (Ch.), *employé*, place Longueville, 3.

Duflos, *commis greffier*, rue des Cannettes, 8.

Duflos, *rentier*, boulevard des Frères, 10.

Duflos (veuve), *rentière*, rue du Lycée, 35.

Duflos (veuve), *cabaretière*, rue Henri IV, 3.

Duflot, *conserv. du jardin des plantes*, boulevard du Jardin-des-Plantes, 48.

Dufossé (veuve), *épicière*, r. du faubg. de la Hotoie, 3.

Dufossé, *plafonneur*, rue Dijon, 33-35.

Dufossé, *teinturier*, rue des Majots, 23.

Dufossé (Caroline), *modiste*, rue Delambre, 8.

Dufossé (Basilice), *rentier,* chaussée de Noyon, 79.

Dufossé, *hortillon,* grande rue Saint-Maurice, 167.

Dufour-Alôt, *couvreur,* rue Saint-Denis, 50.

Dufour (v°), *couvreur et plafon.,* r. du Gr.-Vidame, 7.

Dufour-Godin, *grainetier,* rue des 3 Sausserons, 21.

Dufour, *débitant,* rue du Hocquet, 108.

Dufour, *md. en gros,* rue des Vergeaux, 62.

Dufour (Arm.), *cultivat.,* Grande-Rue, 38, à Montières.

Dufour (Charles) ✳, *avoué,* cloître de l'Horloge, 2.

Dufour (veuve), *rentière,* rue Voclin, 59.

Dufour, *négociant,* rue Basse-Saint-Martin, 12.

Dufour, *perruquier,* rue Saint-Jacques, 2.

Dufour, *surnuméraire,* rue des Vergeaux, 31.

Dufour-Delahaye, *md en gros,* rue Saint-Martin, 18.

Dufour fils, *fabr. de cartes à jouer,* rue St-Martin, 15.

Dufour, *employé,* rue des Minimes, 29.

Dufour (Mme), *blanchiss.,* r. de la Queue-de-Vache, 23.

Dufour, *sculpteur,* rue Voclin, 59.

Dufour, *employé de bureau,* rue de l'Eglise, 5.

Dufour, *cabaretier,* rue du Hocquet, 80.

Dufour (v°), *brocanteuse,* place des Minimes, 1.

Dufour-Berthe, *rentier,* rue des Rabuissons, 45.

Dufour (veuve), *peintre,* rue des Cannettes, 7.

Dufour-Azéronde, *ménager,* rue de la Terrière, 22, à la Neuville.

Dufour, *aubergiste,* rue de Beauvais, 17.

   Magasin rue des Cordeliers, 7.

Dufourmantel, *débitant,* place du Don, 1.

Dufourmantel, *rentier,* boulevard Fontaine, 18.

Dufourmantelle, *rentier,* rue Sire-Firmin-Leroux, 15.

Dufourmantelle, *institut. communal,* r. du Vivier, 20.

Dufourmantelle, *débitant,* rue St.-Jean, 7, à St.-Roch.

Dufourmantelle, *logeur,* Port-d'Aval, 1.

Dufourmantelle, *curé de St-Pierre,* route d'Albert, 18.

Dufourmantelle, *fruitier,* rue des Wattelets, 6.

   Maison de campagne, Grande-Rue, 4, à Montières.

Dufourmantelle, *cafetier,* rue Duméril, 63.

   Cave rue des Capucins, 24.

Dufourmantelle, *rentier,* boulevard St.-Michel, 30.

Dufourmantel, *employé,* rue Saint-Dominique, 7.

Dufourmantelle frères, *cordiers et fabr. de ballons*, rue des Vergeaux, 1.

Atelier rue du Bout-Cacq, 46.

Dufourmantelle frères, *liquoristes*, r. des Sergents, 35.

Dufourmentelle, *pharmacien*, place St.-Denis, 35.

Dufourmentelle, *peintre-décorateur*, rue du Grand-Vidame, 27.

Dufrêne, *rentier*, rue des Orfèvres, 33.

Dufresne, *débitant*, rue de la Citadelle, 40.

Dufresne (veuve), *rentière*, place Saint-Denis, 5.

Dufresnoy (Mlle), *rentière*, cloître Saint-Nicolas, 13.

Dugardin (veuve), *rentier*, rue Robert-de-Luzarches, 20.

Dugarin (Louis) et Cie, *négociants*, rue St.-Martin, 4.

Duhamel (veuve), *rentière*, rue St.-Leu, 136.

Duhamel (veuve), *aubergiste*, rue Saint-Leu, 110.

Duhaurel, *chiffonnier*, rue Basse-des-Tanneurs, 34.

Duhamel, *débitant*, rue Vascosan, 33.

Duhamel-Dubus, *md. de toiles*, rue des Vergeaux, 61.

Duhamel, *contre-maître*, rue des Jardins, 40.

Duhamel (Mme), *mde. à la toilette*, rue Pointin, 82.

Duhautpas, *cafetier*, rue de la Hotoie, 37.

Duhautpas, *cabaretier*, r. St.-Martin-des-Champs, 37.

Duhen, *pâtissier*, rue de Noyon, 13.

Duhem, *cabaretier*, rue de Beauvais, 54.

Dujardin-Hecquet, *nouveautés*, rue des Vergeaux, 34.

Dujardin (ve et Mlle), *rentières*, rue Saint-Jacques, 39.

Dulouard, *débitant*, rue des Jacobins, 19.

Dumangeot (veuve), *débitante*, chaussée St.-Pierre, 49.

Dumartry, *employé*, rue de Lamorlière, 25.

Dumeige (Constant), *chef de bureau à la Mairie*, rue Robert-de-Luzarches, 12.

Dumeige (Joseph), *employé à la Mairie et ménager*, route de Corbie, 38.

Dumeige-Catlain, *hortillon*, rue de la Voirie, 131.

Dumeige (Mlle), *rentière*, rue Saint-Fuscien, 17.

Dumeige, *tailleur*, rue du Lycée, 24.

Dumeige, *bedeau*, rue Flament, 11.

Dumeige, *employé des postes*, rue Le Maître, 59.

Dumeige, *menuisier*, rue de Rumigny, 42.

Dumeige (Mme Louise), *modiste*, rue du Lycée, 23.

Dumeige-Lheureux, *teneur de livres*, r. des Jardins, 46.
Dumeige O. ✳, *officier retraité*, rue du faubourg de la Hotoie, 44.
Dumeige, *chef des balayeurs*, marché aux Chevaux, 24.
Dumeige, *ménager*, Grande-Rue, 83, au Petit-Saint-Jean.
Duminy, *lamier*, rue Haute-des-Tanneurs, 68.
Dumont, *rentier*, rue Montplaisir, 8.
Dumont, *propriétaire*, rue de Narine, 83.
Dumont, *ferrailleur*, rue des Francs-Mûriers, 54.
Dumont, *fab. de casquettes*, rue du Hocquet, 74.
Dumont, *laitier*, rue du Marais, 4, à Boutillerie.
Dumont-Motte, *pâtissier*, rue de Beauvais, 25.
Dumont, *employé*, rue Saint-Honoré, 49.
Dumont, *jardinier*, quai de la Somme, 72.
Dumont, *débitant*, grande r. St-Maurice, 165.
Dumont-Bonvallet (v^e), *propr.*, quai de la Somme, 32.
Dumont, *oiselier*, rue des Trois-Sausserons, 3.
Dumont-Garment, *grainetier et md de chnrbons*, rue de Beauvais. 79.
 Magasin, rue du Bout-Cacq, 28.
 Magasins r. de Beauvais, 22, et r. des Cordeliers,
Dumont, *jardinier*, rue Gribeauval, 20.
Dumont (veuve), *brasseuse*, port d'Amont, 4.
Dumont, *employé*, rue Saint-Jacques, 28.
Dumont-Dérondard (veuve), *garnis*, r. de Metz, 50-52.
Dumontier, *tailleur*, rue Saint-Germain, 65.
Dumortier-Ducrocq, *faïencier*, rue de Noyon, 5.
Dumoulin, *md. de levures*, pl. de l'Hôtel-de-Ville, 19.
Dumoulin (Mme), *modiste*, pl. de l'Hôtel-de-Ville, 19.
Dumoulin, *épicier*, rue de la Hotoie, 34.
Duneufgermain (Mlles), *rentières*, rue de Narine, 22.
Duneufgermain, *cordier*, rue de Beauvais, 79.
 Atelier route de Paris, 137.
Duneufgermain, *fact. de diligences*, r. de Rumigny, 34.
Duneufgermain, *ménager*, rue du Bout-Cacq, 17.
Duneufgermain, *commis à pied*, rue Saint-Leu, 13
Duneufgermain, *bedeau*, impasse des Cordeliers, 3.
Dunkler, *prof. de violoncelle*, rue Duméril, 30.
Dunoyer-Dubouillon, *conseiller*, rue de la Pâture, 19.

Duparc, *chef de dépôt*, rue Dejean, 67.
Duparc, *md. de pantoufles*, rue de Noyon, 8.
Duparc, *ancien notaire*, rue de Bray, 3.
Duparque, *rentier*, rue Saint-Louis, 62.
Duperret, *cultivateur*, route de Paris, 55.
Dupéret, *bonbonnier*, rue des Francs-Mûriers, 79.
Dupetit-Pointin, *rentier*, rue de la Voirie, 27.
Dupetit, *épicier*, rue Saint-Jacques, 40.
Dupetit, *menuisier-mécanicien*, île Saint-Germain, 1.
Magasin rue du Quai, 47.
Dupetit-Balavoine, *mécanicien au ch. de fer*, rue de la Voirie, 27.
Dupetit, *vitrier*, rue des Doubles-Chaises, 5.
Dupetit, *concierge à la Halle*, rue des Jacobins, 17.
Dupetit, *rep. de commerce*, rue des Orfèvres, 23.
Dupetit, *blanchiss. de chap. de paille*, rue de la Poissonnerie-d'Eau-Douce, 15.
Dupetit, *cabaretier*, rue du Lycée, 108.
Dupetit (Mme), *lingère*, place au Fil, 18.
Dupetit (Ev.), *employé*, rue Taillefer, 1.
Dupetit, *chef de division à la Préfec.*, r. St-Louis, 33.
Dupetit-Sellier (Mme), *modiste*, rue des Vergeaux, 10.
Dupetit, *rentier*, rue des Coches, 12.
Dupetit, *épicier*, chaussée Saint-Pierre, 15.
Dupetit, *vitrier*, chaussée Saint-Pierre, 9.
Dupetit (veuve), *épicière*, rue de Beauvais, 125.
Dupetit-Lamarre, *vitrier*, rue des Vergeaux, 65.
Dupetit, *corroyeur*, rue de Job, 19.
Dupetit, *teinturier-impr.*, quai de la Somme, 138.
Dupetit (veuve), *épicière*, rue des Coches, 11.
Dupile (veuve), *rentière*, rue Cozette, 1.
Duponchelle-Thuillier (vᵉ), *vins en gros et épiceries*, rue Saint-Leu, 7.
Duponchelle-Capron (vᵉ), *rentière*, boulev. Fontaine, 26.
Dupont (Ch.), *rentier*, rue Saint-Fuscien, 16.
Dupont, *employé*, rue des Corroyers, 48.
Dupont frères et Froment, *laines*, r. du Mar. de Hem, 109.
Magasin rue Saint-Martin, 22.
Bureaux rue Caumartin, 2.
Dupont (Ed.), *propriét.*, rue des Trois-Cailloux, 64.

Dupont, *entrepreneur de bâtim.*, port d'Amont, 14.
  Magasin rue du Vivier, 94.
  Briqueterie rue des Meûniers, 84, faub. de Hem.
Dupont (veuve), *rentière*, place Périgord, 16.
Dupont, *loueur en garnis*, rue Saint-Remi, 2.
Dupont (Mlle), *rentière*, boulevard des Frères, 2.
Dupont, *charron*, rue du faubourg de la Hotoie, 4.
Dupont (Nic.), *épicier*, rue Saint-Roch, 14.
Dupont, *épicier-débitant*, rue du fg de Hem, 226-228.
Dupont, *tripier*, impasse Sans-Boutons, 15.
  Étal vieille Boucherie.
Dupont (Alphonse), *md en gros*, boulev. du Mail, 5.
Dupont, *charron*, route de Paris, 26.
Dupont-Malo, *inspecteur des enfants trouvés*, faubourg
  de Beauvais, route de Rouen, 116.
Dupont (Ernest), *négociant*, rue Constantine, 6.
Dupont-Bacqueville ✳, *propriétaire*, r. Constantine, 6.
Dupont O. ✳, *adjudant-major de la garde nationale*,
  capitaine en retraite, impasse des Cordeliers, 9.
Dupont (Mlle), *propriétaire*, rue Gribeauval, 9.
Dupont (Mlle), *épicière*, rue Henri IV, 27.
Dupontreué, *meûnier*, rue du Moulin-Neuf, 2.
Dupontreué, *compositeur*, r. du Pet.-Fg-de-Noyon, 40.
Duporge-Masson (veuve), *ménagère*, rue Basse-du-
  Pont-de-Metz, 4, à Renancourt.
Duporge, *ménager*, rue Basse-du-Pont-de-Metz, 4, à
  Renancourt.
Duporge, *maçon*, rue du Calvaire, 42, à Renancourt.
Duporge (veuve Domice), *ménagère*, rue du Marais, 36,
  à Renancourt.
Duporge, *cultiv.*, rue du Calvaire, 13, à Renancourt.
Duporge, *ménager*, rue Daire, 24.
Dupré, , *anc. banquier* boulevard du Mail, 9.
Dupré, *nouveautés*, rue des Chaudronniers, 3.
Dupré (ve), *rentière*, rue Neuve-des-Wattelets, 6.
Dupré, *fabric. de tulles*, rue Martin-Bleu-Dieu, 15.
Dupriez, *lamier*, rue du Grand-Vidame, 12.
Dupriez, *ménager*, Grande-Rue-Saint-Maurice, 234.
Dupriez (Jean), *ménager*, rue du Marais, 23, faubourg
  Saint-Pierre.

Duproix, *négociant*, rue Caumartin, 6.
Dupuich (Célestin), *placeur et marchand de tartes*, rue des Orfèvres, 21.
    Logette, place Longueville.
Dupuich (Mme Elisa), *marchande*, place St.-Denis, 30.
Dupuich (Gustave), *aubergiste*, marché au Feurre, 18.
Dupuis-Cornet, *propriétaire*, rue Saint-Louis, 45.
Dupuis, *tisseur*, Grande-Rue, 19, à Longpré.
Dupuis (Aug.), *tisseur*, rue d'En-Bas, 5, à Longpré.
Dupuis, *empl. au télég*, rue Saint-Remy, 2.
Dupuis, *rentier*, boulevard des Frères, 8.
Dupuis, *md d'huiles*, route de Paris, 189.
Dupuis, *négociant*, rue du Bloc, 6.
Dupuis fils, *déchets de laines*, rue de l'Aventure, 15.
    Magasin, route d'Albert, 92.
Dupuis, *logeur*, rue Haute-des-Tanneurs, 76.
Dupuis, *brocanteur*, rue des Coches, 19.
Dupuis, *contre-maître*, île Saint-Germain, 14.
Dupuis (Noël), *ménag.*, r. Jos.-Masson, 11, à Longpré.
Dupuis, *rentier*, place Saint-Firmin, 19.
Dupuis, *rentier*, boulevard du Jardin-des-Plantes, 34.
Dupuis (Ch.), *rentier*, r. St-Léger, 16, à Longpré.
Dupuis, *rentier*, Grande-Rue-Saint-Maurice, 126.
Dupuis, *ferrailleur*, rue au Lin, 51.
Dupuis-Cazier, *(ve) rentière*, bd de Beauvais, 30.
Dupuis fils, *représent. de commerce*, bd de Beauvais, 32.
Dupuis, *sellier*, rue de l'Union, 82.
Dupuis (veuve), *rentière*, rue Martin-Bleu-Dieu, 28.
Dupuis, *peigneur*, rue des Meuniers, 64, faub. de Hem.
Dupuis (veuve), *couturière*, passage des Cordeliers, 11.
Dupuis, *propriét.*, rue du Bout-Cacq, 26 A.
Dupuis-Darras, *propriétaire*, boulev. Guyencourt, 15.
Dupuis-Ponche, *employé*, rue de Job, 11.
Dupuis, *md de combustible*, rue Pointin, 38.
Dupuis (ve), *ménagère*, rue du Sac, 7. à Longpré.
Dupuis, *cabaretier*, rue Duméril, 14.
Dupuis père, *rentier*, rue de l'Aventure, 15.
Dupuis (veuve), *cabaretière*, Grande-Rue, 77, au Petit-Saint-Jean.
Dupuis, *facteur-directeur*, place Périgord, 5.

Dupuis (veuve), *rentière*, rue Verte, **21**.

Dupuis-Briez, *md de laine*, boul. St.-Jacques, **37** ter.

Dupuis, *débitant*, chaussée Saint-Pierre, **33**.

Dupuis (Ch.), *tisseur*, sur la place, **8**, à Longpré.

Dupuis (Arsène), *laitier*, rue du Marais, **6**, à Boutillerie.

Dupuis (Pier.), *teinturier*, r. du fg de la Hotoie, **184**.

Dupuis, *chauffeur*, rue Pointin, **84**.

Dupuis (veuve), *rentière*, rue des Trois-Cailloux, **24**.

Dupuis, *directeur de l'éc. mutuelle*, route d'Albert, **67**.

Dupuy, *débitant*, rue du Faubourg-de-la-Hotoie, **64**.

Duquenne, *officier retraité*, rue Damis, **24**.

Duquesne, *notaire*, petite rue Saint-Remi, **6**.

Duquenne, *caissier*, rue de la Neuville, **81**.

Duquesnoy (veuve), *rentière*, rue Caumartin, **21**.

Durand père et fils, *fabricants*, place Saint-Martin, **4**.

Durand, *fruitier*, rue Neuve-des-Capucins, **11**.

Durand (Mlle), *rentière*, rue du Vivier, **80**.

Durand, *tailleur*, rue Duméril, **35**.

Durand (Nic.), *menuis.*, Grande-Rue, **47**, à Montières.

Durand (veuve), *rentière*, rue Duminy, **16**.

Durand, *menuisier*, rue de Job, **3**.

Durand, *employé*, rue des Sergents, **18**.

Duran, *vérificateur-adjoint*, rue du Lycée, **94**.

Durier, *tailleur*, rue Basse-Notre-Dame, **35**.

Durier, *tailleur*, rue Delambre, **32**.

Durier, *logeur*, rue des Bouteilles, **3**.

Duriez (veuve), *lingère*, rue Martin-Bleu-Dieu, **46**.

Duriez, *cordonnier*, passage des Cordeliers, **4**.

Duriez-Petin, *cordonnier*, rue Duméril, **41**.

Duriez, *lamier*, rue des Tripes, **14**.

Duroselle, *propriét.*, ch. des Vignes, **1**, à Boutillerie.

Duroselle, *direct. du gaz franç.*, r. du P.-St-Roch, **19**. Magasin rue du Petit-Saint-Roch, **2**.

Duroselle (Mlle), *propriétaire*, boul. de l'Est, **55**.

Duroselle (Jul.), *rentier*, boulevart de l'Est, **55**.

Dusoroy, *vicaire de Saint-Germain*, rue des Doubles-Chaises, **6**.

Duroyer ✳, *ancien maire*, boulevard du Mail, **35**.

Dursent (Fulgence), *hort.*, r. Voyelle, **12**, à La Neuville.

Duruissel, *dentiste*, rue Neuve, **9**.

Dury, *menuisier,* rue des Granges, 29.

Dury-Flament, *cultivateur,* route de Paris, 131.

Dury, *cultivateur,* rue Saint-Honoré, 166.

Dury (Mlles), *rentières,* route de Paris, 111.

Dury-Martin, *cultivateur,* route de Paris, 97.

Dury (J.-B.), *cultiv.,* rue St-Honoré, 79, fg. de Beauvais.

Dury (Mlle), *mde de fourrage,* route de Paris, 84.

Dury, *cultivateur,* route de Paris, 107.

Dury, *cultivateur,* route de Paris, 93.

Dury-Gaillet, *cultivateur,* route de Paris, 14.

Dury-Catelain, *cultivateur,* route de Paris, 69.

Dury (veuve), *ménagère,* route de Paris, 121.

Dury (Jean-François), *cultivateur,* route de Paris, 67.

Dury (veuve), *rentière,* route de Paris, 125.

Dury (Hon. Ch.) *cultivateur,* route de Paris, 125.

Dury, *corroyeur* rue des Orfèvres, 45.

Dury, *rentier,* rue Cozette, 28.

Dusanterre, *coiffeur,* rue de Beauvais, 1.

Dusevel (Ed.), *repr. de commerce,* pl. Montplaisir, 15.

Dusevel, *antiquaire,* rue Pierre-l'Ermite, 9.

Dusevel, *médecin,* rue des Écoles-Chrétiennes, 18.

Dusouard, *propriétaire,* boulevard Saint-Charles, 5.

Du Souich (Adéodat), *percepteur de Camon,* rue des Trois-Cailloux, 24.

Du Souich (G.) . *percepteur,* rue Saint-Jacques, 112.

Du Souich (v^e et Mlle), *rentières,* rue St.-Geoffroy, 11.

Dussart, *retraité,* rue des Jardins, 44.

Dussault, *contrôleur,* à la Gare.

Dusuel-Hervin, *cultivateur,* rue Saint-Claude, 25.

Dusuel-Capel, *cultivateur,* rue du Blamont, 64.

Dusuel (veuve), *rentière,* route de Rouen, 12.

Dusuel-Boyencourt (v^e), *ménagère,* rue Daire, 53.

Dusuel-Carton, *aubergiste,* route de Paris, 13.

Écurie et remise route de Rouen, 43.

Dusuel, *ménager,* rue du Petit-Faub.-de-Noyon, 64.

Dutertre-Vallier (v^e), *rent.,* r. Robert-de-Luzarches, 20.

Duthoit frères, *sculpteurs,* rue Saint-Dominique, 11.

Dutilleux, *chef de divis. à la préfect.,* rue des Écoles-Chrétiennes, 12.

Dutilleux, *empl.,* rue du Calvaire, 20, à Renancourt.

Dutitre (veuve), *débitante*, rue Saint-Leu, 1.

Dutry, *marbrier*, boulevard du Mail, 71.

Duval, *ménager*, route d'Albert, 56.

Duval (v^e), *ménagère*, r. Joseph-Masson, 8, à Longpré.

Duval (veuve), *rentière*, route de Paris, 167.

Duval fils, *ménager*, Grande-Rue, 36, au Petit-Saint-Jean.

Duval père, *ménager*, Grande-Rue, 48; au Petit-Saint-Jean.

Duval, *ménager*, grande rue Saint-Maurice, 170.

Duval (Alex.), *couturière*, rue des Jacobins, 41.

Duval, *serrurier-mécanic.*, grande r. de la Veillère, 9.

Duval, *ménager*, Grande-Rue, 30, au Petit-St-Jean.

Duval, *chanoine*, *vicaire-général*, rue Constantine, 9.

Duval (Mme), *courtière*, rue Basse-Saint-Martin, 3.

Duval-Machart (v^e et Mlle), *rentières*, rue du Mail, 11.

Duvauchelle, *md. de laines*, grande r. de la Veillère, 1.
Magasin rue des Bouchers, 40.

Duvauchelle dit Martin, *dentiste*, rue St-Jacques, 49.

Duvauchelle (v^e), *rentière*, rue Neuve-des-Capucins, 27.

Duvauchelle, *commis greffier*, rue du Vivier, 62.

Duvette (Isidore), *propriétaire*, rue des Jacobins, 61.

Duvette-Grandpré (veuve), *rentière*, boul. du Mail, 33.

Duvette fils, *propriétaire*, rue Napoléon, 21.

Duvette aîné (veuve), *rentière*, rue des Stes-Maries, 22.

Duvette, *propriétaire*, rue Neuve-Saint-Dominique, 3.

Duvette-Renard, *banquier*, rue des Rabuissons, 46.

Duvette, *propriétaire*, rue des Cordeliers, 21.

Duvivier (Henri), *menuisier*, rue Voiture, 11.

Duvivier (veuve), *débitante*, rue Voiture, 13.

E.

Eadon, *md de peaux de lapins*, rue de la Queue-de-Vache, 45.

Eadon (G.), *md de peaux de lapins*, r. des Poirées, 8.

Ecole centrale des Frères, rue de la Bibliothèque, 5.

Ecole libre de la Providence, rue de Narine, 36.
Seconde entrée, rue de Beauvais, 97.
Maison de camp., rue du Château, 18, à Montières.

Ecole normale, rue Saint-Jacques, 76.

Ecole du faub. St-Pierre (filles), route de Corbie, 40.

    Saint-Maurice, rue de l'Eglise, 3.

    du faubourg de Hem (filles), r. du fg. de Hem, 59.

    de Longpré, sur la Place.

    du faubourg Noyon, (Filles), espl. de Noyon, 18.

Ecole des Sœurs de Saint-Remi, rue des Cordeliers, 45.

    de Montières, route d'Abbeville.

    du faubourg Beauvais, rue Dom Bouquet.

        id.   (filles), rue St.-Honoré.

    de la Neuville, rue du Marais, 4.

Ecole des Sœurs de Saint-Leu, rue des Majots, 13.

Ecole protestante, rue Gresset, 71.

Ecole des sœurs de Saint-Jacques, r. des Corroyers, 68.

Ecole des Frères Saint-Germain, île Saint-Germain, 8.

Ecole des Sœurs Saint-Germain, rue Jeanne Natière, 3.

Ecole mutuelle des garçons, rue des Tripes, 18.

            des filles, rue Gresset, 73.

Ecole des Frères (St-Jacques), boulevard des Frères.

            rue du faubourg de Hem, 25.

Ecole du faubourg Noyon (garçons), rue Vascosan, 15.

Ecole comm. de garçons, r. d'Amiens, 86, à Renancourt.

Ecole de Dessin et Musée, r. de la Malemaison, 3.

Ecole de filles, rue d'Amiens, 2, à Renancourt.

Ecole comm., rue des Deux-Ponts, 10, au Pet.-St-Jean.

Ecole de Natation, île aux Fagots.

Edé, *épicier*, place du Petit-Quai, 9.

Edé, *épicier*, rue du Marais, 29, faubourg St.-Pierre.

Edé (Mlle), *mde de rouenneries*, rue des Bourelles, 54.

Edouard-Ladent, *marchand de charbons et de bois*,

    boulevard des Frères, 84-86.

Edouard (Désiré), *md de charbons*, rue des Jacobins, 71.

Edouard (Henri), *md de tourbes*, r. des Jardins, 18.

Edouard, *débitant*, rue de la Poisson.-d'Eau-Douce, 10.

Edouard-Carpentier, *march. de tourbes*, r. du Don, 49.

    Dépôt rue des Jardins, 41.

Edouard (Victor), *md. de bois*, rue Legrand-Daussy, 36.

Elluin, *débit de tabac*, rue des Trois-Cailloux, 49.

Eloi, *prof. au Lycée*, rue Saint-Fuscien, 7.

Eloy, *marchand de meubles*, rue au Lin, 37-39.

Eloy (Arsène), *cultivateur*, rue du Bout-Cacq, 12.
Eloy (Emile), *md de chevaux*, rue du Bout-Cacq, 12.
Eloy (Mlle), *rentière*, rue des Ecoles-Chrétiennes, 28.
Eloy-Canaple, *rep. de commerce*, r. Desprez, 15.
Eloy, *chiffonnier*, rue Saint-Honoré, 227.
Eloy, *menuisier*, rue du Bout-Cacq, 1 B.
Eloy, *brocanteur*, place Saint-Firmin, 23.
Eloy-Blanc, *cabaretier*, r. du faub. de la Hotoie, 174.
Eloy, *marchand de meubles*, place Saint-Firmin, 26.
Emerelle-Dury, *propriét*, rue de la Voirie, 63.
Emerelle, *hortillon*, rue de la Voirie, 103.
Emerel-Ratel, *laitier*, rue de la Voirie, 93.
Emerel, *hortillon*, rue de la Queue-de-Vache, 25.
Emond, *menuisier et fruitier*, rue des Cordeliers, 33.
    Magasin rue des Cordeliers, 25.
Engerand, *père missionnaire*, à Saint-Acheul.
Englard, *caissier à la Caisse d'éparg.*, r. Le Mattre, 41.
Engramer, *rentier*, boulevard de l'Est, 14.
ENTREPÔT DES TABACS, rue des Cordeliers, 57.
Engrand, *cond. de dilig.*, rue Verte, 23.
Epine (le baron de l'), *propriétaire*, rue du Soleil, 1.
ENREGISTREMENT, bureau, place Saint-Denis, 44.
Erny, *cafetier*, rue des Jacobins, 64.
Escoffier, *prof. de musique*, rue des Tr.-Cailloux, 50.
Ernault-Paulin, *com. de génie*, rue Rohault, 43.
Esnou de St-Céran, *secrét. général de la préfecture*,
    rue des Rabuissons, 59.
Esseaux (Mme), *supér. des Dames de l'Espérance*,
    boulevard Guyencourt, 1.
Espanet, *chef d'escadron de gendarmerie*, rue des
    Jacobins, 68.
Estienne (veuve), *rentière*, rue des Corroyers, 37.
Estienne, *prêtre*, rue des Corroyers, 37.
Estion, *gardien-chef*, au Bicêtre, 32.
ETAT-MAJOR DE LA GARDE-NATIONALE, place de l'Hôtel-
    de-Ville, 1.
Etienne, *command. de rec.*, boul. Saint-Michel, 28.
Etienne (Mlle), *loueuse en garnis*, port d'Aval, 15.
Eude et Vieugué, *négociants*, rue Saint-Martin, 11.
Evrard (Florimond), *ménager*, rue Saint-François, 12.

Evrard-Darras, *hortillon*, rue du Marais, 55, à la
    Neuville.
Evrard (veuve), *rentière*, boulevard Saint-Jacques, 21.
Evrard (v^e), *hort.*, rue du Marais, 32, à la Neuville.
Evrard (Appoline), *épicière*, rue Bellevue, 24.
Evrard, *bureau de placement pour les deux sexes*, rue
    Henri IV, 29.
Eward, *rentier*, esplanade de Noyon, 14.

F.

Fabre, *dir. de la filature anonyme*, rue du faubourg de
    Hem, 208.
Fabrique de produits chimiques, boul. des Frères, 82.
Facques (veuve), *rentière*, rue Dame-Jeanne, 16.
Facquet, *négociant*, place Notre-Dame, 5.
Facquet (veuve et Mlle), *rentières*, Logis-du-Roi, 15.
Facquet-Dubus, *rentier*, rue N.-des-Petits-Champs, 5.
Facquet, *plafonneur*, rue du faub. de la Hotoie, 46.
Fafet-Choisy, *épic. et vins en gros*, rue de la Hotoie, 38.
Faffet-Delasorne, *épicier*, chaussée Saint-Pierre, 36.
Faffet-Vasse, *épicier*, rue des Corroyers, 87.
Fagard, *sculpteur*, rue du Petit-Faub.-de-Noyon, 75.
Fagard, *employé*, rue de la Voirie, 61.
Fagard (veuve), *rentière*, rue de la Voirie, 61.
Falaise, *md. de tabac*, rue Saint-Dominique, 9.
    Débit place du chemin de fer.
Fallières, *vicaire-général*, place St-Michel, 1.
Faloise, *débitant*, rue du Bout-Cacq, 53.
Faloise-Seret, boulevard Guyencourt, 83.
Famechon (Ch.) et Cie, *négoc.*, rue des Jacobins, 14.
Famechon, *jardinier*, rue des Cruchons, 12.
Famechon, *commis*, rue de Narine, 35 c.
Famin, de Beauvais, *dépôt de charbons*, r. de la Voirie, 3.
Fanchon-Leleu, *rentier*, rue Pointin, 7.
Fanchon (veuve et Mlles), rue du Lycée, 83.
Fanet (veuve), *ébéniste*, rue des Vergeaux, 68.
Farcy (veuve), *rentière*, rue du Marais, 85, à la Neuville.
Farcy, *menuisier*, rue des Cordeliers, 24.
Fargeot (veuve), *rentière*, rue des Capettes, 10.

Faro (Mme), *lingère*, Marché-aux-Herbes, **20**.

Fatibole, *fileur*, rue du Bois, **12**, à la Neuville.

Faton-fils, *md. de laines en gros*, rue Caumartin, **7**.

Faton père, *propriétaire*, rue Caumartin, **7**.

Faton de Favernay, *conseiller honoraire à la cour*, rue des Rabuissons, **54**.

Faton de Favernay fils, *juge*, rue Pierre-l'Ermite, **15**.

Fauchet, *quincaillier*, rue au Lin, **26**.

Fauquelle, *cultivateur*, rue Bel-Air, **6**, à Boutillerie.

Fauquelle (J.-B.), *cultiv.*, rue Bel-Air, **9**, à Boutillerie.

Fauquelle, *déb. et charc.*, Grande-Rue, **21**, à St-Maurice.

Fauquelle (veuve), *rentière*, rue Martin-Bleu-Dieu, **20**.

Fauquelle (Elie), *propriétaire*, r. de la Citadelle, **11**.

Fauquemberg, *concierge*, r. du Cloît.-de-la-Barge, **12**.

Fauquerre (Vᵉ), *lingère*, pl. du Marché-aux-Herbes, **25**.

Fauquerre, *ménager*, rue des Bonnards, **13**.

Faure, *photographe*, passage du Commerce, **30 à 36**.

Fauvel, *négociant*, rue Contrescarpe, **7**.

Fauvel (l'abbé), rue du Lycée, **7**.

Fauvel (Joseph), rue des Prémontrés, **8**.

Fauvel-Niquet, *cond de trains*, rue des Corroyers, **148**.

Fauvel (Eug.), *dir. d'assur.*, rue des Stes-Maries, **24**.

Faverol, *proviseur du lycée*, rue du Lycée, **40**.

Favrel (Hector), *chauf.*, r. du Petit-Fg.-de-Noyon, **98**.

Faverotte, *économe retraité*, rue Saint-Jacques, **118**.

Favry fils, *md de gaudes*, route d'Albert, **182**.

Favry, *md. de charb. en détail*, r. de la Dodane, **14-18**.

Favry, *cabaretier*, rue du faubourg de la Hotoie, **10**.

Favry (Joseph), *forgeron*, rue du Bastion, **26**.

Fay, *ancien huissier*, rue de Metz, **14**.

Fay, *employé*, rue Laurendeau, **50**.

Fay, *bourrelier*, rue Saint-Leu, **119**.

Fay, *doreur*, rue Sire-Firmin-Leroux, **19**.

Fay, *prof. de musique*, rue Saint-Jacques, **29**.

Ferragu, *dentelles*, rue des Trois-Cailloux, **60**.

Ferragu, *artiste peintre*, rue des Trois-Cailloux, **60**.

Feltgen, *logeur*, rue Basse-Saint-Germain, **8**.

Félix-Hunebelle, *corroyeur et galochier*, **rue des Orfèvres**, **25-27-29**.

Feret, *chauffeur*, rue de Cagny, **5**.

Feret, *recev. d'octroi,* espl. de la Porte-Saint-Pierre.
Feret (Mlle), *cabaretière,* quai de la Passerelle, 12.
Feret, *professeur de musique,* Logis du Roi, 15.
Feret, *débitant,* rue des Paniers, 3.
Feret (veuve), *marchande mercière,* rue au Lin, 45.
Feret-Boury, *propriétaire,* rue d'Engoulvent, 43.
Ferguson ainé, *rentier,* pl. Montplaisir, 21.
Ferguson fils, *fab. de dentelles,* rue de l'Ecluse, 1.
Ferguson et Goodwin, *sacs sans cout.,* r. de l'Ecluse, 1.
Férin (v^e), *fruitière,* rue du Pont-à-Moinet, 6.
Fernez (Mme), rue Rohault, 30.
Féron ✻, *receveur général,* place St-Denis, 40.
Feron, *comm. local,* route d'Abbev., 110, à Montières.
Feron, *comptable en chef,* r. N.-des-Petits-Champs, 11.
Ferot (Georges), rue des Huguenots, 20, faub. Beauvais.
Ferret (Léontine), *mercière,* chaussée St-Pierre, 17.
Ferrari, *fruitier,* rue des Trois-Cailloux, 52.
Ferry, *rentier,* rue Contrescarpe, 12.
Ferté (Th.), *rentier,* rue des Majots, 45.
Ferté (veuve), *épicière,* rue du Bas-Vidame, 2.
Fertel (Mme), *rentière,* place du Don, 13.
Fertel ainé, *teintur., marchand de charbons en gros,* rue Dame-Jeanne, 3.
     Fabrique de produits chimiques chemin des Granges, faubourg Saint-Pierre.
     Magasins rue Dame-Jeanne, 32.
Fertel, *caissier,* place Saint-Denis, 34
Ferton, *employé,* rue de Noyon, 53.
Fetré (Aug.), *représ. de comm.,* cloître Not.-Dame, 20.
Feuilloy (Mme), *couturière,* rue N.-des-Wattelets, 25.
Feuilly, *caissier,* rue Duméril, 32.
Feuilloy, *rentier, adjoint,* rue Constantine, 17.
Feutry-Hernas, *farinier,* boul. du Jard.-des-Plantes, 50.
Feutry, *propriétaire,* rue de Cérisy, 13.
Feutry (Adeline), *rent.,* rue d'Amiens, 11, à Boutillerie.
Fevez, *docteur en médecine,* pl. de l'Hôtel-de-Ville, 8.
Fevez Richard, *propriétaire,* rue de Cérisy, 25.
Fevez (Mlle), *rentière,* place de l'Hôtel-de-Ville, 8.
Fidèles compagnes de Jésus, *couvent,* rue des Augustins, 17.

Filliot-Maison, *mén.*, r. d'Albert, **123**, fg Saint-Pierre.
Filliot-Sauvé, *ménager*, route d'Albert, **98**.
Filliot père, *rentier*, route d'Albert, **98**.
Filliot, *md de chaux*, r. de Doullens, **19**, fg. St.-Pierre.
 Four à chaux chemin de Vignacourt.
Filliot-Marchand, rue du Marais, **59**, faub. St-Pierre.
Filliot (Aug.), *rentier*, rue des Cruchons, **8**.
Filliot-Coisy (Mme), *modiste*, rue des Faux-Timons, **8**.
Filliot-Hanquet, *fournisseur des prisons, coiffeur*,
 esplanade Noyon, **30**.
Filliot, *perruquier*, r. du petit faubourg de Noyon, **2**.
Finance, *maréchal*, rue du Bordeau, **24**.
Finance, *cabaretier*, rue Saint-Leu, **134**.
Finet, *rentier*, rue du Bastion, **12**.
Finet (Victor), *rentier*, rue du Bastion, **5-12**.
Finet, *cabaretier*, rue Saint-Germain, **40**.
Finet (J.-B.), *rentier*, rue Saint-Louis, **64**.
Finet, *employé*, rue Castille, **46**.
Fiquet-Thuillier, *étoffes en gros*, rue des Sergents, **56**.
 Fabrique rue de Corbie, **1**.
Fiquet, *logeur*, rue du faubourg de Hem, **8**.
Fiquet (veuve), *peintre*, rue du Port, **8**.
Fiquet (veuve), *rentière*, route de Paris, **34**.
Fiquet (veuve), *pension bourgeoise*, rue de Metz, **43**.
Fiquet, *professeur de musique*, rue de Narine, **25**.
Fiquet (Ch.), *négociant*, place Longueville, **33**.
Fiquet, *rentier*, rue des Cordeliers, **5**.
Firmin, *rentier*, rue de Corbie, **7**.
Firmin, *sculpteur*, boulevard de l'Est, **47**.
Firmin-Caille, *rentier*, rue des Huchers, **9**.
Fischer, *concierge*, au Palais-de-Justice, **4**.
Fischter et Bru, *fariniers*, rue des Poulies, **11**.
 Magasin rue des Poulies, **18**.
Fisseaux, *marchand de volailles*, rue de Metz, **8**.
Fisseaux, *ébéniste*, route d'Allonville, **29** B.
Fisseux, *cabaretier*, rue du Marais, **126**, à la Neuville.
Flahaut, *rentier*, rue Saint-Louis, **19**.
Flamant-Sauval, *employé*, rue du Calvaire, **34**, à
 Renancourt.
Flamant dit Bapaume, *bourrelier*, rue de Noyon, **26**.

Flamant, *capit. en retraite*, rue Saint-Fuscien, **15**.

Flamant (Et.), *ménager*, route de Corbie, **17**.

Flamant, *huissier*, rue Basse-Notre-Dame, **16**.

Flambermont et Lefebvre, *nég.*, petite rue St-Remi, **5**.

Flament, *propriétaire*, rue Bellevue, **44**.

Flament, *employé*, rue Saint-Firmin-le-Confesseur, **7**.

Flament (Clov.), *ménag.*, r. de l'Eglise, **12**, à Renancourt.

Flament-Cozette, *cordonnier*, place Notre-Dame, **11**.

Flament-Sauvé, *cultivateur*, route d'Albert, **24**.

Flament, *ménager*, route d'Albert, **65**.

Flament, *contre-maître*, grande rue St.-Maurice, **3**.

Flament (Natalis), *cultivateur*, route d'Albert, **105**.

Flament, *ménager*, route d'Albert, **65**.

Flament (veuve), *ménagère*, route de Paris, **119**.

Flament, *médecin*, rue Sire-Firmin-Leroux, **10**.

Flamermont, *portier*, à la Gare.

Flandre (Mlle), *rentière*, r. Basse-Notre-Dame, **8**.

Flandre-Boutmy, *teint.-apprêteur*, rue des Poirées, **4**.
　　　Atelier rue du Pont-de-Pierre, **1**.

Flandre, *horticulteur*, rue du Vivier, **54**.

Flant, *ménager*, rue Saint-Honoré, **158**.

Flechelles, *boulanger*, rue des Jacobins, **25**.

Flesselle, *menuisier*, rue des Canettes, **19** et place
　　　des Huchers, **2**.

Flesselle, *épicier*, rue des Jacobins, **44**.

Flesselle-Belvaud, *marchand de sangsues et de poissons, eaux de seltz*, rue du Quai, **36**.

Flesselle, *propriétaire*, rue Saint-Roch, **67**.

Flesselles, *rentier*, rue de Rumigny, **72**.

Fleury de Saint-Riquier, à Saint-Lô.
　　　Calendre rue du Hocquet, **107**.

Fleury, *cabaretier*, rue du Marais, **30**, à la Neuville.

Fleury, *bedeau de Notre-Dame*, rue des Soufflets, **2**.

Fleury, *voyageur de commerce*, rue des Vergeaux, **4**.

Fleury, *mégissier*, rue Basse-des-Tanneurs, **66**.

Fleury (Edouard), *teinturier*, île Saint-Germain, **14**.

Fleury, *marchand d'eau*, petite rue de la Barette, **14**.

Fleury (Mme), *mde. de galettes*, rue de Beauvais, **156**.
　　　Boutique esplanade de Beauvais.

Fleury ✻, *capitaine en retraite*, rue Cozette, **8**.

Flicot (Eug.), rue du Lycée, 52.

Flicourt, *épicier*, rue des Gantiers, 37.

Flore (Mlle Sophie), *cordonnière*, rue B.-St-Germain, 1.

Florent (Louis), *propriétaire*, rue de la Vallée, 64-66.

Floret, *employé à la Mairie*, rue de la Neuville, 25.

Flotat, *empl. à la préfec.*, rue des Rabuissons, 59.

Flour, *épicier*, rue de Noyon, 15.

Flour (veuve), *rentière*, rue Porte-Paris, 20.

Floury, *rentier*, rue Duminy, 14.

Flutre, *filateur*, rue Voiture, 44.

Foison, *teinturier-dégr.*, passage du Commerce, 25.

    Atelier rue des Parcheminiers, 5.

Follet (veuve), *rentière*, rue Porte-Paris, 16.

Follet (Mlle), *rentière*, rue Neuve-des-Capucins, 7.

Follet-Barbier (veuve), *rentière*, r. N.-des-Capucins, 7.

    Maison de campagne à Bertricourt, 4 (Longpré).

Follet (Oscar), *rentier*, rue Neuve-des-Capucins, 7.

Follet, *rentier*, rue Bellevue, 25.

Follet, *menuisier-navetier*, rue de Job, 29.

Follet, *md ambulant*, rue Bonvallet, 44.

Follet, *ferblantier*, rue de la Hôtoie, 17.

Follet dit Raisonnable, *jardinier*, rue Dijon, 20.

Follet, *épicier-fruit.*, rue du petit faub. de Noyon, 47.

Follet fils, *entrepr. de maçonnerie*, rue du Bastion, 22.

    Chantier rue du Bastion, 13.

Follet, *entrepreneur de pavage*, rue du Bastion, 3.

    Magasin rue de la Voirie, 85.

Fontaine (veuve et Mlle), *rent.*, boulev. de Beauvais, 58.

Fontaine, *chaussures*, rue des Trois-Cailloux, 96.

Fontenay (Nathalie), *couturière*, rue Pointin, 16.

Forbras (veuve), *oiselière*, rue au Lin, 46.

Forbras, *marchand d'oiseaux*, rue au Lin, 46.

Forbras-Desailly, *ménager*, rue Saint-Honoré, 51.

Forbras (veuve), *épicière*, rue Saint-Honoré, 184.

Forbras (J.-B.), *ménager*, Gr.-Rue, 63, Pet.-St-Jean.

Forbras-Magnier, *mégissier*, rue B.-des-Tanneurs, 58.

Forbras (Jos.), *tisseur*, rue Neuve-St-Honoré, 27.

Forbras, *marchand de vins*, rue des Jeunes-Mâtins, 16.

Forceville-Duvette, *propriétaire*, rue Napoléon, 35.

Forceville (veuve), rue des Cordeliers, 25.

Forceville (le vicomte de), *propriét.*, rue du Cange, 6.
Formentin, *peintre en voitures*, r. du Bout-Cacq, 26 b.
Formentin, *rouennerie*, place de l'Hôtel-de-Ville, 29.
Foré, *ébéniste*, rue du Long-Rang, 13.
Forré (Flor.), *hortillon*, r. du Marais, 15, à la Neuville.
Fortin, *fruitier*, rue du Grand-Vidame, 62.
Fortin, *cultivateur*, Grande-Rue, 54, à Longpré.
Fortin (v^e), *rentière*, rue de la Ruellette, 5, à Longpré.
Fortin, *ménager*, rue de la Citadelle, 80.
Fortin (v^e D.), *ménagère*, sur la place, 5, à Longpré.
Fortin (Jules), *tisseur*, r. Joseph-Masson, 15, à Longp.
Fortin (Isid.), *ménager*, r. Jos.-Masson, 2, à Longpré.
Fosse, *cafetier*, place Saint-Denis, 59.
Fossé (veuve), *rentière*, rue des Rabuissons, 60.
Fossé (N.) et Cie, *mds d'huiles*, rue de la Pâture, 18.
Fossé (Jean), *retraité*, r. de la Ruellette, 13, à Longpré.
Fossé-Sauval, *marchand de vins*, rue de la Hotoie, 30.
Fossé, *cordonnier*, rue Cozette, 10.
    Maison de vente, rue des Jeunes-Mâtins, 6.
Fossier, *brocanteur*, rue des Rinchevaux, 11 et 15.
    Magasin rue des Gantiers, 51.
Fouache d'Halloy (Ernest), *propriétaire*, rue de la
    Porte-Paris, 23.
Fouache d'Halloy (Jacques), rue de l'Oratoire, 12.
Fouache d'Halloy (Aristide) *rentier*, rue des Canettes, 2.
Fouache, *menuisier*, rue Gribeauval, 7.
Fouache, *vitrier-peintre*, rue Desprez, 6.
Foubert (Mme), *rentière*, rue Saint-Jacques, 81.
Foucart frères, *corroyeurs*, r. H.-des-Tanneurs, 58-62.
Foucart, *employé à la préf.*, rue de Narine, 35.
Fouchard (Paul), *employé*, place Saint-Denis, 8.
Fouchet, *ancien boulanger*, rue du Vivier, 78.
Fouilloy (veuve), *couturière*, rue de Lamorlière, 25.
Foulloy, *couvreur et plafonneur*, rue Fontaine, 31.
Foulon, *filateur*, rue Voiture, 54.
    Filature, rue de la Pâture, 48.
Foulogne et Gamblon, *md en gros*, r. B.-N.-Dame, 28.
Fouquerelle (veuve), *cultivatrice*, route de Paris, 17.
Fouquerelle, *md de casquettes*, rue Delambre, 47.
Fouquerelle, *débitant*, rue du Moulin, 48.

Fouquerelle, *ébéniste*, r. du Bois, 21, à la Neuville.

Fouquerelle fils, *md de casquettes*, rue Saint-Firmin-le-Confesseur, 9

Fouquerelle (André), *rentier*, rue du Petit-St-Roch, 83.

Fouquerelle, *md de toiles en gr.*, r. Basse-N.-Dame, 15

Fourcy (Mlle), *prof. de langues*, rue Damis, 10.

Fourdrain père, *empl. à la Banque*, rue Duminy, 5.

Fourdrain fils, *distrib. d'avis*, rue Duminy, 5.

Fourdrinier, *rentier*, chaussée de Noyon, 139.

Fourdrinoy, *jardinier*, quai de la Somme, 6.

Fourdrinoy, *teinturier*, quai de la Somme, 196.

Fourdrinoy, *fruitier*, rue du Don, 23.

Fourdrinoy, *teinturier*, quai de l'Abattoir, 85.

Fouré-Decoisy, *cafetier*, place du Marché-au-Fil, 7.

Fouré (Léandre), *ménager*, rue Joseph-Masson, 10, à Longpré.

Fouré, *cordonnier*, place des Huchers, 7.

Fouré (Eug.), *cabaretier*, Grande-Rue, 25, à Longpré.

Fouré, *md de grains*, Grande-Rue, 70, à Longpré.

Fouré, *cabaretier*, sur la Place, 1, à Longpré.

Fouré (Arm.), *cultivat.*, rue St-Léger, 16, à Longpré.

Fouré-Crampon, *meunier*, rue du Château, 20, à Montières.

Fouré (Prosper), *meunier*, r. du Château, 20, à Montières.

Fourlinny, *repr. de comm.*, pass. du Logis-du-Roi, 13.

Fourment, à Roye, Remise, rue des Huchers, 40.

Fournier, *libraire*, rue des Trois-Cailloux, 108.

Fournier père, *rentier*, rue des Trois-Cailloux, 108.

Fournier, *prop.*, r. du Petit-St.-Jean, 1, fg de Beauvais.

Fournier ✳, *agent-voyer en chef*, rue Voiture, 8.

Fournier-Heumann, *chapelier*, rue Ste-Marguerite, 6.

Fournier, *ménager*, rue Daire, 16.

Fournier, *négociant*, rue des Orfèvres, 10.

Fournier (Mlle), *rentière*, rue Robert-de-Luzarches, 22.

Fournier, *chauffeur*, rue Malakoff, 32.

Fournier, *savetier*, rue Saint-Germain, 30.

Fournier, *tailleur de limes*, r. du faub. de Hem, 228.

Fournier (Mlle), *rentière*, rue du Mail, 5.

Fournier, *épicier et md de son*, rue Saint-Honoré, 122.

Fournier-Simon, *rentier*, rue de Beauvais, 33.

Fournier (Charles) et Beubion, *mds en gros*, rue des
    Orfèvres, 40.
Fournier (Louis), *ménager*, rue du Calvaire, 7, à
    Renancourt.
Fournier de Saint-Amand, *prop.*, rue des Capucins, 56.
Fournier (veuve), *rentière*, rue du Lycée, 58.
Fournier, *propriétaire*, route de Paris, 141.
Fournier, *rentier*, rue Le Mattre, 47.
Fournier, *md fruitier*, rue des Bonnards, 29.
Fournier, *rentier*, rue du Lycée, 58.
Fournier, *md de petits fagots*, rue des Majots, 7.
Fournier, *perruquier*, rue Saint-Leu, 133.
Fournier, *bimblotier*, rue de Job, 6.
Fournival (veuve), *propriétaire*, boulevard de l'Est, 17.
Fournot, *md de cidre en gros*, route de Rouen, 26.
Fourquet (Franç.), *rentier*, rue des Jacobins, 52.
Fourreau, *chauffeur*, rue de Cagny, 3.
Fox, *fab. de baleines de parapl.*, r. des Rabuissons, 25.
    Atelier boulevard Baraban, 41.
Fraix, *entrepr.*, Grande-Rue, 1, au Petit-Saint-Jean.
FRANCE, bureau rue Caumartin, 16.
    id.   id.   rue Pierre-l'Hermite, 33.
Franciscains, chaussée de Noyon, 52.
Franciscaines (Sœurs gardes-malades), pl. N.-Dame, 1.
François et Jourdain, *imprimeurs sur étoffes*, rue de
    la Citadelle, 15.
    Ateliers rue des Saintes-Claires, 60.
François, *vic. de St-Germain*, r. du Chap.-de-Violettes, 10.
François-Ravin, *rentier*, r. Soint-Dominique, 3.
François (Ch.), *repr. de commerce*, rue Sire-Firmin-
    Leroux, 3.
François-Cozette, *grainetier*, Marché-aux-Herb., 15-17.
    Magasin même place, 9 c.
François, *charpentier*, route d'Abbev., 81, à Montières.
François, *propriétaire*, rue de la Pâture, 23.
François, *boulanger*, rue Duméril, 61.
    Magasin rue des Cordeliers, 25.
François, *rentier*, rue de Rumigny, 54.
François (Mlle), *rentière*, rue Contrescarpe, 24.
Francoville, *pieton au telégr.*, rue Rohault, 6.

Franquelin (Célestin), *rentier*, rue Laurendeau, 72.

Franqueville (Ed.), *employé*, rue Saint-Jacques, 18.

Franqueville (Jules de), *propriétaire*, pl. St-Michel, 6.

Franqueville (Victor de), *propriétaire*, rue Neuve, 12.

Franqueville d'Abancourt (de), *rent.*, r. des Jacobins, 80.

Franqueville (veuve Amédée de), rue du Loup, 42.

Franqueville (veuve), *potier d'étain*, Marché-aux-Herbes, 19.

Frassy (Jacques), *mercier*, place Saint-Denis, 25.

Frechon, *fabricant de savons*, Marché-au-Feurre, 16. Magasin rue des Bouchers, 11.

Frechon (veuve et Mlle), *rentières*, rue au Lin, 28.

Fréchon, *vitrier*, rue Henri IV, 25.

Fréchon (Mlle), *modiste*, rue Henri IV, 25.

Freitel (Pierre), *employé*, rue des Jardins, 14.

Freitel (veuve), *rentière*, rue de la Hotoie, 42.

Fremont (veuve), *rentière*, rue Gresset, 52.

Frémont (Auguste), *propriétaire*, rue des Jacobins, 88.

Fremicourt, *rentier*, marché aux Herbes, 11.

Frenet, *maître d'études*, rue du Lycée, 40.

Frennelet (veuve), *rentière*, rue des Jacobins, 7.

Frennelet fils, *propriétaire*, rue du Camp-des-Buttes, 8.

Frennelet, *débitant*, rue de l'Ecluse, 17.

Frennelet (Mlle), *épicière*, route de Paris, 144.

Frennelet, *épicier*, rue de Job, 13.

Frénoy (frères, oncle e tMlle), *rentiers*, r. Napoléon, 25.

Frenoy, *menuisier*, rue des Francs-Mûriers, 77.

Frénoy, *avoué*, cloître Saint-Nicolas, 5.

Frère (Ve et Dlles), *rentières*, rue des Canettes, 11.

Frère, *ferblantier-lampiste*, rue de Noyon, 33.

Frère-Deray, *md. de grains*, r. Neuve-St-Dominique, 5.

Fresson (Antoine), *fond. d'étain*, r. de l'Entonnoir, 19.

Fresson, *fondeur de cuillères*, r. Basse-St-Germain, 7.

Fréville (Théophile), *exploit. de sablière*, r. de Cagny, 19.

Fréville, *ménager*, petite rue du Cange, 20.

Fréville (Firmin), *exploit. de carrière*, rue de Cagny.

Freville (veuve), *rentière*, rue des Corroyers, 137.

Fréville (François), *briquetier et md. de sable*, chaussée de Noyon, 16. Carrière chaussée de Noyon.

Fréville dit Bettembos, *md. de fourrages*, r.St-Médard, 1
  Magasin passage Saint-Denis.
Frigard (la baronne de), rue des Saintes-Maries, 10.
Frion aîné, *bonneteries et chaussures*, pl. Périgord, 4.
Frion, *employé*, rue Castille, 22.
Frison, *exp. de carrière*, rte d'Abb., 11, à Montières.
Frison, *teinturier*, passage du Commerce.
  Atelie, rue des Parcheminiers, 3.
Froidure (Mlle), *rentière*, rue du petit fg. de Noyon, 10.
Froidure (Marcelle), *rentier*, route de Doullens, 45.
Froidure-Bonnard, *rentier*, route de Doullens, 4.
Froidure, *contre-maître*, rue Verte, 10.
Froidure, *charbon et bois*, rue Castille, 21.
Froidure-Vast, *ménager*, route d'Albert, 102.
Froidure, *ménager*, route de Corbie, 39.
Froidure-Digeon, *auberg. et cultiv.*, rte d'Allonville, 1.
Froidure-Loisemant (veuve), *cabaretière*, route d'Albert, 37, faubourg Saint-Pierre.
Froment (veuve), *rouenneries*, rue Saint-Leu, 95.
Froment (Alfred), *négociant*, rue Caumartin, 2.
Froment (Emile), *juge*, rue des Ecoles-Chrétiennes, 9.
Fromentin, *employé de la régie*, pl. St.-Firmin, 19.
Froment (A.), *cultivateur*, r. du pet. fg. de Noyon, 55.
Fruleux, *cordonnier*, chaussée de Noyon, 51.
Frutier, *maréchal*, rue des Cordeliers, 48.
Fry (de) ✷, *officier en retraite*, boulev. Guyencourt, 19.
Fuix ✷, *ingénieur en chef*, boulevard Fontaine, 36.
Fusillier, *articles d'Amiens*, rue Saint-Remi, 5.
Fusillier (Sophie), *rentière*, rue du Faubourg-de-la-Hotoie, 112.
Fusier (Mme), *cordonnière*, galerie du Commerce, 29.
Fusier (Mlle), *modiste*, passage du Commerce, 31.
Fussien frères, *mds de laines*, rue de Beauvais, 81.
  Magasins même rue, 80, et rue des Wattelets, 7.

G.

Gabory, *loueur en garni*, port d'Aval, 23.
Gachelin, *chauffeur*, rue de Cagny, 4.
Gacquère (veuve), *md. de tabac*, rue du Quai, 1.

Gacquère (Mlle), *rentière*, rue Le Mattre, **31.**

Gacquerre, *tailleur*, rue Saint-Germain, **45.**

Gadiffet, *professeur* à l'Ecole normale, rue du Bout-Cacq, **55.**

Gadiffert, *doreur*, rue Gresset, **2.**

Gadoux, *rentier*, chaussée de Noyon, **71.**

Gadré (Marie), *rentière*, rue du Lycée, **10.**

Gaffet, *agent de police*, rue de Beauvais, **59.**

Gaffet (veuve), *rentière*, rue du Presbytère, **8,** faub. Saint-Pierre.

Gaffet, *propriétaire* à Tilloy, rue des Sœurs-Grises, **16.**

Gaffet, *menuisier*, rue de Rumigny, **74.**

Gaffet (Paul), *md de grains en dét.*, Grand-Rue, **4,** à Montières.

Gahide-Deleforterie, *men.*, r. Legrand-Daussy, **51-52.**

Gaillard (Mme), *rentière*, rue de l'Agrapin, **25,** à la Neuville.

Gaillard, *employé*, rue Duminy, **9.**

Gaillard, *brig. de police*, rue Pointin, **42.**

Gaillard, *fleuriste*, rue des Trois-Cailloux, **22.**

Gaillard, *clerc de notaire*, place Saint-Denis, **12.**

Gaillard (Alfred), *hortillon*, à l'Agrapin, **13.**

Gaillard (Onésiphore), rue Voyelle, **4,** à la Neuville.

Gaillard-Fréville, *hortillon*, rue du Marais, **9 a,** à la Neuville.

Gaillet, *perruquier*, route de Paris, **38.**

Gaillet, *menuisier*, route de Paris, **40.**

Gaillet, *épicier*, rue Haute-des-Tanneurs, **90.**

Gaillet, *épicier*, rue du Moulin-du-Roi, **7.**

Gaillet, *épicier*, rue du Long-Rang, **10.**

Gaillet, *menuisier*, route de Paris, **75.**

Gaillet (veuve), *ménagère*, route de Paris, **129.**

Gaillet (François), *cultivateur*, rue de Paris, **181.**

Gaillet, *agent-voyer, piqueur*, route de Paris, **181.**

Gaillet-Toulmonde, rue du Long-Rang, **84.**

Gaillet (Mme), *mde. de citrons*, chaussée de Noyon, **26.**

Gaillet (Ant.), *ménager*, rue du Long-Rang, **59.**

Gaillet-Vasseur, *ménager*, rue du Long-Rang, **43.**

Gaillet, *jardinier*, rue de l'Union, **59.**

Gaillet (Am.), *tisseur*, rue du Long-Rang, **16.**

Gaillet (veuve), *épicière*, place des Huchers, 3.

Gaillet-Carpentier, *md de légumes*, pet. r. St-Leu, 6.

Gaillet (J.-B.), rue des Jardins, 45.

Gaillet (veuve), *épicière*, rue des Minimes, 31.

Gaillet-Mercier, *ménager*, rue du Long-Rang, 41.

Gaillet (Jean-Baptiste), *ménager*, r. du Long-Rang, 96.

Galampoix, *rentier*, Grand-Rue, 46, au Petit-St.-Jean.

Galampoix, *rentier*, rue du faubourg de Hem, 84.

Galampoix, *ménager*, Grande-Rue, 71, au Petit-Saint-Jean.

Galempoix, *débitant* au Château-Fort, au Petit-St-Jean. Atelier de monuments funèbres, grande rue Saint-Maurice, 139.

Galempoix (Noël), *jardinier*, rue des 2 Ponts, 26, Petit-Saint-Jean.

Galempoix, *rentier*, rue de l'Union, 30.

Galempoix, *peintre-vitrier*, rue de la Vallée, 16.

Galempoix, *instituteur*, rue Vascosan, 15.

Galempoix, *employé*, rue de l'Union, 34.

Galet-Denis, *banquier*, rue Henri IV, 14.

Galet père, *rentier*, rue Henri IV, 14.

Galet-Viollette et Gaudière, *mds. de toiles*, place Longueville, 25.

Maison de vente rue des Vergeaux, 40.

Galet, *perruquier*, place du Petit-Quai, 5.

Galet, *chargeur*, r. du Moulin, 38, fg de Beauvais.

Galle (Emma), *modiste*, passage du Logis-du-Roi, 13.

Gallet, *menuisier et mercier*, rue du Hocquet, 76.

Gallet, *tripier*, rue Basse-des-Tanneurs, 62.

Gallet (veuve), *rentière*, r. du Cloître-de-la-Barge, 15.

Gallet, *épicier*, rue Saint-Honoré, 26.

Gallet, *négociant*, rue des Chaudronniers, 6.

Gallet (veuve), *rentière*, rue du Vivier, 76.

Gallet, *juge suppl.*, rue des Cordeliers, 45.

Gallimard et Cᵉ, *mds. de vins*, r. Neuve-des-Capucins, 18. Demeure rue des Capucins, 25.

Écurie, même rue, 10-12.

Galmant-Demanesse, *entrepren.*, chaussée de Noyon, 7. Chantier rue du petit faubourg de Noyon, 129.

Galmant, *couvreur*, rue des Jardins, 8.

Galmant (Pierre), *maçon*, rue du petit faubourg de Noyon, 147.

Galmant (veuve), rue du petit faubourg de Noyon, 149.

Galmant (Constant), *couvreur*, rue du petit faubourg de Noyon, 85.

Galmant (Nicolas), *maçon*, rue du petit faubourg de Noyon, 151.

Galmant, *ménager*, rue Clabault, 11.

Galmant (Toussaint), *couvreur*, rue de La Neuville, 39.

Galopin (Mlle), *repasseuse*, rue Martin-Bleu-Dieu, 27.

Galopin, *brocanteur*, rue Fontaine, 32-34.

Galoppe (J.-B.), *chef d'escadron en retraite*, rue Laurendeau, 66.

Gamain, *cabaretier*, rue de Beauvais, 89.

Gamand (Henri), *négociant*, pas. des Sœurs-Grises, 3. Magasin même passage, 4.

Gamand, *laines en gros*, marché au Feurre, 14.

Gamard (veuve), *rentière*, rue Le Mattre, 40.

Gamard, *courtier de bestiaux*, rue Saint-Honoré, 160.

Gamard, *épicier*, rue de la Voirie, 125.

Gamard, *perruquier*, rue de la Hotoie, 85.

Gamard, *jardinier*, quai de la Somme, 154.

Gamard, *logeur*, boulevart du Port, 18.

Gamard (Prosper), *hortillon*, rue de la Voirie, 179.

Gambart, *md de vins*, rue de Metz, 28.

Gambier-Dournel, *avocat*, rue Pierre-l'Ermite, 17.

Gamblon, *md en gros*, rue Basse-Notre-Dame, 28.

Gamounet-Dehollande, *fabricant*, rue Henri IV, 17.

Gand (Edouard), *dessinateur industriel et liseur de cartons Jacquart*, place Saint-Denis, 48.

Gand (veuve), *rentière*, place Saint-Denis, 48.

Garaux, *cabaretier*, rue de la Queue-de-Vache, 1-3.

Garaux (veuve), *épicière*, rue Motte, 47.

Garbe (Laure), *rentière*, rue des Crignons, 8.

Garbe (Flore), *rentière*, rue des Crignons, 8.

Garçon, *propriétaire*, boulevard de Beauvais, 60.

Gard (Du), *employé des contrib. indir.*, passage du Logis-du-Roi, 13.

Garnier (Mlles), *couturières*, rue Saint-Jacques, 13.

Garnier (Mlle), *rentière*, rue de l'Aventure, 39.

Garnier, *bibliothécaire*, rue des Rabuissons, 48.

Garnier (veuve), *rentière*, du petit faub. de Noyon, 27.

Garnier fils, *prof. de violon*, rue du Petit-Faubourg-de Noyon, 27.

Garrau, *dessin. au chemin de fer*, rue du Lycée, 57.

Garzend, *courrier convoyeur*, rue des Tr.-Cailloux, 18.

Gasser, *employé*, place Saint-Firmin, 19.

Gauchet, *employé*, rue Caumartin, 19.

Gaudefroy, *employé*, rue des Majots, 52.

Gaudefroy, *employé*, rue des Cordeliers, 30.

Gaudefroy-Demonbynes (Mme), place Saint-Michel, 14.

Gaudefroy, *garçon de mag.*, r. Mart.-Bleu-Dieu, 18.

Gaudefroy-Bouthors (veuve), rue du Loup, 17.

Gaudefroy, *employé*, chaussée de Noyon, 23.

Gaudefroy-Pinchon, *laines en gros*, r. St.-Jacques, 98.

Gaudefroy, *md. de laines*, rue de Metz, 36.

Gaudefroy, *secrét. d'état-maj.*, chaussée de Noyon, 26.

Gaudelette (Mme), *lingère*, rue Porte-Paris, 45.

Gaudelette, *menuisier*, rue Mazagran, 12.

Gaudière, *négociant en toiles*, rue des Vergeaux, 40.

Gaudry, *gardien du magas. à pompes*, place de l'Hôtel-de-Ville.

Gaudry, *rentier*, rue des Majots, 4.

Gaudry, *teinturier*, place du Petit-Quai, 13.

Gaudry, *forgeron*, rue Neuve-Saint-Honoré, 40.

Gauduin, *rentier*, rue de Cerisy, 7.

Gauffier, *officier retraité*, rue Lemattre, 50.

Gauguet, *md. de toiles en gros*, à Beauval.

   Dépôt rue Basse-Notre-Dame, 11.

Gaujot (v^e), *rentière*, rue du Marais, 44, à la Neuville.

Gaujot (Mme), *repasseuse*, rue Saint-Denis, 44.

Gautier ✳, *fabricant*, rue Martin-Bleu-Dieu, 37.

Gavet ✳, *payeur du départ.*, boulev. St.-Charles, 1.

Gavois, *meunier*, rue des Bourelles, 1.

Gavory, *épicier*, rue de la Pâture, 26.

Gavory, *fact. de marchand.*, rue Flament, 31.

   Magasin rue des Corroyers, 26 E.

Gay (Claire), *rentière*, rue de Constantine, 14.

Gaz anglais, quai de la Somme, 8.

   Magasin Marché-aux-Herbes, 23.

Gaz français, rue du Petit-St.-Roch, 19.

Geevers, *sculpteur*, route de Paris, 86.

Gelon (veuve), *rentière*, chaussée de Noyon, 62.

Gendarmerie, caserne, rue des Jacobins, 66-68.

Genébriat, *insp. des cont. dir.*, rue des Capettes, 10.

Genet de Chastenay, *propriétaire*, place St.-Michel, 6.

Genevoise, *clerc de notaire*, place Saint-Denis, 67.

Gennevois, *receveur au chem. de fer*, rue Dejean, 65.

Genovigny, *cabaretier*, rue du Quai, 65.

Genovigny, *débitant*, rue de Rumigny, 23.

Gense-Mollet, *prop.*, rue d'Alger, 1.

Gensse, *rentier*, rue des Doubles-Chaises, 33.

Gensse (Mlles), *modistes*, rue des Orfèvres, 2.

Gensse, *propriétaire*, rue Pierre-l'Ermite, 12.

Gente, *employé*, rue Saint-Leu, 1.

Gente (veuve), *cabaretière*, rue Saint-Leu, 96.

Genton, *eaux minérales factices*, r. St.-Jacques, 5.

Geoffroy, *profess. de langues*, rue Lemerchier, 8.

Geollier, place Saint-Denis, 34.

Geollier (veuve), *propr.*, route de Corbie, 33.

Geollier, *cafetier*, rue Saint-Leu, 137.

Georget, *agent de police*, rue de Beauvais, 16.

Gérard (veuve), *rentière*, route d'Albert, 71.

Gerard, *caissier*, rue Haute-des-Tanneurs, 19.

Gérard (Mlle Adèle), *rentière*, cloître Notre-Dame, 4.

Gérard (veuve), *rentière*, rue de Metz, 15.

Gérard (veuve), *rentière*, rue Saint-Geoffroy, 9.

Gérard, (veuve), *rentière*, rue des Minimes, 15.

Gérardin, *conducteur des ponts et chaussées*, rue Saint-Louis, 75.

Gerin, *rentier*, rue du Cange, 13.

Gérin (veuve), *mde de pains*, rue du Lycée, 56.

Germain, *agent de police*, r. du Faub.-de-la-Hotoie, 15.

Germain-Boury (ve), *rentière*, r. du Lycée, 48.

Germain Sainte-Croix, *représentant de commerce*, Cloître-Notre-Dame, 20.

Géroux (Eugène), *ménager*, Gr.-Rue, 21, à Longpré.

Géroux (veuve), Grande-Rue, 21, à Longpré.

Geroux (Alex.), *tisseur*, Grande-Rue, 4, à Longpré.

Géroux, *ménager*, sur la place, 3, à Longpré.

Géroux (Prosper), *cultivateur*, rue de la Ruellette, 3, à Longpré.

Geroux-Boutin, *ménager*, rue St-Léger, 24, à Longpré.

Géroux (Nicolas), *cultiv.*, rue St.-Léger, 3, à Longpré.

Géroux, *md. de bestiaux*, r. St.-Léger, 52, à Longpré.

Géroux (Fidèle), *md de vaches*, r. d'En-Bas, 44, Longp.

Géroux (Théoph.), *cultiv.*, rue d'En-Bas, 9, à Longpré.

Géroux-Hérin, *cabar. et garnis.*, rue au Lin, 12-14.

Gersbach, *md de dentelles*, rue Neuve, 3.

Geslot, *boulanger*, rue de Beauvais, 117.

   Magasin rue de Beauvais, 113.

Gestas (le comte de), *prop.*, rue du Camp-des-Buttes, 7.

Ghislain (Ph.), *piqueur*, rue de Noyon, 53.

Gibert, *garde du génie*, rue Lemerchier, 25.

Gigot, *tourneur en bois et épicier*, rue de la Queue-de-Vache, 17.

Gigout, *garde d'artillerie*, à la Citadelle.

Gilanton, *épicerie et tabac*, marché aux Herbes, 45.

Gillard-Bibolet, *négociant*, rue des Sergents, 19.

Gillès (de), *propriétaire*, rue Neuve, 35.

Gillet (veuve), *rentière*, rue Saint-Leu, 101.

Gillet et Roger (Mlles), *épicières*, rue Saint-Leu, 87.

Gillot, *sup. du grand séminaire*, chaussée de Noyon, 58.

Girardin (veuve), *propriétaire*, rue Saint-Denis, 19.

Giraud, *direct. de la Banque*, rue Henri IV, 12.

Giron ✳, *inspect. des postes en retraite*, rue des Trois-Cailloux, 21.

Girot, *épicier*, rue des Archers, 23.

Glachant, *menuisier-propriét.*, rue Blanquetaque, 44.

Glachant, *menuisier*, rue du Chapeau-de-Violettes, 19.

Gland, *ancien filateur*, rue Saint-Louis, 28.

Glasson, *ferblantier-lampiste*, rue de Beauvais, 15.

Glavier, *cafetier*, rue des Verts-Aulnois, 32.

Glavier (Mlle Louise), Maison de Retraite, passage des Capucins, 10.

Glavieux, *débitant*, route de Rouen, 93.

Glène *employé*, boulevard de l'Est, 18.

Glène, *employé*, rue de la Hotoie, 7.

Glène, *rentier*, rue des Rabuissons, 19.

Gobart, *plafonneur*, rue Robert de Luzarches, 35.

15.

Gobert et Dupetit, *teinturiers et imprimeurs*, rue des Saintes-Claires, 60.

Gobillon-Gaffet, *charcutier*, rue de Noyon, 1.

Gobled ✳, *chef d'escadron d'artillerie*, r.Cozette, 22.

Goblet, *rentier*, rue de Narine, 49.

Goblet fils, *avocat*, rue de Narine, 49.

Godard, *md de moutons*, Grande-Rue, 24, à Longpré.

Godart, *charc., agent de police*, pl. des Minimes, 4.

Godard (Louis), *berger*, r. Jos.-Masson, 13, à Longpré.

Godard (veuve), *propriétaire*, rue Le Maître, 67.

Godard, *rentier*, rue Robert de Luzarches, 37.

Godard (veuve), *rentière*, rue des Wattelets, 15.

Godard (veuve), *épicière*, rue des Sergents, 1.

Godard, *retordeur*, rue des Gantiers, 43.

Godart (Rose), rue des Jardins, 21.

Godart, *chiffonnier*, rue Saint-Honoré, 130.

Godard-Lequien, *rentier*, rue Le Merchier, 7.

Godebert, *débitant*, rue Saint-Jacques, 90.

Godefroy (veuve), *propriétaire*, rue Porte-Paris, 6.

Godefroy, *chiffonnier*, rue des Majots, 52.

Godefroy, *employé*, rue des Sœurs-Grises, 1.

Godefroy, *rec. des douanes*, r. du Petit-St.-Roch, 85.

Godin, *chauffeur*, rue Saint-Claude, 3.

Godin (veuve), *rentière*, rue de l'Ecluse, 7.

Godin (Ferdinand), *cordonnier*, rue des Tripes, 39.

Godin, *Direct. de la maîtrise*, rue des Soufflets, 3.

Godin (A.), *cordonnier*, rue des Tripes, 33.

Godin, *revendeur à la toilette*, route de Paris, 150.

Goguet (Mlle Octavie), *rentière*, r. des 3 Cailloux, 97.

Gomard (veuve), *loueuse en garni*, rue Neuve-des-Capucins, 17.

Gomer (comtesse de), *propriétaire*, r. Constantine, 11.

Gomer (comte de), rue de Narine, 34.

Gondolo, *rentier*, boulev. du Jardin-des-Plantes, 16.

Gondrecourt (comte de), *conseiller de préfecture*, ✦ boulevart Longueville, 52.

Gondry (veuve), *rentière*, rue du Grand-Vidame, 66.

Gonse fils, *pharmacien*, rue Duméril, 7.

Gonse (veuve), *rentière*, rue Duméril, 9.

Gonsse, *curé*, rue du Marais, 18, à la Neuville.

Gontier (veuve), *fruitière*, rue Neuve des Minimes, 7.
Gontier, *brasseur*, rue des Paniers, 13.
Gontier (veuve), *rentière*, rue des Parcheminiers, 13.
Gontier-Prieur, *teinturier*, rue des Poirées, 23.
    Teinture, même rue, 17.
Gontier-Dubas, *rentier*, rue des Poirées, 17.
Gontier-Chamu, *rentier*, rue du Vivier, 38.
Gontier (Rose), *commissionnaire en farines, son,* rue
    de Metz, 14.
Gontier, *charbon de bois*, rue Neuve, 23.
Gontier, *fabricant*, rue des Coches, 46.
Gontier, *négociant en laines,* rue des Coches, 14.
Gontier, *fruitier*, route d'Albert, 23.
Gontier, *propriétaire*, rue de Noyon, 45.
Gontier (Mlle), *courtière de fabriq.*, rue des Gantiers, 31.
Gontier, *employé*, chaussée de Noyon, 99.
Goret (l'abbé), *chanoine honoraire*, rue St-Fuscien, 38.
Gorgeon de Verville, *propr.*, Cloître-de-l'Horloge, 11.
Gorgeon (Ferdin.), *ménager*, rue de la Terrière, 14,
    à la Neuville.
Gorgoni (Valère), *perruquier*, rue Saint-Honoré, 94.
Gorlier (v^e), *court. de fab.*, rue H.-des-Tanneurs, 28.
Gorlier (Mlle), *rentière*, rue des Trois-Cailloux, 99.
Gorriez, *serrurier*, rue de Beauvais, 57.
Gorniot, *voyageur*, rue Duméril, 47.
Gossart (Eug.), *juge d'instruction*, rue des Jacobins, 81.
Gossart père, *propriétaire*, pl. de l'Hôtel-de-Ville, 16 c.
Gossart, *épicier-charcutier*, rue des Paniers, 47.
Gossart-Creton (veuve), *rentière*, r. des Jacobins, 53.
Gossart, *commis à pied*, rue de Noyon, 26.
Gosse (Alex.), *hortillon*, r. du Marais, 71, à la Neuville.
Gosse, *cantonnier*, rue du Marais, 28, à la Neuville.
Gosselin (veuve), *rentière*, quai de la Somme, 82.
Gosselin (Mme), *lingère*, rue au Lin, 41-43.
Gosselin, *empl. à la préfecture*, r. du Chem.-Vert, 11
Gosselin de Benicourt, *rentier*, r. du p. f. de Noyon, 20.
Gosselin (Mlle), *épicière*, rue au Lin, 32.
Gosselin (veuve), *charcutière*, rue de Beauvais, 6.
Gottinieux, *brigadier séd. des eaux et forêts,* rue du
    Lycée, 27.

Gottrand (Louis), *md d'engrais*, route d'Albert, 3.
Gottrand (Pierre), *ménager*, route d'Albert, 3.
Gottrand, *ménager*, route de Doullens, 5.
Gottrand, *md d'engrais*, rue Neuve d'Allonville, 38.
Gottrand (Désiré), *marchand d'engrais*, rue Neuve d'Allonville, 38.
    Dépôt route de Rainneville, 9.
Gottrand, *propriétaire*, impasse Sans-Boutons, 5.
Gottrand (Ph.), *rentier*, route de Doullens, 20.
Gouaux (veuve), *rentière*, r. Martin-Bleu-Dieu, 22.
Goubet (Mme), *mde de modes*, pl. Saint-Denis, 16-18.
Goubet, *rentier*, rue Saint-Dominique, 24.
Goubet-Berly, *rentier*, rue Saint-Fuscien, 25.
Goudaillier, à Hangest-sur-Somme.
    Dépôt place de l'Hôtel-de-Ville, 17.
Goudroy (vᵉ), *mde de volailles*, imp. de la Calandre, 9.
Goupy, *débitant*, rue des Corroyers, 69.
Gouldeu, *pasteur protestant*, rue de Metz, 55.
Gourde-Joiron, *contre-maître*, rue des Meuniers, 82, faubourg de Hem.
Gourde fils, *ménag.*, route d'Abbev., 250, à Montières.
Gourde, *cultivateur*, rue du Christ, 12, à Montières.
Gourdin, *caissier*, rue des Trois-Cailloux, 79 ᴀ.
Gourguechon (Adolphe), chaussée Saint-Pierre, 25.
Gourguechon (veuve), *mde de charbons*, rue du faub. de Hem, 109.
Gourguechon, *débitant*, route d'Albert, 2.
Gourguechon, *concierge*, quai de l'Abattoir, 15.
Gourjon, *contre-maître*, rue Martin-Bleu-Dieu, 29.
Gournay, *jardinier*, rue du Marais, 2, fg. St-Pierre.
Gournay, *droguiste*, rue Caumartin, 15.
Goussencourt (veuve de), *propriét.*, rue Gribeauval, 13.
Gouttière, *sous-chef*, à la Gare.
Gouverne (Joseph), rue Saint-Germain, 49.
Gouverneur, *empl. à la poste*, chaussée de Noyon, 36.
Gouverneur, *brocanteur*, rue Saint-Germain, 19.
Gouverneur, *boulanger*, rue des Trois-Cailloux, 126.
Gouverneur et sœurs, *article de blanc*, rue des Trois-Cailloux, 103.
Gouy, *propriétaire*, rue Saint-Fuscien, 80.

Govin , *fabric.*, route d'Abbeville, 94-96, à Montières.
    Atelier rue du Lapin, 12, à Montières.
Govin, *épicier*, boulevard du Jardin-des-Plantes , 26.
Govin-Hordez, *rentier*, rue Gresset, 58.
Govin (vᵉ), *rentière*, boulev. du Jardin-des-Plantes, 26.
Govin fils et Tettard, *marchands de fer*, Marché-aux-
    Herbes, 61.
    Magasin rue des Bouchers, 12.
Govin, *brocanteur*, rue Saint-Jacques, 62-64.
    Magasin rue des Capucins , 71 c.
Govin, *prof. à l'Ecole norm.*, r. Martin-Bl.-Dieu, 45.
Govin (Aug.), *exp. de carrières*, rue du Christ , 14 ,
    à Montières.
Govin , *laitier* , rue du Christ , 12 , à Montières.
Govin (veuve), *ménager*, r. St-Léger, 23, à Longpré.
Govin-Bellegueule, *contre-maître*, route de Corbie, 27.
Govin (Flor.) , *rent.*, rte d'Abbev., 127 , à Montières.
Govin, *agent de police*, rue des Granges, 35.
Govin-Warin, *ménager*, r. St-Léger, 22, à Longpré.
Govin , *rouenneries*, rue Delambre , 17.
Govin-Vasseur, *fabricant*, pl. du Palais-de-Justice, 3.
    Atelier rue de Lamorlière, 18.
Goyon , *épicier*, rue Voiture, 15.
Goze, *docteur en médecine* , rue Saint-Leu , 35.
Graire, *propriétaire*, rue Saint-Fuscien , 5.
Grandidier, *père missionnaire*, à Saint-Acheul.
Grandjean (Mlle Const.), *modes*, r. des 3 Cailloux, 90.
Grandsimon , *employé*, rue du Lycée, 78.
Grandsire, *propriétaire*, rue des Jacobins , 54.
Granger, *rentier*, rue du Lycée, 18.
Grandpré , *rentier*, boulevard Guyencourt, 11.
Grands Chapeaux (prison des), Logis-du-Roi, 20.
Grare, *propriétaire*, rue Neuve-des-Minimes, 28.
Grare (Ach.), *ménager*, rue du Petit-Fg-de-Noyon, 32.
Grare (veuve), *rentière*, rue Contrescarpe, 15.
Grare, *vannier*, rue du Faubourg-de-Hem , 12.
Grare-Dailly, *serrurier*, r. du Marais, 34, à la Neuville.
Grare-Degouy (vᵉ), *hortil.*, r. de l'Agrapin, 13, à la Neuv.
Grare-Becquet, *hortillon*, rue du Bois, 3, à la Neuville.
Grare-Bourgeois, *hortillon*, r. du Marais, 5, à la Neuv.

Gratien, *ménager*, imp. Jean-Scellier, 5, fg de Beauvais.
Grault (Alexis), *laitier*, sur la Place, 21, à Longpré.
Grault, *cultivateur*, rue du Sac, 2, à Longpré.
Grault, *laitier*, rue du Sac, 3, à Longpré.
Graux, *commis à pied*, rue Porte-Paris, 3.
Graux (Félix), *laitier*, rue d'En-Bas, 42, à Longpré.
Gravet, *rentier*, rue Saint-Louis, 9.
Gravet (Mme Florence), *rentière*, rue Neuve, 15.
Gravis, *sous-chef* à la Gare.
Gray, *cabaretier*, rue Neuve-des-Capucins, 1.
Grebert, *md de charbons*, rue des Bouchers, 26.
Greisch, *liquoriste*, rue Saint-Leu, 88.
Grené, *mercier*, route de Paris, 43.
Grené (veuve), *logeuse*, rue Neuve-des-Capucins, 31.
Grenet (Mme), *lingère*, rue des Chaudronniers, 18.
Grenier (veuve), *rentière*, rue du Lycée, 44.
Grenier (Mlles), *rentières*, place Saint-Michel, 2.
Grenier, *cabaretier*, port d'Amont, 24.
Grenier, *teinturier-dégraisseur*, rue des Granges, 23.
Grenon, *md de vins et eaux-de-vie*, r. de la Hotoie, 68.
Grenon (Vict.), *jardinier*, r. du Calvaire, 30, à Renanc.
Grenon-Godbert, *linger*, rue du Moulin-du-Roi, 9.
Grente, *tamisier*, rue de Beauvais, 121.
Gressier, *débitant*, rue Saint-Leu, 135.
Gret (veuve), *rentière*, rue Damis, 5.
Gret, *surnuméraire*, rue Daire, 3.
Greuet, *notaire*, rue Henri IV, 19.
Greuet (veuve), *rentière*, rue Gresset, 50.
Grevin, *coiffeur*, place Saint-Firmin, 5.
Grevin, *arpenteur*, rue du Chapeau-de-Violettes, 7.
Grevin (Mlle Denise), *épic.*, r. des Chaudronniers, 24.
Grevin, *avocat*, boulevard Saint-Charles, 5.
Gribeauval, *cabaretier*, chaussée Périgord, 60.
Gribeauval, *avoué*, rue Saint-Denis, 28.
Gricourt, *fabricante de casquettes*, rue de Metz, 5.
Gricourt, *md de vins*, rue Saint-Leu, 103.
Gricourt, *maître d'étude au Lycée*, rue du Lycée, 40.
Gricourt (veuve), *rentière*, rue du Hocquet, 27.
Gricourt (veuve), *rentière*, r. des Trois-Sausserons, 15.
Griffoin (Const.), *propr.*, impasse des Cruchons, 7.

Griffoin, *aiguilleur*, r. du Marais, 97, faub. St-Pierre.
Grignier. (Fr.), *paveur*, rue de l'Ecluse, 21.
Grimaux, *propriétaire*, rue Saint-Jacques, 104.
Grimaux (Mlle), *rentière*, rue Saint-Geoffroy, 2.
Grimbert, *cabaretier*, rue de Beauvais, 16.
Grinchon, *couvreur*, boulevard Saint-Charles, 19.
Grincourt (Mme), *modiste*, place Saint-Firmin, 21.
Grincourt, *revend. à la toilette*, rue des Bondes, 2.
Griois-Carnoy, *employé*, rue Contrescarpe, 8.
Griois père, *rentier*, chaussée de Noyon, 60.
Griois fils, *vétérinaire*, Logis-du-Roi, 15.
Griois (veuve), *loueuse*, rue des Capettes, 14.
Griois, *menuisier*, rue des Minimes, 1.
Griois, *repr. de commerce*, rue des Trois-Cailloux, 39.
Griois (veuve), *rentière*, boulevard de Beauvais, 48.
Griois, *cordonnier*, cour de Mai, 4.
Gris (Mlle), *couturière*, rue des Trois-Cailloux, 63.
Grognet. *filateur et commiss.-local*, r. de la Prairie, 16.
Gros dit Bazin, *fruitier*, rue Saint-Leu, 66.
Gros, *comm. de police*, rue Neuve-des-Capucins, 28.
Grossart, *employé*, rue de Noyon, 26.
Grossemy, *brigad. au ch. de fer*, r. des Cruchons, 6.
Grossemy, *berger*, rue Fontaine, 2, à Boutillerie.
Grouille (vᵉ), *prop.*, rue St-Honoré, 94, fg de Beauv.
Grouille (Aug.), *propr.*, route de Paris, 41.
Grouille, *md de fourrag.*, r. St-Honoré, 37, fg de Beauv.
Grouille, *cabaretier*, rue du Quai, 3.
Grouille, *rentier*, rue Basse-Notre-Dame, 29 c.
Grouille, *appareilleur pour le gaz*, rue Gresset, 7.
Grouille (J.-B.), *ménager*, rue Neuve de Conty, 25.
Grouille (Claude), *cultivateur*, rue Saint-Honoré, 105.
Grucy, *ouvrier*, r. du Marais, 31, à Montières.
Grucy, *outilleur en menuiserie*, rue Gresset, 39.
    Magasin rue Martin-Bleu-Dieu, 25.
Gruyer, *charron*, boulevard du Mail, 79.
    Magasin rue Robert de Luzarches, 19.
Gry, *employé*, rue Saint-Leu, 61.
Gry, *brocanteur*, rue des Corroyers, 25.
Gry, *cabaretier*, rue des Rabuissons, 20.
Gry (veuve), *rentière*, chaussée Saint-Pierre, 55.

Gry, *chantre*, chaussée Saint-Acheul, 21.

Gudin, *coupeur d'habits*, rue Damis, 20.

Guedé et Blin, *merciers*, rue des Trois-Cailloux, 37.

Guedet (Mlle), *rentière*, rue Pierre-l'Hermite, 11.

Guedon-Foy, *quincaillier*, rue des Sergents, 17.

Guedon, *missionnaire*, chaussée de Noyon, 5.

Gueldry, *fripier*, rue Saint-Germain, 26.

Guenard (J.-B.), *rentier*, r. du Calvaire, 50, à Renanc.

Guenard-Morand, *propriétaire*, boulev. St-Michel, 4.

Guenard, *marbrier*, route de Rouen, 40.

Guenard fils, *pâtissier*, rue des Trois-Cailloux, 45.

Guenard (veuve), *débitante*, route de Rouen, 64.

Guenard (Mlle), *logeuse*, boulev. du Port, 38.

Guenin, *commissaire central*, rue Cozette, 12.

Guenin (Ed.), *négociant*, boulevart de Beauvais, 46.

Guérard (veuve), *propriétaire*, rue Saint-Denis, 26.

Guérard, *md de jouets d'enf.*, rue des T.-Cailloux, 78.

Guérard (Mlle), *propriétaire*, cloître de l'Horloge, 10.

Guérard, *propriétaire*, rue Neuve-des-Watelets, 7.

Guérard (Mlle), *rentière*, boulevard Longueville, 42.

Guerard, *tonnelier*, rue de Metz, 24.

Guérard, *ingénieur de la traction*, r. Leg.-Daussy, 6.

Guérard, *chauff. au ch. de fer*, r. Legr.-Daussy, 37.

Guerin, *fruitier*, rue Saint-Leu, 56.

Guérin, *sous-intend. militaire*, rue Napoléon, 12.

Guérin, *agent de change*, rue Duméril, 49.

Guérin père, *rentier*, rue Duméril, 49.

Guerin, *conseiller*, rue Saint-Louis, 52.

Guérin, *épicier-débitant*, rue du faub. de la Hotoie, 9.

Guerin (veuve), *rentière*, rue Saint-Louis, 52.

Guerlin aîné, *receveur de rentes*, rue Neuve-Saint-Dominique, 10.

Guerlin, *prêtre*, boulevart Fontaine, 42.

Guerlin et Lefebvre *opér. de Bourse*, r. des Cordeliers, 40.

Guerlin, *receveur municipal*, boulev. Longueville, 14.

Gués, *prof. de musique*, rue des Trois-Cailloux, 18.

Guette, *charcutier*, rue Saint-Leu, 44.

Guffroy, *louager*, rue Sainte-Catherine, 4.

Remise rue Sainte-Catherine, 3.

Gugoltz, *père missionnaire*, à Saint-Acheul.

Guibet, *rentier*, chaussée Périgord, **125**.

Guibet, *médecin*, rue Desprez, 16.

Guibet, *rentier*, rue Dijon, 4.

Guibet (Mlle), *rentière*, rue du Puits-Vert, 5.

Guibet-Cordier, *propriétaire*, boulevart Longueville, **26**.

Guibet (Ch.), *rep. de commerce*, boul. Longuev., **26**.

Guibet père, *rentier*, rue Saint-Leu, 106.

Guibet, *négociant*, rue Saint-Leu, 106.

Guibet-Matifas et Acloque, *nég.*, rue des Orfèvres, 13.
    Magasins rue du Quai, 27, et rue de Guyenne, **2**.

Guichard, *rouenneries*, rue des Vergeaux, **46**.

Guichard, *rentier*, rue des Capucins, 42.

Guichon (v° V.), *ménagère*, Gr.-Rue, 21, à Montières.

Guichon, *ménager*, rue du Château, 14, à Montières.

Guichon (Et.), *contre-maître briquetier*, route d'Abbeville, **173**, à Montières.

Guichon (Louis), *concierge*, route d'Abbeville, **262**, à Montières.

Guidé, *rentier*, rue Saint-Louis, 59.

Guidé, *agent de police*, rue Saint-Jacques, 17.

Guidée, *directeur de l'école libre de la Providence*, rue de Narine, 36.

Guidé-Varé, *poêlier*, passage de la Comédie, 10.

Guidé, *relieur*, rue Neuve, 11.

Guidé-Hubaut, *marchand de charbon de bois*, place Longueville, 19.
    Magasin, rue de Rumigny, 53.
    Maison de vente rue Sire-Firmin-Leroux, 5.

Guidé-Lesage (veuve), *rentière*, rue des Cordeliers, **55**.

Guidé, *rep. de commerce*, rue Neuve-des-Capucins, **12**.

Guidée (veuve), *rentière*, place Montplaisir, 13.

Guidon, *brocanteur*, rue Saint-Germain, 37.

Guilbert fils, *hortil.*, rue du Marais, 106, à la Neuville.

Guilbert, *ajusteur*, rue du Bastion, 28.

Guilbert (P.), *ménager*, r. du Marais, 104, à la Neuville.

Guilbert (Joseph), *rentier*, route d'Albert, 43.

Guilbert, *rentier*, rue de l'Aventure, 4.

Guilbert, *débitant*, rue du faubourg de la Hotoie, 86.

Guilbert, *épicier*, place Saint-Martin, 13.

Guilbert, *rentier*, rue du Vivier, 66.

Guilbert (Joséphine), rue de Lamorlière, 6.

Guilbert, *relieur*, rue de Narine, 27.

Guilbert-Lequet, *débitant*, route de Paris, 149.

Guilbert et Bralant, *mds de vins*, rue des Capucins, 61.

Guilbert, *relieur*, rue Henri IV, 21.

Guilbert, *serrurier*, rue du Grand-Vidame, 13-15.

Guilbert (veuve), *rentière*, rue Mazagran, 10.

Guilbert (veuve), *rentière*, rue des Francs-Mûriers, 7.

Guilbert, *fab. d'eaux gazeuses*, rue de l'Aventure, 7.

Guilbert (Mlle Rosalie), *revendeuse à la toilette*, rue des Corroyers, 26.

Guilbert, *md. de chaux, épicier*, r. des Tripes, 24-26.
 Carrière Grande-Rue, 46, à Saint-Maurice.
 Four route de Doullens, 79, à Saint-Maurice.

Guilhermy (de), *prêtre*, à Saint-Acheul.

Guillain (Mme), *rentière*, r. du Chap.-de-Violettes, 12.

Guillain (Mlle), *modiste*, rue du Don, 1.

Guillard frères, *rentiers*, rue des Jacobins, 86.

Guillard, *voyageur*, rue des Augustins, 13.

Guillaume (Al.), *cabaretier*, r. du Marais de Hem, 101.

Guillebon (de), *propriétaire*, place Montplaisir, 6.

Guillebon (Emmanuel de), *prop.*, rue St-Fuscien, 84.

Guillebon (de), *vic. à la cathéd.*, rue des Augustins, 9.

Guillebon ✳ (de), *propriétaire*, rue Desprez, 24.

Guillebon (René de), *propr.*, boulev. Longueville, 44.

Guillebon (de), *empl. au téléy.*, boul. Longueville, 44.

Guillebon (de), *avocat*, rue des Trois-Cailloux, 21.

Guillebon (de), *prop.*, rue des Ecoles-Chrétiennes, 23.

Guillemand, *aubergiste*, route de Paris, 8.

Guillery, *vannier*, rue de Beauvais, 83.

Guilleminot (Mlle), *rentière*, rue de Narine, 65.

Guillemont, *charcutier*, rue Duméril, 3.

Guilhermy (de), *père missionnaire*, à Saint-Acheul.

Guillon, *ingénieur de la comp. du chemin de fer du Nord, chargé des études de la ligne de Rouen*, boulevard Guyencourt, 17.

Guillon, *employé*, rue Bellevue, 21.

Guillot, *vannier*, rue des Huchers, 20.

Guillouard, *chaisier*, passage du Logis-du-Roi, 10.

Guiot de la Cour (baron), *sous-insp. des haras*, esplanade de Noyon, 12.
Gustin, *boulanger*, rue des Granges, 3.
Guyon, *garçon de recette*, rue Saint-Jacques, 62.
Guyon, *mécanicien au ch. de fer*, r. des Canettes, 27.
Guyot fils, *vitrier*, rue Saint-Jacques, 21.
Guyot (veuve), *ménagère*, route de Corbie, 56.
Guyot (Mlle), *lingère*, rue Saint-Jacques, 21.
Guyot (Félix), boulevart Saint-Jacques, 73.
Guyot, *ménager*, rue des Bonnards, 25.

H.

Hacbeth (v⁰), *mde d'estampes*, rue des T.-Cailloux, 53.
Hacot, *serrurier*, rue Saint-Leu, 105.
Hacot (A.), *plombier*, rue de Beauvais, 8.
    Atelier rue du Lycée, 51.
Hacq, *jardinier*, rue Daire, 57.
Hadengue, *tourn. en chaises*, r. des T.-Cailloux, 104.
Hagard, *boulanger*, rue de Noyon, 43.
Hagios (Mlle Pauline), *lingère*, rue Le Mattre, 23.
Haigny, *maitre d'études*, rue du Lycée, 40.
Haillot ✳, *chef de service*, à la Gare du Nord.
Halais (veuve), *mercière*, rue des Verts-Aulnois, 16.
Halimbourg, *court. de commerce*, r. des Crignons, 10.
Hall (Mll), *couturière*, rue de la Porte-Paris, 28.
Hallez, *rentier*, rue Saint-Denis, 13.
Halle aux Grains, rue des Trois-Cailloux, 30.
Hallot, *ménager*, rue du Bout-Cacq, 36.
Hallot, *jardinier*, rue du Bout-Cacq, 40.
Halloy (de), château, Grande-Rue, 52, à Montières.
Hamard (veuve), *épicière*, chaussée Saint-Pierre, 45.
Hamard, *fourreur*, rue des Corroyers, 15.
Hamier, *berger et ménager*, rue Saint-Honoré, 98.
Hamiot, *logeur*, rue des Canettes, 6.
Hamy, *professeur*, rue de Narine, 36.
Haudicourt (d'), *propr.*, rue Le Merchier, 2.
Hannier-Darras, *md de charbons et d'ardoises*, boulevard du Cange, 4.
Hanot (Mme), *institutrice*, Gr.-Rue, 30, à St-Maurice.

Hanot (Théophile), *serrurier*, rue du Loup, 14.

Hanot (veuve), *rentière*, rue des Trois-Cailloux, 115.

Hanot père, *rentier*, rue Neuve-Saint-Honoré, 22.

Hanquet (Mlle), *rentière*, chaussée Saint-Acheul, 8.

Hanquet, *cafetier*, rue des Trois-Cailloux, 57.

Hardouin ✳, *président de chambre*, rue du Camp-des-Buttes, 1.

Hardy (veuve), *meunière*, rue du Bordeau, 12.

Hardy (Franç.), *md de fourrages*, route d'Albert, 89.

Hardy (veuve), *ménagère*, petite rue de la Sablière, 45.

Hardy-Quignon, *chap. en paille*, rue des Sergents, 31.

Harent, *hortillon*, Grande-Rue, 149, à Saint-Maurice.

Harent père, *hortillon*, Grande-Rue, 157, à St-Maurice.

Hareux-Sailly, *charcutier*, rue de Beauvais, 100.

Tuerie, rue du Marais, 78, à Renancourt.

Hareux, *rent.*, rue Mazagran, 13, et bd St-Michel, 24.

Haris, *mercier*, rue Saint-Honoré, 73.

Harlay (veuve et Mlle), *rentière*, rue Duméril, 4.

Harlay, *teinturier*, rue d'Engoulvent, 7.

Harlay (Clémentine), passage des Cordeliers, 12.

Harlé, *md de son*, chaussée de Noyon, 28.

Harlez (veuve), *rentière*, route de Rouen, 63.

Harlez-Pinchinat, *rentier*, rue St-Fuscien, 30.

Garnis rue de la Porte-Paris, 3.

Harmant (Mlle), *rentière*, chaussée de Noyon, 25.

Hartmann, *fourreur*, rue Delambre, 38.

Hartmann-Gottrand, *auberg.*, chaussée St-Pierrré, 18.

Hary, *boulanger*, chaussée de Noyon, 19.

Hary (Marie), *rentière*, rue du Fossé, 4.

Hatté, *tailleur*, place de l'Hôtel-de-Ville, 25.

Haudiquet, (Mlle), *rentière*, rue de l'Oratoire, 2.

Hauet, *clerc de notaire*, rue Saint-Remi, 2.

Hautbout, *charron*, rue du Bout-Cacq, 49.

Atelier, même rue 5.

Hautcœur, *fruitier*, rue des Trois-Cailloux, 76.

Hautecœur, *médecin*, rue de Narine, 30.

Hautefeuille (Fl.), *empl. au télég.*, rue Saint-Léon, 19.

Hautefeuille (L.), *empl. au télég.*, rue Malakoff, 8.

Hauwelle, *peintre et débitant*, Grande-Rue, 169, à Saint-Maurice.

Havart, *greffier à la cour*, rue Constantine, 12.
Havart fils, *avocat*, rue Constantine, 12.
Havequez, *tonnelier*, rue du Moulin-du-Roi, 5.
Havernas (Fl.), *rentier*, rue Gribeauval, 12.
Hayeck, *rentier*, rue du Pinceau, 12.
Haywood (John), *contre-maître*, boulev. Baraban, 41.
Hazard et Rayez, *confection, gros et détail*, rue
    des Trois-Cailloux, 19.
Hazard, *md tailleur*, rue Bellevue, 10.
Hazard (Constantin), rue de Rumigny, 16.
Hazard aîné, *épicier*, rue de Beauvais, 69.
Hazard, Corne et Senée (Mlles), *nouveautés*, rue des
    Trois-Cailloux, 93.
Hazard (Pierre), *épicier*, rue de Rumigny, 20.
Hazebrouck-Sueur, *rentier*, rue des Cordeliers, 6.
Hecquet, *maçon*, rue du Bois, 30, à la Neuville.
Hecquet, *meunier*, r. des Deux-Ponts, 1, au P.-St-Jean.
Hecquet, *rentier*, rue de la Poudrière, 9.
Hecquet, *filateur*, rue Le Maître, 62.
Hecquet, *rentier*, rue de Narine, 15.
Hecquet (veuve), *rentière*, rue Bellevue, 42.
Hecquet, *chauffeur*, rue du Pinceau, 48.
Hédouville (veuve de), *rentière*, boul. Guyencourt, 1.
Helle, *tailleur*, rue des Trois-Cailloux, 118.
Héliot, *lieuten. de gendarmerie*, rue des Jacobins, 68.
Helluin, *géomètre*, rue du Cloitre de la Barge, 10.
Hémart, *chapelier*, rue Delambre, 14.
Hémart (Mlle), *lingère*, rue Saint-Leu, 73.
Hemart-Porion, *md à la toilette*, rue des Huguenots, 4,
    faubourg de Beauvais.
Hémart, *facteur*, boulevard Saint-Charles, 27.
Hémerelle, *hortillon*, rue du faubourg de Hem, 75.
Hemerel-Mille, *hortillon*, rue de la Voirie, 125.
Hémérel (Adèle), place Saint-Denis, 2.
Hémery, *retordeur*, rue Canteraine, 43.
Hémery, *ménager*, rue Saint-Honoré, 50
Hémery, *toiles*, Marché-aux-Herbes, 27.
Hémery, *rentier*, rue du Vivier, 40.
Hémery, *négociant*, rue du Vivier, 40.
Hendericksen, *voyageur*, rue de Lamorlière, 17.

Hénin, *employé*, rue Verte, 71.

Henin (J.-B.), *mécanicien*, r. du pet. fg de Noyon, 51.

Hénin-Fremont, *rentier*, rue du Soleil, 2.

Hénin-Mongrenier, *épicier en gros*, rue Saint-Leu, 14.

Hénin, *avocat*, rue du Camp-des-Buttes, 28.

Hennebert, *couvreur*, rue Saint-Honoré, 88-90.

Hennebert, *cultivateur*, rue Saint-Honoré, 176.

Hennebert, *contre-m.*, rue du Marais, 52, à Montières.

Hennebert (veuve), *rentière*, boulevart Guyencourt, 1.

Hennique, *plant. de la garde nationale*, rue du Grand-Vidame, 52.

Henocque, *chanoine*, rue Constantine, 7.

Henouille, *fondeur*, petite rue des Huguenots, 1.

Hénouille, *propriétaire*, petite rue des Huguenots, 1.

Henri (Elise), *modiste*, rue Gloriette, 9.

Henri (Mlles), *rentières*, rue des Cordeliers, 52.

Henrion, *serrurier*, rue du Faub.-de-la-Hotoie, 42.

Henriot (Hippolyte), *rentier*, boulevard St-Charles, 5.

Henriot père, *propriétaire*, rue du Camp-des-Buttes, 18.

Henriot (veuve Alphonse), *rentière*, boulev. du Mail, 43.

Henriot (veuve Octave), *propriétai.*, rue Napoléon, 37.

Henry, *ménager*, route de Corbie, 10.

Henry, *ménager*, route de Corbie, 19.

Henry (Hubert), *ménager*, rue des Bonnards, 18.

Henry (veuve J.-B.), *ménagère*, route d'Albert, 54.

Henry, *ménager*, rue des Bonnards, 23, fg St-Pierre.

Herbault, *architecte*, rue Napoléon, 4.

Herbaut ✳, *sous-intendant en retr.*, rue de Bray, 9.

Herbet, *cabaretier*, à l'Ecluse, 2, à Longpré.

Herbet, *cabaretier*, rue du Lapin, 2, à Montières.

Herbet, *employé*, rue Saint-Fuscien, 22.

Herbet-Mouret, *rentier*, rue Saint-Fuscien, 19.

Herbet (veuve), *rentière*, rue du faub. de Hem, 280.

Herbet, *propriétaire*, rue Pierre-l'Ermite, 13.

Herbet, *prêtre*, rue de Metz-l'Evêque, 6.

Herbet-d'Horloge, *courtier de comm.*, r. des Poulies, 1.

Herbet, *propriétaire*, rue Robert de Luzarches, 4.

Herbet-Briez, *rentier*, chaussée de Noyon, 46.

Herbet, *rentier*, rue des Jacobins, 78.

Herbet, *docteur en médecine*, rue des Jacobins, 46.

Herbet (veuve), *rentière*, rue des Sœurs-Grises, **2**.

Herbet fils, *greffier de juge-de-paix, Assurance la Nationale*, rue des Sœurs-Grises, **2**.

Herbet, *cafetier*, Logis-du-Roi, 9.

Herbet (Eug.), *sous-direct. de tissage mécan.*, rue du Faubourg-de-Hem, 280.

Herbet, *cordonnier*, rue du faubourg de Hem, 172.

Herbet, *rentier*, rue Gresset, 47.

Herbet-Debeauvais, *draps et rouen.*, r. des Vergeaux, 72.

Herbet de Raincheval (v^e), *rent.*, r. des Cordeliers, 59.

Herbet, *débitant*, à Bertricourt, 2 (Longpré).

Herbette (Aug.), rue du Lapin, 14, à Montières.

Herbette, *logeur*, rue Basse-des-Tanneurs, 46.

Herbette, *serrurier*, rue des Faux-Timons, 1.

Herbette (veuve), *rentière*, route d'Abbeville, 154, à Montières.

Herbette, *laitier*, rue du Marais, 9, à Montières.

Herbette, *coiffeur*, rue Henri IV, 10.

Héren-Petit, *quincaillier*, rue Delambre, 15.

Herent-Beaufils, *boulanger*, gr rue Saint-Maurice, 52.

Hérichart (Mme), *libraire*, galerie du Commerce, 7.

Héricourt, *assurance*, rue Robert-de-Luzarches, 7.

Hermann (J.-B.), *rentier*, rue des Trois-Cailloux, 24.

Hermant, *menuisier*, impasse Saint-Patrice, 6.

Herment (veuve), *rentière*, rue Gresset, 56.

Herment, *employé*, route de Rouen, 104.

Hernas, *fruitier*, avenue des Moines, 8, à la Neuville.

Hero-Dorémus, *rentier*, rue du Vivier, 14.

Hérouard, (veuve), *propriétaire*, rue du Vivier, 62.

Herte (de), *rentier*, rue Gribeauval, 24.

Hervieux, *voyageur*, rue des Écoles-Chrétiennes, 28.

Hervin (veuve), *ménagère*, rue Saint-Claude, 25.

Hesdin (François), *rentier*, rue Laurendeau, 58.

Hesdin, *employé*, rue de l'Union, 74.

Hesse, *propriétaire*, rue des Augustins, 5.

Hesse, *serrurier*, rue des Capucins, 65.

Hesse, *empl. des postes*, rue N.-des-Pet.-Champs, 12.

Hesse, *fruitier*, chaussée de Noyon, 97.

Hesse, *cordonnier*, rue Duméril, 43.

Heu, *professeur*, rue de Narine, 36.

Heu-Duponchelle, *propriétaire*, route de Paris, 205.

Heumann, *chapelier*, rue Duméril, 39.

Heumann-Boulogne, *rentier*, Marché-aux-Herbes, 38.

Heumann-Dargent, *chapelier*, rue des Vergeaux, 20.

Heurtaux-Corblet, *nouveautés*, rue Saint-Louis, 2.

Hertaux-Corblet et Devaux, *nouveautés*, r. Delamb., 31.

Heurtaux, *rentier*, rue de Metz, 18.

Heurtevent, *empl. à la préfect.*, boul. des Frères, 24.

Heussler, *professeur de musique*, rue Desprez, 6.

Hévin-Carton, *employé*, rue de Cagny, 18.

Hévin, *menuisier*, rue Verte, 56.

Hévin (Jérôme), *serrurier*, rue des Majots, 76.

Hévin, *teinturier*, Marché au Feurre, 1.
> Atelier rue Canteraine, 23.

Hezelot, *cafetier, bal public*, rue des Jacobins, 70.

Hezelot, *comm. en ardoises et bois*, petit faubourg de
> Noyon, 15.

Hirondart, *ménag.*, rue du Marais, 72, à Renancourt.

Hirondart, *ménager*, rue du Marais, 14, à Renancourt.

Hirondart, *mercier*, rue Saint-Jacques, 26.

Hirondart (Ad.), *ménager*, r. du Calvaire, 41, à Renanc.

Hirondart (Mme), *couturière*, rue de Cérisy, 21.

Hirondart, *dessinateur-lithog.*, rue de Cérisy, 21.

Hirondart (Paul), *ménager*, r. de l'Eglise, 40, à Renanc.

Hirondart, *logeur-brocanteur*, r. des Corroyers, 91-93.

Hiroux, *md de parapluies*, rue des Cordeliers, 41.

Hiroux (Mlle), *rentière*, rue Basse-Notre-Dame, 8.

Hochard-Leroy, *charcutier*, rue Henri IV, 4.

Hocq, *voyageur*, rue des Cordeliers, 54.

Hocquet, *rentier*, rue de Cérisy, 15.

Hocquet-Pileux, *md pâtissier*, rue Delambre, 43.

Hocquet, *vic. à la cathédrale*, cloître de la Barge, 6.

Hodant (veuve), *rentière*, rue du B.-de-la-Veillère, 4.

Hodent, *boulanger*, route de Rouen, 33.

Hoël (Auguste et Henri), *menuisiers*, rue au Lin, 31.

Holl (F.), *major anglais*, rue Saint-Fuscien, 67.

Holleville, *débitant*, route d'Albert, 47.

Holleville, *jardinier*, chemin du Petit-Saint-Jean, à
> Renancourt.

Hollande-Débary, *md de charb.*, boulev. de l'Est, 30.
, Magasin même boulevard, 36.
Hollande (veuve), *rentière*, boulevard de l'Est, 30.
Honlet-Batonnier (veuve), *restaurateur*, Gare du Nord.
Hordé, *cabaretier*, rue de l'Eglise, 5, à Renancourt.
Hordé, *ménager*, rue de la Gartoire, 2, à Renancourt.
Hordé (veuve), *rentière*, rue du Lycée, 88 f.
Hordé (Firmin), *rentier*, rue Basse-Notre-Dame, 13.
Hordé, *ménager*, rue du Calvaire, 22 c, à Renancourt.
Hordé (veuve), *rentière*, rue Basse-Notre-Dame, 13.
Hordé, *propriétaire*, rue Bellevue, 8.
Hordé, *mécanicien*, rue Riolan, 34.
Hordé (veuve), *fruitière*, rue St-Firmin-le-Confes., 3.
Hordé (Edouard), *ancien fabric.*, rue de la Dodane, 6.
Hordez-Lanvin, *fabricant*, rue des Majots, 15.
Hordez, *épicier*, rue des Paniers, 31.
Horville (Mlle), *rentière*, rue Le Mattre, 73.
Horville, *chauffeur*, rue Cornet, 9.
Horville (Mlle), *institutrice*, rue Saint-Louis, 68.
Horville, *voyageur*, chaussée, de Noyon, 163.
Hossmann-Paris, *cond. de trains*, rue Dewailly, 9.
Hôtel-Dieu, rue St-Leu, 109.
Houbard, *rentier*, rue Saint-Fuscien, 3.
Houbron, *charron*, route d'Albert, 20.
Houchard, *porteur de journaux et de prospectus*,
rue Saint-Honoré, 8.
Houdbine, *pharmacien*, rue Delambre, 13.
Houdon père, *anc. tapissier*, rue des Sergents, 21.
Houdon-Duchesne, *tapissier*, rue des Crignons, 14, et
rue Sire-Firmin-Leroux, 23.
Houillier, *homme de conf.*, chaussée de Noyon, 137.
Houillier, *charcutier*, chaussée Saint-Pierre, 31.
Houillier, *épicier*, rue Haute-des-Tanneurs, 18.
Houllier, *garçon de table*, rue Gresset, 32.
Hourdel, *propriétaire*, rue des Saintes-Maries, 2.
Hourdel, *accordeur de pianos*, passage St-Denis, 1.
Hourdel, *employé*, rue de Metz, 43.
Hourdel (Mlle), *libraire*, passage de la Renaissance, 5.
Hourlier (Mlles), *rentières*, rue Damis, 33.
Hourlon, *cabaretier*, route de Rouen, 101.

16

Hourrier, *receveur des domaines*, place St-Denis, 46.

Hourrier, *employé*, rue du Cloître-de-la-Barge, 15.

Houry, *aubergiste*, rue de Beauvais, 96.

Housiaux, *employé*, rue du Quai, 2.

Houssez (J.-B.), *rentier*, chaussée de Noyon, 155.

Houssette, *épicier-cabaretier*, route de Rouen, 137.

Hoyer, *conduct. de trains*, passage Saint-Denis, 8.

Huart-Lenoir, *md de crépins*, rue Saint-Martin, 21.

Huart, *fruitier et cloutier*, rue Gaudissart, 4.

Huart, *cap. en retraite*, rue du Petit-Saint-Roch, 11.

Hubault (Mlle), *rentière*, rue des Clairons, 85,

Hubault (Arsène), *teinturier en laine*, rue des Clairons, 83-85-87.

Hubaut (Eug.), *hortillon*, quai de l'Abattoir, 41.

Hubaut (François), Marché-au-Feurre, 13.

Hubaut-Vasseur, *débitant*, route de Doullens, 71, à St-Maurice.

Hubaut, *md de cend. et débit.*, route de Doullens, 140

Hubaut, *rentier*, boulevard Saint-Jacques, 41.

Hubaut (Alexis), *fabric. à métiers*, rue Neuve-des-Minimes, 10.

  Fabrique rue des Archers, 27.

Hubaut, *md de charb. de terre*, chauss. St-Pierre, 55.

Hubaut, *horloger*, rue des Poirées, 41.

Hubaut, *fruit. et ferraill.*, r. du Pet.-Fg-de-Noyon, 95.

  Légumes rue du Don, 35.

Hubaut, *boucher*, rue de la Hotoie, 11.

Hubert (Mme), *repasseuse*, rue de Rumigny, 41.

Hubert, *contre-maître*, rue des Paniers, 19.

Hubert ✳, *ancien recteur*, rue Caumartin, 32.

Hubert, *contrôleur des postes*, rue de Bray, 13.

Hubinet (Jules), *menuisier*, rue du Pet.-St-Jean, 27.

Hubinet, *ménager*, rue du Moulin, 56, fg de Beauvais.

Hubinet, *ménager*, boulevard Guyencourt, 89.

Hubinet, *débitant*, rue Saint-Martin-des-Champs, 23.

Hudde (Clémentine), *rentière*, r. du Pet.-Fg-Noyon, 8.

Hue de Mathan (le baron), *colonel en retraite*, chaussée de Noyon, 76.

Hue, *vicaire de Saint-Remi*, rue des Stes-Maries, 28.

Hue, *négociant*, rue Saint-Leu, 77.

Hugot, *garçon de magasin*, rue du Quai, 63.
Hugot, *marchand de souliers*, rue des Sœurs-Grises, 7.
Hugot, *logeur*, rue des Sœurs-Grises. 27-29.
    Garnis rue des Sœurs-Grises, 33-35.
Hugot, *fripier*, rue des Sœurs-Grises, 31.
Hugot, *savetier*, rue des Sœurs-Grises, 10-12.
Hugot-Véru, *employé*, rue Basse-Notre-Dame, 22.
Hugot, *poélier*, rue des Orfèvres, 41.
Hugot, *court. de fabr.*, rue des Orfèvres, 12.
Hugot (veuve), *épicière*, rue Verte, 65.
Huguenet (veuve), *déb. de tabac*, Marché-au-Feurre, 6.
Hugues-Bourgeois, rue des Huguenots, 10, fg Beauvais.
Huguet, *mercier*, rue de Beauvais, 112.
Huillard, *chauffeur*, rue Voiture, 16.
Humbert (veuve), *rentière*, boulevard de l'Est, 34.
Humel (v⁰), *ménag.*, r. du Pet.-Fg-de-Noyon, 74-76.
Hurache-Pointel, *propriétaire*, place Longueville, 11.
Huret, *cabaretier*, rue de Beauvais, 3.
Huré, *md de chaussures et men.*, rue du Hocquet, 70.
Huré, *garde-champêtre*, rue du Blamont, 5.
Huret-Mallet, *débitant*, rue Saint-Jacques, 20.
Huré-Bonnelye, *mercier*, rue St-Leu, 55.
Huré frères, *négociants*, place Saint-Martin, 5.
Huré-Maillard, *négociant*, rue Gribeauval, 17.
Huré, *marchand de chaussures*, rue de la Hotoie, 40.
Huré-Levasseur, *propriétaire*, place Saint-Martin, 5.
Husson, *mécanicien*, rue des Majots, 27-29.
Hutteau et Binard, *laines en gr. et vins*, rue Gresset, 18.
    Magasin, rue Fontaine, 22.
Hutteau (Mme), *couturière en robes*, rue Gresset, 18.
Hutin-Fauquet, *md de charbons*, rue Clabault, 5.
Huyer, *fruitier*, rue de la Hotoie, 49.
Huyer, *cultivateur*, rue d'Amiens, 15, à Boutillerie.

I.

Ibbeston, *fabricant de peignes*, r. du fg de Hem, 240.
Ibled, *rentier*, rue Mazagran, 14.
IMPÉRIALE (bureau), rue des Crignons, 10.
INCURABLES (hospice), rue de la Bibliothèque, 7.

Izambert-Duvette, *md d'ornem. d'égl.*, r. St-Denis, 12.
Isnard (veuve), *rent.*, rue du Chap.-de-Violettes, 14

J.

Jacob (Oscar), *rentier*, rue de Narine, 2.
Jacob, *coupeur*, rue Dewailly, 12.
Jacob, *peintre-vitrier*, rue Sire-Firmin-Leroux, 23.
Jacob-Tavernier, rue du Faubourg-de-la-Hotoie, 124.
Jacob, *ancien garç. meunier*, rue de Guyenne, 12.
Jacob (veuve), *rentière*, rue de Narine, 2.
Jacob (Jules), *brocanteur*, rue Gresset, 6.
Jacob, *md d'objets d'antiquités, vitrier et épicier*,
     rue du Vivier, 28.
Jacob, *employé*, rue de la Vallée, 62.
Jacob, *mécanicien*, rue Dejean, 33.
Jacob (J-B.), *chauffeur*, rue des Jardins, 32.
Jacob, *débitant, ferblantier*, cour de Mai, 12.
Jacob (veuve), *rentière*, rue de Narine, 31.
Jacob, *employé*, rue de Narine, 31.
Jacob, *brocanteur*, rue Gresset.
     Magasin impasse des Passementiers, 14.
Jacob, *employé*, rue des Cordeliers, 31.
Jacob (Mme), *rentière*, rue de la Prairie, 1.
Jacquin de Cassières, *cons. à la Cour imp.*, r. Bellevue, 7.
Jacquin, *fruitier*, route d'Allonville, 14.
Jacquin (veuve), *perruquière*, rue Saint-Leu, 126.
James ✳, *doct. en médecine*, rue des Jacobins, 63.
Janvier, *propriétaire*, boulevard du Mail, 73.
Janvier fils, *propriétaire*, boulevard du Mail, 73.
Jakowski, *dentiste*, rue d'Alger, 8.
Jambert, *surveillant* rue de Narine, 36.
Jardin des Plantes, boul. du Jardin-des-Plantes, 48.
Jean, *épicier*, rue de Narine, 77.
Jennesseaux, *prêtre*, à Saint-Acheul.
Jérome (vᵉ), *rent.*, rte d'Abbeville, 182, à Montières.
Jérôme (Mlle Aug.), *lingère*, pass. du Commerce, 9.
Jérôme-Béni, *épicier*, rue des Orfèvres, 1.
Jérôme, *ébéniste*, rue du Grand-Vidame, 25.
Jérôme-Vasse, *rentier*, rue Saint-Dominique, 26.

Jérôme (Amb.), rue Vascosan, 23.
Jérôme (Mlle), *coutnrière*, rue des Capucins, 67.
Jérôme (Th.), *rentier*, rue Robert-de-Luzarches, 26.
Jérôme (Mlle), *rentière*, rue Verte, 27.
Jérôme, *toiles en gros*, rue Duméril, 23.
Jérôme, *charpentier*, rue du Petit-Saint-Roch, 28.
    Chantier rue du Petit-Saint-Roch, 25.
    Magasin même rue, 12.
Jérôme (François()), *mécanicien*, rue Caumartin, 86.
Jérôme, (Ve et Delle), *propriét.* rue Saint-Fuscien, 36.
Jérôme-Damas, *employé*, rue Saint-Jacques,
Jérôme-Leroy, *ébéniste*, rue Bonvallet, 50.
Jérome-Leroy (veuve), *rentière*, Gr.-r.-St-Maurice, 5.
Jérôme fils, *lettres en bois*, grande rue St.-Maurice, 5.
Jérôme (Anica), *propriét.*, r. Robert-de-Luzarches, 12.
Jérôme (Jules), *court. de fab.*, rue des Gantiers, 13.
Jérôme-Macron, *courtier de fabrique*, rue St-Leu, 4.
Jérôme, *mécanicien-serrurier*, rue de la Queue-de-
    Vache, 31.
Jérosme, *rentier*, rue Basse-N.-Dame, 30.
Jeunet, *imprimeur*, rue des Capucins, 47.
Jobart-Boileau, *épicier-fruitier*, place du Petit-Quai, 3.
Jodart, *ferblantier*, Marché-au-Feurre, 10.
Jodart (Maurice), rue des Huguenots, 30, fg Beauvais.
    Jardin d'amusement rue de la Sablière, 40.
Joiron (Mlle), *rentière*, rue Gresset, 52.
Joiron (veuve), *couturière*, rue de Narine, 9.
Joliau (Mme), *rentière*, rue du Lycée, 68.
Jolibois, *marchand de son*, route de Rouen, 3.
Jolibois (veuve), *rentière*, rue au Lin, 20.
Jolibois, *conduct. des ponts et ch.*, rue Bellevue, 28.
Jolibois (veuve), *rentière*, rue Bellevue, 28.
Joly (Fr.), *ménager*, r. du Marais, 40, à Renancourt.
Joly, *receveur*, à la Gare.
Joly, *cultivateur*, rue du Calvaire, 11, à Renancourt.
Joly, *propriétaire*, cloître de l'Horloge, 13.
Joly, *rentier*, rue Neuve-des-Wattelets, 4.
Joly, *cabaretier*, rue de Noyon, 47.
Joly, *contre-maître*, Grande-Rue, 1, à Saint-Maurice.
Joly-Bourgeois, *cultiv.*, r. du Marais, 22, à Renancourt.

16.

Joly-Follet, *épicier*, chaussée de Noyon, **17**.
Joly, *mercier*, rue du Pont-Piperesse, **2**.
Joly, *débitant*, rue du faubourg de Hem, **109**.
Joly, *relieur*, rue des Doubles-Chaises, **12**.
Joly-Joly et Cie, *mer.*, pl. du Marché-aux-Herbes, **50**.
Joly-Lenglet, *merc.*, assoc., Marché-aux-Herbes, **50**.
Joly (Alfred), *tailleur*, rue des Poirées, **3**.
Joly, *épicier*, place du Marché-aux-Herbes, **48**.
Joly-Mommert (ve), *rentière*, rue Pierre-l'Ermite, **30**.
Joly, *jardinier*, chemin de Hallage.
Joly, *rentier*, rue du Blamont, **10**.
Joly, *marchand de toiles*, place Périgord, **21**.
Joly (veuve), *tripière*, rue des Bouchers, **22**.
    Étal dans la Vieille-Boucherie.
Joly, *peintre en bâtim.*, rue Pavée, **2**.
Joly, *tailleur*, rue de Guyenne, **10**.
Joly, *ménager*, rue de Cottenchy, **81**.
Joly, *charron*, chaussée Saint-Pierre, **10**.
Joly (Mme), *rentière*, place des Huchers, **6**.
Joly, *peintre*, rue Voclin, **65**.
Joly-Roussel, *maçon*, rue des Capucins, **71** D.
    Briqueterie, route d'Abbeville, **261**, à Montières.
Joly-Debaut, *md de tissus*, r. Sire-Firmin-Leroux, **13**.
Joly (Mlles), *rentières*, rue du Petit-Fg-de-Noyon. **6**.
Joly-Mommert, *md en gros*, rue Pierre-l'Ermite, **30**.
    Magasin de vente Marché-aux-Herbes, **44**.
Jonas, *rentier*, place Montplaisir, **11**.
Jonas-Capron, *md vins et épic. en gros*, r. de Metz, **34**.
Jonas-Tozzi, *modes*, rue des Trois-Cailloux, **29**.
Jonchery, *avoué*, rue Saint-Denis, **21**.
Jones, *doreur*, rue Delambre, **35**.
Joniaux, *ferblantier*, sur la place, **18**, à la Neuville.
Joron frères, *employés*, rue Saint-Jacques, **89**.
Joron, *épicier-débitant*, rue Saint-Roch, **31**.
Joron, *rentier*, rue du Loup, **31**.
Joron, *caissier du payeur*, rue Caumartin, **22**.
Joron, *chef de bureau à la mairie*, rue Caumartin, **26**.
Joron-Rostein, *mercier*, rue Saint-Jacques, **71**.
Joron, *tonnelier*, rue de Beauvais, **65**.
Joron, *rentier*, rue de Beauvais, **67** c.

Joron (Mlle Carol.), *fab. de casq.* pl. St-Firmin, 13.
Josse, *contre-maître,* route de Paris, 206.
Josse (veuve), *rentière,* r. du petit faub. de Noyon, 4.
Josse ❋, *chirurgien en chef de l'Hôtel-Dieu,* place St-
    Michel, 12.
Josse, *rentier,* rue Duméril, 4.
Josse, *horloger,* rue de la Hotoie, 28.
Josselin (veuve), *propriétaire,* rue Saint-Louis, 57.
Jourdain (veuve), *rentière,* rue Le Maître, 26.
Jourdain, *employé,* rue Le Mattre, 26.
Jourdain (Nic.), *ménag.,* r. du Marais, 42, à Montières.
Jourdain, *voiturier,* rue Etouvy, 23, à Montières.
Jourdain (veuve), *rentière,* Gde-Rue, 34, à Montières.
Jourdain, *cultivateur,* Grande-Rue, 23, à Montières.
Jourdain (Em.), *cultiv.,* rte d'Abbev., 176, à Montières.
Jourdain, *cultiv.,* route d'Abbeville, 156, à Montières.
Jourdain, *cultivateur,* rue du Calvaire, 9, à Renancourt.
Jourdain-Delattre, rue des Sergents, 45.
Jourdain (Paul), *ménager,* r. du Christ, 23, à Montières.
Jourdain (Auguste), *propriét.,* cloître de l'Horloge, 8.
Jourdain-Devallois, *cultiv.,* r. Etouvy, 25, à Montières.
Jourdain, *gérant,* rue de Beauvais, 22.
Jourdain, *huissier,* rue Saint-Remi, 1.
Jourdain (Jules), *prêtre,* rue Constantine, 5.
Jourdain de Thieulloy (veuve), *prop.,* rue Neuve 33.
Jourdain (veuve), *rentière,* rue du Grand-Vidame, 40.
Jourdain, *fruitier,* rue du Grand-Vidame, 5.
Jourdain-Dubos, *art. d'Amiens,* rue St-Denis, 38.
    Maison de commerce rue des Sergents, 45.
Jourdain, *expert en comptabil.,* r. N.-d.-Wattelets, 11.
Jourdain (El.), *rentier,* rue au Lin, 38.
Jourdain (Louis), *contre-maître,* route de Rouen, 181.
Jourdain, *imprim. sur étoffes,* boulevard du Jardin-
    des-Plantes, 22.
Jourdain, *praticien,* rue Caumartin, 35.
Jourdain (Mlle), *modiste,* r. Neuve-des-Wattelets, 11.
Jourdain (Edouard), *chanoine,* rue Constantine, 18.
Jourdain, *fruitier,* boulev. Saint-Jacques, 45.
Jourdain (Mlle Juliette), *rentière,* r. de Beauvais, 124 c.
Jourdain, *gommeur-apprêteur,* rue des Majots, 16.

Jourdain, *cafetier*, rue de Beauvais, 76.
Jourdain, *menuisier*, port d'Aval, 21.
Jourdain de Thieulloy, *propriétaire*, rue du Loup, 20.
Jourdain, *rentier*, rue de Noyon, 57.
Jourdel-Buignet, *ménager*, rue du Long-Rang, 94.
Jourdelle, *épicier*, rue Saint-Honoré, 82.
JOURNAL D'AMIENS, rue des Capucins, 47.
Jousselin-Duvauchel, *linger*, rue des Vergeaux, 36.
Jouvenel, *métr.-vérificateur*, rue des Rabuissons, 65.
Jouvenet, *peint.*, *md de curiosit.*, r. des Cordeliers, 54.
Jouvenet (Mme), *sage-femme*, pas. de la Barette, 10.
Jouzeau-Roque, *maître d'hôtel*, rue de Noyon, 2.
Jovelet (Jacq.), *ménager*, rue de l'Union, 39.
Jovelet (Jacq.), *menuisier*, rue Neuve-St.-Honoré, 20.
Jovelet, *cultivat.*, rue St.-Honoré, 28, fg de Beauvais.
Jovelet (Amable), rue du Long-Rang, 58.
Jovelet, *cabar.*, rue de la Citadelle, 45, à St-Maurice.
Jovelet-Hémart, rue du Long-Rang, 40.
Julien, *maît. de gym. au Lycée*, r. des Wattelets, 32.
Julien fils, *menuisier*, rue des Jardins, 30.
Julien (veuve), *rentière*, rue Dijon, 12.
Julien et Brunel, *filat. de cot.*, r. de Metz-l'Evêque, 22.
Julien, *brasseur*, rue Riolan, 32.
Julliart (Mlle), *rentière*, rue Caumartin, 39.
Julliart, *rentier*, rue de La Neuville, 21.
Julliart, *rentier*, rue de Noyon, 4.
Jumeaux, *huissier*, rue de Metz, 14.
Jumel (veuve), *rentière*, rue Desprez, 17.
Jumel, *rentier*, rue Caumartin, 3.
Jumel, *négociant*, rue Desprez, 17.
Jumel (Elisa), *rentière*, rue Desprez, 17.
Jumel et Lefeuvre, *négociants*, rue des Sergents, 32.
Jumel-Jesny et Cie, *comm. en laines*, rue de Metz, 21.
Jumel, *épicier-charcutier*, rue Le Maître, 17.
Jumel, *employé*, rue des Jardins, 36.
Jumel-Raimond (veuve), *ménag.*, route d'Allonville, 3.
Jumel (Vᵉ), *rentière*, rue du Chapeau-de-Violettes, 15.
Jumel (veuve), *rentière*, rue Duméril, 17.
Jumel (veuve), *rentière*, rue de Cérisy, 7.
Jumel-Aclocque, *épicier*, rue Saint-Leu, 2.

Jumel, *ancien notaire*, esplanade de Beauvais, 4
Jumel (Am.), *md de beurre* à Fluy, Logis-du-Roi, 16.
Jumel, *notaire*, rue des Rabuissons, 38.
Jumel frères, *art. d'Amiens*, rue des Cordeliers, 61.
Jumel, *voiturier*, rue du Grand-Vidame, 55.
Jury, *ingénieur civil*, place Périgord, 25.
JUSTICE DE PAIX, rue des Saintes-Maries, 4.
Justin-Darras, *négociant*, rue Basse-Saint-Martin, 17.
Juvenel (veuve), *cafetière*, rue de la Voirie, 49.
Juvenel, *cabaretier, directeur de l'école de natation*,
    rue de la Voirie, 51.
Juvenel, *employé*, chaussée de Noyon, 179.

K.

Kaltembacher, *photographe*, passage du Commerce, 8.
Kauffmann, *tailleur*, rue des Trois-Cailloux, 33.
Kauffmann, *opticien*, rue des Trois-Cailloux, 87.
Kauffmann, *sellier*, rue du Quai, 17.
    Magasin rue Sainte-Catherine, 15.
Kientzler, *orfèvre*, rue des Trois-Cailloux, 73.
Kirsch, *logeur et maréchal*, rue des Capucins, 58-60.
    Atelier route de Rouen, 47.
Kling, *employé des postes*, place Montplaisir, 5.
Kœnig, *patissier*, rue de Noyon, 18.
Koessler (Mlle), *professeur*, rue des Rabuissons, 36.
Kolb, *direct. de fabrique*, boulevart des Frères, 82.
Koscialkowski, *emp. au chem. de fer*, rue Dannis, 5.
Kowalewski (veuve), *bandagiste et graveur*, rue des
    Verts-Aulnois, 6.
Krohn, *rentier*, rue Saint-Fuscien, 33.
Kulhmann et Cie, *prod. chimiq.*, boulev. des Frères, 82.

L.

Labare-Voiturier, *logeur*, rue du Faub.-de-Hem, 163.
Labat et Hémery, *mds en gros*, route d'Albert, 104.
Labbe-Ridoux, *menuisier*, rue de la Porte-Paris, 17.
    Atelier, rue des Jacobins, 67.
Labbé fils, *droguiste*, rue des Rabuissons, 87.

Labbé (Mme Rosa), *mercière,* rue Delambre, 29.

Labbé, *adjoint vérificateur des poids et mesures,* rue
Montplaisir, 11.

Labbé père, fils et Lamy, *droguistes,* rue de Metz, 40

Labbé, *négociant,* rue Basse-Saint-Martin, 4.

Labbé, *cabaretier,* rue Riolan, 30.

Labbé, *suisse de St-Remi,* impasse des Cordeliers, 4.

Labbé (Joseph), rue du Petit-Saint-Jean, 15-17.

Labesse, *employé à la mairie,* boulev. de Beauvais, 54.

Labesse-Jonquet, *tailleur,* rue des Verts-Aulnois, 4.

Labesse (Mlle), *rentière,* rue du Lycée, 3.

Labesse, *md de fourrag.,* r. du Marais, 95, fg St-Pierre.

Labesse, *courtier de commerce,* boulev. de Beauv., 54.

Labitte, *sellier,* rue des Jacobins, 43-45.

Labonne, *peintre, art. de peint.,* gal. du Commerce, 11.

Lacarrière (Alex.), *cabaretier,* route d'Abbeville, 139
à Montières.

Lacasse (Mlle), *couturière,* rue du P.-Fg-de Noyon, 24.

Lacolle, *contrôleur,* boulevart de l'Est, 69.

Lacolley (veuve), *rentière,* rue N.-des-Capucins, 21.

Lacolley, *clerc de notaire,* pl. de l'Hôtel-de-Ville, 29.

Lacoste, *professeur de musique,* rue Lemerchier, 17.

Lacoste (veuve), *rentière,* rue Porte-Paris, 35.

Lacour, *missionnaire,* chaussée de Noyon, 3.

Lacour (Aug.), *ménag.,* sur la Place, 12, à la Neuville.

Lacourt (Jules), *rentier,* chaussée de Noyon, 173.

Lacourt, *entrepreneur de l'enlèvement des boues de
la ville,* chaussée de Noyon, 157.

Lacroix, *empl. au télég.,* rue de Noyon, 3.

Lacroix (Mme), *maît. de pension,* rue des Majots, 26.

Ladent, *serrurier,* route de Paris, 31.

Ladent (veuve), *tripière,* rue des Bouchers, 17.
Etal dans la vieille boucherie.

Ladent (Ve), *tripière,* rue des Bouchers, 2.

Ladent, *débitant,* port d'Aval, 7.

Ladent, *moulinier,* rue des Coches, 36.

Ladent (veuve), *logeuse,* rue des Marissons, 14.

Ladent frères et sœur, *fabricants,* rue des Coches, 28.

Ladent (Edouard), *négociant en denrées coloniales,*
boulevard du Cange, 8.

Ladent (veuve), *rentière*, boulevard du Cange, 8.
Ladent (Armand), *propriét.*, rue Saint-Jacques, 111.
Ladent, *épicier-cabaretier*, rue des Jacobins, 47-49.
 Café, passage de la Comédie, 14-16.
Ladent (veuve), *cabaretière*, rue du Quai, 31.
Ladent, *chauffeur*, rue Rohaut, 34.
Ladent (Alcide), *cafetier*, rue de la Hotoie, 36.
Ladent-Matifas, *boucher*, rue Delambre, 11.
Ladent-Lottin, *tisseur*, rue des Cruchons, 3.
Ladoubé, *rentier*, rue des Trois-Cailloux, 29.
Ladoue (de), *inspect. des domaines*, r. St-Fuscien, 54.
Lafarge frères, *mds de parapluies*, place Périgord, 13.
 Maison de vente place Périgord, 23.
Lafaux (veuve), *propriétaire*, boulev. du Mail, 29.
Laffilé, *serrurier*, rue du Lycée, 6.
 Atelier, rue de Beauvais, 111.
Laffilé, *peintre*, rue de Narine, 23.
Laffilé (veuve), *mde de tabac*, rue de Beauvais, 111.
Laffray, *rentier*, rue des Canettes, 12.
Laflotte, *cordonnier*, rue Sainte-Catherine, 9.
Laffray (veuve), *épicière*, r. du Moulin, 37, fg Beauvais.
Lafoscade (de), *profes. au Lycée*, rue de la Pâture, 27.
Laffosse, *empl. de commerce*, rue Saint-Roch, 62.
Lafosse, *employé*, rue Martin-Bleu-Dieu, 39.
Lagache, *md de poteries ambulant*, r. Ste.-Claire, 7.
Lagoré, *concierge*, rue du Quai, 28.
Lagorée, *propriétaire*, rue de Rumigny, 7.
Lagorée (veuve), *propriétaire*, rue Saint-Honoré, 33.
Lagrange, *md de pantoufles*, rue Saint-Leu, 23.
Lagrange, *épicier*, rue de la Hotoie, 31.
Lagrange, *conduct. de trains*, rue de la Vallée, 29.
Lagrange, *retraité*, r. des Huguenots, 28, fg de Beauvais.
Laigle (Mme), *supér. des Dames de Saint-François*,
 place Notre-Dame, 1.
Laigniel-Parmentier, *nouveautés*, r. des Vergeaux, 22.
Laisne (Me), cloître de la Barge, 5.
Lallart de le Bucquière, *prop.*, rue des Augustins, 3.
Lalanne (veuve), *rentière*, boulevard de Beauvais, 52.
Lallemant, *mécanicien*, rue du Vivier, 70.
Laleu (Mme Jules), *modiste*, rue de la Hotoie, 51.

Lalou (Adolp.), *contre-maître*, rue du Marais, 9, à Renancourt.

Laloue, *facteur de march.*, rue Henri IV, 5.

Laloue-Riquier (Mme), *rentière*, rue du Bastion, 8.

Laloue, *logeur*, rue des Capucins, 31.

Lamarre, *épic.*, *déb. de tabacs*, rue de Beauvais, 154.

Lamarre-Foulloy, *maçon*, rue Flament, 24.

  Chantier petite rue de la Sablière, 2, fg de Beauv.

Lamarre-Lamolet, *jardinier*, à la Voirie, 8.

Lamarre, *rentier*, rue des Parcheminiers, 59.

Lamarre, *débitant de vins*, rue Saint-Leu, 116.

Lamarre, *épicier*, quai de la Somme, 106.

Lamarre (Caroline), *ménagère*, Grande-Rue, 44, au Petit-Saint-Jean.

Lamarre, *débitant-épicier*, rue des Bondes, 56.

Lamarre, *cultivateur*, rue Saint-Honoré, 186.

Lamarre, *ménager*, rue de la Salle-d'Asile, 14.

Lamarre, *contre-maître*, rue des Meûniers, 3 faubourg de Hem.

Lamarre (Mme), *rentière*, rue Voclin, 13.

Lamarre, *employé*, rue des Wattelets, 3.

Lamarre (veuve), *rentière*, boulevart de l'Est, 63.

Lamarre, *jardinier*, boulevard de l'Est, 59.

Lamarre, *laitier*, à Bertricourt, 6 (Longpré).

Lamarre (Honoré), *tisseur*, rue du Long-Rang, 34.

Lamarre, *garde-magasin*, rue Philippe-de-Girard, 37.

Lamarre (J.-B.), *propriétaire*, rue Tourne-Coëffe, 8.

Lamarre, *rentière*, rue du Grand-Vidame, 22.

Lamarre (J.-B.), *ménager*, Grande-Rue, 23, au Petit-Saint-Jean.

Lamarre (H.), *cultivateur*, rue St.-Léger, 9, à Longpré.

Lamarre (J.-B.), *ménager*, route de Corbie, 34.

Lamarre, *ménager*, rue Saint-Honoré, 99.

Lamarre, *rentier*, rue des Jardins, 59.

Lamarre (Jules), *ménager*, Grande-Rue, 66, Longpré.

Lamarre-Dury, rue du Long-Rang, 20.

Lambert, *surnum. des cont. dir.*, rue des Capettes, 14.

Lambert, *revend. à la toilette*, rue du Hocquet, 45.

Lambert (veuve), *mde de patiss.*, rue Saint-Leu, 39.

  Magasin, rue Caumartin, 27.

Lambert-Pauchet (veuve), *épicière,* rue St-Leu, 36.
   Magasin rue des Huchers , 32.
Lambert et Desmaret , *mds de fers,* rue St-Leu, 99.
Lambert (Mlle), *sans profession,* rue Gresset, 70.
Lambert, *prem. commis de recette,* r. de Rumigny, 51.
Lambert-Madaré, *md de bas,* rue des Vergeaux, 32.
Lambert, *fripier,* rue Saint-Germain , 24.
Lambert-Caron , *imprimeur-lib.,* rue des Vergeaux, 69,
   et place du Grand-Marché , 1.
Lambert-Delannoy, *rentier,* rue Cozette, 40.
Lambert-Lenoir , *mercier,* rue des Chaudronniers, 25.
Lambert (Mlle) , *rentière,* rue des Crignons , 12.
Lambert , *typographe,* route de Rouen , 36.
Lammens-Colmont, *épicier,* rue de Noyon , 3.
Lamollet, *monum. funéb.,* Gde-Rue, 161, à St-Maurice.
Lamollet, *maçon,* rue de la Sablière, 16.
Lamollet , *logeur,* place de l'Hôtel-de-Ville, 12.
Lamory, *agent de librairie,* r. du P.-Fg-de-Noyon, 5.
Lamy, *fripier,* rue Saint-Germain , 11.
Lamy-Labbé , *négociant,* rue de Metz , 40.
Lamy-Candelier , *assurances,* rue Caumartin , 16.
Lamy (Jules), *secrétaire de la chambre de commerce,*
   rue Neuve-des-Wattelets , 14.
Lamyre (Mlle de), *rent.,* sur la Place, 3, à La Neuville.
Lancel et Duproix , *laines,* rue de Metz, 57.
Landon (Louis) , *ménager,* route d'Albert , 118.
Landon (Alexis), *aubergiste,* route d'Albert , 131.
Landon (Vᵉ), *rent.,* route d'Albert, 151, fg St-Pierre.
Landon, *loueur en garni,* port d'Aval, 39.
Landon , *menuisier,* rue du Grand-Vidame , 20.
Landragin , *débitant,* rue Saint-Jacques , 105-107.
   Magasin rue Caumartin , 27.
Landreville (le marquis de), *propriét.,* rue St-Denis, 36.
Landrieu , *maître d'études,* rue du Lycée, 40.
Landrieu , *filateur,* passage des Capucins , 5.
Landrot, *retraité,* rue de Narine, 12.
Lange, *brocanteur,* ruelle Clairgnat, 21, à Renancourt.
Lange (Fréd.), *fondé de pouv.,* chemin de St.-Acheul,
   35, à La Neuville.
Lange, *directeur de peig. mécan.,* rue Bellevue, 48.

17

Langelé, *horloger*, passage de la Renaissance, 16.
Langelé, *employé*, rue des Canettes, 4.
Langlade, *faiseur de guides*, rue des Orfèvres, 49.
Langlade, *pâtissier*, rue des Orfèvres, 42.
Langlet-Bardé, *cabaretier*, au Tivoli.
Langlet, *homme d'équipe*, rue Vascosan, 25.
Langlet (Aust.), *rentière*, rue Robert-de-Luzarches, 29.
Langlet (veuve), *rentière*, rue de l'Aventure, 35.
Langlet-Fouré, *ferblantier*, Marché-au-Fil, 16.
Langlois, *libraire*, rue de la Hotoie, 17 *bis*.
Langlois, *notaire*, rue au Lin, 42.
Languillon, *débitant*, rue du faub. de la Hotoie, 182.
Languillon, *ébéniste*, rue des Bouchers, 13.
Lanzemberg, *md forain*, rue des Capucins, 10.
Lapelletière, *négociant*, cloître Saint-Nicolas, 11.
Laperle, *rentier*, rue du faubourg de Hem, 69.
Lapeyre, *épicier*, rue des Jacobins, 57-59.
Lapie, *horloger*, rue Duméril, 16.
Lapostollet, *préposé des postes*, à la Gare.
Larangot, *rec de l'enreg.*, place Saint-Denis, 44.
Lapoule, *débitant*, rue Saint-Leu, 154.
Larcher (veuve), *rentière*, rue de Narine, 41.
Lardé, *vicaire*, rue Gresset, 51.
Largillier, *relieur*, rue de la Citadelle, 30.
Laroumetz et Mercadier, *mds de ferrailles*, place Saint-
    Firmin, 8.
Larozière frères, *mds en gros*, rue Basse-St-Martin, 6
Larozière (Alf.), *rent.*, r. Neuve-d.-Petits-Champs, 43.
Larozière, *débitant*, rue des Canettes, 14.
Larozière (Victor), *fabricant*, rue du Bloc, 9.
Lartigue, *prêtre*, à Saint-Acheul.
Lartisien, *fruitier*, rue de la Hotoie, 65.
Laruelle, *rentier*, rue de Cérisy, 5.
Laruelle, *empl. au gaz*, r. du Chapeau-de-Violettes, 14.
Lassalle, *épicier*, rue Porte-Paris, 51.
Lassassin, *débitant de cidre*, rue du Marais, 31, fau-
    bourg Saint-Pierre.
Latteux et Sauvalle, *négociants*, rue Henri IV, 1.
    Maison de commerce, rue basse Saint-Martin, 2.
    Teinturerie rue de la Citadelle, 1.

Latteux, *négociant,* boulevard du Mail , 15.

Laugé aîné, *restaurateur,* esplanade de Noyon, 4.

Laugé (V.ᵉ), *cafetière,* rue des Trois-Cailloux, 128-130.

Laugier, *commissaire de police,* rue des Gantiers, 4.

Launay-Carette, *débitant et logeur,* pl. St-Denis, 11.

Laurent, *propriétaire,* rue Saint-Denis, 27.

Laurent, à Longueau.

    Atelier de tourbes, chaussée Périgord.

Laurent (Nat.), *propriétaire,* r. St-Jacques, 101.

Laurent (Eugène), *commissionnaire en marchandises,* rue des Cordeliers , 36.

Laurent, *fabricant,* rue des Gantiers, 27.

Laurent (V.ᵉ), *rentière,* rue des Gantiers, 27.

Laurent, *anc. percept.* rue Neuve-des-Wattelets, 1.

Laurent, *chauffeur,* impasse Vascosan, 12.

Laurent (Mlle), *rentière,* rue Neuve-St-Dominique, 12.

Laurent (veuve) et fils, *rentiers,* place Montplaisir, 10.

Laurent, *fabricant,* rue des Orfèvres, 36.

Laurent-Duboille, *cultiv.,* au Carcailloux, à Montières.

Laurent, *cabaretier,* rue de l'Union, 77.

Lauzemberg, *md forain,* rue des Cordeliers, 35.

Lauzemberger, *md forain,* passage de la Comédie, 8.

Lavallart-Choquet et Cie, *nég.,* place Longueville, 21.

    Maison de commerce rue Basse-Saint-Martin, 20.

Lavallart, *employé,* rue Basse-Saint-Martin, 20.

Lavallée, *débitant,* rue Dame-Jeanne, 30.

Lavallée (Mme), *mdc. à la toilette,* r. des Marissons, 12.

Lavallée, *ménager,* route de Corbie, 23 , fg. St-Pierre.

Lavallée (V.ᵉ), *ménag.,* r. du Marais, 32, fg St.-Pierre.

Lavallé, *fruitier et épicier,* rue du Hocquet, 86.

Lavergue, *débitant,* rue du Hocquet, 97.

Laverland, *maçon et ménager,* route de Corbie, 41.

Laverlant, *ménager,* route d'Albert, 108.

Laverlant (Aug.), *maçon,* rue de la Ruellette, 4.

Laverlant, *maçon,* route de Corbie, 48.

Laverlant (Eug.), *ménager,* route de Corbie, 31.

Laverlant (Jules), *ménager,* route de Corbie, 37.

Lavernier (Mlle), *mercière,* rue Saint-Jacques, 24.

Lavieuville-Pollart, *horlog.,* pge de la Renaissance, 11.

Lavillette, *graveur sur métaux,* pl. St-Denis, 15.

Lavillette (veuve), *rentière*, place St.-Denis, 15.

Lebailly, *charcutier*, rue du Hocquet, 68.

Lebailly, *rentier*, rue du Hocquet, 114.

Leban (Mlle), *modiste*, rue Gresset, 50.

Léban (Napoléon), *rentier*, rue de la Voirie, 55.

Leban, *tailleur*, rue Gresset, 9.

Lebègue, *retraité*, chaussée de Noyon, 177.

Lebel (Augustin), *propriét.*, rue du fg. de Hem, 189.

Lebel, *ferbl. au chemin de fer*, rue de la Vallée, 86.

Lebel frères, *fondeurs*, rue du faubourg de Hem, 201.

Lebel (veuve), *rentière*, rue Desprez, 18.

Lebel, *rentier*, rue Saint-Louis, 14.

Lebel, *ferblantier*, rue Bellevue, 17.

Lebel-Beurier, *rentier*, rue des Rabuissons, 75.

Lebel-Derly, *rouennerie*, Marché-aux-Herbes, 5.

Lebel (veuve), *rentière*, rue du Marais de Hem, 3.

Lebel, *chauffeur*, rue Saint-Léon, 15.

Lebel, *pépiniériste*, faubourg de Hem, 152.

Lebel (Mlle), *rentière*, rue du faubourg de Hem, 152.

Lebel-Sauval, *rentier*, rue Desprez, 18.

Leblond-Fresson, *horloger*, rue au Lin, 58.

Leblond (veuve), *rentière*, rue des Francs-Mûriers, 8.

Leblond, *aubergiste*, rue du faubourg de la Hotoie, 1.

Leblond père, *aubergiste*, r. du faub. de la Hotoie, 17.

Leblond, *ménager*, rue Saint-Honoré, 145.

Lebœufle-Fleury (Vᵉ) et Jérôme, *toiles de Picardie*, rue Duméril, 23.

Le Bouffy (J.) et Cie, *banquiers*, petite rue St-Remi, 4.

Le Bouffy, *négociant*, rue Contrescarpe, 30.

Le Bouffy (veuve), *rentière*, rue Castille, 10.

Leboulenger, *chan. de N.-D.*, rue de Metz-l'Evêque, 2.

Lebout, *boulanger*, rue Henri IV, 23.

Lebreton, *débitant*, route de Rouen, 48, fg de Beauvais.

Lebret-Flour, *md de nouveautés*, rue des Vergeaux, 25.

Lebraire, *dessinat. en broderies*, r. des Rabuissons, 56.

Lebrun, *rentier*, rue Le Mattre, 36.

Lebrun (veuve), *rentière*, boulevard du Mail, 93.

Lebrun, *teinturier-dégraisseur*, rue Jeanne-Natière, 2.

Lebrun, *mécanicien*, rue Riolan, 22.

Lecaffette (veuve), *courtière*, place Saint-Martin, 1.

Lécaillé, *peintre*, rue du Hocquet, 106.

Lécaillet (Mlle), *rentière*, boulev. Baraban, 27.

Lécaillet, *ménager*, cour du Chapitre, 9, à Renancourt.

Lécaillet, *débitant*, passage des Coches, 4.

Lécaillet (Mlle), chaussée de Noyon, 4.

Lecaillet, *épicier*, rue du faubourg de Hem, 50.

Lecaillet (Adèle), *rentière*, rue de Cérisy, 14.

Lecaillet (Em.), *propriét,*, rue Robert-de-Luzarches, 8.

Lécaillet-Eloy (V^e), *rentière*, rue de Cérisy, 14.

Lécaillet, *épicier*, rue des Corroyers, 110.

Lécaillet, *fruitier*, place du Petit-Quai, 10.

Lecaron (veuve), *rentière*, quai de la Somme, 74.

Lecaron de Trussare (v^e) *prop.*, rue St.-Dominique, 15.

Lecat, *rentier*, Grande-Rue, 25, à Montières.

Lecat, *employé*, rue des Trois-Cailloux, 130.

Lecat, *graisseur*, route de Rouen, 10.

Lécavellée, *garçon de recette*, rue de Rumigny, 56.

Lechatonnier, *épicier*, rue de la Hotoie, 67.

Léchopier, *cabaretier*, rue de la Citadelle, 2.

Léchopier, *boulanger*, rue du Pont-à-Moinet, 15.

Léchopier, *garçon de mag.*, rue N.-des-Minimes, 18.

Léchopier et Andrieu, *fabricants*, rue B.-St-Martin, 9.

    Atelier rue des Cordeliers, 36.

Léchopier, *propriétaire*, faubourg de Hem, 101.

Leclerc (Fr.), *tisseur*, rue du Sac, 23, à Longpré.

Leclerc, *vannier*, Marché-aux-Herbes, 49.

    Magasin rue des Doubles-Chaises, 16.

Leclerc-Léger (Mme), *rentière*, Grande Rue, 42-44,

    à Saint-Maurice.

Leclercq-Ledoux, *épic. md de graines*, rte d'Albert, 69.

Leclercq-Callain, *épicier marchand de charbons*,

    route d'Albert, 35.

Leclercq (J.-B.), *clerc de notaire, propriét.*, boulevard

    Saint-Michel, 18.

Leclercq-Delacroix (Mme), *propriétaire*, rue Con-

    trescarpe, 22.

Leclercq (veuve), *propr.*, rue des Trois-Cailloux, 65.

Leclercq, *menuisier*, rue Verte, 28.

Leclercq, *épicier*, rue des Paniers, 5.

Leclercq, *serrurier*, petite rue de la Barette, 12.

Leclercq (veuve), *ménagère*, route de Corbie, **80.**
Leclercq, *rentier*, rue de Corbie, **13.**
Leclercq, *courrier-convoyeur*, rue de Corbie, **13.**
Leclercq (veuve), *tabacs*, rue Duméril, **4.**
Leclercq, *ménager*, rue Saint-Jean, **15.**
Leclercq, *menuisier*, route de Paris, **16.**
Leclercq, *brocanteur*, rue des Jeunes-Malins, **22.**
    Magasin, place de l'Hôtel-de-Ville, **16.**
Leclercq, *charcutier*, Grande-Rue, **19**, à Longpré.
Leclercq, *ouv. fondeur*, r. du Bois, **34**, à la Neuville.
Leclercq, *plafonneur*, rue des Coches, **33.**
Leclercq (Henri), *rentier*, rue Pierre-l'Ermite, **18.**
Leclercq (Séraphin), *ménager*, Grande-Rue, **42**, au
    Petit-Saint-Jean.
Leclercq, *comptable*, rue du Lycée, **16.**
Leclercq (V^e), *rentière*, rue Saint-Honoré, **41.**
Leclercq (Em.), *logeur*, rue de Beauvais, **77.**
Leclercq, route de Paris, **18.**
Leclercq de Bussy, *propriétaire*, boulev. Fontaine, **62.**
Leclercq, *épicier et débit de tabac*, rue Duméril, **67.**
Leclercq, *ébéniste*, rue au Lin, **2.**
    Magasin rue du Chapeau-de-Violettes, **13.**
Leclercq-Deflandre (V^e), *corroyeur*, Marché-au-Fil, **5.**
    Atelier, impasse de la Calendre, **3.**
Leclercq père, *rentier*, place du Marché-au-Fil, **5.**
Leclercq, *menuisier*, rue des Capucins, **68.**
    Magasin, rue des Capucins, **71** A.
Leclercq, *cabaretier*, chaussée de Noyon, **221.**
Leclercq, *débitant et logeur*, rue B.-des-Tanneurs, **8.**
Leclerc fils, *perruquier*, rue Basse-des-Tanneurs, **8.**
Leclercq (veuve), *rentière*, petite rue de la Barette, **12.**
Leclercq (veuve), *maçon*, rue Cozette, **30-32.**
    Magasin rue Cozette, **9.**
    Briqueterie, r. des Meuniers, **3**, faubourg de Hem.
Leclercq, *mercier*, rue des Chaudronniers, **30.**
Leclercq (Aimé), *charron*, rue St-Léger, **15**, à Longpré.
Leclercq (Léop.), *cultiv.*, rue St-Léger, **14**, à Longpré.
Leclercq, *fruitier*, sur la Place, **11**, à Longpré.
Leclercq (Henri), *laitier*, r. de la Ruellette, **9**, à Longpré.
Leclercq, *maçon*, sur la Place, **23**, à Longpré.

Leclercq (Théop.), *cultiv.*, rue St-Léger, 15, à Longpré.
Leclercq (Jacques), *cuiseur de briques*, route d'Abbeville, 70, à Montières.
Leclercq, *grilleur*, rue du Château-de-Milan, 2.
Leclercq (Louis), *tisseur*, Grande-Rue, 3, à Longpré.
Leclercq, *barbier*, rue St.-Léger, 28, à Longpré.
Leclercq (Fl.), *tisseur*, Grand-Rue, 33, à Longpré.
Leclercq, *md de toiles*, rue des Chaudronniers, 3.
    Magasin, rue Saint-Martin, 22.
Lecocq, *facteur*, rue Basse-Notre-Dame, 12.
Lecocq, *rentier*, rue du Vivier, 48.
Lecocq, *employé de Banque*, pet. rue des Augustins, 7.
Lecocq (H.), *rentier*, rue du Vivier, 32.
Lecœuvre (G.), *brig. au ch. de fer*, r. des Jardins, 27.
Lecointe, *ménager*, Grande-Rue, 21, au Pet.-St.-Jean.
Lecointe (H.), *professeur et employé*, rue Damis, 29.
Lecointe, *md de tourbes*, grande rue de la Veillère, 12.
Lecointe, *empl. à la préf.*, rue du Don, 11.
Lecointe (veuve), *boulangère*, rue Saint-Jacques, 35.
    Magasin, rue Saint-Jacques, 45.
Lecointe, *cordonnier*, rue des Gantiers, 26.
Lecointe, *propriétaire, maire de Mailly-Raineval*, rue
    Constantine, 15.
Lecointe (Mlle), *rentière*, boulevard de l'Est, 23.
Lecointe (Eug.), *visiteur au ch. de fer*, rue Dijon, 23.
Lecointe, *chiffonnier*, rue de la Poudrière, 1.
Lecointe, *président du tribunal civil*, rue de Bray, 11.
Lecointe (Flore), *rentière*, rue Damis, 25.
Lecointe, *md ambulant*, rue Fontaine, 49.
Lecomte (Cés.), *linger*, r. des Trois-Cailloux, 120-122.
Leconte-Choquart, *propriétaire*, boulev. Fontaine, 60.
Lecordonnier, *pharmacien*, rue des Vergeaux, 54.
Lecorreur, *propriétaire*, rue du Soleil, 4.
Lecorreur (Mlle), *rentière*, rue du Loup, 36.
Lecot (veuve), rue du Grand-Vidame, 49.
Lecot (Ve), *rentière*, rue des Corroyers, 45.
Lecouvé, *armurier-artificier*, rue Duméril, 12.
Lecraiq, *clerc de notaire*, rue des Capettes, 14.
Lécrivain, *rentier*, rue Damis, 8.
Lécubin, *sous-bibliothécaire*, rue Gresset, 30-32.

Lecucq, *md de vins, associé,* rue du Lycée, 116.

Lecull, *fondeur,* rue du Bout-Cacq, 44.

Lecull (Jean), *employé,* rue Jacquart, 5.

Lecureux, *ménager,* rue du Sac, 13, à Longpré.

Ledent (Mlle), *logeuse,* passage Lenoël, 7-12.

Lederubey, *offic. d'intendance,* rue des T.-Cailloux, 18.

Ledez, *président de la société des teinturiers,* Grande-Rue, 7, à Saint-Maurice.

Ledez (Victor), *teinturier,* grande rue St.-Maurice, 9.

Ledez, *brocanteur,* rue Haute-des-Tanneurs, 5, et rue des Tripes, 16.

Ledez-Dupuis, *mercier,* rue de Beauvais, 14.

Ledieu (Mme), *couturière,* imp. des Jeunes-Matins, 4.

Ledieu (veuve), *rentière,* place du Petit-Quai, 15.

Ledieu, *menuisier,* place du Petit-Quai, 15.
Mag. rue des Poirées, 33 E, et r. de la Pâture, 12-14.

Ledieu (Mlles), *rentières,* rue des Rabuissons, 61.

Ledieu, *banquier,* cloître de l'Horloge, 12.

Lédieu, *md de grains en gros,* route de Paris, 22.

Ledieu (Louis), *mécanicien,* rue de la Citadelle, 8.

Ledieu (Am.), *prop.,* Grande-Rue, 34, Petit-Saint-Jean.

Ledoux (J.-B.), *rentier,* route de Doullens, 24.

Ledoux (veuve), *ménagère,* rue de la Ruellette, 8.

Ledru, *cordier et faïencier,* chaussée St-Pierre, 39.

Leduc-Marion, *ag. d'affaires,* rue Basse-Notre-D., 34.

Leduncq, *ménager,* route de Paris, 187.

Leduncq, *retraité,* rue du Long-Rang, 18.

Leduncq, *cultivateur,* rue Saint-Honoré, 27.

Lefaux (Mlle), *repasseuse,* rue des Wattelets, 28.

Lefébure, *md de quincaillerie en gros,* petite rue Saint-Remi, 9.

Lefébure, *peintre,* rue du Chapeau-de-Violettes, 17.

Lefebvre, *commerçant en grains,* rue de la Vallée, 78.
Magasin rue de la Voirie, 7.

Lefebvre-Faquet, *maçon, entrep.,* rue des Huchers, 38.
Briqueterie route d'Abbeville, 247, à Montières.

Lefebvre-Thuillier, *rentier,* rue des Clairons, 45.

Lefebvre, *imprimeur,* rue des Clairons, 41.

Lefebvre (Mme Clémence), *rent.,* rue St-Germain, 58.

Lefebvre (veuve), *rentière,* rue Saint-Jacques, 6.

Lefebvre, *menuisier*, marché aux Chevaux, 17.

Lefebvre (Adéod.) et Cie, *tissus en gros*, r. St-Denis, 40.

Lefebvre-Bastien (Mme), *mod.*, r. des Trois-Cailloux, 84.

Lefebvre (Ve Aug.), rue du Long-Rang, 54.

Lefebvre, *bottier*, rue des Rabuissons, 9.

Lefebvre (Fr.), *concierge*, rte d'Abb., 237, à Montières.

Lefebvre-Pouillet, *md de bonnet.*, rue des Trois-Cailloux, 82.

Lefebvre (Mme), *mde à la toil.*, chaus. de Noyon, 114.

Lefebvre, *épicier*, rue Saint-Fuscien, 27.

Lefebvre (Mlle), *couturière*, rue des Stes-Maries, 9.

Lefebvre, *jardinier*, rue du Blamont, 26.

Lefebvre père, *rentier*, place Saint-Michel, 1.

Lefebvre, *sec. gén. de l'évéché*, place Saint-Michel, 1.

Lefebvre (Pre), *ménag.*, rue Bel-Air, 16, à Boutillerie.

Lefebvre, *mécanicien*, rue des Panniers, 49.

Lefebvre, *contre-maître*, rue des Minimes, 27.

Lefebvre, *aubergiste*, rue de Beauvais, 130.

    Remise, rue du Bout-Cacq, 28.

Lefebvre, *prop., loueur de journaux*, place de l'Hôtel-de-Ville, 9.

Lefebvre, *md de chiffons*, rue de la Barette, 1.

    Magasin, port d'Amont, 2.

Lefebvre (V^e), *ménagère*, r. du Château, 10, à Montières.

Lefebvre-Ransson, *md de vins*, rue d'Alger, 12.

Lefebvre, *négociant*, rue St-Denis, 40.

Lefebvre père, *rentier*, rue Saint-Denis, 40.

Lefebvre, *ferrailleur*, rue Voclin, 43-45.

Lefebvre (veuve), *menuisière*, rue Saint-Leu, 71.

Lefebvre, *menuisier*, Grande-Rue, 11, à St.-Maurice.

Lefebvre, *modiste*, Grande-Rue, 15, à Saint-Maurice.

Lefebvre, *débitant*, petite rue Saint-Leu, 12.

Lefebvre, *ménager*, rue de la Montagne-aux-Chev., 29.

Lefebvre-Julliart, *rentier*, rue d'Engoulvent, 27.

Lefebvre, *menuisier*, chaussée Saint-Pierre, 23.

Lefebvre, *serrurier-mécanicien*, rue des Poirées, 31.

    Magasin, rue du Milieu-de-la-Veillère, 31.

Lefebvre, à Avesnes.

    Magasin de laines, rue des Capucins, 14.

Lefebvre, *md de bonneterie*, rue Duméril, 56.

                            17.

Lefebvre (v°), *tonnelier, mde de cidre,* r..du Lycée, **13.**
Lefebvre-Lenglet, *débitant,* route de Paris, **35.**
Lefebvre (Mlle Jérouine), *rent.,* boulev. Longueville, **32.**
Lefebvre, *peintre,* rue des Capucins, **46.**
Lefebvre, *jardinier,* rue des Prémontrés, **38.**
Lefebvre-Pinchemel, *mercier,* rue Ste-Marguerite, **9.**
Lefebvre, *briquetier,* rue de Cottenchy, **27.**
Lefebvre-Bouillard, *mercier et armurier,* rue des
　　Vergeaux, **3.**
Lefebvre-Levert, *propriétaire,* rue Saint-Jacques, **55.**
Lefebvre, *md en gros,* rue Saint-Germain, **58.**
Lefebvre, *charcutier,* rue Saint-Jacques, **50.**
Lefebvre (Mlle), *modiste,* rue des Capucins, **52.**
Lefebvre-Josse, *voyageur,* rue Voclin, **29.**
Lefebvre (veuve), *rentière,* rue du Hocquet, **90.**
Lefebvre (Mlle), *modiste,* rue des Doubles-Chaises, **4.**
Lefebvre, *débitant,* rue Motte, **63.**
　　Magasin de tourbes, rue de la Dodane, **3.**
Lefebvre, *maît. de pension,* cloître de l'Horloge, **17.**
Lefebvre (V°), *rentière,* boulevart du Mail, **45.**
Lefebvre-Loth, *ménag.,* r. du Marais, **46,** Renancourt.
Lefebvre (Mlle), *rentière,* rue la Poudrière, **30.**
Lefebvre (Alp.), *rentier,* place Montplaisir, **2.**
Lefevre, *chef cantonnier,* rue du Long-Rang, **64.**
Lefebvre (Mme), *rentière,* rue du Mail, **1.**
Lefebvre, *contre-maître,* rue du Marais de Hem, **17.**
Lefebvre, *menuisier,* rue du Château, **10,** à Montières.
Lefebvre, *employé,* chaussée de Noyon, **183.**
Lefebvre, *serrurier,* place Saint-Firmin, **2.**
Lefebvre, *homme de confiance,* rue Vascosan, **19.**
Lefebvre (Clarisse), *rentière,* rue Porte-Paris, **30.**
Lefebvre, *retordeur,* rue Fontaine, **29.**
Lefebvre, *lamier et rostier,* rue St-Germain, **52.**
Lefebvre-Brisse, *md de vins,* r. Basse-Notre-Dame, **35.**
Lefebvre, *épicier, mercière,* rue du Lycée, **62.**
Lefebvre, *représentant de comm.,* rue Gresset, **66.**
Lefebvre, *cordonnier,* rue Delambre, **10-12.**
Lefebvre, *débitant,* rue Dejean, **39.**
Lefebvre-Pinchon (veuve), *filat.,* rue des Corroyers, **58.**
Lefebvre, *charcutier,* rue des Corroyers, **85.**

Lefebvre (H.), *recev. de rentes*, rue des Cordeliers, 40.

Lefebvre, *garde-champ.*, gr. rue Saint-Maurice, 33.

Lefebvre, *tailleur de pierres*, rue de Rumigny, 45.

Lefebvre, *chauffeur*, r. de l'Agrapin, 15, à la Neuville.

Lefebvre, *jardin.*, route d'Abbeville, 87, à Montières.

Lefebvre, *ménager*, rue du Marais, 92, à Renancourt.

Lefebvre, *expl. de carrière*, route d'Abbeville, 209, à Montières.

    Carrière, route d'Abbeville, 43 B, à Montières.

Lefebvre, *contre-maître*, rue du Grand-Vidame, 65.

Lefebvre, *jardinier*, rue du Faubourg de la Hotoie, 158.

Lefebvre, *maître d'études*, rue du Lycée, 107.

Lefebvre (Vᶜ), *ménagère*, rue Pointin, 34.

Lefebvre-Jourdain, *ménager*, allée des Meûniers, 8, à Renancourt.

Lefebvre (Fr.), *ouv.*, rue des Meûniers, 30, fg de Hem.

Lefebvre (Am.), *ménager*, r. du Marais, 15, Montières.

Lefebvre-Zagrodski, *négociant*, rue Le Maître, 48.

Lefebvre (Benjamin), route de Paris, 89.

Lefebvre, *entrep. de maçonn.*, rue de l'Ecluse, 3.

Lefebvre (Ad.), *cocher*, rue Napoléon, 12 *bis*.

Lefebvre (Aug.), *ouv.* r. des Meûniers, 32, fg de Hem.

Lefebvre, *empl. de comm.*, rue Vascosan, 37.

Lefebvre (Joseph), rue du Long-Rang, 180.

Lefebvre (J.), *typographe*, gr. rue Saint-Maurice, 15.

Lefelle, *remp. de chaises*, rue des Cordeliers, 26.

Lefetz, *conduct. de trains*, passage Saint-Denis, 8.

Lefetz, *cond. de trains*, rue St-Martin-d.-Champs, 6.

Lefeuvre (Mlle), *rentière*, chaussée Saint-Pierre, 20.

Lefeuvre frères, *banquiers*, chaussée Saint-Pierre, 20.

    Banque, rue Saint-Leu, 12.

Lefeuvre, *farinier*, chaussée Saint-Pierre, 20.

    Remise, chaussée Saint-Pierre, 14.

Lefeuvre, *marchand en gros*, rue des Sergents, 57.

Lefeuvre, *négociant*, rue de la Poudrière, 11.

Lefeuvre (Mme), *poissonnière*, rue du Quai, 38.

Lefeuvre-Dailly, *mercier*, rue de la Hotoie, 45.

Lefeuvre, *rentier*, boulevart des Frères, 30.

Lefeuvre, *chauffeur*, rue Rohaut, 28.

Lefort (veuve), *regratière*, rue des Jardins, 28.

Lefort, *employé*, rue Saint-Claude, 23.
Lefort (veuve), *rentière*, rue Gloriette, 10.
Lefort (Mlle), *rentière*, rue du port d'Aval, 31.
Lefort, *propriétaire*, rue Dijon, 3.
Lefranc (veuve), *rentière*, rue de Rumigny, 20.
Lefroy, *employé au télégr.* rue de la Porte-Paris, 17.
Lefurme, *cabaretier*, rue du Pinceau, 70.
Lefurne (Nic.), *concierge, briq.*, rue de l'Eglise, 9, à Montières.
Legay, *négociant en toiles*, rue Saint-Martin, 11.
Legendre (Mlle), *mde de braises*, chaus. St-Acheul, 83.
Legendre, *surn. des cont. ind.*, r. de la Porte-Paris, 17.
Legendre, *serrurier*, Grande-Rue, 48, à Saint-Maurice.
Legendre et Cie, *négociant*, rue des Rabuissons, 3.
Magasin impasse des Cordeliers, 8.
Legendre, *rentier*, rue Saint-Louis, 20.
Léger, *docteur en médecine*, place Saint-Denis, 69.
Léger, *md de moutons*, chaussée Périgord, 117.
Léger (Louis), *garnis*, rue Saint-Médard, 5.
Léger (Mlle), *pains d'autel*, rue de Metz, 4.
Léger, *vins*, rue des Vergeaux, 63.
Léger, *conducteur des ponts et chaussées*, rue des Francs-Mûriers, 14.
Léger, *cabaretier*, rue des Trois-Sausserons, 22.
Léger (veuve), *rentière*, rue Damis, 13.
Leggue, (L.), *ingénieur civil*, rue du Lycée, 27.
Legond, *rentier*, route d'Albert, 19.
Legrand, *logeur*, rue du faubourg de Hem, 116.
Legrand-Rousseau (Vᵉ), rue Saint-Geoffroy, 25.
Legrand, *concierge*, rue du Marais, 33, à Montières.
Legrand (veuve), *rentière*, rue de Lamorlière, 16.
Legrand, *rentier*, rue du Pet.-Faubourg-de-Noyon, 124.
Legrand, *jardinier, facteur à la halle*, rue Motte, 11.
Legrand, *employé*, rue Neuve-des-Petits-Champs, 2.
Legrand, *débitant*, rue du Long-Rang, 114.
Legrand (Valentin), rue Mondain, 6.
Legrand (Vᵉ), *rentière*, rue des Francs-Muriers, 14.
Legrand (Flor.), *boulanger*, rue de Beauvais, 37.
Legrand, *épicier*, rue Saint-Leu, 69.
Magasin rue Pavée, 33.

Legrand (Mlle), *lingère*, Marché-aux-Herbes, 54.
Legrand (Mlle), *rent.*, quai de la Somme, 4, à St-Maurice.
Legrand, *menuisier*, rue Contrescarpe, 2.
Legrand, *prop. et loueur en garni*, rue du faubourg de la Hotoie, 172.
Legrand, *ferrailleur*, cour Artus, 20.
Legrand, *contre-maître*, rue de la Voirie, 19.
Legrand (veuve), *rentière*, rue Caumartin, 12.
Legrand, *menuisier*, rue Sylvius, 16.
Legrand, *débitant*, rue Saint-Jacques, 115.
Legrand, *loueur en garnis*, rue de Cérisy, 6.
Legrand, *négociant*, rue des Sœurs-Grises, 18.
Legrand, *contre-maître*, rue Vascosan, 31.
Legrand, *logeur*, rue de la Hotoie, 71.
Legrand, *greffier du trib. civil*, rue Gribeauval, 18.
Legrand, *charcutier et arpenteur*, rte-d'Abbeville, 141, à Montières.
Legris, *mercier*, rue Saint-Leu, 132.
Legris, *professeur de musique*, rue du Hocquet, 67.
Legry, *retordeur de fil*, rue des Orfèvres, 33.
   Fabrique rue Verte, 55.
Legueur, *charpentier*, rte d'Abbeville, 157, Montières.
   Chantier rue du Calvaire, 33, à Renancourt.
Legueur, *épicier*, rue de Beauvais, 140.
Leguillier, *agent d'assurances*, boul. des Frères, 32.
Leguillier, *menuisier*, rue du Vivier, 42.
Léguillon-Joly, *propriétaire*, rue Saint-Fuscien, 62.
Leiderer, *sellier*, rue de la Porte-Paris, 13-15.
   Atelier rue des Capettes, 6.
Leignier, *dir. de fabriq.*, r. du Marais, 58, fg de Hem.
Leingnier, *fabricant*, place de l'Hôtel-de-Ville, 16.
Lejeune, *fruitier*, rue des Jeunes-Màtins, 8.
Lejeune (Augustin), *rentier*, rue Pointin, 18.
Lejeune (Mlle), *épicière*, rue des Corroyers, 55.
Lejeune (Am.), *tisseur*, rue du Bordeau, 10.
Lejeune, *épicier*, rue des Corroyers, 98.
Lejeune, *voyageur*, rue de la Hotoie, 43.
Lejeune, *perruquier*, rue Saint-Leu, 168.
Lejeune, *liquoriste*, rue Saint-Leu, 8.
   Magasin, rue du Hocquet, 47.

Lejeune, *menuisier*, rue Haute-des-Tanneurs, 44.

Lejeune, *maréchal*, rue du faubourg de la Hotoie, 13.

Lejeune, *voiturier*, rue Legrand-Daussy, 21.

Lejeune, *rentier*, rue Ledieu, 35.

Lejeune, *instituteur communal*, rue du Presbytère, 26, faubourg Saint-Pierre.

Lejeune, *rentier*, place Saint-Denis, 45.

Lejeune, *voiturier*, rue Riquier, 27.

Lelanne (Hip.), *employé*, rue de Lamorlière, 8.

Leleu, *peintre*, cour de Mai, 1.

Leleu (veuve), *épicier*, rue des Wattelets, 30.

Leleu, *md de laines*, rue Duméril, 46.

Leleu, *cabaretier*, rue du faubourg de Hem, 18.

Leleu, *peintre et épicier*, rue Gresset, 40.

Lelièvre, *garç. de magasin*, r. d. Francs-Muriers, 43.

Lelièvre, *prop.*, rue de Lille, 1, à Montières.

Lelièvre (Vᵉ), *rentière*, rue Saint-Martin, 2.

Lelièvre et Domart, *négocians*, rue Saint-Martin, 2.

Lelièvre (Joseph), *rentier*, rue de Lamorlière, 24.

Lelièvre (Fr), *mén.*, rue du Calvaire, 18, Renancourt.

Lelièvre, *négociant*, rue Jeanne-Natière, 1.

Lelièvre (veuve), *charoutière*, route de Rouen, 56.

Leloir, *débit de tourbes*, rue du Hocquet, 91.

Lelong, *ménager*, route d'Albert, 129.

Lelong, *aumônier de l'Hôtel-Dieu*, rue St-Leu, 111.

Lelong, *débitant*, rue de Metz-l'Evêque, 28.

Leluin, *tapissier*, place Saint-Denis, 14.

Leluin (veuve), *épicière*, place des Huchers, 1.

Leluin (Mlle Louise), *courtière*, rue des Gantiers, 10.

Leluin, *perruquier-coiffeur, garnis*, rue du Bloc, 8.

Leluin (veuve), *couturière*, rue Gresset, 61.

Lemaire (veuve), *fruitière*, sur la place, 11, à Longpré.

Lemaire, *tonnelier*, rue du Port, 13.

Lemaire, *gardien-chef de la maison de justice et d'arrêt*, Logis-du-Roi, 20.

Lemaire, *épicier et charcut.*, chaussée de Noyon, 112.

Lemaire, *fabricant de cartons*, rue des Gantiers, 23.

Lemaire, *débitant et charcutier*, boulev. des Frères, 90.

Lemaire (veuve), *revendeuse*, r. des Sœurs-Grises, 11.

Lemaire, *épicier*, rue de l'Union, 25.

Lemaire, *md de charbons,* boulev. St-Charles, 39.
 Magasins rue Blassel, 1 et 7.
Lemaire-Ranson, *contre-maître,* route de Rouen, 175.
Lemaire, *logeur,* rue Saint-Leu, 138.
Lemaire, *cont.-maître,* rte d'Abbeville, 85, Montières.
Lemaire-Lenglet, *maçon,* route d'Albert, 40.
Lemaire, *employé,* rue de la Vallée, 41.
Lemaire, *logeur,* Marché-au-Feurre, 17.
Lemaire-Grenier, *logeur,* rue Haute-des-Tanneurs, 84.
Lemaire, *économe des hospices,* rue Le Merchier, 11.
Lemaire, *débitant,* rue de la Montagne-aux-Chevaux, 32.
Lemaire (Vict.), *hortil.,* r. du Marais, 100, à La Neuville.
Lemaire (Vinc.), *hortil.,* r. du Marais, 17, à La Neuville.
Lemaire-Damenez, *hortillon,* rue de la Voirie, 35.
Lemaire-Briaux (Vᵉ), *hortil.,* rue de la Voirie, 183.
Lemaire (veuve), *cultivatrice,* faubg de la Hotoie, 68.
Lemaire, *march. de pommes de terre en gros,* route
 d'Albert, 137.
Lemaître, *commis-greffier,* rue N.-des-Pet.-Champs, 8.
Lemaître, *ajusteur,* rue Rohault, 10.
Léman-Ducroquet, *épic.-droguiste,* rue Duméril, 59.
 Magasin rue des Cordeliers, 7.
Lemarchand, *md d'huîtres,* r. des Corps-N.-s.-Têtes, 3.
Lemarchand, *rentier,* rue du Lycée, 114.
Lemarinel, *maréchal,* rue du faubourg de Hem, 85.
Lematte, *rentier,* rue des Jacobins, 35.
Lemer, *imprim. typog. et lithog.,* place Périgord, 3.
Lemire (Vᵉ), *mde de confis.,* pass. du Commerce, 27.
Lemirre (Vᵉ), *rentière,* rue Evrard de Fouilloy, 1.
Lemoine-Codevelle (Vᵉ), *rentière,* rue Caumartin, 36.
Lemoine, *employé de banque,* rue Caumartin, 36.
Lemoine (vᵉ), *mde de chiffons,* rue Saint-Germain, 54.
Lemor (Vᵉ), rue de la Pâture, 16.
Lemort (Mme), *rentière,* rue Bellevue, 13.
Lemort, *propriét.,* à la Ferme-de-Grâce, à Montières.
Lemort, *ménager,* rue des Bonnards, 13.
Lempereur, *md de dentelles,* boulevard de l'Est, 39.
Lempereur, *chauffeur,* rue de Cagny, 7.
Lenain, *prêtre,* boulevard Saint-Michel, 12.
Lenain, *bouquiniste,* rue de la Hotoie, 58.

Lenain (Eugénie), rue de Lamorlière, 27.

Lenclin (Adolphine), *rentière*, rue des Lombards, 10.

Lenfant, *rentier*, rue de l'Aventure, 3.

Lenfant (Clém.), *repasseuse*, rue Henri IV, 8.

Lengelé, *md de tourbes*, r. du Marais, 60, fg St-Pierre.

    Exploitation de tourbes, marais Saint-Pierre.

Lengelé, *anc. cabaretier*, petite rue du Bois, 7b, à la
      Neuville.

Lengellé, *éclusier*, quai Saint-Maurice, 1.

Lenglet, *contr. des contrib. indir.*, rue de Cérisy, 4.

Lenglet (Flore), *épicière*, rue au Lin, 54.

Lenglet, *bourrelier*, route d'Albert, 50 *bis*.

Lenglet-Lemaire, *fripier*, rue des Sœurs-Grises, 5.

Lenglet-Outrequin, *propriétaire, représentant de
      commerce*, rue Laurendeau, 100.

    Magasin rue Derly, 1, faubourg Beauvais.

Lenique, *clerc de notaire*, rue des Trois-Cailloux, 116.

Lennel, *rentier*, rue des Jacobins, 74.

Lenoël, *commiss. en grains*, port d'Amont, 30.

Lenoël-Hérouart, *imp.-lib.*, rue des Rabuissons, 10.

Lenoël (Ve), *ménag.*, cour du Chapitre, 5, Renancourt.

Lenoël, *épicier*, route de Paris, 11.

Lenoël (Mme) *modiste*, rue au Lin, 6.

Lenoël et fils, *propriétaires*, rue d'Alger, 6.

Lenoël, *fabricant*, boulevard du Port, 28.

Lenoël, *maçon*, boulevard du Port, 28.

    Briqueterie route d'Abbeville, 216, à Montières.

Lenoël, *débitant*, rue du Lycée, 53.

Lenoël, *docteur en médecine*, rue des Rabuissons, 34.

Lenoir, *maçon*, boulevard de Beauvais, 12.

    Chantier, rue Dom-Bouquet.

Lenoir, *logeur*, rue des Bourelles, 21.

Lenoir, *tailleur*, rue des Trois-Cailloux, 107.

Lenoir-Renard, *conducteur des ponts et chaussées*,
    rue des Trois-Cailloux, 105.

Lenoir (veuve), *rentière*, rue de Narine, 10.

Lenoir (veuve), *rentière*, rue du Bastion, 16.

Lenoir (veuve), *rentière*, rue des Corroyers, 23.

Lenoir (Mme), *modiste*, rue des Trois-Cailloux, 105.

Lenoir-Flamant, *employé*, rue des Briques, 31.

Lenoir, *employé*, rue Gresset, 56.
Lenoir-Boibergue, *rentier*, rue Le Mattre, 63.
Lenoir, *cordonnier*, rue St-Jacques, 34.
Lenoir, *rentier*, rue Saint-Louis, 26.
Lenoir (veuve), *rentière*, rue Saint-Louis, 59.
Lenoir, *tailleur*, rue Henri IV, 11.
Lenoir fils, *employé*, rue Jeanne-Natière, 20.
Lenoir, *fact. de marchandises*, r. Jeanne-Natière, 14.
Lenoir (veuve), *rentière*, rue Basse-Notre-Dame, 8.
Lenormand, *conducteur-voyer*, rue Saint-Leu, 12.
Lenormand, *cordonnier*, rue Haute-des-Tanneurs, 4.
Lenormand, *cordonnier*, rue Duméril, 52.
Lenormand (veuve), *rentière*, rue Gloriette, 14.
Lenormand (v^e), *mde d'engrais*, r. des T.-Cailloux, 50.
    Fabrique route de Doullens, 81, à Saint-Maurice.
    Equarrissage, chemin de Vignacourt.
Lenté, *employé à la Préfecture*, rue au Lin, 8.
Lentz, *débitant*, rue des Capucins, 9-11.
Lepage, *menuisier*, rue des Coches, 40.
Lepage, *inspecteur des fontaines*, pont Saint-Michel.
Lepage, *propriétaire*, rue Pierre-l'Ermite, 24.
Lepage, *rentier*, rue Saint-Louis, 30.
Lepage, *conduct. au ch. de fer*, port d'Amont, 10.
Lepage, *chapelier*, place Saint-Firmin, 20.
Lepage (Mlle), *directrice de l'école mutuelle des filles*, pont Saint-Michel.
Lepage, *anc. retordeur*, rue du Lycée, 63.
Lepair (Palmyre), *charcutière*, rue des Jardins, 24.
Lépicier, *cordonnier*, rue de l'Aventure, 43.
Lépicier, *épicier*, rue Saint-Leu, 139.
Lépine (le baron de), *propriét.*, rue du Puits-Vert, 15.
Lépine (de), *prop.*, rue du Camp-des-Buttes, 2.
Lépine (veuve), *rentière*, rue du Soleil, 8.
Leplat, *fabric. de bascules*, passage des Arts, 13.
Lepoivre, *cordonnier*, rue des Cordeliers, 13-15.
Leprêtre (Martial), *cafetier*, pl. de l'Hôtel-de-V., 10.
Lepreux, *clerc de notaire*, rue des Jacobins, 8.
Lequai, *dir. des plantations*, au bassin de la Hotoie.
Lequen, *garde-champ.*, rue du Sac, 27, à Longpré.
Lequet, *maçon*, rue Voiture, 4.

Lequet (J.-B.), *menuisier,* rue de Cagny, 15.

Lequet (Isidore), *jardinier,* rue Blanquetaque, 54.

Lequet (Jules), *jardinier,* rue Saint-Fuscien, 9.

Lequet père, *rentier,* rue Mazagran, 8.

Lequet, *entrep. de maç.,* rue du Cloître-St-Nicolas, 8.

Lequet, *plafonneur,* rue de Mazagran, 10.

    Magasin impasse Ste-Marie, rue Saint-Fuscien, 2.

     —   rue Saint-Fuscien, 73.

Lequen, *ménager,* sur la place, 17, à Longpré.

Lequien, *ménag., court. de vach.,* rue d'Allonville, 60.

Lequien, *employé de commerce,* rue de Noyon, 3.

Lequien, *fossoyeur, md de croix,* Grande-Rue, 290, à Saint-Maurice.

Lequien, *fruitière,* Grande-Rue, 304, à Saint-Maurice.

Lequien (veuve), *cultiv.,* Gde-Rue, 230, à St-Maurice.

Lequien (veuve), *rentière,* rue Le Merchier, 7.

Lequien, *cultivateur,* Grande-Rue, 164, à St-Maurice.

Lequien, *commis-greffier à la Cour,* rue St-Louis, 43.

Lequien, *propriétaire,* rue Cozette, 26.

Lequien fils, *cabaretier,* rue de l'Eglise, 11.

Leraillé-Galampoix, *cabaretier,* Grande-Rue, 75, Petit-Saint-Jean.

Léraillé, *curé-doyen de St-Remi,* r. des Rabuissons, 24.

Léraillé, *boucher,* rue du faub. de la Hotoie, 180. Etal marché de Lauselles.

Leriche ✳, *conseiller à la Cour,* boulev. du Mail, 31.

Leriche, *maître d'hôtel,* rue Duméril, 17.

Leriche-Danel, *charcutier,* rue des Orfèvres, 3.

Leriche, *vitrier,* rue de la Vallée, 8.

Leriche (Mlle), *rentière,* cloître Notre-Dame, 4.

Leriche, *épicier,* chaussée de Noyon, 55.

Leridau, *greffier du 1er arr.,* rue Caumartin, 38.

Lerideau (Denis), *ménag,* rue Fontaine, 2, Boutilleric.

Leroux-Brare, *cond. au ch. de fer,* r. de Lamorlière, 36.

Leroux (Mme), *bur. de placement,* pl. St-Denis, 55-57.

Leroux, *caissier,* passage des Cordeliers, 11.

Leroux, *bimbelotier,* rue des Huchers, 28.

Leroux frères, *carossiers,* rue de Beauvais, 50. Ateliers rue de Rumigny, 46-48.

Leroux-Degouy, *débitant,* rue des Corroyers, 71.

Leroux , *rentier,* rue Gresset, 56.
Leroux père , *rentier,* rue Le Mattre , 35-37.
Leroux *employé,* quai de la Somme, 28.
Leroux (veuve), *retordeuse,* rue Martin-Bleu-Dieu, 39.
Leroux, *fact. à la poste,* rue Basse-Notre-Dame, 35.
Leroux (Mlle) , *rentière,* rue de Cérisy , 17.
Leroux , *pâtissier,* rue Saint-Jacques , 32.
Leroux-Mille (veuve), *rentière,* rue Pierre-l'Ermite, 11.
Leroy-Digeon , *entrepr. de maçon.,* rue du Lycée, 61.
    Briqueterie, rte d'Abbeville, 237-246, à Montières.
    Chantier, rue du Coq , 19.
Leroy , *épicier,* rue de l'Andouille , 27.
Leroy (Mlle) , *rentière,* passage Lenoël, 3.
Leroy frères, *negociants,* rue Basse-St-Martin, 19.
Leroy, *menuisier,* rue des Saintes-Maries, 26.
    • Magasin rue Cozette, 7.
Leroy-Beldame , *rentier,* rue Pointin , 3.
Leroy, *propriétaire,* rue Robert-de-Luzarches, 10.
Leroy, *chef d'institution,* rue de Noyon , 31.
Leroy, (Mme), *mde de tissus,* rue de Noyon , 29.
Leroy-Leraillé , *gérant,* rue au Lin , 5.
Leroy, *agent de police,* place Saint-Firmin, 1.
Leroy (veuve), *rentière,* rue au Lin , 5.
Leroy (veuve), *hortill.,* r. Voyelle , 10 , à la Neuville.
Leroy-Latteux, *propriétaire,* rue Le Merchier, 4.
Leroy, *mercier,* rue de Beauvais , 104.
Leroy (Alex.), *md de charbons,* rue Duminy, 15.
Leroy père, *rentier,* rue Duminy, 15.
Leroy frères, *mds de charbons,* rue de l'Ecluse , 13-15,
    île Saint-Maurice.
Leroy, *teinturier,* rue Tappeplomb , 4.
Leroy, rue Sire-Firmin-Leroux, 5.
Leroy-Pinchinat , boulevart Saint-Jacques, 11.
Leroy, *ébéniste,* rue au Lin , 24.
Leroy (Mlle) , *couturière,* rue du Lycée, 87.
Leroy (Marcel) , *prof. de piano ,* rue Le Mattre , 60.
Leroy (Elise), *prof. de piano,* rue Voclin, 13.
Leroy, *maître de chant,* rue Voclin, 13.
Leroy (V.e), *ménagère,* rue de la Citadelle, 34.
Leroy-Boinet, *fabric. et retord.,* rue des Briques, 13.

Leroy , *louager*, rue Duméril, 33.

    Remise, impasse des Cordeliers , 10.

Leroy (Mlle), *lamière*, rue Voclin , 24.

Leroy (Joseph), *propriétaire*, rue Saint-Louis , 34.

Leroy (J.-B.), *rentier*, rue St-Louis, 36.

Leroy (veuve) , *rentière*, rue Voiture , 3.

Leroy, *serrurier*, rue Voiture , 26.

Leroy (veuve Romain) , *rentière*, boulev. du Mail, 41.

Leroy, *serrurier*, rue du Faubourg de Hem , 22.

Leroy, *rentier*, rue de la Vallée , 35.

Leroy-Caron , *propriétaire*, marché aux Chevaux , 2.

Leroy , *rentier*, rue du Chemin-Vert , 3.

Leroy, *charcutier*, rue du Faub.-de-la-Hotoie, 30.

Leroy-Larnelle , *propriétaire*, boulevard de l'Est , 10.

Leroy, *épicier*, rue Duméril, 5.

Leroy , *tailleur*, rue Basse-Notre-Dame , 35.

Leroy , *md de grains*, rue du Lycée , 57 b.

Leroy, *professeur de chant*, rue Cozette , 24.

Leroy , *curé*, sur la Place , 12 , à Longpré.

Leroyer-Dubuisson ✳, *conseiller à la Cour impériale*,
    rue Contrescarpe, 38.

Lerre, *boucher*, place Saint-Denis , 39.

Lesage, *fruitier*, chaussée de Noyon , 55.

Lesage , *chapelier*, rue des Trois-Cailloux , 23.

Lesage , *contrôleur en retraite*, rue Le Maltre, 29.

Lesage (veuve) *rentière*, rue des Cordeliers , 55.

Lesage , *employé*, rue de Beauvais , 63.

Lesage , *ancien notaire*, boulevard Saint-Michel , 32.

Lesage , *contre-maître*, rue du Hocquet , 63.

Lescaillet , *rouenneries en détail*, rue au Lin , 3.

Lescaillet , *cordonnier*, rue des Chaudronniers , 7.

Lescarcelle, *passementeries*, galerie du Commerce, 10.

Lescardé, *ébéniste*, rue des Verts-Aulnois , 14.

Lescot , *facteur en chef*, rue des Cordeliers , 10.

Lescot (Mme), *couturière*, rue des Cordeliers , 10.

Lescureux, *retraité*, r. Duminy, 8.

Lescureux fils, *secrét. des hosp.*, rue Duminy, 8.

Lesellier , *chapelier*, rue Duméril, 19.

Lesenne-Noiret, *repr. de comm*, r. de Lamorlière, 21.

Leseyllier , *avocat*, place Saint-Denis, 42.

Leseyllier (Mlle), *rentière*, place Saint-Denis, 42

Lesguillon-Monmert (Mme), *articles d'Amiens*, rue Basse-Saint-Martin, 7.

Lesieur, *rentier*, chaussée de Noyon, 81.

Lesieur, *logeur, garç. de bur. à la préfect.*, rue des Capucins, 3.

Lesobre, *débit. et charron*, Marché-aux-Chevaux, 6.

Lesobre (veuve), *rentière*, rue Bel-Air, 8, à Boutillerie.

Lesobre (veuve), *logeuse*, rue du Lycée, 8.

Lesot, *fripier*, rue Saint-Germain, 71.

Lesselin, *md de crépins et de fer*, r. de Beauvais, 10.

Lesselin, *fact. à la poste*, rue Rohault, 38.

Lessertisseur, *md de casquettes*, rue de la Hotoie, 12.

Lesueur, *blanch. de toiles et de laines*, r. Voiture, 30.

Lesueur, *chef du bureau à la grande vitesse*, à la Gare du Nord.

Lesueur (Mlle Adélaïde), *épicière*, rue Saint-Roch, 71

Lesur (veuve), *rentière*, rue Martin-Bleu-Dieu, 2.

Letaille, *boulanger*, route d'Albert, 49.

Letellier-Valazé, *général de brig.*, rue Neuve, 25.

Letellier, *débitant*, rue Saint-Leu, 15.

Letellier, *professeur de dessin*, r. de la Malmaison, 1.

Letestu (veuve), *rentière*, rue des Rabuissons, 8.

Lethellier, *rentier*, rue de Noyon, 27.

Letitre (veuve), *mercière*, rue des Corroyers, 43.

Letitre, *fab. de ouates*, rue des Poirées, 19.

Letocart, *marchand d'habits*, rue Delambre, 41.

Létocart, *logement militaire*, rue Ste-Catherine, 10.

Létocart, *md de fromages*, chaussée de Noyon, 67.

Létocart, *marchand de graines en gros*, rue des Trois-Sausserons, 14.

Letoffé, *fact. à la poste*, passage Lenoël, 2.

Létoffé, *coiffeur et parfumeur*, rue des Rabuissons, 7.

Létoffé, *cordonnier*, rue Delambre, 45.

Létoile, *rentier*, rue du Bout-Cacq, 57.

Letourneur (veuve), *rent.*, rue N.-des-P.-Champs, 10.

Letourneur, *emp. des postes*, rue des Rabuissons, 25.

Letousey, *md de tamis de soie*, r. des Becquerelles, 15.

Letuncq (v^e), *rentière*, chaussée de Noyon, 87.

Leturcq, *boulanger*, rue de Metz-l'Evêque, 3.

Leuillier , *boulanger,* place du Petit-Quai , 4.
Leuillier (Mlle), *fruitière,* passage du Commerce , 33.
Leuillier (veuve) , *fruitière,* rue Saint-Leu , 160.
Leuillier (Eloi), *tissus en gros,* rue des Sergents, 53-55.
Leuillier (veuve) , *rentière,* rue Porte-Paris , 29.
Leuillier , *avocat,* rue Porte-Paris , 29.
Leuillier , *rentier,* petite rue du Quai , 10.
Leullier, *inspect. des trav. commun.* rue du Lycée, 12.
Levaillant, *rentier,* rue Caumartin , 25.
Levarlet (Mme) , *rentière,* rue Damis , 22.
Levasseur , *rentier,* rue du Hocquet , 77.
Levasseur-Gaudelette, *rentier,* rue du Hocquet , 77.
Levasseur, *fabricant,* rue Bellevue , 14.
Levasseur, *voyageur,* rue du Faubourg-de-Hem , 262.
Levasseur , *rentier,* rue Bellevue , 32.
Levasseur (Mlle Clara), *maîtresse de pension,* rue du
     Hocquet , 77.
Levasseur , *fabricant,* rue des Clairons , 25-27.
Levavasseur, *court. de commerce,* boulev. Fontaine, 48.
Levé, *chauffeur,* rue Riolan , 104.
Levêque (sœur), *supérieure* de l'Ecole des filles de
     Saint-Remi , rue des Cordeliers, 45.
Lévêque-Jérôme, *mercier,* pl. du Marc.-aux-Herbes, 42.
Levert (veuve), *rentière,* rue du Grand-Vidame , 36.
Levert-Févez , *filateur,* rue Saint-Louis , 25.
     Filature rue Le Mattre, 64.
Levert-Frémont , *rentier,* rue de la Pâture, 40.
Levillain, *professeur au lycée,* rue de Beauvais, 126.
Levoir-Dupuis , *filateur,* rue Neuve-des-Wattelets, 9.
Levoir père , *rentier,* rue du Port , 19.
Levoir et Landrieu , *filateurs,* passage des Capucins, 3.
Levy , *maître d'escrime,* passage des Cordeliers, 12.
Leys (veuve), place de l'Hôtel-de-Ville, 15.
Lhermite (Mlle), *propriétaire,* rue Neuve, 27.
Lhomédé (Louis), *rentier,* chaussée de Noyon, 9.
Lhomme (Mme) , *couturière,* rue Pierre-l'Ermite , 7.
Lhomme (veuve) , *rentière,* rue des Louvels, 27.
Lhomme , *cordonnier,* rue Saint-Jacques , 65-67.
Lhomme , *commis-greffier,* rue Pierre-l'Ermite , 7.
Lhomme, *employé,* rue Saint-Jacques, 56.

Lhotellier , *fabricant,* rue Basse-Saint-Germain , 21.

Louas, *rentier,* rue du Chapeau-de-Violettes, 12.

Lhuillier , *ex-courrier de malle,* rue Damis , 23.

Lhuintre (Mme), *sup.* de St.-Charles, r. de Beauvais, 127.

Liébert, *chauffeur,* r. du Petit-Faubourg-de-Noyon, 43.

Liech (Jacq.), *dir. de peignerie,* petite r. du Fossé, 4.

Liégeux (Mlle), *rentière,* rue Basse-Notre-Dame , 17.

Liégueux , *md forain,* rue des Jacobins , 62b.

Limozin-Obry , *opticien, jouets d'enfants,* passage de la Renaissance, 14.

Limozin (Mlle) , *mercière,* rue Porte-Paris , 36.

Litique, *chauffeur,* chaussée de Noyon, 143.

Livet, *secrét. part. du préfet,* rue des Rabuissons, 53.

Lizot, *conducteur,* à la Gare du Nord.

Lob (Mme), *rentière,* rue Saint-Jacques , 15.

Lobet, *mécanicien,* chaussée de Noyon, 68.

Lobligeois (Mlle) , *rentière,* rue des Trois-Cailloux, 24.

Locquet (Alb.), *propriétaire* à Hornoy, rue Voiture, 1.

Loffroy , *propriétaire,* rue Voiture , 28.

Loffroy (ve), *rentière,* rue du Cloître-de-l'Horloge, 3.

Loffroy (Herm.), *rentière* , r. du Cloît.-de-l'Horloge, 3.

Loger, *md. de tabac,* rue St-Jacques, 72.

Logez, *comptable,* rue de la Neuville , 29.

Lognon, *employé,* rue Henri IV, 18.

Lognon, *rentier,* rue du Christ, 22, à Montières.

Lognon (Mme), route d'Abbeville, 194, à Montières.

Loguon (veuve) , *rentière,* rue des Vergeaux , 18.

Lognon (Félix), *cotons et fils,* place Saint-Denis , 52.

Loignon (Mile), *rentière,* rue de Narine, 43.

Loisel, *maître d'étude au lycée,* rue du Lycée, 40.

Loisel , *épicier,* rue des Coches , 54.

Loisel frère et sœur, *mds de tissus,* r. de Metz-l'Evêque, 18.

Loisel , *menuisier,* rue Le Maltre , 7.

Loisel , *charcutier-épicier,* rue du Don, 37.

Loisel , *droguiste* , rue des Majots, 21.

    Magasin rue des Bouchers, 32.

Loisement (veuve) , *rentière,* boulevard du Mail, 85.

Lombard-Grare, *employé,* r. St-Acheul, 30, à la Neuvil.

Lombard, *débutant,* rue de la Hotoie , 2-4.

Lombard (Zéphir) , *brig. facteur,* rue Rohault , 47.

Lombard, *commis des postes*, rue Rohault, 47.

Longuet-Galy, *voiturier*, rue des Poirées, 25.

Longuet, *épicier-débitant*, rue de la Voirie, 77.

Longueteau, *loueur en garni*, port d'Aval, 25.

Longy, *md de soufflets*, rue des Verts-Aulnois, 26.

Looiens, *cabaretier*, Marché-aux-Herbes, 59.

Loquet-Machart, *md. de farines*, rue St-Fuscien, 53.
 Moulin rue Taillefer, 1.

Lorel, *prop., bat. de bois rouge*, place St-Denis, 42.
 Moulin à tan rue du Marais, 54, faubourg de Hem.

Lorel, *clerc de notaire*, petite rue du Fossé, 1.

Lorel (Mlle) *rent.*, rue Neuve-des-Capucins, 24.

Lorin (Henri), *plâtrier*, rue du Long-Rang, 95.

Loriol (Et.), *ménager*, route de Paris, 160.

Loriol (veuve), *cultivatrice*, rue Saint-Honoré, 54.

Loriol-Dusuel, *ménager*, rue du Blamont, 62.

Loriot, *cafetier*, marché aux Chevaux, 5.

Loriot, *ménager*, r. du Petit-Faubourg-de-Noyon, 101.

Loriot (Mme Angél.), *ménagère*, esplan. de Noyon, 76.

Loriot, *ménager*, petite rue du Cange, 8.

Lormier-Tattegrain, *entrep. de mac.*, port d'Amont, 20.
 Briqueterie route d'Abbeville, 227, à Montières.

Loth (Ch.), *ménager*, r. du Calvaire, 20, à Renancourt.

Loth-Leroy (veuve), *rentière*, rue de Beauvais, 105.

Lotiquet, *employé*, chaussée de Noyon, 29.

Lotiquet, *boulanger*, rue des Chaudronniers, 20.

Lotiquet (Mlle), *rentière*, rue de la Hotoie, 55.

Lotte (Mlle), *couturière*, rue du Lycée, 5.

Lottin (veuve), *propr.*, rue de la Porte-Paris, 4.

Louchet, *épicier*, rue de la Hotoie, 6.

Louandre (Carol.), *rentière*, rue de Constantine, 14.

Louchet (Aug.), *conduct. de trains*, r. Coquerelle, 15.

Louchet, *propriétaire*, rue Mazagran, 6.

Louchet, *vannier*, rue de Beauvais, 18.

Louchet (veuve), *grainetière*, Marché-de-Lanselles.
 Demeure rue Saint-Germain, 43.

Louette (Ol.), *commis à pied*, rue Castille, 8.

Louis (veuve), *rentière*, route d'Albert, 133.

Louis, *épicier*, rue Le Mattre, 24.

Louvencourt (Maison de), chaussée Périgord, 8.

Louvencourt (communauté), rue des Crignons, 8.
Louvergne (Mme), *modiste*, rue des Orfèvres, 38.
Louvergne, *compt. du payeur*, boulev. de Beauvais, 24.
Louvet, *perruquier*, rue St-Jacques, 70.
Louvet, *rentier*, passage du Commerce, 7.
Louvet (Mlle), *maïtr. de pens.*, boulev. St-Michel, 14.
Louvrier (veuve et Mlle), *rent.*, rue Dame Jeanne, 5.
Louvrier, *rentier*, rue Neuve-de-Conty, 24.
Loy, *professeur*, rue de Narine, 36.
Loyer, *peintre et vitrier*, rue des Sergents, 40.
Loyer, *md en gros*, rue Basse-Saint Martin, 14.
Loyer (veuve), *rentière*, rue des Jacobins, 72.
Loyer (veuve), *sage-femme*, rue des Wattelets, 42.
Lucas, *rentier*, rue des Vergeaux, 57.
Lucas, *menuisier*, rue Robert-de-Luzarches, 41a.
Lucas (veuve), *couturière*, place Montplaisir, 1.
Lucas-Leuillier, *md de nouveautés*, r. des Vergeaux, 57.
Lucas fils, *instituteur*, rue des Vergeaux, 57.
Lucas, *anc. tonnelier*, rue des Saintes-Claires, 38.
Lucas, *garç. brasseur*, rue des Ecoles-Chrétiennes, 16.
Lucas, (veuve), *rentière*, rue Saint-Denis, 16.
    Magasin rue du Vivier, 15.
Lucas fils, *tonnelier*, rue Saint-Denis, 16-18.
Lucas, *tonnelier*, rue de Noyon, 16.
Lucas (Mlle), *couturière*, rue du Soleil, 6.
Lucas (Adolphe), *md de charbons*, rue de la Voirie, 5.
Lucas (Pierre), *rentier*, rue de Noyon, 16.
Luce (Flor.), *record. de raq. et fruit.*, r. du Vivier, 12.
    Logette esplanade de Noyon.
Luce, *menuisier*, rue des Wattelets, 17.
Lucheux frères, *mén.*, rue du Marais, 88, à Renancourt.
Lucheux (Ad.), *menuisier*, r. du Calvaire, 23, à Renanc.
Lucheux, *couvreur*, rue Ledieu, 30.
Lucheux (Mme), *épicière*, rue Saint-Jacques, 12.
Lucheux (veuve), *rentière*, r. du Marais, 88, à Renanc.
Ludige (Franç.), *ménager*, rue Riquier, 1, à Renanc.
Luneau, *fabric. de cols militaires*, rue Debray, 2 et 4.
Lupart (veuve), *rentière*, boulevard Fontaine, 28.
Lupart, *serrurier*, rue Saint-Germain, 18.
    Magasin, rue Quincampoix, 10.

Lupart (A.), *rentier*, rue de Narine, 32.
Lupel (Mlle de), *propriétaire*, rue Noyon, 41.
Luzier, *mécan'cien*, rue Vascosan, 17.
Lyall, *gérant de la filat. au lin*, r. du fg de Hem, 208.
LYCÉE IMPÉRIAL, rue du Lycée, 58.
LYCÉE (Petit), rue des Wattelets, 21.
Lydia-Gray, *propriétaire*, rue de la Pature, 2.

M.

Mabille, *fab. de savons*, r. de l'Eglise, 28, à Montières.
Mabille (J.-B.), *ménager*, rte d'Abb., 123, à Montières.
Macaire, *md de ch.* à Cérisy-Gailly, r. des Rabuissons, 42.
Macdonal, *teinturier*, Marché de Lanselles, 18.
Machard, *boulang. méc.*, rue du fg de la Hotoie, 19.
   Moulin, rue Taillefer, 1.
Machart, *avoué*, cloître de la Barge, 11.
Machart (Dlles), *propriét.*, rue St-Fuscien, 75.
Machart-Bliment, *propr.*, rue Saint-Fuscien, 75.
Machart (veuve), *rentière*, boulevart Longueville, 10.
Machu, *coiffeur*, rue des Trois-Cailloux, 17.
Macquigny, *maréch. et débitant*, chauss. de Noyon, 24.
Macque, *cabaretier*, rue Duméril, 45-47.
Macque (Mlle), *rentière*, rue de Narine, 18.
Macque, *cabaretier*, rue de la Hotoie, 64.
Macque, *chef de divis. à la préfect.*, rue de Metz, 29.
Macquet, *boucher*, rue Fontaine, 11.
Macquet, *graisseur*, rue du Pinceau, 26.
Macron, *secrét. au parquet*, rue Voiture, 17.
Macron, *peintre*, rue Castille, 19.
Macron, *employé*, rue Castille, 17.
Macron, *cafetier*, rue des Tripes, 16.
Macron, *charcutier*, Marché-au-Feurre, 8.
Macron, *inspect. des écoles prim.*, rue Gribeauval, 8.
Macrez, *épicier-taillandier*, rue des Becquerelles, 1.
Macrez, *taillandier*, rue des Verts-Aulnois, 22.
Macrez père, *taillandier*, place de l'Hôtel-de-Ville, 14.
Madaré, *représentant de commerce*, rue des Ecoles-
    Chrétiennes, 7.
Madaré (Joseph), *rentier*, place Longueville, 23.

Madaré-Vergue, *bonnetier*, rue des Trois-Cailloux, 80.
Madaré (Mlle) *rentière*, rue de Noyon, 7.
Madaré, *rentier*, boulevard de l'Est, 15.
Madère ✳, *command. en retraite*, rue St-Fuscien, 40.
Madère (veuve), *rentière*, rue de la Neuville, 40.
Madry-Ladent, *propriét.*, rue des Saintes-Maries, 35.
Madry-Marest, *propriétaire*, rue St-Jacques, 100.
Madry-Fortin, *rentier*, rue Saint-Jacques, 78.
Madry (veuve), *rentière*, rue Voclin, 9.
Madry-Cheusse, *bois de construction*, rue du Lycée 65.
    Scierie quai de l'Abattoir, 19.
Magasin à fourrages, rue des Corroyers, 119.
Magdelaine (veuve et Mlle), *rentières*, rue Bellevue, 18.
Magnan aîné, *prof. de musique*, r. Sire-F.-Leroux, 14.
Magnan, *professeur de musique*, rue Blassel, 11.
Magnart, *empl. des cont. ind.*, Logis-du-Roi, 3.
Magnien (veuve) *rentière*, rue Voiture, 12.
Magnier-Beaussart, *épicier*, place Périgord, 29.
    Magasin rue Delambre, 20c.
Magnier, *rentier*, rue de Narine, 28.
Magnier, *instituteur*, rue Dom-Bouquet, 26.
Magnier (veuve), *rentière*, Marché-aux-Herbes, 33.
Magnier (veuve), *mde à la toilette*, rue des Doubles-
    Chaises, 29.
Magnier (veuve), *mde à la toilette*, rue du Port, 15.
Magnier (Eugène), *menuisier*, rue du Hocquet, 2.
Magnier-Boullet, *hortil.*, r. du Marais, 67, à la Neuville.
Magnier (Mlle), *rentière*, rue Napoléon, 19.
Magnier (Mlle Fl.), *rent.*, r. du Marais, 21, à la Neuville.
Magnier (Mlle Fanny), *mercière*, rue Saint-Leu, 120.
Magnier, *teinturier*, boulevard Baraban, 7 et 9.
Magnier, *épicier*, rue de Beauvais, 120.
Magnier (veuve), *rentière*, rue de l'Agrapin, 25.
Magnier (Albertine), rue des Cordéliers, 42.
Magnier fils, *rentier*, r. de l'Agrapin, à la Neuville.
Magnier (Mlle), *rentière*, rue des Cordeliers, 42.
Magnier, *propriétaire*, rue Saint-Louis, 50.
Magnier, *propriétaire*, rue Saint-Louis, 51.
Magnier, *employé*, rue Vascosan, 53.
Magnier, *chauffeur*, rue St-Martin-des-Champs, 4.

Magnier, *boulanger*, route d'Abbev., 153, à Montières

Magnier-Tirroloy, *comm. en grains*, rue du Loup, 18.

Magnier (Louis), *hortillon*, r. du Marais, 47, à la Neuv.

Magnier (veuve), *propriétaire*, rue des Cordeliers, 43.

Magnier, *cabaretier*, chaussée Saint-Pierre, 16.

Magniez-Pennelier, *confect. et nouv.*, rue Delambre, 21.

Maguet (Nat.), *ménager*, rue du Long-Rang, 71.

Maguez (veuve), *fruitière*, Gde-Rue, 83, à St-Maurice.

Mahelin (J.-B.), *ménager*, rue de Cottenchy, 53.

Mahout, *fruitier*, rue de Noyon, 24.

Mahout, *fruitier*, rue Sire-Firmin-Leroux, 9.

Mahout, *débitant*, rue des Poirées, 39.

Maillard (Mme), *couturière*, rue des Capucins, 73.

Maillard (veuve), *rentière*, route de Doullens, 23.

Maillard (Vᵉ), *débitante et mde de croix*, Gr.-Rue, 173, à Saint-Maurice.

Maillard (Mme), *couturière*, rue St-Denis, 46.

Maillard-Hordez, *fabricant*, rue des Clairons, 11.

Maillard, *receveur de rentes*, rue Saint-Roch, 54.

Maillard (Mme), *sage-f.*, rue St-Firmin-le-Confesʳ, 13.

Maillard (Mᵐᵉ), *cabaret. et voitur.*, r. de la Neuville, 83.
    Magasin rue des Jardins, 69.

Maillard, *md en gros*, rue Duméril, 3.

Maillart, *négociant*, rue Henri IV, 8.

Maille, *ménager*, route d'Abbeville, 31, à Montières.

Maille, *voiturier*, route d'Abbeville, 45, à Montières.

Maille, *md de chevaux*, rue du faub. de la Hotoie, 24.

Maille, *cabaretier*, chaussée de Noyon, 95.

Maille, *rentier*, rue de Rumigny, 27.

Maille, *hortillon*, rue du Marais, 33, à la Neuville.

Maille, *menuisier*, rue du Hocquet, 35.

Maille-Moncourt, *md de son*, r. du fg. de la Hotoie, 5.

Maille (Alfred), *hortillon*, r. du Marais, 33, à la Neuv.

Maille (Mlle Rosalie), *cabaretière*, rue du faub. de la Hotoie, 7.

Maillet et Genton, *liquoristes*, rue de la Hotoie, 1.
    Magasin r. St-Jacques, 5, et pass. des Sœurs-Grises, 6.

Maillet, *propriétaire*, boulevard Fontaine, 30.

Maillet, *ingénieur civil*, place Périgord, 25.

Maillet (Mlle), *rentière*, rue Damis, 18.

Maillet, *employé*, rue Flament, 36.
Maillet (veuve), *rentière*, rue du Lycée, 4.
Maillet, *employé*, chaussée St-Acheul, 10.
Maillot (Alfred), *employé*, rue des Jardins, 23.
Mailly (B.), *conducteur de trains*, rue Daire, 75.
Maincourt, *huissier*, rue de Beauvais, 47.
Maincourt-Nœuvéglise, *md de rouenneries*, r. au Lin, 33.
Maincourt (Jules), rue des Saintes-Maries, 11.
Maintenay, *employé*, rue Flament, 29.
Maire, *mercier*, rue des Trois-Cailloux, 40.
Maire, *rentier*, rue Saint-Geoffroy, 6.
Mairie (bureaux), place de l'Hôtel-de-Ville, 3.
Maisant, *rentier, commis. local*, rue de la Voirie, 59.
Maisant-Leroy, *cultiv.*, Grande-Rue-St-Maurice, 268.
Maisant-Leroy, *rentier, représentant de commerce*, rue Saint-Fuscien, 45.
Maisant (veuve) *cabaretière*, ch. St-Acheul, 45, à la Neuville.
Maisant, *débitant*, rue des Paniers, 25.
Maisant, *cultivateur*, Grande-Rue, 258, à St-Maurice.
Maisant, *cultivateur*, Grande-Rue, 262, à St-Maurice.
Maisant, *employé de comm.*, route de Doullens, 12.
Maisant-Gourguechon, *ménager*, Grande-Rue-Saint-Maurice, 182.
Maisant, *employé des ponts et chaussées*, Grande-Rue Saint-Maurice, 113.
Maisant, *employé*, rue Voclin, 51.
Maisant, *ménager*, Grande-Rue-St-Maurice, 144.
Maisant (Aug.) *ménager*, Grande-R.-St-Maurice, 260.
Maisant-Flament, *ménager*, route d'Albert, 116.
Maisant, *ferrailleur*, rue Riquier, 41.
Maison, *empl. à la préfect.*, boul. Guyencourt, 51.
Maison (Napoléon), *mén.*, r. du Marais, 6, f. St-Pierre.
Maison, *menuisier*, route d'Albert, 90, fg Saint-Pierre.
Maison (veuve), *ménagère*, route d'Albert, 120.
Maison (veuve), *ménag.*, rue du Marais, 4, fg St-Pierre.
Maison (veuve), *prop.*, rue de la Queue-de-Vache, 53.
Maison (Firmin), rue du Petit-Rivery, 35.
Maison (Gust.), *court. de comm.*, r. St-Jacques, 19.
Maison Cozette, rue du Quai, 28.

18.

Maison de retraite pour dames, passage des Capucins, 10.
Maison de Charité, rue Gaudissart, 4.
Maison de Charité de Sainte-Anne, ch. de Noyon, 47.
  —   de Notre-Dame, r. des Gantiers, 48.
  —   de St.-Jacques, rue Gresset, 67-69.
Maison du Sacré-Cœur, sur la Place, 3, à la Neuville.
Maisondieu *insp. des domaines*, r. des Stes-Maries, 10.
Maiwood (Ch.), *chauffeur*, place Saint-Denis, 13.
Majourelle, *cuisinier au lycée*, rue de Beauvais, 124.
Maldague, *cabaretier*, rue du faubourg de Hem, 10.
Malézieux, *couvreur*, rue de Metz, 16.
Malézieux, *couvreur*, rue des Francs-Mûriers, 19.
Malézieux, *charron*, Grande-Rue-St-Maurice, 196.
Malherbe, *mercier et grainetier*, rue de la Hotoie, 61.
Malingre, *huissier*, rue Gresset, 37.
Malivoir-Matifas, *couvreur*, rue du Loup, 23.
Malivoir, *rentier*, rue du Petit-Faubourg-de-Noyon, 3.
Mallart-Denamps, *tourneur*, gr. r. Saint-Maurice, 212.
Mallart, *employé à la mairie*, r. du Pet.-St-Roch, 51.
Mallart, *peintre*, rue de la Filature, 4.
Mallart (vᵉ Al.), *peintre*, r. de la Quene-de-Vache, 69.
Mallart, *md de tissus*, rue de la Bibliothèque, 4.
Mallart, *hortillon*, Grande-Rue-Saint-Maurice, 145.
Mallart, *peintre*, rue du Soleil, 6.
Mallet, *marchand de meubles*, rue au Lin, 9.
Mallet-Bardou, *cab. et men.*, Marché-aux-Chevaux, 19.
Mallet, *menuisier*, rue des Bourelles, 34.
Mallet (Fernand), *rentier*, rue du Bout-Cacq, 48.
Mallet, *cafetier*, rue de la Hotoie, 78.
Mallet, *brasseur*, rue de Guyenne, 5.
Mallet (veuve), *rentière*, rue Bel-Air, 3, à Boutillerie.
Mallet (veuve), *rentière*, rue du Vivier, 96.
Mallein frères, *mds de comestibles*, pl. St-Denis, 10.
Malliavin fils et Cie, *négociants*, à Mareuil, place
  Saint-Martin, 6.
Malo-Dècle, *débit de tabac, chef de division à la
  mairie*, place Périgord, 16.
Malo, *tourneur en bois*, rue des Rinchevaux, 7.
Maloigne (veuve), *fruitière*, r. Basse-des-Tanneurs, 74.
Maloigne, *relieur*, rue Saint-Leu, 41.

Malot, *brocanteur*, rue des Majots, 47.

Malot, *tailleur*, rue Delambre, 22.

 Magasin rue des Doubles-Chaises, 8 B.

Malot, *maréchal*, rue de Beauvais, 78.

Malpart, *md de toiles* à Morcourt.

 Magasin rue des Jacobins, 22.

Manceau, *restaur.*, rue des Corps-Nuds-sans-Têtes, 11.

Mancel (Joseph) ✻, *propriétaire*, rue St-Fuscien, 64.

Mancel-Crignier, *rentier*, rue Lemerchier, 10.

Mancel (Constant), *propriét.*, esplanade de Beauvais, 1.

Mandrier, *suisse, débitant*, rue Flament, 25.

Manessier, *gref. du trib. de com.*, r. Pierre-l'Ermite, 5.

Manessier (veuve), *rentière*, rue Napoléon, 31.

Mangot, *aumonier*, rue Saint-Fuscien, 13.

Mangot (Mlle), *débitante*, rue du Pont-à-Moinet, 8.

Mangot ✻, *rent., offic. en retraite*, rue St-Fuscien, 40.

Mangot, *md de laines*, rue des Ecoles-Chrétiennes, 17.

Mangot, *vétérinaire*, rue Gloriette, 4.

Mangot, *rentier*, rue Contrescarpe, 31.

Manier, *maire* à Longueau.

 Atelier de tourbes chaussée Périgord.

Mannier, *logeur*, rue du faubourg de Hem, 204.

Mansuy-Lethellier, *boulanger*, rue de Noyon, 27.

 Magasin rue du Loup, 11.

Manteau (Mme), *charcut.*, Gde-Rue, 29, à St-Maurice.

Manteau, *fruitier*, Grande-Rue, 250, à Saint-Maurice.

Manteaux, *courtier de fab.*, rue H.-des-Tanneurs, 14.

Manteau (Henri), *cabaretier*, rue Motte, 49.

Manteau (ve), *ménag.*, Grande-Rue, 45, à Longpré.

Mantel, *bureau de placement*, Logis-du-Roi, 4.

Mantel, *courtier de fabrique*, rue des Rinchevaux, 1.

Mantel, *employé*, rue Le Mattre, 57.

Mantel père, *rentier*, rue des Rinchevaux, 1.

Mantel, *logeur*, rue du Lycée, 29.

Mantel (veuve), *rentière*, chaussée de Noyon, 6.

Mantel, *charpentier*, rue Neuve-St-Honoré, 49.

 Chantier rue Dom-Bouquet, 1.

Mantel, *agréé*, rue des Jacobins, 11.

Mantel (Eug.), *lait.*, sur la Place, 25, à Longpré.

Mantel-Géroux, *cult.*, r. de la Ruellette, 3, à Longpré.

Mantel, *huissier*, rue des Cordeliers, 49.

Marcel, *cultivateur*, rue du Petit-Rivery, 3.

Marcel, *chiffonnier en gros*, r. des Parcheminiers, 21.

Marcès, *jardinier*, rue du Marais, 56, à Montières.

Marchal, *horloger*, rue de Noyon, 28.

Marchal (Anna), *lingère*, rue des Tripes, 27.

Marécaux, *armurier*, rue Duméril, 27.

Maréchal (Mlle), *rentière*, rue Gribeauval, 16.

Maréchal, *rentier*, boulevard Saint-Jacques, 55.

Maréchal (veuve), *couturière*, rue des Rabuissons, 58.

Maréchal, *retraité*, quai de la Somme, 70.

Marchand, *employé*, rue des Cordeliers, 57.

Marchand-Darras, *vins et eaux-de-vie*, rue des Corroyers, 19.

Marchand, *md de pommes de terre*, rte de Doullens, 9.

Marchand, *rentier*, Logis-du-Roi, 13.

Marchand (Mme), *marchande de casquettes*, rue des
Doubles-Chaises, 31.

Marchand, *vicaire de Saint-Germain*, rue du Chapeau-de-Violettes, 8.

Marchand, *anc. mégiss.*, rue Basse-des-Tanneurs, 56.

Marchand (veuve), rue du Moulin-Neuf, 33.

Marchand, *débitant*, route d'Albert, 72.

Marchand (veuve), *rentière*, pass. de l'anc. Boucherie, 2.

Marchand-Boucher, *ménager*, route d'Albert, 88.

Marchand (veuve), *ménagère*, route d'Allonville, 31.

Marchand (Clément), *berger*, route d'Allonville, 33.

Marchand, *débitant*, rue Pavée, 39.

Marchand (veuve), *repasseuse*, rue du Marais, 21, faubourg Saint-Pierre.

Marchand (Louis), *ménager*, route d'Albert, 149.

Marchand, *garçon de mag.*, route de Doullens, 29.

Marchand, *cabaretier*, rue du Marais, 74, à Renancourt.

Marchand, *sous-bedeau*, rue des Soufflets, 13.

Marchand (Félix), *ménager*, route d'Albert, 46.

Marchand, *serrurier-mécanicien*, route d'Albert, 84.

Marchand (Jacq.), *ménager*, route d'Albert, 100.

Marchand (veuve Jos.), *ménagère*, rte de Corbie, 15.

Marchand (veuve), *ménagère*, route de Corbie, 7,
faubourg Saint-Pierre.

Marchand, *épicier*, rue Dame-Jeanne, **28**.

Marchand, *ébéniste*, rue du Port, **10**.

Marcourt, *perruquier*, rue Duméril, **53**.

Marcq, *praticien*, rue du Lycée, **9**.

Marcourt (Mme), *fruitière*, rue Riquier, **23**.

Marcourt, *rentier*, rue Duminy, **16**.

Marest (veuve), *rentière*, rue des Rabuissons, **40**.

Marest fils, *rentier*, rue Saint-Martin, **7**.

Marge (v*), *rentière*, rue du petit faub. de Noyon, **34**.

Margry, *encolleur*, rue de la Ruellette, **3**.

Margry (Alfred), *encolleur*, rue de l'Ecluse, **19**.

Margue (Mlle), *mercière*, rue des Trois-Cailloux, **95**.

Marguery, *débitant*, quai de l'Abattoir, **11**.

Marie (Mme Elisabeth), *supérieure de la maison d'a-
  sile des vieillards*, faubourg de Noyon, **66**.

Marié (Aug.), *ménager*, route d'Allonville, **40**.

Marielle, *rentier*, rue Laurendeau, **45**.

Marion, *retraité*, rue Basse-Notre-Dame, **34**.

Markowski, *employé*, rue des Sœurs-Grises, **37**.

Marlois, *rentier*, chaussée Saint-Acheul, **2**.

Marminia, *rentier*, rue Pierre-l'Ermite, **6**.

Marot, *voyag. de comm.*, rue des Chaudronniers, **25**.

Marotine, *cafetier*, rue Saint-Leu, **70**.

Marotte, *perruquier*, chaussée de Noyon, **31**.

Marotte (Mlle), *modiste*, place Saint-Denis, **50**.

Marotte, *boulanger*, pl. du Marché-au-Feurre, **31-33**.

Marotte, rue du Petit-Faubourg-de-Noyon, **91**.

Marotte (Mme), *loueuse en garni*, place St-Denis, **30**.

Marquette (Emile), *empl.*, pl. de l'Hôtel-de-Ville, **29**.

Marquette (Jules), *empl.*, pl. de l'Hôtel-de-Ville, **29**.

Marquis, *libraire*, rue de Beauvais, **99**.

Marquis, *md de faïence*, rue de Beauvais, **119**.

Marseille, *rentier*, route de Paris, **207**.

Massot (Désirée), *boisselière*, rue des Vers-Aulnois, **20**.

Martel (veuve), *rentière*, rue de Rumigny, **9**.

Martel, *propriét.*, allée des Meuniers, 90, à Renancourt.

Martel, *conducteur de trains*, rue des Jardins, **29**.

Martel, *tonnelier*, rue Saint-Jacques, **10**.

  Magasin passage des Sœurs-Grises, **49**.

Martigny, *md de vins*, Marché-aux-Herbes, 41.
 Magasin, rue Saint-Germain, 3.
Martin (veuve et Mlle), *rentières*, rue Contrescarpe, 18.
Martin, *rentier*, chaussée Saint-Acheul, 6.
Martin (Alfred), rue Saint-Roch, 30.
Martin (Mlle), *rentière*, boulevard du Mail, 87.
Martin-Leclercq, *épicier*, Marché-au-Feurre, 4.
Martin, *md de brosses*, rue des Tripes, 23.
Martin, *anc. boulanger*, rue Jeanne-Natière, 12.
Martin, *rentier*, rue Saint-Roch, 63.
Martin, *cultivateur*, rue de l'Union, 76.
Martin ✳, *md de charb. de bois*, r. St-Jacques, 79.
Martin, *cultivateur*, route de Paris, 34.
Martin, *md de meubles d'occasion et d'antiquités*,
 rue Neuve-des-Petits-Champs, 14.
 Maison de vente passage de la Renaissance, 12.
Martin, *cultivateur*, route de Rouen, 62.
Martin, *peintre-vitrier*, rue Bellevue, 9-11.
Martin, *rentier*, route de Paris, 57.
Martin, *cultivateur*, route de Paris, 12.
Martin, *mécanicien*, rue de la Vallée, 70.
Martin, *md de toiles* à Ribeaucourt.
 Magasin rue des Doubles-Chaises, 8 F-10.
Martin, *hortillon*, rue de la Queue-de-Vache, 37.
Martin-St-Pol, *hortill.*, rue de la Queue-de-Vache, 51.
Martin (J.-B.), *prêtre*, rue du Marais, 41, à la Neuville.
Martin (Jean-Baptiste) dit Fuscien, *hortillon*, rue du
 Marais, 41, à la Neuville.
Martin, *emp. du bureau de bienf.*, rue du Lycée, 82.
Martin-Duf., (vᵉ), *épicière*, rue Sire-Firmin-le-R., 22.
Martin, *peintre*, rue de Noyon, 39.
Martinage (veuve), *rentière*, r. des Trois-Cailloux, 59.
Martineau, *comptable*, rue des Corroyers, 84.
Massart, *typographe*, boulevard du Port, 26.
Masse fils, *charpentier*, boulevard Guyencourt, 49.
 Scierie rue des Deux-Ponts, 8 D, Petit-Saint-Jean.
Masse fils, *architecte de l'arrondissement de Mont-
 didier*, boulevard de l'Est, 57.
Masse, *ancien charpentier*, r. Neuve-du-Moulin, 27,
 faubourg de Beauvais.

Masse, *chef de bureau à la petite vitesse au chemin de fer*, rue de Lamorlière, 32.

Masse, *employé*, Grande-Rue, 67, au Petit-St.-Jean.

Masse, *md de fromages*, rue du Vivier, 16.

Masse, *logeur*, Grande-Rue, 1, au Petit-Saint-Jean.

Masse père, *architecte*, rue Gribeauval, 3.

Masse, *cabaretier*, rue de la Hotoie, 8.

Massenot, *architecte*, boulevard du Mail, 55.

Massin, *employé*, rue du Lycée, 16.

Masson, *débitant*, route d'Albert, 16.

Masson, *commis. local*, rue J. Masson, 12, à Longpré.

Masson (veuve), *rentière*, Grande-Rue, 8, à Montières.

Masson et Caille, *négociants*, rue Saint-Denis, 48.

Masson, (Vᵉ), *jardinière*, chaussée Saint-Acheul, 71.

Masson, *ancien notaire*, rue du Pet.-Fg-de-Noyon, 94.

Masson-Wattebled, *cultiv.*, r. Jos-Masson, 12, à Longp.

Masson, *épicier*, rue de Beauvais, 128.

Masson(Vulfran), *cultiv.*, Grande-Rue, 64, à Longpré.

Masson-Dupuis, *cultiv.*, Grande-Rue, 64, à Longpré.

Masson, *cultivateur*, rue de la Montagne-aux-Chevaux, 37, faubourg Saint-Maurice.

Masson (veuve), *cultiv.*, Gr.-Rue, 55, à Sanit-Maurice.

Masson (Mlle), *rentière*, chaussée Saint-Pierre, 41.

Massot (Désiré), *boisselière*, rue des Verts-Aulnois, 20.

Massoulé, *teinturier*, rue des Teinturiers, 35.

Mathews, *contre-maître*, rue des Panniers, 1.

Mathieu frères, *propriétaires*, rue Pierre-l'Ermite, 2.

Mathieu (veuve), *épicière*, rue de la Neuville, 45.

Mathieu (veuve), boulevard Fontaine, 24.

Mathieu (Mlle), *rentière*, rue Pierre-l'Ermite, 2.

Mathiotte, *hôtelier et cafetier*, rue de Noyon, 42.
     Marchand de vins en gros, rue Saint-Fuscien, 25.

Mathon de Halloy, *rent.*, rue Sire-Firmin-Leroux, 6.

Mathon (Mme), *fripière*, rue Saint-Germain, 3.

Mathon (veuve), *propriétaire*, rue Saint-Jacques, 91.

Mathon, *chef d'équipe*, rue de la Neuville, 47.

Mathon, *prêtre*, rue Castille, 12.

Matifas, *agent de police*, rue des Corroyers, 64.

Matifas père, *rentier*, route d'Albert, 94.

Matifas, *chiffonnier*, rue du Bicêtre, 13.

Matifas-Boinet, *boucher*, place Saint-Denis, 29.
  Ecurie passage St-Denis.
Matifas-Hubaut, *rentier*, rue des Saintes-Maries, 23.
Matifas-Petit, *rentier*, rue des Augustins, 12.
Matifas (Mlle), *rentière*, quai de la Somme, 76.
Matifas, *teinturier-dégraisseur*, rue Saint-Leu, 68.
Matifas (veuve), *rentière*, rue Saint-Leu, 121.
Matifas-Magnier, *graisseur au chemin de fer*, rue
  Legrand-Daussy, 17.
Matifas-Lapostolle, *rentier*, rue du Lycée, 79.
Matifas (veuve), *rentière*, rue Martin-Bleu-Dieu, 24.
Matifas, *cordonnier*, rue Duméril, 10.
Matifas, *employé*, passage de la Comédie, 6.
Matifas-Larozière, *employé*, rue Saint-Jacques, 116.
Matifas, *boucher*, rue Saint-Jacques, 69.
Matifas-Boulanger (veuve), *rentière*, rue Cozette, 20.
Matifas (Clémentine), *rentière*, rue Damis, 6.
Matifas-Drévelle, *boucher*, rue des Vergeaux, 33.
Matifas-Digeon, *quincaillier*, rue des Vergeaux, 11.
Matifas-Dhorloge (ve), *bouchère*, rue Saint-Germain, 4.
  ¶ Fonderie de suif rue Haute-des-Tanneurs, 34.
Matifas (veuve), *rentière*, boulevard de l'Est, 61.
Matifas, *tripier*, rue Saint-Roch, 16.
Matifas-l'Etoile, *boucher*, rue des Tripes, 38.
Matifas-Lebel, *md de crépins*, rue des Tripes, 36.
  Magasin, même rue, 37.
Matifas-Carton, *boucher*, place Saint-Denis, 9.
Matifas-Carbonnet, *boucher*, pl. du M.-aux-Herbes, 54.
  Remise, passage St-Denis.
Matifas, *garçon d'abattoir*, imp. de la r. Ledieu, 2.
Matifas-Delacourt (ve), *lingère*, boul. St-Charles, 33.
Matifas, *rentier*, rue Desprez, 9.
Matifas-Debray, *boulanger*, rue des Orfèvres, 18.
Matifas (Eugène), *employé*, rue Le Mattre, 33.
Matifas, *avoué*, cloître de la Barge, 13.
Mauduit (veuve et fils), *rentiers*, rue Saint-Fuscien, 39.
Mauduit (Mme), *rentière*, rue de la Hotoie, 60.
Mauguy, *bonnetier*, rue de Beauvais, 101.
Mauguy, *tonnelier*, rue Basse-Notre-Dame, 8.
Maulisse, *peintre en décors*, rue du Mail, 5.

Maumenée (Mme), *com. en gr.* rue des Briques, 9.

Maupin, *loueur en garni*, place Saint-Denis, 67.

Maurey, *ministre*, rue de Narine, 36.

Maurice, *barotteur*, rue Ledieu, 42.

Maurice (Vincent), *jardinier*, rue Bel-Air, 10, à Boutillerie.

Maurice-Magnier, *mercier*, rue Duméril, 29.

Maurice et Picart (*maison de commerce*), rue Basse-Notre-Dame, 24.

Maurice, *négociant*, rue Contrescarpe, 4.

Mausuy, *boulanger*, rue de Noyon, 27.

   - Magasin, rue du Loup, 11.

Mautor, *clerc de notaire*, rue Gresset, 11.

Mazan (veuve), *sage-femme*, rue du Chapitre, 6, à Renancourt.

Mazan (v^e) *rentière*, Grande-Rue, 25, Petit-Saint-Jean.

Mazier, *épicier, charcutier*, rue Ledieu, 6.

Mazier (veuve), *débitante*, grande rue St-Maurice, 142.

Mazier, *couvreur*, rue des Minimes, 21.

Mazinghem (de), *propriétaire*, rue Saint-Louis, 21.

Mécrain-Boez, *tailleur, marchand de toiles*, rue des Orfèvres, 33.

Meillassoux, *contre-maître*, île Saint-Germain, 14.

Mellier-Madry, *assurances*, rue Martin-Bleu-Dieu, 35.

Mémorial (le), rue Gresset, 21.

Menard, *économe au Lycée*, rue du Lycée, 40.

Ménage (Alfred), *avoué*, rue Porte-Paris, 19.

Mennechet, *juge*, rue Saint-Dominique, 56.

Menessier (Mlle), *rentière*, rue Damis, 12.

Menissier, *épicier*, rue Gresset, 42-46.

Mention, *rentier*, rue de Narine, 31.

Mention (Mme), *rentière*, rue de Beauvais, 126.

Mention, *commis*, rue des Cordeliers, 19.

Mention (veuve), *rentière*, rue de Narine, 33.

Mention, *employé*, rue Le Mattre, 52.

Mention, *rentier*, rue Verte, 8.

Mention (veuve), *débitante*, rue du Moulin-du-Roi, 13.

Mercadier, *md. de ferraille*, rue Verte, 42.

Mercher (v^e), *hortillonne*, r. Jacquart, 7, faubg de Hem.

Merchez, *menuisier*, rue de Narine, 67.

Mercier, *tailleur*, rue des Trois-Cailloux , 10.

Mercier-Guillain , *débitant*, route d'Allonville , 45.

Mercier-Crare , *nouveautés*, rue des Trois-Cailloux , 4.

Mercier, *garç. de mag.*, r. des Huguenots, 80, faubourg
     de Beauvais.

Mercier, *épicier*, rue des Trois-Cailloux , 47.

     Magasin rue du Camp-des-Buttes, 4.

Mercier, *maçon*, rue Gaudissart, 11.

Mercier-Godard , *laitier* , rue St-Leger, 26, à Longpré.

Mercier, *épicier*, rue de l'Union , 49.

Mercier, *mécanicien*, rue Vascosan, 55.

Mercier, *instituteur*, route d'Abbeville, 209, Montières.

Mercier, *voyageur de comm.*, route de Paris, 127.

Mercier (veuve), *rentière*, r. des Corroyers, 18.

Merelle , *débitant*, rue de la Barette , 56.

Merlé , *som. élastiques*, rue Haute-des-Tanneurs, 11.

Herlé, *commis greff. au trib.*, rue des Capucins, 31.

Merlier, *rentier*, rue du Fossé , 10.

Merlin , *rentier*, route de Rouen, 5.

Merlin , *rentier*, rue de Beauvais , 116.

Merque , *maréchal*, route d'Albert, 29.

Mertz , *rentier* , rue Voiture, 14.

Méruque (François), *rentier*, rue Le Mattre, 6.

Mesnil , *serrurier en voitures*, rue de Rumigny, 44.

Messageries générales , remise rue des Jacobins, 65.

     —   impériales , rue des Trois-Cailloux , 18.

Messier-Debausseaux , *entrepôt d'ardoises*, rue Le-
     dieu, 101.

Messio-Roblot , *boulanger*, rue des Sergents, 23.

Mestier, *professeur*, rue de Narine, 36.

Meuleman , *cafetier*, boulevard de l'Est, 9.

Meusnier, *relieur et logeur*, r. des Doubl.-Chaises, 21.

Meurger, *pharmacien*, rue de Beauvais , 11.

Meurisse, *rentier*, rue Neuve-des-Wattelets , 8.

Meusnier, *tabac*, rue de la Hotoie, 47.

Meyer, *restaur. de tableaux*, passage du Commerce, 11.

Miannay (Paul), *ménager*, rue du Bicêtre , 24.

Miannay, *fruitier*, chaussée Saint-Pierre , 53.

Michaux, *jardinier et ménager*, rue des Cruchons ,
     8, faubourg Saint-Pierre.

Michel, *md ambulant*, place du Don, 5.

Michonneau, *hôtelier*, rue des Jacobins, 20-22.

Midelet, *employé*, rue des Becquerelles, 9.

Mignot, *cabaretier*, chaussée de Noyon, 115.

Mille (veuve), *teinturière*, r. du faubourg de Hem, 2.

Mille, *lanier*, rue Verte, 45.

Mille, *plombier*, rue du Chapeau-de-Violettes, 4.

Mille et Boileau, *mds de laines*, petite rue St.-Remi, 2.

Mille (Mlle), *rentière*, rue des Jardins, 62.

Mille (v^e), *mde. de draps*, r. Mazagran, 7.

    Maison de vente, rue des Vergeaux, 39.

Mille (veuve), *couturière*, rue Vascosan, 36.

Mille (Et.), *ménager*, rue de la Terrière, 16, à la
    Neuville.

Mille (veuve), *rentière*, rue des Wattelets, 36.

Mille, *nég. en laines*, rue des Trois-Cailloux, 117.

Mille (Nic.), *ménager*, rue Neuve-de-Conty, 12.

Mille, *tondeur*, rue Riquier, 29.

    Tondeuse mécanique quai de la Passerelle, 7.

Mille (veuve), *hortillone*, à l'Agrapin, 17.

Mille, *hortillon, commiss. local*, à l'Agrapin, 19.

Mille père, *hortillon*, à l'Agrapin, 23.

Mille-Pelletier, *hortillon*, rue Voyelle, 2, à la Neuville.

Mille (v^e), *hortillone*, rue du Bois, 16, à La Neuville.

Mille, *mécanicien*, rue de la Neuville, 37.

Mille-Mallet, *jardinier*, petit faubourg de Noyon, 59.

Mille (Gustave), *propriétaire*, rue Saint-Martin, 3.

    Maison de commerce, rue Saint-Martin, 3.

    Atelier rue des Marissons, 46.

Millet, *rentier*, rue de la Neuville, 57.

Millet, *caissier*, rue Henri IV, 12.

Millet, *conduct. de trains*, rue Daire, 73.

Millevoye, *représ. de commerce*, rue Basse-Notre-
    Dame, 18.

Million (veuve), *logeuse*, rue de Metz, 46-48.

Million-Béges, *tapissier*, rue Saint-Médard, 7.

Million, *brocanteur*, rue de Metz, 26.

Millot fils, *md en gros*, rue des Jacobins, 7.

Millot-Legendre (Mme), *rentière*, r. des Jacobins, 52.

Milou, *juge de paix* à Albert, boulev. Longueville, 48.

Milvaux, *retordeur*, quai de la Passerelle, 5.

Milvaux (veuve) *charcutière*, r. du faub. de Hem, 119.

Milveaux, *employé*, rue Neuve-Saint-Honoré, 23.

Minard, *épicier*, rue Rohaut, 42.

Minard (Mme), *sage-femme*, place des Minimes, 5.

Minax, *rentier*, rue Neuve-de-Conty, 39.

Minotte-Lebel, *rentier*, chaussée Périgord, 163.

Minotté, *receveur de rentes*, boulevard de l'Est, 24.

Minotte N. et Cᵉ, *articles d'Amiens*, r. St.-Martin, 9.

    Magasin petite rue Saint-Remi, 3.

    Teinture rue de la Citadelle, 13.

Mirocourt, *contre-maître*, rue du faubg. de Hem, 28.

Mitiffeu (Vᵉ et Mˡˡᵉˢ), *propriét.*, boulev. du Mail, 37.

Mitiffeu (veuve), *propriétaire*, place Saint-Denis, 32.

Mitiffeu, *avoué*, place Saint-Denis, 32.

Mitiffeu (Mademoiselle), place Saint-Denis, 32.

Mohr (veuve), *rentière*, place Longueville, 27.

Mohr (A.), *profess. de musique*, r. Saint-Louis, 37.

Mohr (D.), *profess. de musique*, pl. Longueville, 27.

Moignard, *ménager*, md. de fourr., r. de Paris, 21.

Moignard, *ménager*, route de Paris, 20.

Moilon, *vétérinaire*, rue de la Barette, 35.

Moinet, *propriétaire*, rue Contrescarpe, 1.

Moinet, *gérant*, rue des Trois-Cailloux, 19.

Moinet (veuve), *revenderesse*, r. des Doub.-Chaises, 16.

Moinet (J.) et Cie, *négociants*, rue Saint-Leu, 30.

Moinet, *rentier*, rue Duminy, 7.

Moiret, *tailleur*, rue des Sergents, 7.

Moissant (Mme), *mde à la toilette*, rue du Don, 22.

Moisset ✳, *cons. à la Cour impér.*, rue St-Louis, 40.

Moitié (et Mlles), *rentiers*, rue St.-Roch, 18.

Moitié-Magnier, *grainetier*, pl. du M.-aux-Herbes, 33.

    Magasin rue des Doubles-Chaises, 8 A.

Moitié (Mlle Dauzet), *mde de tabacs*, rue des Rabuissons, 85.

Moitié, *débitant*, rue de Noyon, 49.

Moitié, *sculpteur*, rue Saint-Dominique, 6.

Moitié, *md de meubles*, rue des Verts-Aulnois, 36.

    Magasin rue des Bouchers, 13.

    — rue des Capucins, 27 F.

Moitié, *menuisier*, rue des Francs-Mûriers, 7.
Mollet, *clerc de notaire*, rue Neuve, 3.
Mollet, *prêtre*, à Saint-Acheul.
Mollet-Choquet, *rentier*, place Saint-Michel, 10.
Mollet (Vulfran), *fabricant*, rue Gresset, 12.
    Fabrique r. Jacquard, 37, faub. de Hem.
Mollet-Fortin et Cie, *négociants*, rue St-Jacques, 82.
Mollet (Paul), *filateur*, boulevard Saint-Jacques, 31.
Mollet-Desjardins, *art. d'Amiens*, rue de Noyon, 38,
    et rue Henri IV, 15.
    Ateliers, rue des Majots, 69.
Mollet-Warmé (veuve), *rentière*, rue du Loup, 15.
Mollet, *fab. de pannes et tuil.*, chem. de Saveuse, 40.
Mollet (Jules), *propriétaire*, rue Napoléon, 17.
Mollien (l'abbé), *directeur de la maîtrise*, rue du
    Loup, 42.
Molliens-Baclet, *boucher*, rue des Jardins, 26.
    Abattoir rue du Marais, 37, à la Neuville.
Molliens, *employé de commerce*, rue St-Leu, 93.
Momy-Flament, *rentier*, rue de Metz, 42.
Monard-Delahaye, *mercier*, rue des Vergeaux, 74.
Moncomble (veuve), *rentière*, rue des T.-Cailloux, 126.
Monconduit, *restaurat. et cafetier*, b. de l'Est, 1.
Moncourt-Viseux, *épicier*, rue des Capucins, 5.
Moncourt, *lithographe*, rue Saint-Martin, 6.
Moncourt (Laurent), *tailleur*, r. Saint-Jacques, 46-48.
Moncourt, *perruquier*, faubourg de la Hotoie, 12.
Mongrenier, *rentier*, r. des 2 Ponts, 3, Petit-St-Jean.
Mongrenier, *concierge*, rue du faubourg de Hem, 208.
Monmert, *cafetier*, rue des Trois-Cailloux, 36.
Monmert (Alexandre), *employé*, rue de l'Écluse, 5.
Monmert, *régisseur de la poissonnerie*, *en retraite*
    rue des Wattelets, 19.
Monmert (Henri), *ancien secrétaire de mairie*,
    boulevard Saint-Jacques, 53.
Monmert (Paul), *professeur de musique et rentier*,
    rue Caumartin, 11.
Monmert-Joly, *rentier*, rue du Fossé, 8.
Monmert, *boulanger*, rue du Quai, 49.
Monmert-Joly (veuve), *rentière*, r. Pierre-l'Ermite, 21.

Monmert (veuve), *prop.*, boulevard Saint-Jacques, **63.**

Monmert (Ed.), *sous-secrétaire à la mairie,* boulev. Saint-Jacques, **63.**

Monnier , *rentier,* esplanade de Beauvais , **2.**

Monnier, *agent de police,* rue Gresset, **46.**

Montandon , *chef de dépôt,* à la Gare.

Moore, *chef d'installation au gaz,* rue de Metz, **50.**

Monfait (Mlle), *mde de lait,* rue de la Filature, **6.**

Montgrenier, *fruitier,* rue des Capucins, **32.**

Montpetit, *boulanger,* rue St-Honoré, **25,** fg de Beauv.

Montpetit , *vicaire,* rue Saint-Leu , **47.**

Mons (de) , *propriétaire,* rue des Jacobins , **37.**

Monsigny , *fruitier,* rue Haute-des-Tanneurs , **72.**

Montigny, *commis à pied,* rue Duméril , **45-47.**

Mont-Rocher (de) , *commis de direction,* rue Robert-de-Luzarches , **9.**

Monvoisin , *charcutier,* Marché aux Herbes , **22.**

Moquet de la Motte, *cons. des hyp.,* rue St.-Louis, **32.**

Morand , *paveur,* route de Rouen , **167.**

Morand , *menuisier,* rue de Narine , **61.**

Magasin rue Blassel, **2.**

Morand , *rentier,* petite rue du Quai, **8.**

Morand (veuve), *rentière,* rue des Jardins , **48.**

Moranv , *employé,* rue des Jardins, **48.**

Morand , *maréchal,* Marché-au-Feurre , **29.**

Morand (Mlle) , *rentière,* rue Castille , **23.**

Morand, *fruitier,* route de Rouen, **50.**

Moreau , *empl. à la mairie,* pet. rue Saint-Remi , **23.**

Moreau , *épicier,* rue Saint-Jacques , **103.**

Moreau (P.), *clerc de notaire,* r. Contrescarpe, **17-19.**

Moraux, *anc. bedeau de la cathéd.,* rue du Vivier, **68.**

Mordac , *brigadier des garde-champêtres,* rue du Faubourg-de-Hem , **36.**

Morel , *md forain,* rue Blanquetaque , **13.**

Morel, *plafonneur,* rue de la Voirie, **73.**

Morel, *cabaretier,* place Périgord , **9.**

Morel (Ch.) , *md forain,* rue Saint-Honoré , **70.**

Morel (veuve), *rentière,* r. Neuve-Saint-Dominique, **2.**

Morel , *propriétaire,* rue de Noyon , **36.**

Morel , *propriétaire,* rue Saint-Denis , **52.**

Morel (Emile), *greffier en chef à la Cour impériale*, rue Neuve-Saint-Dominique, 2.

Morel-Billet, *cabaretier*, rue des Majots, 80.

Morel-Delarouzée, *rubans de soie*, r. des T.-Cailloux, 6.

Morel, *serrurier*, rue du Bout-Cacq, 3.

Morel (veuve), *hortill.*, r. du Marais, 9 b, à la Neuville.

Morel, *fab. de briques*, rue de l'Eglise, 11, à Montières.

Morelle-Maillet (veuve), rue du Lycée, 4.

Morel-Delignières, *négociant*, rue de Bray, 18, et rue des Vergeaux, 44.

Morel-Cornet, *propriétaire*, rue Gribeauval, 2.

Morel de Boucourt, *propriétaire*, r. St-Dominique, 15.

Morel-Bazin, *rouenneries*, Marché-aux-Herbes, 46.

Morel (Mme), *modes*, rue des Chaudronniers, 6.

Morel (Théophile), *charpentier*, rue Laurendeau, 104.

Morelle, *fact. à la poste*, passage Lenoël, 1.

Morelle, *vicaire-général*, place Saint-Michel, 1.

Morel, *employé*, rue de Lamorlière, 1.

Morel (Alphonse), *couvreur*, rue de Lamorlière, 1.

Morel (Mlle), *rentière*, rue de Lamorlière, 11.

Morgan ✳ (Ad. de), *prop., membre du conseil général*, rue Neuve, 18.

Morgan (la baronne veuve de), rue du Port, 21.

Morgan (baron de), *propriétaire*, rue du Port, 21.

Morgan (Mlle de), *propriétaire*, rue du Port, 21.

Morgan de Maricourt (de), *prop.*, rue Constantine, 13.

Morgan, *md ambulant*, rue des Briques, 10.

Morillon, *menuisier*, rue des Majots, 20.

Morin, *cabaretier*, rue de Beauvais, 106.

Morin, *contrôleur du timbre*, boulevard du Mail, 89.

Morin, *mécanicien*, rue de Lamorlière, 13.

Morris (veuve), *rentière*, rue Saint-Geoffroy, 21.

Morisset, *vérificat. des domaines*, rue St-Louis, 42.

Moronval (veuve), *rentière*, r. Neuve-des-Capucins, 26.

Mortreux, *ménager*, rue des Bonnards, 15.

Mortreux (veuve), *propriétaire*, boulev. de l'Est, 91.

Mortreux aîné, *md de charb. en gr.*, r. de l'Ecluse, 11.

Morviller-Léchopier, *fondeur de métaux*, chaussée de Noyon, 109.

Morvillez, *employé*, chaussée de Noyon, 99.

Moser, *fabricant de bijoux*, rue des Orfèvres, 46.

Moteau, *employé au télég.*, Logis-du-Roi, 3.

Motte (baron de la), *insp. des haras*, r. St.-Louis, 68.

Mouchet (veuve), *rentière*, cloître de la Barge, 5.

Moulin, *censeur*, rue du Lycée, 40.

Mouille (Mme), *loueuse en garni*, boulevard Saint-Jacques, 27-29.

Moullart et Sauvage, *art. d'Amiens*, r. des Sergents, 47.

Moullart, *md de déchets*, rue des Tripes, 30.

    Magasin rue du Don, 2.

Moullart-Poiré (veuve), *hôtel.*, pl. de l'Hôtel-de-V., 15.

Moullart-Balin, *md en gros*, rue Saint-Fuscien, 6.

Mouret, *rentier*, route d'Allonville, 76.

Mouret, *coiffeur*, rue des Chaudronniers, 27.

Mouret (veuve), *commissionnaire pour les tissus*, rue des Sergents, 54.

Mouret fils, *employé*, rue des Sergents, 54.

Mouret-Arrachart (veuve), *rentière*, rue Neuve, 11.

Mouret (Mlle), *rentière*, r. du Chapeau-de-Violettes, 14.

Mouret (Alexandre), *négociant*, rue St.-Roch, 24-26.

    Maison de vente, rue du Bloc, 7.

Mouronval père, *rentier*, rue des Vergeaux, 23.

Mouronval-Abraham, *épicier*, rue des Vergeaux, 23.

Mouy (Hipp.), *hortillon*, r. du Marais, 89, à la Neuville.

Mouy-Becquet, *hortillon*, r du Marais, 80, à la Neuv.

Mouy (veuve), *ménagère*, r. du Marais, 90, à la Neuv.

Mouy (Fr.), *hortillon*, rue du Marais, 79, à la Neuville.

Mouy (Jh.), *hortillon*, r. du Marais, 74, à la Neuville.

Mouy (Luc.), *hortillon*, r. du Marais, 87, à la Neuville.

Mouy (ve), *hortil.*, rue du Marais, 26, à la Neuville.

Mouy, *teinturier-dégraisseur*, rue des Majots, 83.

Mouy (Th.), *hortillon*, r. du Marais, 61, à la Neuville.

Moy, *ménager*, rue de la Gartoire, 9, à Renancourt.

Moyaux, *linger*, passage du Commerce, 14.

Moyècle, *hortillon*, rue Motte, 5.

Moyècle (Mlle), *institutrice*, rue de Metz, 38.

    Maison de campagne, chaussée Saint-Acheul, 1.

Moyècle, *ménager*, rue de l'Union, 30.

Moyencourt, *serrurier*, rue des Crignons, 4

Moyse (veuve), *rentière*, rue Verte, 25

Moyse-Voiturier, *ménager*, route de Rouen, 149.

Muchambled, *débitant*, rue du Petit-Saint-Roch, 50.

Muchenbled, *épicier*, rue de la Hotoie, 46.

Mullet (Mlle Rosa), *rentière*, r. Neuve-des-Minimes, 34.

Mullier (veuve), *ménagère*, rue du Petit-Faubourg-de-Noyon, 87.

Mullier, *bottier*, rue des Ecoles-Chrétiennes, 6.

Mulot, *curé*, rue du faubourg de Hem, 61.

Musée (le), rue des Rabuissons, 48.

Mutel, *agent de police*, r. Neuve-des-Pet.-Champs, 14.

N.

Nadillac (de), *surveillant*, rue de Narine, 36.

Nallé, *contre-maître*, rue de la Vallée, 33.

Nampty (veuve de), *rent.*, r. des Ecoles-Chrétiennes, 26.

Natier-Pers, *voyageur*, rue des Vergeaux, 67.

Nationale (la) bureau rue des Sœurs-Grises, 2.

Naudé (Mlle), *rentière*, rue Pierre-l'Ermite, 2.

Naudé-Beaucousin et fils (veuve), *négts en denrées coloniales*, rue des Saintes-Maries, 12.

Naudin, *sous-direct. au télégraphe*, r. St-Remi, 2.

Navarre, *notaire, cons. gén.*, r. des T.-Cailloux, 110.

Navel (Mlle), *propriétaire*, rue des Rabuissons, 62.

Navelle, *rentier*, rue Saint-Fuscien, 26.

Navier, *rentier*, Marché-aux-Herbes, 28.

Nazet, *contre-maître fondeur*, ch. de Noyon, 113.

Nègre, *empl. au ch. de fer*, rue du Bloc, 8.

Négry-Gérard, *papetier*, rue Saint-Leu, 162.

    Magasin rue de Ville, 18.

Nellis (Mlle), *modiste*, Logis-du-Roi, 14.

Nerville (Paul de), *banquier*, rue des Jacobins, 5.

Netterschein, *coupeur d'habits*, r. du Gr.-Vidame, 57.

Neveu (veuve), *prop.* à Bacouël, r. N.-St-Honoré, 6.

Nibart, *bimblotier*, boulevart Guyencourt, 71.

Nicolle, *surveillant au chemin de fer*, à la Gare.

Niquet, *cond. de trains*, rue Malakoff, 36.

Niquet-Soellier, *fabric.*, rue Canteraine, 6.

Niquet, *peintre*, rue du Lycée, 9.

Niquet (Paul), *md de charb.*, r. du Pont-Piperesse, 1.

19.

Niquet, *md de casquettes*, rue Saint-Germain, 35.

Niquet, *employé de commerce*, route d'Albert, 33.

Niquet, *épicier*, rue des Trois-Cailloux, 81.

Niquet (Hipp.), *tisseur*, Grande-Rue, 40, à Longpré.

Niquet, *md. de pains d'épices*, rue de Rumigny, 8.

    Boutique place Longueville.

Niquet, *bains*, rue de Rumigny, 76.

    Etablissement rue Le Maitre, 69.

Niquet, *libraire*, place Saint-Denis, 49.

Niquet (Alb.), *tisseur*, Grande-Rue, 8, à Longpré.

Niqueux, *commissaire de surveill. au chemin de fer*,
    rue Bellevue, 20.

Noblesse, *cordonnier*, rue de l'Aventure, 31.

Noblesse-Lefebvre, *épicier*, rue de la Hotoie, 84.

    Magasin boulevard Saint-Jacques, 5.

Noblesse, *md de vins*, rue Saint-Leu, 85.

Noblesse (Mme), *modiste*, rue des Rinchevaux, 15.

Nocq, *rentier*, rue de Rumigny, 31.

Nocq, *employé à la préfecture, dépôt d'habillement
    etc., pour pompiers*, rue du Bout-Cacq, 61.

Noël, *rentier*, boulevard Fontaine, 56.

Noël-Dubois, *md de fourrures*, rue des Vergeaux, 24.

Noël-Decroix, *md de nouveautés*, r. des Vergeaux, 41.

Noël (Alp.), *mécanicien*, rue de Lamorlière, 31.

Noël, *mécanicien*, rue du Bastion, 24.

Nœuvéglise, *juge de paix*, boulevart de l'Est, 77.

Noircler, *empl. au télégraphe*, rue Malakoff, 15.

Noiret, *employé*, rue des Jardins, 75.

Noiret-Vautrin (veuve), *rent.*, r. Martin-Bleu-Dieu, 31.

Noiret, *cabaretier*, rue des Cordeliers, 31.

Noiseau, *md de moutons*, r. du Christ, 2-4, à Montières.

Nollent (Fr.), *cont.-maître*, r. du Marais, 18, à Renanc.

Nollent-Capy, *propriét.*, route de Paris, 36.

Nollent, *propriét.*, rue Martin-Bleu-Dieu, 6.

Nollent-Lamarre, *tisseur*, Grande-Rue, 68, à Longpré.

Nord (le), bureau rue Martin-Bleu-Dieu, 35.

Normand-Boucher, *cultivateur*, route d'Albert, 180.

Normand-Landon, *linger*, rue des Chaudronniers, 11.

Normand, *comptable*, rue de la Sablière, 32.

Normand (ve), *md de cottrets*, r. des Doub.-Chaises, 15.

Normand-Pipaut, *voyageur*, rue Montplaisir, 5.
Normand père, *rentier*, rue Montplaisir, 5.
Normand, *artiste peintre*, rue Castille, 26.
Normandie (veuve), *rentière*, rue Verte, 49.
Nourry, *charpentier*, rue d'En-Bas, 4, à Longpré.
Nourry, *concierge*, rue des Rabuissons, 67.
Noury, *épicier*, route de Paris, 120.
Noyelle (veuve), *rentière*, passage des Capucins, 10.
Noyelle, *rentier*, boulevard Saint-Jacques, 93.
Noyelle-Lenoël (Ch.), *propr.*, place Longueville, 17.
Nurit, *tailleur et logeur*, rue Saint-Germain, 57.

O.

Obert, *propriétaire*, rue Saint-Fuscien, 43.
Oberlique, *clerc de notaire*, rue Montplaisir, 13.
Objois (Théophile), *propriét.*, rue du Bout-Cacq, 30.
Objois (Mlle), *rentière*, chaussée de Noyon, 62.
Obry (veuve), *débitant*, rue des Saintes-Claires, 44.
Obry père, *juge*, rue des Jacobins, 75.
Obry, *avocat*, rue des Jacobins, 75.
Obry, *cafetier*, place Périgord, 2.
Octroi (bureau central), place de l'Hôtel-de-Ville, 4.
Odille (ve), *confect. pour dames*, r. des T.-Cailloux, 48.
Oger, *ménager*, rue du Marais, 7, à Montières.
Oger (Aug.), *ménager*, rue des Bonnards, 19.
Oger, *ménager*, impasse des Cruchons, 11.
Oger (veuve), *retordeuse*, rue de la Hotoie, 66.
Oger (Léon), *retordeur*, rue des Corroyers, 36.
Oger-Gorlier, *rentier*, petite rue de la Barette, 4.
Oger (veuve), *rentière*, rue St-Fuscien, 16.
Oger (Mlle), *rentière*, rue Saint-Fuscien, 16.
Oger, *fruitier*, rue Delambre, 4.
Oger, *hortillon*, au Petit-Rivery, 37.
Oger, *cultivateur*, rue du Marais, 16, fg. Saint-Pierre.
Ogez, *huissier à la mairie*, rue des Verts-Aulnois, 5.
Oger-Lombard, *march. d'engrais*, r. de la Voirie, 125.
Oger-Leclercq, *aubergiste*, route d'Albert, 28.
Oger (ve), *cultivatrice*, r. des Bonnards, 19, fg St-Pierre.
Oger, adjoint à Villers-Bocage, *rentier*, rue Damis, 28,

Oger, *receveur d'octroi*, à la porte Noyon.
Oger, *fruitier*, rue des Trois-Sausserons, 16.
Oger, *fabricant*, boulevard de l'Est, 87.
Oger et Vasseur, *fabricants*, petite rue de la Barette, 8.
Ogez, *cultivateur*, route de Doullens, 153.
Ogez, *cultivateur*, route de Doullens, 22.
Ogez, *tailleur*, rue des Majots, 22.
Olive, *boulanger*, rue du Hocquet, 123.
Olive, *commis à pied*, rue du Hocquet, 123.
Ollis, *prof. d'anglais*, place Saint-Denis, 50.
Olry, *luthier*, rue Duméril, 24.
Olry, *empl. à la préf.*, rue Duméril, 24.
Operon, *ancien notaire*, boulevard de Beauvais, 66.
Oratoire (l'), *couvent*, rue de l'Oratoire, 1.
Oratoire (maison de l'), sur la place, à la Neuville.
Orrier, *employé*, rue des Saintes-Maries, 3.
Orville (Mlle), *maîtresse de pension*, r. Voiture, 56.
Ossart, (veuve), *rentière*, rue de l'Aventure, 5.
Oudit, *étameur*, route de Paris, 37.
Oudit-Gaillet, *étameur*, route de Paris, 208.
Ourière, *missionnaire*, chaussée de Noyon, 3.
Outrequin, *brossier*, rue des Chaudronniers, 2.
Outrequin-Carton, *épicier*, chaussée Saint-Pierre, 12.

P.

Padieu, *docteur en médecine*, rue de Beauvais, 35.
Padot, *cabaretier*, rue Saint-Honoré, 66.
Padot, *md de bois*, rue Sylvius, 8.
Page (Annette), *rentière*, boulevart Fontaine, 58.
Pagnon, *rentier*, chaussée Périgord, 127.
Paillart, *cabaretier*, rue Haute-des-Tanneurs, 2.
Paillart-Lecocq, *rentier*, rue de la Pâture, 32.
Paillart, *médecin*, rue de la Pâture, 32.
Paillart (veuve), *logeuse*, rue Verte, 57.
Paillart père et fils, *entrepreneurs de vidanges*, rue du
 Bas-Vidame, 10.
  Dépôt d'engrais, route de Rainneville.
Paillat ✳, *rentier*, boulevard Saint-Michel, 6.
Paillat-Porion (veuve), *rentière*, boul, St-Michel, 26.

Painblan-Dupont, *papetier*, rue des Trois-Cailloux, 9.
Palyart-Mancel, *rentier*, rue Saint-Fuscien, 63
Pancier, *md de vins*, rue du Lycée, 45.
Pangou, *recev. du timbre*, rue Saint-Fuscien, 30.
Pannier, *huissier*, cloître de l'Horloge, 6.
Pansiot, *employé*, rue Dijon, 39.
Pape (de), *rentier*, boulevard Fontaine, 38.
PAPETERIE DE PROUZEL, dépôt r. Neuve-des-Minimes, 11.
Papin, *sculpteur*, rue de l'Aventure, 11.
Papin, *portier de l'évéché*, place Saint-Michel, 1.
Papin, *empl. de comm.*, rue des Corps-Nus-s.-Têtes, 9.
Pardinel, *sous-chef de gare*, à la Gare.
Parent, *entrepr. de dilig.*, rue des Jacobins, 3.
Parent, *employé*, rue des Jardins, 43.
Parent (Alex.), *rentière*, rue du Cloître-Not.-Dame, 20.
Parent, *cabaretier*, rue des Tripes, 19.
Parent-Delamarre, *maison d'accouchement*, rue du
       Bastion, 17.
Parent (Mme), *lingère*, chaussée de Noyon, 15.
Paris, *débitant*, rue Gloriette, 5.
Paris, *md de futailles*, rue Saint-Roch, 17-19.
       Magasin rue Fontaine, 25.
Paris (Pierre), *md d'engrais*, rue Saint-Honoré, 120.
Paris (veuve), *rentière*, rue du Petit-Faubourg-de-
       Noyon, 38.
Paris, *rentier*, rue du Vivier, 48, faubourg de Noyon.
Paris, *ménager*, rue du Pinceau, 60.
Paris-Ledien, *débitant*, r. du Petit-Faub.-de-Noyon, 62.
Paris (Léon), *coiffeur*, rue de Beauvais, 122.
Paris (Edouard), *vérificateur des poids et mesures*,
       rue de Beauvais, 71.
Paris (Mlle), *débitante*, chaussée Saint-Pierre, 24.
Paris (J.), *couvreur-plafonn.*, rue Blanquetaque, 47.
Paris, *rentier*, esplanade de Saint-Pierre, 2.
Paris (Rose), *rentière*, rue des Crignons, 8.
Paris, *charron*, rue Saint-Leu, 115.
       Magasin rue des Majots, 64.
Paris (veuve), *mercière*, chaussée de Noyon, 69.
Paris, *recev. à la poissonnerie*, M.-aux-Herbes, 56.
Paris (Louis), *hortillon*, r. du Marais, 63, à la Neuville.

Paris, *ménager*, impasse Montmignon, 8.

Paris-Crignier, *boulanger*, rue de la Hotoie, 5.

Magasin rue Fontaine, 4.

Paris, *charron*, rue du Lycée, 59.

Paris-Corroyer, *fumiste*, rue Gresset, 13.

Atelier rue des Capucins, 8.

Magasin rue Martin-Bleu-Dieu, 25.

Parisis, *chauffeur*, rue Malakoff, 2.

Parisot, *commiss.-pris.*, rue Sire-Firmin-Leroux, 7.

Parment, *épicier*, rue des Jardins, 35.

Parmentier, *chauffeur*, rue de la Vallée, 74.

Parmentier dit Hébert, *horloger*, place St.-Denis, 43.

Parmentier (veuve Joseph) *rentière*, rue de Narine, 65.

Parmentier (v^e), *anc. merc.*, boulev. Longueville, 22.

Parmentier, *logeur*, rue du faubourg de Hem, 155.

Parmentier frères, *voyageur*, rue Desprez, 22.

Parmentier, *cabaretier*, place au Fil, 15.

Parmentier, *percepteur*, rue Saint-Jacques, 102.

Parrost (Ch.), *peign. mécanique*, chaussée Saint-Acheul, 35, à la Neuville.

Parrotti, *propriétaire*, place Saint-Denis, 44.

Pascal, *greffier de juge de paix*, rue Voclin, 27.

Pascal-Froment, *charcutier*, rue de Beauvais, 24.

Pasquier et Gontier, *négoc. en laines*, r. des Coches, 71.

Passage (du), *propriétaire*, place Saint-Denis, 22.

Paternelle (la), bureau rue des Capucins, 28.

Patte-Guilbert, *menuisier*, rue Delambre, 20 D.

Magasin rue des Jardins, 20.

Patte (Ve et Dlle), *rentière*, rue des Jardins, 11.

Patte-Halou, *conducteur*, rue de La Neuville, 67.

Patte, *liquoriste distillateur*, rue des Vergeaux, 28.

Magasin place de l'Hôtel-de-Ville, 17.

Patte (veuve), *rentière*, rue des Jacobins, 58.

Patte-Caron, *boulanger*, route d'Albert, 25.

Patte (veuve), *rentière*, place de l'Hôtel-de-Ville, 11.

Patte, *rentier*, boulevard Saint-Jacques, 49.

Patte, *employé*, rue Ledieu, 39.

Patoux père, *dégraisseur*, rue Canteraine, 47.

Patoux, *débitant*, rue du Hocquet, 69.

Patoux fils, *dégraisseur*, rue d'Engoulvent, 5.

Patronage de Saint-Vincent-de-Paul, rue de Noyon, 32.
Patry, *comptable*, rue Gresset, 76.
Patry, *md de charbons en détail*, rue de l'Union, 58.
Pauchet-Guedon, *faïencier*, rue des Rabuissons, 5.
Pauchet, *épicier*, chaussée de Noyon, 45.
Pauchet, *charcutier et débitant*, gde rue du Quai, 53.
Pauchez (veuve), *rentière*, rue de Beauvais, 15.
Paul-Nollent, *md de déchets de laines*, rue Martin-
    Bleu-Dieu, 6.
Paul, *officier de santé*, rue l'Aventure, 1.
Paul (François), *md de déchets*, boulev. des Frères, 34.
Paul-Barbier (veuve), *propr.*, boulev. des Frères, 34.
Paul, *fab. de chap. de paille*, pass. du Commerce, 12.
Pauquy (veuve), *rentière*, rue R.-de-Luzarches, 6.
Pavie (Th.), *employé*, rue Saint-Leu, 50.
Pavie, *propriétaire*, boulev. Fontaine, 44.
Pavillon-d'Ault, *rentier*, rue de l'Aventure, 13.
Payen (Alfred), *débitant*, rue Saint-Germain, 15.
Payen (Victor), *ménager*, r. du Calvaire, 17, à Renanc.
Payen, *propriétaire*, rue Porte-Paris, 26.
Payen (Léon), *md en gros*, rue Basse-Saint-Martin, 21.
Payen, *laitier*, rue Saint-Léger, 50, Longpré.
Payen, *direct. de fabr.*, rue de l'Écluse, 25.
Payen, *coquetier*, à Rainneville.
    Magasin, place de l'Hôtel-de-Ville, 16.
Payen, *employé*, Marché-aux-Herbes, 44.
Payen (Désiré), *négociant*, rue des Orfèvres, 31.
Payen et Cie, *articles d'Amiens*, place St-Martin, 3.
    Maison de commerce rue Saint-Martin, 5.
Péchin (veuve), *rouenneries*, rue des Vergeaux, 18.
Péchon, *négociant*, rue de la Porte de Paris, 25.
    Remise, rue des Capettes, 12.
Péchon et Briaux, *négociants*, rue Henri IV, 2.
Pecq (Jules), *cabaretier*, boulevard de l'Est, 73.
Pecquet (ve), *ménagère*, rte d'Abb., 226, à Montières.
Pecquet (M.lle), *rentière*, rue de Narine, 13.
Pecquet (Lambert), *cultiv. et laitier*, rue Bel-Air, 14,
    à Bouillerie.
Pecqueur (veuve), *ménagère*, rue de la Ruellette, 2.
Pecqueur, *ménager*, route d'Albert, 114.

Pecqueur (Louis), rue du Longuet, 1, à Montières.
Pécoul (l'abbé), *aumônier*, rue Saint-Geoffroy, 5.
Pécourt, *cabaretier*, rue du Marais, 11, à la Neuville.
Pécourt (veuve), *rentière*, rue Pointin, 12.
Pécourt, *rentier*, rue au Lin, 36.
Pécourt, *contr.-maître*, rue du Moulin-du-Roi, 2.
Pécret (veuve), *épicière*, rue des Corroyers, 102-104.
Pecry-Bellart (veuve), *rentière*, rue des Stes-Maries, 7.
Pecry (Mme), *repasseuse*, passage Saint-Denis, 4.
Pégard (veuve), *rentière*, chaussée de Noyon, 23.
Pelfrenne, *négociant*, rue de Beauvais, 28.
Pelfrenne, *contre-maître de tissage*, petite rue des
     Augustins, 2.
Pellé (veuve), petite rue du Gange, 30.
Pelletier, *débitant*, place Notre-Dame, 13.
Pelletier, *missionnaire*, rue de Narine, 36.
Pelletier (Gust.), *étudiant*, Logis-du-Roi, 3.
Pelletier-Devallois, *hortillon*, rue de la Voirie, 83.
Pelletier (veuve), *rentière*, rue de la Voirie, 67.
Pelletier (Nat.), *hortill.*, r. du Marais, 19, à la Neuville.
Pelletier (Aug.), *jardinier*, rue Motte, 24 B.
Pelletier (Jacq.), *hortill.*, r. du Marais, 7, à la Neuville.
Pelletier (Flor.), *hortill.*, r. du Marais, 76, à la Neuville.
Pelletier, *facteur*, rue du Vivier, 56.
Pelletier (Joseph), *hortillon*, rue du Marais, 40.
Pelletier, *hortillon*, rue du Marais, 14, à la Neuville.
Pelletier (Louis), *hortillon*, r. du Marais, 16, à la Neuv.
Pelletier, *hortillon*, rue Motte, 55.
Pelletier, *contre-maître*, rue des Briques, 31.
Pelletier (Lucien), *ménager*, au Petit-Rivery, 43.
Pelletier (veuve), *rentière*, rue de la Q.-de-Vache, 11.
Pelletier (Mlle), *rentière*, rue Le Mattre, 43.
Pelletier (Mlle Sophie), *rentière*, r. du Cl.-N.-Dame, 8.
Pelletier, *voitur.*, Grande-Rue, 45, au Petit-Saint-Jean.
Pelletier, *menuisier*, place du port d'Aval, 17.
Pelletier (Victorice), *ménager*, Grande-Rue, 101, Petit-
     Saint-Jean.
Pelley, *md. de son*, rue Saint-Leu, 127.
Pennelier, *prop.*, Grande-Rue, 60, au Petit-St-Jean.
Pennelier, *logeur*, rue du Lycée, 42.

Pennelier, *caissier*, place Montplaisir, 3.

Penet, *clerc de notaire*, place Saint-Denis, 22.

Pennet, *prop.*, grande rue de la Veillère, 15.

Penet (veuve et fils), *brasseurs*, rue des Majots, 8-10.

Pépin, *commissaire local et cultivat.*, r. Bel-Air, 13, à Boutillerie.

Pepin, *fermier*, rue Bel-Air, 4, à Boutillerie.

Percheval, *md de tissus*, rue Le Merchier, 6.

Percheval, *md en gros*, rue des Cordeliers, 47.

Pereau, *cafetier*, rue des Trois-Cailloux, 71.

Peretti (veuve), *rentière*, passage des Capucins, 10.

Peretti (Mme), *rent.*, rue du Petit-Fg-de-Noyon, 96.

Peretti, *horloger-bijoutier*, place Périgord, 6.

Peril, *rep. des mines de Béthune*, pl. St.-Denis, 63.

Perlin, *cont.-maît.*, rue des Meuniers, 22, à St-Maurice.

Perlin (veuve), *rentière*, rue du Bicêtre, 16 a.

Perlin (veuve), *rentière*, rue des Orfèvres, 37.

Perlin, *balancier*, rue de Metz, 7.

Périmony (v°), *rentière*, rue de la Queue-de-Vache, 69.

Périmony, *contre-maître*, rue de la Pâture, 48.

Pernot, *logeur*, rue des Capucins, 48.

Péron, *ramoneur et frotteur*, rue du Loup, 12.

Perret, *insp. des cont. ind.*, rue de la Pâture, 29.

Perret, *clerc de notaire*, place Saint-Denis, 22.

Perret (veuve), *cafetière*, rue des Jacobins, 23.

Café rue des Corps-Nus-sans-Têtes, 10.

Perrier, *rentier*, rue de Beauvais, 82.

Perrier (Léon), rue Saint-Martin-des-Champs, 29.

Perron, *empl. au télég.* rue des Ecoles-Chrétiennes, 12.

Pers-Muller, *fabric. de parapl.*, r. des Vergeaux, 53.

Personne, *fruitier*, rue des Gantiers, 34.

Personne-Barbe, *cordonnier*, rue des Jardins, 17.

Péru-Lorel ✳, *propriétaire*, rue Saint-Martin, 18.

Péru fils, *md en gros*, rue Saint-Martin, 18.

Pétain, *cordonnier*, rue de Beauvais, 62.

Pétain (Fr.), *propr.*, petite rue de la Sablière, 39.

Pétain (veuve), *rentière*, boulevard du Mail, 59.

Pétain frères, *propriétaire*, boulevard du Mail, 59.

Petin, *rentier*, rue du Bout-Cacq, 81.

Pétigny (l'abbé), *chapelain*, à la Madeleine,

Petit, *rentier*, rue des Capettes, 5.

Petit-Labbé (veuve), *rentière*, rue de Narine, 43.

Petit-Rioux, *fact. de march.*, rue des Gantiers, 28.

Petit frères , *chapeliers*, rue des Trois-Cailloux , 16.

Petit (Mlle Françoise), *rentière*, rue Canteraine , 37.

Petit ✳, *capitaine en retraite*, rue des Augustins , 12.

Petit, *débitant*, rue Saint-Leu , 164.

Petit (Esmérie), *couturière*, rue Vascosan , 38.

Petit, *sous-inspect. des forêts*, rue du Lycée, 81.

Petit (veuve), *mde forain*, Marché-aux-Herbes , 9.

Petit, *empl. à la préfect.*, rue de la Hotoie, 15.

Petit, *médecin*, rue du Chapeau-de-Violettes, 12.

Petit , *aumón. de la Visitation*, rue Bellevue, 23.

Petit , *jardinier-fleuriste*, rue du Bout-Cacq, 48.

Petit fils , *jardinier* , rue du Bout-Cacq , 48.

Petit, *charcutier*, rue St-Leu, 74.

Petit, *cordonnier*, rue Saint-Leu, 21.

Petit , *avocat*, rue du Camp-des-Buttes , 22.

Petit , *couvreur*, rue Saint-Honoré , 157.

Petit, *fabricant de velours d'Utrecht*, r. du Lycée, 47.

Petit, *fabr. de paillassons*, petite rue de la Veillère, 5.

Petit, *épicier*, rue Voclin , 47.

Petit-Molliens (veuve) , *bouchère*, rue du Hocquet, 82.

Petit, *boucher*, rue du Quai , 67.

Petit (veuve) , *vannière*, rue des Tripes , 11.

Petit, *charpentier*, rue Neuve-d'Allonville, 24.

Petit (Ernest) , *charpentier*, rue Coquerelle , 4.

Petit jeune, *bateau-lavoir* sur la Somme, port d'Aval.

Petit (Eugène), *charpentier*, rue Dijon , 16.

Petit, *vicaire-général*, rue du Cloître-St-Nicolas , 15.

Petites-Soeurs des Pauvres, chaussée de Noyon, 66.

Petyst de Morcourt, *cultiv.*, r. d'Amiens, 5, à Boutillerie.

Petyst d'Authieulle, *propriét.*, rue des Rabuissons, 23.

Peuvion (Louis), rue Bellevue, 40.

Peuvrel, *mécanicien*, rue de la Neuville, 47.

Peuguet, *conducteur de trains*, passage Lenoël, 3.

Pezé-Dengreville, *voiturier*, route de Paris , 133.

Pezé, *menuisier*, rue d'Engoulvent , 11.

Pezé-Leroy, *épicier*, rue Saint-Leu , 5.

Pezé-Debuigny , *employé*, rue H.-des-Tanneurs, 15.

Pezé, *garnis, broderies et applicat.*, rue au Lin , 18.
Pezé-Preux et fils , à Beauval.
  Magasin de toiles rue du Bloc , 6.
Pezé , *employé de commerce,* rue des Jardins, 64.
Pezé, *menuisier en mécanique,* r. des Becquerelles, 13.
Pezé (Mlle), *retordeuse,* rue des Coches, 69.
Phaff , *ajusteur ,* rue du faubourg de Hem , 82.
Phaff, *contre-maître ,* rue Neuve-des-Minimes , 11.
Phénix (le), bureau rue Robert-de-Luzarches, 7.
Philippe, *batelier,* petite rue du Quai , 12.
Philippe, *ferblantier,* rue des Tripes , 31.
Philippe (Amédée) , *chef de bureau à la recette géné-*
  rale, rue Caumartin , 17.
Philippe (L.), *fondé de pouvoir de la maison de*
  Nerville, rue Caumartin , 34.
Philippe (Eugène), *comptable,* rue Caumartin , 34.
Philippe, *conducteur au chemin de fer,* r. des Ecoles-
  Chrétiennes, 10.
Philippe, *rent., représ. de comm.,* rue de la Dodane, 4.
Philippeaux-Joly , *nég.-droguiste,* rue du Bloc, 14.
  Magasin rue Pavée , 27.
  Fabrique de carbonate, rue du F.-Je-la-Hotoie, 116.
Philippeaux fils , *fabricant,* rue Cozette, 14.
  Fabrique de tapis, passage des Sœurs-Grises, 7.
Philippeaux (veuve) , *rentière,* rue Cozette, 14.
Philippet (Mlle) , *rentière,* boulevard du Mail , 85.
Philippet (Mme) et Planger-Bailly , *facteur en mar-*
  chandises, rue Saint-Martin , 12.
Philippet , *épicier,* rue de Beauvais , 116.
Piart, *rentier,* chaussée St-Acheul, 15, à la Neuville.
Picart (Franç.), *ménag.,* r. Fontaine, 14, à Boutillerie.
Picard , *rentier,* rue Robert-de-Luzarches , 13.
Picard (veuve) , *rentière,* rue du Moulin-Neuf, 10 A.
Picardat, *prêtre ,* à Saint-Acheul.
Picart-Bois , *voyageur,* boulevard Saint-Jacques , 39.
Picart-Deflesselle , *propriétaire,* boulev. du Mail , 11.
Picart , *propriétaire,* rue de la Pâture , 30.
Picq-Févez , *rentier ,* rue Saint-Louis , 61.
Pie, *garde du barrage,* quai de la Somme, 184.
Pie, *cultivat. et fact. à la halle,* route de Corbie , 62.

Pie, *gardien du marché de Lanselles*, 8.
Pie (veuve), *rentière*, rue des Lombards. 5.
Pie, *rentier*, boulevard du Port, 6.
Pie (veuve), *cabaretière*, port d'Aval, 5.
Pie, *menuisier*, rue de la Poissonnerie-d'Eau-Doucé, 9.
Piedecocq, *cafetier*, rue du Quai, 45.
Pierrain, *planton de la mairie*, rue des Corroyers, 11.
Pierrain-Lafosse, *propriétaire*, rue de l'Aventure, 6.
Pierré (veuve), *rentière*, rue des Vergeaux, 42.
Pierron, *commis des Douanes*, rue Neuve-des-Petits-Champs, 5.
Pigache, *épicier*, rue Martin-Bleu-Dieu, 19.
Pigeon, *rentier*, rue du faubourg de Hem, 129.
Pigné, *propriétaire*, rue de Cérisy, 9.
Pignel (H.), *inspecteur au chemin de fer*, rue Robert-de-Luzarches, 24.
Pignon, *couvreur*, rue Flament, 9.
Pigou, *architecte*, rue des Saintes-Maries, 33.
Pigou, *menuisier*, boulevard Saint-Jacques, 71.
Pihan de la Forest, *conseiller à la Cour*, boulevard Longueville, 50.
Pilastre, *receveur de rentes*, rue Saint-Dominique, 30.
Pillon (Alp.), *propr.*, boulevard du Port, 10.
Pillon-Dégardin, *épicier*, rue du Hocquet, 56.
Pillot, *curé de Saint-Leu*, rue Saint-Leu, 60.
Pillot-Choisy, *négociant*, rue Basse-Notre-Dame, 26.
Pillot, *ancien huissier*, rue Basse-Notre-Dame, 17.
Pimont-Cordier, *épicier*, rue de l'Eglise, 7.
Pinchemel-Donat, *rentier*, esplanade de Beauvais, 5.
Pinchemel, *avoué*, place du Palais-de-Justice, 5.
Pinchinat, *rentier*, rue de la Neuville, 69.
Pinchinat, *employé de banque*, rue Montplaisir, 4.
Pinchinat, *menuisier*, boulevard Saint-Jacques, 11.
  Chantier, rue des Prémontrés, 41.
Pinchinat, *empl. à la préf.*, boul. St-Jacques, 11.
Pinchon, *ménager*, route de Rouen, 117.
Pinchon (veuve), *ménagère*, r. du Long-Rang, 26-28.
Pinchon, *bal Longueville*, rue de la Pâture, 20.
Pinchon, *rentier*, boulevard Saint-Jacques, 59.
Pinchon (Edouard), *coiffeur*, rue des Jacobins, 27-29.

Pinchon, *débitant et voiturier,* rue Legrand-Daussy, 1.
Pinchon (veuve), *fruitière,* rue du Quai, 55.
Pinel (Victor), *rentier,* boulevart Longueville, 22.
Pinel, *rentière,* passage des Capucins, 10.
Pinglier (Mlle), *maîtresse de pension,* r. Gresset, 25.
Pingori (veuve), *mde à la toilette,* r. des Minimes, 33.
Pingré de Guimicourt, *prop.,* boulev. Guyencourt, 5.
Pingrenon, *facteur,* rue Neuve-des-Petits-Champs, 4.
Pinsard, *architecte,* rue Saint-Dominique, 22.
Pinsard, père, *rentier,* rue de Lamorlière, 29.
Pinsonnat, *coiffeur,* place Saint-Denis, 7.
Piolenc (Mme la marquise de), *prop.,* rue Neuve, 16.
Piolet, *restaurateur,* rue des Capucins, 7.
Piollet, *conducteur,* rue des Saintes-Maries, 11.
Piot (Mlle), *rentière,* chaussée Saint-Acheul, 8.
Pipaut-Lequien (ve), *rentière,* passage St-Denis, 1.
Pipaut, *chanoine,* petite rue des Augustins, 5.
Pirotte-Pers, *md forain,* rue des Vergeaux, 67.
Pispico, *prof. au sémin.,* chaussée de Noyon, 58.
Pissy, *débitant,* place du Palais-de-Justice, 1.
Pissy, *porteur de contraintes,* port d'Aval, 33.
Pissy (Mme), *sage-femme,* port d'Aval, 33.
Pité, *commis,* rue de Narine, 11.
Pité, *débitant,* boulevard du Jardin-des-Plantes, 36.
Pité, *typographe,* rue de Job, 5.
Pité, *tonnelier,* rue du Grand-Vidame, 3.
Piteux-Delache, *rentier,* impasse Montmignon, 6.
Piteux (Charles), *relieur et papetier,* r. Gresset, 3-5.
Plaisant (Jean), *retraité,* rue Castille, 20.
Planger, *bedeau,* boulevard Guyencourt, 111.
Planger, *contre-maître,* route de Paris, 130.
Planger, *tapissier,* rue Neuve-Saint-Honoré, 43.
Planger-Lecocq, *employé,* rue du Vivier, 52.
Planque, *menuisier,* rue Basse-Notre-Dame, 25.
Planque, *retraité,* rue Gresset, 60.
Planque, *commis,* rue des Rabuissons, 12.
Planquette, *tapissier,* rue de Beauvais, 48.
Plantard, *agent-voyer copiste,* rue des Cordeliers, 55.
Platel, *surveillant,* rue de Narine, 36.
Plé-Graux, *md de tabacs,* rue des Chaudronniers, 28.

Plébaut, *ferblantier*, rue des Jardins, 19.
Plébaut, *menuisier*, rue du Hocquet, 71.
Plet, *négociant*, rue des Trois-Cailloux, 44.
Plet, *brocanteur*, rue des Gantiers, 9.
Plichon, *plafonneur*, rue du Quai, 23.
Plinguet, *pastilleur*, rue des Gantiers, 11.
Plinguet, *empl. de commerce*, rue des Corroyers, 52.
Plisson, *curé*, r. des Teinturiers, 65, à Saint-Maurice.
Pluquet, *employé*, rue du Faubourg-de-la-Hotoie, 58.
Pluquet-Devisse, *épicier*, rue des Vergeaux, 49.
Pluquet, *contre-maître*, rue du faubourg du Hem, 194.
Podevin (veuve), *rentière*, rue Neuve-des-Wattelets, 3.
Poidevin, *boulanger*, route de Paris, 45.
Poidevin (Ernestine Mlle), *modiste*, r. St-Dominique, 9.
Poidevin, *rentier*, rue Saint-Dominique, 9.
Poillot, *employé à la préfecture*, rue Robert-de-Luzarches, 37.
Pointar, *sous-inspecteur-voyer*, rue Caumartin, 13.
Pointel, *rentier*, rue Le Mattre, 49.
Pointier, *fruitier*, rue des Rabuissons, 22.
Pointier, *cabaretier*, rue Duméril, 45-47.
Pointier, *débitant*, rue des Jardins, 55.
Pointin-Boitelle (veuve), *rentière*, ch. de Noyon, 137.
Pointin (Anatole), *rentier*, boulevard du Mail, 49.
Pointin (Edmond), *rentier*, boulevard du Mail, 49.
Poiré, *rentier*, rue Contrescarpe, 20.
Poiré, *déb. de cottrets*, r. du Marais, 38, faub. de Hem.
Poiré-Tanfin, *linger*, rue Saint-Leu, 65.
Poiré, *secrét. de l'insp. acad.*, rue Delambre, 9.
Poiré, *vicaire de la Cathédrale*, rue Delambre, 9.
Poiré, *épicier*, rue de la Hotoie, 81.
Poiré, *prof. de chimie*, rue des Écoles-Chrétiennes, 13.
Poiré (Léon), *employé*, rue Delambre, 18.
Poiré (Mlles), *lingères*, rue Delambre, 18.
Poiré-Allou, *mde de draps*, rue Delambre, 9.
Poiré, *clerc de notaire*, rue du Fossé, 14.
Poiré, *rep. de commmerce*, boulev. de Beauvais, 68.
Poirey, *commis. de police*, boulev. Saint-Jacques, 35.
Poirier, *aubergiste*, rue des Chaudronniers, 22.
Poissant, *économiste*, rue Blanquetaque, 32.

Poissonnerie., Marché-aux-Herbes , 56.

Poitron, *inspect. de police*, rue Le Mattre, 27.

Poitron , *épicier*, rue des Granges , 17.

Poitron·, *hortillon* , rue des Granges , 21.

Poittevin , *employé*, rue Contrescarpe , 3.

Poix-Poix, *rentier*, route d'Abbeville, 163, à Montières.

Poix (Mélanie), *rentière*, rue Basse-Notre-Dame, 8.

Polart (Mme), *charcutière*, rue des Trois-Sausserons, 11.

Polart, *débitant et tonnelier*, rue du Don , 19.

Polart (veuve), *mde de légumes*, rue du Don, 19.

Polart (veuve), *rent.*, rue de la Poiss.-d'Eau-Douce, 1.

Polart , *rentier*, boulevard de l'Est , 83.

Polart-Barré , *mercier*, Marché-au-Feurre , 37.

Polart (veuve) , *rentière*, boulevard des Frères , 14.

Polart-Vast , *rentier*, boulevard du Port , 4.

Polart , à Salouel.

    Briqueterie route d'Abbeville, 263, à Montières.

Polart , *cafetier*, place de l'Hôtel-de-Ville, 6.

Pollet (veuve), *rentière*, rue des Rabuissons , 17.

Pollet (veuve), *bijoutière*, rue des Sergents, 6.

Pomart , *rentier*, rue de la Hotoie, 51.

Pombourg, *voyageur*, rue Legrand-Daussy, 10.

Pombourg (Mlle), *mercière*, rue Saint-Leu, 76.

Pompes (magasin) à incendies, pl. de l'Hôtel-de-Ville, 5.

Pompes de Longpré, magasin sur la Place, à Longpré.

Ponche-Bellet , *art. d'Amiens*, rue B.-St-Martin, 11.

Ponche (veuve) , *rentière*, rue Constantine , 8.

Ponche (Edouard) , *négociant*, rue Coustantine , 8.

Ponche fils , *filateur*, rue des Augustins , 10.

Ponche fils et Vasseur, *filat.*, rue des Hautes-Cornes, 6.

    Filature rue du Hocquet , 95.

Ponche , *épicier*, rue Dame-Jeanne, 1.

Ponpon, *professeur*, rue de Narine, 21.

Ponpon (Mme), *modiste*, rue de Narine, 21.

Ponsort (de), *receveur principal des contributions indirectes*, rue de l'Oratoire , 6.

Ponthieu, *négociant*, rue Saint-Leu, 22.

Ponthieu (Mlle) , *rentière*, rue Saint-Leu , 40.

Popon, *surnuméraire*, rue Saint-Jacques, 109.

Porchez (Edouard) , *perruquier*, rue du Hocquet, 65.

Porchez (Eugène), *md de tourbes*, rue des Archers, 32.
Porchez, *md de tourbes*, rue des Becquerelles, 5.
Porchez (Casimir), *employé*, rue de la Poudrière, 5.
Porchez, *batelier*, rue de la Crevasse, 1.
Porchez, *md de tourbes*, rue des Bondes, 1.
    Magasin place du Don, 5 d.
Porchez (Bte), *menuisier*, rue du Petit-Saint-Jean, 9.
Porchez, *employé*, boulev. Saint-Jacques, 67.
Porion, *employé*, rue Voiture, 22.
Porion (veuve), *propriétaire*, cloître de l'Horloge, 9.
Porquet (Paul), *typogr.*, rue du Grand-Vidame, 53.
Porquet, *rentier*, Grande-Rue, 56, à St-Maurice.
Portanier, *recev. de navig.*, boulevart de l'Est, 93.
Porte, *épic.-débit.*, rue Saint-Jacques, 86.
Portejoie, *garnisseur de cylindres*, allée des Meuniers,
    22, à Renancourt.
Portier, *typographe*, rue Saint-Claude, 18.
Poste aux Lettres, rue des Saintes-Maries, 16.
Postel, *chauffeur*, impasse Vascosan, 20.
Postel (Ch.), *crieur à la poissonnerie*, r. des Doubles-
    Chaises, 25.
Potaux, *rentier*, rue Bel-Air, 1, à Boutillerie.
Poteaux (Firm.), *ménager*, r. Fontaine, 4, à Boutillerie.
Potel, *tailleur*, rue Saint-Honoré, 13.
Potel, *épicier*, rue du Hocquet, 96.
Potel (Bel.), *rentier*, rue des Jardins, 25.
Potier, *employé*, rue du Bout-Cacq, 26.
Potier (veuve), *rentière*, rue Verte, 37.
Potier (veuve), *mde de sabots*, rue Riquier, 1.
Potier (veuve), *épicière*, rue du Quai, 30.
Potentier, *empailleur*, rue Saint-Leu, 63.
Potentier, *md d'antiquités*, passage de la Comédie, 4.
Potron-Crapoulet, *épicier*, place Saint-Firmin, 7.
Pottez (veuve), *rentière*, rue Contrescarpe, 5.
Poucques d'Herbinghem (de) ✳, *conseiller à la Cour*,
    boulevard de l'Est, 29.
Pougin de Maisonneuve, *percept.*, rue de Beauvais, 61.
Pouilly, *propriétaire*, rue des Rabuissons, 81.
Pouillet (veuve), *rentière*, chaussée de Noyon, 11.
Poujol d'Acquéville (veuve), *prop.*, rue du Loup, 29.

Poujol de Fréchencourt (L.), *propr.*, rue Gloriette, 6.
Poujol (veuve Ernest), *propriét.*, rue du Loup, 27.
Poujol d'Acqueville, *propriétaire*, r. de l'Oratoire, 10.
Poujol (Eugène), *propriétaire*, rue du Loup, 16.
Poulain (Estelle), *couturière*, r. Neuve-des-Capucins, 5.
Poulain, *ménager*, rue Neuve-d'Allonville, 26.
Poulain, *banquier*, rue des Lombards, 4.
Poulain (Mlle Elisa), *rentière*, rue du Hocquet, 112.
Poulain (veuve) *rentière*, rue des Teinturiers, 33, à St-
  Maurice.
Poulain, *employé*, rue des Trois-Cailloux, 114.
Poulain (Al.), *propr.*, rue des Teinturiers, 33.
Poulain, *fruitier*, rue de Beauvais, 91.
Poulain, *md de fil en gros*, rue Flament, 20, et rue de
  Metz, 20.
Poulain, *employé*, rue Flament, 20.
Poulain et Charoy-Degove, *banquiers*.
  Maison de Banque rue des Lombards, 4.
Poulain-Obry, *teinturier*, rue de la Prairie, 18.
Poulain (veuve), *ménagère*, rue Saint-Honoré, 114.
Poulain, *horloger (couture mécanique)*, rue Sainte-
  Marguerite, 4.
Poulain, *employé*, rue Jacquart, 41.
Poulain (Ern.), *colport.*, rue d'Etouvy, 30, à Montières.
Poulain, *rentier*, rue de l'Aventure, 16.
Poulain (veuve), *rentière*, rue Martin-Bleu-Dieu, 47.
Poulain, *cabaretier*, rue de Beauvais, 40.
Poulain (Rosa), *rentière*, rue des Crignons, 9.
Poulet, *bimbelotier*, rue des Saintes-Maries, 11.
Poulet père, *rentier*, rue Mondain, 15.
Poulet, *navetier*, rue Mondain, 17.
Poulet, *débitant*, rue du faubourg de la Hotoie, 72.
Poulet, *tailleur*, galerie du Commerce, 6.
Poullain (Mlle), *propriétaire*, rue de Lamorlière, 14.
Poulle (veuve), *rentière*, boulevard du Mail, 29.
Poulle, *avoué*, rue du Cloître-de-la-Barge, 9.
Poulmont, *rampiste*, rue des Capucins, 48.
Poultier, *horloger*, rue des Trois-Cailloux, 41.
Poultier, *professeur*, rue Laurendeau, 51.
Poupardin, *blanchisseur*, boulevart Saint-Sulpice, 3.

Poupart (Mlle), *pâtissière*, rue de la Hotoie, 14.

Poupée, *conduct. des p. et chauss.*, r. Contrescarpe, 28.

Poupé, *jardinier*, rue Dewailly, 18.

Pourcelet, *bibliothéc.*, rue de Narine, 36.

Pourcelle (Léop.), *agent d'assurances*, rue des Trois-Cailloux, 18.

Pourcelle, *coiffeur-parfumeur*, rue Duméril, 20.

Pourchelle, *teinturier*, rue de la Citadelle, 7.

Pourchel (Is.), *direct. de teinture*, rue Ste-Claire, 60.

Pourchelle (Franç.), *teinturier*, rue du fg de Hem, 97.

Pourchel-Jodard, *cabaretier*, route de Rouen, 32.

Pourchel, *employé*, route d'Albert, 43.

Pourchel, *propriét.*, rte d'Abbeville, 195, à Montières.

Pourchez, *débitant*, rue du Bout-Gacq, 14.

Pouret, *serrurier*, rue des Wattelets, 14.

Pourrier, *conseiller à la cour*, rue de Bray, 12.

Pourrier (veuve), *débitante*, chaussée Saint-Pierre, 59.

Poussart, *employé*, rue Sylvius, 10.

Poussart (veuve), *rentière*, boulevard Longueville, 24.

Poussart (Amédée), *rentier*, boulevart Longueville, 24.

Poussart, *rep. de commerce*, boulev. Longueville, 24.

Pouy, *commissaire-priseur*, rue des Jacobins, 82.

Salle de vente rue de la Porte-Paris, 8.

Poyé, *surnuméraire*, rue de Metz, 12.

Poyenneville (Désiré), *ménager*, rue Saint-Honoré, 43.

Poyenneville, *vannier*, rue Saint-Honoré, 34.

Poyenneville, *ménager*, rue Saint-Honoré, 35.

Pradal, *conducteur de trains*, rue du Pinceau, 30.

Pré, *débitant*, rue St-Honoré, 123-125, fg de Beauvais.

PRÉFECTURE, bureaux, rue des Rabuissons, 55.

Prevost (Victor), *rentier*, rue Neuve-des-Wattelets, 17.

Prevost, *cabaretier*, rue Duméril, 38.

Prevost, *md de nouveautés*, place Périgord, 20.

Prevost, *blanchisseur*, rue du Château, à Montières.

Prévost, *débitant*, place du Don, 2.

Prevost (Mlle), *rentière*, boulevard Fontaine, 58.

Prévost, *mécanicien*, rue du Pinceau, 22.

Prevost (Jos.), *contre-maître*, rue Septenville, 20.

Prévost, *rentier*, rue Evrard de Fouilloy, 25.

Prévost, *menuisier*, rue des Ecoles-Chrétiennes, 28.

Prevost-Allo , *libraire et relieur*, rue Delambre, 34.
    Etalage Logis-du-Roi (bouquins).
Prevost , *voyageur*, rue des Sergents , 25.
Prevost , *rentier*, rue du faubourg de la Hotoie , 94.
Prieur, *meunier*, chaussée Saint-Pierre, 51.
Prieur , *farinier*, boulevard de l'Est, 75.
Prieur frères , *fariniers*, rue Tappeplomb , 2.
    Magasin rue Tappeplomb , 14.
Primault (Alix), *supérieure des Carmélites,* rue de la
    Porte-Paris , 27.
Prince fils, *dresseur de chiens*, rue du Quai, 18.
Printagen , *rentier*, rue Saint-Fuscien , 14.
Prinxivali , *professeur de flûte*, rue Saint-Jacques, 90.
Priollet, *agent recep.*, rue Riolan, 26.
Proisy (veuve) , *rentière*, rue Gloriette , 18.
Pronier-Herbette, *laitier*, r. du Marais, 22, à Montièr.
Prophète , *employé*, rue de la Porte-Paris, 7.
Protin, *cafetier*, *bal public*, rue du Vivier , 22.
Prouzel (veuve) , *rentière*, boulev. Saint-Jacques, 57.
Prousel, *rentier*, chaussée de Noyon, 60.
Prouzel , *brig. de police*, rue des Orfèvres, 26.
Prouzel-Flon , *logeur*, rue des Sœurs-Grises , 15-17.
Prouzel-Arrachart, *boulanger,* rue de Beauvais, 87.
Proust , *confiseur*, rue des Trois-Cailloux , 55.
    Glacière rue Rohaut , 60.
Prouvost , *propriétaire*, rue du Loup , 40.
PROVIDENCE (LA), bureau rue Saint-Jacques , 114.
Proyart , *charron*, r. de l'Agrapin, 17 B, à la Neuville.
Prudhomme (Mlle), *représ. de la maison Obry fils, J.*
    Bernard et comp. de Prouzel, rue Neuve-des-
    Minimes, 15.
Prudhomme, *épicier*, rue de Lamorlière , 33.
Prudhomme et Letitre,*fab. de ouates*, r. des Poirées,19.
Prudhomme (veuve), *rentière*, rue de Corbie, 5.
Prunnot-Sturm , *md de drogueries en gros*, rue
    des Saintes-Claires , 40.
Pruvost, *moulineur*, rue des Parcheminiers, 19.
Pruvost , *rentier*, boulevard Saint-Jacques , 61.
Pruvost, *fruitier*, rue de Metz, 3.
Pruvost, *limbreur*, rue des Wattelets, 3.

Pruvost, *cultivateur*, route de Paris, 81.
Pruvost, *badestamier*, rue des Tripes, 8.
Pruvost, *épicier*, rue des Faux-Timons, 2.
Pruvost (Mlle), *lingère*, place au Fil, 11.
Pruvos, *facteur à la poste*, rue Coquerelle, 14.
Pruvost, *jardinier*, rue Saint-Fuscien, 64.
Pruvost, *débitant*, rue du Petit-Saint-Roch, 41.
Puche, *rentier*, rue Martin-Bleu-Dieu, 38.
Puche, *pharmacien*, place Saint-Firmin, 28.
Puybarand (Mme de), *supérieure* de l'Hôtel-Dieu, rue
    Saint-Leu, 109.
Puissant de la Villeguerif, *propriétaire*, r. Bel-Air, 15,
    au château de Boutillerie.
Puyraimond (vᵉ de) et fils, *présidente de la société de*
    charité maternelle, rent., r. St-Dominique, 1.

Q.

Quatrelivres, *cabaretier*, rue de la Queue-de-Vache, 9.
Quedeville, *cantonnier*, chaussée Saint-Acheul, 7.
Quel, *ferblantier*, rue Desprez, 2.
Quenault-Allart (vᵉ), *rentière*, boulev. Longueville, 54.
Quenel, *bedeau de Saint-Leu*, rue Saint-Leu, 62.
Quenehen-Pinchon (vᵉ), *mde de vins*, r. St-Martin, 17.
Quénéhen, *md de chaussures*, rue des Vergeaux, 19.
Quenessen, *agent de police*, rue Legrand-Daussy, 55.
Quennehen-Legrand, *voyageur*, rue de Lamorlière, 16.
Quennentier, *coquetier*, à Tilloy.
    Magasin, place de l'Hôtel-de-Ville, 16.
Quentin, *retordeur*, rue Gaudissart, 27.
Quentin (Vict.), *rentière*, chaussée Saint-Acheul, 8.
Quentin (Eug.), *rentière*, chaussée Saint-Acheul, 8.
Quertant, *faïencier*, rue des Vergeaux, 17.
Quesnel (Rosalie), *repasseuse*, Marché au Feurre, 12.
Quevauviller, *huissier*, rue Basse-Notre-Dame, 33.
Quevrain, *suisse de St-Germain*, Marc.-au-Feurre, 11.
Quévreux, *voyageur*, rue Verte, 69.
Quévreux, *revendeur*, rue Pavée, 7.
Quignon, *propriétaire*, rue Saint-Fuscien, 55.
Quignon, *ménager*, rue du Marais, 2, à Renancourt.

Quignon (Louis), *ménager*, r. du Bois, 22, à la Neuv.

Quignon, *rentier*, rue de Grâce, 9, à Montières.

Quignon-Maisant, *bottier*, rue Delambre, 7.

Quignon (veuve), *chaussons tressés*, r. Delambre, 37.

Quignon (v^e), *hortill.*, r. du Marais, 42, à la Neuville.

Quignon (veuve), *rentière*, rue du faub. de Hem, 36.

Quignon, *rentier*, rue Neuve-des-Capucins, 23.

Quignon-Pezé, *cultivateur*, rue Saint-Honoré, 113.

Quignon, *rentier*, rue des Francs-Mûriers, 81.

Quignon, *ancien notaire*, rue de Bray, 8.

Quignon (Mlle), *marchande de souliers*, rue des Trois-Cailloux, 89.

Quignon, *charcut.-épic.*, r. du Pet.-Fg-de-Noyon, 19.

Quignon, *contre-maître*, rue Riolan, 14.

Quille, *rentier*, port d'Amont, 16.

Quillet, *ancien notaire*, rue Voclin, 31.

Quinsermé, *pédicure*, rue Sire-Firmin-Leroux, 15.

Quint, *cordonnier*, place du Marché-aux-Herbes, 7.

Quint (Mlle), *fruitière*, rue des Chaudronniers, 4.

R.

Rabache, *miroitier*, rue des Trois-Cailloux, 79.

Rabouille, *fact. à la poste*, rue Legrand-Daussy, 8.

Rabouille (Mme), *cabaretière*, rue de la Hotoie, 87.

Rabouille, *menuisier*, rue de Job, 1.

Rabouille ❀, rue de Job, 1.

Rabouille, *peintre en bâtiments*, rue Porte-Paris, 22.

Rachart (Mlle), *lingère*, rue des Orfèvres, 17.

Rachart (Fl.), *employé*, rue des Orfèvres, 17.

Racine, *fruitier*, rue du Faubourg-de-Hem, 150.

Racine (veuve) et Léger, *vins*, rue des Vergeaux, 63.
Magasin rue Sainte-Catherine, 17.

Racine, *brocant.*, rue Haute-des-Tanneurs, 56.

Radiguet (Mlle), *rentière*, rue Saint-Denis, 22.

Raffiasse de la Maison-Rouge, *rent.*, r. St-Dominique, 19.

Ragneau, *sous-bedeau*, rue des Soufflets, 15.

Ragneau, *cordonnier*, place Saint-Denis, 20.

Rainneville (Mlle de), *propriétaire*, rue Napoléon, 33.

Raison, *mécanicien*, rue St-Martin-des-Champs, 21.

Raison, *droguiste en gros*, r. du Moulin, 42, fg. Beauv.

Rambaut, *tailleur*, rue du Faubourg-de-la-Hotoie, 60.

Ramboue, *teint.-dégr.*, r. des Capucins, 20.

Ramboue-Fournier, *employé*, rue des Capucins, 20.

Ramboue, *débitant*, rue Saint-François, 15.

Ramboue, *cafetier*, rue Saint-Leu, 97.

Ramboué, *logeur*, chaussée de Noyon, 57-59.

Ramboue-Cresson, *sculpteur*, rue de la Voirie, 101.

Randon-Hurache, *md de toiles*, rue des Vergeaux, 52.

Ransinangue, *teinturier*, rue des Saintes-Claires, 5.

Ranson (Mlles), *rentières*, r. des Ecoles-Chrétiennes, 4.

Ranson, *rentier*, rue Septenville, 3.

Ransson, *vins et eaux-de-vie*, rue Porte-Paris, 2.

 Magasin rue des Capettes, 7-9.

Rapinat, *chef lampiste*, à la Gare.

Rappe, *brasseur*, passage des Capucins, 2.

 Brasserie même passage, 1.

Rappe-Mercier, *fabric. d'huiles, graines en gros*, rue Saint-Leu, 51.

Rappe père et fils, *brasseurs*, rue de Beauvais, 132.

Rappe, *brasseur*, rue de Beauvais, 85.

Raquet (J.-B.), *contre-maît.*, rue des Près-Forêts, 29.

Rasse, *brig. au ch. de fer*, rue des Jardins, 73.

Rathuille, *brig. de police*, rue des Corroyers, 57.

Rattier (veuve), *rentière*, boulevard Baraban, 27.

Ravaux fils, *ferrailleur*, rue de la Veillère, 2.

Ravin (veuve), *rentière*, rue des Corroyers, 59.

Ravin (veuve), *boulangère*, rue Basse-St-Germain, 17.

 Magasin rue Quincampoix, 8.

Ravin (veuve), *rentière*, rue Neuve-des-Capucins, 25.

Ravin, *boulanger*, rue de Beauvais, 123.

Ravot (veuve), *rentière*, rue Saint-Fuscien, 7.

Rawson (H.), *peig. mécan.*, ch. St-Acheul, 35, à la Neuv.

Rayer, *rentier*, chaussée de Noyon, 49.

Rayer-Sueur, ✻ *officier retraité*, rue Contrescarpe, 16.

Rayez, *md de vêtements en gros*, rue de Noyon, 40.

Raymond (veuve), *rentière*, pass. de la Renaissance, 3.

Raynaud, *coiffeur, lingerie*, rue de Beauvais, 72.

Raynaud (Clara). *march. amb*, r. des Tr.-Cailloux, 51.

Recette municipale, bureau rue des Jacobins, 15.

Reculé, *garde général des eaux et forêts*, rue de
    Beauvais, 126.
Redez, *fruitier*, rue du Faubourg-de-la-Hotoie, 26.
Redonné (Mme), *mde ambul.* rue de Beauvais, 17.
Regnard, *rentier*, rue Dijon, 21.
Regnier-Ravardel, *cafetier*, rue des Verts-Aulnois, 30.
Regnier, *débitant*, île Ste-Aragone, à Saint-Maurice.
Regnier, *cabaretier*, rue du faubourg de la Hotoie, 68.
Regnier, *rentier*, rue du Faubourg-de-Hem, 64.
Regnier, *cafetier*, rue des Orfèvres, 24.
Reite (Opportune), *rentière*, place Saint-Denis, 19.
Rembault (Félix), *propriétaire*, rue Le Mattre, 65.
Rembault (Emile), *négociant*, rue des Sergents, 43.
Rembault-Warmé et Cie, *négoc.*, rue des Sergents, 43.
Rembault (Gabriel), *propriétaire*, rue des Sergents, 43.
Rembault-Warmé (veuve et Mlle), *rentières*, rue des
    Rabuissons, 29.
Remy (veuve), *rentière*, rue Saint-Jacques, 7.
Remy, *négociant*, rue Saint-Jacques, 7.
Remy (veuve), *rentière*, boulevard Saint-Jacques, 17.
Remy, *débitant-épicier*, rue Legrand-Daussy, 28.
Renard, *menuisier*, rue des Clairons, 21.
Renard, *garçon de bureau*, chaussée de Noyon, 26.
Renard, *négociant*, rue des Sergents, 30.
Renard, *ménager*, r. du Presbytère, 24, fg. St.-Pierre.
Renard (Adélaïde), *rentière*, rue de Noyon, 24.
Renard-Dorville, *marchand. de cotons en gros*, rue
    des Augustins, 7.
Renard, *tailleur*, rue des Sergents, 24.
Renard père, *rentier*, rue des Sergents, 24.
Renard, *mercier*, passage de la Comédie, 12.
Renard, *ménager*, r. des Deux-Ponts, 18, Pet.-St-Jean.
Renard-Rabache, *propriétaire*, rue du Mail, 13.
Renard (veuve), *rentière*, rue du Soleil, 8.
Renard, *employé*, passage des Sœurs-Grises, 1.
Renard et Fauvel, *nég.*, rue Basse-Saint-Martin, 10.
Renault, *coupeur d'habits*, rue du Lycée, 72.
Renaut, *jardinier*, chemin de Hallage, à la Voirie.
Reniame, *cabaretier*, boulevard Saint-Charles, 35.

Renouard (veuve), *mde de cendres*, route de Doullens, 91, à Saint-Maurice.

Renouard, *md. de cendres et déb.* rte de Rainneville, 5.

Renouard (veuve), *rentière*, rue de Beauvais, 132.

Renouard (Elise), *mde à la toilette*, r. de la Hotoie, 16.

Renouard, *vicaire*, rue de Narine, 16.

Renouard-Dufour, *md de charbons et de faïence*, route d'Albert, 41.

Renouard (F.), *toiles de Picardie*, r. des Lombards, 6-8.

Renoux (Mlle), *rentière*, rue des Trois-Cailloux, 102.

Residio, *comm. administratif*, rue Montplaisir, 6.

Retell, *mercier*, place Périgord, 11.

Rethoré, *employé aux fontaines*, rue Robert-de-Luzarches, 34.

Retourné (veuve), *rentière*, rue Napoléon, 16.

Retourné fils, *rentier*, rue Napoléon, 16.

Retourné (veuve), *rent.*, r. du Marais, 8, à Boutillerie.

Retourné, *épicier*, place au Fil, 2.

Retourné, *logeur*, rue des Doubles-Chaises, 11.

Retourné (veuve), *rentière*, boulevard du Mail, 49.

Retzlaff, *pâtissier*, rue Duméril, 31.

Reynolds-Jackson, *propriét.*, boulev. Longueville, 46.

Rhin (hôtel du), place Saint-Denis, 71.

Rhuin, *employé*, rue Saint-Leu, 50.

Ribollet, *droguiste* à Lyon.

Dépôt rue des Clairons, 61.

Ricard, *propriétaire*, boulevard Saint-Jacques, 71.

Ricard, *propriétaire*, rue Verte, 47.

Richard, *md de bouchons*, rue Saint-Médard, 3.

Richard, *commis à pied*, rue des Jardins, 63.

Richard, petite rue Saint-Remi, 11.

Richebourg, *contrôleur de la garantie*, rue Le Matre, 51.

Richer, *médecin*, rue Saint-Jacques, 93.

Ridoux (veuve), *rentière*, rue Jeanne-Natière, 6.

Ridoux, *jardinier*, rue de la Voirie, 187.

Ridoux-Follet (Ve et Dlle), *rent.*, ch. de Noyon, 165

Ridoux, *épicier*, rue Gresset, 42.

Rifflart, *peig. à la main*, gr. rue de la Veillère, 22.

Rigal, *frère-directeur*, rue de la Bibliothèque, 5.

Rigault, *pharmacien*, place Saint-Martin, 8.
    Magasin, rue Saint-Remi, 3.
Rigaut, *gantier*, rue des Trois-Cailloux, 42.
Rigaut, *fruitier*, rue de la Poissonnerie-d'Eau-Douce, 21.
Rigaut, *md sous échoppe*, pont Saint-Michel.
Rigaut, *ancien notaire*, rue du Lycée, 73.
Ringard-Soyez, *articles d'Amiens*, rue Saint-Leu, 46.
    Teinture et impression rue Saint-Maurice, 5.
Ringard (veuve), *rentière*, rue de Rumigny, 49.
Ringard (veuve), *garnis*, rue Gresset, 78.
Ringard, *propriétaire*, port d'Amont, 32.
Ringard, *menuisier*, rue Gresset, 49.
Ringuet (J.-B.), *hortillon*, rue de la Voirie, 151.
Ringuet (J.), *hortillon*, rue de la Voirie, 15.
Ringuet (J.-B.), *hortillon*, rue de la Voirie, 165.
Riou (Mlles), *ferblantières*, rue au Lin, 47.
Ripert, *brigadier, peintre*, rue de la Vallée, 82.
Riquier, *fact. à la poste*, rue Basse-Notre-Dame, 35.
Riquier (veuve), *ménagère*, r. du Marais, 4, à Renanc.
Riquier (veuve), *débitante*, ch. de Vignacourt, Longpré.
Riquier-Pelletier, *hortillon*, 2, rue du Premier-Pont-de-
    Longueau.
Riquier, *aubergiste*, rue des Chaudronniers, 13.
Riquier, *docteur en médecine*, rue Porte-Paris, 49.
Riquier-Fée (veuve), *rentière*, rue Saint-Jacques, 41.
Riquier-Tellier, *mercier*, rue des Marissons, 2.
Riquier, *rentier*, rue Saint-Germain, 44.
Riquier, *houilles*, rue du Quai, 69.
Riquier, *rentier*, rue du Fossé, 16.
Riquier, *ancien notaire*, rue Robert-de-Luzarches, 2.
Riquier, *anc. notaire* à Boulogne, rue de Bray, 17.
Riquier, *boucher*, rue Duméril, 69.
Riquier-Gamounet, *épicier en gros*, rue St-Leu, 11.
Riquier, *rentier*, rue de Ville, 7.
Riquier, *notaire*, rue Saint-Denis, 5.
Riquier (Clov.), *meûnier*, r. du Faub.-de-la-Hotoie, 178.
Riquier, *rentier*, r. Laurendeau, 75, chambres garnies
    rue des Trois-Cailloux, 17.
Riquier, *contre-maître*, rue du faubourg de Hem, 208.
Ris fils, *photographe*, rue des Trois-Cailloux, 18.

Ris (veuve), *loueuse en garni*, r. de Beauv., 126.

Ritaine, *professeur d'anglais*, rue Voiture, 46.

Ritier, *commis à pied*, rue de Noyon, 53.

Rivière (Ant.), *pépiniériste*, rue Déjean, 61.

Rivière, *pépiniériste*, chaussée de Noyon, 179.

Rivillon (Mlles), *rentières*, place Montplaisir, 9.

Rivillon-Barbier, *nouveautés*, rue Delambre, 19.

Robail, *représent. de commerce*, rue St-Germain, 29.

    Magasin, rue de la Hotoie, 25.

Robail, *recev. au chemin de fer*, rue du Moulin, 23, faubourg de Beauvais.

Robail, *contre-maître*, rue des Prémontrés, 42.

Robail, *fripier*, rue Saint-Germain, 29.

Robail, *cordonnier*, Marché-au-Feurre, 9.

Robail-Navier, *rentier*, pl. du Marc.-aux-Herbes, 28.

Robail, *chargeur*, rue de Rumigny, 32.

Robasse, *hortillon*, quai de l'Abattoir, 43.

Robault (veuve de), *rentière*, rue Saint-Jacques, 95.

Robberecht (Yvot), *cordonnier*, ch. de Noyon, 20.

Robert, *ferblantier*, rue Henri IV, 6.

Robert, *chapelier*, place Saint-Denis, 8.

Robert, *chef de bur. au ch. de fer*, b. St-Jacques, 37.

Robert, *débitant*, rue Basse-des-Tanneurs, 14.

Robert (Mlle), *rentière*, cloître Notre-Dame, 20.

Robert, *serrurier*, faubourg de Hem, 51.

    Atelier, même rue, 128 A.

Robert, *chiffonnier*, rue des Bouchers, 33.

Roberval, *rentier*, rue Le Merchier, 13.

Robigny, *rentier*, rue St-Fuscien, 65.

Robillard, *contre-maître*, rue Saint-Roch, 26.

Robillard, *fruitier*, marché aux Chevaux, 21.

Robillard, *fruitier*, place Saint-Denis, 4.

Robillard (veuve), *cabaretière*, marché aux Chevaux, 15.

Robillard, *débitant*, rue St-Leu, 158.

Robin, *empl. des postes*, chaussée de Noyon, 32.

Robin, *coutelier*, passage du Commerce, 26.

Roblot (H.), *rentier*, imp. St-Firmin-le-Confesseur, 4.

Roblot, *menuisier*, rue de Beauvais, 52.

Roblot, *directeur d'assurances*, rue de Narine, 55.

Roblot (veuve), *rentière*, rue Le Maître, 34.

Roblot, *cabaretier*, rue du Hocquet, 78.

Roblot, *charcutier*, rue du Marais, 3, à Montières.

Roblot, *serrurier*, rue des Rabuissons, 35.

Roblot, *rentier*, rue Verte, 2.

Roblot (veuve), *loueuse en garni*, place Montplaisir, 5.

Roblot, *rentier*, rue des Corps-Nuds-sans-Têtes, 5.

Robutel, *cabaretier*, rue de la Hotoie, 54.

Roch, *exécut. des hautes œuvres*, r. Coquerelle, 6.

Roche, *employé*, rue Saint-Jacques, 63.

Roche, *employé*, rue St-Jacques, 68.

Rofidal, *rentier*, rue du Cloître de la Barge, 1

Rogeot, *prof. au gr. sém.*, chaussée de Noyon, 58.

Roger, *garde-champ.*, rue des Cruchons, 22.

Roger (Adèle Mlle), rue de la Voirie, 57.

Roger-Poulain, *boulanger*, chaussée Saint-Pierre, 28.

Roger frères, *employé*, rue des Jacobins, 27-29.

Roger (J.-B.), *garde-champ.*, rue Haute-du-Pont-de-
    Metz, 9, à Renancourt.

Roger et Rolland, de la Ferté-sous-Jouarre.
    Magasin (meules de moulins) r. des Rabuissons, 50.

Roger, *voyageur*, rue des Capucins, 55.

Roger, *maître de pension*, rue Laurendeau, 96.

Roger, *dir. du théâtre*, rue des Trois-Cailloux, 69.

Roger (Mme), *sup. de l'Oratoire*, r. de l'Oratoire, 1.

Rogerson (Mme), *sup. du Bon-Past.*, r. du Blamont, 82.

Rogueuël, *propriét.*, quai de la Somme, 14.

Rohart, *avoué*, rue du Cloître-de-l'Horloge, 5.

Rohaut (Et.), *ménager*, route de Corbie, 13.

Roisin, *brig. des forêts*, quai de la Somme, 46.

Rollaud Pauline, *brocanteuse*, rue de Narine, 4.

Rollin (de), *capit. en retr.*, r. du Camps-des-Buttes, 14.

Romanet (Mlle de), *rentière*, rue des Jacobins, 74.

Rondeau, *prêtre*, chaussée de Noyon, 3.

Ronge, *clerc de notaire*, rue du Port, 17.

Ropion, *dét. de pains*, rue de Noyon, 11.

Roque, *prêtre*, rue de Rumigny, 59.

Roque (Pierre), *rentier*, rue du Loup, 26.

Roquemont (Hecquet de), *conseiller à la Cour impé-
    riale*, rue Neuve-Saint-Dominique, 4.

Rose-Gaillet, *charcutier*, rue du Long-Rang, 37.

Rose-Martin , *rentier*, route de Paris , 105.

Rose fils , *serrur. et épicier*, rue du Moulin-Neuf, 1.

Rose, *charpentier*, boulevard de l'Est, 81-85.

    Chantier rue de Lamorlière , 3.

    Dépôt de bois , rue du Vivier, 88.

Rose , *coutelier*, rue des Tripes , 10.

Rose, *menuisier*, boulevard des Frères , 66.

Rose , *menuisier-entrepren.*, rue du Dou, 26.

Rose , *chauffeur*, rue Castille, 44.

Rose , *ménager*, impasse Montmignon , 9.

Rose, *cultiv.*, rue St-Honoré, 40, faubourg de Beauvais.

Roseau, *chauffeur*, rue du Pinceau, 50.

Roselet (Eug.), *mde à la toilette*, rue St-Honoré, 29.

Rosenthal , *photographe*, rue de Noyon , 20.

Rossignol, *lithographe*, rue des Vergeaux , 45.

Rouard (Mme), *couturière*, rue Flament, 40.

Rouard (Adonis), rue Ledieu, 5.

Rouart , *débitant*, rue de la Barette, 82.

Rouart , *représ. de commerce*, rue d'Engoulvent , 13.

Roucoult (Mlle), *lingère*, rue Saint-Jacques, 33.

Ronchaville, *cabaretier*, rue de la Hotoie, 82.

Roucoux , *professeur de musique*, passage Lenoël , 3.

Roucoux, *agent-voyer*, rue Laurendeau, 102.

Roucy-Renard (Ve de), *prop.*, boulevard du Mail , 13.

Rouge , *tailleur*, rue des Wattelets , 16.

Rougeot, *juge de paix*, rue Pierre-l'Ermite , 29.

Rouillard, *empl. au gaz*, boulevart des Frères, 88.

Rouillard , *brasseur*, rue de Noyon , 21.

Rouillard-Darras (ve), *mén.*, r. d'Amiens, 17, Boutilerie.

Rouillard , *ajusteur*, rue des Jardins , 73.

Rouillard , *charron*, grande rue Saint-Maurice, 151.

Roussand, *receveur particulier*, rue Verte, 14.

Rousseau (Charles), *rentier*, rue de la Porte-Paris, 22.

Rousseau, *huissier*, rue Sire-Firmin-Leroux, 19.

Rousseau (veuve) , *fruitière*, Grande-Rue , 81 , à Saint-
    Maurice , et Marché-de-Lanselles.

Rousseau , *propriétaire*, rue Saint-Louis , 24.

Roussel , *prop.*, rue Pointin , 1.

Roussel (Veuve et Mlles), *rentière*, rue St.-Fuscien, 11.

Roussel , *voyageur*, rue des Bourelles, 52.

Roussel, *rentier*, rue du Puits-Vert, 7.

Roussel-Cateigne, *ancien mercier*, rue de Narine, 37.

Roussel (veuve), *cabaretière et charron*, Grande-Rue, 10, à Saint-Maurice.

Roussel, *vannier*, rue Saint-Leu, 102.

Roussel, *cafetier*, rue des Rabuissons, 15.

Roussel, *rep. de comm.*, petite rue des Augustins, 1.

Roussel, *cabaretier*, rue de Beauvais, 20.

Roussel, *épicier*, chaussée St-Pierre, 1.

Roussel, *ferblantier*, place des Minimes, 7.

Roussel, *professeur de musique*, place Longueville, 7.

Roussel (L.), *contre-maître*, quai de la Somme, 84.

Roussel, *teinturier-dégraisseur*, r. de la Ruellette, 9, faubourg Saint-Pierre.

Roussel (Mlle), *repasseuse*, rue Verte, 22.

Roussel, *garde-barrière*, 2e pont de Longueau.

Roussel, *fruitier*, rue de Guyenne, 18.

Roussel, *menuisier*, rue des Capucins, 40.

Roussel, *mercier*, rue des Rabuissons, 6.

Roussel, *rec. des domaines*, rue Saint-Jacques, 59.

Roussel, *épicier*, rue Saint-Martin, 26.

Roussel, *couvreur*, rue du Petit-Fg-de-Noyon, 29.

Roussel de Belloy, *propriétaire*, rue Porte-Paris, 42.

Roussel, *employé de banque*, rue Gresset, 49.

Roussel, *propriétaire*, rue Gresset, 26.

Rousselin, *profes. de math.* r. des Trois-Cailloux, 86.

Rousselle, *dépoteur juré*, rue St-Jacques, 9.

Rousseville, *logeur*, rue du Quai, 35.

Router, *commissionnaire de la maison Famin*, de Beauvais, rue de la Voirie, 3.

Routier (Mlle), *rentière*, rue des Rabuissons, 61.

Rouvroy (de), *rentier*, rue Pierre-l'Ermite, 14.

Rouvroy (veuve de), *rentière*, boulev. Longueville, 36.

Roux de Gandil père, *propriét.*, rue Saint-Louis, 8.

Roux de Gaudil (Mlle), *rentière*, rue des Ecoles-Chrétiennes, 24.

Roux de Gaudil, *conseiller*, boulevard du Mail, 7.

Rouyel, *ouv. sellier*, rue Le Mattre, 77.

Roy-Guibet, *literies en demi gros*, r. de Beauvais, 84.

Roy, *dégraisseur*, rue des Marissons, 60.

21

Roy, *mécanicien*, rue de Cagny, 44.
Roy, *ménager*, rue du Petit-Faubourg-de-Noyon, 68.
Royelle, *épicier*, rue du Soleil, 10.
Royon, *fruitier*, avenue des Moines, 10, à la Neuville.
Royon (Mlle), *rentière*, route de Corbie, 52.
Royon, *contre-maître*, rue Mondain, 10.
Ruet (Fr.), *cartonnier*, rue Riquier, 11.
Ruffier, *voyageur*, rue Caumartin, 24.
Ruffier, *brasseur*, rue du Bout-Cacq, 33.
    Cave, rue du Camps-des-Buttes, 10.
Ruhaut, *débit. et loueur en garni*, pl. St.-Firmin, 6.
    Garnis même place, 18.
Ruhaut, *c.-maître*, r. du Faubourg-de-Hem, 91.
Ruhlmam, *agent de police*, r. du Bout-Cacq, 15.
Ruin, *employé*, rue du Cloître-Notre-Dame, 20.
Rullot (veuve), *fruitière*, rue du Quai, 32.
Rumigny, *teinturier en chiffons*, rue Riquier, 17.
Rumilly, *fabricant*, rue des Francs-Mûriers, 15.
Rumilly, *chauffeur*, rue des Jardins, 85.
Rumilly, *cabaretier*, rue du Petit-Saint-Roch, 21.
Ruspini, *fabricant de cages*, rue des Capucins, 62.
Rymer, *contre-maître*, boulevard Baraban, 41.
Ryssen, *fourn. du cercle de l'Union*, rue des Jaco-
    bins, 76.

S.

Sabrouck, *employé*, quai de la Somme, 8.
Sagebien, *ingénieur civil*, rue Saint-Louis, 66.
Sageot (Vᵉ), *vannière*, Marché-aux-Herbes, 31.
Sagot, *courtier de fabrique*, rue des Gantiers, 21.
Sagot, *rentier*, rue des Vergeaux, 15.
Saguet (Aug.), *employé*, rue des Capucins, 41.
Saguez, *filateur*, rue des Saintes-Claires, 17.
Saguez, *employé*, rue des Poulies, 21.
Sailly (veuve), *épicière*, rue des Rabuissons, 33.
Sailly, *boulanger*, rue du Marais, 24, à la Neuville.
Sainneville (Vict.), *menuis.*, r. de l'Aventure, 7.
Saint-Boucher, *serrurier*, rue des Bouteilles, 5.
Saint-Saguez, *épicier*, chaussée Saint-Pierre, 38.
    Maison de campagne, rue Fontaine, 17, à Boutillerie.

Saint-Acheul (maison de), chaussée Périgord, 6.

 Maison de camp., r. Fontaine, 17-19, à Boutillerie.

Sainte-Famille (Maison de), esplanade Noyon, 20.

 (Solitude Gresset), rue Dejean, 99.

Rublmann, *agent de police,* rue du Bout-Cacq, 15.

Saint-Aubanet (Tardieu de) ✳, *gén. en retr.,* rue du Loup, 38.

Saint-Benoit (Mme), *supérieure des Ursulines,* rue Saint-Dominique, 12.

Saint-Omer (veuve), *rentière,* rue Laurendeau, 106.

Saint-Omer (de), *exploitant de tourbière,* chemin de Montières, à Longpré.

Saint-Saulieu, *frotteur,* rue Robert-de-Luzarches, 51.

Saint-Charles (hospice), rue de Beauvais, 127.

Saintonge, *employé,* rue Flament, 7.

Saisset, *restaurant,* place Saint-Denis, 51.

Salle d'asile Saint-Jacques, boulevard des Frères.

Salle d'asile Saint-Germain, île Saint-Germain, 8.

Salle de Spectacle, rue des Trois-Cailloux, 67.

Salle de vente de Me Pouy, rue de la Porte-Paris, 8.

Salle, *débitant,* rue de la Barette, 2.

Salle, *épicier,* rue Saint-Germain, 59.

Salle-Cordier, *entrep. de bâtim.,* r. des Augustins, 19.

 Briqueterie allée des Meuniers, 62, à Renancourt.

Sallé, *monum. funèb.,* Grande-Rue, 163, à St-Maurice.

Salmon (Mlle), *rentière,* rue des Canettes, 23.

Salomon, *débitant,* r. Saint-Jean, 13, au petit St-Roch.

Salmon, frères *mds de chaussures,* r. des Trois-Cailloux, 15.

Salomon, *md de toiles,* à Airaines.

 Magasin place de l'Hôtel-de-Ville, 16.

Salzé (Mlle), *lingère,* rue du Lycée, 32.

Samain-Lepan, *fab. de voitures,* rue de Beauvais, 118.

 Chantier route de Rouen, 129.

Sambœuf *agent comptable,* boulev. des Célestins, 1.

Sambourg, *directeur de la station télégraphique,* boulevard du Mail, 57.

Samier, *propriétaire,* rue des Wattelets, 40.

Samier, *avocat,* rue des Wattelets, 40.

Samson, *rentier,* rue Desprez, 19.

Samson, *jardinier*, rue du faubourg de Hem, 17.

Sandrat, Bourban et Moignet, *velours*, r. des Sergents, 20.

Sangnier (Al.), *propriétaire*, rue de Bray, 3.

Sangnier, *rentier*, rue du Lycée, 37.

Sangnier, *comptable*, rue du Chapeau-de-Violettes, 3.

Sannier (J.-B.), *fruitier*, rue du Marais, 63, faubourg Saint-Pierre.

Sanzelle, *rentier*, rue des Cordeliers, 17.

Sanzel, *tailleur* (soutanes), rue Sainte-Marguerite, 5.

Saubot, *maénager*, rue du Pont-de-Longueu, 15.

Saubreuil, *proc. gén.*, rue Saint-Fuscien, 47.

Saulin-Sagot, *boucher*, rue des Vergeaux, 15.

Sautay fils, *propriétaire*, rue de Bray, 10.

Sauty-Pigou, *épicier*, rue des Vergeaux, 37.

    Magasin impasse des Jeunes-Matins, 14.

Sauty, *menuisier*, rue Neuve, 7.

Sauvage, *articles d'Amiens*, rue des Sergents, 47.

Sauval, *contre-maître*, rue de Lamorlière, 18.

Sauval-Carton, *voyageur*, rue du Don, 33.

Sauval-Buignet, *employé*, rue Saint-Germain, 28.

Sauval (veuve), *rentière*, place Saint-Denis, 28.

Sauval (Clara), *couturière*, place Saint-Denis, 28.

Sauval, *ménager*, rue du Marais, 12, à Renancourt.

Sauval (Ve), *ménag.* r. du Calvaire, 34, à Renancourt.

Sauval, *ferblantier*, rue Saint-Leu, 81.

Sauval, *fermier de pesage*, rue Gresset, 22.

Sauval, *rentier*, rue des Capucins, 63.

Sauval, *négociant*, rue des Sergents, 39.

Sauval, *débitant*, rue St-Honoré, 108, fg de Beauvais.

Sauval, *logeur*, rue des Wattelets, 9.

Sauval, *brocanteur*, rue des Sœurs-Grises, 39.

Sauval (Ve), *rentière*, rue du Grand-Vidame, 34.

Sauval, *rentier*, rue du Grand-Vidame, 34.

Sauval, *épicier*, rue du Grand-Vidame, 67.

Sauval (Mme), *mde à la toilette*, rue Rohault, 44.

Sauval, *cabaretier-logeur*, rue de la Hotoie, 91.

Sauval, *débitant*, rue des Corroyers, 138.

Sauval, *charcutier*, rue du Lycée, 60.

Sauval, *perruquier*, rue des Cordeliers, 4.

    Magasin de parfumerie, rue des Trois-Cailloux.

Sauval, *débitant*, boulevard Guyencourt, 101.

Sauvalle, *employé à la préfect.*, espl. de Beauvais, 11.

Sauvé, *cultivateur*, route d'Albert, 86.

Sauvé (veuve), *cultivatrice*, rue du Marais, 14, faubourg Saint-Pierre.

Sauvé, *ménager*, rue de la Montagne-aux-Chevaux, 25.

Sauvé (Mme), *mde de ch. de terre*, r. du Guindal, 14.

Sauvé (veuve), *ménagère*, route d'Albert, 99.

Sauvé (Denis), *ornements d'église et librairie*, ch. de Noyon, 56.

Sauvenay, *fab. de chap. de paille*, rue de Beauvais, 39.

Savary, *prép. en ch. de l'octroi*, r. des Canettes, 17.

Saveuse (veuve), *teinturière*, rue Bonvallet, 52-54.

Saveuse (J.-B.), *cabaretier*, quai de la Somme, 98.

Saveuse (veuve), *ménag.*, Grande-Rue, 26, à Montières.

Savignac (de), *propriétaire*, boulev. Longueville, 6.

Savoye-Decoisy (Mlle), *repasseuse*, rue du Lycée, 17.

Savoye (Maxime), *fabricant*, rue des Clairons, 117.

Savoie, *instituteur*, rue du Marais, 96, à Renancourt.

Savoye, *menuisier*, rue Neuve-des-Minimes, 20.

Savreux, *cordonnier*, galerie du Commerce, 5.

Scalabre, *ménager*, grande rue Saint-Maurice, 236.

Scellier, *jardinier*, faubourg de Hem, 43.

Scellier, *peintre au ch. de fer*, rue de l'Agrapin, 151, à la Neuville.

Scellier-Boyeldieu, *ménager*, rue du Moulin, 11, faubourg de Beauvais.

Scellier, *garçon de magasin*, rue Gresset, 28.

Scellier, *concierge*, avenue des Moines, 1, à la Neuville.

Scellier, *brocanteur*, rue du Chapeau-de-Violettes, 11, et passage des Arts, 17-19.

Scellier-Soyez, *rentier*, rue Hautes-des-Tanneurs, 16.

Scellier, *débitant*, rue du Hocquet, 72.

Scellier, *brocanteur*, rue Saint-Germain, 39.

Scellier, *brocanteur*, rue Saint-Germain, 69.

Scellier (veuve), *rentière*, rue de Rumigny, 52.

Scellier, *peintre en voitures*, route de Paris, 10.

Scellier-Binet, *épicier*, rue de Noyon, 23.

Scellier (veuve), *ménagère*, rue Neuve-St-Honoré, 58.

Scellier, *brigadier d'octroi*, rue Neuve-St-Honoré, 45.

Scellier, *chauffeur*, rue de l'Union, 45.

Schmit ✳, *capitaine en retraite*, pass. St.-Denis, 3.

Schouleur, *ag. au ch. de fer*, rue Mazagran, 21.

Schreyer, *pharmacien*, Marché-aux-Herbes 4.

Schultess, *architecte*, impasse des Cordeliers, 20.

Schwander, *graveur sur cylindres*, rue des Majots, 18.

Schytte, *propriétaire*, rue de Bray, 15.

Sclet, *voiturier*, rue des Bouchers, 7.

Scotté, *md de bois*, rue de la Barette, 7.

    Magasin rue de la Voirie, 6.

Scribe et Cie, *articles d'Amiens*, rue des Sergents, 50.

Screpel (veuve), *rentière*, impasse de la Crosse, 7.

Scribe-Lamarre, *épicier*, rue des Jardins, 59.

Scudamorre-Lewis, *prof. de langues*, rue du Fossé, 2.

Secq, *boulanger*, rue Saint-Honoré, 85.

Sée (Edm.), *dir. de tissage*, place Saint-Denis, 13.

Segault (Léon), *ménager*, rue de Rumigny, 15.

Segaux, *maître d'étude au lycée*, rue du Lycée, 40.

Segard, *tisseur*, rue de la Poissonner.-d'Eau-Douce, 17.

Ségard (vᵉ), *rentière*, r. du Marais, 38, f. St.-Pierre.

Seibert, *horloger*, rue des Tripes, 30.

Séjourné ✳, *chef d'escad. en ret.*, boul. St-Charles, 43.

Selle, *rentier*, rue des Jacobins, 7.

Seillery, *épicier*, rue des Corroyers, 14.

Sellier-Bailly, *cabaretier*, chaussée Saint-Pierre, 57.

Sellier (Angélique), *ménagère*, rue du Calvaire, 13, à Renancourt.

Sellier, *bimblotier*, route de Paris, 146.

Sellier (J.B.), *ménager*, r. d'Amiens, 21, à Boutillerie.

Sellier, *boucher*, chaussée Saint-Pierre, 13.

Sellier, *rentier*, rue de la Queue-de-Vache, 31.

Sellier, *brocanteur*, rue de Metz, 56.

Sellier fils, rue de la Queue-de-Vache, 31.

Sellier (J.-B.) *ménager*, Grande-Rue, 93, au Petit-Saint-Jean.

Sellier *serrurier*, rue du Hocquet, 75.

Sellier, *barbier*, rue du Hocquet, 102.

Sellier, *charcutier*, place Saint-Firmin, 11.

Sellier, *avocat*, cloître de l'Horloge, 4.

Selter, *contre-maître*, rue du Faub.-de-Hem, 199.

Séminaire (Grand), chaussée de Noyon, 58.

Seminel (veuve), *ménag.*, Gde-Rue, 180, à St-Maurice.

Seminel, *ferblantier*, rue des Vergeaux, 58.

Sempé (Pierre), *s.-insp. des postes*, r. St-Fuscien, 71.

Senard (Ovide), *propriétaire*, place Saint-Denis, 67.

Sencier, *mécanicien*, chaussée de Noyon, 185.

Sené (Ed.), *articles d'Amiens*, rue des Sergents, 38.

Sené, *propriétaire*, rue du Faubourg-de-la-Hotoie, 50.

Sené, *agréé*, rue des Verts-Aulnois, 21.

Sené-Debray, *épicier*, rue St-Honoré, 129-131.

Sené, *lamier*, rue Voclin, 15.

Sené-Leclercq, *cult.*, rue du Marais, 18, f. St.-Pierre.

Senéchal, *patissier*, rue Saint-Leu, 148.

Senepart, *courrier de malle*, rue Castille, 4.

Senidre, *receveur d'octroi*, porte de la Hotoie.

Senne (veuve), *rentière*, rue Cozette, 10.

Senot (veuve), *rentière*, rue Neuve-des-Wattelets, 18.

Sensaud, *conseiller de préfecture*, rue St-Fuscien, 55.

Septenville (de), *propriétaire*, place Saint-Michel, 8.

Seret, *jard.*, r. des Deux-Ponts, 24, au Petit-St.-Jean.

Sergent (veuve), *logeuse*, rue des Hautes-Cornes, 4.

Sermage, *serrurier*, rue du Bout-Cacq, 11.

 Atelier, même rue, 26 c.

Sergent, *cond. de trains*, rue de la Voirie, 7.

Serpette, *propriétaire*, rue Saint-Denis, 34.

Serrassaint, *teinturier*, rue de la Voirie, 43.

Serret (Mlle), *fruitière*, rue Basse-des-Tanneurs, 10.

Seret, *jardinier*, rue des Deux-Ponts, 24, au Petit-Saint-Jean.

Sert, *cafetier*, rue du Pont-du-Cange, 13-15.

Servain, *menuisier*, rue Ledieu, 37.

Servaux, *cardier*, chaussée Saint-Pierre, 4.

Sevaux, *ménager*, rue du Marais, 56, fg Saint-Pierre.

Sevaux, *md. à la toilette*, route d'Albert, 39.

Sévin, *employé*, rue de Rumigny, 68.

Sevin (Ferdinand), *négociant*, rue Cozette, 38.

Sevin (veuve) *rentière*, rue Sainte-Marguerite, 7.

Sevin, *employé*, rue Martin-Bleu-Dieu, 17.

Sevin, *laines en gros*, rue Sainte-Marguerite, 7.

 Magasin rue Gresset, 24.

Seyrieix, *directeur des domaines*, r. St.-Domique, 1.

Sévin, *md. forain*, route d'Abbeville, 72, à Montières.

Sezille, *md de casquettes*, rue de la Hotoie, 26.

Shittengton (veuve), *rentière*, rue de Narine, 47.

Sibut, *constructeur de machines*, rue des Paniers, 17.

Sibut (Benoît), *contre-maître*, rue des Paniers, 21.

Signouret, *rédact. de journaux*, rue des Jacobins, 48.

Signouret père, *rentier*, rue des Jacobins, 48.

Simon, *fripier*, rue Sainte-Marguerite, 11.
    Magasin rue Duméril, 58.

Simon, *receveur d'octroi*, porte Saint-Maurice.

Simon, *rentier*, rue du Loup, 35.

Simon, *emp. à la préfect.*, rue N.-des-P.-Champs, 6.

Simon, *receveur d'octroi*, rue Legrand-Daussy, 4.

Simoni, *mouleur en plâtre*, rue H.-des-Tanneurs, 54.

Simonin, *surveillant*, rue de Narine, 36.

Simonot, *professeur au Lycée*, rue Saint-Fuscien, 74.

Sinet, *employé*, rue de Lamorlière, 25.

Sinocquet *cabaretier*, ruelle Clairgnat, 1, à Renancourt.

Siraudin ✳, *présid. de chambre*, boulev. du Mail, 43.

Sire (veuve), *rentière*, rue de la Neuville, 43.

Smitt, *brigadier-sellier*, rue du Pinceau, 64.

Société anonyme, *filature de lin*, r. du fg de Hem, 208.
    Maison de vente rue Gresset, 10.

Société de Prévoyance, rue du Chapeau-de-Violettes, 3.

Société industrielle, place Saint-Denis, 48.

Soleil (le), bureau rue Gresset, 59.

Solème, *charcutier*, rue de Rumigny, 19.

Solente, *curé de St-Germain*, rue Basse-St-Germain, 4.

Solente (Mme), *supérieure de la Sainte-Famille*, esplanade de Noyon, 20.

Solin (J.-B.), *hortillon*, rue de la Voirie, 155.

Solin (veuve), *rentière*, rue de Noyon, 35.

Somermont, *rouenneries*, rue de Beauvais, 55.

Somiliana-Triboulet, *opticien*, galer. du Commerce, 16.

Sonnet (Mlle), *rentière*, passage des Capucins, 10.

Sontag, *professeur au Lycée*, passage St-Denis, 2.

Sontag, *empl. au ch. de fer*, rue Legrand-Daussy, 27.

Sorel-Denamps, *ménager*, route d'Albert, 141, faubourg Saint-Pierre.

Sorel (veuve), *ménagère,* route d'Albert, 141.

Sorel, *menuisier,* rue du Lycée, 21.

Sorel, *empl. au ch. de fer,* rue Legrand-Daussy, 37.

Sorel, *rentier,* boulevard Longueville, 30.

Sorel, *vitrier,* rue des Louvel, 3.

Sorel (Th.), *tonnelier,* Grande-Rue, 58, à Longpré.

Sorel, *brocanteur,* rue des Sœurs-Grises, 6.

Sorel-Vasseur, *brocanteur,* r. des Sœurs-Grises, 23-25.

Sorel (Ph.), *employé,* rue du Petit-Saint-Roch, 33.

Sorel (Frédéric), *rentier,* rue de la Pâture, 25.

Sorel, *rentier,* rue Cozette, 3.

Sorel-Lobligeois (veuve), *rentière,* rue Cozette, 3.

Sorel, *ferrailleur,* rue des Francs-Mûriers, 29.

Sorel, *rentier,* rue Le Mattre, 42.

Soucail, *propriétaire,* rue de Rumigny, 50.

Souchon, *prof. de morale,* chaussée de Noyon, 58.

Soufflet-Boucher (veuve), *épicière,* M.-aux-Herbes, 52.

Soufflet-Boucher, *linger,* Marché-aux-Herbes, 32.

Souillart, *propriétaire,* rue des Trois-Cailloux, 91.

Soulon, *agent de police,* r. de Beauvais, 59.

Souplet-Delaux, *rentier,* rue Basse-Notre-Dame, 8.

Souplet, (veuve), *rentière,* chaussée Saint-Acheul, 8, à
     la Neuville.

Souplet (veuve), *rentière,* boulevard du Mail, 39.

Souplet (Ernest), *rentier,* boulevard du Mail, 39.

Souplet ✳, *entrep. de tabac, en retr.,* b. du Mail, 77.

Sourdat, *subst. du procur. gén.,* rue Constantine, 10.

Souris, *boulanger,* rue Saint-Germain, 27.

Sous-comptoir d'escompte, rue Saint-Martin, 10.

Sous-Intendance, bureau rue Napoléon, 10.

Souveaux, *épicier,* rue des Canettes, 1.

     Magasin, rue d'Engoulvent, 9.

Soyeux, *négociant,* impasse des Cordeliers, 17-19.

Soyer, *ancien notaire,* rue Saint-Louis, 15.

Soyez (Flore), *rentière,* rue des Crignons, 8.

Soyez, *logeur,* rue du Faubourg-de-Hem, 58.

Soyez-Desmarest, *ébéniste,* rue Delambre, 27.

     Magasin rue des Capucins, 27 m.

Soyez-Herbet, *propriétaire,* rue de Noyon, 22.

Soyez (Mlle), *rentière,* rue Saint-Denis, 36.

Spery (Lucien), *propriétaire*, route de Paris, **173**.
Spineux (veuve), *rent.*, rte d'Abbev., **129**, à Montières.
Sponi, *rentier*, rue la Voirie, **53**.
Stalin (Pierre), *briquetier*, rte d'Abbev., **218**, à Montier.
Staplande ✳ (de), *propriét*, rue des Trois-Cailloux, **62**.
Steiger-Masson, *épicier-fa·encier*, rue de Noyon, **55**.
Stewart (William), *md. de rouennerie*, f. de Hem, **113**.
Stiévenart (Mlles), *orfèvres*, rue des Orfèvres, **34**.
Suven, *filateur*, rue de la Pâture, **28**.
  Filat. Cour de Mai, **5**. — Magas., r. Tappeplomb, **18**.
Stoff, *corroyeur*, rue Duméril, **22**.
Stortz, *horloger*, rue Duméril, **55**.
Stoupy, *professeur de violon*, rue Saint-Fuscien, **23**.
Strelher, *contre-maître*, rue de Corbie, **1**.
Suart, *épicier*, rue des Capucins, **15-17**.
Suart (Louis), *garç. de table*, r. de la Porte-de-Paris, **36**.
Succursale de la Maison Disdéri de Paris, passage de la
  Comédie, **2**.
Sueur, *aubergiste*, rue du Quai, **2**.
Sueur, *épicier*, rue St-Leu, **89**
Sueur, *insp. d'assur.*, rue des Cordeliers, **29**.
Sueur et Stoff, *corroyeurs*, rue Duméril, **22**.
  Ateliers route de Rouen, **4**.
Surhomme-Planque, *rentier*, imp. des Cordeliers, **15**.
Surhomme-Sevin, *cabaretier*, rue de la Hotoie, **42**.
Surhomme, *md de casquettes*, r. Saint-Leu, **72**.
Sulmont (Mme), *sage-femme*, route de Rouen, **42**.
Surmont (veuve), *épicière*, rue de Beauvais, **7**.
Szmoniewski, *empl. au gaz*, boulevard Fontaine, **70**.

T.

Tabar, *ménager*, rue Rohault, **49**.
Tabary, *propriét.*, rue de Rumigny, **57**.
Tabary, *employé*, rue de la Voirie, **7**.
Tacquet-Dacquet, *md de charbons, agent de police*,
  rue du G.-Vidame, **37**.
Taffin (veuve de), *propr.*, boulevart du Mail, **19**.
Tagaut, *brigad. au ch. de fer*, r. Legrand-Daussy, **35**.
Talbot, *épicier*, rue du faubourg de Hem, **187**.

Talon-Guillart et Cie, *marchands de tissus*, rue des
    Augustins, 11-13.
Talon, *boucher*, rue Saint-Jacques, 31.
Tanfin, *cordonnier*, rue de la Porte-Paris, 5.
Tennaze, *md de fleurs*, rue des Jacobins, 6.
Tantôt-Delaby, *plâtrier-fumiste*, rue Gresset, 36.
Taret, *surveillant*, rue Sylvius, 14.
Tassart (Alexandre), *employé*, rue de Lamorlière, 12.
Tassencourt et Cie, *négociants*, rue St-Denis, 30.
Tassencourt, *charron*, rue du Faubg-de-la-Hotoie, 148.
Tassencourt, *commis-voyageur*, rue Malakoff, 17.
Tatin (Ernestine), rue de Metz, 30.
Tattegrain, *md de bois en gros*, rue des Jardins, 68.
    Scierie rue de la Voirie, 11.
    Dépôt rue Dejean, 45.
Tattegrain (Louis), *rentier*, rue du Don, 41.
Tattegrain, *expl. de carrière*, boul. Guyencourt, 125.
    Carrière chaussée de Noyon,
    Carrière route d'Abbeville, 59, à Montières.
Tattegrain, *débitant*, rue de Beauvais, 160.
Tattegrain-Delabarthe (Ve), *rent.*, rue des Augustins, 6.
Tattegrain, *débitant et voiturier*, rue du P.-St-Roch, 3.
Tattegrain (Alex.), *maçon*, rue des Marissons, 10.
Tattegrain, *épicier*, rue Voclin, 23.
Tattegrain (Mlle), *épicière*, r. Basse-des-Tanneurs, 72.
Tattegrain, *rentier*, boulevard du Mail, 1.
Tattegrain (veuve), *cabaretière*, faubourg de Hem, 188.
Tattegrain, *menuisier*, rue Basse-Notre-Dame, 31.
Tattegrain, *cabaretier*, rue des Orfèvres, 4.
Tattegrain (veuve), *fruitière*, rue de la Hotoie, 89.
Tattegrain, *employé*, rue des Francs-Mûriers, 11.
Tavaux, *bimbelotier*, rue Fontaine, 25 A.
Tavernier O ✳, *doct. en médecine*, rue de Narine, 8.
Tavernier (Louis), *suisse à Saint-Leu et revendeur*,
    rue Canteraine, 27.
Tavernier, *relieur*, rue des Jeunes-Mâtins, 14.
Tavernier (Mme), *épicière*, rue des Granges, 7.
Tavernier, *plombier*, rue de la Neuville, 41.
Tavernier, *menager*, rue du Marais, 94, à Renancourt.
Tavernier (Pierre), rue de l'Eglise, 3, à Renancourt,

Tavernier, *ouv. fondeur*, rue des Huchers, 1.

Tavernier (Fe), *épicière*, rue Riquier, 1, à Renancourt.

Tavernier, *maître d'études*, rue du Lycée, 40.

Tavernier (Auguste), *employé*, rue des Jardins, 50.

Tavernier, *charpentier*, rue du Moulin, 26.

Tavernier, *employé*, rue Le Mattre, 43.

Taylor, *mécanicien*, rue des Clairons, 45.

TÉLÉGRAPHE, Direction, rue du Camp-des-Buttes, 12.

Tellier, *imprimeur-teinturier*, rue Canteraine, 4.

      Atelier rue d'Engoulvent, 5.

Tellier (Amand), *épicier*, rue Canteraine, 49.

Tellier, *agent de police*, rue des Huguenots, 8.

Tellier, *commis*, rue de Beauvais, 3.

Tellier, *chauffeur*, rue des Tripes, 21.

Tellier, *débitant*, route d'Albert, 30.

Tellier (Mme), *débitante*, passage Saint-Denis.

Tellier, *commis à pied*, rue des Cordeliers, 53.

Tellier, *coiffeur*, galerie de la Renaissance, 18

Tellier, *maçon-plâtrier*, rue de la Neuville, 7.

      Magasin, rue Gloriette, 7 bis.

Tellier, *md ambulant*, rue du Grand-Vidame, 58.

Tellier (H.), *concierge*, allée des Meuniers, 62, à Renanc.

Tellier, *direct. d'assurances*, rue Pierre-l'Ermite, 33.

Tellier, *logeur*, rue de Beauvais, 31.

Tellier, *tourneur en bois*, rue des Majots, 5.

Tellier, *garde-champ.*, r. de l'Agrapin, 7, à la Neuville.

Tellier-Dinouard, *ménager*, rue des Cruchons, 19.

Tellier, *cabaretier*, route de Rouen, 150.

Tellier (veuve), *hortillonne*, rue de l'Agrapin, 13, à la Neuville.

Tellier, *modiste*, rue des Sergents, 11.

Tellier, *rentier*, rue du Petit-Saint-Roch, 51.

TEMPLE PROTESTANT, rue de Metz, 45.

Templeux, *tourneur en bois*, petite rue des Minimes, 6.

Templeux, *anc. concierge au Lycée*, rue du Lycée, 21.

Tencey, *rentier*, rue Le Mattre, 25.

Tencey (Mlle), *couturière*, rue des Rabuissons, 83.

Teriot, *ajusteur*, rue des Huguenots, 55, fg Beauvais.

Ternisien (Alph.), *hortillon*, r. du Marais, 45, à la Neuv.

Ternisien, *hortillon*, à l'Agrapin, 21.

Ternisien, *chauffeur*, sur la Place, 8, à la Neuville.

Ternisien, *rentier*, rue Laurendeau, 60.

Ternisien, *facteur*, rue Neuve-Saint-Honoré, 35.

Ternisien, *employé*, rue Saint-Jacques, 109.

Ternisien, *serrurier*, rue des Jacobins, 4.

Terrache, *fabricant de chaises*, rue de Metz, 58.

Terral, *docteur en médecine*, place Saint-Denis, 47.

Terrasse (Amab.), *ménag.*, r. Bel-Air, 18, à Bouillerie.

Terrasse-Heurion, *fabr. de casq.*, rue Saint-Leu, 122.

Terrien (veuve), *rentière*, rue au Lin, 21.

Terrien (Adrien et Félix) *faïenciers*, rue au Lin, 21.

Tessier (Mme), *lingère*, rue de Beauvais, 71.

Tessier, *relieur*, rue de Beauvais, 71.

Testu (veuve), *rentière*, chaussée Saint-Acheul, 19.

Tetar, *marchand forain*, rue de Rumigny, 18.

Tétard-Jodart, *ouv. fondeur*, rue Saint-Acheul, 32, à la Neuville.

Tétard, *cabaretier*, chaussée Périgord, 66.

Tettard, *md de fer*, Marché-de-Lanselles, 61.

Tettelin, *charpentier*, Grande-Rue, 46, à Longpré.

Thélu (Mlle) *rentière*, rue de Narine, 10.

Théo-Vrayer, *employé*, rue Pointin, 90.

Théolle (Constant), rue du Port, 6.

Théot, *boucher*, rue Haute-des-Tanneurs, 52.
    Etal Marché-de-Lanselles.

Théot, *charcutier*, rue de la Hotoie, 74.

Théot et Bouillencourt (Mlles), *mdes de tissus*, rue des Trois-Cailloux, 112.

Thériot, *menuisier*, rue du Long-Rang, 140.

Théroude, *md de fleurs*, rue au Lin, 16.

Théry-Blondelle, *rentier*, boulevard de l'Est, 43.

Théry, *rentier*, boulevard de l'Est, 57.

Théry, *md de crépins*, rue des Orfèvres, 50.

Théry, *rentier*, rue Porte-Paris, 34.

Thibaut, *lamier*, rue des Huchers, 4-6.

Thibaut, *cont.-maît.*, r. des Meuniers, 5, fg de Hem.

Thibaut, *fruitier et voitur.*, r. Mathieu, 3, à Montièr.

Thibauville, *employé*, passage des Sœurs-Grises, 3.

Thiébaut (veuve), *propriétaire*, rue Gresset, 23.

Thiébaut frères, *fabricants de velours d'Utrecht*, rue
 Gresset , 23.
Thiébaut , *employé* , rue des Francs-Mûriers , 20.
Thiébaut , *employé*, rue des Corroyers , 135.
Thierry , *charpentier* , petite rue du Bois, 9, à la Neuv.
 Magasin, rue du Petit-Faubourg-de-Noyon, 153.
Thierry , *courrier des postes*, pass. des Cordeliers, 13.
Thierry (Félix), *md de légumes*, rue du Don, 28.
Thierry , *md de grains*, rue des Jacobins, 72.
Thierry, *propriétaire*, rue Le Maître , 45.
Thiery (Élisa), *repass.*, rue du Cloit.-de-l'Horloge, 18.
Thierry-Domont, *tambour* , rue Pavée , 13.
Thiery, *fruitier*, place des Huchers, 4.
Thierry , *graveur*, rue Basse-Notre-Dame , 27.
Thierry, *garçon de magasin*, rue Motte, 7.
Thierry, *cabaretier*, rue des Gantiers, 39.
Thierry, *subst. du proc. imp.* rue Saint-Fuscien, 31.
Thierry (Mlle) , *rentière*, boulevart de l'Est, 45.
Thierry , *rentier*, boulevart de l'Est, 45.
Thierry, *rev. à la toilette*, rue des Corroyers, 41.
Thieulloy (de) , *propriétaire*, rue de l'Oratoire, 8.
Thieulloy (Julien de) , *rentier*, rue du Soleil, 1.
Thirant , *fruitier* , rue du Quai , 15.
Thivet-Darras, *méc. au ch. de fer*, ch. de Noyon, 50.
Thomas , *contre-maître*, boulevard des Frères, 82.
Thomas, *empl. au télég.*, place Saint-Denis, 57.
Thonon (veuve) , boulev. de Beauvais , 10.
Thorel , *rentier*, rue des Cordeliers, 31.
Thorel-Andrieu , *rentier*, place Saint-Denis, 47.
Thorelle , *receveur à la petite vitesse*, r. St-Léon, 13.
Thorigny C. ✻ (de), *premier président de la Cour
 impériale, sénateur*, rue Debray, 6.
Thuillier, *contrôleur*, rue de la Voirie, 17.
Thuillier-Dubois, *médecin-étuviste*, r. de la Voirie, 17.
Thuillier , *étuviste*, rue de la Voirie , 9.
Thuillier , *ménager* , rue Saint-Honoré, 97.
Thuillier , *filateur*, rue Neuve, 10.
 Maison de vente rue des Orfèvres, 8.
 Filature rue des Poulies, 13.
 Magasin rue des Poulies, 16.

Thuillier (Louis), *hortillon*, rue de la Voirie, 79.

Thuillier-Azéronde, *hortillon*, rue de l'Agrapin, 23, à la Neuville.

Thuillier (veuve), *rentière*, rue de la Voirie, 109.

Thuillier-Gelée, *laines en gros*, pl. St-Remi, 8 et 10. Peignerie mécanique rue de la Prairie, 20.

Thuillier fils, *médecin*, rue du Cloître-Notre-Dame, 12.

Thuillier-Noël, *hortillon*, rue de la Voirie, 151.

Thuillier, *doct. en chirurgie*, r. du Cloître-N.-D., 10.

Thuillier (Mlle.), *rentière*, rue Neuve-des-Minimes, 2.

Thuillier, *employé*, rue Desprez, 3.

Thuillier (Alfred), *propriétaire, receveur de rentes*, rue Saint-Fuscien, 1.

Thuillier, *ménager*, r. du Bois, 6, à la Neuville.

Thuillier (François), *hortillon*, rue Chauvelin, faubg de Hem.

Thuillier-Cauchy, *épicier*, rue du Don, 7. Fabrique de ouates rue Pavée, 4.

Thuillier (veuve), *propriétaire*, rue des Coches, 48.

Thuillier, *bimbelot., faïenc*, r. du Faub.-de-Hem, 195.

Thuillier (Mlle), *rentière*, rue du Cloître-N.-Dame, 10.

Thuillier (Ch.), *maçon*, sur la Place, 6, à la Neuville.

Thuillier, *aumôn. de St-Charles*, r. de Beauvais, 129.

Thuillier (Mlle), *rentière*, rue des Huchens, 44.

Thuillier, *md de toiles* à Beauval. Magasin rue Saint-Leu, 136.

Thuillier, *épicier*, grande rue de la Veillère, 16.

Thuillier père, *rentier*, rue de Beauvais, 129.

Thuillier, *maçon*, route de Paris, 83.

Thuillier (Casimir), *employé*, rue des Jardins, 77.

Thuillier (Hyac.), *loueur en garnis*, petite rue Saint-Germain, 10.

Thuillier, *fabricant de bas*, passage Lenoël, 6.

Thuillier, *avocat*, rue des Jacobins, 83.

Thuillier-Obry, *rentier*, rue Bellevue, 27.

Thuillier, *conducteur des Ponts-et-Chaussées*, rue de la Poudrière, 7.

Thuillier-Dubucq, *bonnetier*, rue des Vergeaux, 59.

Thuillier, *nouveautés*, rue des Sergents, 2.

Thuillier-Saint-Aurin, *propriét.*, rue du Pinceau, 1.

Thuillier-Aloux, *propriétaire*, rue Saint-Leu, 7.
Thuillier (Eugène) *ménager*, route de Paris, 106.
Thuillier, *employé*, rue des Sergents, 2.
Thuillier (Victor), *cabaretier*, r. du Marais-de-Hem, 51.
Thuillier (veuve), *rentière*, place Saint-Denis, 49.
Thuillier-Duvette, *rentier*, rue Henri IV, 28.
Thuillier, *boucher*, rue de la Hotoie, 66.
Thuilliez, *sous-chef à la préfect.*, rue Le Mattre, 55.
Tiberghien, *propriétaire*, boulevart de l'Est, 2.
Tichet (H.), *contre-maître*, boulev. Baraban, 41.
Tiesse, *chauffeur*, rue Pointin, 20.
Tietsch (Godefroy), *contre-maître*, r. des Archers, 34.
Tillette-d'Acheux aîné, *propriét.*, rue Saint-Louis, 23.
Tillette-d'Acheux (Fréder.), rue Saint-Louis, 18.
Tillier, *sellier*, rue St-Leu, 64.
Tillier, *serrurier*, rue de la Vallée, 72.
Tillier, *receveur de rentes*, rue de la Vallée, 68.
Tillier (veuve), *épicière*, rue du Quai, 19.
   Magasin rue Sainte-Catherine, 19.
Tillier (Al), *voyageur*, rue Blassel, 9.
Tilloy, *bonnetier*, rue des Trois-Cailloux, 8.
Tilloy, *debitant-charcutier*, rue Pointin, 48.
Tirancourt, *facteur*, rue Sire-Firmin-Leroux, 20.
Tirebarbe-Delaville, *prop.*, r. des Ec.-Chrétiennes, 22.
Tison (Bonnet), *voyageur de com.*, boul. de l'Est, 34.
Titren, *surn. des cont. ind.*, rue Porte-Paris, 17.
Tivier, *professeur au lycée*, boulev. de Beauvais, 36.
Toiret, *fondé de pouvoir à la recette générale*, place
   Saint-Denis, 40.
Tombe, *dessinat. pour la Jacquart*, rue de Noyon, 30.
   Atelier rue des Canettes, 9.
Tombe, *rentier*, rue Henri IV, 16.
Tombe (Mlle), *brodeuse*, passage Saint-Denis, 5.
Tombe, *rentier*, rue de l'Oratoire, 7.
Tombe (veuve), *rentière*, impasse des Cordeliers, 21.
Tondu ✻, *lieuten.-colonel*, *propriét.*, r. de Metz, 49.
Topin, *notaire*, cloître Saint-Nicolas, 1.
Topin, *contre-maître*, rue Le Mattre, 67.
Torchi, *agent de librairie*, à la Gare.
Torville, *cabaretier*, chaussée Saint-Pierre, 47.

Touchard (veuve et Mlle), *rentières*, rue St-Louis, 55.
Toudouze (Mme), *gérante*, rue de Beauvais, 45.
Toulmonde, *menuisier*, rue Legrand-Daussy, 67.
Toulmonde, *rentier*, rue Saint-Jacques, 81.
Toulmonde (Louis), *md d'engrais*, r. St-Honoré, 100.
Toulmonde, *ménager*, rue Saint-Honoré, 146.
Toulmonde, *fruitier*, route de Paris, 74.
Toulmonde (Mlle), *modes*, rue des Rabuissons, 43
    Garnis, rue Saint-Jacques, 81.
Toulmonde (veuve), rue du Petit-Saint-Roch, 7.
Toulmonde, *épicier*, rue des Majots, 12.
Toulouse, *employé*, rte d'Abbeville, 97, à Montières.
Toupiolle, *rentier*, rue de Beauvais, 53.
Toupiolle, *fabricant de lacets*, rue Saint-Louis, 27.
Tournaux, *ménager*, Grande-Rue, 33, à Longpré.
Tourné (veuve), *ménagère*, rue du Petit-Rivery, 45.
Tourniquet, *cafetier*, rue Saint-Leu, 75.
Touron, *ingénieur de la voie*, à la Gare.
Tourres, *employé de la régie*, place Saint-Denis, 30.
Tourtier (de), *propriétaire*, rue des Jacobins, 37.
Toussaint, *brigadier au ch. de fer*, r. du Vivier, 28.
Touzet, *concierge*, rue des Jacobins, 5.
Touzet, *débit. de tabacs et afficheur*, rue St-Leu, 142.
Touzet (Achille), *peintre-vitrier*, rue Henri IV, 32.
Touzet (Charlotte), *rentière*, rue des Jardins, 16.
Tramcourt, *ferblantier*, rue du Hocquet, 115.
Trancart, *rentier*, rue des Bourelles, 16.
Trancart, *rentier*, rue de la Salle-d'Asile, 8.
Trancart frères, *menuisiers*, rue des Huchers, 46.
Trancart-Dubois, *articles d'Amiens*, rue St-Leu, 28.
Trancart-Grénon, *cabaretier*, rte d'Abb., à Montières.
Trancart, *md de toiles*, à Hangest-s.-Somme.
    Magasins, Marché-aux-Herbes, 9 E.
Trancart, *commissaire local*, route de Rouen, 102.
Trancart-Pie, *fabricant*, rue des Lombards, 5.
Trancart, *mercier*, rue de la Hotoie, 29.
Trancart-Drevelle, *rentier*, rue du Mail, 9.
Trancart, *employé*, rue de Metz, 23.
Tranel (J.-B.), *hortillon*, r. de l'Agrapin, 17, à la Neuv.
Tranel (veuve), *rentière*, r. du Marais, 12, à la Neuville.

Tranel, *hortillon*, rue du Marais, 12, à la Neuville.
Tranel (André), *barbier*, rue du Marais, 27, à la Neuville.
Tranel (André), *hortillon*, sur la place, 1, à la Neuville.
Tranel, *perruquier*, sur la Place, 26, à la Neuville.
Tranel, *fruitier*, rue du Petit-Faubourg-de-Noyon, 17.
Trannoy (Mlles), *rentières*, rue des Capucins, 38.
Traullé (veuve), *rentière*, rue Saint-Leu, 141.
Traullé, *boulanger*, rue Saint-Leu, 141.
Trépagne-Navel (veuve), *rentière*, rue Le Merchier, 6.
Trépagne, *propriétaire*, boulevard Longueville, 12.
Trépagne (veuve), *rentière*, chaussée Saint-Pierre, 17.
Trépagne, *filateur*, chaussée Saint-Pierre, 17.
Treshaut, *typographe*, rue des Capucins, 69.
Treuet, *rentier*, route d'Albert, 9.
Treuet, *employé de commerce*, r. des Cordeliers, 47.
Tribout (Ad.), rue du Bout-Cacq, 77.
Tribunal de commerce (greffe), pl. de l'Hôtel-de-Ville, 3.
Tricottet, *facteur au chemin de fer*, petite rue du Cange, 7.
Tripet, *avocat*, rue Neuve-des-Wattelets, 22.
Trouille, *horloger*, rue des Sergents, 14.
Trouvain (veuve), *rentière*, rue de la Citadelle, 17.
Trouvain, *fondeur en caractères*, rue du Quai, 29.
Trouvain (Dieud.), *teinturier*, rue de la Citadelle, 19.
Trouvain (Aug.), *rentier*, rue de la Citadelle, 17.
Trouvain, *serrurier*, rue Damis, 9.
Tunc-Wallet, *toiles*, place du Marché-aux-Herbes, 26.
Tunc-Matifas, *rentier*, rue de la Hotoie, 16.
Turmine, *cabaretier*, rue Saint-Leu, 54.
Turpin (Mlle), *rentière*, rue de Noyon, 51.
Tutois (Eugène), *logeur*, rue au Lin, 25.
Tutoy, *mécanicien*, rue Sire-Firmin-Leroux, 15.

U.

Union des postes, place Périgord, 5.
Union (l'), bureau rue des Rabuissons, 42.
Urbaine (l'), bureau rue Caumartin, 38.
Ursulines (couvent des), rue Saint-Dominique, 16 à 20.

V.

Vacavant, *tapissier*, rue Gresset, 56.

Vacossin, *md de tourbes*, rue Motte, 61.

Vadurel père et fils, *mpl. des postes*, rue Dijon, 37.

Vadurel, *tisseur*, sur la Place, 5, à Longpré.

Vadurel, *laitier*, rue du Sac, 16, à Longpré.

Vadurel, *laitier*, rue Saint-Léger, 24, à Longpré.

Vadurel, *md de papiers peints*, rue St-Jacques, 23-25.

Vagnair, *professeur*, rue Saint-Dominique, 5.

Vagniez-Fiquet et fils, *rouenneries en gros*, rue des
   Jacobins, 18.

Vaillant, *teinturier*, rue du Marais, 34, fg. St-Pierre.

Vaillant, *barbier*, rue des Corroyers, 62.

Vaillant (Mlle Delphine), *rentière*, rue Saint-Leu, 61.

Valery à Triel.

  Dépôt de plâtre, boulevard du Cange, 12.

Valdejo, *surveillant, pompier*, à la Gare.

Valette, *spécialité de cafés*, rue des Vergeaux, 66.

  Magasin rue des Vergeaux, 67.

Valette, *empl. de banque*, rue des Trois-Cailloux, 86.

Vallée, *cafetier*, petite rue du Quai, 2.

Vallée, *caissier*, rue du Don, 47.

Vallet-Vérez, *md de vins en gros*, place du Palais-de-
   Justice, 13 et 15.

Vallet (Mme), *épicière*, place Saint-Denis, 26.

Vallet, *secrétaire part. de l'évêque*, pl. St-Michel, 1.

Vallet, *épicier*, rue des Trois-Cailloux, 100.

Vallet (Alp.), *md ambulant*, rue du Lycée, 96.

Vallotte, *commis à la banque*, boulev. Fontaine, 60.

Valois (Marie), rue du Vivier, 17.

Vandekerkhoovre, *contr.-maît.*, r St-Acheul, 63, Neuv.

Vandersticlen, *md de cottrets*, route d'Allonville, 25.

Vanderveken ✻, *offic. retraité*, rue de la Pâture, 34.

Vandevincker (H.), *rentière*, rue des Capettes, 8.

Vanstabel-Harter, *poêlier*, rue Desprez, 1.

Vaquette (veuve), *rentière*, rue Bellevue, 2.

Vaquette (Mme), *lingère*, rue Delambre, 6.

Varé-Prudhomme, *bonnetier*, rue des Vergeaux, 48.

Varé-Porion , *rentier,* rue Damis , 16.

Varé (Jules), *employé,* rue Damis , 16.

Varlet, *employé,* boulevard Guyencourt, 53.

Varlet , *garde du génie,* rue Saint-Dominique, 14.

Varlet (veuve) , *aubergiste,* rue des Jacobins , 3.

Vasse-Eloy , *produits chimiques,* r. de Doullens , 128.

Vasse, *débitant,* rue du Hocquet , 73.

Vasselle (veuve) , *propriétaire,* place Montplaisir , 17.

Vasselle (Emile) , *avoué,* rue d'Alger , 3.

Vasselle , *prop.,* à Rubempré, Passage Saint-Denis , 8.

Vasselle , *notaire,* impasse des Cordeliers , 6.

Vasseur (v^e), *ménagère,* r. du Pet.-Faub.-de-Noyon, 32.

Vasseur-Edouard , *correcteur d'imprimerie,* rue des Clairons, 59.

Vasseur-Lecointe, rue des Faux-Timons, 4.

Vasseur, *couvreur,* rue du Don , 11.

Vasseur, *maçon,* rue Blanquetaque , 29.

Vasseur-Thierry , *épicier,* rue de l'Andouille, 19.

Vasseur (Angélique), *repasseuse,* rue des Jardins, 74.

Vasseur (veuve et Mlle), *rentière,* boulev. Fontaine, 8.

Vasseur, *ménager,* rue du Long-Rang , 7.

Vasseur, *md d'engrais,* rue Saint-Honoré , 31.

Vasseur , *md de charb. de bois,* route de Paris, 161.
     Magasin rue Sylvius, 8.

Vasseur-Fevez (veuve) , *rent.,* boulevard St-Michel , 8.

Vasseur, *employé,* rue de Beauvais, 92.

Vasseur , *cultivateur,* rue du petit faub. de Noyon, 73.

Vasseur-Remlinger, *sage-femme,* q. de la Somme, 66.

Vassur (Th.), rue Beauregard, 5.

Vasseur, *hortillon,* r. de l'Agrapin, 19, à la Neuville.

Vasseur, *chauffeur,* rue de Cagny, 8.

Vasseur (Fr.), *ménager,* r. du Marais, 100, à Renanc.

Vasseur-Batel, *rentier,* rue du Fossé, 12.

Vasseur (veuve), *laitière,* rue Bel-Air, 8, à Boutillerie.

Vasseur (Mme), *rentière,* rue Riolan, 18.

Vasseur-Crignier (veuve), *épicière-cabaret.,* rue de la Barette, 53.

Vasseur , *boulanger,* rue Saint-Leu , 118.
     Dépôt de bois place des Minimes , 4.

Vasseur , *perruquier,* rue de Beauvais , 99.

Vasseur, *négociant,* à Abbeville, rue Gresset, 34.
    Magasin rue Saint-Germain, 44.
Vasseur, *md de toiles,* à Bethencourt-Saint-Ouen.
    Dépôt place de l'Hôtel-de-Ville, 8.
Vasseur (Arsène), *employé,* r. du Vivier, 8.
Vasseur, *charron,* chaussée de Noyon, 34.
Vasseur, *perruquier,* rue de Beauvais, 108.
Vasseur, *serrurier,* rue des Corroyers, 86.
Vasseur, *débitant,* route de Paris, 175.
Vasseur (J.-B.), rue Le Mattre, 19.
Vasseur, *arpenteur,* route de Paris, 208, fg de Beauvais
Vasseur, *couvreur,* rue du Moulin, 41, fg de Beauvais
Vasseur (Eudoxie), rue Saint-Jacques, 117.
Vasseur, *boulanger,* à Bovelles.
    Dépôt Marché-au-Feurre, sur la place.
Vasseur, *négociant,* rue Voiture, 40.
    Maison de vente rue Basse-St-Martin, 1.
Vasseur de la Verrière (v^e), *prop.,* pl. Longueville, 13.
Vasseur (veuve), *rentière,* rue du Lycée, 97.
Vasseur, *peintre et épicier,* rue des Capucins, 30.
Vasseur, *ménager,* rue Saint-Honoré, 78.
Vasseur-Dupont, *menuisier,* route de Paris, 26.
Vasseur (Ernest), *menuis. en voit.,* rue de l'Union, 28
Vasseur (veuve), *propriétaire,* boulevard de l'Est, 89.
Vasseur (Mlle), *rentière,* rue Contrescarpe, 13.
Vasseur-Mennesson, *fabr. de reg.,* r. des Capucins, 13.
Vasseur, *cabaretier,* rue du Grand-Vidame, 73.
Vasseur, *coure-maître,* boulevart du Port, 20.
Vasseur, *contre-maître,* quai de l'Abattoir, 95.
Vasseur-Seret, *hortillon,* r. du Marais, 46, à la Neuvil.
Vasseur, *rentier,* rue Robert-de-Luzarches, 39.
Vasseur-Boucher, *couvreur,* rue Caumartin, 9.
Vasseur (veuve), *ménagère,* gr. rue St-Maurice, 174.
Vasseur (Fr.), *chef ouvrier,* rte d'Abb., 3, à Montières.
Vasseur, *professeur,* rue Caumartin, 19.
Vasseur, *garçon de magasin,* rue du Bas-Vidame, 5.
Vasseur-Poncet, route de Paris, 203.
Vasseur, *ménager,* rue du Moulin, 44, fg de Beauvais.
Vasseur, *employé,* rue du Petit-Faubg-de-Noyon, 36.
Vasseur-Dury, *employé,* rue Laurendeau, 56.

Vasseur (veuve) *rentière*, rue du Fossé, 12.
Vasseur, *md de toiles*, à Pernois.
    Magasin, Marché-aux-Herbes, 9 D.
Vasseur (veuve et Mlle), *rent.*, faub. de la Hôtoie, 18.
Vasseur (veuve), *rentière*, r. N.-des-Petits-Champs, 9.
Vasseur, *rentier*, rue du Lycée, 85.
Vasseur-Mille, *débitant*, rue Saint-Jacques, 36.
Vasseur (veuve), *rentière*, rue Desprez, 40.
Vasseur, *rentier*, rue de Metz-l'Evêque, 4.
Vasseur, *filateur*, rue Constantine, 2.
Vasseur (veuve), *couturière*, cloître Saint-Nicolas, 3.
Vaspasse, *épicier*, rue Basse-Saint-Germain, 19.
Vast, *entrepreneur*, boulevard Guyencourt, 13.
    Briqueterie allée des Meuniers, 2, à Renancourt.
Vast, *rentier*, route d'Albert, 26, faubourg St-Pierre.
Vast-Fanchon, *propriétaire*, rue Saint-Fuscien, 49.
Vast-Dury, *maréch.*, route d'Albert, 8, faub. St-Pierre.
Vast père, *cultivateur*, route d'Albert, 8.
Vast (Amédée), *rentier*, rue Napoléon, 27.
Vast (Mlle), *maît. de langues*, rue du Lycée, 71.
Vast (Mlle), *institutrice*, pl. de l'Hôtel-de-Ville, 8.
Vast (veuve et Mlle), *propriét.*, boulev. des Frères, 4.
Vast, *cordier*, rue Saint-Germain, 67.
    Magasin rue de la Hallebarde, 1.
    Atelier petite rue de la Sablière, 9, fg de Beauvais.
Vaucelles (de), *propriétaire*, rue de Metz, 31.
Vautrin, *rentier*, rue Le Mattre, 10.
Vautrin (Joseph), *tambour*, rue du Lycée, 43.
Véchard, *couvreur-plafonneur*, r. des Orfèvres, 35-37.
Véchard, *épicier*, place Saint-Firmin, 9.
Véchard, *taillandier*, place Saint-Firmin, 12 et 14.
Véchard, *tapissier*, rue des Sergents, 42.
Véchard père, *rentier*, rue des Orfèvres, 37.
Vecque, *empl. de banque*, r. du Cloit.-de-l'Horl., 18.
Veilliet frères, *chau. et méc.*, r. des Rabuissons, 44.
Velin-Boyencourt, *ménager*, rue du Moulin, 19, faubourg Beauvais.
Velin, *ménager*, rue du Moulin, 21, faub. de Beauvais.
Velin (veuve), *ménagère*, rue St-Honoré, 74.
Velin (J.-B.), *md de fourrages*, rue St-Honoré, 116.

Velin (A.), *tisseur*, rue du Petit-Faubg-de-Noyon, **97**.

Venet, *perruquier*, place Saint-Denis, **31**.

Venet fils, *coiffeur*, rue des Trois-Cailloux, **26**.

Vente, *procureur impérial*, rue Porte-Paris, **12**.

Vêque, *menuisier*, rue des Huchers, **16**.

Vêque (veuve), *rentière*, rue du Long-Rang, **15**.

Vercoustre, *debit. de tabacs*, galerie du Commerce, **35**.

Verdoix, *horloger*, rue des Trois-Cailloux, **74**.

Vergeaux (Alex.), *ménager*, cour du Chapître, **8**, à Renancourt.

Vergeaux (Am.), *menuisier*, r. du Marais, **32**, à Renanc.

Verrée, *boucher*, rue des Chaudronniers, **14**.

Verguet, *agent d'affaires*, petite rue Saint-Remi, **7**.

Vérification des poids et mesures, rue de Beauvais, **71**.

Vérité, *brocanteur*, rue Saint-Germain, **20**.

Vérité, *contre-maître*, rue des Poulies, **19**.

Verner, *épicier*, rue du Cloître-Notre-Dame, **14**.

Verneur, *fabricant d'eaux minérales*, rue Martin-Bleu-Dieu, **32**.

Verquin, *employé au télégraphe*, rue Malakoff, **6**.

Verrier, *rentier*, rue Porte-Paris, **49**.

Verrier, *propriétaire*, rue du Marais, **5**, à Renancourt.

Verrier, *rentier*, rue Le Mattre, **4**.

Véru (Ferdin.), *rent.*, Grande-Rue, **131**, à St-Maurice.

Veru-Minier (veuve) *rentière*, rue Saint-Louis, **16**.

Veru (Mme), *matelassière*, rue Verte, **48**.

Véru, *md chiffonnier*, impasse de la Crosse, **8, 9 et 10**.

Veru, *menuisier*, rue Laurendeau, **93**.

Vézier-Trouvain, *tissus en gros*, place Notre-Dame, **3**.

Vibert (Mme), *rentière*, rue St-Fuscien, **53**.

Vicaigne, *rentier*, rue des Louvel, **25**.

Vicaigne, *md de pomm. de terre*, r. des Bonnards, **17**.

Vicart, *comm. en grains*, Logis-du-Roi, **3**.

Vicart-Plichon, *rentier*, boulevard Saint-Jacques, **51**.

Vichery, *md de charbons*, place Longueville, **1**.

Vichery (Mlle), *lingère*, route de Rouen, **38**.

Vichery, *relieur et loueur en garni*, r. du Lycée, **25-27**.

Vidal, *brasseur*, rue du Port, **20**.

Vidal, *cabaretier*, rue Haute-des-Tanneurs, **82**.

Vidal, *chauffeur*, r. Haute-des-Tanneurs, **21**.

Vielle, *aubergiste*, rue Sainte-Marguerite, 8.

Vieilhomme, *inspect.-voyer*, rue Saint-Fuscien, 28.

Vieugué, *fabricant*, rue St-Martin, 11.

Vignes-Merlin, *boulanger*, rue de la Hotoie, 63.

Vignier-Denoyelle, *ferblantier*, place Périgord, 27.

Vignier, *logeur*, rue de Beauvais, 59.

Vignier-Detemple, *ferblantier*, Marché-aux-Herbes, 60.

Vignon, *louager*, Passage Saint-Denis, 7.

Vignon (veuve), *fruitière*, rue du Loup, 4.

Vignon, *peintre-dessinateur*, rue Duméril, 71. (c)

Vignon (veuve), *rentière*, rue du Petit-Faubourg-de-Noyon, 13.

Vigreux, *architecte de la ville*, rue St.-Fuscien, 88.

Vilain, *négociant*, rue Basse-Notre-Dame, 9.

Vilain, *md de son*, rue du petit faubourg de Noyon, 79.

Vilbert, *bourrelier-cabaretier*, rue du faubourg de la Hotoie, 6-8.

Villain, *rentier*, rue des Augustins, 13.

Villain (Constant), *déb. de tabacs*, chaus. St-Pierre, 27.

Villejean, *rentier*, rue Saint-Jacques, 61.

Villeret, *employé*, rue des Capucins, 59.

Villeret, *conduct. de diligences*, rue de Rumigny, 5.

Villeret-Merel, *md de charbons*, rue Dame-Jeanne, 34.
    Magasin, boulevart du Cange, 6 et 14.

Villomont, *rentier*, rue du Bloc, 11.

Villomont (Mlle), *débitante de tabac*, rue du Bloc, 11.

Vilin-Leclercq, *brossier*, rue Delambre, 36.

Vilin père, *rentier*, rue des Bondes, 16.

Vilmant, *ferrailleur*, rue Verte, 67.

Vimeux (Mlle), *rentière*, rue Saint-Fuscien, 29.

Vimeux (Mlle Sophie), *regrattière*, r. des Stes-Claires, 4.

Vimeux, *coffretier*, rue des Vergeaux, 51.

Vincent (veuve), *rentière*, rue des Saintes-Maries, 8.

Vincent, *cafetier*, rue des Trois-Cailloux, 34.

Vincent (veuve), *rentière*, place Longueville, 29.

Vincent, *propriétaire*, boulevard du Mail, 25.

Vincent, *md de son*, chaussée de Noyon, 53.

Vinchon, *pharmacien*, rue de Beauvais, 30.

Vindre, *cordonnier*, rue des Vergeaux, 64.

Vinque-Ogez, *boulanger*, route d'Albert, 73.

Vinque-Hordez, *fabricant*, rue Saint-Leu, 18.
 Atelier rue du Hocquet, 107.
 Atelier rue des Marissons, 14-46.
Vinque, *curé*, rue du Marais, 84, à Renancourt.
Vintreberthe (veuve), *rentière*, rue du Soleil, 8.
Violette (veuve), *garnis*, rue Robert-de-Luzarches, 55.
Violette (Eug.), *employé de commerce*, rue des Saintes-
 Maries, 17.
Vion, *maître de pension*, rue des Jacobins, 40.
Vion, *vicaire à la cathéd.*, rue des Ec.-Chrétiennes, 14.
Vion, *ancien notaire*, boulevard Guyencourt, 7.
Vion, *propriétaire*, boulevard Longueville, 40.
Vion, *lamier*, rue Saint-Jacques, 45 c.
Viot, *propriétaire*, rue Saint-Jacques, 57.
Viot, *loueur en garni et perruquier*, rue des Ca-
 pucins, 33-35.
Visery (Clovis), *cabaretier*, rue de Noyon, 34.
Visery, *charcutier*, rue de Beauvais, 158.
Viseux, *tailleur*, place de l'Hôtel-de-Ville, 13.
Viseux, *tripier*, rue Ledieu, 38.
Visitation (couvent de la), rue Saint-Fuscien, 61.
Vivot, *photographe*, passage de la Comédie, 2.
Voclin, *chauffeur*, rue Saint-Léon, 7.
Voclin (veuve), *rentière*, rue de Job, 8.
Voclin-Majourelle, *mécanicien*, r. de Beauvais, 174 b.
Voclin, *facteur à la poste*, Gr.-Rue, 34, Pet.-St-Jean.
Voclin, *md de cordes et de papiers*, r. St-Martin, 13.
 Corderie, rue du Faubourg-de-Hem, 74 e.
 Magasin, rue des Doubles-Chaises, 14.
Voclin (veuve), *retordeuse*, rue des Coches, 7.
Voiron, *propriétaire*, rue des Jardins, 52.
Voiturier, *concierge*, rue Henri IV, 12.
Voiturier, *fabric. de billards*, rue des Cordeliers, 37.
Voiturier (Eug.), *ménager*, r. du Marais, 60, à Renanc.
Voiturier (Paul), boulevard Guyencourt, 109.
Voiturier, *rentier*, rue Desprez, 20.
Voiturier (Fr.), *ménager*, r. des Meuniers, 2, fg de Hem.
Voiturier, *ménager*, rue du Moulin, 22.
Voiturier, *voiturier*, route de Rouen, 17.
Voiturier, *encolleur*, boulevard des Frères, 44.

Voiturier, *ménager*, route de Paris, 158.

Voiturier, *aubergiste*, route de Roüen, 1.

Voiturier, *ménager*, route de Roüen, 49.

Voiturier, *conc. à la mairie*, pl. de l'Hôt.-de-Ville, 3.

Voiturier, *rentier*, rue du faubourg de Hem, 42.

Voiturier, *rentier*, passage du Logis-du-Roi, 3.

Volland, *maître de pension*, rue Saint-Jacques, 109.

Vuillemot, *tenant un manége d'équit*, r. du Lycée, 95.

Vuls, *professeur de musique et facteur de pianos*, rue Pierre-l'Ermite, 23.

Magasin de pianos rue du Mail, 8.

W.

Wable, *contrôleur des contribut.*, boulev. de l'Est, 8.

Wable-Demelin, *toiles*, Marché-aux-Herbes, 8.

Wable (veuve), *rentière*, boulévard de l'Est, 8.

Wable, *rentier*, rue de Rumigny, 28.

Wachy (veuve) *rentière*, rue Pierre-l'Ermite, 3.

Waël-Kauffmann, rue Cozette, 40.

Wain (Rébecca), rue du Bastion, 13.

Wallart, *employé*, passage Saint-Denis, 50.

Wallart, *ménager*, rue des Meuniers, 62, fg de Hem.

Wallart (J.), *garç. de mag.*, rte d'Abb., 7, à Montières.

Wallart, *chaudronnier au chemin de fer*, rue Legrand-Daussy, 15.

Wallart père, rue des Meuniers, 68, faub. de Hem.

Wallet, *employé*, rue Vascosan, 45.

Wallet, *épicier*, rue du Faubourg-de-Hem, 20.

Wallet, *fabricant*, cloître Saint-Nicolas, 9.

Wallet, *comptable*, rue des Ecoles-Chrétiennes, 7.

Wallet, *fruitier*, rue Fontaine, 55.

Wallet, *négociant*, rue Saint-Leu, 37.

Wallet, *renvier*, rue au Lin, 55.

Wallet, *ébéniste*, rue des Capucins, 27.

Wallet (veuve), *carossière*, rue Le Mattre, 8.

Wallon, *libraire*, rue des Trois-Cailloux, 11.

Wanof, *chauffeur*, rue de Cagny, 13.

Waquet (veuve), *charcutière*, rue de la Hotoie, 53.

Waquet (veuve), *rentière*, chaussée de Noyon, 161.

Wardon (Ch.), *retraité*, rte d'Abb., 184, à Montières.
Warombourg, *ménager*, r. de l'Eglise, 12, à Montières.
Wargnier, *contr.-maître de scierie*, r. de la Voirie, 13.
Wargnier, *courtier*, rue des Rabuissons, 79.
Wargnier, *cultiv.*, rue St-Honoré, 2, fg de Beauvais.
Wargnier, *rentier*, rue des Rabuissons, 7.
Wargnier (Is.), *ménager*, r. du Marais, 26, à Renanc.
Wargnier (Laure), *modiste*, place Saint-Denis, 13.
Wargnier, *employé*, rue des Ecoles-Chrétiennes, 28.
Warin (veuve), *fruitière*, rue Malakoff, 23.
Warin (Jules), rue Vascosan, 1.
Warin, *débitante*, rue Saint-Jacques, 119.
Warin (Jacq.), *ménager*, r. St-Léger, 12, à Longpré.
Warin, *débitant*, chaussée Saint-Pierre, 11.
Warin (Fr.), *ménager*, Grand-Rue, 18, à Montières.
Warin (L⁵), *menuisier*, r. du Moulin, 35, fg. de Beauv.
Warin, *cultiv.*, rue du Petit-Faubourg-de-Noyon, 131.
Warin (veuve), *ménagère*, r. du Château, 5, à Montièr.
Warin, *cultivat.*, rue du Petit-Faubourg-de-Noyon, 53.
Warin, *cultivateur*, rue Saint-Martin-des-Champs, 17.
Warin (Florent), *entrepreneur*, rue Contrescarpe, 21.
    Carrière chaussée de Noyon.
    Briqueterie r. des Meuniers, 5, au faubg de Hem.
Warin (veuve), *cultivatrice*, rue du Coq, 12.
Warin-Mouy, *hortillon*, rue du Marais, 85, à la Neuv.
Warin (Pascal), *ménager*, r. d'En-Bas, 46, à Longpré.
Warisse, *cordonnier*, rue Gresset, 49.
Warmé, *clerc de notaire*, rue Duméril, 50.
Warmel, *rentier*, rue du faubourg de Hem, 34.
Warnaise, *épicier-cab.*, rue Haute-des-Tanneurs, 17.
Wartelle (Mme), *grainetière et débitante*, chaussée
    Saint-Pierre, 35.
Wasse (Clovis), *md de vaches*, rue du Calvaire, 3, à
    Renancourt.
Wasse, *boulanger*, rue de la Hotoie, 41.
Wasse et Dupré, *fabricants de tulles*, rue Martin-
    Bleu-Dieu, 15.
Wasson, *comptable*, boulevart Saint-Jacques, 15.
Watel, *aum. des Incurables*, rue de Beauvais, 129.
Watel (Mlle), rue de Beauvais, 129.

Watteau ✳, *conseiller à la Cour*, boulev. de l'Est, 7.

Watteau, *avocat-général*, rue Napoléon, 18.

Wattebled, *chef d'équipe*, rue Vascosan, 35.

Wattebled, *hortillon*, petite rue du Bois, 3, à la Neuville

Wattebled, *tailleur*, rue Saint-Martin, 14.

Wattebled, *rentie*, rue Vascosan, 12.

Wattebled (veuve), *rentière*, rue Neuve-Saint-Honoré, 29.

Wattebled, *exploit. de tourb.*, rue d'En-Bas, 1.

Watelet (veuve), *mercière et bonnetière*, rue des Tripes, 9.

Wattier, *md de tissus*, place au Fil, 14.

Wattin, *md de charbons*, quai de l'Abattoir, 3.

Watissé (Clément), *receveur de rentes*, rue du Pont-du-Cange, 1.

Watremel, *rep. de commerce*, rue du Petit-Faubourg-de-Noyon, 26.

Waubert de Genlis (de), *propriétaire*, rue des Rabuissons, 28.

Waymel, *poëlier-fumiste*, rue de Beauvais, 86-88. Magasin, rue du Lycée, 54 a.

Wels, *chauffeur*, rue Damis, 21.

Wertemberger, *cordonnier*, rue du Loup, 10.

Wessiers (veuve), *rentière*, rue du bout de la Veillère, 6.

Wiez (veuve), *rent.*, rue du Bout-de-la-Veillère, 4.

Wickmer (veuve), *mde*, rue Martin-Bleu-Dieu, 39.

Wignier, *employé*, rue Vascosan, 9.

Wilson (Mlle), *rentière*, rue des Crignons, 8.

Windal, *cafetier*, rue de la Hotoie, 13.

Windal (Mme), *épicière*, rue Voiture, 20.

Wissemant, *professeur au Lycée*, rue Montplaisir, 7.

Witasse, *rentier*, rue de Narine, 5.

Withley, *professeur d'anglais*, articles de pêche, rue des Trois-Cailloux, 38.

Woillot, *bimblotier*, rue des Trois-Cailloux, 20.

Woillot (veuve), *rentière*, boulevard de Beauvais, 26.

Woyoberton (Mlle), *rentière*, rue du Soleil, 12.

Wuillot (Mlle), *cabaretière*, route de Rouen, 169.

Y.

Yvert (E.), *imprimeur*, rue des Trois-Cailloux, 64.
Yvert, *employé*, rue de Cérisy, 11.
Yvois, O. ✻, *offic. sup. en retr.*, rue Contrescarpe, 34.

Z.

Zagrodzki et Cie, *fabric. de toiles*, rue Le Mattre, 46.
Zambeaux, *logeur*, rue des Louvel, 15-17.
Zécher, *épiceries et comestibles*, r. des Jacobins, 10.
Zedde, *peintre*, rue des Corroyers, 103.
Zedde, *épicier*, rue Jacquart, 7.
Zede (Arsène), *ménag.*, r. de l'Eglise, 20, à Montières.

RENSEIGNEMENTS

POUR LES

ACTES DE L'ÉTAT CIVIL

NAISSANCES.

Pour déclarer un enfant nouveau-né, le père, accompagné de deux témoins majeurs, se rend à la mairie avec un billet constatant la naissance délivré par le médecin ou la sage-femme. En cas d'absence du père, la déclaration est faite par l'accoucheur accompagné de deux témoins.

MARIAGES.

Pour l'affiche les deux jeunes gens se présentent le samedi à la Mairie ; en l'absence ou par empêchement des futurs le plus proche parent de chaque côté fait la demande de publication.

Pièces à produire :

Quand les deux futurs sont nés à Amiens et qu'ils ont encore leurs pères et mères il suffit de la présence de ces derniers à la célébration du mariage. Il faut produire seulement le certificat de libération du service militaire. (*On le délivre à la Préfecture.*) En cas de naissance hors de la ville, l'acte de naissance, dûment légalisé, est à produire.

Si un des parents est décédé on devra donner l'acte de décès.

Dans le cas de décès des parents, il faut produire les actes de décès des père et mère, et de plus les actes de décès des aïeuls et aïeules de la ligne paternelle et de la ligne maternelle.

Dans ce dernier cas si l'un des futurs est mineur, il doit apporter une délibération du conseil de famille qui autorise le mariage.

Du reste les pièces à produire variant à l'infini, suivant les circonstances, on fera bien de consulter le chef du bureau de l'État-Civil.

DÉCÈS.

Dès qu'il arrive un décès on fait tendre la porte, (l'entrepreneur des tentures demeure *rue Basse-Notre-Dame*, 23.) Le prix des tentures est de 1 fr. 35 c. par pièce de 25 mètres de longueur sur 0,55 c. de largeur, pose et enlèvement compris (Art. 12 du cahier des charges).

On prévient ensuite le médecin chargé de constater les décès du quartier, lequel ne doit constater la mort que douze heures après qu'il aura été prévenu.

Voici les noms des médecins constatants et les quartiers qui leur sont assignés.

PAROISSE NOTRE-DAME.

M. DUSEVEL, *rue des Écoles-Chrétiennes*, 18.

POUR LES RUES

du Hocquet.	des Tripes.	des Crignons.
des Bondes.	du Pont-Calais.	des Trois-Cailloux.
des Hautes-Cornes.	du Pont-Piperesse.	des Corps-N.-S.-Têtes.
du Jardinet.	Basse-Notre-Dame.	du Logis-du-Roi.
Pont-du-Cange.	des Soufflets.	Sire-Firmin-Leroux.
des Majots (pairs).	Henri IV.	Place et rue St-Martin.
Port du Don.	Place Saint-Remi.	des Sergents.
du Don.	Saint-Remi.	des Lombards.
de la Plumette.	Petite r. Saint-Remi.	du Bloc.
des Huchers.	Cloître de la Barge.	des Orfèvres.
Place des Huchers.	Cloître de l'Horloge.	Saint-Denis.
Payée	Cloître Saint-Nicolas.	Place Saint-Michel.
des Rinchevaux.	Cloître Notre-Dame.	du Soleil.
des Gantiers.	Place Notre-Dame.	Pl. du Marché de Lanselles (de la r. St-Martin à celle des Tripes.
St-Firmin-le-Confesseur	Passage du Commerce.	
Haute-des-Tanneurs.	id. de la Comédie.	
des Bouchers.	id. de la Renaissance	des Vergeaux (pairs).

M. Courtillier , *rue Neuve-des-Capucins, 16.*

POUR LES RUES

Boulevard St.-Michel.	des Augustins.	Port d'Amont.
id. de l'Est (les	Petite r. des Augustins.	de Corbie.
deux côtés).	de Constantine.	du Puits-Vert.
du Collége.	des Canettes.	Impasse de la Crosse.
Porte-Paris (impairs).	Gloriette.	id. de Rubempré.
Place Saint-Denis.	des Ecoles-Chrétiennes	de Metz-l'Evêque.
dès Jacobins (impairs).	de la Barette.	de la Voirie.
du Loup.	Petite r. de la Barette.	
Neuve.	Passage de la Barette.	

Grand faub. de Noyon.	Faubourg St.-Fuscien	LA NEUVILLE.
Petit faub. de Noyon.	(côté gauche).	BOUTILLERIE.

PAROISSE SAINT-LEU.

M. Goze, *rue Saint-Leu , 35.*

POUR LES RUES

Grande de la Veillère.	des Poirées.	des Archers.
du Milieu-de-la-Veillère	Saint-Leu.	de l'Andouille.
du Bout-de-la-Veillère.	Petite rue Saint-Leu.	de la Crevasse.
Petite de la Veillère.	des Poulies.	Motte.
des Trois-Sausserons.	dès Clairons.	Dame-Jeanne.
Place du Petit-Quai.	des Bourelles.	des Majots (impairs).
de Guyenne.	Saintes-Claires.	de la Dodane.
des Bouteilles.	des Paniers.	LONGPRÉ.

M.

POUR LES RUES

Azéronde.	Pont-d'Amour.	des Becquerelles.
Chaussée et esplanade	Boulevard Baraban.	des Coches.
Saint-Pierre.	id. du Cange.	Tappeplomb.

de Ville.
Cour de Mai.
du Bordeau.
Blanquetaque.
des Parcheminiers.
des Granges.
des Marissons.

Canteraine.
des Minimes.
Petite rue des Minimes.
Place des Minimes.
Neuve-des-Minimes.
de la Queue-de-Vache.
Gaudissart,

du Pont-Becquet.
d'Engoulvent.
du Pont-à-Moinet.
Taille-Fer.
Saint-Maurice.

Faubourg SAINT-PIERRE. | PETIT-RIVERY.

PAROISSE SAINT-JACQUES.

M. DOUCHET, *rue Neuve-des-Capucins*, 12.

POUR LES RUES

de Beauvais (pairs).
Ste-Marguerite (pairs).
des Wattelets.
Cérisy.
Neuve-des-Capucins.
Passage et rue des Ca-
  pucins.
des Verts-Moines.
Desprez.
du Lycée.

N.-des-Petits-Champs.
de la Poudrière.
Caumartin.
des Corroyers.
Petite des Huguenots.
Boulevard Fontaine.
  id. St-Jacques.
Verte.
Voclin.
Flament.

des Faux-Timons.
des Briques.
Saint-Jacques.
Passage Lenoël.
Gresset.
Place St-Firmin (de la
  rue St-Jacques à celle
  de Metz,
Martin-Bleu-Dieu.
RENANCOURT.

M. DELAIRE, *Cloître Saint-Nicolas*, 2.

POUR LES RUES

Cour Artus.
de la Hotoie.
du Cheval Blanc.
des Francs-Mûriers.
Boulevard du Port.
du Grand-Vidame.

Mondain.
du Bas-Vidame.
Fontaine.
Imp. des Passementiers
de l'Aventure.
de Job.

Saint-Roch.
du Bicêtre.
de la Demi-Lune.
Boulevard des Frères.

Faubourgs de la HOTOIE et de HEM (y compris le Marché aux chevaux).
MONTIÈRES.

PAROISSE SAINT-GERMAIN.

M. THUILLIER fils, *Cloître Notre-Dame*, 12.

POUR LES RUES

Saint-Germain.
Ile Saint-Germain.
Petite rue St-Germain.
Petite Ste-Marguerite.
Basse-Saint-Germain.
Quincampoix.
de l'Entonnoir.
Place Maubert.
des Sœurs-Grises.
des Chaudronniers.
Place de l'Hôt.-de-Ville
id. au Fil.
id. Saint-Firmin (de la
r. des Sœurs-Grises
à la rue Condé).
id. Lansèlles (imp.)
id. au Feurre.

de Metz.
au Lin.
Jeanne-Natière.
Imp. de la Calandre.
id. des Trois-Paniers.
id. Saint-Patrice.
des Doubles-Chaises.
du Chap. de Violettes.
le Passage-des-Arts.
Saint-Médard.
du Port.
Place de la Tuerie.
Riquier.
Sainte-Catherine.
des Araignées.
du Béguinage.
Cour Motte.

du Quai.
Petite rue du Quai.
de la Hallebarde.
de la Pois. d'eau douce.
du Moulin-Neuf.
du Moulin du Roi.
du Guindal.
Véronique.
Tourne-coëffe.
Basse-des-Tanneurs.
des Vergeaux (impairs).
Boulevard du Jardin des
Plantes et le Maul-
creux.
FAUBOURG SAINT-MAU-
RICE.

PAROISSE SAINT-REMI.

M. PETIT, *rue du Chapeau-de-Violettes*, n° 12.

POUR LES RUES

des Jeunes-Mâtins.
Imp. des Jeunes-Mâtins.
des Verts-Aulnois.
Délambre.
des Vergeaux (impairs)
des Jacobins (pairs).
des Rabuissons.
des Saintes-Maries.
de la Bibliothèque.
de Narine.

Napoléon.
du Mail.
Saint-Dominique.
Neuve St-Dominique.
du Camp-des-Buttes.
Pierre l'Hermite.
Porte-Paris (pairs.)
Boulevard du Mail.
id Saint-Charles.
des Cordeliers.

Impasse des Cordeliers.
des Louvel.
de Beauvais (impairs).
Quartier d'Henriville
(côté droit) et de
Longueville.
le Gr. fg. de Beauvais.
le Pet. fg. de Beauvais.
PETIT SAINT-JEAN.

Le médecin constatant délivre un billet que l'on porte au bureau des actes civils, à la mairie. Il suffit de deux témoins du sexe masculin, majeurs, parents ou proches voisins du défunt pour faire la déclaration.

On devra se munir des nom, prénoms, âge et lieu de naissance, profession, titres et qualités du décédé; ceux du mari en cas de décès d'une femme, ou de la femme en cas de décès du mari, et toujours ceux des père et mère.

Le bureau des actes civils est ouvert tous les jours de la semaine de neuf heures du matin à quatre heures, il est ouvert en outre exceptionnellement pour recevoir les déclarations de décès, les dimanches et jours fériés de dix heures du matin à deux heures.

Il est d'usage que l'on fait prévenir à domicile et verbalement, les plus proches parents, voisins, amis et supérieurs du défunt.

On fait ensuite imprimer des billets de faire part.

La maison Lambert-Caron, place du Marché de Lanselles, 1, se recommande par son exactitude à la prompte exécution de ces sortes de lettres.

Avec le bulletin remis aux déclarants par le bureau des actes civils, on se rend à la paroisse du décédé pour s'entendre sur l'heure de l'enterrement et la classe du service que l'on a intention de faire chanter, le bedeau inscrit la détermination que l'on a prise et on va trouver l'entrepreneur des pompes funèbres, *rue Napoléon*, 24.

. . . .

ARTICLE 12.

Le corbillard de première classe, correspondant aux deux services religieux dits, l'un *grand solennel*, l'autre *solennel ordinaire*, sera distingué par une draperie en velours noir et par des rideaux de même étoffe garnis, ainsi que la housse du siége du cocher, de franges et de larmes d'argent.

L'impériale de cette voiture sera décorée de quatre plumets noirs et blancs aux quatre coins.

Cinq porteurs, en habits de deuil et couverts de manteaux noirs, accompagneront le corbillard.

Le cocher sera en grand deuil, avec chapeau à la française, il en sera de même, quant au chapeau, pour les autres classes.

Les harnais seront drapés en noir et les chevaux couverts d'une draperie noire, garnie de franges et de larmes en argent.

Une voiture de grand deuil, berline à six places, peinte en noir, sera mise à la disposition du deuil, pendant la durée du convoi et du service religieux, lors même que ce service aurait lieu un autre jour que le convoi.

Il sera payé pour le tout *quatre-vingts francs*. . **80 fr.**

Néanmoins, si l'on désirait que le corbillard fût attelé de quatre ou d'un plus grand nombre de chevaux, l'entrepreneur aurait droit à un supplément de prix dont l'importance serait fixée d'un commun accord avec les familles.

Le corbillard de deuxième classe, correspondant aux deux services religieux dits, l'un *demi solennel* et l'autre, de neuf leçons simples, n'aura point droit à la berline de deuil. Il sera drapé en étoffe de laine noire, galons et larmes en soie blanche; il n'aura point de plumets.

Les quatre porteurs qui l'accompagneront et le cocher qui le conduira, seront en grand deuil.

Il sera payé pour ce corbillard de 2ᵉ classe, *quarante francs* . . . . **40 fr.**

Cependant l'entrepreneur sera tenu de fournir une voiture de deuil avec le corbillard de 40 francs, lorsqu'elle lui sera demandée, à la charge par les familles d'en payer la location au taux des autres voitures de suite.

Le corbillard de 3ᵉ classe correspondant au service religieux dit de *trois leçons simples*, sera sans draperies. Le cocher et les quatre porteurs seront en habits de deuil. Il sera payé pour le tout *vingt francs* . . . . **20 fr.**

Le corbillard de 4ᵉ classe, correspondant au service religieux dit de *messe simple*, ne sera pas suspendu, mais les cinq rouleaux qui en formeront le fond seront suspendus sur des courroies en cuir noir; il sera monté sur quatre roues, mais attelé d'un seul cheval; il sera couvert en toile noire parsemée de larmes peintes en blanc, conduit par un cocher, et accompagné de quatre porteurs vêtus de redingotes noires.

Il sera payé pour le tout *dix francs*. . . . . . . **10 fr.**

L'entrepreneur sera tenu de fournir, en outre, et sans aucune augmentation de prix, le poële ou drap mortuaire, pour couvrir le cercueil; ce drap sera analogue aux ornements indiqués pour chaque classe.

23

La tenture du portail des églises et des maisons mortuaires sera payée à raison de *un franc trente-cinq centimes* (1 fr. 35 c.) par pièce de 25 mètres de long, sur 0,55 centimètres de largeur, pose et enlèvement compris.

Pour les assistés dont l'inhumation est gratuite, l'entrepreneur sera tenu de placer gratuitement une bande à la porte extérieure de la maison mortuaire.

ARTICLE 13.

L'entrepreneur du transport des morts sera tenu et *seul aura le droit* de fournir les voitures de suite qui lui seraient demandées, moyennant, en sus des prix fixés ci-dessus, la somme de *huit francs* par chacune. Ces voitures devront être attelées de deux chevaux.

Toutefois, les voitures ayant appartenu au défunt, ainsi que celles qui appartiendraient aux personnes faisant partie du convoi, ne donneront lieu à aucune rétribution.

ARTICLE 14.

Il ne sera payé pour le transport, par corbillards à bras, des enfants au-dessous de sept ans, que 20 francs pour la 1re classe, 10 francs pour la 2e et 5 francs pour les autres. Et lorsque le transport se fera par corbillards attelés, le prix sera de moitié de ce qui serait dû pour les adultes; mais deux porteurs seulement seront employés à ce service.

ARTICLE 15.

Les corps des indigents seront transportés gratuitement et de la même manière que ceux de la 4e classe, au moyen d'un certificat d'indigence délivré par l'administrateur du bureau de bienfaisance du quartier où a eu lieu le décès, certificat qui sera visé par le secrétaire du bureau central et par le commissaire de police de l'arrondissement. En cas de dissentiment, le Maire prononcera.

L'entrepreneur sera aussi tenu de transporter gratuitement et de la même manière que les indigents, les individus décédés dans les hospices et les prisons, et dont les familles n'auraient point réclamé le corps.

Lors du décès d'un membre participant de la Société de prévoyance et de secours mutuels d'Amiens, il sera délivré, par le Président de ladite Société, à la famille du défunt, un certificat constatant que ce dernier faisait partie de cette association. Sur le vu de ce certificat, il sera fait remise des deux tiers du droit municipal, pour raison du convoi, conformément aux dispositions de l'article 10 du décret du 27 mars 1852, qui est applicable à toute société de secours mutuels, dûment approuvée.

ARTICLE 16.

L'entrepreneur du service des corbillards sera en outre chargé de l'ouverture des fosses, à la profondeur d'éterminée par les lois et les règlements de police, ainsi que de leur comblement, il devra toujours avoir, à l'avance, dans les temps ordinaires, *vingt* mètres de tranchées ouvertes, et en cas de maladie épidémique, *cinquante*. Le prix d'ouverture et de comblement des fosses et tranchées est compris dans celui du transport.

Le fossoyeur et les ouvriers devront être acceptés par le Maire; ils pourront, en toutes circonstances, être révoqués par lui; dans ce cas, ils cesseront leur service dans les vingt-quatre heures et l'entrepreneur sera tenu de les remplacer dans le même délai.

Les prix fixés à l'article 12 comprennent aussi le salaire des hommes employés à porter à bras, monter les corps dans les corbillards, les en descendre, pour les conduire de la maison mortuaire à l'église et de la porte du cimetière à la chapelle, si la famille le demande, puis au lieu de l'inhumation.

Toutefois, s'il convient aux familles de faire porter le corps à bras, soit depuis l'église jusqu'à la porte de la ville, soit jusqu'au cimetière, il sera alloué pour cet objet à l'entrepreneur, un supplément de prix qui est réglé de la manière suivante, savoir:

DE LA PORTE DE L'ÉGLISE AU CIMETIÈRE.

Pour les convois de 1re classe, *douze francs*. . . 12 fr.
Pour les convois de 2e classe, *huit francs* . . . 8 fr.
Et pour tous les autres, *cinq francs*. . . . . . 5 fr.

DE L'ÉGLISE A LA PORTE DE LA VILLE.

Pour les convois de 1re classe, *huit francs*. . . . 8 fr.
Pour les convois de 2e classe, *cinq francs*. . . . 5 fr.
Et pour tous les autres, *deux francs* . . . . . . 2 fr.

Il est bien entendu que lorsque le corps sera porté par des amis, camarades ou ouvriers, il ne sera dû à l'entrepreneur que les prix fixés pour le corbillard attelé.

Il en sera de même pour les corbillards à bras, qui devront être portés de la maison mortuaire à l'église et de l'église aux cimetières.

Aucun des employés au transport des morts, à la conduite des voitures de deuil et à l'ouverture des fosses, ne pourra, sous peine de destitution qui sera prononcée par le Maire, se présenter aux familles, soit pour obtenir des gratifications, soit pour réclamer le salaire dont il vient d'être parlé, salaire qui devra être versé entre les mains de l'entrepreneur en même temps que le prix du corbillard.

Il est en outre interdit aux conducteurs des corbillards et aux porteurs de morts de stationner pendant le trajet de la porte de la ville aux cimetières et le *retour* à destination, sous peine d'une amende de cinq francs, qui sera payée par l'adjudicataire, à la caisse municipale.

ARTICLE 17.

Quand l'entrepreneur aura reçu, avec le permis d'inhumation délivré par l'administration, l'avis, par écrit, de l'un de MM. les Curés ou autres ministres des cultes reconnus par la loi, d'un enterrement à faire et de la classe du service religieux demandé par la famille, il sera tenu d'envoyer ses porteurs à l'heure convenable à la maison mortuaire pour exposer le corps à la porte, et de les faire trouver à l'heure indiquée par l'avis écrit, pour en faire le transport à bras, de la maison mortuaire à l'église, lorsque le clergé en aura ordonné l'enlèvement.

Le deuil suivra à pied le clergé jusqu'à l'église; le corbillard et la voiture de deuil due au service de première classe, suivront le cortège jusqu'à l'église où ils stationneront, pendant la durée du service religieux, après lequel le corps sera déposé sur le corbillard, pour être conduit jusqu'aux cimetières, ou sera porté à bras jusqu'aux portes de la ville ou jusqu'aux cimetières.

Les corbillards seront toujours conduits au pas, même quand ils seront vides, sans que jamais les porteurs ou autres personnes puissent s'y placer.

Le corps sera reçu au cimetière par le chapelain qui fera *gratuitement* les cérémonies usitées de la sépulture ecclésiastique.

Dans le cas où, par la négligence de l'entrepreneur, les porteurs ne se trouveraient point à la maison mortuaire à l'heure indiquée, et obligeraient le clergé à attendre leur arrivée, dans le cas aussi où les voitures de suite ne se trouveraient point avant la fin du service à la porte de l'église, l'entrepreneur serait passible d'une amende de *cinq francs* pour les transports gratuits et ceux de quatrième classe, et d'une somme qui ne sera pas moindre du quart, et pourra s'élever jusqu'à la moitié du prix fixé pour chacune des classes supérieures.

L'entrepreneur des tentures devra se mettre en mesure d'exécuter les ordres qui lui seront donnés par les familles, dans un délai qui ne pourra excéder *deux heures*. En cas de retard, il sera également passible d'une amende qui en sera pas moindre du quart et pourra s'élever jusqu'à la moitié du prix qui lui sera payé pour la tenture.

Ces amendes seront prononcées par le Maire, sur le rapport du commissaire de police, ou de tout autre agent de l'administration, l'adjudicataire entendu; et elles seront versées, dans les vingt-quatre heures, à la caisse du Receveur municipal.

ARTICLE 18.

Pour les personnes que l'on voudrait faire enterrer dans une autre commune que celle d'Amiens, ou dans les sections rurales, et à une distance qui ne pourra excéder *quarante* kilomètres, l'entrepreneur sera tenu de fournir, s'il en est requis, un chariot de campagne, drapé en noir, attelé de deux chevaux et conduit par un cocher habillé en noir, qui prendra le corps à la porte de la ville, où il sera conduit, depuis sa sortie de l'église, dans le corbillard de la classe demandée.

Indépendamment du prix du corbillard ordinaire, il sera payé par la famille à l'entrepreneur, par kilomètre, *un franc* pour l'aller, le retour ne sera pas compté. Dans le cas de séjour pour cette espèce d'enterrement, le cocher et les chevaux seront logés et nourris par la famille.

ARTICLE 19.

Les corps des personnes qui ne professent point la religion catholique, seront conduits de la maison mortuaire au temple et delà au cimetière qui aura été indiqué, dans le corbillard de la classe choisie par la famille, de la même manière que tous les autres et aux prix fixés par l'article 12.

ARTICLE 20.

Les entrepreneurs ne devront, sous aucun prétexte, dépasser les intentions exprimées par les familles, ni apporter aucune modification à la classe demandée, non plus qu'aux

23.

prix fixés par les tarifs, sous peine de restitution en cas de paiement, et d'une amende égale au montant de la somme qu'ils auraient indûment perçue.

Pour éviter toute difficulté à cet égard, il sera remis par les entrepreneurs à chaque famille autre que celles des indigents dont le transport et l'inhumation sont gratuits, un extrait imprimé du cahier des charges comprenant le tableau des classes et le tarif pour chaque service.

Les personnes qui possèdent un terrain de famille au cimetière doivent envoyer prévenir le concierge pour le creusement de la fosse, ou leur maçon pour l'ouverture du caveau.

Pour l'acquisition d'un terrain on doit se rendre à la mairie pour s'entendre avec l'inspecteur sur la nature de la concession que l'on désire avoir.

Les concessions sont de trois classes :

A perpétuité, moyennant 45 francs du mètre, aux cimetières de la Madeleine et du faubourg Saint-Pierre, et dans les cimetières ruraux 42 francs ;

Trente ans, 24 francs aussi du mètre, à la Madeleine et au faubourg Saint-Pierre, et dans les cimetières ruraux 21 francs.

(Pour ces deux sortes de concessions le règlement exige 2 mètres 50 par corps.)

Et quinze ans, 26 francs tous frais de timbre et d'enregistrement compris.

EXTRAIT DU RÈGLEMENT DU 16 MARS 1850.

Concessions à perpétuité.

ARTICLE 9.

Les concessions à perpétuité donneront le droit de fonder et d'entretenir toute espèce de monument tant au-dessus qu'au-dessous du sol. Les fours ou cases qui seront pratiqués dans les caveaux au-dessous du sol pourront être placés les uns au-dessus des autres, mais ils devront être séparés entre eux par une maçonnerie de $0^m 11$ d'épaisseur au moins. La voûte de ces caveaux sera recouverte d'un mètre de terre au moins.

ARTICLE 10.

Les concessions à perpétuité ne constituent point des actes de vente et n'emportent pas un droit réel de propriété en faveur du concessionnaire; mais seulement un droit de jouissance et d'usage avec affectation spéciale et nominative.

En conséquence, les concessionnaires n'ont aucun droit de vendre ou de rétrocéder à des tiers les terrains qui leur sont concédés pour des sépultures privées ou de famille.

Concessions trentenaires.

ARTICLE 12.

Ces concessions seront renouvelables indéfiniment, à l'expiration de chaque période de trente ans, moyennant une nouvelle redevance égale au taux de la première.

A défaut de paiement de cette nouvelle redevance, le terrain concédé fera retour à la Commune; mais il ne pourra cependant être repris par elle que deux années révolues après l'expiration de la période pour laquelle il avait été concédé, et dans l'intervalle de ces deux années, les concessionnaires ou leurs ayant-cause pourront user de leur droit de renouvellement. (*Ordonnance du 6 décembre* **1843.** *Art.* 3.)

Quelle que soit l'époque de la demande de renouvellement, la deuxième période trentenaire partira de l'expiration de la première, et ainsi de suite pour les autres périodes.

ARTICLE 13.

Les concessionnaires auront le droit de fonder et d'entretenir au-dessus du sol toute espèce de monument funéraire.

En cas de non renouvellement de la concession dans le délai prescrit par l'article précédent, les familles seront mises en demeure, par tous les moyens ordinaires, de publicité et par des avis directs, d'enlever les constructions existantes sur les terrains dont la concession est expirée. Un an seulement après le premier avertissement, ces constructions deviendront propriété de la Ville, qui fera procéder à leur enlèvement ou à leur démolition.

Les matériaux provenant des tombes abandonnées seront employés à l'entretien et à l'amélioration du cimetière.

23..

ARTICLE 15.

Tout concessionnaire qui voudra, dans la 25ᵉ année de sa jouissance, pratiquer une inhumation dans le terrain à lui concédé, ne pourra en obtenir l'autorisation qu'en renouvelant de suite sa concession et en payant une redevance égale à la première.

ARTICLE 16.

Les terrains concédés qui deviendraient libres dans le cours de trente ans, par suite du transport des restes dans un terrain concédé dans le même cimetière ou dans tout autre cimetière, pourront être repris par l'administration municipale, sur la demande des concessionnaires.

Si les restes sont transportés dans un nouveau terrain concédé dans le cimetière de la Madeleine, il sera remboursé aux concessionnaires la portion du prix attribué à la Ville, eu égard au temps écoulé et à celui qui resterait encore à courir. La somme à restituer par la Commune sera imputée sur le prix de la nouvelle concession.

Si le terrain devient libre par suite du transport des restes dans un cimetière autre que celui de la Madeleine, aucune restitution de prix ne sera faite.

Concessions temporaires.

ARTICLE 19.

Chaque concession sera de 2 mètres en superficie. Le prix du mètre carré sera de 12 fr., dont deux tiers au profit de la Commune et un tiers au profit des établissements de bienfaisance. (*Ordonnance du 6 décembre 1843. Art. 3.*)

ARTICLE 20.

Ces concessions seront faites à la suite les unes des autres et sans interruption; elles seront accessibles à la tête ou aux pieds.

ARTICLE 21.

Les concessionnaires auront le droit d'élever et d'entretenir au-dessus du sol toute espèce de monuments funèbres, et la clôture de ces terrains sera facultative.

Dispositions communes aux Concessions perpétuelles et trentenaires.

ARTICLE 24.

Les concessionnaires seront tenus de clore les terrains concédés, dans les six mois de la concession et d'entretenir constamment ces clôtures.

ARTICLE 25.

Les inhumations superposées sont interdites, excepté dans les caveaux avec tiroirs, et il ne pourra être placé dans une concession qu'un nombre de corps en rapport avec l'étendue du terrain, à raison de 2 mètres carrés 50 centièmes par chaque sépulture. Toutefois deux enfants de sept ans ou au-dessous pourront être placés dans l'espace d'une sépulture ordinaire.

ARTICLE 26.

Aucune fosse ne pourra être ouverte pour être remise en service qu'après quinze années révolues.

ARTICLE 27.

Il ne pourra être pratiqué de fours ou cases au-dessus du sol dans les chapelles ou monuments élevés sur les terrains concédés.

Il existe au cimetière de la Madeleine un dépositoire pour recevoir les corps qui doivent être inhumés dans des sépultures non encore construites. Ces dépôts donnent lieu au versement d'une somme de 50 francs. Pour en obtenir l'autorisation il faut en faire la demande par écrit à M. le Maire, qui détermine le temps pendant lequel le corps devra y séjourner.

Des Exhumations.

ARTICLE 35.

Aucune exhumation ne pourra avoir lieu sans qu'au préalable on ait représenté une autorisation de M. le Maire, à moins qu'elle n'ait été ordonnée par l'autorité judiciaire.

ARTICLE 36.

Les frais de chaque exhumation seront à la charge des familles. Ils sont fixés ainsi qu'il suit :

Il sera payé :

Au fossoyeur pour l'ouverture de la fosse. . . .	2 fr. 50
Au même pour le creusement de la nouvelle fosse	2 50
Au commissaire de police.	5 00
A l'agent de police.	1 00
A l'inspecteur	2 00
Au concierge	2 00
Total	15 00

Les frais occasionnés par les mesures de précaution ordonnés par l'Administration seront également à la charge des familles.

N. B. — *L'extraction et le transport des corps, ainsi que le comblement des fosses, sont compris dans le prix accordé aux fossoyeurs pour chaque fosse.*

Dans le cas où plusieurs corps de la même famille seraient exhumés dans le cimetière de la Madeleine le même jour et à la même heure, il ne serait dû qu'une seule vacation au commissaire de police, à l'agent de police, à l'inspecteur et au concierge.

Amiens. Typ. Lambert-Caron, imp.-lib., place du Grand-Marché.

ALMANACHS D'AMIENS

PARAISSANT DEPUIS 1834

Les ALMANACHS D'AMIENS contiennent le Calendrier ordinaire, l'étymologie des mois de l'année, le lever, le coucher et les clairs de Lune, le lever et le coucher du Soleil, des préceptes hygiéniques et moraux, de bonnes maximes, l'origine d'une céréale ou d'une plante, une curieuse notice sur un saint ou une sainte, des faits historiques du plus haut intérêt et des quatrains sanitaires. — Le tableau des hautes marées de l'année, les noms des Ministres secrétaires d'Etat, des Maréchaux de France et des Souverains de l'univers.

La seconde partie offre le tableau de toutes les foires de France, le récit exact des principaux événements historiques de l'année précédente ; — un choix varié de faits instructifs, d'épisodes moraux du plus vif intérêt, de saillies et bons mots, où brille l'esprit, de recettes utiles, de statistiques curieuses et de poésies pleines de charme. Enfin, un grand nombre d'Histoires inédites, du plus haut intérêt, et d'une lecture extrêmement attrayante.

ANNUAIRE

COMPLET

du Département de la Somme

21e ANNÉE

contenant le calendrier ordinaire de tous les mois de l'année ; en regard de chaque page se trouvent l'étymologie du mois, les divers travaux de l'agriculteur, de l'horticulteur et de l'irrigateur ; des Proverbes agricoles, des Ephémérides picardes et des Quatrains sanitaires ; les noms des Souverains de l'univers, des Membres de la Maison Impériale, des Maréchaux, des Ministres, du Sénat, du Corps Législatif et du Conseil d'État ; les adresses de tous les Administrateurs publics du département, le Tableau des Communes avec leur population, leur contenance territoriale, leur distance du chef-lieu de Canton, d'arrondissement ou de département ; le canton auxquels elles appartiennent ; leur bureau de poste et leur chef-lieu de perception ; les noms des Maires, Curés et Instituteurs du département, le Tableau des Annexes en regard de leurs Communes et Chefs-Lieux de Cantons respectifs ; un feuilleton intéressant, de nombreuses Historiettes et bons mots, des Notices choisies sur l'Agriculture, les découvertes et inventions utiles sur l'économie domestique et usuelle ; des Actualités et Faits curieux, des anecdotes instructives, une revue rétrospective de l'année, un choix de poésies diverses et enfin *un sujet choisi en patois picard.*

Prix: 50 cent.

L'ALMANACH DU FRANC CULTIVATEUR de la région du Nord

Ou le BON SENS DU PÈRE MICHEL, homme de rien devenu auteur sans le savoir.

Prix: 15 cent.

www.ingramcontent.com/pod-product-compliance
Lightning Source LLC
Chambersburg PA
CBHW061002220326
41599CB00023B/3800